溫都爾汗的幽靈

林彪事件

「九一三」四十年後的
回憶與思考

啟之、何蜀——編

輯一
回憶與評論

前言

　　今年是「林彪事件」四十周年——1971年9月13日，中共第二把手，毛澤東的親密戰友林彪因不堪毛的淫威，乘機出走，不幸飛機失事，與妻、子葬身於蒙古的荒野——溫都爾汗東北八十公裏的貝爾赫。

　　這是一場震驚世界的政治大地震，它的震源在中共政治，震中在中南海，震波則到達了中國的每一個角落。它摧毀了千萬個家庭，改寫了無數人的命運。蔣介石聞訊而喜，告訴蔣經國：毛失去了一個臂膊。毛澤東為之而衰，盡管他嘴上說，「林彪幫了我一個忙。」可直到躺進水晶棺，這場地震的「次生災害」他也未能挽救於萬一。得道多助，失道寡助。他失去了「道」，失去了人心。

　　此書就是這場大地震的產物——它的作者都是那場災難的親歷者，這些作者在當時，年長者，已近中年；年幼者，尚未入泮。其位尊者，為紅朝將軍之後裔；其位卑者，乃革命專政之對象。這裏的作者談不上三教九流，五行八作，但也囊括了當時中國社會的各階層：從軍人到工人，從幹部到知青，從小學生到政治犯。

　　甲申三月十九日（西歷1644年4月25日），李自成殺進北京，崇禎吊死煤山。趙園在〈那一個歷史瞬間〉中說：「這個日期在心理上的重要性，更甚於其作為事件的重要性。」（《想像與敘述》，北京：人民文學出版社，2009，頁7）這句話，讓我想起了「九一三」。

　　我並不是說，林彪之死與崇禎之亡有多少可比性，這句話觸動我，是因為作為地震的親歷者，我深知「九一三」這個日子對社會心理的震撼，同樣遠遠大於它對現實政治的影響。這本僅十五萬字的小集子證明了我的感受——這裏的作者們在聞知林彪事件之後，都程度不同地對毛，對文革產生了懷疑。林彪之死，像投入人心的一顆巨石，它在瞬間激起的波濤，經歲月的消磨化做一圈又一圈的漣漪。這漣漪在批林整風、批林批孔、評法批儒孔的喧囂之中，悄

悄地浸漬著人心。懷疑是否定的胚胎，否定是反抗的前奏。這漣漪在人心中醞釀著，等待著，醞釀著反抗，等待著時機，在「九一三」發生五年後的那個四月五日，這人心中的漣漪在天安門廣場變成了人群的洪流。

在「兩案」開審前，胡耀邦問鄧小平，林彪怎麼審？鄧反問胡，你是要毛還是要林？胡無語。從此，革命功臣林彪和他的戰友們從此成了反革命，與軍委辦事組所厭惡的江青集團一起，當了毛澤東的替罪羊。於是，那個著名的《決議》給文革下了這樣的定義：「歷史已經證明，『文化大革命』是一場由領導者錯誤發動，被反革命集團利用，給黨、國家和各族人民帶來嚴重災難的內亂。」

這個「利用論」賦予了「九一三」新的心理意義——「林彪事件」從大地震變成了活火山，每逢適當的時候，這火山都要在人心中爆發。

此書就是這火山爆發的結果。這裏的作者，當年沒上小學的，如今也人到中年。從文革到改革，從毛時代到後鄧時代的人生經驗，使他們有資格發問：究竟誰利用了誰？是林彪、江青利用了毛澤東，還是毛澤東利用了林、江？《決議》為文革下的定義，是政治的，還是歷史的？是科學的，還是糊弄人的？進言之，如果一個社會的穩定，需要靠掩蓋、歪曲歷史真相來維持的話，那麼，這是一個什麼社會？它能否穩定？

康熙、乾隆不會想到，在大興文字獄，芟刪天下圖書之後，滿洲八旗在十七世紀中葉的罪行——「揚州十日」、「嘉定三屠」會在十八世紀後期傳布人口，為大清帝國的倒臺添磚加瓦。

久加諾夫不會料到，史達林製造的冤假錯案，經勃列日涅夫時代的歪曲、掩蓋了二三十年後，仍會成了蘇聯解體，蘇共下臺的動力。

毛澤東想到了死後的「腥風血雨」，但沒料到，鄧小平用他的夫人來為他頂罪。鄧小平「舍車馬保將帥」，卻沒料到，「利用論」既沒有保住毛，更沒有保住「道」，還把他自己搭了進去——「九一三事件」在他手裏從地震變成了活火山……

歷史的魅力，或許就在這些意料之外之中。

此書採取「一日型」的紀實文學的形式，由《記憶》在2011年4月發起，以電子信的方式在朋友、熟人的小圈子內徵文，意在通過回首當年，評

說林彪其人及有關歷史，以對抗有意的抹煞和無意的失憶。因無法借助大眾媒體，所以，知者甚寡，半年來，得稿僅49篇，34萬字。編者從中選取了28篇，15萬字。

　　「一日型」的徵文活動和圖書出版，前有古人，後有來者。中國第一部由「一日型」徵文編成的圖書，是1936年由鄒韜奮發起、蔡元培作序，茅盾主編的《中國的一日》。1936年4月，茅盾以上海文學社的名義，在《大公報》上向全國徵文，號召作家、非作家及社會各階層人士，以1936年5月21日為主題，記述這一天內周圍所發生之事。以「發現一天之內的中國的全般現實面目，彰顯這一天之內的中國全貌。」來稿3000多篇，600多萬字。經三輪精選，以490篇，80萬字成書。成為三十年代出版界的一件盛事。

　　此後，這種「一日型」的徵文和圖書出版不絕如縷：1938年有《上海一日》，1941年有《冀中一日》，1949年有《渡江一日》，1953年有《志願軍一日》。2009年有北方文學發起的《21世紀中國的一日》。

　　上述「一日型」的徵文活動都是公開的，都是借助大眾媒體進行宣傳，都得到了主流文化的支持和贊許。而這次由《記憶》發起的徵文是地下的，它所談論的一日是官方的禁區。上述圖書都在國內出版，公開銷售；而此書的出版卻只能遠避海外。上述徵文之發起、編輯，皆由名家牽頭，而此書卻只能由寂寂無名之《記憶》領軍。這諸多的不同，說明了什麼？

編者

2011年10月3日

目　次

輯一　回憶與評論

幹部

知青

中小學生

政治犯

外國人

輯二　學術論文

軍人

對話「九一三」

黃春光、邱路光

按：2011年7月20日，原總參謀長黃永勝將軍之長子黃春光、原總後勤部長邱會作將軍之長子邱路光，應編者之邀就「九一三事件」做了三小時的口述。「九一三事件」發生時他們都正在部隊服役。下文是經過他們審閱過的記錄稿。

九屆二中全會上的衝突

黃春光：九屆二中全會開始的時候，我父親並沒有上山，他留在北京值班。8月31日，主席突然通知，讓我父親上山開會。黃上山以後，主席直接把黃接到他那兒，跟他談了很長時間。但一提到張春橋，黃就說：「張春橋是叛徒，跟主席彙報過多次，他看不起我們這大老粗。」他沒有說張的好話。從這兒也看出，對張春橋這些中央文革的人，黃是從心底反對的。

邱路光：文革中，主席對黃永勝是抱有重望的。什麼重望呢？說穿了，主席是想讓黃永勝倒向他毛澤東個人的懷抱！實際上，軍權不在林的手上，

文革中的黃永勝

林彪的權力都是和主席連在一起的。如「經毛主席、林副主席批准」等等，林彪沒有單獨調動一個連的權力。實際的軍權在黃永勝及吳、李、邱的手上，林只是個掛名。那時候，黃是總參謀長，像部隊的調動，主席批准後，都要經過黃永勝和總參作戰部發電報生效執行，而林卻不能命令黃永勝調動部隊。如果黃永勝被毛拉過去了，那主席就不需要林彪了，毛對林彪的冷落、甚至讓林下臺就是遲早的事兒。但是，黃永勝對黨和

人民事業忠誠的天性，使他沒有往主席個人那邊靠。他不是故意不往毛主席身上靠，是他根本沒往那方面想，是他的人民軍隊忠於黨的天性決定了沒有靠。如果靠了，那就是另外一個格局了。

黃春光：在九屆二中全會上，林把矛頭對著張春橋。其實，當時只能抓張春橋，對康生不可以，對江青也不可以，而張春橋的確有一些小辮子。實際上，對張就是對著文革。剛開始，毛也沒覺得有什麼嚴重的問題。當會上群情激憤、大家都攻張春橋時，毛憤怒了！好傢伙，200多個中央委員，90%的中央委員都對文化大革命不滿，這才引起他的憤怒。他之所以憤怒，就在於大家對文革不滿，而且是這麼大的一股勢力，這麼大的一股潮流。毛對文革是不容否定的。所以，為了保文革，他保了中央文革那幾個人，捨棄了部隊這些跟著他打江山的人。客觀地講，黃、吳、李、邱的確對江青的一些做法不滿，但並不是對主席不滿。在他們的眼裏，主席永遠是偉人，是正確的，是不容懷疑的，是不可違背的。自己再怎麼委屈，也要委曲求全。所以，九屆二中全會後，我父親一直想不通，認為自己沒錯，拒絕檢討。總理做他的工作，做不通；毛澤東批評了他幾次，他仍然不通；最後，總理讓邱跟他談了一次話，他才通了。邱跟他說：「我們反宗派主義，現在我們不檢討，不也成了一個宗派了嗎？別人不也抓住我們的把柄了？」那時候，檢討都是說自己犯了路線錯誤，其實這是一個很空的東西。我父親實在沒什麼可檢討的，他就把向主席反映江青罵總理的事情，作為自己的錯誤來檢討。一看就知道，這是很違心的。

實際上，九屆二中全會上，大家只說揪人，並沒有點名揪誰，包括汪東興也沒點名。不過，許世友在後來的信裏面寫了，要讓張春橋下放勞動。為此，主席還做了他們的工作，讓許、張搞好團結。其實，許和張的關係還行，他們還在一起喝酒嘛。許世友不像軍委辦事組的人，根本不搭理張春橋。

從盧山下來以後，毛一直抓著九屆二中全會的事情不放，主要是因為林的軟抗，一直拒絕檢討。毛搞政治鬥爭的一貫做法是，讓你服，讓你寫檢討，然後把檢討鎖在保險櫃裏，什麼時候敢不服，就拿出來收拾你。同時，黃、吳、李、邱這些人，對文革也沒有一個明確態度，讓毛捉摸難辨。所以，毛在1971年夏天南巡，開始做局倒林。

黃永勝在「九一三事件」之後

　　黃春光：1971年，「九一三事件」出來後，我父親實際上就靠邊站了。那幾天，我父親的心情非常不好。在他看來，國防部長跑了，他這個總長能脫得了干係?!在他那個位置上，肯定是在劫難逃啊！因此，他看到林的照片就來氣，說：「跑什麼跑?!害死人！」於是，他就把過去自己和林在一起的照片都燒了。

　　9月16日，我跟我父親有過一次談話。我說；「林跑了，這麼大的事，你是不是給主席寫一個檢討？」他說：「我檢討什麼？林跑，我不知道。九屆二中會我沒上山，也檢討了。現在，我也沒犯新錯誤，我檢討什麼?!」我說：「最起碼，你對林的事情做一個表態。」他說：「我怎麼表態？現在中央都沒態度，我表什麼態？表態和不表態是一樣的。」我聽完以後說：「那我不上班了，咱們準備回老家吧。」他說：「不用，你去上班吧。」我說：「我不上班了，在家陪你吧。」他說：「不用，你還是上班，看看再說。」沒兩天，總理讓邱會作找我父親談話，談完話以後，我父親說：「看來沒事了，主席還是信任我的，總理讓邱帶話過來了。」父親是為寬我的心，但他沒想到主席對他下手會這麼狠！

黃永勝全家文革中合影。

邱路光：9月17號，總理往家裏打來電話。電話就放在小茶几上，那時候沒有免提電話，我父親一接電話，我和我母親都湊在電話旁邊聽。我父親接完電話，顯得挺激動，揚著手，叫吃飯，嘴裏不停地說：「總理保我了，總理保我了！」飯後，我們就上了西山。我父親跟我說：「去看看你黃伯伯在不在？」那時候，黃永勝住在西山前指。我去後，黃伯伯見到我，提到「九一三」這件事，黃站起來對著牆上巨大的三北地圖說：「跑什麼跑?!真是害死人呀！」我父親去後對黃說：「總理保我們了。」黃當時很冷靜，沉思了一下，說：「話是這麼說，文章不一定這麼做喲！」

「九一三事件」後，給林彪扣的帽子是另立中央，純粹是瞎扯！林就是搞政變，也不會先到廣州另立中央呀！難道林彪不知道這是毛澤東的天下，到廣州另立中央，有人擁護他嗎？林彪到廣州另立中央，沒有一個人會跟著他；即便是黃、吳、李、邱，也根本不會跟他去的。林彪怎麼會那麼傻？他也是身經百戰的人，在政治上那麼成熟、那麼深刻，他怎麼會在廣州搞政變、另立中央？這都是瞎編的！你說他走為上計，跑掉了，還有可能；但說他要另立中央，純粹瞎扯蛋！至於說，林彪知不知道飛機去蘇聯？我們不知道，誰也不知道。從法律上講，你說林彪主動外逃，你把證據拿出來；我說林彪沒有主動外逃，我也沒有根據。所以，不能亂說。這裏面，謹慎一些的科學分析是什麼呢？一個長期吃安眠藥的人，當他晚上10點多鐘吃了安眠藥，夜裏12點會是個什麼狀態？你想想就清楚了。不過，從當時的政治走勢判斷，從主席和林彪的關係變化來說，林的舉動是被毛主席逼的，他在政治上走投無路了，這是可以肯定的。

中國的實事求是，都是有前提的。第一是政治，第二才是實事求是。我講一個例子，是卜占亞跟我講的。「九一三」之後，總理、葉帥和張春橋找卜占亞談話。卜是廣州軍區副政委兼湖南軍區的政委。總理還沒說話，葉帥先說了：「卜占亞，你是要林賊，還是要毛主席？」卜說：「我當然要毛主席呀！」葉又問他：「你是要蘇修社會帝國主義，還是要我們的社會主義祖國？」卜說：「我當然要我們的祖國。」葉說：「那好，很簡單，一張紙，一支筆，一句話，明天老婆、孩子見面！」葉的意思非常露骨。說白了，就是讓卜做一個偽證就行了。事實本身並不重要，最重要的是保衛毛主席，保衛黨中央。卜占亞按照葉的意思辦了，說了假話，承認了18條罪證，

過幾天就放出來了。放出來以後，平調到蘭州軍區當副政委。丁盛的兒子去看他，說：「廣州軍區對你意見大了，你害了多少人啊！」包括卜占亞的老婆都罵他，因為卜占亞曾交待：是他讓他老婆帶著廚子去迎接林彪，在廣州搞開國大典。於是，就把他老婆也關起來了。哪有的事兒啊？卜占亞聽丁盛兒子講完，就哭起來了，說18條全是假話，是被逼出來的。他到蘭州軍區以後，他又寫了一個材料，表示自己說了假話。中央發火了，立刻免職，降成甘肅省軍區副政委，從大軍區副職降到副軍。同時，把他的電視、冰箱都拉到省軍區招待所了，連房子也沒有了。為此，卜占亞又翻過來了，說自己在風言風語之下，聽了一些無原則的話，思想沒有改造好等等。結果，他按照大軍區副職離休，讓他到了西安。退休以後，跟當官沒什麼聯繫了，又開始講真話了。還有一個例子。有一次，我跟春光參加一個座談會。會上，有一個人說，文獻研究室搬進毛家灣之前，派幾個人去打掃衛生。有人在地上撿到一個小冊子，是史達林《蘇聯社會主義經濟問題》的單行本。打開一看，裏面全是林彪的批註。他很震驚，不是說林彪躲在昏暗的角落裏搞陰謀嗎？怎麼還研究社會主義經濟問題呀？結果，領導一來，就跟他宣佈，個人撿到的任何東西都要交公，他就交了。

在關押期間瞭解的「九一三事件」

黃春光：林彪出事後，大概是1971年10月中上旬，把我也抓起來了。我家孩子中就抓了我一人，因為我家的秘書揭發，我幫著父親燒材料。當時，把我關在亞療（即亞洲學生療養院），美其名曰，參加毛澤東思想學習班，集中揭發黃、吳、李、邱、林、葉的罪行。

1971年底，聽說要放一批人，其中有我，但不知道為什麼，後來又沒有放。我在亞療被關了2個多月，1972年1月，把我降了一級，弄到北京軍區86樓招待所，和衛戍區的一個李參謀住在一個房間。李參謀是個小負責人，只帶班，不負責具體看守審查對象，他白天很少在房間裏，所以這個房間就我一個人。當時，林彪256專機的機組人員，兩個副駕駛陳聯炳、康廷梓，通信員陳松鶴，領航員李成昌也關在這裏。86樓上去以後，有一個大會議室，裏面有4張床，中間有個會議桌，他們4個機組人員就住在那

兒。關在86樓的還有4個女孩。其中兩個是跟林立果去山海關機場的，另外兩個是跟王永奎往廣州跑的。白天，我們就在會議室裏學習、批判，還可以打牌、下棋、聊天。正是通過和他們聊天，我才瞭解了林彪出逃前的一些情況。

機組人員告訴我，1971年9月12號傍晚，在北京西郊機場的時候，潘景寅就讓給飛機加滿油；飛到北戴河後，他又讓加油。前後兩次都被陳聯炳阻止了，理由是沒有必要加油。因為專機降落的時候，飛機的重量是有要求的。如果油太多，就要在空中盤旋，把油耗到符合降落的安全重量時才可以降落。所以，陳聯炳說：「根本不應該抓我，還應該給我記功。如果潘景寅把油加滿了，他們就飛到目的地了。」在我看來，潘景寅比4個機組人員、甚至比吳法憲、胡萍更瞭解內情。首先，他為什麼一再堅持要加油？無論是從山海關飛北京，還是飛大連，都是短途，完全不需要加那麼多油。他很可能是接到林立果的指示要飛廣州，但林立果為什麼不給胡萍打電話，而直接給潘打電話？為什麼能指揮動他？第二，9月12號夜裏，潘景寅為什麼不睡覺？他就是在等林立果的電話。第三，他為什麼不叫其他的機組人員？只叫了機械師。第四，吳法憲已經給潘景寅打了電話，明確告訴他不許起飛，潘沒有執行吳法憲的命令。他為什麼敢不聽司令的命令強行起飛？根據他們講的情況，我覺得，主要責任在潘景寅，機組人員也是這個看法。為這事，我還和舒雲辯論過。關於「九一三」的經過，康廷梓後來寫了一些文章，與我當時聽到的情況有些出入，但不是很大。實際上，在「九一三」以前，我就認識陳聯炳了，曾經坐過幾次他開的專機，他都是機長。林彪在南苑機場參觀殲-8時，我和他見過面，還跟他聊過殲-8，所以他願意跟我講一些情況。不過，陳聯炳沒留下什麼文章。後來鄧小平說：「我看這個飛行員（即潘景寅）是好人。」我不知道鄧根據什麼說的。潘景寅的家屬就抓住鄧小平的這句話，找空軍落實政策，說：「鄧小平都說他是好人了，你們為什麼還把他當壞人？」結果，潘景寅被定性為正常死亡，把家屬安排得還比較好；倒是那些沒上飛機的機組人員，全部被處理復員了，到現在生活都不怎麼好。

1972年的春節前，機組的4個人就走了。大年三十，我是跟這4個女孩一塊過的。春節過後沒多久，這幾個女孩也走了，就剩下我一人了，還是和

李參謀住在一起。據我後來瞭解，這些走的人不是放了。機組的4個人降級到空軍參加學習班，那幾個女孩先去了亞療，後又去團河勞改農場參加學習班。4月份，我也去了團河。到團河以後，我就跟林辦的秘書、我們家的秘書、吳家的秘書，大概有幾十個人吧，在一起勞動改造。林辦的秘書有李德、宋德金、張雲生等；李文普和于運深沒有在這兒。按現在的說法，于運深是大秘，知道的情況更多一些，所以，他和李文普一直關在另外的地方。林是不是要跑？這些人也搞不清楚，沒有誰能搞清楚。

李文普的證詞肯定是假的，是「九一三」很久以後才出來的。他說：「林彪在汽車上問林立果，伊爾庫茨克有多遠？」他聽到後才知道他們要外逃叛國，大叫一聲：「停車！」隨即開門跳了車，並說跳車時被林立果開槍打傷了。實際情況是，李文普受傷後，是張清霖（林豆豆的丈夫）第一個幫他止血、包紮傷口的。張清霖是醫生，他看到李文普受傷部位的衣服上有火藥灼燒的痕跡，顯然是很近距離發射造成的，這說明李文普是自傷。近年來，前蘇聯克格勃的一個局長說，在「九一三」飛機失事現場所發現的幾支手槍，全部沒有開過槍。這也是證明李文普自傷的有力證據。李文普的文化並不高，他是否知道伊爾庫茨克在哪個國家都要打個問號，而林彪恰恰是知道的。1969年，中蘇兩國恢復副外長級的政府間談判。林彪很擔心，蘇聯會利用代表團來中國之際，像入侵捷克一樣，對我國搞突然襲擊。那天，蘇聯代表團的飛機從伊爾庫茨克起飛後，林彪打破常規，一直沒有午睡，讓空軍向毛家灣報告情況，飛機到哪了，飛機到哪了？一直到飛機在西郊機場降落，林彪才去休息。所以，林彪不僅知道伊爾庫茨克有多遠，也知道需要飛多長時間。他根本不會問「伊爾庫茨克有多遠」這樣的問題。林彪是副統帥、國防部長，這麼高的位置，完全可以讓黃永勝、閻仲川、總參作戰部密切注意蘇聯代表團飛機的動向，但他沒有這樣做。林彪是本著對黨、對國家極端負責的態度，對蘇聯不放心，擔心蘇聯會利用談判搞陰謀。他是一個徹底的革命者，是隨時準備為國家犧牲的。林彪是個軍事家，打了那麼多勝仗，那麼年輕就當上了元帥。林為什麼能百戰百勝？就是因為林彪始終打有準備之仗。這麼精明的一個人，怎麼會對到伊爾庫茨克有多遠沒概念呢？他又怎麼會問這樣的問題呢？就算是外逃，飛機的速度是多少，航程是多少，還沒搞清楚就外逃，這還叫林彪嗎？林豆豆至今仍然堅持，林彪是被葉群和

林立果綁架走的。

我在團河待了1年。1973年，在學習班裏，又把我打成反革命小集團，把我關到豐台（就是邱路光他媽媽現在住的幹休所那個地方，當時還沒有起用），在那兒又關了兩年。直到1975年9月，才結束審查，我又回北空工作。當年年底，組織上通知我轉業，問我有什麼要求？我要求回北京，不同意；我要求回廣州，也不同意。我寫了3次復員報告，他們不批，非要把我分到湖北一個很偏僻的地方，我堅決不去。我說：「我項陽（項陽是我文革中改的名字）活著不會去那個地方！要去，你們抬著我的屍體去！你們可以把我的話反映給北空領導，反映給空軍領導，反映給總政領導，反映給軍委領導。甚至反映給總理、主席都可以。你們愛反映給誰，就反映給誰。我堅決不去湖北！」後來，他們說：「你回廣東吧。」我說：「不，我回廣州。」因為我是從廣州入伍的，但他們不讓回廣州。為回廣東還是廣州，又跟他們吵了好久。直到1976年9月，規定我們必須在十一以前離開北京。所以，我們是1976年9月30號上的火車，去了廣東韶關。

解除關押後的經歷

黃春光：1981年初，對我父親公審結束後，中央就決定對他保外就醫，安置在青島。大約在4、5月份，中央專案組的人來找我談話，說中央決定，安排我父親去青島，問我們誰去？我說：「4個孩子都去，全家團聚！」他們說：「那不行，規定最多只能安排兩家。」當時，我就決定，我跟老三去。我是老大，照顧父親那是理所當然的，老三在廣西鳳凰縣的一個錳礦，那個礦到縣城還有100多公里呢。老二和老四復員後回廣州，條件相對好一點兒。就這樣，決定我和老三去陪父親。

實際上，自公審後，秦城的伙食標準就下降了。我父親的身體一直不好，住進了公安部的復興醫院。1981年9月，我父親是從復興醫院直接上的火車，在四弟和三弟媳的陪同下（當然，還有公安部的人員）到了青島，住進了青島台西醫院。我因工作交接，大約是9月下旬到的青島，在青島無線電三廠任副廠長。當時，由組織出面安排，老三的愛人不用去單位上班，工資、獎金照發，專門在醫院照顧我父親。每天晚上，我和三弟輪流在醫院照

顧父親，一週一換。我父親的病房還比較大，是個裏外套間，有衛生間，還給隔了個小廚房，配了煤氣灶。每天下午，營養師到病房，給父親看第二天的菜譜，由他自己點菜，飯菜由醫院的食堂做。我們也可以在小廚房自己燉個雞湯、煮個銀耳湯，做些父親想吃的東西。當時，父親每個月的生活費是100元，包括交房租、交伙食費、訂報紙、買水果等等，這是很緊張的。而我父親以前的存款，在他生前一直沒有解凍。我們三口之家，一個月也只有100多塊。父親生前一直想看彩電，實在是沒有那麼多錢去買，我只好把自己的17寸的黑白電視機給父親看。現在想起來，我的心都酸。一年以後，我以父親的名義給中央寫信，反映100元的生活費太緊張。中央隨後決定，給黃、吳、李、邱每個月增加100元的生活費。也就是說，每個月改為200元的生活費了。

　　1982年夏天，父親尿血尿得很厲害，經檢查，是腎結石。經過專家會診，決定在9月份做手術。手術前，我跟醫生說：「最好能在手術中檢查一下我父親的肝部情況。」我總擔心父親的肝臟，但手術時沒有查出肝臟的問題。手術是由青島最好的專家做的，術後恢復得也不錯。然而，到了1983年春節前，父親又出現了腹瀉症狀。在體檢時發現，他已是肝癌晚期。醫院是春節後才告訴我們的，說是為了讓我們過好春節。父親病重後，我們曾給胡耀邦總書記寫信，要求換一個醫療水平更好的醫院，要求送到北京或上海進行治療。胡耀邦批示：「同意在青島安排更好的醫院。可讓上海派兩位專家來青島會診，如果身體條件允許，可以轉到上海治療。」隨後，我父親從青島台西醫院轉到青島人民醫院。經過上海醫生的會診，發現我父親的腫瘤發展很快，已經比較大了。醫生擔心，我父親的身體無法承受飛機的顛簸，有可能造成腫瘤破裂，所以就沒有轉到上海治療。從2月份發現，到4月26日我父親去世，前後僅兩個多月的時間。

　　父親去世後，我們給他穿上了軍裝，戴上了紅領章、紅五星帽徽。開始，公安局的人還勸我們不要戴。我跟弟弟們說：「一個老紅軍走了，紅領章、紅帽徽是一個老紅軍的標誌，看他們誰敢摘?!」本來，我們還想在父親的遺體上覆蓋一面軍旗，但是跑遍了整個青島市，都沒有買到，就給父親蓋了一面紅旗，公安部門也不再干預了。父親的骨灰一直放在家裏，我們為他佈置了一個靈堂。1993年4月26日，我們才把父親的骨灰送回老家湖北省咸

寧市安放。2004年12月，我們正式為父親下葬。

自父親去世以後，我就想離開青島，中間經歷了很多曲折。直到1987年底，我給趙紫陽寫信，解決我回京的問題。那時，趙剛當總書記不久。我之所以給趙寫信，一方面是因為趙和我父親在廣州時很熟；另一方面，因為陶斯亮能幫我，亮亮的母親曾志跟趙紫陽更熟。我讓陶斯亮幫我轉信，沒過兩天，陶斯亮就告訴我：「趙紫陽批了，很快就會有消息了。」這時候，我才知道林豆豆在鄭州汽車製造廠的確切地址，剛好我當時在北京開會，開完會我就跑到鄭州看她。那是「九一三」之後，我第一次見她。我跟她說：「我給趙紫陽寫了信，要求調回北京，趙紫陽已經批了。你是不是也給趙紫陽寫信，要求調回北京，讓曾媽媽幫你轉？」她說：「我跟曾媽媽不熟。」我說：「沒關係。你去北京以後，叫路光帶你去見曾媽媽。曾媽媽是非常好的人，對咱們這些孩子很愛護、很關心。而且，我去看曾媽媽時，曾媽媽還問起你的情況，她肯定會幫忙的。」

接著，我從鄭州又回到北京。這才知道勞動人事部趙東宛部長接到趙紫陽的批示後，讓調配處的工作人員具體辦這件事。他們曾經打電話到廠裏找我，廠領導答復說：「他去北京開會，沒回來，可能會去他母親那兒待一兩天。」那個時候，我母親在北京。我一回到北京，我母親就告訴我勞動人事部在找我。我便趕快給勞動人事部調配處打電話，他們說：「關於你的工作問題，總書記已經批示了。我們想瞭解一下具體情況，你明天能不能來？」我說：「能來。」第二天，我就去了勞動人事部。他們說：「你放心吧。我們保證，春節以前你就可以收到調令了。這樣，你就可以回來跟你母親一塊兒過春節了。」結果，1988年春節前，調令沒有來。這個調令等了4個月，直到6月份才接到調令。勞動人事部的同志很負責，因為是總書記批的，部長交辦的，調配處的同志多次來電話問我，接到調令沒有？我都說沒收到。他們在電話中說：「山東省勞動廳怎麼搞的？一個調令旅行了4個月！」

6月份，當我接到調令後，廠裏說：「你還不能走，要把你的任務完成了才能走。」我說：「廠長呀，我先不辦工資關係和黨的關係，先把戶口給辦了，成不成？」我知道，只要戶口進了北京，別的我都不怕了。我說：「不就完成80萬利潤嘛，我保證完成就是了。可有一條，完成了利潤以後，

你得把這幾個月的獎金給我。」我兩個星期就完成了。那時候，一兩千塊錢的獎金，也是不少錢呢。我進北京以後，到了一個三不管的單位，是海軍航空兵和北京市農場局合辦的一個公司，叫北京市燕海經貿公司。

邱路光：趙紫陽的確給我們這些子女解決了一些實際困難。當時，我在北京商學院當教師。我在那兒教了8年書，一直沒有房子住，晚上就睡在教研室的桌子上。不幸的是，我的腰被汽車撞傷了，傷了8根骨頭。正好，趙紫陽的兒子回北京，我們倆是大學同學，關係非常好，他讓我寫封信。大概是1987年11月，我寫了一封信，交給趙二軍。二軍進中南海回家也就10分鐘，趙紫陽就批了，二軍給我複印了趙的批示。批條上面寫著：「告訴部隊，恢復原來的行政級別。告國務院機關事務管理局，適當分配住房。趙紫陽。」我看了以後太激動了！有些事，搞10年搞不下來；有些事10分鐘就搞下來了。這是一件事。

還有豆豆回京的事。春光見到豆豆後，不是讓豆豆找我嗎？那時候，打不起長途電話，我就給豆豆寫了一封信，叫她來北京。她的電話打到我們教研室，說：「我怎麼向廠裏請假呀？」我說：「你管它呢，不用請假了。」很快，豆豆就自己來了。她來了以後，住在萬壽路11號中組部招待所3號樓2層西頭的房間。我就先找了亮亮，她在統戰部上班。亮亮也是一個非常豪放、非常正義的人，她讓我帶著豆豆週末去找她。禮拜天，我們就去了。曾媽媽住在前面的1樓，亮亮住在後面的3樓。我讓豆豆在外面等著，我自己先進去了。亮亮不在，給我貼了一個條：「路光，我有急事，你到前面去找老太太。」我就去了，曾媽媽正在院子裏收拾花呢，我對曾媽媽說：「豆豆來了。」她說：「好呀。」我說：「你見見嗎？」她說：「你叫她來吧。」她還問我父親怎麼樣？我就帶著豆豆從後面小門進去，見到了曾媽媽。因為不知道深淺，也不知道人家願不願意，我沒開口說豆豆的事兒，只是一般性的問候。正在跟曾媽媽說話的時候，亮亮回來了。她問我：「談的怎麼

邱會作晚年與林彪之女林立衡（豆豆）

樣了？」我說：「還沒有開始談呢。」亮亮就開口了，說：「豆豆很坎坷，她在鄭州生活很困難。如果調回北京，能好一點兒。」曾媽媽說：「你說的這些，我也記不全呀，你寫個信吧。」她當時沒說答應幫忙轉。曾媽媽坐在沙發上沒有多說話，我們就在桌子那兒，由豆豆起草給趙紫陽總書記的信。豆豆寫好後，亮亮就幫她改。改了以後，豆豆就在那兒抄。抄完以後，亮亮原來準備自己去送。曾媽媽突然冒出一句：「這個信以我的名義送。」原來害怕打擾她，我們不敢提，實際上，曾媽媽這個人非常負責任。當時，曾媽媽給中組部常務副部長陳野萍和一個老幹局的局長寫了封信。她的文化水平挺高，最後落款的一句話是「請賜見」，我第一次見到這個詞兒。然後，寫一個「曾志」。她把信交給豆豆了，讓豆豆拿信去找中組部。曾媽媽胸有成竹，認為這件事肯定能辦成。後來，豆豆跟張清霖就一塊來北京了。豆豆到了社科院近代史所，張清霖被安排在北京市衛生局防疫處。

這事兒反映趙紫陽是個有胸懷的人。林彪女兒的事兒，他都敢管，有氣魄。趙紫陽還幫春光的弟弟分了房子。當時，他弟弟在廣州的房子很小。廣州省委書記林若到北京開會，趙紫陽說：「你們胸懷大一點嘛！」

對「九一三事件」的反思

黃春光：葉帥去世後，我曾找過葉帥的兒子葉選寧。我問他：「為什麼打倒『四人幫』以後，還把我父親關到秦城去？我父親跟葉帥的關係很清楚，從來沒得罪過葉帥，對葉帥一直很尊重、很照顧的呀。葉帥當時是怎麼考慮的？」他說：「這是按程序辦的。」我說：「這說不通呀，解除審查，也是工作程序呀？」我跟選寧的關係還可以。葉帥在廣東工作的時候，選寧上四年級，我上一年級，他經常帶我們玩兒。葉帥調北京後，每年冬天都去廣州。大人的事兒是我父親安排，小孩的事兒就是我來安排。所以，我覺得葉選寧應該不會騙我。

我認為，1976年12月30日，我父親被關進秦城，問題升級了，這裏面汪東興起的作用比較惡劣。葉帥和華未必想得到在當時情況下，要對黃、吳、李、邱怎麼樣。歷史上，葉帥也是一方面軍的，只不過他不是紅一軍團

的。汪東興在中央的時間很長，他知道的事情太多，心裏太明白了。1971年「九一三」之後，把黃、吳、李、邱抓起來，就是汪東興向主席提的。這是王洪文後來跟邱會作說的。江青說，自己是主席的一條狗，主席讓她咬誰，她就咬誰。我父親對汪東興的評價是，汪也是毛主席的一條狗，幹了不少壞事。1977年初，中紀委接手復查此案。在黃克誠負責審理的時候，曾經緩和了一段。之後，鄧的意見就比較重要了。我覺得，鄧小平和彭真堅持嚴辦，一個是抓替身，一個是泄私憤。

邱路光：中國人有搞臭觀。我父親的起訴書就是這樣寫成的。比如，說我父親在總後黨委會上攻擊朱德，實際上是傳達中央的精神。審判人員問：「這是不是你同意傳達的？」我父親說：「是。」「既然是你同意的，你要不要負責任？」我父親說：「要負責任。」但是，他們不問，是在黨委會上傳達中央關於朱德的講話，還是我父親私下個人搞陰謀攻擊朱德？也不問是傳達中央誰的講話？其實，這是傳達葉劍英關於朱德的長篇講話。我父親說要負責任，是負政治責任和領導責任。結果，公審說你要負法律責任。黃、吳、李、邱的法律責任都是這麼來的。另外，彭真曾反覆強調，法律面前人人平等，這是他首倡的。但彭真作為公審的主持人，卻搞了三個標準，把個人感情帶入到法律中來了。對待同樣的事，彭真的標準是，毛主席犯了錯誤，周恩來做了違心的事，而黃、吳、李、邱這些壞人是犯罪，要審判。按照法治的觀念，審判之前，應該沒有好人、壞人之分，即所謂無罪推定，不能搞有罪推定。另外，公審的時候，他們有一個很大的情緒，什麼意思呢？過去，你打了我，老子忍了；現在，老子上臺，我整你也不客氣！這就叫封建政治。關於黃、吳、李、邱的政變帽子，是否定文革以後唯一一個沒有得到糾正的問題。

我覺得，鄧小平不給黃、吳、李、邱翻案，是有原因的。一個原因是，黃、吳、李、邱是「雙一」（注：指紅一方面軍紅一軍團）的骨幹，除了這幾個人以外，蕭華、劉亞樓、楊成武、羅瑞卿也都是「雙一」的人。自建黨、建軍以來，「雙一」是一直傳承下來的骨幹力量。包括總參謀部的建立，海軍、空軍的建立，以及在各大軍區占的份額，都是以「雙一」的幹部為骨幹的。其他的人都是配角。除了「雙一」的人，能在部隊占點兒份額的就是四方面軍的幹部，像二野和129師的幹部。顯然，黃、吳、李、邱的問

題是政治問題、路線問題。如果說毛主席當年搞錯了，最起碼要給這些人分配工作，至少要有名義上的工作。否定文革後，鄧小平對共產黨的經濟體制和基本路線都有了另外的想法，他絕不會再沿用毛澤東時代的東西，他就是要在政治體系、組織體系上堅決幹掉「雙一」。他這麼做，就是為了把部隊這些人打壓下去，「改朝換代」。所以，他上臺之後，什麼都不要當，就當軍委主席。鄧小平還專門下了中央文件，把楊成武搞到福建當司令員，把蕭華搞到蘭州軍區當政委，把劉志堅搞到昆明軍區當政委。當然，劉志堅雖不是「雙一」的人，但他也是毛澤東時代受器重的人，說這些人不能留在北京工作。他們平反以後，都被趕走了。像楊成武這樣沒有帽子的人，鄧小平都不要，更不用說黃、吳、李、邱這樣有帽子的人了，他能把你解放出來嗎?!

　　第二個原因，公審絕不是為了維護毛主席。恰恰相反，把「四人幫」和黃、吳、李、邱搞在一起公審，是為了審毛主席的文革，是為了打擊毛主席。文革中，「四人幫」在臺上工作，黃、吳、李、邱也在臺上工作，你們都是跟著毛主席路線的人。所以，公審這些人，正是為了否定文化大革命，打毛主席的。這裏還有一點，鄧小平對所有犯錯誤的人，都採取了宜粗不宜細的態度；只對黃、吳、李、邱，採取了宜細不宜粗的態度。但是，鄧小平歪曲了基本事實，部隊的文化大革命和地方的文化大革命正好相反。地方的造反派得到主席、江青他們的頌揚；部隊的造反派在1967年的513後就被全部壓下去了。「九一三」以後，部隊的造反派狡辯，說他們不是造黨委書記、司令員、部長、政委的反，是造跟林彪搞政變的反革命黃、吳、李、邱的反。

　　他們說，黃、吳、李、邱1967年迫害了我們，我們早看出來他們是反革命了。鄧小平把部隊的文化大革命完全搞反了。所以，在公審剛開始的時候，本來要審黃、吳、李、邱搞政變，結果沒有證據，抓不到把柄，就變成他們迫害幹部、群眾了。什麼攻擊老帥，整老帥的黑材料，打擊了多少幹部、群眾，死了多少人，傷了多少人等等。似乎這樣就可以證明，黃、吳、李、邱跟「四人幫」一樣，打擊幹部、群眾。事實上，黃、吳、李、邱打擊的所謂幹部、群眾，都是文化大革命的造反派，目的是維護部隊的穩定。那時候，清理階級隊伍、精簡科室人員、搞鬥批改，不是黃、吳、李、邱的政策，是黨中央的政策，是毛主席的指示，軍隊機關能不執

行嗎?!當然，在執行政策上也有過頭的地方，黃、吳、李、邱是要負領導責任的。不少人和事運動後期也是要甄別的，但歷史沒有給黃、吳、李、邱這個機會。

公審黃、吳、李、邱，還有一個原因，就是找毛澤東的替罪羊。這麼講，並不是說鄧要維護毛主席，而是說鄧要把他們當作毛主席的人來審判。當年說，黃、吳、李、邱的錯誤是搞政變，反毛主席，但這不是公審的原因。公審的原因是認為，他們擁護毛主席，執行了毛主席的路線。其實，主席挺對不起黃、吳、李、邱的。他們從娃娃開始就跟著主席革命，跟部隊走了一輩子，結果怎麼樣？我父親說過，他的經歷非常簡單，參加革命穿軍裝，打成反革命脫軍裝。他們到最後也沒有完全醒悟，對黨、對主席，仍然保持著很純樸的感情。

萬里是堅決反對公審的。胡耀邦跟我父親非常熟，他原來也反對用公審解決黨內問題。但後來小平決定公審以後，胡的態度就變了。1988年底，邱會作第一次到北京來，趙紫陽的兒子去看我父親。他跟我父親說：「趙曾說過，看來，『九一三』事件也是個扯淡的事。」鄧小平這個人非常實用主義，也非常聰明。主席就是過於相信自己了。

黃春光：關於「九一三」的事情，公審的人員比誰都清楚，因為他們看了大量的檔案材料。但是，他們還是按照官方的定性，開始作為政變處理，後來不說政變了，改成以推翻無產階級專政為目的。然而，事實是不是這樣的呢？文化大革命的潮流浩浩蕩蕩，沒有一個人敢站出來阻擋一下。這是中國體制最大的錯誤和悲劇。這期間，軍委辦事組不讓中央文革小組插手軍隊，保持了軍隊的穩定。因此，我們對文革的認識，應該注意到有一股反文革的力量。這股反文革的力量，以軍隊最為突出。政府癱瘓以後，總理就靠李先念、谷牧、余秋里他們撐著，但沒有軍隊的支持，靠這幾個人能撐得住嗎？所以，在文革中，軍隊對穩定全國局勢應該是功不可沒的。整個看下來，在文革中，黃、吳、李、邱走的是另外一個軌道。他們在臺上，不能和主席對著幹，但他們和主席最重要的支持者江青對著幹，這本身就不得了！當然，還不能說軍委辦事組戰勝了「四人幫」，但至少起到了牽制「四人幫」的作用，沒有讓文革向更惡劣的方向發展，在最動亂的時候支撐了黨和國家的大廈。

邱路光：究竟誰應該對文化大革命負責？這是個大問題。並不是完全由林彪、「四人幫」負責，毛發動的文革，他當然要負主要責任。但是，那些在主席身邊的人，可都是擁護文化大革命的，包括劉少奇、鄧小平，一開始都是擁護文革的，倒臺後都是含著熱淚向主席請罪的。當時，沒有一個人站出來說：「主席，你發動文化大革命是錯誤的。」所以，文革的發動，老一輩無產階級革命家有非常重大的責任，他們是不戰而潰！像譚震林、陳老總，包括王震，他們在文革之初沒受到太大的衝擊，他們熱烈擁護文化大革命，把對立面的幹部罵成反革命。像譚震林就罵鄧子恢，戰爭時期，譚震林跟鄧子恢是最好的戰友，他們在浙贛一帶工作。文革時，譚震林到了農業部，指著鼻子罵鄧子恢。王震罵蕭克，都是你他媽的。陳雲從八大到九大一直反覆說，我再也不反毛主席了，我犯了很多錯誤。老一輩無產階級革命家都認為，自己沒跟上主席偉大的步伐，都說自己犯錯誤了，沒人說毛澤東犯錯誤。幾乎所有的人都是這一個態度，沒有第二個態度。所以，說到文革的責任，不光要說群眾的責任，更要探討比黃、吳、李、邱更高一層的無產階級革命家這個群體的責任。誰也不敢說自己沒有賬，這要相對來看。黃永勝以前是廣州軍區的司令員，他和陳錫聯、許世友比起來，究竟是誰的欠賬多？打宋任窮，打洪學智，打周桓，打的人多了！對張志新的處理，跟毛遠新的關係，還有張鐵生交白卷的問題，等等。黃永勝和他們比起來，欠賬是最少的。研究文革，很多東西還得回到歷史原點。因為很多規則在起點上就錯了，結論肯定是不正確的。

黃春光：對文革的評價，也有一個大前提問題。前提不同，結論完全不同。主席認為，他搞文化大革命，是國民黨和共產黨長期鬥爭的繼續，是完全必要的，是非常及時的。在他看來，文革首先是一次革命，革命就是要砸碎舊的國家機器。所以，文革時期砸了公檢法，是為了建立新的公檢法。中央碰頭會就是過渡性政權了。現在，否定文革，把文革當作一場政治運動，怎麼衡量這個問題，還要深入地研究。現在，還有不少人對文革沒有想明白，毛遠新本來可以早些放出來，就是沒想明白，多坐了幾年牢。戚本禹坐了18年大獄，至今也沒想明白。不管你把文革作為一次運動，還是作為一次革命，去否定它或是肯定它，其根本的問題還在於共產黨的體制。不管毛澤東幹，鄧小平幹，還是張三、李四幹，制度的內涵沒有變，都不會有好結

果。如果鄧小平搞文革，很可能又會出現幾百萬右派。所以說，按照毛澤東那一套搞不成，按照劉少奇那一套搞也不成。說到根上，還是我們的國家缺少民主法治的問題。

邱路光：中國是一個奇特的體制，政治取向決定了一個人的命運，甚至株連到家屬。一旦你完蛋了，你兒子也完了，你家人也受牽連。文革以前就是這樣，你一倒臺，全家都完，生活都沒著落了。所以，在中國的體制下，由於很多政治上的原因，講真話是很難的。很多人都是兩面派，他知道事實真相，但如果是政治需要，他能振振有詞地講空話，講假話。

我和春光都是在抗戰烽火中出生，在紅旗下長大，我們對共產黨是有感情的。我們談了這麼多，沒有為我們父親辯解的意思，我們的心早就平和下來了。我們所講的內容，和我們的父親要不要平反毫無關係。我們只是講歷史事實，探討我們的父親究竟是什麼樣的人，在文革中是什麼樣的心態，做了哪些工作，有哪些錯誤和缺點？這些錯誤和缺點，是共產黨老幹部共有的，還是個別現象，抑或只是黃永勝和邱會作有？

蒙古，肯特郡，溫都爾汗東北八十公里處的貝爾赫荒原，林彪、葉群、林立果等九人的遇難處。從左至右：林彪之婿張清林、吳法憲之子吳新潮、黃永勝之子黃春光、邱會作之子邱路光、李作鵬之子李冰天。（攝於2011年9月13日）

我的一九七一年

程 光

程光，退休高工。原名邱承光，邱會作之二子。「九一三事件」發生時25歲，在解放軍廣州部隊服役。

施工「老虎洞」

1971年元旦剛過，部隊裏幹部請假探親的就多了，都想回家過春節，但得到批准者很少，因為我們一二四師是甲種戰備值班師，休假幹部不得超過百分之三。我沒有想這事，我到部隊時父親要求，要把春節和其他節日休假的機會讓給他人。那時我是三七〇團三營八連指導員，連長離職在外學習，我不好離開崗位。我在部隊那麼多年，春節沒有回去過一次。

我們師從去年就在「支左」中增加了國防施工的任務。我們團參加的「七〇五工程」在廣州白雲山腳下，那裏是軍區戰時指揮所，已建了多年，有些陳舊，現在要擴建。這項工程屬於絕密，雖然任務很急很重，但只許部隊參加施工，幹起活來非常累，星期天也不能休息。軍區的首長常來督促檢查。

春節剛過，我的連隊接到命令，到距離「七〇五工程」不遠的一處名叫「老虎洞」的地方執行任務，為一處剛建好的獨立房子的週邊架設鐵絲網。那是座平房，約有六、七百平方米建築面積，房子背靠白雲山，房後幾米遠就是八十度的山體陡坡，房前有個小院，房子的牆體是青灰色的，如果不走近它，很難發現。

架設鐵絲網本是工兵做的事，由我們步兵連承擔，不僅專業工具少，而且沒有經驗和技能。好在總長度不太長，只有四百多米，大家邊幹邊學。

任務完成後，團裏又讓連隊在這裏繼續作防空隱蔽工程，並擔任警衛。「防空隱蔽」就是在那座房子附近和院子裏種樹種草，使之從遠處或是後面的山上看，與周邊叢林草木環境近似，不易被發現。

我組織施工，還要警衛，就圍著房子用心察看，覺得有點眼熟。房子只有一層，但比一般住房要高許多，它寬大的雙層玻璃窗，長長的走廊，厚重又密封的門，和廣東當地的房子不一樣。我想來想去，覺得像北京西山軍隊領導住的房子，再細細地看，發現和北京毛家灣林彪的住所相似。

全團都為「七〇五工程」緊張施工，而我們連在這兒搞綠化、作警衛，太輕閒，我有點不願意。團政委似乎看出來了，找我談了話，說這是軍委主要領導到廣州時居住的房子，要忠誠可靠的人來完成任務，團裏考慮再三，才決定是你。

3月初，在室外綠化的同時，室內也開始了佈置。軍區一個管理科長帶著一批人進駐到院子裏的偏房，有炊事員、服務員、內勤和花匠。那幾個女服務員，一看著裝就知道她們是軍區接待部門為首長服務的。他們凡是要搬重點的東西，一律叫我派戰士去，幫幫忙不算難，可是戰士回來常訴苦，說他們擺放東西常變來變去，指手劃腳吆喝，戰士們累了不算，常常被訓斥。戰士每天和泥土打交道，一天下來渾身上下都是爛泥，可是院子裏有自來水的地方只有那所房子廚房外的一個棚子，人一多就把周圍的地上搞得都是水。他們就罵戰士，時常發生口角。戰士怕那個科長，我卻不然，不許他訓斥戰士。他很惱怒，說你一個小小連指導員敢影響我們的工作？我不客氣地說，你敢把我的戰士不當人，就不再讓他們為你幫忙。他連聲說反了反了，要反映到你們師，處分你！

和那個科長吵架後的一天中午，我接到師部一個電話，說軍區辦公室通知，指名叫我下午6點前準時到某地去有要事，要絕對保密。我感到好笑，因為通知的地點就是我們連警衛的地方。下午，我按時到了門口，正要進去，看到科長坐在傳達室，還帶著兩個內勤。他擋住了我，傲慢地說，軍區領導要在這裏接待北京來的首長，不許閒雜人員靠近。我說我也接到這個通知，才加派了雙崗和幾組遊動哨。我本想徑直進去，因為站崗的是我的戰士，但我怕引起麻煩，畢竟今天不同往常。他看我留在門口，得意地說，這就不用你操心了，早點走吧，別妨礙我們工作！這時，一長串車隊開了進去，是軍區首長們的車子。

過了一會兒，裏面出來一個幹部到傳達室看了看，問首長叫的一位客人來了沒有？科長說沒有。那個人反覆出來幾次看看，急了，說就等這個人

了，你們到底看到了沒有？正在這時，吳法憲的女兒吳仲秋出來了，她是廣州空軍醫院的醫生，見到我就說：「就是他！」

我被領進了餐廳，裏面擺了兩桌酒席。吳法憲坐在主桌，丁盛司令員、劉興元政委等軍區首長圍坐在旁邊，吳向我打了個招呼，我和吳仲秋趕緊坐在了次桌的空位上。

席間，聽他們說，這是為林副主席修的一座房子，原來他住過的房子太破舊，不好用了。從吳法憲的口氣中聽得出，林彪、葉群並不知道此事，軍委辦事組之前也不瞭解，因為軍區領導要吳報告一下，請林總天涼時來冬休。吳答，他說一下可以，但來不來不知道。林總不許專門為他修房子，在外地都是住老地方。

軍區領導不以為然，說他們在修建另外一個新的工程，是更好更大的房子。吳法憲看上去毫不知情，因為軍區首長強調，那是中央辦公廳汪主任佈置的，說「那個人」國慶日之後要來住，汪主任近期要親自來查看。吳法憲說，「那個人」的事全聽汪主任的，他叫你們怎麼辦就怎麼辦。那天以後，科長對我不僅客氣，還特地打開了房子後面工作人員用的一處衛生間，勞動一天下來的戰士可以在那兒洗洗。可惜沒多久連隊就有了新任務。

必須在國慶日前竣工的「保密」工程

我們連奉命參加全團剛進駐的白雲山麓磨刀湖畔一項「國防」施工。那裏已經全面開工了，工程占地上千畝，很遠之外就辟成「軍事禁區」。已開工的建築面積超過一萬平方米，有多棟自成一體而又互相連接的別墅。在這裏施工的有一個工兵團和我們一個步兵團，還有汽車運輸部隊和一些外地來的專業施工隊伍。

磨刀湖是早年修建的一個水庫，岸邊樹木繁茂，風景宜人，在白雲山的襯托之下美麗悠靜，只是開闊的湖面略顯單調。舟橋營架起一道浮橋伸向湖中，由汽車運來大石塊向湖中傾倒，要堆出一個看似「天然的」島來點綴景色。浮橋狹窄，只能一輛車子到了橋的端頭傾倒之後退出來，第二輛車才能開上，因此很費時間。為了加快進度，這裏晚上挑燈施工，團領導常站在浮橋口上指揮督戰。

我們連的任務是架鐵絲網，這裏的地形比老虎洞那邊複雜，線路也長了幾十倍。每支一百多斤重的水泥樁、兩百斤一捆的鐵絲蒺藜要由戰士們扛著爬上沒有路的山林裏。架設路徑要精心選好，鐵絲網要緊貼著時起時伏的地面在繁密的樹林中穿行，既不能在鐵絲網下面留下二十公分的空隙（人不能鑽過），也不許離樹木兩公尺近（防止人攀樹跳過），這樣一來，柱樁的密度比常規增加了一倍。固定柱樁的基坑，有的就是在表面是浮土下面是砂石的山坡上一點點摳出來的。為了按時完成任務，連隊一清早就要上山，天黑才回來，我和戰士們經常全身是泥，膝蓋跌得青腫，手上身上總有幾處被鐵絲蒺藜紮出的傷。

好不容易架好了鐵絲網，又叫我們連負責砌曲折繞行於那幾組房子周圍的「天然小路」，為了讓散步者不走回頭路和有行走的樂趣，小路有時彎曲沿著山邊，有時逶迤傍著湖岸，路邊不斷要出現小景致。小路沿山時，山坡一邊要有擋土牆，傍水時要有防波堤，均為大石塊砌成。石塊大的重七八十斤，小的也有四五十斤。為了讓它們少有人工痕跡地壘起來，要精心選擇形狀，往往要反覆挑選、搬上搬下地試著對縫拼湊。戰士們的手多被劃破，手套上滲出了血。有一次，一段擋土牆砌好後發現少插了一隻滲水的竹筒，只要在附近略多一兩個出水口即可。指導我們施工質量的檢查人員卻要求拆掉返工，戰士認為不影響質量，因為這工程標準已比常規高了很多，爭論了起來。那個人立即向上彙報，一個領導在團首長陪同下來了，他訓斥說：

「這裏不許一點馬虎，如果少了一個滲水眼，擋土牆萬一倒了，是對毛主席最大的不忠，會造成天大的罪行！」

當時正值大搞「三忠於、四無限」的年代，如果工作中出了差錯，人們常會說那是「對毛主席的不忠」，差不多都是口頭禪了。但是我感到那個領導說的是具體所指。等領導走後，我問留下來監工的技術員，為何動此大駕，讓我和戰士受這麼嚴厲的訓斥。技術員此前就認識我，好像知道我有「背景」。他

1971年夏程光在南湖工地附近山崗上留影。

聽我這麼問，有點驚訝，便用手向天上指了一下太陽。他見我一臉疑惑，又指了指我胸前的毛主席像章，小心地向四周看看有沒有人，急忙收回了手。之前我就知道，汪東興親自來這裏查看過，我心裏明白，不敢流露。

工程夜以繼日地進行，我們一天要幹十幾小時活，天濛濛亮起床，天黑才回來，被汗水濕透的衣服來不及洗，只好掛在外面讓風吹乾，第二天衣服上已凝結出一層灰白色的鹽。大家誰也不敢埋怨，拼命在幹，因為領導強調，一定在國慶日前竣工，時間緊迫。

建築群很快就展現了面貌，它那背山面水的宏大氣勢，遠非老虎洞那邊可比。老虎洞那邊的房子還不如這裏工作人員的偏房。有人猜出了這群新房子的用途，只是不敢說。它就是後來被命名為南湖賓館的地方，為毛澤東專門修建的新住所。

父親到廣州

5月初，團裏值班室通知我到廣州大沙頭某地去，有人找。我按地址找到那兒，是國賓館。我父親的劉秘書到門口接我，說他們陪越共中央總書記黎筍來訪問幾天。我向團裏打電話請一天假，團長說，你就陪陪父親，等他走了再回來。

我在賓館裏遇見了正在散步的黎筍。當我見到中聯部長耿飈時，行軍禮後說「耿伯你好」。我和他兒子耿志遠是清華大學同學。他愣了一下，說我穿了軍裝差點沒認出來。我說上次見面還是幾個清華同學到你家裏下圍棋，我們賴了棋被你抓個正著。

有一天早飯時，秘書說：「在從化溫泉休息的滕代遠打電話來，說要到廣州看看首長。」父親打住了他的話說：「不能讓滕老來看我，那成什麼話了！應當是我去看他，還有富春同志，我都得親自上門去看，待我忙完了這邊的事就安排。」

離開廣州前，丁盛看過父親一次，單獨來的。他們關上門說了很久。當父親送走丁盛後，嘴裏自言自語：「這個司令官呀司令官……」我奇怪他把「司令員」說成「司令官」，問有什麼事？父親不語。

他們談的，父親在晚年才對我說了。父親提醒丁盛：「江青前不久到

海南島去路過廣州。從她的嘴裏聽得出，她對廣州軍區很感興趣，對你這個司令官也很感興趣。你要同她保持一定的距離，否則你要吃虧。她想利用你的時候，把你捧到九霄之上還嫌低。她要是不想用你了，會把你打到十八層地獄之下去還嫌不夠呢。到時候你死都不知道自己是怎麼死的。」丁盛問如何「防江青」，父親說：「最好的辦法就是不要接近她，更不要單獨接近。當然，面子上的事、場面上的『戲』還是要做。江青喜歡奉承，必要時你就吹她幾句，她就不知所以然了，也就不知道你在防範。」

父親要回北京了，來接他的是三叉戟型專機，是空軍特地安排的。中國早就想從英國進口，沒有辦成，於是就叫巴基斯坦先進口，然後轉手給我們。中國領導人專機用的蘇式伊爾十八飛機，到北京要三個多小時，而三叉戟飛機兩小時就可到北京。

要起飛前，值班空軍幹部來報告，說是晚一會兒起飛行不行，在從化休息的張雲逸突然生病，要回北京檢查。我父親說：「你不早說，一定要把張老安排在最舒適的艙位。」等了一會兒，父親聽說張雲逸已由擔架送上飛機了，急忙趕去。送行的劉興元叫大家不要打擾，在舷梯下等，他隨著父親一起上了飛機。片刻之後，劉興元下來，飛機立即起飛了，我居然沒有和父親說上再見。

最後見到的葉群

7月底，團裏有件公事叫我到東北去辦，隨便可休了當年的假。這有點照顧，也免了另派專人去。

我回到北京，聽母親說，林彪一家人在北戴河，正巧那幾天葉群回來看病，父親和母親要去看她一下，我就隨同一起到毛家灣去。父親和葉群說了幾句寒暄話後，說他工作忙就告辭了。

母親和葉群貼近了說著話，我聽得出，是豆豆的婚事，她的男友是部隊一個醫生，葉群想叫母親問一問他的學問。

一會兒，林豆豆和一個男青年來了，葉群作了介紹。真巧，他是我所在的四十二軍一二四師師部醫院醫務所所長。後來外邊傳說「招駙馬」、「選美」如何如何，其實他並非「美男子」，只是個給人以信賴感的敦厚

人。作為醫生，母親非常重視實際經驗，問他一些醫學上的事，他的回答讓葉群和我母親很滿意。

豆豆他們走了之後，母親說已經託人從湖南買了兩床湘繡被面，還想為兩位新人做幾套衣服。當葉群得知被面每床要三十多元，比一般的緞子被面要貴，說一定要照市價付錢，還說結婚時豆豆他們就穿軍裝吧，最多做兩件襯衣，婚事一定要節儉。

我8月初到東北辦事，然後回北京休假到9月7日。

返回部隊路過廣州時住了兩天，9月10日歸隊。

臨回部隊前，我把母親託我帶給軍區首長的一些北方水果分別送去。軍區政委任思忠和我談了一會兒，說部隊反映你鍛煉得不錯，想讓你向政治工作幹部上發展，你自己有什麼想法？我說最好不離開連隊，如果調到機關，最好還在基層做幹部工作。任政委笑了，說幹部工作是有很多人羨慕。但你父親要求你學真本事，你們師決定你調到三七二團政治處當宣傳股副股長。你當連隊指導員前當過宣傳幹事，寫的文章有的在《戰士報》、《解放軍報》上發表了，有些基礎。三七二團是四十二軍的團一級政治處裏很優秀的，他們編寫的連隊思想工作《六十個怎麼辦？》，受到林總的高度評價，你到了那裏，要從這些基層思想工作中學習。

我到了廣東博羅縣三七二團駐地報到，團政委和政治處主任說到我們軍的老政委（任思忠）對這個團政治處一直非常關心。我說他在我臨來前還交代，要團裏發揚政治工作聯繫實際的優良傳統。

我捎來的這個話，被師團當成了軍區首長「指示」，立即佈置貫徹執行。我剛到新的單位人們就知道了我的背景，這令我很不安，甚至感到害臊，心想要加倍努力工作才行。

晴天霹靂

1971年國慶節假日剛過，團政委突然叫我去，不是通常那樣讓通訊員來喊，而是保衛股長「隨便」來叫。政委嚴肅地說，上級決定送你到廣州學習。我說回去準備一下，他說不必了，這就走。我發現，保衛股長帶著兩名連裏抽上來的幹部已站在我身後，保衛股長用眼神示意我不許再問，帶我上

了門口停的一輛吉普車，我坐在後排，兩邊各一個人夾著我。車到廣州，我們在軍區附近的中山二路一個小院子的樓裏住下，大門口站著雙崗，樓門口有內崗，這是特別加強的警戒。陸續還有人押進來，有黃永勝的兩個兒子，還有幾個穿空軍衣服的年輕人。

一會兒，一名幹部來向我們宣讀文件，是1971年9月29日向全國發出的《中共中央通知》，內容只有一句話：

「鑒於黃永勝、吳法憲、李作鵬、邱會作四同志參加林、陳反黨集團宗派活動，陷入很深，實難繼續現任工作，已令他們停職反省，徹底交待。」

聽到這兒，我的頭轟的一下，感到全身發熱……我難以置信，我9月7日離開家，才幾天呀……

我這住處，是一間教室那麼大的房子，裏而擺放了三張床，其中兩張緊挨著，另一張和這兩張之間有個能讓人下床的二十公分的縫，我睡在中間一張上，兩邊睡的是保衛人員，這比對獄中的犯人還看得緊。

從此，每天開始了「學習」。說是對「林陳反黨集團」揭發批判，不知為何成了對我們的批鬥，要交待所知道的「政變」陰謀。我剛好8、9月份在北京，自然成了重點，辦案人員窮追不捨地逼我揭發交待。我把我所能記得的都說了，但他們不滿意，不時說出一些兇惡的話，似乎我是「同黨」，將要受到嚴懲。

我實在是沒有可交待的事，巨大的精神壓力使我整夜難以入睡。我想，與其這樣無辜地扣上反革命帽子苟且半生，還不如一了百了，我一生中第一次想到了「死」。在我的要求下，醫生每晚給幾粒安眠藥。他對管學習班的人說，這樣不睡覺，幾天後他身體就垮了，不能「學習」了，這才得到同意。每天只給我了兩粒，我說不夠，又加了兩粒。我假裝服下，暗中積攢下來，幾天之後終於積到二十多粒了，我在準備吞藥之前的一瞬，回顧留在世上還有什麼憾事，心中突然閃過一個念頭：文件不是說「停職反省」嗎，萬一爸媽活著出來了，知道了我已死去，該多麼難過！再大的屈辱折磨我也要承受，要活下去！

10月中旬一天，說是中央首長要找我們談話。上路時我看到走廊宣傳欄裏報紙上的標題：周恩來總理陪同埃塞俄比亞皇帝海爾・塞拉西訪問廣州。我們被解送到珠江賓館的大餐廳，是最先到的。一會兒，軍區一些首長

的夫人和機關師以上幹部入場了，夫人們多與我很熟悉，現在要麼裝作不認識，面無表情；要麼怒視，好像有深仇大恨一樣。只有父親的老戰友楊梅生副司令員的夫人劉健走過我身邊時小聲說了句：「要懂事，小心好好愛護自己！」這位紅軍出身的老阿姨的話令我眼睛發濕，我忍住了要流下的淚，怕別人看到。

軍區首長陪著李先念來到了會場，他講的第一句話就是：「總理原來要來的，突然有急事回北京了，叫我來談談。」他傳達了周恩來關於對我們「不許歧視，要一視同仁」的指示後，講了一通話，好像對「九一三事件」已掌握了案情。他說到：「邱會作在自己乘坐的汽車後備廂裏放了衝鋒槍，想謀害……」一剎那，認識我的人都把眼光投向了我……這個刺激讓我長久難忘。

十年後我見到父親問了。他並不介意，說：會有那個事兒嗎？先念和我工作和個人關係密切，他要劃清界限，不得不說些「官話」。「二月逆流」，他是從中最早解脫的，也是對別人說了狠話。

那天會後，學習班宣佈：「堅決執行周總理的指示，本次學習結束。你們都回原單位原來的崗位，思想上不要有包袱。」

第二天，我被送回了部隊。團政委說，他們已經學習了周總理的指示精神，叫我安心工作。說罷，他把兩封已拆開看得破舊的信交給了我，是9月24日我母親和哥哥寫給我的信，過去我的家信家信最多五天就可收到。他們這次扣了一個月才給我。哥哥的信中用暗語寫了「樹林起火，禍及他人……」母親叫我「想得開，千萬不要走絕路」。信是他們被羈押前寫的，我至今還保留著。

我回到了政治處，同事們沒有明顯歧視，但我走到哪兒，都有人指指點點。我向團裏提出到農場去工作，哪怕是勞動也行。幾天後政治處主任對我說，意見已反映上去了，上級不同意，說如果那樣就違反了周總理的指示。你感到工作有困難，那就分管一下文化工作，思想教育工作你願意參加也可以。我突然有了想法，說想參加宣傳教育，因為這樣我可以閱讀到更多的文件，我要把它們偷偷地抄下來，以後一定有用。

很快，轟轟烈烈的批判「林陳反黨集團」開始了。廣州軍區揭發的一個重點是「林彪要到廣州另立中央」，地點是南湖。我們部隊是那裏的建

設者，發言時批判的人少，但私下卻在議論，說那裏不是給偉大領袖用的嗎？一個幹部正在說著，政委目光射過去，大喝道，誰敢這麼說？管好你的臭嘴！

與我一同到廣州受審查的還有我們團裏一個二十多歲姓孫的炮連副連長。他是1968年入伍的。一次上級檢查實彈射擊，他用82無後坐力炮打出優秀成績後，一位首長指著四百米遠的一棵獨立樹說，打掉敵人的「火力點」。他一炮射出，隨著爆炸火光樹幹攔腰斷掉。他即被提升為排長、副連長。我實在想不出他會和「九一三」有什麼牽連。我們在受批鬥時，在一片「劃清界限、徹底交待」的吼聲中，他只是苦笑。回到部隊，恢復了原來的工作後，我和那個副連長成了無話不說的朋友，這才知道，他受此「待遇」是因和葉群沾親。

「九一三」後林彪、葉群的親屬幾乎都被審查，這種按血統進行的搜捕非常細緻。他到「學習班」才得知了自己涉嫌的「罪狀」在於身世。原來，葉群的弟弟1936年參加革命，1949年擔任解放軍師級指揮員，在戰鬥中犧牲了。其妻已經懷有身孕，遺腹子出生後，母親改嫁給一個姓孫的幹部。母親從來沒對孩子提起過這事，外面也沒有什麼人知道這個「隱秘」，孩子一直認為繼父就是自己的生父。「九一三」後中央專案組卻迅速查出了鮮為人知的葉家這支血脈，將他「歸案」。因為找不到他什麼把柄，就以「政治歷史」問題將他處理復員，在離開部隊之前，他和我偷偷聚了一下。他說現在很苦悶尷尬，養父是個軍級幹部，卻幫不上兒子什麼忙，想找個好點的單位，別人都婉拒，最後托老戰友幫助安排他到西北地方一個城市當工人。我說他已是萬幸了，至少比我強，還有個家，還有愛他的父親母親，而我，父母的生死都不知道……

1971年年底到了，天氣涼了，廣東的冬天並不嚴寒，可是我突然感到身體很怕冷。我沒有任何家人的消息，也不許外出，只是工作還「正常」，但我知道，今後一定有艱苦的日子難熬。我開始天天洗冷水澡，經常跑步鍛煉，對寒冷逐漸適應了。

家事
——「九一三事件」後的滄桑歲月

曾林輝

曾林輝，空軍副司令員曾國華將軍之長女。「九一三事件」發生時24歲，在
3556部隊氣象臺任氣象預報員。

「靜靜」的機場

　　1971年9月13日，是一個必將被歷史記住的日子。

　　這是星期一，一個普通的日子。那時我在空軍三十四師沙河機場氣象
臺做氣象預報員。這一天是我值班。如往常一樣，早飯後，我獨自一人從營
區沿著長長的小路，向外場的氣象臺走去。

　　早晨顯得格外寂靜。往常，經過了星期日的休息，星期一照例是飛行
訓練的第一天，飛行員們一般是在天剛放亮不久，就要進入外場，開始訓練
前的準備工作。這時應該看到忙碌的人員、車輛，遠遠地就能聽到飛機引擎
的巨大的轟鳴聲。可隨著氣象臺的小樓出現在我的視線中，周圍仍舊是一片
寂靜，寂靜的有些異常，有些可怕。我心裏有一種詫異的感覺。緊接著，在
空中蕩出一串高音喇叭大聲的呼喚：「3685，請你馬上回來！3685，請你馬
上回來！」從飛行調度室的樓上發出的聲音，撞擊著寂靜的機場，空曠地回
蕩著。

　　調度室與氣象臺緊鄰，比氣象臺更靠近機場的跑道。在它的前方是長
長的跑道，不像氣象臺被一圈高大的樹掩映著。它要能在觀測室裏為飛行指
揮員、調度員們提供最佳的指揮視線，觀察到機場跑道上的每一架飛機的位
置與動態，跑道上的每一架飛機都要按照飛行指揮官的指令起降。可今天顯
然有一架飛機不在他們的指揮範圍之內。我從來沒有聽過指揮員、調度員們

直呼飛機的番號，而不是用代號，從來沒有聽過他們不用對講機而是用高音喇叭指揮調度飛機，也從來沒有聽過「請你馬上回來」的用語。我的心驟然縮緊，產生了一種從未有過的疑慮。隨著我邁進氣象臺的值班室，心中的疑慮越來越大。

　　我問即將下班的女預報員酈寧（空軍副司令員酈任農的女兒）發生了什麼事？她笑著說：「飛機不聽話了」。顯然她還不知道出了什麼事情，但這句話卻讓我產生了一連串的疑問：為什麼？飛機不聽話了？它在哪兒？跑到哪裡去了？需要這樣呼喚它嗎？它能聽得見嗎？高音喇叭的音頻能傳出多遠？為什麼不用對講機與機組人員聯繫？為什麼是一架飛機？今天沒有飛行訓練了嗎？我預感到發生了什麼大事。

曾林輝在沙河機場氣象臺觀測箱旁（1972年10月）

　　值班室裏，彌漫著一種從未有過的靜默氣氛，每個人都顯得神秘兮兮。直到下午，有一個人在氣象臺二樓平臺側部的鐵樓梯處，悄悄的告訴我一個消息：在我們機場學習駕駛雲雀直升機的周宇馳，和幾個人在凌晨駕駛著直五3685跑了。今天早上高音喇叭的呼叫：請你們馬上回來。就是在呼叫這架直升機。

　　聽到這個消息，疑問解開了，但我的大腦當時就轟的一下發懵了。這怎麼可能?!

　　周宇馳是空軍司令部黨委辦公室的副主任（主任是王飛），級別不低。雖然解放後有過空軍飛機叛逃的事件，但都是些普通的飛行員，而且大部分是逃往臺灣。而這次是空軍的高級官員，他們要是跑出去了，會給我國造成多麼惡劣的國際影響？會使我軍的高層機密洩露出去，又將給我軍的國防帶來多大的威脅？

　　周宇馳這個人，我與他並不認識，只是聽母親提到過他。

　　大概是在一九七一年五月份，他在我們機場學飛行，是由203團飛行副大隊長陳士印負責教他。當時是學開雲雀直升機。一開始在機場裏是傳林立果在學飛行，我聽人提到過的，林立果在學飛雲雀，我當時覺得挺新奇。六

月份有一次我回家看到父親，他正在院子裏看報，花鏡架在鼻子尖上。我對他說，林立果在我們機場學飛行，你知道嗎？父親一邊看報一邊說：是嗎？我又問：我還聽說林立果在我們機場打兔子呢。

父親還是對此事不感興趣，說不知道他在那兒學飛行。還奇怪：怎麼會呢？那是造謠，林立果在廣州，再說，他怎麼能隨便打兔子呢。

記得在周宇馳學飛行時，有一次到了氣象臺看天氣預報圖，我在值班。陪他去的人向他介紹我：這是曾國華副司令的女兒，是這裏的預報員。他看看我，和我握握手，說了幾句問候的話，因這時是九月了，父親一直是在醫院或療養院治療，沒有在京。九月五日我最後一次回家（九一三後我就不能回家了，一直到我快從部隊復員）看到媽媽，向她講了這件事，還對她說周不懂氣象，卻裝作懂的樣子聽我給他講氣象情況。我覺得好笑。

我在聽到直升機逃跑事件之後，曾經在1971年9月14日寫了日記：

> 氣憤──怒不可遏中帶些驚訝──萬分詫異。不解與恨之入骨，思想上矛盾交織，複雜極了。
>
> 我相信……
>
> 我自己也一定要立場堅定。還有什麼人比毛主席更偉大的呢？還有什麼制度比社會主義制度優越呢？還有什麼事業比共產主義更加壯麗呢？這是事物發展的規律，是歷史列車前進的軌道。誰人不知，想違抗，必將粉身碎骨。
>
> 黨把我撫養成人，我只能終生跟黨走，任何事都不能阻礙自己。是這樣想了，就要這樣去做。
>
> 我把事情想了數遍，我仍然相信。
>
> 事實如何，等著瞧吧。就算我們沒有看透，記住這個教訓好了。
>
> 後面還將有什麼事等著我呢？

我沒有詳細記錄當時我的思想全過程。但從這幾個形容詞中，已能看出我聽到此事後是怎樣想的。對周宇馳等人駕機叛逃的行為是非常氣憤的，對位居這麼高職務的人叛逃很感驚訝。我的矛盾交織，是想到了父親，怕他

被牽進去，我說我相信，那是指我相信父母不會反黨。我感到父母和周的關係，算是較好的，有一些來往。其實這些人，父母在瀋陽時都不認識，可能交往也不深吧？這個時候想得多的就是父親會不會有事？

從文革開始，就不斷地看到同學的父母被打成走資派，戴高帽遊行關牛棚等等。我自己也曾經隨著紅衛兵組織，去搜過遼寧省委書記周桓的家。另一次是到瀋陽市話劇團，搜一個什麼人的家。那時是覺得響應黨中央和毛主席的號召，破四舊、立四新，很革命的行動。心裏對這些行動說不上大的反感，但很不適應，我基本上是站在那兒看。別人遞給我個本兒，我就翻翻，給我封信，就看看。在別人家裏亂翻亂找，找反革命證據，兩次都沒有找到什麼有價值的東西。以後這樣的行動我再也沒有參加。

可所有這些在我的思想上也刻下了很深的烙印。在這個瘋狂的年代，父母是我們這些尚未走上社會還不能獨立生活的孩子們的保護傘。他們在一天，革命一天，地位保證一天，我們就能安全一天。「出身論」雖被一批再批，可中國封建社會幾千年遺留下來的東西並沒有被「破四舊」，反而是更加突顯出「老子英雄兒好漢，老子反動兒混蛋」的定律。所以每一次大些的揭批運動，我的神經都格外緊張，深怕父親被牽進去。母親是遼寧省科委的黨委副書記。在文革初期，她也被衝擊過一回，挨了批鬥，連辦公桌都被抬出辦公室，放在走廊廁所旁邊。

這一切，母親和我們也很少提及，當時只講了群眾給她提的意見，辦公桌的事還是到了八十年代，聊天中無意說出的。我感到在我們的父輩身上對黨忠心耿耿、忍辱負重、無怨無悔的品質。他們從年青時就投身革命，老了卻被後輩戴上反革命的帽子，可他們只是檢查自己的言行有沒有錯誤，很少去抱怨什麼。

這一次，沙河機場跑了一架直升機，整個機場被陸軍武裝戒嚴，看起來問題很嚴重的。父親是空軍的第三把手，是主管軍事訓練工作的第一副司令員，這件事，他能脫了干係？（事實上，他是主管空軍工作的常務委員，因吳法憲的工作主要是在軍委文革小組）

那些天，腦子一直不停地在想，總怕父親出事。不知道父親知不知道我們機場的事？（那時年輕，也不想想，他是空軍最上層的領導，空軍各部隊有什麼情況，第一時間就會報告給他們，他能不知道這件事嗎？）因

為這時機場已被陸軍包圍，消息都封鎖了。9月13日他還在大連療養，回京了嗎？終於忍不住給家裏寫了封信，信上不敢明寫，只是暗示周宇馳出事了，讓媽媽注意，不要再和他家人來往。媽媽的回信很快來了，也暗示他們知道了沙河機場的事。看了回信，知道父母還在家，我稍微放下心來。

3685直升機逃跑後的機場

沒有了飛行訓練，整個機場真的靜了下來。但每個人都不喜歡不適應這個靜。而我因父親職務的關係，更是擔心，靜反倒使我日夜不能安心。我希望機場快些恢復正常，陸軍撤走，飛行團重新訓練，我能重新去給飛行員們講天氣實況。

可事情不按我們希望的那樣發展。此時，我們還不知，沙河機場的直升機的逃跑不是孤立的，也不知停飛是因中央向全國下了禁空令。

我們（機場的所有人員）被告知，不能隨便出入機場及營地。很快我們得知，北京衛戍區三師已將機場包圍了。氣象臺的觀測員李鳳來，那時還只有十八歲，據他在三十三年後告訴我，「九一三事件」的幾天後，他和衛戍區的一個戰士聊天，那戰士說，我們已將你們包圍了。到處是崗，跑道的兩頭用汽油桶堵了起來。並說：已經用炮對準了兩個小樓，就是氣象臺和調度室。李鳳來說，那我們不就成了犧牲品了？

真是好險！萬一再有飛機上天，這兩小樓也要跟著上天了。

場站來了個新的參謀長，是從陸軍調來的。人們對那架直升機跑的經過不斷地補充著新的內容，我也弄不清哪條是真哪條是假：聽說那架直升機在沙河機場的北部降落後，被民兵包圍了；聽說很快機場去人了，要帶回那架直升機上的人；聽說民兵們不讓，說是空軍跑了飛機，空軍又來帶人，誰知你們是不是一夥的；聽說陳修文死了，陳士印受了傷。但有一點是確鑿的，那就是這架直升機是企圖外逃的，周宇馳已經死了。雖然此時我們還是不知真正的具體的情況。

陳士印的愛人是西郊機場軍用客機上的服務員。

陳修文的愛人是一個農村婦女。有一個8歲男孩（也可能是6歲，記不清了，好像還沒上學）在機場生活區的路邊我曾經看見過她。這時她是怯

怯的，不敢多說一句話，只是默默地領著她的兒子。我聽別人告訴過我，她是安徽人，剛隨軍時間不長。和陳修文生過三個男孩，只有老二活下來。她外表還是帶著農村婦女的那種純樸。我驚訝她那麼年輕，居然已生了三個孩子。現在彷彿她又站在我的面前，怯怯地向我詢問著什麼事情。因她的安徽口音我聽不懂，所以到現在我也沒弄清她要問我什麼。她梳著兩條長長的辮子，大大的眼睛亮亮的，可這時眸子裏卻帶著憂愁。陳士印和陳修文是駕機跑的飛行員，他們外逃，軍法難容。他們的妻子豈能落個乾淨?!背後不知多少人在指點。我當時對著她也說不出是個什麼心情，不知對她說什麼好。

後來再次見到她，又是在營區的路邊。這一次應該是在全體人員都聽了檔傳達之後的某一天，大家都知道了陳士印是個膽小鬼，還沒有給他定結論，還在給他辦學習班。而陳修文的事情全部弄清，他是阻止直升機外逃成功的關鍵人物，被空軍黨委定為烈士。

這次也真巧，剛看到陳修文的妻子和孩子，就又看到陳士印的妻子和另一個人。這是午飯後，她倆可能是吃完飯回宿舍（她是被從西郊機場帶到沙河機場來辦學習班的）。陳修文的妻子見了陳士印的妻子，突然衝到陳士印妻子面前，連哭帶打的說著什麼。她的兒子在後面追著，看見媽媽哭，也就哇哇地哭起來。我當時和另一個人吃完飯回宿舍，剛好看到她們揪在一起，連忙過去拉開。這時是初冬，北京郊外的冬天已經冷了。路兩邊高高的楊樹葉子快落光了。陳修文妻子提了一個月的心放回去了，她可以理直氣壯地哭，喊，不用顧忌什麼。她可以將她埋在心底一個月的恐懼釋放出來，可以將她失去丈夫的悲痛釋放出來。甚至可以將她對林彪、周宇馳的憤恨，具體地撒在某個人的身上。是啊，就是那幾個小時改變了她的後半生。她還那麼年輕就失去了丈夫，以後該怎麼辦？

中央文件通知──「林彪叛逃」

很快就到了九月底，馬上就是十月一日。國慶日，照例又該遊行。毛主席檢閱，接見遊行隊伍。（還要不要閱兵呢？）我們機場還是被戒嚴著，看來今年的國慶是不能回家了。

　　九月三十（或者是二十九）日晚，沙河機場的所有幹部統一坐車到了西郊機場（空軍直屬34師師部所在）禮堂聽傳達中央57號文件。

　　整個禮堂很靜，聽一個首長（不記得是誰了）在念〈中共中央關於林彪叛國出逃的通知〉。會場靜得壓抑，擴音喇叭將文件中的每一句、每一字壓進嗡嗡作響的耳膜，壓進雲裏霧裏的腦中……我們雖然知道本機場跑了一架直升機，卻完全不知我師還有一架飛機——三叉戟從山海關機場起飛逃往蒙古。更想不到的是上面坐著林彪和他的老婆及兒子。他們一直在想搞政變，他們要暗殺毛主席，他們摔死在溫都爾汗……

　　這件事將我震得幾乎不會思考了。很多人都是這種感覺，完全不知是怎麼一回事。在此之前，林彪還是我們的軍委副主席，是黨的接班人，被寫進了黨章的。這麼莊重地被寫進了黨章，立他為黨的接班人，在中共黨史上可稱是空前（但願也是絕後了，這種違背黨的民主原則的事以後還是不要再發生了）。萬萬沒有想到這個接班人竟會暗殺毛主席！更沒有想到他們會逃往蘇聯這個被中共排斥並想驅逐出社會主義陣營的國家……

　　同時，沙河機場的直升機3685的情況基本弄清了——

　　那天夜裏，陳修文正在睡覺，忽被陳士印叫起說是執行緊急任務。他倆雖同是開直升機的，卻不是一個機型。陳士印是開雲雀，陳修文是開直一五。直一五的體形大，裝載量也大，並且飛行距離比雲雀遠。大概這也是周宇馳為什麼會捨去他曾經學開的雲雀而選擇了直一五的原因。（邵一海著的《林彪：「九一三事件」始末》一書中，對為什麼周不用雲雀而用直一五是這樣分析的：當時雲雀機都在西郊機場，而從西郊起飛已是不可能了。這才決定劫持直一五叛逃）陳修文立刻穿好了飛行服，和陳士印等人一起去了外場。據說陳修文有個習慣，飛機有兩把鑰匙，應該在飛行後都放回飛行值班室，而陳修文卻習慣自己拿一把鑰匙。

　　他們上了直升機後，起飛向北飛行，這時是3點15分。距三叉戟零點32分強行起飛將近三個小時了，距三叉戟1點55分左右從414號界樁進入蒙古國境時是1個小時20分，也就是在這之後，周總理向全國下達了「禁空令」。這個禁空令下達之後約1小時，直一五從沙河機場起飛，禁空令被壓在何處？它如同一張廢紙。（直一五上天後，是朝著西北飛的，與三叉戟是同一個方向，而這時三叉戟早已墜毀，林立果與周宇馳的聯繫只能是在起飛之

前，甚至是早已謀劃好的——我個人現在的分析）

　　當時在機艙裏，陳修文終於從一些反常的現象，感到周宇馳是要駕機跑到國外。（邵一海的書中講，陳士印得到周宇馳的指示，不去山海關改飛烏蘭巴托，後來他通知了陳修文）就在直升機快到張家口機場時，陳修文開始了他的反抗。他先是巧妙地利用無線電通知了機場機上的大概情況。（因為周宇馳藉口任務秘密不讓飛行員和地面聯繫，關掉了無線對講機）然後悄悄地將羅盤轉了個方向，指北針變成了指南針，再將直升機繞大圈轉了方向，指針向北，飛機向南。他要將直升機飛回沙河。周宇馳不愧是學過飛行，馬上有所察覺。他看到另一個羅盤上的指標指向南方，就問，這是怎麼回事？陳修文冷靜地說，那個羅盤壞了，以這個羅盤為主。周又發現直升機在空中轉圈，陳修文又說有飛機攔截，我在做迂迴飛行。陳修文終於將直升機飛了回來，飛到了沙河機場上空，（書上記載，是5點12分）就在直升機盤旋落地時，因此時天還沒完全亮，機場值班的戰士打開了跑道燈，想讓直升機落地。周宇馳在這裏飛過夜航，對這兒的環境熟悉，他發現不對，在天上轉了兩個小時，怎麼又回到了沙河機場？周宇馳氣急敗壞，立時用槍逼著飛行員將直升機再度向北飛去。

　　直升機飛到了沙河機場北面的懷柔縣沙裕公社的上空，在一片河灘沙地上，尋找落地點。就在離地只剩二三十米時，陳修文轉身撲向周宇馳，與他爭奪手槍，不幸被周宇馳開槍打死。周在直升機落地後，向陳士印開了一槍，陳士印裝死。周宇馳和于新野、李偉信三人逃到一片玉米地裏，周宇馳讓三人學日本人的武士道精神，開槍自殺，說，我數123，大家一起開槍！三人將槍口對準自己的太陽穴，周宇馳喊1、2、3……三聲槍響過後倒下兩個人，李偉信在扣扳機的一霎那將槍口衝了上，他活了下來。

那時的我很堅定

　　文件傳達之後，到了十月一日，這年的國慶慶典遊行被取消了。林彪事件只限在軍隊傳達，而且還是傳達到團以上的幹部，傳達的範圍很窄，我們機場屬於例外，但也只到幹部，還沒有傳達到基層，只是軍官們知道。幹部們開始學習文件，批判林彪集團的反革命罪行。我記得台裏讓我

代表氣象臺的幹部寫批判稿，在場站召開的批判會上發言，我寫的稿好像還得到好評。詳情我已記不清了，因為很快就把我歸到了另一個陣營，大會發言再也沒有我了。

在這些日子裏，我反覆思考的一個問題是：我的父母在這次路線鬥爭中怎麼樣了？他們能不能倖免？這次事件絕不同於劉鄧，不同於文革這幾年出現的幾次較大的路線鬥爭。它發生在軍隊，尤其是林彪的兒子、女兒都在空軍，而父親一直是林彪的老部下。從林立果到空軍以後，父母與林一家有過私人的交往。更何況林立果是空軍的作戰部副部長，林立衡是空軍報社的副總編。工作上的來往也是密切的吧？那他們僅僅是工作和生活上的友誼嗎？存不存在其他的問題？像林立果陰謀暗殺毛主席，搞聯合小艦隊等等之事，父親是知情？是參與？抑或什麼都不知道？

種種疑問整日在我腦中盤旋。我思索的另一個問題是：假如父母真與林彪反革命集團有牽連，我該怎麼辦？這一時期沒有多少政治上的文件和報紙可供我學習的，我是努力學習毛著，從中汲取力量。雖然我不是共產黨員，但我在用黨員的標準要求自己。

很快我就得知父親被牽進了林彪反黨集團，被辦了學習班。現在我已回憶不起來是誰告訴我這個消息的，他又是怎樣告訴我的。我查看了我那一時期寫的日記，有一篇日記（1972年11月27日）裏寫到：「我卻有理由證明自己的態度是一貫明確的。因為當石副政委把這事告訴我時，我當場表明了自己的態度。」那時心裏有恐懼，從這以後，日記寫得都不很明瞭，而且儘量不去涉及人與事情，多是講我自己的思想活動。記錄思想總不會有罪的吧？

日記【1971年10月8日】

　　想了多少遍，不願設想的猜測終於成了現實。不知為什麼，我異常冷靜地承認下來，內心反倒沒有那種驚慌，心也沒有亂跳一下。

　　其實道理很明白，我不是早就考慮過了嗎？我是黨的女兒，是人民的血汗養大的。我不屬於哪個人的，我屬於黨，屬於人民，沒有任何力量能夠使我和黨和毛主席分離。我說過要跟著毛主席幹一輩子革命，就有這個決心，有這個行動，排除任何干擾，風吹雨打不動搖。

在這種時候，不考慮國家的命運，民族的存亡，反而在個人的前途上轉來轉去，難道不可恥嗎？這就是在行動和思想上背離了黨，站到了敵人的立場去了。

相信群眾相信黨，這不是口頭說說而已，而是要思想上承認行動上體現。在這些問題上，有考慮是可以的，但決不允許自己站到黨和群眾的對立面去思考這些問題。革命，不是別人允不允許的問題，關鍵在於自己是真心革命，為黨的事業奮鬥，還是抱有各種各樣的個人目的，投機革命。現在是革命高潮，是無產階級當政，所以叫喊革命的人，不一定都是真的馬列主義者。自己要警惕不要做那種在革命的高潮中，被裹挾進入革命隊伍，在革命低潮時又逃向敵陣營的投機者。

入黨的問題。我更加看清了思想入黨的重要性。不努力改造世界觀，思想上沒有入黨，僅僅在組織上加入了組織，那還不是一個真正的馬列主義者。有多少這樣的「革命者」，幾十年來，滿足於過去的戰功，文化大革命的新功，不重視思想改造，在思想上成了資產階級的俘虜，行動上成了資產階級的走狗。為革命奮鬥了大半輩子，卻不理解自己的事業，不明白自己和黨和群眾關係，最後竟背叛了自己的事業。身上還留著國民黨，帝國主義的子彈，卻又轉過身去為帝修反效勞。這該是多麼沉痛的教訓呀！我想這一生都沒有解決組織問題，是自己的遺憾，但這一生沒有解決思想入黨，和黨離心離德，那將是自己的恥辱。

毛主席說過兒子變修了，孫子會起來造他的反。

今天，我就要成為這種造反的人！

這篇日記不長，但將我當時的心理活動全部描寫出來。我的想法不敢細寫，也不用細寫。這之後的兩個多月，台領導和戰士們對我還是不錯的。他們的態度沒什麼變化。我心裏很感謝他們，認為全台同志還是能將老子和子女區別對待。甚至還沒有將我看成可教育好的子女。豈知這只是暫時的。

這時的我，還是不想「聽天由命」的。但我們一家命運的改變，不真如由天而降嗎？我們能做得成主嗎？什麼「人的命運可以掌握在自己手中」，什

麼「我們不能任由別人擺佈」，這些豪言壯語在事實面前粉粉碎，根本就沒有抗禦的能力。命運是什麼？它是不可預知的，預知了就不是命運了。可我還不懂這個道理，總是一股狂傲的睨視世界的神氣，彷彿自己什麼都行。直到聽到父親真的被牽進去了，還是這樣的思維。我相信自己能夠認清父母的罪行，我能夠和他們劃清界限。我雖是父母生的，但我是在紅旗下長大的，也是經過了黨20多年的教育，是黨和毛主席在培育著我，我是要緊跟著毛主席緊跟著黨幹革命的。我決不會像父母那樣去背叛革命。

我為自己定下了這個基調，信心十足。我相信我的命運我作主。

再看另一篇日記，那是我苦思苦索之後寫下的，那時我還不到24歲，那一年是我的第二個本命年。

日記【1971年10月17日】

的確，無論看什麼人，看什麼事都要用階級的眼光分析，要站在無產階級的立場上對待。在階級社會裏，離開階級鬥爭這個綱，就會是非看不清，好壞辨不出，糊糊塗塗地上當，死心塌地地幹下去。

如果這件事發生在其他國家，像我們這個部隊能得到這種政治待遇嗎？別說比別的單位提前傳達了，恐怕早就見上帝了。而我則更是不能倖免的。想到這一點，難道我們對黨的政策不是有更進一步的瞭解嗎？我們的黨是英明偉大的，毛主席領導下的人民是世界上最有覺悟的。因此，黨相信群眾，群眾熱愛黨忠於黨，這種息息相關的感情，世界上哪一個國家的政黨與人民能夠與之相比呢？這就是無產階級的感情，這就是社會主義的制度！

在階級社會中，無一不帶上階級的色彩。甚至家庭也毫無例外。過去我愛他們，是因為他們革命，我為自己能是革命的後代而自豪幸福，因為我感到父母為革命奮鬥著，為人民服務著，是我的自豪。自己能夠加入到這個隊伍，為這個偉大的事業也填上自己那全部的力量，儘管是微不足道的，我也感到幸福。

可現在完全變了，這一點我過去無論如何是想不到的。我只想過自己是革命者的後代，幹革命是理所當然的事，哪裡會想得到今天，我卻變成了「可以教育好的子女」。多麼大的變化呀！現在我很不願

意提到他們，為什麼自己沒有生在一個最普通的家庭裏？否則哪會有今天。什麼大志呀，什麼將來負點責任呀，都煙消雲散了。唯一的想法就是能夠安安穩穩地過好下半輩子，無論如何也不要再碰上這樣倒楣的事了。

人人都有父母，不管怎樣，多數人都是和自己的父母和平地渡過了一生。而我呢？過去我是那樣地愛他們，可哪裡想得到愛的卻是一個反革命。別人談起自己的父母是愉快的，而我卻只有恥辱。

過去我愛談理想，為能參加革命和父母當年幹革命一樣，為遠大理想奮鬥感到高興。現在呢？我是照樣要奮鬥的，可是每當想到他們，我多次提到的父母為之奮鬥一輩子的事業，今天他卻背叛了，心裏真是有一股說不出的滋味。

過去，我常用自己是革命的後代，要嚴格要求自己，來激勵自己，為了不給革命事業丟臉不給父母丟臉，而努力地幹著，克服著一切非無產階級思想，並且也經常用這些話激勵著弟弟們，朋友們，……可是現在，到底是誰給誰丟臉呢？

過去我常感到別人對高幹子女有特殊要求，對我有不同的看法，有時感到壓力很大，但心裏還是高興的。可是現在，仍然有這種感覺，甚至更加強烈，但已完全被另一種原因代替了，……是啊，儘管我的性格，我的本質沒有變，仍然是要革命的，但每當我說起自己的想法時，對問題的看法，和別人談心時，總在想「別人會相信我嗎？他不會認為我是裝腔作勢嗎？」一種突然而來的失去信任的感覺，總是在我腦子裏迴旋，使我不由得沉默下來，甚至總想避開人們，自己一個人在那裏沉思，苦索……

地位的突然變化，竟給人的思想感情這樣大的影響，這是我所沒有料到的。今後怎麼辦？一切大概都要重新考慮了。只是一點無需改變，那就是跟著毛主席幹一輩子革命，這個信念始終不會變。變得只是排除任何私心雜念，更加堅定我的信念。

人的一生應該怎樣度過？當時我真想就這樣普普通通的老老實實地過一生算了。還有什麼可談的呢？過去我是無產階級本階級的後代，本階級的人，而現在好像我要背叛資產階級參加到無產階級的隊

伍裏面來。這話我多麼不願意聽，但事實就是如此。儘管對我來說，這是不可思議的，似乎在一個早晨，我就由這個階級的後代變成了另一個階級的後代。但這已經成為事實，而且並不是一個早晨才變的，只不過我是不知道而已。

這些想法在沒有知道此事之前，反覆考慮過，知道之後，鬥爭反不如原先激烈了，只是感到恥辱，有些自卑，又很自尊。這是因為在我不知道之前，我總是想找些理由，替他分辨「這是不可能的，那是不會的」。總有種不理解他會走這條路的想法。也就是說同情心多一些。但是一當我想到他的行為，他平時的言談，他所常接觸的人，又使我深深感到，我的願望是良好的，但也是自私的。我沒有跳出家庭關係的束縛，還沒有站在黨的立場上考慮這個問題。如果他是壞人，被揪出來，有什麼不好呢？難道對這種卑鄙無恥反革命勾當，自己還應當抱有一絲同情嗎？這兩種想法矛盾著鬥爭著……

在思考中鬥爭中，自己的信念逐漸堅定了，無論如何，我不會憐惜蛇一樣的惡人，不管這惡人與自己的關係如何，都是如此。今天這樣做，以後還是這樣做。我是屬於黨和毛主席的。20多年來，是人民的血汗把我養大，是毛澤東思想哺育我成長，家庭的變化是階級鬥爭的必然，而我是要革命的，要為共產主義奮鬥的，那麼今天背叛他，更是理所當然的，我只能這樣做，別無他路。在這種時刻猶豫，就是對黨的背叛，就是對毛主席的不忠。要堅信毛主席，這是要不計較任何代價的。他有問題，我與他劃清界線，只能獲得大家的信任，怎麼能更加不信任了呢？

過去對這個問題的種種考慮，離不開父母，離不開這個感情，這是不對的，這對自己是個妨礙。當然這其中有痛心，有難過，有遺憾，還是允許的。

對黨的政策自己有所理解，現在似乎也是由於這種政策，自己才能享受這些待遇。

和領導談過之後，原已絕望的事實又帶來了一絲幻想，也許還不至於走到懸崖邊，又跌落下去吧。現在這種情況，是否可用「懸崖勒馬」來形容他？

這時的我對父親是愛恨交織。我不願意他在多年革命之後走到了自己的反面，更不願意自己也「背叛」了革命。我努力地學習毛澤東選集，努力地學習中央文件，與自己腦子裏出現的各種「私心雜念」鬥爭。我以為自己經過了自我學習，已經堅定了立場，已經與父親劃清了界限，已經獲得了大家的信任。

我的哥哥、弟弟和妹妹

其實我只是不知道，我們家的男孩們早就被「管制」了。他們早在十一期間就被分別進行了處理。當時我們家的幾個男孩子是在這幾個部隊。

哥哥莒城初中畢業參加了選拔飛行員。他的身體很好，只有一個小項不合格，沒有選上。正好解放軍體育學院招運動員，他身高1.81，被選上了。父母雖不太願意讓他當運動員，但還是尊重了他的意見。他剛去學院時是學籃球，後改學擊劍。兩年後，擊劍項目下馬，國家体委決定不發展這項運動。他所學無用武之地，就上了航校，改學了地勤。先做機械員，後提升為機械師。在1969年春節過後，他從吉林四平28師調到瀋空獨立大隊，半年之後又調到瀋空司令部直屬政治部保衛科，任幹事。在1971年8月

全家（有飛宇）在北京空軍大院西區21號家中留影（1970年10月2日）

被任命為副科長。據他講，在當時是全瀋空最年輕的一名副科長，還不到27歲。

剛剛到職二個多星期（8月28日上任），就發生了「九一三事件」。哥哥不像我當時還蒙在鼓裏，他早就知道了這件事。也是因為他的工作性質和所在單位決定的。我們機場因為跑了一架直升機，當時就被戒嚴，消息都被封鎖。哥哥是九月十四日就知道了。有一個小車司機（瀋空某首長的司機）告訴他，九一三凌晨，有一架飛機，從山海關機場跑了。預計向蘇聯跑去。在瀋空作戰值班室裏，王毓淮（瀋空司令員）和張雍耿（瀋空政委）坐鎮，吳司令命令把全東北的雷達全打開。結果沒有任何顯示。

他調到瀋空後，分給了他一間小屋，還是和別人在同一個單元房裏，剛把家安置起來（當時為了顧及影響，沒有給他要一整套單元住房）。10月1日早晨，因是節日，哥哥還在家。保衛科的科長叫他：小曾，你快到科里開會。到了科里一看，坐著四個陸軍，是瀋陽軍區保衛部的。向他宣佈：曾國華是林彪反黨集團的重要成員，現在停止你的工作，給你辦學習班，交代曾國華的問題。

哥哥被帶到瀋空炮六師的門診部的一個手術室裏。窗戶都用木板釘死。讓他交代曾國華和林彪的關係。都有什麼人到你家去。跟瀋空領導有什麼接觸等等。他被關了四年。關於他的經歷，應該由他自己來寫。遺憾的是，他身體不好，直到2005年去世，他始終沒有寫回憶。作為家中的長子，他知道的事情最早最多，可惜都被他帶走了。

三弟東江原在瀋空高炮一師，他的部隊在鞍山。1971年5月1日，我回家時，他也在。（我家的五個男孩子和媽媽去38軍玩，就是這一時期）那時，他覺得自己文化低，文革時剛上初一。此時雖然也提為排長，但他覺得再向上發展，比較吃力，所以他向父親提出上學的想法。他這個請求在瀋空可能不好解決，空四軍的王維國就答應讓東江調到四軍，先到教導隊，然後再上學。他是4月份就請病假回來了，一直在家。父親去大連療養，他也去了。到了10月3日，瀋空來人把他帶回去辦學習班。他的調動手續還沒辦好，還屬於瀋空。但正因為他這幾個月一直在家，在爸爸身邊，而且又是要調往空四軍，所以懷疑他是林立果小艦隊的人。東江被關的時間較長，關了一年。

　　小妹朝暉是隨著瀋陽醫學院（現在的中國醫科大學）的學生們到鞍山實習。她還不知道家裏出事，東江被關。找到東江所在的部隊，要看他。部隊當然不准見。她聯想到大嫂此前被瀋空來人帶走了，不准再上學，覺得是家裏出事了。找二哥漢江也找不到。所以就給我來了那封信。還算是幸運，她1969年入伍，在北空466醫院當護理員。1970年全國各院校開始陸續招收學生，也就是所謂的工農兵學員。朝暉一心想上學，和媽媽磨，媽媽終於同意。先是由北空送到廣州醫學院學習。去了半年因水土不服，渾身長疙瘩過敏，又想家（上學時是在1970年10月之後，還不到16歲）所以通過空後調轉關係，到了瀋陽醫學院。九一三之後，她成了「三不管」的人。瀋空肯定不管，父親曾經是瀋空司令，可現在不是了；北空不管，她的檔案和供給已被空後調走；空後不管，她只是從這兒過了一下手續，不屬於空後的人。所以她能平安地把這個學念了下來。還不用愁吃愁穿，因為軍隊的供給關係照常發揮著作用。朝暉算是一條「漏網之魚」

　　說到大弟弟漢江，也算是「有驚無險」的「一條魚」。他原在空軍高炮六師。參軍後即隨部隊去了越南。1968年時的抗美援越戰爭已近尾聲。漢江在那兒沒怎麼打仗，但當兵走前可是不知道形勢的變化，去了就是要打仗的。中國軍隊在越南一時不能撤兵，漢江成了助農的戰士，幫助越南的婦女插秧。具有諷刺意味的是，漢江這時的務農還只是預演。196年，回國後不久，漢江調到瀋空獨立八團，任無線電技師。這是他一直喜歡做的事情，從小就做礦石收音機，喜歡無線電。部隊的駐地在瀋陽於洪屯。

　　1971年10月1日，他正在宿舍洗衣服，來了一個人通知他：政委找你談話。政委見了漢江，只是簡單地交代了幾句，高幹子弟應該去下面鍛煉鍛煉，你現在去幹校勞動一段時間。於是由保衛幹事陪同，坐車去了吉林省山城鎮的一個瀋空所屬的幹校。去了以後，對他的態度就變了。兩天之後，幹校的一群領導正式找他談話：曾漢江，你父親曾國華在「九一三事件」中被牽連，是林彪反黨集團的重要成員。現在擺在你面前的有兩條路。一條是與林彪反黨集團以及你父親劃清界線，一條是與黨與人民為敵……

　　漢江即刻表示：堅決與黨保持一致，與林彪及曾國華劃清界限。這是他的真心話。漢江老實（父親對他的評語就是「老實」），他真就踏下心來，在農場老老實實地改造自己，繼續了他在越南幫助婦女插秧時的幹勁。

　　過了將近3個月，先讓他回了獨八團，然後調他到大連金縣幹校。這裏是營以上犯錯誤幹部的集中地。漢江提幹時間不長，調到這裏來算是「照顧」。1972年春節後，幹校解散。他又被調到空二軍農場（當時部隊都自辦農場，種糧種菜，養雞養豬）一年後又調到空二軍某師生產隊代理會計。在這裏一直幹到1978年轉業。

　　漢江雖然從1971年10月以後，一直是在當農民，可是也有好處。沒有對他進行批鬥幫教什麼的，大家一直對他挺好。在那個物資匱乏的年代，搞生產有它有利的一面，不但自己能吃得好，還能給家人以支援。當年漢江常常是拎著油米麵，肉魚蛋去哥哥家。還搞了不少木材三合板五合板一類的東西，給家裏人和他自己打傢俱，我們家多年來一直是隨父親的工作調動從北到南從南到北的流動著，傢俱都是公家配備的，父親成了反黨集團成員，我家被趕出空軍大院，傢俱就剩了幾個裝衣物的藤條編的大箱子。漢江給做的傢俱正好補充了家中的空白。

　　二弟會江當兵時在新疆部隊，一幹就是幾年。1971年5月媽媽帶五個兒子去三十八軍玩時，某師的領導提出將他調到三十八軍來，媽媽同意了。很快就辦好了調動手續，6月份會江到了三十八軍113師37團報到。

　　「九一三事件」之後，他也被辦了學習班。當時是給三個人辦了班，還有李天佑將軍的三兒子，另一個是某人的女兒。

　　因為時間過去久了，會江已記不很清當時的具體情況了，我這裏也就只記個大概吧。他說給他辦了三個月時間的班，基本上算是隔離，活動範圍就在一個樓裏，吃飯有人送來，有兩個幹部給他辦班，但在樓裏的活動還算是自由。主要是讓他講清為什麼調到三十八軍，原因經過等等。他來這個部隊的時間很短，年齡又輕（20歲出頭），所以也沒什麼問題可交待，到了後來每天就是閒聊，耗時間。

　　會江復員最早，1973年初，就回了地方。

我的「學習」班

　　那次「地瓜事件」之後，我還是照常工作學習。直到1971年的12月氣象臺領導找我談話，告訴我，把我抽出來學習。

日記【1971年12月9日】

　　已是學習的第三天了。我不願意回憶那次嚴厲然而是不愉快的談話。儘管他們要求我仔細考慮一下他的談話。

　　我現在還不能較好地領會領導的意圖，為什麼要把我抽出來學習？為什麼早不抽晚不抽，偏偏在這個時候抽？似乎我的理解面太窄了，並不是由於我哭了一次，與台裏領導談了一次不成功的話，而是運動深入發展，事態有所變化，領導怕我在聽到父親倒臺時會感到突然，感到接受不了，以至於產生對立情緒，與父親劃不清界限，滾到反革命的泥坑裏去。從他們的話中，我開始意識到了這一點，但是這對我來說，又有什麼不可接受的呢？我早就接受下來了，早就認為他完蛋了。我並不抱幻想，曾經有過的一線希望還是從領導談話中得來的。因此我以為領導上的顧慮是多餘的。

　　這次談話，我是作為同志出現在他們面前嗎？聽著他們左一個你小曾在這個問題上是猶豫過的，右一個你曾林輝不學習就如何如何，上一個你小曾沒有劃清界限，下一個你曾林輝在這個問題上有反感有抵觸是不對的……等等，等等。似乎二位是拯救我出地獄的天使，似乎我曾林輝在這個大事發生之後就陷入了無窮的憂慮個人家庭前途名利的人性論毒網中，似乎我小曾在這個問題上採取的態度是消極的，被動的。這一切又把不被組織和群眾信任的桎梏緊緊地束縛在我的思想上。一個戰友的來信浮現在我的眼前：「的確，如果後果是最壞的，那麼對於你，今後的世界觀的改造是更加艱難了，不僅要時時戰勝自己，戰勝感情，而且還要對外界的『不理解』予以極大的理解……」是啊，這種不理解是一種人為的障礙物，特別是在這最開初的幾天，我的思想我的行動如能為大家所理解，將要付出何等大的代價，而我又是一貫地不善於表白自己的。

　　這次參加學習又使自己感到只有服從，別無他路。這對我這個叛逆者又是很不習慣的。然而也只能如此，豈有它哉？

　　在我頭腦發脹的時候，是需要這樣一盆冷水，現在對於種種的問題的考慮與處理，似乎是冷靜多了，也謹慎多了。

　　這次學習，是由黃萬源副台長和我一起脫產學習的。好像還有一個人也是幫助我的，我現在記不清是不是有這個人？這個人是誰？學習的主要經過和內容，統統記不清了。因為這次學習，使我感到非常痛苦。幾十年來，我拒絕回憶。當時我還做了一份記錄，上面記的是黃副台長讓我講自己問題的一二三……條，還有我寫的自己的認識，這幾頁紙我保存了一段時間，但一直不敢再看，為的是不願去回憶。到了八十年代，索性燒掉了。這一次為寫我們的經歷，我重新想，重新寫，但也只能是一個大概了。

　　學習一開始，學習了文件。然後由我談自己的想法和對我父親問題的認識。當然，他們是講了你父親在這次（第十次）路線鬥爭中有問題，但什麼問題，又不說，只說還不清楚。（那時真是傻實在，領導領著你學習，他們都不知道你父親是什麼性質的問題，你自己講那麼多幹什麼）我就將自己從聽到林彪事件之後，自己的思想活動，都怎樣學習的，學習了什麼，開始怎麼想的，現在又是怎樣認識的……一一道來。我最後講，我要堅定地站在毛主席的革命路線一邊，與林彪反黨集團劃清界限，與父母劃清界限。我那時寫批判稿是很能寫的，何況這些想法在我腦子裏轉了幾個月了。講得黃副台長坐在那兒，無話。再學習時，黃副台長顯然是在彙報之後，領導給他定下了基調。（黃副台長這個人很老實，雖然是他跟我一起學習的，但我心裏一直不怨他，對他說的話，沒有反感，我相信，他只是為了完成任務，他只是一個傳話的）他講，你不可能還沒開始學習，就能有這樣的覺悟。意即我說的是違心的話，是為了混過去。這時他舉例，有一次全台好多人在大屋吃地瓜，叫你去吃，你說吃什麼吃，我全家人都不知哪裡去了?!然後就哭起來。你說你當時為什麼哭？你父親在這次路線鬥爭中有問題，組織上給他辦學習班，是正確的。你的哥哥以及弟弟，他們的部隊為他們辦學習班是為了幫助他們，和林彪反黨集團劃清界限，也是正確的。你哭，說明了你對組織上的決定有抵觸情緒，是資產階級的人性論的表現。（其實我當時並不知道他們的情況，哭，那是我親情的自然流露，如果連這點親情都沒有，還叫人嗎？）

他還說了不少，但我印象最深的就是這件事。一個多月的學習，他們應該是有所收穫的。我重新寫了學習彙報，「檢舉」了父親母親的問題。表面上看來我的認識是提高了。

我的本命年就是這樣在「學習班」裏過去了，我完全忘了自己的生日。

我的檢舉好像是有這樣幾件事。

1、1971年6月，我一次回家見到爸爸，問他：林立果在我們機場學開直升機，你知道嗎？我爸爸對我說不知道這事。並說林立果不是在廣東嗎？

2、1971年9月6日，我回家時，見到媽媽。和她講了周宇馳有一次在學飛行時，到我們氣象臺看天氣預報圖，我正好在值班。他不懂裝懂，還聽我給他講氣象預報，真有意思。

3、有一次和媽媽聊起林立果的小冊子，媽媽問我有沒有天才？說林立果就是天才。

4、媽媽告訴我，她和幾個人去到林彪家，在那見到葉群（這事我記不清具體內容了）

5、有一次我看到有人給我家送來一箱芒果，說是林立果送的。

好像就是這些事。

我雖然從1969年9月就調到北京，可是我平時都是在部隊，最多一個月回去兩次，還不一定見到我父母，所以接觸的時間還是不多。

記得學習時上面還讓我揭發我哥哥。我說沒有什麼可揭發的。他們就給我「上課」，端正我的思想。說你哥哥的部隊既然給他辦學習班，就說明他有問題，你要相信組織。我說，我相信，只要組織上說他是反革命，我馬上就與他劃清界線。

就這樣一個多月的學習終於過去了。我也像他們希望的那樣，徹底改頭換面了。這次學習過後，首先變化的是台裏的戰士，他們對我開始疏遠。我還是團支部副書記，可是往往和我談完心了，就去找真正的組織彙報和我談心的內容，比如吃地瓜一事，當時在屋子裏大部分是戰士，台長不在。後來這件事成了「導火索」，被他們拿來攻破我的「防線」，領導們怎麼會知道這件事呢？只能是當時在屋裏吃地

瓜的人彙報了。我卻不知這些，還是盡我的職責。哪料到我談得越多，領導掌握我的思想越多。其實我也沒有什麼反黨的言論，可架不住他們分析抓辮子，總會找出一些問題的。漸漸的我也有所察覺。我不會騙人，心裏怎麼想的就怎麼說。我說實話，別人不信，還硬要往你頭上扣上一些莫須有的帽子。

這次學習的經過以及此後大家對我態度的變化，使我感到我確確實實地被踢出了革命陣營，革命隊伍因此淨化了。無論我怎樣真誠地表白，剖析自己的思想，都不可能得到組織上的信任。在革命的大家庭裏，已經沒有我的一席之地。我是所有人眼中的異類，他們時刻警惕我的一言一行。有些人表面上仍然與我談心，卻拿我做他們進步的墊腳石。與我談完話轉身就去向台領導彙報，以示他們革命立場的堅定與眼光的敏銳。這也怨不得他們，這個時期，人人需要自保，不與我劃清界限就沒有他們進步的可能。但我確實不能理解他們這樣做動機是淳樸的，他們都還只有十八九二十出頭呀，多年後他們回憶起這些，能安心嗎？

學習過後，我精神上一直很痛苦。我不明白我一向崇敬的父母怎麼會是反黨反毛主席反社會主義的？我不明白他們什麼時候和林彪反黨集團搞到一起？我不明白我為什麼就不能自覺地站到毛主席一邊？我不明白為什麼我剖心剖腹地向黨表示忠誠，卻不被接受？我從小在軍營長大，20多年都是受著我是革命後代，要接革命的班等等這樣的教育，為什麼現在父母有了問題，我就不是革命接班人了，我就必須是反黨的？

何況此時我父母還在被審查，沒有被定性，台裏的領導和戰士憑什麼就如此不信任我？

母親也被辦了學習班

自九一三後，媽媽也進了學習班。只不過對她比較特殊，在家辦班。這是什麼原因？或許是沾了飛宇的光？飛宇那時剛兩歲（72年3月份兩歲）

假如把奶奶關到別的地方去了，小孩怎麼辦？抑或我媽的問題還沒有嚴重到集中辦班的程度？總而言之，她在家裏。據小妹的信說，她三個月不寫一個字，不積極配合組織上把問題弄清。後來又後悔了，想交代問題，又怕影響到子女的前途。現在是顧慮重重。我和會江都給她寫了信。寫信之前，我的思想也是鬥爭著。原以為媽媽沒有什麼事情，她的情況，我也分析過，我是認為她不會是反黨分子，只能算是受蒙蔽者。其實，我那時始終是矛盾著的。從父母對我們的言傳身教，他們決不會是反黨反毛主席的。但從那一段時期，我媽給我講的一些情況來看，他們又和林彪，林立果關係較密，生活上也有一些來往。

我對父母的問題性質，始終是在思索，有時很矛盾。有時我覺得他們是被騙的，有時我又覺得很恨他們，恨他們在路線鬥爭中站錯了隊，恨他們多年革命後，沒有保持晚節。那時儘管恨這兒恨那兒，就是沒有恨過我是他們的女兒，沒有恨他們連累了我們子女。

這時聽到妹妹說了媽媽的情況後，我就和二弟會江給她寫了信。會江的信中寫道：

> 犯了嚴重錯誤，受了蒙蔽，這些倒不十分可怕。可怕的是執迷不悟，知錯不改，怕這怕那。一個共產黨員喪失了對組織的忠誠老實，喪失了黨的立場和黨性，就等於喪失了政治生命，就是一個對革命絲毫沒有價值的人。如果他站在黨的對立面上，犯了錯誤，並且對自己的問題不認識，或者認也不認識，一直走到底，那就等於將自己置於無產階級專政下，就是與人民為敵到底的罪人。當我知道爸爸媽媽認識不高，態度不太好的時候，我不是作為你們的孩子而感到不安，焦急，而是作為黨的戰士對你們表示氣憤，感到可恥。林陳反黨集團是黨內十次路線中對黨危害最大的一個，你們犯了嚴重錯誤，看錯了人，站錯了隊，跟了林彪一夥跑了好長一陣子，難道問題不嚴重嗎？爸爸參與反黨集團的活動，向黨向人民犯下了罪行，背叛了過去為之奮鬥幾十年的偉大事業，背叛了培養自己幾十年的偉大的黨，難道不感到可恥，可恨嗎？媽媽受了蒙蔽，難道就可以不揭發批判，交代問題而心安理得嗎？媽媽，我要多問你幾個問題，你平時告訴我們，要

忠於毛主席，要好好讀毛主席的書。去年九月二十七日，我回家時，你和我說過，如果爸爸犯錯誤，我們一定要和他劃清界限。你還說現在要更加相信毛主席。我不禁要問：在林彪外逃事件發生後的三個多月裏，你為什麼不書面揭發林彪一夥的反革命罪行，不檢查自己的問題，一個字不寫？為什麼在組織上耐心地幫助和教育下至今你仍怕這怕那，內心矛盾重重，不敢勇敢革命？

　　會江的信寫得很長，他最後說「揭發批判林彪一夥（還有爸爸）認識自己的問題，這就是為黨而衝鋒，而戰鬥。徹底批判林彪一夥，為的是鞏固無產階級專政。狠批狠揭爸爸的錯誤，為的是教育本人，教育別人，挽救他。交待自己的問題，為的是自己能夠繼續革命。總的是向黨負責，向人民負責，為鞏固無產階級專政而工作，鬥爭。媽媽你應該以共產黨員的名義想想過去，現在和將來。不要再怕這怕那了，不要再猶猶豫豫了，要像先烈那樣，像黨的無數好戰士那樣，像你過去為革命工作時那樣戰鬥革命。」
　　我也給媽媽寫了信，我的信大概的內容是：

　　　　在這次運動中，每個人都受到了很大的觸動與教育。而對於我們一家，教訓尤為深刻與沉痛。父親的問題，組織上早就跟我說過了。從我知道的那天開始，我就一再想過這個問題，父親是林陳反黨集團一夥的，我怎麼辦？想到偉大壯麗的共產主義事業，想到二十幾年來黨對自己的培養與教育，想到自己曾多次立下的誓言：「永遠忠於毛主席，為共產主義奮鬥終身！」想到我們偉大祖國的過去，現在與將來，……我感到自己並不屬於父母的，而是屬於黨的，屬於人民的……我和會江朝暉都交換了思想，我們一直堅定地表示：家庭不能選擇，道路卻可以挑選。
　　　　過去的兩年多，你崇拜林賊，迷信林賊，跟著林陳一夥幹了一些壞事，說了許多錯話，的確是對黨有罪，對人民有罪。

　　我和會江的兩封信，在今天看來是那樣的可笑，可當時我們確實很虔誠。我們對父母有些什麼問題並不知情，只是盲目的聽了空軍通過朝暉向我

們提出的要求，「勸」了媽媽做檢查揭發。我們猛上綱上線，並不是為了表現自己是多麼的革命，那個時期，我們的腦子就是這樣想的，也在這樣做，我們的矛盾正表現在這裏。會江給我的信裏說：我不怕爸爸倒臺，不怕全師人都知道自己是一個反黨分子的兒子。一個共產黨員最大的痛苦莫過於失去組織上的信任。而現在，實踐也使我懂得了，這也不是可怕的，這是最嚴峻的考驗。你是悲觀喪氣，作山中人，還是經得住風，頂得住浪？這是一個共產黨員的兩條路，兩條衡量堅定的革命派和動搖的不革命派的標準。我們不希望組織上懷疑，但當這種懷疑到來的時候，我們應該坦然面對。一個堅定的革命者，只有在任何情況下，都絲毫不改變對黨的忠實，不怕丟掉烏紗帽，丟掉一切，甚至坐牢、殺頭，才能以革命者的堅定戰勝資產階級和一切困難，經得起一切考驗，為黨做出應盡的貢獻。——仰首長天笑聲豪，丹心碧海化巨濤。熱血莽原滴滴浸，青春偉業處處驕。

我並不是共產黨員，我一直在要求入黨。可是種種原因，使我始終未能進入黨的大門。1971年的6月，我們幾個從空軍氣象訓練班分到34師的預報員，都被提了幹。在7月份，氣象臺的黨組織按原計劃要發展我入黨，可是，另一名同時和我分到氣象臺的女預報員的入黨介紹人，說了一句對高幹子女要多考驗。他們決定再多考驗我半年，放到年底發展我。就這樣，我被這句話，永遠地擋在了黨的大門外。但我從來都是按照共產黨員的標準來要求自己，不敢有絲毫放鬆。

在會江這封給媽媽的信裏，我發現了一個問題，1971年的9月27日會江還在家。媽媽對他說過：如果爸爸犯錯誤，我們一定要和他劃清界限。

從這句話可以看出，那天爸爸還沒有被收審，爸爸也沒有就自己的問題和媽媽通過氣訂立所謂的攻守同盟。假如他們之間訂立了什麼攻守同盟，媽媽就應該知道爸爸到底都做了什麼，比如是不是聽從了林立果的「指示」潛伏到醫院；又跑到大連去做「571工程」在東北的總指揮……等等。她在這個時候還對孩子說「如果」，難道她真的是為了遵守與父親訂下的攻守同盟，連對孩子都不透露一句？按媽媽的性格是不可能這樣做的，她不是一個陽奉陰違的人，她此時還這樣教育會江，那一定是她的心裏話。

而在空軍對父親所做的結論裏，一直都在強調：「『九一三』事件

後，與罪犯劉世英秘密串連，統一口徑。中央【1971】57號文件下達後，又多次同他的老婆和秘書訂立攻守同盟。銷毀材料。」

假如爸爸真的和媽媽訂立了攻守同盟，她怎麼可能對會江說「如果」爸爸犯錯誤，怎麼能說「我們要同他劃清界限」？說這話幾天後父親就被審查了，到這時候她怎麼還會這樣地兩面三刀還瞞著孩子？到了這種關鍵時刻，她只能是或者什麼也不說，或者向會江講他們到底有什麼問題，因為按照空軍所說，即定了攻守同盟，怎可能沒有問題？劉時鐵怎麼可能不知情？所以，後來媽媽也被辦了學習班。

爸爸的結論

1978年8月，北京的雨水比往年要多，這個房子在雨水的沖刷下很快就「濕」了半截牆，剛剛住進來半個月，牆就開始發黴。工廠來人告訴媽媽在5、6號這兩天去一下工廠，要和她談談對今後定居有什麼想法，提什麼要求？還是聽組織決定？

4日上午，朝暉去南苑買菜，只媽媽一人在家。空軍司令部辦公室的王副科長，幹部部的老胡還有印刷廠的廠長一起來到我們那個臨時的「家」。

媽媽正奇怪自己退休定居的事怎麼用得著這麼多的人來談？王副科長開口了：曾國華的問題，空軍已做出了結論。報中央、中央軍委批准，現向你宣讀一下：

總政治部一九七八年六月五日政審複字第30號批覆

經中央、中央軍委批准，同意空軍黨委對曾國華問題的審查結論。

曾國華在黨的第十次路線鬥爭中所犯錯誤和罪行嚴重，問題性質屬於敵我矛盾。鑒於本人檢查交代的態度尚好，生前表示願意悔改。遵照黨的「要擴大教育面，縮小打擊面」的政策，可不定為林彪死黨，按人民內部矛盾予以結論，定為上了林彪賊船，

積極參與林彪反黨集團的反革命陰謀活動，陷得很深，犯了嚴重方向路線錯誤。

空軍政治部
1978年7月17日

媽媽當即表示了擁護。

接著，又談了善後處理。第一，因性質屬於敵我，故過去扣發工資不再補發。發給撫恤金600（也可能是500，媽媽沒記清），補發六個月的工資（從結論批後）。第二，不開追悼會，不登報。第三，骨灰仍放八寶山原處。

媽媽理解有誤，她以為當前是從嚴處理，能按人民內部矛盾結論就不錯了，她沒有注意那三條中的第一條「性質屬於敵我」，光注意文件中的「按人民內部矛盾予以結論」，她以為這和「敵我矛盾按內部處理」不一樣，老頭是犯了嚴重錯誤的幹部，子女不是反革命子弟，而是犯了嚴重錯誤的幹部子弟〈應寫成「犯了嚴重錯誤的幹部的子弟」，那是媽媽信上的原話，她那樣一寫，倒成了子弟犯了嚴重錯誤〉親戚們也不會受到影響。所以就沒有提什麼意見。

歪打正著。王副科長見媽媽沒提意見，認為她態度很好，他回去向首長彙報後，首長也會高興的。他們覺得他們的任務完成了（本以為媽媽會像以前那樣，提好多意見）。於是就問：房子熱不熱？買副食和菜方便嗎？媽媽還是沒說什麼，只是說謝謝他的關心。（室外35度，室內30度，你說熱不熱？還用問嗎？）媽媽又向廠長說，這些天太熱了，我不能去工廠。廠長說，可以，你什麼時候能去就什麼時候去。

媽媽心想，我的定居問題我先和你們拖著，等我二兒子轉業的去向能落到北京，工作定了再說。媽媽在給我的信中有些「玩幽默」：你們來信不要提定居問題，關於什麼規定也不要寫來，白搭。

上封信還囑咐我找有關老幹部退休、離休的有關規定，這次又說：白搭。

媽媽的結論

　　1971年10月，在爸爸被辦學習班之後，媽媽也被審查。她一直是在家裏被監護學習。她的問題也一直沒有結論。

　　空軍報社印刷廠負責媽媽的結論，定居等事宜。

　　1978年8月7日，媽媽去工廠領爸爸補發的六個月的工資（這是媽媽信上對我說的原話。我覺得媽媽還是沒有弄明白，這不是補發工資，而是軍隊給病故的軍人的撫恤金——六個月的基本工資），廠長見了她，就讓她寫檢查，說：你說了錯話，做了錯事，要做檢討。你寫了檢查之後還要給你做結論的。曾國華和黃景豫的材料，我們都已借到了。（意即用他們的材料做參考，一是寫結論的書寫形式，二也是看看那兩人的問題，有哪些和劉時鐵有關。）

　　媽媽立即反駁：我是我，他們是他們。我的錯不推，不是我的我也不攬。如他們胡說，我也不能承認。

　　媽媽心想，你說借了他們的材料，就想把我和他們混到一起？他們有問題，我也就要定為有錯誤？

　　廠長挺耐心：曾國華的態度好，檢討得很深刻。

　　媽媽接口說：就因為如此才按人民內部問題作的結論。

　　廠長說：你的問題要比他們輕。

　　媽媽嘴上沒說，心裏說這不是廢話嗎！那為什麼早不給我做結論，到現在才想給我做結論？但轉念一想，這些話還是先不說為妙。只是對廠長說，我過去不是做了檢查了嗎？廠長說要再寫一遍，十天之內寫好。

　　媽媽說不行，我腦子不好，你一限時間，我就寫不出來。

　　廠長想了想：那我提十天的要求，你做不到再說。

　　媽媽生氣了。而且很生氣。回到家，連覺也睡不著了，只能吃藥。又衝著朝暉發脾氣。朝暉害怕，悄悄地叫來了魯岩給哥哥發了個電報，說媽媽犯病了，讓他回來。

　　可是哥哥回不來。他在8月5日給我也寫了一封信，我和他商量了媽媽是選擇離休還是退休？她是到石家莊還是到瀋陽定居？

　　我們是堅持讓媽媽要求離休，不能因為離休只能到外地去而要求退

休。她的各方面的條件都符合離休，而不是像廠長含糊其辭說得那樣，工廠是團級單位，只有廠長是正團級，別人定不成團級，不能離休。他的潛臺詞就是，你劉時鐵只能退休。

哥哥寫這封信時，剛巧是爸爸的結論向媽媽宣讀一天之後，我們都還不知道爸爸的結論已下，所以哥哥想等爸爸的結論出來之後，再談媽媽的退休問題。我當時提出，如果只能上外地定居的話，希望她到石家莊來。哥哥也同意，說石家莊的氣候，副食供應，住房條件，醫療用車等都會容易些，還能脫離空軍的控制。

那個時候我們都是想擺脫空軍，想能自由一些，起碼精神上的壓力能少一點。

朝暉的電報過去了，可是哥哥沒有時間回京。會江又請了幾天假，他直到8月23日才回了北京，他以前就幫助媽媽寫過檢查，這次再重新潤色一下。工廠催了幾次，媽媽總以「身體不好」為由，就是拖著。媽媽29日給我的信上說，檢查寫好了，但還沒抄，準備過幾天交上去。

媽媽心裏清楚，自己到底有什麼問題，是什麼性質的？她說只要我身體好好的，不糊塗，頭腦清楚，我就能掌握主動，就能看清空軍給我下的結論是不是符合實際情況。

媽媽對我說：看樣子，組織上給我的結論是定為犯了錯誤。因為廠政委老張讓我寫檢查時，說我是做了錯事，說了錯話（媽媽對我解釋，好像沒說做了壞事，實質上錯事比壞事好聽些，輕些。）

分析的對，敵我矛盾才說是壞事，人民內部矛盾當然要說「錯事」了。

媽媽要求自己的檢查，一要實事求是，二要恰如其分。

在8月29日和9月4日的兩封信裏媽媽給我講了一下她檢查的大概內容：

　　說了吹捧話（指吹捧林立果）；在工廠的一個車間（文印車間）內組織學習了林立果的小黑本，即為壞蛋們搞復辟作了輿論準備（媽媽把她的這個問題提到了原則高度來認識，實際是怎麼回事還用說嗎？媽媽哪裡知道林家父子要搞復辟？）實際上作了他們的輿論工具；和幾個壞人有過來往，互相送過東西等；雖然我錯誤地認為他們是好人，認敵為友，但實際上這樣做，是起到了支持他們搞復辟的間

接作用。（這幾個人都是在原來的部隊被批鬥得很厲害，後來想辦法調到空軍。他們幾個在北京來往很密，媽媽原來不認識他們，後來是怎樣和他們走到一起去的？我也不清楚。）

　　關於去38軍的事，根本不算什麼問題，因已弄清了我去主要是玩了兩天。當時我寫了那麼多材料，主要是想弄清我去幹什麼。過去單寫了一個材料，說如果黃景豫跟我去（開始我讓他去的，後來他自己也要求去玩玩，這個傢伙可能有鬼）有什麼陰謀，那我就是上了這個壞蛋的當，帶他去給他創造了搞陰謀的條件。

　　媽媽說，她過去的檢查還寫上了吹捧林立果，和那幾個壞人來往，實際上是反對了毛主席，對黨和人民是有罪的。這次把這些去掉了，要實事求是。

　　10月11日，媽媽遵照上級的要求，每月兩次去工廠。沒見到政委，是廠長將給她做的結論拿給她看。

　　媽媽的結論，還是「按那三個帽定為犯有嚴重錯誤」。媽媽所說的「三個帽」，我一直不知道是什麼，這次為了寫這些回憶，整理她的東西時，發現了兩張八開大的紙，上面寫著：關於劉時鐵的審查報告。每張紙上寫著一個問題。估計是這次工廠讓媽媽看她的結論時，媽媽抄下來的。奇怪的是，只有兩個問題，第三個沒有，也沒有寫上她的結論到底是什麼。

　　下面是這兩張紙上寫的內容：

【關於劉時鐵的審查報告】

　　空軍報印刷廠原副政委劉時鐵，在她丈夫曾國華隔離審查後於一九七二年二月進行監護，當時由陳綏圻學習班監管，1973年11月經空軍政治部批准，解除監護。劉時鐵在黨的第十次路線鬥爭中，主要錯誤是：

一、投靠叛徒賣國賊林彪一家。

二、同林彪死黨關係密切。

這個結論的第三部分，是媽媽到38軍113師的事。媽媽認為不符合事實，也就沒有抄下來。她當時就對廠長說了，這件事與事實不符，我到38軍沒有帶口信。我對你們說過多次了，這次的結論為什麼還沒有改？

廠長說，黨委寫的都是實事求是的，你有什麼意見可以寫了，我們和結論一塊上報。因為結論是要經政治部黨委批的。

這件事，媽媽寫過多次檢查，也反覆對學習班以及工廠的廠長政委說過，她沒有帶口信。究竟是什麼「口信」？內容是什麼？帶給誰了？113師的人，誰聽到了？有沒有這個人寫的揭發材料？難道可以扣上一頂「帶口信」的帽子就直接定為錯誤？證據在何處？（有具體的內容嗎？「曾國華同志問113師的老部下們好」！算不算是口信呢？）

可在當時的那種情況下，是先立了「罪名」，再找事實，沒有事實，就創造事實。沒做過此事的人還要被逼著承認「黨委寫的都是事實」，還要自己親自簽字「同意」黨委作的結論。

公理在何處？?!！歷史就是這樣被隨意的撰寫！

媽媽又寫了說明，再一次強調我去113師，沒有帶口信！

但她心裏清楚，這只是「聾子的耳朵，擺設」，寫了也沒用。可是不寫，就等於默認。

10月17日，工廠的政委親自到南苑做媽媽的思想工作。他說：廠裏已給你做了結論。按那三個帽定為犯了嚴重錯誤，對那兩點事實，你就別提了。現在空政的只剩下你一個人還沒做結論，你的結論比那些人都輕。

媽媽本想再和漢江研究一下，去掉那兩條再簽字，聽了政委一番話，也沒再多說，就簽了同意。

政委見媽媽簽了字，就又提起她定居的事。媽媽強調要跟子女，說自己的身體不好，需要子女照顧。政委說：你要跟子女就退休了。過去報退休就是因為你跟老頭走方便，現在你跟子女得有房子（再三地強調房子，還不是知道我們在北京的子女沒有房子）哪怕有一間。我們到處聯繫，人家都不接受，我們就說她兒子在北京有房子，就給她把戶口落下算了。

媽媽的結論，空政批沒批？什麼時候批的？開始媽媽還挺惦記結論，後來也不提這事了。好像是在這年的十二月八日星期五，永江到工廠去給媽媽領工資，張文志政委讓他告訴媽媽，她的結論已經批了，何時去廠裏參加

黨小組會？並告訴永江你媽想在北京定居，要跟北京的兒女，得兒女有房子。你們要抓緊找房子，有了房子，定居北京就有希望了。

爸爸的復議結論

1982年7月27日，媽媽和漢江到總政和軍紀委二辦，問爸爸的結論怎麼樣了。軍紀委回答媽媽，空軍黨委已重新作了結論，你們直接到空軍二辦去看結論吧。去前打個電話聯繫一下，免得具體管事的人不在，你年紀大了，天氣又熱，白跑一趟。

28日，媽媽和漢江就到空軍二辦去了。接待他們的那個同志說：分管曾國華同志結論的那個同志休假還沒回來，你們8月3日再去電話聯繫一下。曾國華同志還是有一些錯誤的。按中央九號文件，可能不做什麼定性結論，對錯誤採取寫實的做法。骨灰安放軍以上幹部革命公墓。

媽媽問這個公墓在哪兒？他說就是八寶山。

「我們前些天曾聽說空軍給爸爸重新作了結論，是嚴重的政治性錯誤，骨灰進八寶山革命公墓，不開追悼會，補發工資，要上繳三千元黨費。這個同志沒說補發工資的事。我們也沒問。分析八月上旬能談上的。也可能先談結論，等軍委正式批下來後（軍委可能等家屬看了結論材料後再批，因軍紀委二辦的同志說讓我們先看結論）再談其他的決定。現在看來爸爸是按幹部犯了錯誤來定了。他都有什麼錯誤，等看了結論以後再說。我想如還有去38軍和大連的問題，當時就可以提出來。我去38軍並不是抱有什麼陰謀活動去的。我一直也沒有承認這個問題。這是違反事實的。而且38軍也不會出證明的，因為根本沒有這回事。我想也可能沒這個

父母合影於北京空軍大院西區21號（1970年10月）

問題。如所談的錯誤我們拿不准是否對，就先不表態，等我想想再說。因我的腦子不好，有什麼想法到總政軍紀委去談。另外我也想是否說，對他犯有什麼錯誤，我們不清楚（確實我們也不清楚），相信組織的意見就算了。你們說呢？我準備給哥哥也去封信。」

看了媽媽的這封信，我馬上給她回了一封，談了自己的看法。不知為什麼這封信被媽媽保留了下來。我照抄有關部分：

媽媽，你好！弟，妹們好！

媽媽的來信（7月29日）昨天收到。看信上的情況，媽媽準備3日就去空二辦，所以我也顧不上細想，簡單寫上幾句。

空二辦也真夠可以的，結論恐怕早就有了，（估計在六月份，因幹部休假一個月，此人在8月份可能來上班，那麼起碼是六月份就有結論了）可就是不主動找你談，等人家找上門來了，還是軍紀委提了才談了一些。根據（媽媽）信上說的情況看，雖然二辦的那人談得還不是正式結論，但肯定是符合主要精神的（雖然說是「可能」）。第一點可以肯定與林彪及其死黨、四人幫有質的區別，用過去的說法也就是內部矛盾。有了這一條就要在這個基礎上處理問題的。恐怕也就是說曾國華同志在什麼什麼時期，犯有某條某條錯誤。至於什麼敵我矛盾內部處理，或是嚴重的政治性錯誤等等，恐怕都沒有寫上。因二辦那人不是說不作定性結論。第二點也可能不徵求家屬意見，直接就進行第二步。也就是說提一些決定，如：骨灰盒的處理，等等。媽媽這方面也要做些思想準備。因是不作定性結論，爸爸的具體問題，媽媽也不瞭解（估計還是那五條，我記得媽媽以前和我說過）只要不提什麼搞陰謀詭計，參與林彪反黨活動等，我看還是可以接受。因不做定性結論，你也無法說「定嚴重錯誤定的嚴了，應定一般錯誤等等」（我打個比方）他們寫實，我們也就原則上答復「相信組織」……當然必須是錯誤確實寫實，不要誇大上綱。哥哥以前給你去信不是提了幾條，讓你在談問題時注意的事，不知你還記得嗎？我估計追悼會恐怕不會開，提也沒用。但既然骨灰要放軍以上幹部公墓，是不是提一下，安放儀式的事，子女參加。同時在報上發一條訃告，當年何振亞

死時還發了訃告，按爸爸現在的結論也應如此。爸爸的工資是否補發，另外殘廢證要找出來，要求把沒領的殘廢金補上。關於媽媽本人的一些問題，1、結論2、住房（住房就牽扯到離休）3、級別。

你們廠長還是政委不是說過，你的結論你看了保證滿意。但可能還是留有尾巴的，肯定不會像給受四人幫迫害者落實政策，人家那是「冤案」。

關於子女的事。就是我當年復員，領導沒有把工作安排好就叫我走，騙我說到瀋陽復轉安置辦給安排住房吃飯，工作已談好，就等本人去了。結果我去了之後，一無住房二無食堂，更沒有安排好工作。使我連續去沈三次（在家兩年無戶口）才算找到工作。（這兩年的工資怎麼辦？吃飯怎麼辦？）把這事提一下，看二辦怎麼說。（也不指望解決）

別的人有什麼問題需要提，也可以提。

假如第一次談時，只談問題的結論，不提什麼其他決定，咱們也就不提。

……

1982年8月1日

現在看，當時我的分析有些很准，有些還是受了誤導，比如以為不做定性結論。其實怎麼可能！把人關了六年多，本人交待，外人檢舉，翻來覆去的核查，難道會去做一些無用之功？查了六年，曾國華沒有問題，這些人都是吃閒飯的？所以，肯定是有錯誤的，肯定是很嚴重的。定一個「犯有嚴重政治錯誤」的結論，已經是空軍的底線了。

1982年的9月，媽媽聽說凡是有問題的人的結論都要經本人簽字的，假如本人不在了，應由家屬簽字。媽媽就給空軍打電話，空軍的回答是曾國華的錯誤與你是沒有關係的。等軍委批了之後，就找你談，到那時會向家屬談錯誤事實的。

媽媽又給軍紀委打電話。他們也說讓等等。但沒說讓看材料。媽媽要求他們對錯誤事實進行調查。打過電話後，媽媽很生氣，腦子很亂。

緊接著媽媽就去了王浴光大哥家，和他講了這兩個電話，兩人研究

後，王哥起草了一封信。媽媽決定在國慶日之後，再寄給軍紀委及軍委。

這封信裏，媽媽除了談對爸爸的問題要尊重事實，要調查屬實才能最後定結論。還一併提出了自己的住房問題。儘管空軍說你和曾國華的錯誤沒關係，但曾國華的問題不解決，劉時鐵的困境能解決嗎？假如互不搭界，單憑她自己是1938年抗日戰爭時期入伍的資歷，她應該住在南苑的簡易庫房裏嗎？我們這些子女能一個個先後從部隊復員轉業嗎？這時候說「曾國華的錯誤與劉時鐵沒有關係」，當初為此監管劉時鐵所發生的一切一切，就可以看成為空白嗎？

媽媽的一個老戰友（四十年代，估計是抗大一分校的）的老伴是軍紀委的副主任，媽媽和她取得了聯繫，託她轉了一封信。

春暖冰化

1983年的春天是個倒春寒，有幾天比三九天還要冷，可畢竟是春來了。

2月13日春節。空軍幹部部福利處通知媽媽去參加在人民大會堂召開的黨政軍國家機關的團拜會。招待票由總政治部發來。

媽媽問福利處的彭幹事：我是否以離休老幹部身份參加的？

彭幹事說：你是以曾副司令員夫人的身份參加的。

空司專派了一輛伏爾加小車接媽媽去大會堂。在那裏她碰到了劉亞樓司令員的夫人翟雲英阿姨，常乾坤副司令員的夫人，曾山的夫人。她們幾個坐到了一個桌上。會上趙紫陽總理講了話，李副主席出席了團拜會。還有其他的黨和國家領導人講了話。看了文藝節目，侯寶林父子倆說了相聲「蕭何月下追韓信」。

媽媽很高興。她認為從1971年以後，這個春節過得最愉快了。以「曾國華副司令員夫人」的身份去參加團拜會，是一個政治信號。這意味著爸爸問題的解決快了，而且結果還是能比較樂觀的。

3月19日至30日，媽媽，永江二人給我寫了信，告訴我3月16日（星期三）空軍紀委通知媽媽去看爸爸的結論。

下面是媽媽和永江合寫的一封信。媽媽寫道──

……

上個星期三空軍紀委通知漢弟說：你媽媽不是要看結論嗎？可以來看。我和漢弟星期四下午去看了，（並作了抄寫）結論是空軍黨委的復議，軍委還沒批。共五條錯誤。大意是，1‧九屆二中全會吳法憲密謀策劃他選政治局委員時，要選誰不選誰。2‧「九大」以後曾夥同吳等人，積極參於林彪「第一號命令」的陰謀活動。3‧積極擁護設國家主席，吹捧林彪反黨發言。4‧積極擁護和推行林、吳等人拋出的反革命的綱領。5‧讓老婆劉時鐵帶著秘書和兒子們到三十八軍搞活動。（沒有說是陰謀活動，只說是活動）

根據這五條錯誤，建議結論為犯有嚴重政治錯誤，補發扣發的工資，按軍級待遇進「八寶山」。

永江寫道——

媽媽和王浴光、漢江、東江商量，起草咱們自己的意見，不同意他們的結論。估計他們就還要拖。因為白雲等人的結論都做得比較重，不合乎事實，也不符合軍委總政中央的精神。他們都否決了，所以都在等。看來只是空軍不按政策辦事，上邊還是講政策的。

房子的事，政治部已明確跟媽媽講：按媽媽的待遇進東高地幹休所。第一批入所名單就有媽媽，這跟爸爸的結論沒有關係。媽媽說：等我老頭的事完了，我還要按遺孀的待遇管你們要房子。他們也沒吭聲。

五六月份就可以搬進幹休所。可能這是咱們家往好裏發展的轉捩點吧？

……

冬天已經過去了，現已是春暖花開，大地復蘇的時令了。我們準備種些蔬菜什麼的，你們是不是也要種些蔬菜呀？

弟　永江

八三、三、二十

　　永江信上結尾的這句話，與我這一段的標題不謀而合，可是我寫下標題時，沒有看永江的信，這只能說明22年後的今天，我對那時爸爸的結論復議等等一系列的變化，有一種「冰化了」的感覺。

　　媽媽很快就寫了一封信，談了她看了結論後的幾點意見。

> 張司令，高政委並空軍黨委：
>
> 　　最近組織上讓我看了空軍黨委一九八二年六月十日給中央軍委，紀委的請示報告〈關於曾國華問題的覆議結論〉。看後提出幾點看法和意見，請黨委考慮。
>
> 　　要求黨委能進一步考慮到十年動亂這個特定的歷史條件，和空軍特定的歷史背景。
>
> 　　如林彪的「第一個號令」是帶有全軍性的普遍性的問題。空軍執行「第一個號令」對於當時分管作戰的曾國華同志只能是執行者的錯誤。對否，請指正。
>
> 　　要求黨委能將集體的事和曾國華同志個人的事加以區別。
>
> 　　如「九大」選舉是受了林彪「四人幫」的干擾和操縱的，曾國華同志是空軍代表團中的一員，在「投票」問題上，曾國華同志是犯有密謀策劃的錯誤還是執行者的錯誤。又如「策劃空軍三代會的陰謀活動」「修建大跨度飛機洞庫」等問題，也請領導考慮。
>
> 　　希望組織上進一步做到事實清楚，證據確鑿定性準確。
>
> 　　如關於我「到三十八軍進行活動」的問題，我到三十八軍一一三師不是曾國華同志派去的。也沒有進行任何陰謀活動。請組織上進一步核實。
>
> 　　曾國華同志雖在晚年犯了錯誤，但他在歷史上還是為黨為人民做過一定貢獻。希望黨委本著黨的一貫原則，對犯錯誤的幹部進行全面的歷史的衡量，對曾國華同志的骨灰要求按他原軍委空軍副司令員職務的規格安放八寶山革命公墓。
>
> 　　另外關於我的住房問題，幾年來，我多次向組織上寫信反映和要求解決我在南苑機場住房的困難問題，現仍未得到解決。近來多病，迫切需要子女照顧。希望組織上能在市內安排我的住房，以便

子女照顧。

　　以上如有不當之處，請批評指正。

　　致以

敬禮！

劉時鐵

一九八三年三月二十三日

　　這封信是漢江執筆寫成的。在22年後的今天看，此信仍覺寫得比較有水平。

　　媽媽在三十日又給我寫了一信，主要就是寫了上面那封給黨委的信的梗概。她在這封信裏對我做了一點解釋：本來想寫上對同期類似情況的人統一衡量。後來怕說是不一樣看待。同時也想到軍紀委會對他的問題進行全面衡量的。

　　現在交上去已經五天了，沒有找我談什麼。也可能黨委還在傳閱討論。我在寫材料中，空軍還在催我快一些。估計上面也在催。這個信主要是漢弟起草，和王哥研究的。他真心真意的幫助考慮。這個信也給軍紀委寄去一封。本來想去面談，打了兩次電話，說老田都在開會。未去成。

　　我的調級問題，已找我廠和直政處談了。主要是提出我在定級後，一次也沒調級。1979年調級沒給我調是不正確的。當時我並沒有同意我退休了，也不是我自己不去上班的。離休命令是1980年11月。

　　媽媽五月份給空軍去電話，問爸爸的事怎樣了。接電話的同志說，老田（具體管爸爸的事）同志說，你給軍紀委的信空軍已經報軍紀委了，他們還沒有研究，還要等候。等多久不好說，軍委批後，空軍會找家屬談話的。

　　媽媽一直講爸爸的問題「我也不清楚」，這一點我們一直沒有懷疑過。直到這次寫「家事」我找到那個小紅本子，才知道當年在醫院爸爸和媽媽就講了他在這次事件中到底有哪些問題。寫到這個細節，我不禁黯然，心裏難過極了。那時見爸爸猶如探監，先要提前向上面請示，層層批准，才能在什麼節日裏見上他一面。別人家的節日歡天喜地，我們家的節日是去探監，而且還要感激有這個節日，使我們終於有機會見爸爸一面。

　　我只見過爸爸一面。就是這一面使我多少年夢到他時，總是有一個終極目標，想方設法地給他遞紙條，要向他傳遞某種資訊，其實是要他告訴我他到底有什麼問題？爸爸在最後的日子裏把他的問題講給了媽媽，他覺得對我們都有了一個交待，即便他死了，他相信我們也不會再懵懵懂懂不知道自己的父親怎麼了。他那時還不知道中央到底會給他如何結論，大概希望一旦他被冤枉了，孩子們會為他申訴。他說：我完全承認我犯了嚴重錯誤，但我是要實事求是。

　　媽媽把這頭等大事給忘了，但雖然她說我不清楚曾國華的錯誤，可她一直為爸爸堅持「要實事求是」。數年中一直不間斷地寫申訴信，為了爸爸的自由，為了爸爸的問題不至於嚴重地影響子女，她真的是盡到了一個共產黨員、一個妻子、一個母親應盡的責任。作為一個共產黨員，她有向黨反映情況的權利，她做到了實事求是。把自己在幾十年革命生涯中所作的不符合黨的要求的地方拿出來曝光，檢查自己，是自己的問題自己擔，不是自己的問題不往身上攬。她就是這樣本著負責的態度，反映著這一切。

　　她盡到了做妻子的責任。她知道我父親沒有反黨、反毛澤東、反社會主義。他是個軍人，是空軍的第一副司令員，上級的命令他要執行。當然他對林彪還有另一份感情，從參軍就在林彪手下當兵，我們家確實和林彪走的較近，但他不會知道林彪要搞什麼陰謀。媽媽寫申訴信時的心情很焦慮，她不止一次對我說過，總怕不等讓他出來，他就會死在裏面。我不禁為他們幾十年夫妻生死與共，心靈相通感動。但是，在經歷了六年多的生離之後，她等來的不是團圓，而是死別。媽媽在爸爸去世時不讓我哭，是她的一種堅強，不願在那個時刻在外人面前表現出軟弱。她自己有兩次痛哭。一次在火化時，一次是看到了從學習班拿回來的爸爸的衣物。那已經不能再控制的悲憤只能以這種形式在那種場合爆發。

　　她也盡到了做母親的責任。她生養了我們兄弟姐妹七個，撫養教育耗盡了她的心力。同時她還要正常上班，從來不肯在家當個家庭婦女。她總是告誡我：女人首先要自立，不能依附男人，不能做花瓶。

　　尤其是在我們七個孩子因為受到父親問題的牽連，全部從部隊復員轉業到地方（小弟弟沒有當兵，但找工作一直受到很大的影響），媽媽心裏一直很不好受，老是覺得對不住子女。當她看到我們陸續成了家，有了較穩定

的工作後，才算是放了心。

　　她為我們子女做的最大的事就是努力為父親平反。雖然最後也沒有達到預想的結果，但總算讓問題減輕（大概父親在他那一個級別中算是結局較好的一個）我在父親牽到林案之後一直不能回家，我得以與媽媽再次見面是我快復員了。從我回家一直到她去世，我沒有聽過她說組織上整她整錯了等埋怨組織的話。她只認為自己有錯誤，但絕不反黨。她為了講清自己的問題，講清與林家的關係以及別人的問題，寫了不知多少遍材料，最後精神崩潰。這一切她從來沒有抱怨過，從來沒有因為自己是背了一些不實之詞組織處理過重等等而抱怨黨組織。

　　感知母親的所作所為，我真覺得我的母親太偉大了，她受得苦太多了。

2005年3月─5月
於石家莊

四十年有感

向　紅

向紅，原空軍令部黨委辦公室副主任周宇馳之女。周宇馳為林立果加入中共的介紹人之一，也是《「571工程」紀要》的主要作者之一，在「九一三事件」中自殺身亡。時年向紅未滿17歲，是廣州中山醫學院的「工農兵學員」。

「十年生死兩茫茫。不思量，自難忘。」

如今四個十年過去了。每年的這個日子，我會和許多受「九一三事件」牽連的人一樣，思緒萬千。在四十年前，我已經下了結論：從政治生命這個層面上講，我已經隨著父親死去了。遺憾的是，四十年來的經歷證明了我的預言。

關於「九一三」，的確是一個令我難以回避又難以把握的命題。鑒於我與之四十年的淵源，我想嘗試一下管中窺豹，談談自己的所知、所感、所想。

我對歷史知之甚少。我認為：研究歷史就是要細，因為往往細節導致拐點或突變，所以點點滴滴，都要記錄下來。作為個人回顧歷史，卻不能走得太近，否則深陷其中，枝枝蔓蔓，歷歷在目，只能看到一家一戶的離散，一城一池的得失，怎不糾結？就真的「碧海青天夜夜心」了。尤其在這個事件上，要學著站的高一點，離自己的利益遠一點，去看國家、民眾的利益，「會當凌絕頂，一覽眾山小。」

聽我奶奶講，我們的爺爺很早就是地下黨，後來參加了八路軍，一穿軍裝就是幹部；曾任四野某部的後勤幹部，一直隨著四野打到廣東。我父親從小當過兒童團長，在抗日中學畢業，入伍的前一年就入了黨；他是搞宣傳出身，入伍後不久在四野某部，曾任幹事並兼職戰地記者，身上有兩處遼瀋戰役的彈片留下的傷疤；組建空軍時他所在的那個團去了空軍第一航校，還是搞宣傳。他是個政治上很堅定、工作上很有能力、性格上很活躍，是個很

要求上進的人，所以才被挑去給劉亞樓司令員做了幾年秘書。

我的小學經歷由於父親的工作調動被分成了三段式——一年級下學期剛開學，我們家就從北京搬到了上海的空四軍，住在四軍軍部對面門診部的院子裏；四年級暑假前，又搬回了北京的空司大院。

那是一九六三年初，走的時候正是北京最冷的季節，大人的臉上也沒有笑容，我隱隱約約聽見什麼「劉司令發火了」之類的話，給我的感覺，我父親是犯了什麼錯誤。

剛剛到上海，我們都住校，奶奶在家，媽媽在門診部上班，父親卻去了一個很遠、很艱苦的地方，極少回家，回來了也是風塵僕僕，帶著股農村的稻草味道，人又瘦又黑，但情緒飽滿。他一回來就講很多和戰士在一起的趣事給我們聽。我們就又能聽見愛乾淨的媽媽數落他腳臭，把他的簡陋行李拎到門外，要消毒。他看著媽媽那認真樣兒，還故意逗她；有父親在，家裏總是充滿了快樂。後來父親不再去外地了，他和媽媽在虹橋機場的空二師工作，在那裏又安了個家。

大概是一九六四年，我們上的部隊子弟小學接受地方生源以後，我們開始走讀。但是週末都會坐著部隊的大卡車回虹橋機場，從位於東北角的江灣，到位於西南角的虹橋機場，要穿過整個上海市區。孩子們一路上說說笑笑，一路高歌「像那大江的流水一浪一浪向前進，像那高空的長風一陣一陣吹不斷，我們高舉革命的火把，一代一代往下傳。革命先輩揮血汗，創立了人們的好江山，我們繼往開來，建設這幸福的樂園～」，非常的快樂；媽媽也覺得在上海的那段工作生活的日子，是最輕鬆愜意的。

再回北京時，大約是一九六六年五月下旬。「5.16」通知已經傳達，在快要離開上海的日子裏，有一次我隨著父親在空二師的幹部食堂吃飯，廣播裏正在播送《人民日報》的什麼社論。父親停下了筷子，側耳聆聽，一臉嚴肅。

我們到了北京，還在車站等著提取行李時，我覺得口乾舌燥，鼻子就突然流血了，媽媽說是北京的氣候太乾燥了的緣故。在上海市普通話比賽得過獎的我，拿著錢去買冷飲，絲毫沒想到當我習慣地說成「冰棒」時，卻受到了嘲笑：什麼呀？這叫冰棍！這兩件事使我對北京頓失好感，現在想想，簡直像是不祥之兆。

　　好像是王飛伯伯和何汝珍叔叔來接的我們。我對何叔叔很感興趣，因為在上海時我看到他寫給父母的信，字寫的非常端正秀麗，因此記住了他的名字。對於為什麼要回北京我很不解，我已經適應了上海的生活，對學校很不舍。後來我跟王飛伯伯提起此事，他說自我父親離開空司以後，他們倆一直保持通信聯繫，前後長達三年多；後來父親調回北京，也是經過他們勸說才同意的。

　　我理解父親參加革命以來，一直對革命事業抱有極大的熱忱，忠心耿耿，積極努力，表現優秀，才會被挑選去司令員身邊。父親很正直，他是傷心了，不想再回北京，因為我終於明白了父親為什麼調來調去。

　　他給劉亞樓當秘書時，有一次上午到的大開本「參考消息」，他下午才送給劉司令看。劉批評了他。他解釋，這只是一本參考消息，不是文件，並沒耽誤工作，遂不肯認錯。劉的性格很聞名，他豈能允許別人反駁和異議，尤其是自己的秘書，就在一次黨的會議上再次批評我父親，好像說他工作「踢皮球」。但我父親也很倔，有些不識時務，堅持不認錯，劉亞樓大為光火！我父親那時是少校，劉為此在空軍就出臺了一條新政：凡是少校軍銜沒有擔任過指導員或教導員等職務的，一律下放一年，補課。這就是我父親後來下放到江蘇鹽城高炮某部，擔任了一年營教導員的前因後果。

　　據我哥哥瞭解，文革前我父親曾經被借去上海黨校講過課。我也記得他在空二師五大隊當政委的時候，五大隊這方面的宣傳搞得有聲有色，我父親和飛行員的關係很好，經常談心。父親還有副好嗓子，他喜歡唱《革命人永遠是年輕》、《我們走在大路上》這一類激揚、向上的歌曲。文革期間他被評為空軍的「學習毛主席著作積極分子」，在大院裏講用過心得。他身體很棒，在一航校時拿過東北軍區速滑的名次，剛回

周宇馳與女兒向紅1971年初在杭州合影。林立果攝。

大院還在燈光球場打過籃球，那應該是林立果還沒到空軍的事了。

于新野叔叔的父母都是新四軍，是革命老幹部；解放後他父親擔任過上海市廣播電臺的領導，五十年代後邊，調到甘肅省電臺擔任領導。

我也還清晰地記得林立果剛到空軍時，穿著新軍裝，寡言少語地坐在我家床上，見我進來，一副手足無措的樣子。後來他成熟了，也胖了，一下子像個幹部的樣子了，到哪兒都能聽見歌頌他父親和讚美他的話，每逢此時，他只微微一笑，頷首致意，應付自如，並不張狂，平時依然寡言少語，好像總是有事可做，從未見過他懶散的樣子。

記得是一九七零年五月二十號，早上程洪珍開車到中山醫學院，把我接去度週末，「調研小組」的人當時都駐在廣州白雲山機場招待所。因為他們那裏可以看到香港報紙和很多的外國雜誌，所以我去了就會翻看，對報紙上連載的言情小說很癡迷。

一個上午，別人都各自忙碌著，洗衣機放在翻譯陳倫和房間的衛生間裏，嘩啦嘩啦地響，我好奇地去看，順便幫忙。他們住的樓層上有一個大飯廳，裏面有部電視機架在那裏，平時大家可以聚在裏面看電視。那天我看見飯廳沒有人，椅子都折疊好靠在牆邊，只留了一把椅子正對著電視機擺放著，不知是幾點鐘了，電視裏開始轉播在首都天安門廣場舉行的「五二〇」大會，我坐著椅子上看了看，就走開了。一會兒，該林彪講話了，林立果從房間裏出來了，有人很默契地開了瓶橘子汽水遞給他，他就坐在那張椅子上，聚精會神，邊喝邊看，別人都走開了。我見大家都不進去，也不好貿然進去，就在門口看了一會兒，記住了林彪講話中「得道多助，失道寡助」的那個「助」字的湖北口音特點。林彪講完話，大會還沒結束他就站了起來，還是一副沒有表情的表情，回房間了。我目睹了這一切，就自己一個人胡思亂想起來——不是說幹部子弟應該謙虛嗎？他只聽自己爸爸的講話，算什麼呢？可是他父親是林副主席呀！原來他和他父親的關係會這樣啊，……要是爸爸在臺上講話，我好不好意思聽呢？

後來跟林立果見面次數很多，也沒數過，但仍然完全不能把他和《「571工程」紀要》聯繫起來。

所以我一直在想：是什麼讓我父親從當年一個學習毛選、宣講毛選的「積極分子」，和那些空軍黨辦的精英們，變成了後來的他們？他們都已

經有家有業，也有一定權勢，他們還想幹什麼？怎麼就願意冒死跟著林立果幹出這樣一件驚天動地的事情來呢？難道是貪圖更多的權益？難道是腦子一熱、自我膨脹？或是上了「賊船」下不來了？林立果還折騰什麼呀？林彪不是已經一人之下萬人之上了嗎？一開始怎麼也想不通，第一次覺得熟悉的父親那麼的陌生；後來慢慢想通了一點，逐漸地我開始走近父親。

「九一三事件」與我

我清楚地記得一九七一年的九月六號，是個周日，真是少年不知愁滋味。我象往常一樣，和要好的幾個同學去廣空參謀長顧同舟家裏玩，主要為了能解解饞。學校把我們部隊學員的伙食費和地方同學平攤在一起，所以伙食不好，我們這幫孩子正在長身體，胃口大的嚇人，加上是北方人，吃不慣廣東的大食堂。忘了是飯前還是飯後，女孩子們嘰嘰喳喳地都聚在客廳和張亞青阿姨說笑著，顧伯伯把我單獨叫到客廳外面的走廊，臉上還掛著和我們聊天時的笑容，四顧無人，很親切，又神秘地壓低了聲音，說：你爸爸十二號就要到廣州來了！到時候我派人去學校接你！

我不太理解他為何這樣，但因為他一直很關心我，跟林立果他們關係又好，在那時「親不親，線上分」政治觀念裏，他和我父親是一條「線」上的，可能是想回避不讓其他同學聽見；於是我很有禮貌地迎合著，答應了，但心裏依然感到些許疑惑——廣州是父親常來常往的地方，這有什麼好神秘的？也就認為他是一片好心，瞭解我們父女的感情，所以當成個好資訊告訴我。事後才知道，其實就在那兩天的前後，劉興元給廣州軍區傳達毛澤東南巡「吹風」的內容，我性格內向，就愛胡思亂想。

十二號我沒有請假外出，怕來人找不到我，一直在學校等消息。但並沒有人來找我，也沒有電話來，可是我並沒有覺得特別奇怪，因為我已經習慣了林立果和父親他們神秘、機動的工作特點，反正我也沒什麼事情要辦，正好休息一天；我在學校只接過媽媽打來的長途電話，但打不了；所以我也沒打電話給任何人。

大概又過了一周左右，同學汪京群（汪東興的女兒）吃完晚飯和我在校園裏散步。她悄悄地告訴我：一個大官坐飛機跑了，下落不明。我們倆就

海闊天空地猜想，會是誰呢？其實我根本無從猜起，都是聽她說。最後她說，可能是許世友！這個人最不聽招呼了！我根本對什麼叫「跑了」沒有任何概念，對中央的事情更是一頭霧水，所以聽了京群的分析，就覺得有道理，聽說許世友的脾氣很大，誰也不服，隨身老帶著槍，文化大革命期間就曾經跑到山裏躲了起來；所以這次「跑」的大官很可能是他。

何等的天真爛漫！

當年在廣州聽完傳達「九一三」的中央文件，我和全國人民一樣，沒有一點思想準備此事和自己有關，尤其是文件說他們都死了，我根本不相信，感覺頭暈耳鳴，全身麻痺。腦子裏第一個想到的是「這是『筆桿子』在搞鬼！」我旁邊坐著的是學校裏睡在我下鋪的廣空副參謀長的女兒，她悄悄地問了我一句：那個周什麼的女兒是誰呀？我掙扎著回答：是我～聲音極低，極粗，極啞，根本不像我平時。她一定是被我嚇到了，馬上搬著凳子往旁邊挪了一下。

聽完傳達文件，李先念接見我們這些父親在文件上被點了名的子女。他特意點了我的名，他問我：你知不知道他們的事啊？你能不能像林立衡那樣劃清界限，大義滅親啊？你要是知道了他們的陰謀，你會怎麼辦呢？向誰舉報啊？我根本回答不了這種問題，但全場的人都在盯著我看，我勉強站起來，眼冒金星，感覺喘不上氣來，眼前黑壓壓地一片人頭，我跳過了前面的幾個問題，朝著兩步遠的李先念，啞著嗓子說了三個字——吳法憲。

顯然這個答案令他很不滿意，他也不讓我坐下，就轉過臉跟另外一個方向的子女們講起話來。我即緊張又非常尷尬，也不知道自己錯在哪裡。剛才聽文件的時候隱約感到吳司令這次也要倒臺了，但我說是實話，誰讓我聽見林立果他們背後跟吳法憲叫什麼「吳胖子」呢？誰讓我什麼都不知道呢？不向他舉報向誰舉報？空軍大院最大的幹部就是他嘛！何況我在廣州上學，更不知道該怎麼舉報；就算我去過幾次毛家灣，但是坐車去的，根本不知道地址，再說這次連林彪也死了呀……幸虧我還知道人民大會堂是開大會才用的地方；天安門是節日或接見群眾時才用的，平時上面沒有人；「中央」二字對我而言，就是毛主席居住的地方，應該在長安街上的新華門裏面。

何等的幼稚可笑！

　　廣州軍區委託廣東省軍區把我們這些子女留下辦學習班，而這四天我自閉了，像張春橋在特別法庭上面無表情，一言不發。學習班結束的總結會上，其他子女代表都表了態、表示緊跟、要劃清界限。我則被廣州軍區政治部于主任點了名，「聽說這四天學習你沒說過話，你是怎麼想的？今天你要表個態。」我一咬牙站起來，沒頭沒腦，倔倔地說了兩句，第一句：中央文件是機器印的！第二句：我要看溫都爾汗的照片。

　　這兩句和當時會議氣氛大相徑庭、完全逆反的話，讓于主任措手不及、極為不滿，後果可想而知。從此，就給組織上留下了我「態度不好」的史話。

　　以至於74年我復員後被空軍流放到南苑空司生產隊去，時任空軍司令員馬寧去那裏勞動遇見了我。一開始對我很「感冒」，以為我是哪個空軍招待所去南苑輪流勞動的服務員，吃午飯時還專門坐過來，和顏悅色的跟我聊天，問東問西。然而，我擔心的事情還是發生了——生產隊長在一旁陪坐，幾經猶豫，還是很尷尬地當著我的面把我的身份告訴了他。這個馬司令立即把碗往桌子上一放，對我翻臉了！大聲斥責道：你要劃清界限，好好改造！我也把臉一繃，二話沒說站起來，把沒吃完的飯菜往碗裏一扣。在眾人的注視中傲然離去，身後的食堂裏一片寂靜，鴉雀無聲。事後我越想越絕望：我到底是誰？我代表我父親嗎？我竟如此之臭名遠揚？空軍司令竟如此沒有水平？黨的政策竟如此之遙遠？

　　儘管「九一三」時我未滿十七歲，但我真的不應該這麼天真、單純，因為就在「九一三」前夕的暑假裏，因為家裏的事情，我很生氣，就給江騰蛟伯伯打電話，問有沒有去廣州的訓練飛機，要回學校。父親得知後匆匆趕回家來，大概因為我這個從小到大最聽話、最讓家長放心的孩子，在氣頭上居然跟他說了一句「再也不回這個家了」的話，讓他很是意外和傷心，耐心地聽我把情況說完，長歎了一聲，坐下來和我做了一次長談。就是這次談話，吐露了他們的一些跡象，只不過我沒有真正領會而已，現在看來那就是一次「路線交底」，而且是唯一的一次。

　　他對我說，你不要看咱們家現在這些條件，以為我們和呂果一起工作，一切都風平浪靜，路線鬥爭很激烈，有人要整林副主席，隨時都有風險。飛鳥盡，良弓藏；狡兔死，走狗烹；像林副主席這樣打下大半個中國，

這麼大功勳的人還要被整，是卸磨殺驢啊！

　　他眼裏含著淚，空氣很凝重。第一次見到父親流淚，不知道怎麼安慰他，同時也被這些話的內容鎮住了，我不再抽泣。憑著自己的那點文學知識，腦子一個勁兒地思索著，怎麼把成語與現實結合起來：誰是狡兔？誰是走狗？。文革時期的思維模式使我根本不敢大不敬——誰把林副主席當「驢」？但還是怯怯地問了父親一句，誰還敢整林副主席啊？

　　後面的談話裏他提到了江青的外號「白花蛇」，張春橋的外號「眼鏡蛇」，姚文元的外號「響尾蛇」～說要「清君側」；他說「現在軍隊受壓」，「國民經濟倒退」，「筆桿子要壓倒槍桿子」，形勢「正朝著有利於筆桿子，不利於槍桿子方向發展」。他還說「上面」「翻手為雲，覆手為雨」，是「二桃殺三士」；他對著周圍一揮手，說：「今天是座上賓，明天就可能是階下囚！這一切，說沒有就沒有了！」

　　我雖然懂得「飛鳥盡，良弓藏；狡兔死，走狗烹」和「卸磨殺驢」這兩句成語的含義，但僅停留在字義上；對「二桃殺三士」則不太明白，父親耐心地給我講了典故，解釋是借刀殺人的意思。

　　父親對子女要求一向很嚴格，很注意督促我們學習、看書，看完了還要讓我們談讀書心得，比如我們入伍前都是在他要求讀完《共產黨宣言》，並且談了心得，通過了之後，才同意我們走的。此時此刻的講解，使他剛才流露出來的義憤和憂慮緩解了許多，又恢復到了平時對我們循循善誘的狀態，但仍然流露出一絲疲憊。這是與平時不一樣的一次談話，父親和我是平等的，我傾聽了他的內心，他跟我講了他的工作，雖然不能分擔什麼，但我不再是以孩子的身份。可惜我「只緣身在此山中」，除了記住了「路線鬥爭很複雜」、「很激烈」這一類平時也聽到過的話，並沒有感到事態嚴重。

　　時值八月底，從這次談話來看，林彪已經被整，是在「九一三」前就感覺到了。《紀要》裏他們對「四人幫」的反感，已經到了針鋒相對、你死我活的地步。至今還沒有令人信服的完整史料，能反映林彪對此的立場和態度；那幾個充滿了悔恨的不祥成語，倒是反映出深知林彪在文革期間是被毛澤東「利用」了的無奈的境地，只是出自我父親之口，不知道悔恨的是林彪本人還是林立果，起碼是林立果吧！事後我明白了，廬山會議之後林彪的接

班人地位發生了動搖，軍委辦事組勢力由盛到衰，跟著汪東興積極發言的軍隊幹部全部吃癟……林立果他們感到大勢將去，所以才有了後來「破釜沉舟」的一搏。

而我的暑假裏的那句氣話，竟一語成讖──從此無家可歸。

九一二之夜

很多人描述過那一夜，都會使用「驚心動魄」一詞。我不會，因為當時我在廣州上學，沒有和家人一起親歷北京那一夜。但從他們的描述裏，我聽出父親除了一如既往的「忙碌」、「疲勞」，也聽出了沒有過的「緊張」、「情緒低沉」，但至今我都想不好用哪個詞去形容家人面前的父親，因為他不是「黨辦的周副主任」，他只是一個同時兼有兒子、兄長、丈夫、父親身份的普通人。痛定思痛，接下來的四十年裏，隨之而來的疼痛，像是在心底慢慢融化，這種痛徹心扉的感覺揮之不去。

9月10號，接到我父親拍去「母親病重」的電報的二叔，帶著三歲多的女兒從外地趕到了我家。不知從什麼時候開始，我父親已經常常忙的夜不歸宿了。但那天晚上，我父親特地回來見他，神態很正常。

二叔問他，媽沒病呀，你怎麼拍電報說媽病了？

他說，最近要開九屆三中全會，開四屆人大，這是一個權力再分配的會。江青、張春橋要整軍隊這些人，形勢比較緊張，北京是個火藥桶，我因為和林立果的關係，已經卷到他們的糾紛裏去了。今後我就顧不上家，也顧不上管媽了，你把媽帶走，以後你要多照顧弟弟、妹妹們。這個「他們」是誰，當時二叔沒問，他知道搞政治的人，忌諱別人問。

二叔問：我什麼時候走？我父親說，不著急，先在北京玩玩，過兩天再走。還說：你不用惦著我們，我們跟林副主席到廣州去。家裏你想拿什麼就拿，有獵槍嘛，你拿走。他知道自己弟弟的愛好。

二叔看他情緒一點也不緊張，就像平時的樣子，也沒覺得情況很嚴重。他倆談話時間很短，談完他就走了，看來是專門回家跟弟弟交代怎樣安置母親的事情來了。

12號晚上我父親又回來了，他跟二叔說，你和媽準備準備，收拾收拾

東西，明天早上有人給你們送車票來，把你們送到車站。我們也收拾東西走，去北戴河，然後和林副主席一起去廣州。說著他把家裏所有的積蓄大概有三千元，給了二叔，說是讓他以後用來照顧老母親。當然後來二叔被辦班時，這筆錢都被搜走了，同時被搜去的還有一塊林立果送的勞力士金錶，據說世界上只有60隻，至今都沒有歸還。

我哥哥和弟弟聽說要去北戴河，很高興，因為能見到林副主席了。

接著他告訴我奶奶：媽，我睡五分鐘，你叫我。看上去他很累了。

我父親和我媽媽收拾東西時，二叔不放心，怕眼下這事是因為軍隊之間的派系鬥爭鬧的，就過去問他：到底怎麼回事啊？他說，你不要問。二叔還是問他：主席的態度是怎麼樣？是不是支持你們呢？

他衝口而出：都是他搞的！

二叔是他們兄弟中唯一的大學生，一九五七年一上大學就趕上「反右」，所以歷來對政治沒興趣，淡泊名利。這在我父親看來屬於政治上不要求進步，以前哥倆碰在一起就經常辯論。

一九六九年「九大」以後，二叔來北京出差。後來他告訴我：那次我想打聽一下對知識份子的政策，和你爸談到政治上的、國內的、文化大革命的事情——

我問他：國家這麼搞，不是胡來嗎？

他說：都是主席搞的。

我問：將來怎麼辦？

他說：他搞的，將來他負責嘛。

我問：你對像章感興趣嗎？

他說：不感興趣。

我又問：將來林副主席上臺是什麼政策？

他說：搞經濟建設，搞科學技術。

我問：對知識份子什麼政策？

他說：將非常重視知識份子。他根本不同意毛澤東（文化大革命）的觀點，……但是誰給他（指毛）提意見他就打倒誰，就整誰，像彭德懷、陳毅……江青和張春橋歷史上有問題。

我父親告訴他，有一次他和我媽媽到林彪家裏去看了兩個電影，其中

有一部是蘇聯電影《祖國在召喚》，講的就是國家建設需要知識，國家應該需要知識份子。

二叔的話，讓我想起「調研小組」的一位叔叔也跟我講過，我父親跟他們講過，林彪對文革的「看法當然有，跟毛澤東完全不一樣。林說⋯⋯馬上改革！」

「九一三事件」之後傳說毛家灣有一書法條幅：「勉從虎穴暫棲身，說破英雄驚煞人。」我不知道父親講的是不是真的，也可能是出自於林立果之口。這些話雖然聽了真會「驚煞人」，但仍然使人感到那麼有希望，那麼真實，那麼好！

此時，他只有安慰哥哥說：咳，這都是階級鬥爭嘛。

我父親聽了情緒有些激動，他反駁道：什麼階級鬥爭？他們完全就是整人！爭權奪利，整人！你知道嗎？中國有多少人是冤枉的，是被他們整死的?!我父親接著說，我已經登上歷史舞臺，我是下不來了，只有盡力去幹了！

二叔聽了他的話，知道哥哥這回真的是捲進政治漩渦裏去，想出也出不來了。

我媽媽在旁邊一邊收拾一邊也說，他們都想打倒（指林家），想把林家斬盡殺絕！

我父親接著我媽媽的話說：他們也好不了，將來也會有人收拾他們！

我媽媽又補充了一句：他（指毛）聽江青的。

我媽媽是個醫生，是個非常本分、老實到木訥的傳統女性，家都交給婆婆管；她很信任我父親，也從來不過問我父親的事情。可能是因為我們和父母一直是傳統的子女與長輩的關係，從來也不交談這些政治上的問題，也沒見過他們彼此之間交談。我聽了二叔的描述，很難相信他講的是我媽媽——從什麼時候開始，她也明白這些事情了？我很震驚，但二叔的話我是相信的，暑假時父親不也給我打「預防針」了嗎？他要是不跟我媽媽「交底」，我媽媽怎麼跟他走呢？

就那個夜晚，他們的幾番交談揭開了中國紅色鐵幕最深的一角，揭示了一個涉及國家的最高機密。多年來，它猶如悶雷一直在我心頭滾動！

直到後來在裏屋接了一個電話，我估計是林立果讓我父親「北上」的

那個電話，他才顯得有些著急了。他匆匆忙忙帶著我媽媽和我兄弟走了，家裏安靜下來，就剩下二叔陪著奶奶，他的小女兒早就睡了。

誰知沒過多久他們又回來了，我父親自己上樓來，二叔問他，你怎麼回來了？他說吳法憲在機場呢，走不了了。二叔當時也不懂「吳法憲在機場」是什麼意思。

他要馬上送二叔去火車站，並且說：你把向陽帶走吧！我把你們送走，你們買明天早上的車票走。媽就留下吧，要不家裏沒個人。

在去車站的路上，我父親說：到時候什麼都顧不了了！誰也顧不了了！

我二叔當時就明白他的意思，不行就逃到國外去。「到時候……誰也顧不了了」，這個「誰」指的就是家人。但要是我聽見了這句話，無論如何也猜不到它的真實答案，我媽媽可能也是如此。我父親從火車站回來，在我家樓下讓媽媽和弟弟下車，車沒熄火，馬上又開走了，媽媽很不放心，匆忙中問了他一句：什麼時候回來？他的回答淹沒在汽車馬達的轟鳴聲裏，媽媽隱約聽他說了一句：別等我了！這句話就成了我父親留給我媽媽的臨終遺言。

孟子曰：「天下有道，以道殉身。天下無道，以身殉道。」

據我哥哥回憶，我父親在9月12號晚上已經有了赴死的準備了。因為沒走成，他知道事情已經敗露，前途叵測，肯定是凶多吉少，從西郊機場回來的路上，他的心情可想而知。他一邊開車一邊說：過去都說，人死都不知道是怎麼死的，我現在也知道自己是怎麼死的了。

他是準備去死了。

于新野叔叔的愛人李雯阿姨也告訴我們——她在一九七一年暑假結束回西安第二軍醫學院以後，收到過一封「九一三」前于叔叔發自廣州的信。信上說，如果以後有什麼事，兩個孩子就交給你了。于在信裏的口氣挺

1964年周宇馳全家合影。左一為本文作者。

內疚的。

以前他們倆人之間就經常開這種玩笑，李阿姨說：我如果先死了，兩個孩子交給你哦。于叔叔也說：我要是先死了，兩個孩子就交給你。倆人笑著，說：那就看誰先死吧。于叔叔最後這封信，等於是他的遺書，是向李阿姨交待後事。

他也準備去死了。

「九一三」與今天

「九一三事件」中每個人的行為舉止以及整個過程，對我無疑也是陌生和突然的，所以我一直希望讀懂他們。我走訪過一些父親以前的領導和同事，他們對父親本質和能力的評價使我寬慰。

正像于新野叔叔曾經說過的那樣：革命就不怕流血，怕流血就不能革命！在我心目中，他們懷著美好而壯麗的理想，做著自己認為是反獨裁、正黨風、平天下的大事，是明知會犧牲也義無反顧的革命者，他們捨生取義，於義當死，為義所在；是現代的荊軻，是中國共產黨歷史上倡導改革開放的先烈，他們用生命譜寫了對國家和人民的大愛。

「人生自古誰無死，留取丹心照汗青。」我也曾經青澀過、失落過、迷茫過，但從來沒有「破罐子破摔」。一路走來，我始終認為：人活著就要追求人生的正面價值，要活的有意義，不能蠅營狗苟；對正義的東西應該堅持；父親是盡力了，他想做到忠孝兩全。我遐想，如果我當時也在北京，說不定我會不下車，和父親在一起，去遵循道義，說不定也會跟他一樣向媽媽高喊一聲「別等我了！」絕塵而去……「雖千萬人，吾往也！」雖死猶榮。

四十年來對這段歷史的研究從未平息過，隨著客觀環境的改善，隨著真相的不斷披露，學者和世人們已漸漸脫離了固有的模式去解讀他們，對他們留下的令人震撼的文字資料的研究也越發深入，這是令人欣慰的。每個時代都有領先于時代的進步思想存在。從《「571工程」紀要》中不難發現，也許除了可以從中讀出孟子——「民為貴，社稷次之，君為輕」的民本思想外，其憤慨的後面，更多的是對國家大政背離了一九四五年中共七大就

提出的，「建立獨立、自由、民主、統一和富強的新中國」這一理想的失望，以及對當下時局的焦慮。他們曾經抱著這一理想入黨、參軍，曾經抱著這一理想出生入死。《「571工程」紀要》之所以在過去的四十年裏一直被否定、被批判、被鞭撻，就是因為它敢冒天下之大不韙說了真話，和它敢把皇帝拉下馬的反皇權專制的精神。隨著時代的進步，人們越來越善於獨立思考，終將難掩其獨特的鋒芒。

孟子云，「君之視臣如手足，則臣視君如腹心；君之視臣如犬馬，則臣視君如國人（陌路人）；君之視臣如土芥，則臣視君如寇仇。」今天，即使作為反面教材，它的歷史使命也沒有終結，對於專制的統治者們來說，依然具有振聾發聵的意義。

四十年來，我們國家的政治、經濟和軍事地位都發生了巨大的變化，我們也是改革開放政策的受益者。我想，父親他們在天有靈，一定仍然眷戀地俯瞰這片大地，一定在繼續關注這片大地上風雲和四季，他們一定希望黨是健康的，一定希望國家有序發展，一定希望軍隊越來越強大，一定希望老百姓能真正富裕起來。

讓我們共同記住這個四十年前改變了中國、也改變了我們命運的日子吧！

我在空軍部隊經歷「九一三」

顧訓中

顧訓中，歷史研究者，曾任軍事科學院《軍事學術》編輯，空軍政治學院黨史教研室主任」。「九一三事件」發生時23歲，正在空軍部隊服役。

　　1971年，是我人生軌跡轉折的一年。這一年的1月，我接到調令，從正在陝西漢中地區三線工廠參加國防施工的空軍工程兵第八總隊調到瀋陽軍區空軍政治部宣傳部工作。由於八總隊將於這年2月份成建制地從瀋空劃撥給蘭州軍區空軍，我的調動十分匆忙，甚至未能完成提幹程序，穿著兩個兜的士兵服就到瀋空機關報到了——順便說一句，從1965年6月1日取消軍銜制起，部隊的服裝就只有兩個兜與四個兜的區別，前者是士兵服，後者是幹部服。

　　沒想到的是，這一調動讓我在更高層次的瀋空機關觸摸到了「九一三事件」的某些震盪。

　　空軍是當年副統帥林彪親自樹立的全軍標兵，在毛澤東提出「全國學人民解放軍」後，林彪提出了「解放軍學空軍」的號召。他的一雙兒女又先後被安排到了空軍工作，女兒林豆豆於1965年上半年到《空軍報》當記者，後來成了該報副總編輯；兒子林立果於1967年初到空軍黨委辦公室（後改為空軍司令部辦公室）當秘書，後來當上了司辦副主任兼作戰部副部長，兩人都是「一步登天」，被越級提拔為副師職幹部。因此，空軍一般被看成是林彪最信得過的部隊。這一年發生「九一三事件」後，空軍自然成了「林彪反黨集團」影響最大的「重災區」。

　　其實，就我當年的感受而言，所謂「影響最大」，可能比較集中體現在對林立果《講用報告》的學習和吹捧上。這在當時的其他軍種部隊確實沒有發生過。

　　這一年的7月，我作為宣傳部幹部，跟隨瀋空張雍耿政委到大連空三軍

一些駐海島部隊視察。同行的還有司令部、政治部的一些部門領導和參謀幹事們。我記得，正是在空三軍期間，得到了林立果的那本《講用報告》。報告的全稱是《林立果同志一九七〇年七月三十一日在空直機關幹部會上的講用報告》，說明距離我們得到這本小冊子的時間已經快一年了，距離印製成書的時間「1970年12月」也有半年了。還清晰地記得，這是一本與普通書籍相似開本的印刷品，白色封面上印著紅色宋體書名，十分醒目，也十分樸素。吳法憲在他的回憶錄中稱，他曾多次表示不同意大肆宣傳這一《講用報告》，曾多次下令停止印發，甚至派夫人出馬到空軍1970年8、9月間舉行的「三代會」（「四好連隊」、「五好戰士」、「學習毛主席著作積極分子」代表大會）去收繳已經印製、散發的《講用報告》，並在家裏的鍋爐裏燒毀。有意思的是，我們在空三軍得到的那本《講用報告》，印製正規，並且通過軍部機關統一下發，至少在我看到的周圍人手一份，與吳法憲的回憶情況截然不同，難道是下面在公然違抗吳司令的命令？

說心裏話，當時對於這位「立果同志」（空軍部隊內對林立果的通常稱呼）還是有幾分欽佩的。他比我大不了幾歲，卻能說古道今，甚至展望未來，講述空軍在未來戰爭中的地位和作用，講述空軍的現代化問題，對於那個年代各類資訊十分閉塞、滿腦子都只是堆砌著政治術語的我們來說，不啻是難得聽到的一次別開生面、拓展視野、振奮精神的報告，令人耳目一新。可以說，這一《講用報告》在空軍部隊被廣為傳播，除了他周圍那些人的極力推動外，其本身具有的魅力也是重要因素。當然，機關裏也有不少幹部不以為然，認為不過是因為有個過硬後臺罷了。在我的心頭也曾掠過一絲疑慮：這位年輕的「立果同志」怎麼能說出那麼高水準的話來？然而，缺乏獨立思考的頭腦是不會對這類問題深究下去的。很快，注意力便又集中到了認真學習上去了。「九一三事件」之後，這份《講用報告》被立即收繳了上去。至今仍在為未能悄悄留下這份珍貴文物而遺憾！

我經歷的與「九一三」相關的另一件事，就發生在出事的這個月。

當時，部隊政治工作的重要方式，便是樹立各種典型，以引導部隊各項工作。經過層層上報，我們得知在位於遼寧赤峰的空軍某部湧現出了一個因搶救戰友而壯烈犧牲的好戰士。我所在的新聞科領導派我跟隨組織部馬科長，立即趕赴那裏進行採訪調查，撰寫報導文章。雖說那是個「英雄」輩出

的年代。文革之前常常要隔好幾年才能出一個英雄，如雷鋒、王傑、歐陽海……而文革年代大概由於「陽光雨露」特別充沛，各式各樣的「英雄」層出不窮。幾乎隔上幾天，報上就會冒出一個，已經不那麼轟動了。但是，當我接觸了孫丹寧的材料後，我的心還是被深深地打動了。

這是一位高炮某師政委的兒子，參軍才7個月。他所在的部隊當時正在進行洞庫工程作業，十分危險，經常會發生塌方事故。這次塌方發生在這年的7月12日，洞庫裏霎時間濃煙滾滾。孫丹寧當時所處的位置還來得及往外逃生。但他反而朝洞裏衝，邊衝邊喊：「快出來！裏面危險！」結果，戰友們安全了，他卻被塌下的木柱、水泥塊砸倒，再也沒能起來。那一年，他剛剛20歲！雖然按照當時塑造英雄的方式，我們撰寫的報導材料中對孫丹寧也進行了許多加工、拔高，但是，他的事蹟本身已足以打動人。因此，還記得我在連隊宣讀文章初稿時，淚水不由自主湧出了眼窩。

我們是9月7日到達部隊開始採訪的。正當我們打算進一步聽取部隊意見，以便修改我們的材料時。大約在18、19日的樣子，馬科長接到了來自瀋空機關的電話，要求我們立即中止工作，返回機關。我們丈二和尚摸不著頭腦，不知發生了什麼重大事情。當然，軍人天職，服從命令。我們不得不中止工作，準備返回。這樣一來，宣傳孫丹寧的事自然就被耽擱了下來。

我們不知道的是，不只是我們這項具體工作被停止了，所有在外出差的瀋空司政後各部門幹部都被急如星火地召回。我們更不知道的是，從此時此刻起，空軍部隊從總部到所有基層部隊的正常訓練、施工、教學等等各項工作，都被停止了！

因為，就在我們在孫丹寧所在部隊採訪調查的同時，在北京和北戴河之間，發生了震驚中外的「九一三事件」。9月13日凌晨，林彪和他一家乘坐的三叉戟飛機正是從赤峰——我們的頭頂上，也就是瀋空轄區的上空，飛出國境的。正因如此，作為空軍司令員的吳法憲傳達周恩來下達的禁空令時，首先親自將電話打給了瀋空張雍耿政委和北空李際泰司令員，其他軍區空軍都只讓空軍司令部調度室去傳達了。

更富戲劇性的一幕發生在我們離開赤峰的前夕。

臨走前，孫丹寧所在部隊安排我們到駐紮當地的陸軍部隊看了一場演出。那時文化生活極其匱乏，能看到一場演出已屬莫大享受，哪怕是業餘級

的部隊文工團。演出單位是正在赤峰野營拉練的陸軍38軍某師。該軍大名鼎鼎，被稱為中國陸軍王牌軍。他們同樣接到了停止拉練、立即返回駐地的緊急命令。這次演出應該是他們向赤峰當地黨政軍各界的告別。作為來自瀋空機關的「首長」，我們被安排坐在了第一排。演出的劇目算什麼劇種已說不清，但對劇名印象卻十分深刻——《秀水河子殲滅戰》。該劇歌頌的是這支當年四野的主力部隊在林彪指揮下、在挺進東北後打的第一個大勝仗。記得戲中林彪雖然沒有出場（領袖人物在文藝作品中頻繁亮相是改革開放以後的事了），但通過林彪坐騎的「得、得、得」馬蹄聲從台口自右向左漸漸響過、部隊指戰員們立正並肅穆地隨著馬蹄聲的移動行軍禮、以及最後定格仰望遠處山坡上林彪指揮所的燈光等情節，我們都能強烈地感受到這出戲歌頌林彪傑出軍事指揮才幹和四野部隊赫赫戰功的主旨。還有一個細節至今仍清晰地記得：在這場戲裏，四野指戰員們都將林彪稱為「林總司令」，更富感情地簡稱為「林總」。記得當時我心裏不由得「咯噔」了一下。因為，那個時候，在全軍指戰員的心目中，「總司令」的稱呼從來只屬於朱德。儘管文革時朱德正在落難，名頭遠不及這位當年的部下響亮。看戲時，我們還悄悄議論說，到底是林副主席直接指揮過的部隊，感情就是不一樣！誰都不知道、也無法想像，這位深受四野指戰員愛戴的「林總司令」，此時此刻已經折戟蒙古、慘然逝去了！

　　回到瀋陽，我們聽到了機關中正悄悄流傳的種種傳聞：有說陸軍部隊已經進駐了各個機場，跑道上已經停放著車輛，不准飛機起飛；有說北京已經停止了原來的國慶安排；有說大軍區陳司令（指時任瀋陽軍區司令員陳錫聯）親自陪著時任遼寧省革命委員會副主任的毛遠新來到瀋空，並親自交代，瀋空的一切工作都需聽他的……大家雖然猜測紛紛，卻都無法得到合理解釋。

　　10月上旬的一天，謎底終於揭開了。

　　這天，瀋空司政後機關全體幹部集中到機關禮堂，聽取「中發〔1971〕57號」文件、即《中共中央關於林彪叛國出逃的通知》，以及其他一系列文件的傳達。記得傳達這些中央文件時，偌大的禮堂，真的靜謐到連一根針掉地上都能聽到！一直到走出禮堂，重新見到湛藍天空、燦爛陽光，依然恍惚如在夢中！——我們天天都在崇敬而虔誠地敬祝其身體健康的林副

主席出事了！而且是「倉惶出逃，狼狽投敵，叛黨叛國，自取滅亡」！這讓所有聽傳達的人都深感震驚、難以置信！儘管文件中稱「林彪這個隱藏在黨內的定時炸彈自我爆炸是大好事」，此次與林彪、陳伯達反黨路線的鬥爭「是我黨、我軍和我國人民的偉大勝利，是毛澤東思想和毛主席無產階級革命路線的偉大勝利」，人們仍然難以面對和接受這一威力堪與原子彈爆炸相比的突發事件！

有一情節大概可以說明當時我們聽最初傳達後的緊張和恍惚。

傳達中有一句毛澤東說的話，叫做「上賊船容易下賊船難」，本意是說，追隨林彪的黃（永勝）、吳（法憲）、李（作鵬）、邱（會作）幾員「大將」不容易改正錯誤，回到毛澤東的「正確路線」上來。我們宣傳部一位幹部硬是將這句話聽作是「上身穿絨衣下身穿藍」，結論是空軍出大問題了！那個時候，空軍軍服與其他軍兵種唯一的不同，就是下身穿的是藍軍褲。那麼，「下身穿藍」說的不正是空軍嗎？很長一段時間裏，誰都說服不了他，直到大家看到了書面文件。

經歷了最初的震驚之後，很快，機關按照要求，轉入了批判和學習階段。所謂批判，自然是狠揭猛批「林陳反黨集團」（這是最初的提法，後來將「陳」拉掉了，只提「林彪反黨集團」，可能是因為陳的地位無法與林相比；再後來用「反革命」取代了「反黨」，稱「林彪反革命集團」，可能是因為「反黨」還不足以說明林彪問題性質吧）；所謂學習，是按照九屆二中全會之後毛澤東向全黨發出的學習馬列著作，以區別真假馬列主義的號召，讀好馬列的六本書。具體書目是：馬克思、恩格斯的《共產黨宣言》，馬克思的《哥達綱領批判》，馬克思的《法蘭西內戰》（選讀），恩格斯的《反杜林論》（選讀），列寧的《唯物主義和經驗批判主義》（選讀），列寧的《國家與革命》（選讀）。剛剛從北京參加培訓回來的宣傳部王澤部長親自擔任學習輔導。於是乎，辦公室頓時成了教室，無論部長、科長、還是小幹事們，每天的日程都一個樣：自學、聽課、座談交流……

其實，在這似乎平靜的學習階段的背後，是為眾人所不知的洶湧的清查急流。許多與林彪、吳法憲等「線上人物」關係密切的人都被進行審查。據吳法憲在其回憶錄中說，瀋空機關因「九一三事件」而被隔離的有司令員王毓淮、參謀長莫陽，正在瀋陽飛機製造廠工作的吳子吳新潮、空軍副司令

員曾國華的兒子和侄女婿等，共有50多人。其實，王司令和張政委一樣，只是一般性地受到審查，並未被隔離。據當年審查組一位成員說，張政委受審查的原因之一，是在陳錫聯陪同毛遠新來瀋空接管工作時，他還偷偷打電話給此時自身地位已經岌岌可危的吳法憲，請示這事是否是真的。因為，這麼大的事情，作為軍區空軍政委的他竟然沒有從空軍系統得到任何指示，讓人深感反常。或許事後有人會認為張政委那麼地「迂」，但作為一名老軍人，這麼做其實完全正常。只是政治鬥爭的詭異讓正常之事反而變得不正常了！當時被隔離審查的還有我們政治部的主任王寶功，用當時的語言說，他接受過「路線交底」，是「上了線」的人物。因為，據說他與從瀋空司令員職位上調出任空軍副司令員的曾國華關係密切。而曾則是「九一三事件」後空軍領導班子中因所謂「上了林彪賊船，積極參加林彪反黨集團的陰謀活動，陷得很深，犯了嚴重方向路線錯誤」而被關到「學習班」裏隔離審查，一直到1978年1月鬱鬱病逝的。

　　當然，清查工作中的這些情節都是事後才聽說的。以我當年在瀋空機關的「小蘿蔔頭」地位，是不可能知道的。

2011年8月10日

工人

「九一三」傳到街道小廠

潘雪媛

潘雪媛，退休工人，戴煌先生之妻。「九一三事件」發生時31歲，在北京市西城區醫療器械二廠當工人。

1969年，林副主席的「一號令」，我老頭戴煌從北京南面的清河農場被送到山西去勞改。此後，我單獨在北京帶著兩個年幼的孩子，被迫和丈夫兩地分居九年。

1971年9月13日後，我所在的北京市西城區街道工廠每天的「早請示，晚彙報」還是照常進行。車間裏，每人手中揮動著「紅寶書」喊著「敬祝偉大領袖毛主席萬壽無疆，萬壽無疆！林副主席身體健康，永遠健康！」然後讀林彪在《毛主席語錄》前面的再版前言。

有一次早請示時，父母在一個大機關工作的王鈞姑娘小聲嘟囔了句：「還讀呢！」隨後就悄聲向我和周圍幾個人說：「林彪帶著他老婆、兒子坐飛機叛國出逃，被周總理下令用導彈打下來，摔死了。」旁邊另一個人緊接著說：「我也聽說了，是林彪坐的飛機離開國境沒油了才摔下來的。」我聽了，馬上想到林彪在報紙上和電影紀錄片上，到處是緊跟著毛主席身後幾小步，腳上穿一雙布鞋，手中舉著「紅寶書」的樣子，他可是毛主席親自指定的接班人呢！我勸她們別亂說，免得給自己找事。小王說：「是，現在不讓說，誰要傳出去要抓人的。」另一個也說：「已經有人被抓了。」

散會後，還有人在紮堆小聲議論：「林彪的飛機是飛到外蒙古摔下來的，本來是要逃到蘇聯，飛機沒油了，掉下來了。」

「現在只有中央幾位首長知道這事。」

「是林彪女兒林豆豆向總理揭發的。」

「是飛行員硬在北京上空轉來轉去，把油給耗光了……」

　　那幾天，我們這個街道小廠的人，嘀咕什麼的都有。有些上了歲數，不大識字的老工人聽到後覺得這是階級敵人在造謠。有人還說：「這下弄不好要天下大亂嘍！」

　　又過了幾天，工廠正式傳達了中央文件，說是1971年9月13號，林彪夫婦和他們的兒子從北戴河機場匆匆駕機出逃，飛機到外蒙古溫都爾汗沒油了，摔下來。緊接著還關照：不能向外面亂說。但從此「早請示」不再揮著「紅寶書」喊「林副主席永遠健康」，再版前言也就不讀了。

　　不久，廠部騰出一個房間，專門設了個「林彪專案室」，按車間小組，分批去參觀。專案室裏有一張很長的桌子，牆上貼著不少照片，有飛機摔在溫都爾汗和林彪家人屍體的，有《「571工程」紀要》的。廠部派專門的幹部領著大家在專案室轉一圈。長桌子上也放著些資料，只是轉得很快，沒看清是什麼。從專案室回到車間，大家討論，但不許出去說專案室的內容。

　　小組討論時，大家又傳了些小道消息：「咱國家派人去外蒙古了，正和人家交涉呢，弄不好要出外交事端了」，「林彪的同黨有好些也被關起來了」，「林彪的兒子搞的《「571工程」紀要》，是要讓中國大亂的，都是軍隊的人在鬧」……組長在討論會結束時，又一次指示職工出了工廠門不許亂說。

　　不久，上面下來文件要「批林批孔」。當時我對批判林彪能理解：他私下搞的《「571工程」紀要》是要推翻新中國政權的；可對批判已經死去兩千多年的孔聖人，我很不理解。在我的記憶裏，孔老夫子是講禮儀、道德的聖人，國內好些地方都有孔廟，他和林彪挨得上嗎？

　　從廠裏發給我們「批林批孔」的材料上才看出：孔子在家排行第二。從此孔聖人被稱為孔老二了。

　　又很快，上面通知要給職工漲工資。廠裏開會宣佈多年沒漲工資了，黨關心工人，這次調資是先套級，再按工齡、按政策給漲，弄得好，可以在套級之後漲兩級呢！

　　但我，雖然按政策可以漲兩級工資，可我是個「堅持反動立場的大『右派』家屬」，所以在套上一級工資後只給漲了一級工資。但即使這樣，我的工資也從每月24元一下子變成了35.5元，我家的經濟大大地鬆了一口氣。

2010年12月

我被禁止聽「九一三」文件傳達

陳益南

陳益南，自由職業者，文革史研究者。「九一三事件」發生時22歲，在湖南長沙市商業系統所屬的長沙制冰廠當機修工。因曾任本單位造反組織負責人，當時正在「清查五一六」的「學習班」中接受審查。

1971年10月的一天，一位為省革委會舉行緊急會議當廚師的朋友，私下向包括我在內的幾個朋友透露：中央出大事了！有一個大人物出問題了！

這出問題的大人物是誰？那廚師卻不言及，只是有些驚恐地說：是一個全國人民做夢也想不到的人！沒過幾天，人們都知道是林彪出事了。林副主席、林副統帥在剎那間變成了「林賊」！

關於林彪問題的中央文件，當時是嚴格按級別一層一層向下傳達的。到了全體群眾都可以去聽那傳達時，就已經是幾乎全國人民都知道了。

可是，我卻被排除在全國人民之外了。

到如今，我也不知道那傳達報告究竟是怎麼說的。因為，傳達林彪問題的中央文件時，我所在的工廠革委會宣佈：凡四類分子、右派分子、歷史反革命分子，以及有重大政治問題的分子，不能聽這個傳達！

其中，就包括了我。

那時，我是長沙市商業系統一家工廠的青年工人，文革開始後，曾做了本單位造反派的負責人。到1970年初的「一打三反」運動時，文革中的造反活動又被重新恢復權力的單位黨委說成了是「反黨亂軍」行為，並對我辦了近一年的變相拘禁、沒有自由的審查性「學習班」；到1971年夏天開展的「清查五一六」運動時，則又將我列為了「五一六」清查對象。

因而，我便成了本單位黨委與革委會認定的「有重大政治問題的分子」。

由此，廠革委會將我列入到不能聽這傳達的幾種人之中。

那天，廠裏開大會傳達時，我原本也坐在會場中，廠革委政工組長突

然一臉陰沈地說：下列人員不能參加這個會，必須立即退場。接著他念了一些人的名字，包括所謂四類分子右派分子及幾個原造反派的工人。其中，就有我一個。

　　眾目睽睽之下，退場者自然都是顯得灰溜溜的，極度難堪。我也難免此態，同時很為氣憤卻無可奈何。

　　所以，我當時對「九一三事件」那個傳達報告的瞭解，都是同事或朋友們「二傳」給我的，卻並不是正規的原汁原湯。直到1974年批林批孔運動中，我才有機會首次接觸、並細讀了有關「九一三事件」的幾個中央文件。

　　「九一三事件」當時對我們這些老百姓來說，的確如同晴天來了個大炸雷，那消息傳來時，幾乎沒有一個人敢相信。太出人意料了！後來，林彪問題的材料一批一批地下發傳達後，大家才慢慢回過神來，在思想上確認「林副統帥」也變成反黨叛國之徒了。

　　但是，林彪問題的文件材料中，真正最令人驚駭莫名的，則是那份《「571工程」紀要》。那材料之中出現的前所未有的許多咒罵毛澤東、攻擊社會制度的文字，甚至使當時照本宣科讀文件的人的聲音也要嚇得變小。

　　例如，《「571工程」紀要》中說「繼續革命論實質是托洛茨基的不斷革命論」，「把中國的國家機器變成一種互相殘殺，互相傾軋的絞肉機式的，把黨內和國家政治生活變成封建專制獨裁式家長制生活」；明顯地攻擊毛澤東是「當代的秦始皇」，是「借馬列主義之皮、執秦始皇之法的中國歷史上最大的封建暴君」；還說「黨內長期鬥爭和文化大革命中被排斥和打擊的高級幹部敢怒不敢言」、而「農民生活缺吃少穿，青年知識份子上山下鄉，等於變相勞改，紅衛兵初期受騙被利用充當炮灰，後期被壓制變成了替罪羔羊，機關幹部被精簡，上五七幹校等於變相失業，工人（特別是青年工人）工資凍結，等於變相受剝削」；等等。

　　這些話，老實說，當時確實博得了很多人，包括我們這班草根造反派分子在內的不少人，暗暗的認同，認為它說出了當時社會的某些現實。

　　這一來，原本對林彪問題無所謂、認為與我們老百姓無關的人，相反倒還感覺了林彪竟還真有些「不同」了。雖然，在各種批判林彪的場合中，大家都還是要高喊「打倒林賊」。

　　當時雖不清楚林彪、林立果究竟搞了些什麼名堂，但那份《「571工程」紀要》中的一些話，則的確是讓我以及與我有往來的朋友們，第一次看到了有人對當時那個社會對毛澤東的公開赤裸的反對性表述，第一次看到了有人對毛澤東及其文革路線的嚴厲批判。很多人，尤其是像我這樣的年輕人，當時對社會制度問題、而不是從所謂路線鬥爭框架，在思想上引發的第一次大震動，恐怕就是由這個什麼《「571工程」紀要》所導致的。

　　只是，至今我還沒弄懂，當時毛澤東為什麼會同意讓這樣一份嚴厲批判他本人的《「571工程」紀要》，作為中央文件的材料下發，讓全國人民都看到？要知道，當時，即便是要批判某些「反動」的文字，一般也只是在批判文章中，選擇性地偶爾沒頭沒尾地露出幾句，只使其作為批判文章的微微陪襯而已，這種讓「反動」的文字全部公佈的事，以前是絕無僅有的。

　　「九一三事件」與造反派無關，《「571工程」紀要》也不可能給我們這些正處於挨整境地的草根造反派們帶來翻身的資訊；但是，林彪問題卻引發了「批林批孔」運動，從而有了1973、1974年間包括我在內的草根造反派們，借機在全國範圍內進行的一次大反攻，使造反派們得以再一次迴光返照。當然，造反派的反攻，並不是真反林彪，而只是借了「批林」這個口號，矛頭卻指向了當時在臺上而整了造反派的當權者，以求在這新一輪造反運動中，解脫自己挨整的處境。

2011/ 04/ 08

在車間裏聽傳達「九一三」

李西園

李西園，劇作家。「九一三事件」發生時20歲，紡織廠工人。

　　我十六歲那年鬧文化大革命，文革中的許多記憶已成為碎片，但有三個人的死，在我記憶中卻非常深刻，這種記憶恐怕永遠都難以抹去。這三個人周恩來是其一，毛澤東其二，其三便是我們曾經的副統帥林彪了。

　　「九一三事件」發生時，我還是本地一家紡織廠的工人。記得那天上班不久，車間領導就通知開會，會議的氣氛與平時不一樣，很神秘，很嚴肅。會議開始，由車間書記徐某某匆匆宣讀了中共中央的緊急文件，文件很簡短，當聽到林副統帥叛逃並摔死在溫都爾汗時，會場瞬間猶如凝固了一般，恐怕用鴉雀無聲來形容也不很恰當，我似乎能感覺到人們的心跳。從表情上看得出，大家都很困惑。是啊，誰可曾想林彪謀反，而且是此等的死法？儘管我對這個人印象並不好，但絕不會想到他會反對，甚至謀殺偉大領袖。然而事情就是這樣的，黨中央的文件會錯嗎？

　　具有諷刺意味的是，當時會議室裏還懸掛著兩張尚未來得及撤除的林彪畫像和照片，照片上，副統帥高舉著毛主席語錄，帶著微笑與毛主席站在天安門上朝萬眾揮手。這真像一場夢，更像一出匆匆落幕的戲。

　　後來的一段日子裏，這件事就成了朋友們私下交談的話題。對於我們這些聽毛主席的話的人來說，毛主席說他是好人，我們認定他就是好人，當有一天毛主席說他是壞人了，我們也就認為他是個徹頭徹尾的壞蛋了。但是，在那個集體愚昧的時代，仍然有一些人在偷偷思考，我的朋友小孟就是其中之一。小孟是北京知青，他的話最具哲理思維，也是我知心的朋友，他時不時會和周圍的好友議論起這件事。他說他一直為這件事困惑，總覺得林彪不可能搞「政變」，作為已寫入黨章的「副統帥」，他也沒有必要這樣做。我為他的大膽驚訝，好心的朋友也勸他說話要小心，隔牆有耳。

　　結果是，小孟後來不知被什麼人揭發，一時間成了全廠的「危險人物」。後來才知道，原來他經常寫日記，並有多篇就是對「九一三事件」的評判，其中一篇是這樣說的：……林彪是一位戰功顯赫的元帥，一個曾經打敗日軍的抗日將領，橫掃千軍如捲席的常勝將軍，堂堂的國防部長，黨章中既定的接班人，一夜之間就成了叛國投敵的陰謀家、野心家，的確令人費解……

　　結果這篇日記被同宿舍的人偷看，並向領導揭發。小孟被隔離審查，廠領導說這是階級鬥爭新動向，還要全體職工牢記「路線鬥爭」，千萬不要站錯隊。那時，我們都為他的命運擔憂，但過了不久，小孟被放回，他的事也不了了之。至今誰都弄不清楚，是誰為其開脫，才有了這樣的結果。

　　回憶當年「九一三」時的經歷，不由得要想起我的朋友小孟來。我們多年未見，卻偶爾在網路上相逢。在他的博客裏，看到他新近寫的一篇文章，其中有關林彪事件的議論，印象深刻：……林副統帥是運用極其獨特且不可摹仿的方式挑戰並戲弄了中國的政治權力，這種戲弄未必「顛覆」了黨的政權，但卻動搖了「偉大領袖」自以為永垂不朽的「神聖性」。

2011-5-21於太谷

與「九一三」有關的零散記憶

何　蜀

何蜀，退休編審，文革史學家。「九一三事件」發生時23歲，正在重慶家中待業。

　　1971年的「九一三」，是文革中以至整個當代中國史上驚天動地的大事變。然而現在搜索記憶，我卻想不起在官方公佈這一消息之前，我是什麼時候得知的。查日記上也無記載，顯然，在文革那樣禍福難測的年代裏，太敏感的事情是不會寫入日記的。模糊的印象中，消息是鄰家的二哥悄悄告訴我的。他在銀行工作，家裏四兄弟，「出身不好」——父親是前國民黨起義軍官，後被視為「偽軍官」，文革中自然要被當作「國民黨殘渣餘孽」了，幸而文革前早逝，免去受難。他們的母親在街道運輸隊掙錢養家。風裏來雨裏去，每天在長江、嘉陵江邊的碼頭抬運貨物。在我眼裏是典型的勞動婦女——若干年後我才知道她是滿清貴族出身。他家老大是我們那條街上文革前有名的大學生，此時在川南一個偏僻縣城的山區中學當教師，因對當地「新生紅色政權」的主要負責人持批評意見，被打成反革命，遭到通緝，正在逃亡之中（因我和他的關係特別好，視之為兄長和文學上的啟蒙老師，他們的母親還悄悄領著我去他臨時藏身的親友家會過他一面）。二哥在銀行裏十分謹慎，但卻時時關注著形勢的變化。「九一三」這樣的驚天事件，應該是他最先告訴我的。

　　那時候，已經23歲的我正為找一份謀生的工作而焦頭爛額。我是子女中的老大，下邊三個妹妹，老二已經下鄉當知青去了，老三是「超齡生」（小學畢業後因文革爆發而未能升初中，作為小學生又不符合下鄉當知青的條件），與我一起在家「待業」，老四剛去了雲南「支邊」。我本來在市中區的一所小學作代課教師，給小學五年級和「戴帽」初中班的學生教美術課（所謂「戴帽」初中班，是當時的一個「新生事物」，因文革前期的停課，

致使大批適齡學生積壓下來，到了「復課鬧革命」的時候，各中學已經無法容納那麼多應該上初中的學生了，只好由各小學辦起初中班，因是在小學裏戴了個「初中」的帽子，故稱「戴帽」初中班）。我本來教得好好的，學校也想留我轉正，但我不願當教師，特別是在當時那種「工人階級佔領上層建築」的形勢下，一心只想當工人，「改變階級成份」。於是，7月暑假一到，我就不顧那位女校長（校革委主任）的再三挽留，正式提出下學期不再去代課了。這樣，在「九一三」前後那兩三個月裏，我就正為尋找新的工作而東奔西走，打聽消息，託人情找關係……根本無暇注意到國慶前後形勢已經發生的微妙變化。

費了不少周折，我於1971年10月底調到了長江南岸的一家街道小廠——印製社。這家街道印製社，有幾台圓盤機，一台石印機，主要是承印一些票據表冊之類的小雜件。全廠只有二十來人，多為因病未能下鄉的中學生和小學「超齡生」，中年人很少，有一個老師傅管石印機，一個給他打下手的青年大約二三十歲，從不與人交談，默默勞動，人們悄悄告訴我那是監督勞動的「反革命」，不可接觸的人。我在那裏工作的不長時間裏，從未聽到他和誰說過話。也不知道他到底犯了什麼事。因我在文革初期的築路工地上做臨時工時也曾被打成「反革命」，享受過監督勞動的待遇，所以對這個「反革命」很有些同病相憐，但也不敢打聽他的事。就這麼一個二十來人、處於社會邊緣的小小單位裏，也會有一個監督勞動的「反革命」：這就是當年中國社會現實的縮影。

中共中央於1971年10月24日發出〈關於向全國群眾傳達林彪叛黨叛國事件的通知〉，規定：「傳達的範圍可以逐步擴大，先黨員、工農兵，後其他；也可以同時傳達。由各地、各單位自行安排。但最遲應在十一月底以前傳達完畢。」（宋永毅主編《中國文化大革命文庫》光碟）查我當年的日記，在10月31日的日記中記載：「正式上班了。生活算是開始安定下來了。暫時一切還沒有頭緒……」看來我就是在那個通知發出的時候到街道印製社上班的，由此推算，我們聽到正式傳達肯定是在11月裏了。

我們這個街道小廠聽傳達中央文件，是全體職工沿著長江岸坡邊彎彎曲曲的石板小路（那時還沒有什麼濱江路）走到另一家街道工廠去聽的，由幾家街道工廠的聯合支部的書記作傳達。所謂聯合支部，實際上是當時的街

道工廠大多由各種有這樣那樣個人或家庭問題的人員組成，「成份嚴重不純」，在某些人眼裏甚至是「社會渣滓」，因此很難有幾個真正「夠條件」的共產黨員，不得不幾家街道工廠聯合才能勉強湊成一個黨支部。那個支部書記是個瘸子，如果換在其他大些的單位，書記的位子可能是很難輪到他來坐的。因此他頗有些躊躇滿志、鶴立雞群的樣子。

在那家街道工廠的一個不算大的車間裏，人們或站或坐擁擠在幾台機床、工具台之間，瘸子書記招呼大家靜下來後，威嚴地清清嗓子，虎視眈眈地把全場掃視了一下，裝模作樣地打開文件，突然以誇張的語調（類似於爆發性的吼叫）高聲宣讀起來：

「中共中央關於林彪叛逃出國的通知⋯⋯中共中央正式通知：林彪於一九七一年九月十三日倉惶出逃，狼狽投敵，叛黨叛國，自取滅亡⋯⋯」

他大概想引起全場震驚的效果，所以有點像戲劇表演一般裝腔作勢，幾字一頓地加重著語氣，並不時抬頭掃視全場。然而可能讓他失望了，他想看到的戲劇性效果沒有出現。一個可能是人們都早已從各自不同的渠道得知了這個消息，已經不會再感到震驚；二是這些街道工廠的職工大多不關心「國家大事」，都在為自己的前途和家庭的生活操心（年青人都只是把這些街道小廠的工作當成一個過渡，並不安心長期待在這裏），因此既沒有人發出驚歎聲，也沒有人顯出震驚的神情，甚至更多的是表現出漠不關心的樣子。事後我一想起那瘸子書記的表演，就感到好笑。不知他在1969年宣讀確立林彪為領袖接班人的「九大」新黨章時，又曾有過怎樣的一番表演？

回想起來，「九一三」確實也沒有在我思想上帶來多大的震動。唯一印象深的，是「九一三事件」的爆發使我覺得印證了讀一本外國小說後對現實產生的一種感觸。

那本小說叫《十字獎章與箭火》——說來慚愧，我一直把它錯記成是東德女作家安娜・西格斯的作品，直到寫這篇文章時查資料，才發現作者是美國作家馬爾茲。可見人的記憶之不可靠。——這部長篇小說是五十年代翻譯出版的豎排的版本，書中寫了一個德國兵工廠的中年工人威利，參加過第一次世界大戰，不關心政治，曾認為希特勒執政後消滅了失業和饑餓，使德國變得強盛，給德國工人帶來了幸福。他兒子是忠實的納粹黨

員，並指責威利不積極加入納粹黨。兒子在國外為元首戰死了，媳婦在接受追贈的鐵十字獎章時，表示要繼承遺志，把他們的小孩培養成新的「元首的戰士」。威利在拼命工作中榮獲十字獎章。但是現實生活中發生的許多事情逐漸使他認識到了納粹德國給人類帶來的災難。他妻子死於英軍的轟炸。好友死於納粹集中營。他同居情人白茜的兒子蘆笛從前線回來，送給母親的禮物竟是輪姦殺害了的法國女子的遺物，而蘆笛鍾愛的村中少女則已經懷上別人的孩子並驕傲地聲稱要為元首生一個好戰士。威利想要偷放走白茜買來當農奴的波蘭戰俘，波蘭人卻根本不相信他……他終於從法西斯的毒害中清醒過來，開始以行動來反對希特勒政權，並在英國轟炸機飛臨他住地上空時用稻草堆成箭頭狀點燃，讓箭火指向他所在的兵工廠，而那位樸實的農婦、即將與威利結婚並且真心愛他的白茜在看到威利點燃箭火時竟驚呼引來了黑衫隊員……

我是在「九一三」以前讀到這部小說的。當時給我最強烈的感受，是書中所描寫的那種毒害德國工人、籠罩整個德國社會的法西斯氣氛，竟然使我感到就在身邊：對領袖狂熱的崇拜，對異端的嚴厲鎮壓，文化生活的枯竭，思想自由的窒息，親人間「政治立場」的意識壓倒了親情……

在我讀這本小說的時候，文革當局正在開展轟轟烈烈的「一打三反」運動，我住家的小巷在老重慶的上、下半城之間面臨長江的半坡上，小巷的上方是靠近上半城邊緣的大馬路新華路。經常一到晚上十點整，就會有從重慶警備區司令部（當時設在新華路）駛出的宣傳車呼嘯而過，沿途以高音喇叭播放著：

最高指示：
提高警惕，保衛祖國。要準備打仗！
中國人民解放軍
重慶警備區司令部
戒嚴令……

一男一女兩個播音員輪番朗誦的高亢聲音，在夜風中聽來讓人不寒而慄。因為戒嚴之後就是夜間（通常是在深夜零點家家戶戶都已經入睡之後）

的「砰砰砰」敲門「查戶口」。敲門入戶以「查戶口」為名抓人或警告、騷擾某些住戶的，是戶籍員警與「群眾專政大軍」的人員。

我已不記得是從何處借到這本《十字獎章與箭火》的書了。那時，愛讀書的朋友們都是千方百計到處借書看，因為書店裏只賣毛澤東著作（偶爾會有一兩本《金日成選集》或卡斯楚的《歷史將宣告我無罪》之類），圖書館也除了馬列毛著作外不開放其他書籍。讀過《十字獎章與箭火》之後，與一個在橋樑工程處當工人的老同學在長江邊談心時，我說到了對籠罩社會的法西斯氣氛的感受。老同學是我十分信任的好友，跟我同樣是「出身不好」（我父親是右派，他父親是「歷史反革命」──參加過國民黨領導的抗日遠征軍），他聽後警告我：千萬不要再給其他人說這些話。

我當然知道利害關係，除了對他，這些話沒有對任何人再說過。

說到借書，還有兩件事給我很深的印象。一件事是聽一個朋友講的，一件是我的親身感受。

朋友講的事，發生在重慶的沙坪壩大街上，是他親眼看到的。沙坪壩自抗日戰爭時起就因內遷的大、中學校等教育機構集中而被稱為「文化區」。文革中的學生造反也是從沙坪壩區的兩所大學開始的。我那位朋友那天在沙坪壩中心區的街上看到，一個人拿著一本《魯迅全集》（全集中的一冊），被一個解放軍士兵叫住了，那解放軍要他把書交出來，並且要當場燒掉。那人說書是借人家的，並且據理力爭說這是魯迅的書，是好書，魯迅是毛主席肯定的人物。可是「秀才遇到兵，有理說不清」，那解放軍根本不知魯迅何許人，只是一味胡攪蠻纏：「難道你把毛主席的書就學好了嗎？」誰敢說把毛主席的書學好了呢？好，那麼你就只能讀毛主席的書，讀其他的書就是對毛主席的不敬、不忠。最後，那解放軍執意把那本《魯迅全集》奪下來，當場在地上一頁頁撕開，點火燒了。旁邊圍觀的人沒有誰敢有半點不滿的表示，只能「道路以目」。

這件如此愚昧地踐踏、褻瀆文化的事，就發生在文化大革命中重慶市著名的「文化區」。

自從聽朋友講了此事後，我就十分警覺。因我經常會拿著書上街（不是還書就是借書給別人）。自那以後，我拿書上街都要用舊報紙包上，而且盡量包得亂一點，不讓人看出書的輪廓，顯得像是包的衣物之類。有一天，

我又拿著一本借來的蘇聯克魯普斯卡婭美術工作室編的素描教材上街，去還給一位一起學畫的朋友。當我走過重慶市中心的解放碑時，無意間的一瞥讓我大吃一驚……

當時解放碑還沒有開設步行街，一路電車甚至運貨卡車都可以從解放碑旁邊鳴著喇叭駛過，但那時車輛還很少，馬路上都是人車混行。我走到解放碑旁邊時，無意間掃視了一眼，突然發現整個解放碑地區前後左右熙熙攘攘的行人中，竟沒有一個人手裏拿著書！

這一意外發現讓我頓時驚出一身冷汗──我這手裏的書不是目標太大了嗎？萬一有個多事的解放軍過來要收繳我的書怎麼辦？當時我腦子裏急速地想著應對的話：我要告訴他，這是列寧史達林時代的書，是革命的，克魯普斯卡婭是列寧的夫人……事後回想，才感到自己的可笑，這些說明有什麼用？連魯迅都不知道的人，會知道克魯普斯卡婭嗎？

幸好那天我沒有遇到多事的解放軍。

這就是「九一三」之前留在我記憶中的一個社會現實的細節：在重慶最繁華、人煙最稠密的解放碑大街上，已經沒有人手裏拿著書了。

不知這算不算文化大革命的一項成果？

當然，最大的成果應該是對人心的摧殘。

在「九一三」之前的「一打三反」運動中，到處都不斷召開聲勢浩大的公判大會，大開殺戒（殺人權即死刑核准權下放到地方），導致全國陷入血腥的「紅色恐怖」之中。僅據重慶市的有關記載即有：

> 1970年3月6日，中國人民建設銀行重慶分行職員方運孚因在「文革」期間為劉少奇同志鳴冤，被市公檢法軍管會以反革命罪行判處死刑。1980年3月1日，市法院查明方運孚在「文革」中的議論不屬反革命性質，決定撤銷原判，宣佈無罪昭雪。1983年2月5日，經中華人民共和國民政部批准，追認方運孚為烈士。
>
> 1970年4月23日，長壽縣萬順公社四重大隊三生產隊農民余方正被市公檢法軍管會以反革命罪判處死刑。1980年3月6日市法院查明，余方正在「文革」中的言行不屬反革命罪，撤銷原判，宣告無罪，予以平反昭雪。

　　1970年12月10日，市人保組在大田灣廣場召開15萬人參加的公判大會，宣判張子均等死刑罪犯22名。市革委副主任魯大東在會上作了進一步掀起「一打三反」運動新高潮的動員報告。1985年10月31日，市法院撤銷對張子均的死刑判決，宣告張子均無罪。

　　1971年1月11日，四川石油管理局石油溝氣礦1228鑽井隊職工熊義孚在「文革」期間因「惡毒攻擊」案被巴縣公檢法軍管會以現行反革命罪判處死刑。1980年9月24日，經巴縣人民法院復查，熊義孚確係精神病患者，原判處死刑予以糾正。

　　（摘自重慶市公安局史志辦公室編《重慶公安大事記（1949-1997）》，自印本，1999年。152-159頁。）

　　除了上述見於記載的外，還有未見記載的類似冤案，如1970年12月5日，重慶市公檢法軍管會以「反革命集團案」罪名判處劉家瑞死刑，張慶豹死刑緩期二年執行（還有其他幾個青年被判不同刑期）。劉家瑞的死刑是在當月10日，即與上述記載中的張子均等一起執行的。這個所謂的「反革命集團案」，是文革武鬥期間，以劉家瑞（摘帽右派）為首的幾個青年對社會動亂深為反感，在劉家瑞主持下，由張慶豹起草了《中國向何處去》等傳單油印散發，公開批判文革及其發動者。文革結束以後，1981年7月8日重慶市中級人民法院判決撤銷原判，宣告各被告無罪。

　　事後的宣告無罪是很簡單的事，可是，被冤殺者的名譽可以恢復，被扼殺的生命又怎能恢復？而且，在當時給全社會造成的彌漫於空氣中的大恐怖的影響，是後人無法感知也看不到記載的。

　　正因為「九一三」之前那種令人窒息的恐怖氣氛，所以當「九一三」的消息傳開後，許多人都有一種鬆了口氣或找到了一個出氣孔的感覺。難怪毛澤東當時會說「林彪幫了我一個大忙」，因為這一事件可以成為轉移民怨民憤的極好藉口。

　　後來，每當我讀到一些人回憶「九一三事件」如何使他們清醒、覺悟，對毛澤東的信仰如何開始動搖……我都會感到慚愧，因為我當時仍然十分遲鈍，並未感受到那樣的震動。儘管對一些具體問題（特別是涉及文學藝術的問題）也有自己的不同看法，有一些異端思想，但根本上卻並未掙脫當

時主流宣傳對思想的禁錮。對毛澤東那一套套蠱惑人心的說辭仍然處於迷信之中。比如，對當時感受到的籠罩全社會的法西斯氣氛，我就在讀到中央有關林立果「小艦隊」之類材料時自認為得到了答案，而不會再作更深入的獨立思考。那時我已經進鋼廠當了工人，車間裏學習一般都是叫我讀報讀文件，討論《「571工程」紀要》時，對那些一針見血揭露當時社會問題的文字，青年工人們發言大都是笑罵：「狗日的好惡毒！」然而大家都心照不宣，知道不能說出來的評價是：「寫得何等好啊！」《紀要》中斥責毛澤東搞的是「社會法西斯主義」，毛澤東的黨中央則在印發《「571工程」紀要》的通知中指控林彪一夥「要聯合地、富、反、壞、右，實行地主買辦資產階級的法西斯專政」，都在罵對方是法西斯，到底誰是法西斯？誰在「賊喊捉賊」？我對這些政局問題十分迷惘，曾經給一位有幸被推薦上了大學（工農兵學員）的老知青朋友去信，希望他查閱一下有關法西斯的資料，作一下這方面的研究，但也沒有結果。

總之，因長期受到的「黨文化」教育、灌輸所形成的思維定勢，因長期禁錮而貧乏得可憐的思想資源，以及長期政治運動折騰所造成的沁入骨髓的恐懼感……對官方的宣傳即使不是深信不疑，也是抱著不加深思熟慮的態度。

還記得「九一三」之前，兩三個畫畫的朋友在年紀稍長、文革前因病休學後即待業在家的郭顯中（後曾任重慶國畫院副秘書長）家裏閒聊時，議論到當時正在批判的「天才論」，官方說那是「假馬克思主義騙子的謠言和詭辯」，郭顯中忿然道：「現在又唱《國際歌》，又唱《東方紅》，又說『從來就沒有什麼救世主』，又說『他是人民大救星』，這叫什麼？不管怎麼解釋，這才是『謠言和詭辯』！」

這是我最早聽到將《國際歌》與《東方紅》對比起來的評價。我當時對老郭的見解深感佩服，但卻未敢作進一步的探討和思考。

真正的清醒者總是極少數。一次「九一三」顯然還不足以讓更多的人醒悟過來。災難深重的中國，註定還有很長的路要走……

幹部

遙遠又不遙遠的林彪

邵燕祥

邵燕祥，著名作家。「九一三事件」發生時38歲，在中央廣播事業局五七幹校（河南淮陽）接受審查和監督勞動。

> 即使從「反黨、反革命、反毛澤東」罪的恥辱柱上解下來，難免還要捆綁到「助紂為虐」的恥辱柱上。這就是林彪的悲劇命運。
>
> ——作者題記

說林彪於我很遙遠，不是指時間上他垮臺已經四十年，年輕人已經在問「林彪是誰」了，也不是指空間上他飛逃異域，葬身於千里外；而是說無論他生前死後，我都覺得很遠，似乎跟我無關。

我1949年春夏之交在河北正定的華北大學一部受訓，如果不是調回北平，便將在5月底隨大批同學參軍南下，所參之軍必將是第四野戰軍，成為林彪麾下的一名列兵，那末此後即使復員，不說對林彪有多深的感情，卻也會多多少少關心他的消息，對其出處動向不致完全置之度外了。

林彪垮臺的1971年「九一三」，我已經在河南淮陽的「（中央廣播事業局）五七幹校」勞動了一年八個月。1970年春節之前去的，兩個春節都沒有獲准回家度假。雖然從在北京時的「專政對象」降格為「專案對象」了，但「革命群眾」過節探親，我不得與焉，看來人家是「有期」，而我則是「君問歸期未有期」，也就是「無期」了。心境不佳，只好自己營造一個心靈世界以逃避現實。幹校由軍代表掛帥，廣播局的軍管小組是中央軍委派出的，林彪正是中央軍委副主席，我卻從沒意識到我的行止會跟林彪發生關係。

10月18日，連部忽然通知我，即日可以回北京探親。我二話沒說，抬腿就走，怕一遊移，又會生變，這是早有教訓的。經周口趕到漯河，買上車

票北上，鄭州下車，直奔中原區工人路姐姐家。晚飯桌上，姐夫提起話頭，才知道他們早已聽過「林彪死了」的傳達——自然是按「先黨內後黨外、先幹部後群眾」的順序，始而吃驚，繼而學習討論，「加深理解」著。從「九一三」起，已經過了一個月零五天。於是恍然，若沒有發生這件大事，還輪不到我回北京探家的份兒。林彪跟我之間，似乎又不是全無關係，這微妙的關係藏在哪兒呢？

在北京，林彪之死已經盡人皆知。似乎只是瞞著外國人，聽說有外國記者在大街上找小學生求證，打聽「你們的林副主席」現在何處？小學生答得好：「嗝兒屁著涼大海棠啦！」讓自命中國通的老外摸不著頭腦，這句北京土話類似四川說「翹辮子」，連外省的人也未必聽得懂啊。曾幾何時，被萬民「晨昏三定省，早晚一爐香」祝禱「毛主席萬壽無疆」同時祝禱「林副主席永遠健康」的主兒，轉瞬間一落千丈，好像過去五年中的一切都沒發生過一樣。不能不感歎白雲蒼狗，變幻無常，又不能不感歎左鄰右舍的閭巷平民，到底不愧是經過「紅八月」鍛煉的，具有超常的定力。這就是毛主席在某一次「七、八、九三個月」講話裏（那時他每每在「七、八、九三個月」出巡講話）說的「真正發動起來了」的群眾嗎？我怎麼覺得相比於我的安之若素，街坊市民們更顯得無動於衷呢？怕是折騰累了，都想自己過自己的日子吧。

我如期返校，還是準備著繼續被折騰的。雖是戴罪之身，畢竟尚保留公職，拿著工資，有什麼佈置，都須行禮如儀。可幹校的空氣漸漸有些變化了。回想「九一三」的當天早晨，我的專案組還給我出了一份交代什麼問題的題目，讓我忙了半日。後來就一直沒了動靜。最突出的一個感覺是，過去每逢上邊揪出一個黨內的敵人，都要下聯其「社會基礎」——資產階級和地富反壞右，我作為「老右派」，儘管是所謂死老虎，但次第被指控為「劉（少奇）鄧（小平）陶（鑄）」的、「王（力）關（鋒）戚（本禹）」的、「楊（成武）余（立金）傅（崇碧）」的、蕭華（一個人，沒有三人成眾）的「社會基礎」。

我是他們的「社會基礎」，意味著他們在黨內，在高層，代表著民間的我和像我這樣的一些人的利益——他們代表著我的利益？什麼利益？怎麼代表的？真是天曉得！

　　現在我等著成為林彪的「社會基礎」，但沒等上。無法高攀。後來才悟到，專案組放我一馬，這是當時周恩來一度借批判林彪以批判「極左思潮」的緣故。而如果以林彪為極左的代表，他物色「社會基礎」時絕不會青眼於我；再把我掛在林彪這個司令部上，怎麼說也顯得更不靠譜了吧。而且在「批林整風」時似已不大提「司令部」，我臆想，一個毛澤東的無產階級司令部，又一個劉少奇的資產階級司令部，林彪原是前一個司令部的副統帥，現在另張一幟，不是繼北京紅衛兵之後，領軍另一個「三司」了嗎？

　　再後來，我才知道，周恩來的批左部署，被毛澤東否決了。還是要批林彪的「右」。但大批判「大勢已去」，至少在我們幹校，批林也都近乎走過場，我於是被輕易放過。總之免於再當又一個「社會基礎」的指責。而且記得還讓我在班會上作過「批林」的發言（以前我只有被批判的份兒，沒資格參與批判別人），但不記得我是批其左還是批其右了——如是在林彪垮臺不久，可能是批其「左」，如過了較久，就多半是後者，或者既批其「左」，又批其「右」，因為當時不但我，就是幹校基層幹部，也都弄不清林彪是左還是右了，更弄不清上面在批左批右上的分歧，且絕大多數連想也不敢想毛、周之間會有什麼分歧的。

　　原先我每作自我檢討，上綱上線時還稍加斟酌，儘量別太過分。現在施之於林彪這真正的死老虎，也無非上綱上線，對這樣的頂級人物，奉旨批判，則如套話說的「怎麼說都不過分」了。若按如今「穿越」時空的影視手法，還原當時情境，就可以看到像我這樣一個自視為受迫害者，要求別人以實事求是待我的人，在絞肉機前，鬥獸場上，竟能表現得何等勢利，又是如何的不負責任，信口開河！（請問邵某：你對林彪其人其事其言其行究竟知道多少，不用說幕後的，台前的講話你聽過看過？你的批判發言，到底有幾分根據？）如果說國民有劣根性，這也就是我——作為知識份子之一的劣根性吧。

　　反正因為林彪垮臺，幹校的政治管束日漸放鬆，專案組不大來糾纏了，像我這樣的人遂得以享受苟安的「小自由」。以前除了規定的文件「非禮勿視」，現在可以看《東周列國志》了，那理由很充分：批林。林彪的「政變經」就涉及熊掌難熟之類故事，典出於此。幹校在淮陽，舊稱陳州，不止是包公放糧之地，更是兩千年前的陳國所在，那個能量不小的夏姬，不但令人

想起魯迅筆下的阿金，更會想起當今的江青——自可意會，不必言傳。

林彪1966年5月18日在政治局擴大會議那個有名的講話，不但宣揚「政權就是鎮壓之權」，替一切都是為了「權」大搞論證，更指控有人為了奪權醞釀政變，並上溯中國古老的政變源流，這一套該都是他在養病期間習文讀史的心得。這當然聳人聽聞。而同樣有趣或說無趣的，還有他在這次會上出示的簡短聲明，強調他和葉群結婚時葉是處女云云。固然在黨內外政治運動史上，圍繞亂搞男女關係拋檔案、傳穢聞，以「搞臭」某人，早已是行之有效的傳統鬥爭策略，但黨的副主席以受誣者家屬身份，鄭重其事地把這類臭事端到全國最高的政治場面上來，還是出人意外，叫人怎麼說好？

這件醜聞，我不是聽的文件傳達，而是看的文革小報，後來印證史實，果有其事，並非造謠。而在批林整風中據以討論的則是中共中央有關林彪事件的正式文件了。當時傾盆大雨，只記住點點滴滴，除了所述林彪倉皇出逃的狼狽以外，印象最深的卻是文件塑造的毛澤東形象：他以最高統帥之尊，卻像重耳流亡，坐不安席，南下武漢、廣州，甚至在火車上找各地黨政軍負責人談話，「打招呼」，似乎危機四伏，險情頻發，猶如江青當年說只有到上海才能找到人幫她寫大批判似的：何至於如此大繞彎子，大費周章？更不理解的是說到第二次廬山會議，怎麼「稱天才」就成了反黨的思想綱領，「設國家主席」就成了反黨的政治綱領？不過我也不求甚解。反正林彪是死定了，「稱天才」那一段話過去也隨大流朗讀過，以後不讀就是了（但也不可進一步論證毛主席不是「天才」），國家設不設主席，那是上面的事，還是林彪說的，「不理解的也要執行，在執行中加深理解」吧，何況，設不設主席都不需要我去「執行」什麼，與我何干？

對林彪也有不理解處，完全是從世俗之見出發，明明已經把接班人地位寫進了憲法黨章，幹嘛非急著「搶班奪權」（這是文件說的）不可呢？那份《「571工程」紀要》，談不上作為「武裝起義」方案，但有些話倒是說到了點兒上，如給毛澤東當過秘書的都沒好下場，以及有關入黨做官論，勞動懲罰論等，確是那麼回事。這些林立果帶領的「小艦隊」年輕人，其觀點都是來自林彪的言教嗎？毛林之間果如文件所說矛盾之深，文件卻不說毛林二人反目成仇的過程從什麼時候、什麼事情開始。我們看到的，盡都是「親密戰友」間的密切合作。連林彪在天安門上拉長聲音念發

言稿，毛澤東都站在旁邊，像老師以慈祥親切的眼光看著心愛的學生上臺朗誦似的，生怕他念錯了。

早在文革前，林彪接任國防部長，並主持軍委工作，他的部署集中到一點上，就是帶頭從全軍到全國神化毛澤東，大力推動對毛的迷信。他曲意迎合毛要作世界革命領袖的意圖，一版再版成百萬冊印製毛澤東的語錄，在其〈再版前言〉中，歌頌毛澤東思想的「頂峰」地位，甚至獨尊毛著以頂替馬克思主義經典，提倡「活學活用」，以此實現全軍上下「非常政治化」，即惟毛之話是聽，指到哪裡打到哪裡；卷首是他為學習雷鋒運動題詞：「讀毛主席的書，聽毛主席的話，照毛主席的指示辦事，做毛主席的好戰士。」作為對他掀起的空前頌聖運動的回報，毛澤東則號召「全國學人民解放軍」來一唱一和。於是邪教式的個人迷信在中國大地上如狂飆驟起，不斷升級，莫之能禦，至文革而登峰造極。這都是林彪表示他忠於毛澤東幹下的豐功偉績。但因後來蒙暗害毛的惡名，而通通埋沒了。

我也知道，這些涉及林彪對毛的功罪，乃大是非，屬於「不該我來想」的事，但管不住自己的腦子，想啊想啊，想到我早年讀毛選第一卷，就知道毛澤東在革命低潮時批評過林彪的動搖，我1959年春全民寫詩運動中寫的七古〈長江篇〉裏，於歌頌毛澤東的英明偉大時，還提了一句：「山在水在黨在群眾在，何問『紅旗到底打得多久』？」掛上一筆，原來我和林彪還有過這麼一點關係。

接著，就在那一年秋天，第一次廬山會議之後，《紅旗》雜誌發表了林彪和康生兩篇長文批判彭德懷。把林彪的文章發給我們當學習文件，在我平生這是頭一回。彭德懷說大躍進是小資產階級狂熱性，這裏返還，說彭德懷等都不過是資產階級民主派，過不了社會主義這一關。取代彭德懷就任國防部長的林彪，說彭德懷只是革命的同路人，不能革命到底。這些康生同樣談到了。兩年前，毛澤東審閱周揚關於文藝界反右派鬥爭的總結報告，就已把這番意思加了進去，所以這也不是林彪、康生的首創之見。

不過，對彭德懷等的這一批判之詞，被認為對我輩也適用，所以感同身受，記住在當時振振有詞的大批判家裏，林彪名列前茅。能夠算林彪之創見的，似乎只剩「稱天才」和「設國家主席」了。但1970年《紅旗》雜誌不點名地批判「政治騙子」時，作為公開言論，是把這筆賬記在陳伯達身上

的。——歷來的大批判，經常用這種指桑罵槐手法，如在中蘇交惡中，起初總是借罵鐵托以及法共多列士、意共陶裏亞蒂來影射蘇共和赫魯雪夫。——陳伯達與我，倒的確有過一點思想影響方面的關係，我最早讀的中共宣傳品，是他寫的〈評《中國之命運》〉，很是佩服，後來才讀到毛澤東的〈論聯合政府〉，為之傾倒。1949年建國以後，陳伯達不大在前臺活動，對他的印象也淡化了。直到文革之初，他作為中央文革小組組長，巡視廣播局，大庭廣眾間大放厥詞，對於聘有多國專家的國際廣播電臺，竟斥為「特務聯合國」，豈不是信口胡唚！由此對他產生了惡感。《紅旗》批「政治騙子」，我一看就知道是指陳伯達，卻對他的命運毫不同情。

那末，對林彪這樣一個飽經烘烤的「功狗」有所同情麼？一樣沒有，儘管他死得夠慘。只是像看到兇殺現場照片似的覺得噁心，卻也並無稱快之意。探討內心，還是覺得與我無關，林彪其人很遙遠。即使我又想起一件事：1968年我在機關軍管後的專政隊接受專政時，正大興「三忠於四無限」熱潮，因鍋爐工人帶我勞動，我奉命給鍋爐房寫了一副楹聯，模仿林彪筆體的題詞「大海航行靠舵手，幹革命靠毛澤東思想」。但這也就是一項技術性活動罷了。並不經過大腦，更不動心不動感情。口號啊題詞啊，只是一個通用的政治符號，甚至可以說，林彪於我，也不過只是一個人名，一個略略區別於一般人名的政治符號而已。

毛澤東也可以作如是觀。有些不同的是，直到他逝世，我還寄希望於他能夠在有生之年為反右派鬥爭中打出來的「右派分子」（當然包括我）平反。相信以他的威望，不費吹灰之力，就可以掀掉我們頭上的沉重右派帽子。因為我想，經過林彪這樣的事情，他應該看到，我輩這類「右派分子」手無寸權，更無寸鐵，不可能如林彪那樣對他形成威脅，那末何苦樹敵太多呢？假如史達林能在生前平反了他所製造的若干冤案，則身後不致留下千古罵名。……這都是連親友家人都不能探討的話題，只能是自己默默地胡思亂想，且「適可而止」，咽到肚子裏去。說到底，是以小人物甚至臣民、奴隸之心度大人物之腹，還阿Q地自以為是替大人物身後的名聲著想呢。

不過，由於有這一點愚忠，當別人從「九一三事件」聯想到林彪之被樹為接班人，聯想到文革的緣起，從而對偉大領袖的「絕對權威」產生質疑的時候，我遲慢了不止半拍。這也從一個方面，表明了毛澤東改造知識份子

政策的成效（其中有我自覺「合作」的一份貢獻），而這正是毛澤東偉大功業不可缺少的一部分。

或問，你既然保有一份愚忠，那你看到紀錄片中「九一三」後毛澤東明顯衰老的容顏，近於麻木的表情，以笨重遲緩的動作同埃塞俄比亞老皇帝海爾‧塞拉西一世相見，惺惺相惜地長久握手不放時，是不是有悲從中來之感？我說，不，完全沒有。可見我並不真心關注他的健康和精神狀態。你不是還盼著他為你恢復名譽嗎？可見你只是有求於他的「恩典」，全是從個人利益出發，並不屬於什麼「無產階級的階級感情」，思想並沒真正改造好；二則表明所謂對毛抱一線希望，潛意識裏也還是感到十分渺茫，慰情聊勝於無，只是姑妄盼之的弱者心理吧。

總之，毛澤東於我，也跟林彪於我一樣，只是一個政治符號。如說毛曾是神，神不也就是一個符號嗎？

所以我說，遙遠的林彪。

卻不能簡單地說——遙遠的毛澤東。毛在世時，他的一舉一動，一言一行，無不牽動著每個人的禍福安危。他離我們很近，並不意味著親切；對大多數人來說（這個大多數中，竟也包括了林彪及其家人），他是籠罩在頭上的陰影。

然而，我們頭上這個龐大的陰影中，不也晃動著林彪的身形麼？

林彪死去40年了，毛也已經35年。回頭看歷史，其實這一對「親密戰友」真不愧為親密戰友。毛說他自己一輩子幹了兩件事，一是把蔣介石趕到海島上去，一是發動了文化大革命。林彪一生，最突出的不也就是追隨毛澤東打勝內戰、進了北京，配合毛澤東發動文革、穩定大局嗎？

對於林彪前半生，特別是在遼瀋、平津兩大戰役中的表現，雖然在「批林整風」中一度抹煞，近年體現在軍事博物館的陳列中，還是恢復了肯定的評價。總不能一會兒一枝花，一會兒豆腐渣，後來在各級崗位上「坐江山」的革命接班人們，說到底還得念他「打江山」的好處。至於林彪後半生參與的文革，雖然一些為林彪辯護者擺出他文革出山的迫不得已（我相信大體也是事實），但到底是如毛澤東所說的，「說不介入也是介入了」。

對於所謂文化大革命，如替毛澤東總結失敗的教訓，那就是打擊面太寬了，打擊地富反壞右以至老資產階級這些異己，沒人心疼；但「大水沖了

龍王廟」，勢必惹得官怨沸騰。毛澤東物故後通過的有關決議和決定中，對文革加以「徹底否定」——看來一時還不致就來個「否定之否定」。——不過，這個否定留了個很大的尾巴，即誰應該對文革十年浩劫負首要責任。雖說是毛澤東親自發動和領導，卻又說是被林彪、「四人幫」兩個反革命集團利用（為什麼不說是毛澤東利用了兩個「反革命集團」呢？）於是兩個反革命集團定讞在案。對林彪也等於一再進行了缺席審判，只是把被告的自我辯護留給他們的後人推遲代行而已。

在爭議文革罪責時，若只如主流輿論一樣光提「林彪、『四人幫』」，顯然不能自圓其說，欲蓋彌彰，無以服人。早在上世紀70年代末，民間就提出實際上是「五人幫」之說，補充的一人呼之欲出，除了毛澤東還能是誰？毛在黨內黨外，實行獨裁，史有明文。1943年作了關於中央書記處三人領導中毛澤東具有「最後決定權」，雖然同時規定書記處大事須向政治局彙報，政治局主席也是毛澤東；自己向自己報告，無限的權力就此到手。1953年毛澤東批評劉少奇、楊尚昆越權，規定（包括已經形成的中央會議決議）必須「經我看過」始為有效的批示，白紙黑字俱在。其間，1949年〈論人民民主專政〉文中，毛志得意滿地揶揄說：「『你們獨裁。』可愛的先生們，你們說對了。」這不正是歷史性的招認麼？至少在上述長達33年的政治實踐中，毛澤東像舊日皇帝似的一言九鼎，言出法隨，如果說周恩來文革中許多表態都屬於人們說的「違心之言」，林彪是在私下奉行「不說假話辦不成大事」的哲學，而毛澤東卻在1966年江青的信裏自炫過「在重大問題上，違心地同意別人，在我一生還是第一次」，他當然該對其一切絕不違心的言行後果負完全責任，而不是像他在1962年七千人大會時所謂「凡是中央犯的錯誤，直接的歸我負責，間接的我也有份」那麼輕描淡寫。並非今天人們把一切歸罪於毛澤東，這是一切歸功於毛澤東的邏輯歸宿，所謂好漢做事好漢當也。

說到文革，作為副統帥的林彪，能說因為「臨危受命」出於勉強，就可以撇清責任麼？他們各有各的賬，誰也賴不掉。毛澤東在發動文革前，決定「（打鬼）借助鍾馗」，鍾馗指的就是他，借助的是他的軍權。江青在1966年春，又借所謂「林彪同志委託」之名召開部隊文藝座談會，興風作浪，顛倒歷史，橫掃文壇，抬高自己，逼得已經被動的中共中央宣傳部不得

不趕緊拋出四十篇「有問題」的文藝作品表示緊跟。江青在1967年的一次講話中，也明確亮出「借解放軍的尊神」以行號令的戰略底牌。這個底牌當然出自毛澤東的韜略，他深知「槍桿子裏面出政權」，只有讓林彪元帥為他坐鎮，才能確保其文革大計的實施。以林彪的蓋世聰明，他能不懂得毛澤東對他的「大用」，以至「大用」背後的玄機？若不懂得，又何至於把毛讓他當「接班人」的批示一把丟到痰盂裏？正是深知他自己在毛這盤棋上的位置和分量，甚至潛藏的危險，這才有他與毛的暗中鬥智鬥法，時時如履薄冰。

我說林彪蓋世聰明，蓋世云云，不像說「普世價值」涵蓋全球；這裏只限於中國境內。我認為在中國，最聰明，最瞭解毛澤東的只有兩個人，周恩來和林彪，不分伯仲。另有一個蔣介石，從他與毛澤東打交道的歷史看來，似還略欠一籌。

關於周恩來，說來話長，此處不議。

本來，林彪深知「兔死狗烹，鳥盡弓藏」的慣例，警惕「功高震主」會惹禍招災，從一建國就儘量稱病退養以自保；但他一旦上馬便如騎虎，難下來了。1959年廬山會議上就是他助毛翻盤，1962年七千人大會上又是他替毛解圍。不管他是怎樣的動機，怎樣的心態，總之林彪從文革一開始，就對毛澤東所有決策全力支持，鬥垮彭（真）、羅（瑞卿）、陸（定一）、楊（尚昆），還扯上朱德、賀龍等，出言惡毒，厚誣構陷，無所不用其極。到毛澤東一放難收時，乞靈於林彪適時實行「三支兩軍」即全面軍事管制，穩定了全國局勢。此中功過，有待詳評，以軍隊穩定全國局勢，究竟為功為過？在徹底否定文革的語境下，有功於捍衛毛澤東及其路線的，在何種程度上即等於「助紂為虐」？當然，文革期間全國發生的大事小情，林彪並非完全與聞，像「清查『五一六』」偌大案件，就似與林無關；武力鎮壓青海「八一八」群眾組織，製造青海日報血案，也有其他人須承擔相應責任，等等。但從整體來說，所有文革的罪行（在是非顛倒的年代是叫作「輝煌勝利」的），無不是在林彪作「鍾馗」，而以軍隊為後盾的前提下賴以實施的；這也正是毛澤東所期待於他的，在顛倒黑白的年代則被歌頌為林彪對文革勝利的重大貢獻。

當然，論文革之「功」，毛澤東是第一份，然則論文革之罪，毛也難逃禍首之責。林彪作為毛的重要「合夥人」，在這場不論以什麼口實發動，

導致成千萬人非正常死亡、經濟瀕於崩潰、道德文化淪喪的民族災難中，總不能辭其咎。自然，林彪對文革的介入，不同時期不同問題上有深有淺，但即使只是畫個圓圈，也是默認默許了。至於在哪些問題上他曾對毛的錯誤指示有所抵制，抑或「理解的執行，不理解的也要執行」，需要實事求是地予以釐清。對毛和林應加區別，對林與其他文革責任者之間，也應有所區別。具體釐清和區別對待的同時，也就把對毛澤東的研究引向深入。

林彪生前被毛澤東逼到牆角，走投無路，死後又從反黨集團升格為反革命集團，此中他和受他株連的人的冤屈，應該由黨史學家加以澄清。林彪前期在中共革命軍事活動中的作為，要放在當時的歷史背景下，如同對毛澤東和其他中共領導人的功過一樣做出評價，不宜採取雙重或多重標準。對林彪作為軍事指揮員，他在實戰中的戰術成就，應該由軍事研究家做出專業總結。

為林彪洗冤，例如搜集證據，表明林彪並無發動政變、殺害毛澤東的意圖，也沒有什麼反黨或反革命集團，他與黃（永勝）、吳（法憲）、李（作鵬）、邱（會作）只是上下級的工作關係等等，目前雖尚無正式結論，但有關的努力將有助於進一步恢復歷史真相。然而所有這方面的活動，都只是為弄清林彪與毛澤東的矛盾，他們黨內關係之間的分合、恩怨、利害，相互的猜疑、戒備或誤解。林彪個人的歷史，不但有同毛澤東的關係一面，還有更重要的一面——同人民群眾、同國家和民族利益的關係。除前期軍事活動外，後期特別是從1959年再度出臺，直到垮臺，其間有整整五年是他輔佐毛澤東大搞文革（包括主持軍委，實行「三支兩軍」的重大舉措）的五年，之前還有他推動個人迷信等應視為文革的思想政治準備，而文革對中國人民、中華民族犯下的種種罪行，林彪確有不可推卸的、僅次於毛澤東的罪責。這是不能由於他最後遭到毛澤東的冤屈，就兩相抵消的。所有這些，即林彪「忠於毛澤東」的歷史，對林彪進行審判時當作光明面而有意抹煞的，在恢復歷史真相的過程中，自當重新提出。然而這樣一來，很可能會在把林彪從「反毛澤東」罪的恥辱柱上解下來後，又在另一個恥辱柱上，同毛澤東捆綁到一起。這是單純想為林彪的「反革命集團」案翻案的人們，也許始料不及的吧。然而，歷史有情又無情，只好這樣了。這才是林彪的真正悲劇所在。

　　三十年來，由於維護毛澤東和毛澤東思想「偉大旗幟」的政治需要，對文革歷史採取掩耳盜鈴的態度，竭力避忌，更諱言毛澤東對文革應負的罪責，其手法是推出林彪、「四人幫」，把他們從毛澤東那裏剝離開來，好像身為副統帥的林彪和取代了中央政治局常委的「四人幫」竟可以置身於毛澤東的視野和指令之外，自行其是，自犯其罪。這不但不符合事實，也根本不合邏輯。

　　然則是不是一切歸咎於毛澤東，再加上一個林彪，就算把文革的由來、後果和責任清理到家，完事大吉了呢？毛澤東，或者加上林彪等人，的確以他們「卓越」（這是通行的歷史唯物主義教科書用語）的個人作用施之於當代歷史，形成一次向皇權專制主義的大倒退；然而任何個人，即使是多麼「卓越」的個人，也無法擺脫特定的歷史規定性。因此，評價那段黨史和國史，我們不可能把毛澤東和他的戰友們從中共的體制剝離開來。這個體制是被尊稱為「列寧史達林黨」的俄（蘇）共的翻版，實行的是俄（蘇）式的無產階級專政（政治上一黨執政，暴力代替法治；經濟上政府壟斷，取消市場經濟；社會文化歸於一統，全面精神控制）。用俄羅斯總統梅德韋傑夫2010年5月初接受《消息報》採訪時的話，「蘇聯是個很複雜的國家。如果照直說，蘇聯形成的那個制度，只能叫做極權制度。很遺憾，在這個制度下，基本的權利和自由都受到壓制。」毛澤東及其戰友的十年文革，正是這一種名為無產階級專政的極權政權發展的極致。文革的實踐，是「無產階級專政下繼續革命」的邏輯發展。毛澤東的所作所為，固然有其隨意性的一面，但這朵惡之花，也正是在這樣的體制土壤上順理成章滋長綻放開來的。即使沒有毛澤東，沒有林彪，那或許不會發生跟文革一模一樣的事變，但一定無改於在中共一黨執政下實行無產階級專政的局面。例如換了劉少奇、鄧小平、周恩來主持全局，可能比毛澤東較多理性和務實的靈活性，但看不出他們會有切實實行民主憲政、放棄計劃經濟的跡象。充其量是「共產黨領導」的開明專制，以一黨操控所謂多黨合作，即建國初期按照《共同綱領》所做的那樣。如現在有人指出的，毛要搞的是「家天下」，而劉少奇、鄧小平、周恩來等與毛不同之處，則是要堅持共產黨的領導即黨天下的。當然，歷史不容假設。不揣冒昧地這樣設想，無非是說，從「以俄為師」到1949年中共執政，歷史的軌跡註定了當代中國的宿命。

　　現在來談論林彪這樣的當代中國歷史人物，遙遠嗎？並不遙遠，他們活動的舞臺，他們坐大的環境，依然影影綽綽，他們的人生策略乃至官場秘訣，還有人真心服膺，他們的精神傳統，繼承者並不乏人。

　　更不用說毛澤東，猶如馬克思名著中引用法蘭西故事時說的，有人至今還要「請出往日的亡靈」，甚囂塵上，卻不是為了娛樂的目的。

　　這樣看來，毛澤東和林彪，都不遙遠，他們都非與我們無關。他們的所思所想，所作所為，不僅當時影響著國運民命，其烙印如不正視，還會殃及而今爾後的政治走向。為了你我當代中國人和後代子孫計，梳理毛澤東、林彪他們那一時代的歷史是非，清點他們留下的遺產，迫在眉睫。

　　沒有細節就沒有歷史。應該感謝所有對有關林彪的回憶和研究做出貢獻的人們，包括黃吳李邱本人及其家屬提供鮮為人知的史料，特別是近期吳、李、邱三人的回憶錄，也還包括林豆豆（立衡）有關她家內部矛盾等的證詞，以及她對當時北京不及時阻攔林彪座機起飛的質疑，還有林彪身邊工作人員曾有的回憶等等，為有關林彪、毛林關係、文革歷史的專業研究奠定了實證的基礎。這方面的研究，將大大有助於駁斥今天仍在繼續的美化、神化毛澤東的悖謬言論。

　　對於被著意遮蓋的那段歷史，對話的路徑似不暢通，那就你說你的，我說我的吧。畢竟今日之中國，已經不是毛家之天下了！

2011年5月4日

小百姓與「九一三」

津　平

我是從朋友那裏得知「九一三事件」的。

記得就在事件發生的第二天晚上，我的朋友魯某某（他也是我當時所在的唐山五中的老師）慌慌張張地來到我的宿舍，氣喘吁吁地說：「出事了，出事了。」

我說：「什麼事你這麼著急？」

他說：「林彪叛逃了，跑到蒙古摔死了。」

「噓！」我把食指壓在嘴唇上，「別讓隔壁聽見。」

隔壁的崔老師和我住的房間其實是由一個教室隔開的，中間只有一層薄薄的葦簾，不隔音。

他於是壓低聲音說：「我聽美國之音，說林彪叛逃摔死了，但干擾太厲害，聽不大清楚。」

我說：「這事可非同小可，不可亂說。如果是真的，一定會傳達，這樣的事情是瞞不過去的。」

他用手指指上面（我知道他是指毛），說：「這回他可完了。副統帥，接班人！哈哈！」

以後的幾天，我注意觀察周圍的人，沒有發現有什麼異樣，我也不敢和任何人講這件事。半個月後的國慶日，慶典被取消了。我注意到報紙上沒有林彪的照片，可是這能說明林彪出事了嗎？到了十月中旬，情況有了變化。一是我注意到有些黨員幹部表情有些異樣，另外就是林彪的畫像被悄悄撤掉了（後來我知道林彪叛逃事件在十月上、中旬已經傳達到17級以上幹部）。我想，也許事情是真的吧，說不定在黨員中間已經傳達什麼了。至於一般群眾，我記得是在事件發生兩個多月之後，天已經很冷了，學校黨支部才向群眾傳達「林賊叛逃摔死在溫都爾汗」的事。其實這是當時的慣例，中央有什麼事情，都是一級一級地往下傳達：先是高級幹部，然後是中、下級

幹部，再後是全體黨員，最後是群眾。有時在黨員、群眾之間還有一層「群眾中的積極分子」。

這事一公開，猶如晴天霹靂，大家都十分吃驚。怎麼「永遠健康」的「副統帥」會背叛「四個偉大」的「紅太陽」呢？他是億萬人之上、一人之下的接班人哪！是「紅太陽」最最親密的戰友啊！如果他都能背叛毛，還有什麼事情不可能發生呢？可以說，群眾是完全被打蒙了。

又過些天，大概是在1971年底或1972年初，陸續傳達了三批標題為〈粉碎林陳反黨集團反革命政變的鬥爭〉的材料。傳達時不准記錄，讀完材料後立即收回，搞得很緊張（附帶說一句，材料中把1970年揪出的陳伯達也攪到一起）。我還記得當時傳達了林彪的所謂《「571工程」紀要》（「五七一」是「武裝起義」的諧音，據說是林彪兒子林立果和他的「小艦隊」秉承林彪旨意寫的），其中居然稱毛澤東為「B52」，稱他為造成中國災難的「罪魁禍首」。這些話簡直比1957年右派和當時的「現行反革命」的言論還要「反動」不知有多少倍，而且材料還說林彪一夥還有暗殺毛的計畫，等等。這時我覺得我自己也被打蒙了。我對《「571工程」紀要》在很長時間裏根本就不相信，甚至懷疑是中央偽造的。看看周圍的群眾，絕大多數人也都是感到「不可思議」，至於表面上的「義憤填膺」不過是裝裝而已。

文件傳達以後，接著是收繳林彪語錄、像章，和一切有林彪講話、文章或照片的學習材料。「林副主席」已改稱「林賊」，總理周恩來成了第二把手，江青的實際地位也大為提高。而我們的黨史上又多了一次「路線鬥爭」。

而且事情過去了很久，林彪的陰魂還不散。直到1974年初，還開展了轟轟烈烈的「批林批孔運動」。把林彪和孔夫子又連在一起，說林彪是「孔老二」的忠實信徒，主張「克己復禮」等等。後來，又莫名其妙地批起古典小說《水滸》，說什麼宋江是投降派，「架空晁蓋」，真是把群眾搞得糊裏糊塗，也不知這是影射林彪還是影射周恩來。於是，寫大字報時就不可能再有自己的觀點，只能是抄抄報紙。

以上是我從一個小百姓角度對「九一三事件」的回憶。記憶得不一定完全正確，但也八九不離十，因為這事對我們的刺激太大了。至於高層的事，我們當然一無所知，而且也不想、不敢知道。

　　下面我想再談一點「九一三事件」對我們底層百姓生活的影響。由於我不是文革的研究者，在文革期間又只生活在唐山的小知識份子中間，我的觀點和看法必然有很大的局限性。

一、在某種意義上來說，「九一三」是文革的分水嶺。之前，群眾中，或部分群眾中還有「革命的狂熱」，無論是批「牛鬼蛇神」，還是批「走資派」，甚至後來的「一打三反」，他們都積極地投入；但在此之後，文革的狂熱沒有了，懷疑文革的人越來越多。從我的朋友圈子裏看，他們普遍有上當的感覺。有人重新審視批判劉少奇和造反，也有人完全不問世事，只經營個人的「安樂窩」。

二、對於毛澤東，相當多的人已由崇拜轉為懷疑，特別是《「571工程」紀要》的傳達之後。

三、社會上小道消息越來越多，很多人熱衷於搜集、傳播小道消息。群眾中三三兩兩，私下議論，而議論江青的最多。

四、被解放的幹部已有腐化墮落的苗頭，「有權不用，過期作廢」成了文革後期的名言。下鄉知識青年普遍有被欺騙、愚弄之感，他們想盡一切辦法回城，這就要給掌握他們命運的幹部送禮，有的女青年甚至不惜犧牲肉體和貞節。可以說，這時權貴階層的雛形已經逐漸形成，這也是現代幹部貪污腐敗的一個源頭。

五、由於常年「搞革命」，強調「先生產，後生活」，百姓的物質生活日趨貧困，拮据。工資十幾、二十年不漲，物價卻悄悄地小幅上升。特別是人口出生不加限制，有不少家庭只有三十幾元工資，卻要養活五六口人。這種現象也造成了住房的極度困難。在我當時生活的唐山市南部，常常有人「見縫插針，搭建小屋」，弄得家家沒有院子，沒有能順暢走路的過道。這也是造成1976年唐山大地震時人員死傷過多的一個原因。

六、一些良知未泯的人，特別是知識青年在反思，著名的「李一哲大字報」和楊曦光的《中國向何處去》都出現在這幾年。有些青年則熱衷於小說手抄本的傳抄，形成了中國獨有的「文革文學」、「地下文學」的流行（這些手抄本不都是《少女之心》一類的色情小說，也有不少有價值的文學作品，像後來正式出版的《第二

次握手》等。但是，對於這些東西至今也沒得到很好的搜集、整理和研究）。

七、社會矛盾日益加劇，人民生活日益困苦，造就了一批鋌而走險的人，也造成了當局對百姓鎮壓的加劇。當時著名的西單商場爆炸案就是明證。

上述這些事情，標誌著文革不得人心以及文革實際上的失敗。也是毛之後能迅速清除掉江青一夥的群眾基礎。

寫於2011年4月30日

省委秘書記憶中的「九一三」

周孜仁

周孜仁，自由職業者，作家。「九一三事件」發生時26歲，是中共雲南省革命委員會核心小組辦公室（即後來的省委辦公廳）二處秘書。

「九一三事件」發生時，我在雲南省委辦公廳秘書二處作秘書。

14日一早，周恩來就用保密電話親自向各省最高長官通報了情況。雲南省委書記兼昆明軍區政委周興也接到了同樣的電話，總理通報了情況後，要求馬上下令雲南陸軍接管所有空軍控制的機場。

周興向省委領導轉報的情況是這樣的：

總理告訴他說：「人跑了。」

周興問：「誰跑了？」

總理答：「就是做報告那個人。」總理的潛臺詞是盧山會議即九屆二中全會上做報告那個人，不用說就是林彪了。但他不把事情點透。

周興的政治想像力一時短路，還難以延伸得那麼遠，於是又問：「哪個做報告的人？」

總理繼續提醒：「就是你批判的那個人！」

周興想了想，那一年他批判的最大名人，不就是陳伯達嗎？那年春上，按中央「批陳整風」的統一部署，昆明軍區和雲南省委召開了一次「批陳整風」會議。3月4日，第一書記周興在會上發表長篇演講，從理論和實踐兩個方面，對「政治騙子」、「假馬列」大張撻伐。講話高屋建瓴、旁徵博引，既有滔滔宏論，又有實際操作，效果好極了。講稿一經上報中央，偉大領袖看了，欣然批示：「很好，照發」。這個講稿一下子變成了中共中央「中發（1971）37號」、「批陳整風」的指導性文件，下發全國學習之。1971年周興的個人記憶，這件事肯定最為深刻。

「喔……」周興終於回答，「明白了明白了。」

其實他什麼也沒明白。周恩來要說的，應該是指周興批判的那個人背後的人，但這有點像玩「腦筋急轉彎」遊戲，彎子繞得有點大。

周興放下電話──他後來說──只感覺一頭霧水。陳伯達一介書生，和軍隊全不沾邊，和空軍更不沾邊，他跑了，幹嘛要興師動眾，調兵遣將，讓陸軍接管機場？當時要他把事情聯繫到寫進黨章的「接班人」、「副統帥」、毛澤東的「親密戰友」，想像力和膽量一時都無法到位。只是，幾十年的政治鬥爭經驗確又暗暗提醒，非常時期，應該有非常思維呢。他不能不將猜測的觸角小心翼翼伸向林彪。

那時雲南省正開著兩個全省性的重要會議，一個是軍區的所謂「政治邊防」工作會；一個是全省教育工作會，而且會議結束都要周興政委前去發表講話。「政治邊防」會議，辦公廳二處派出劉連清（文革前昆明軍區司令員秦基偉中將的秘書）為周興的講話主筆；教育工作會，則派我與會調研（想不起主筆為誰了。好像是前昆明軍區政委譚甫仁將軍的秘書甫漢吧？甫時任辦公廳副主任）。總之，這件事確實給周興出了個大難題。那年月講話，動輒就毛主席怎麼怎麼指示，接著照例又林副主席怎麼怎麼指示，如果真是林彪出事，且總理還親自打了招呼，你還在講話裏口口聲聲林副主席怎麼著，不是嚴重政治問題嗎？尤其是所謂「政治邊防」，這正是林彪首倡的口號，開這樣的專題會議，反覆闡述林彪的指示的重要性，無論如何是難以回避的。

時間是9月15日，「政治邊防」工作會面臨閉幕，周興的講話必須馬上定稿。那天他來了我們辦公室，先是讓劉秘書把草稿給他審看。他左看右看，什麼意見也沒提，最後只一本正經地提醒道：

「你們引用林副主席這些語錄，都校對過了嗎？如果拿不穩的，就省掉吧！」

「都反覆校過了！」劉的回答非常肯定，「沒錯的！」

周興猶豫，出得門去，片刻又推門進來。「那麼──」他又交代：「你們再看看稿子。要注意：引用主席語錄和林副主席語錄，數量和比例一定要掌握好。」片刻，又說：「林副主席的數量不能超過主席啊！」

「沒超過。沒超過的！」辦事認真的劉秘回答永遠肯定，「我們逐條計算過了。」

「那好。那好⋯⋯」周興終於退出門外了。

我們正狐疑這老頭兒今天到底怎麼啦，周興第三次又推門進來了。這一次他什麼也不再問，直截了當宣佈：「這個稿子我看，行了，到時候照念就是。只是——把林副主席的語錄再稍微減少一點，行不行？記住，就這樣！」劉秘一頭霧水了，忙說行的行的。

大約20日前後，一位中央欽派的機要員終於來到省委一號大院，敲響了周興的院門。那時全中國的飛機都全部禁航，機要員是坐火車來的——當時北京到昆明需要三天兩夜——周興正重病臥床，秘書問北京來人能否代收？對方說不行，必須本人簽收。北京來人遂直接被領來病床前把文件交給了周興本人。這就是9月18日發出的中共中央1971（79）號文件。文件一開頭就赫然一段：

> 中共中央正式通知：林彪於1971年9月13日倉皇出逃，狼狽投敵，叛黨叛國，自取滅亡。⋯⋯
>
> 對林彪叛黨叛國事件，中央正在審查。現有的種種物證人證業已充分證明：林彪出逃的罪惡目的，是投降蘇修社會帝國主義。根據確實消息，出境的三叉戟飛機已於蒙古境內溫都爾汗附近墜毀。林彪、葉群、林立果等全部燒死，成為死有餘辜的叛徒賣國賊。

從文革開始後，特別是「滿懷激情迎九大」以來的造神狂熱中，八億中國人每天用宗教儀式恭祝毛澤東萬壽無疆，同時都需恭祝副統帥林彪「身體健康，永遠健康」，在「九大」通過的所謂對國際共運具有歷史性貢獻的「新黨章」裏，林彪還被正式冊封為欽定的最高領袖接班人，如此顯赫的准神，突然製造出這些只該出現在偵探小說中的震撼故事，已經不能用匪夷所思來形容了。

誰也無法知道作為共產黨高級幹部的周興當時的心情。

作為核心機構的工作人員，我們繼續蒙在鼓裏，只是種種蛛絲馬跡讓我們不能不小心翼翼地猜測遙遠的宮闈背後可能出現的巨大異動。21日，我在雲南飯店參加全省教育工作會議，在那天的《雲南日報》上，我發現了一個鮮為外人關注的細節：那是轉載《解放軍報》的大塊文章，佔據了雲報整

整一版，題目大約是關於慶祝國慶22周年的宣傳提綱。我在文章末尾發現了一句口號：讓我們緊密團結在「以毛主席為首的黨中央周圍」如何如何。這類口號當時司空見慣，大家早就說得順口溜溜。問題是，那些年的標準版本應該是：「以毛主席為首、林副主席為副的黨中央」，為什麼如此重要的權威新聞文稿，偏偏把這個「為副」給漏掉了？須知，這疏漏可是絕對不應該、也絕對不能馬虎大意的、重大的政治錯誤！

我馬上找來《解放軍報》查看原文：呀！沒錯，照樣是團結在「以毛主席為首的黨中央周圍」如何如何！照樣沒有「林副主席為副」！看來這絕對不是編輯和印刷環節出了疏漏，確是林本人一定出了什麼問題。那年月，高級幹部今天順風，明日翻船這類事並不足怪，問題是林彪：毛花了那麼大代價、甚至不惜誅殺無數和他同創江山的開國重臣、不惜把全中國的經濟推向崩潰而死力推上「太子」位的「親密戰友」，他翻了船，肯定事非一般了。

開會期間和我同居一室的《雲南日報》資深記者韓曙光，鬍鬚絡腮，挺厚道的中年人，為調研教育方面的事情，我們曾多次合作。那晚都躺上床了，我憋不住悄悄向他說起那句殘缺不全的口號──我沒有說我所猜測的背後潛臺詞，不料，他說他也發現了，他也暗覺蹊蹺，二人心知肚明，都到此為止，心懷狐疑睡覺。但睡不著，我過一會又若無其事提醒，說我原在邊疆保山搞新聞，每到節日前夕，新華社總會把毛主席的標準像、及他和「親密戰友」林彪的合影照製成塑膠膠版提前寄來（那時沒有傳真之類的新聞傳輸手段），你們《雲南日報》是否也如此？他說是的，通過其他方式傳來的照片制出版來效果不好，他們也是提前收新華社郵寄的塑膠版。我趁機慫恿，說你回去打聽打聽如何，看今年的標準相膠板寄來沒有？他說好。

我們像兩個道行高深的僧人雲裏霧裏地說禪論經，最後，誰都沒敢把事情點破，而誰都知道對方想說什麼。

老韓是個辦事認真的人，那幾天他每從報社回來，都會向我通報他打聽的新情況，而每次的新情況都一樣：領袖像及領袖與「親密戰友」的合影像沒有寄來。

國慶越來越近，按照常規，膠板再不寄到已來不及了。接下來又一個資訊給我們本已十分敏感的心發來新的證據：中央正式通知，以後（其實首

先是今年）國慶慶典方式實施改革，不再舉行大規模群眾大會和廣場遊行，我的第一反應非常肯定：林彪出事了！北京此舉，顯然是要迴避「副統帥」缺席的尷尬！

我和韓預感的兇信每日都在進展。我和朋友們彷彿都等待災難降臨，我們急於證實卻無法證實，甚至向任何人求證本身就是災難。

某日晚，會議沒有活動，我女友來飯店找我，我就陪她一道去市街散心。雲南飯店位於昆明東西軸線東風路，兩邊排列著昆明的著名大樓和商鋪飯店。雲南飯店是省政府的接待機構，出去不遠便是昆明市政府的接待點春城飯店，飯店樓下有一照相館（好像就叫「春城照相館」吧，記不起了），很大的。那一年央級雜誌《人民畫報》7月號是江青的專輯。最好的攝影器材和最蹩腳的技巧在這位第一夫人的作品裏表現得淋漓盡致。春城照相館的經理肯定是個喜歡趕時髦的傢伙，他把這期畫報上的蹩腳作品全都翻拍得很大放在櫥窗裏兜攬顧客。那期畫報最讓人震撼的就是「林副主席學毛選」：副統帥以髮毛稀疏的禿瓢出鏡。老百姓平時能看到的副統帥林彪的所有官方照都戴帽子，一旦亮出光頭自然特別招風，又特別逗人發笑（這樣的照片如不是出自第一夫人而是出自任一普通老百姓，絕對立馬打成醜化領袖形象的「現行反革命」）。還有，自打文革開始，老百姓對於弱不禁風、臉色蒼白、手裏總是粘著一本語錄本有氣無力搖著、跟屁蟲一樣在毛後面喊「萬歲」的傢伙從來就沒好印象。他的湖北普通話沙啞還有點聲嘶力竭，聽起來特別刺耳，簡直讓人噁心。1971年國慶前夕的那個晚上，我和女友在東風路上遠遠看見照相館櫥窗前有一大堆人圍觀，上前去遠遠看了一眼就退了出來。我小心指了指，說：「這個人可能出事了⋯⋯」不料我未來的老婆大吃一驚，旋即警告我，說一句：「你，反革命！」我無奈地笑笑，立馬將話題剎車，只說，你不信算啦。

很快，記不起是國慶前還是國慶後，有一天，和我同處一辦公室的涂曉雷（雲南造反派「八二三」派頭號「筆桿子」，時任中共雲南省核心小組辦公室秘書把我拉到花園裏，異常興奮地向我宣佈：你知道吧，林彪真的這個了：「麥格」！「麥格」好像是什麼抗日電影裏日本鬼子說的話。經常被老百姓用來開玩笑的鬼子語言還有：「米西米西的」、「死了死了的」、「大大的好」等等。在我的知識裏，「米西」好像是「吃」、「麥格」的意

思好像是「死」。涂曉雷說話間，還非常得意地模仿日本軍國主義電影《山本五十六》裏山本大將的動作：他的座機被美軍擊中瞬間，手按軍刀，沉着赴死。接著，涂快活地哈哈大笑。涂曉雷所屬「雲南八二三」派長期與「二野」為主的昆明軍人交好，對於調來雲南「摻沙子」的林彪嫡系「四野」鐵軍五十四軍一直心懷耿耿，「四野」大佬林彪出事他們當然高興。涂的鐵哥兒們、「八二三」派一號大佬黃兆琪當時已榮任省委常委，按照中共中央1971（79）號文件關於「林彪叛黨叛國問題」「目前只傳達到省、市、自治區黨委常委以上的黨組織」的精神，黃肯定是知道真相了，而涂曉雷所知道的情況，也就自然有其來歷了。

多日的猜測和憂慮終於塵埃落定。我心裏早有準備，消息得到證實，我似乎已毫無驚訝，而是大大地鬆了一口氣。

雖然我原在的重慶八一五派和四野鐵軍關係不錯，但實事求是地說，我對林彪本人卻長期沒好感，不為別的，就那一幅馬屁精模樣，還有造神年代他的種種過分誇張的言論舉止，總是讓人反感，甚至他高呼「萬歲、萬歲、萬萬歲」那聲嘶力竭的音調，也是誰聽了誰噁心。我上大三時正遇中共和蘇共翻臉，雙方大打口水仗。這場所謂關於國際共產主義運動前途命運的論戰中，中方最為得意之作、且是影響了整整一代人文風的，就是九篇批判所謂蘇共的「公開信」的大塊文章，簡稱「九評」。記得1963年至1964年間發表的中共「九評」的最後一評中就專門說到了接班人問題，大學生們都認認真真學習過的，文章揭露對史達林掘墓焚屍的赫魯雪夫，當年正是以吹捧史達林而爬上臺的。文中引用赫吹捧暴君的話確實非常肉麻，「偉大」「英明」自不必說，最尖端的，公然是說史達林勝似他的「生身父親」！年輕單純的學生娃娃對這類馬屁精政客的厭惡肯定是刻骨銘心的。誰知時間才過三年，林彪對於毛澤東的吹捧，便讓赫魯雪夫的拍馬術相形見絀。不僅僅是肉麻，他完全把中世紀的宗教用語、咒語、妄語……還有宗教儀式一股腦兒搬了過來。什麼「最高最活」、什麼「頂峰」、什麼「一句頂一萬句」、什麼「九大行星圍繞紅太陽轉」……新提法層出不窮，讓人眼花繚亂，一句比一句誇張，一句比一句絕對，一句比一句可笑。而據說可以「洞察一切」、成天就擔心赫魯雪夫事件在他身後悲劇重演的毛澤東，公然心安理得地接受了這一切，公然還說什麼：赫魯雪夫之所以下臺，可能就是因為他沒有個人崇

拜。中國確有個人崇拜，也需要有點個人崇拜。事情過了5年後的1970年，毛澤東再次和美國作家斯諾會見時，仍毫不諱言個人崇拜，這就實在讓人費解了。只是當時，毛澤東在國人心中早已固化成了神，大家的反感和不舒服，明裏暗裏，也絕對不會指向接受吹捧的他而只會指向吹捧者。我一位同學叫楊憲騰的，現在是美籍華人了，文革鬧得最為熱火朝天的時候，他就公開說了，林彪倒吊眉毛，尖嘴猴腮的，一看就像個奸臣，就為這個，畢業時被進行政治審查，最後弄去張家口一個煤礦當了工人。

根據文件精神：「林彪叛黨叛國問題，根據內外有別、有步驟地傳達的原則，目前只傳達到省、市、自治區黨委常委以上的黨組織。有關林彪的文字、圖畫、電影等均暫不改動。並望切實注意嚴格保密。」事雖如此，省委辦公廳的秘書們因工作關係，多少也享受一些特殊待遇，比較早地知道了真相。

事情又不知過了幾月幾日，文件終於傳達到了普通老百姓。我的一個校友叫劉昌文的，當時在雲南當兵，回四川內江農村探親後歸隊路過昆明，他對我介紹了他們家鄉農村傳達的情況細節：那天，生產隊會議室由荷槍實彈的民兵把守。傳達前先宣佈紀律，所有人等，必須一字一句認真聽來，不准交頭接耳，不准左顧右盼，特別強調婦女社員不得帶娃娃，不准打毛線、衲鞋底，還有不准如何如何，然後才開始念文件。農民對於宮廷糾葛、路線鬥爭本來就稀裏糊塗，氣氛一緊張，又不准問，文件所言何事更加稀裏糊塗了。回得家來，長輩一本正經問我同學：莽子（劉同學的小名），北京到底出什麼事了？咋搞得緊張兮兮的？莽子問：你們到底傳達了些啥啊？回答，說是林副主席帶了妻子一群（妻子葉群），坐三撮箕（三叉戟），在蒙古被瘟豬兒幹（溫都爾汗）了。聽到這兒，劉昌文哈哈大笑。我們聽了劉的介紹，也哈哈大笑。

誰說苦難年代老百姓只能愁眉苦臉呢？他們也有他們的快樂：尤其那些自稱代表老百姓利益的權貴愁眉苦臉的時候。

「九一三」使神話破滅

廖振旅

廖振旅，退休幹部。「九一三事件」發生時35歲，是中共湖南省資興縣委辦公室幹部，因文革中參加造反派而受到審查、批鬥，正被安排在資興縣楊洞水庫工程指揮部做臨時工作。

震驚

　　文革期間，我在湖南資興縣楊洞水庫工程指揮部做過三年半臨時工作，給全縣成千上萬修水庫的農民和工程專業隊編印《工地戰報》。1971年冬的某一天，我將一期戰報稿編成了，打算交給那位「摘帽右派」刻寫油印分發。這時，指揮長（也是縣革委生產指揮組副組長）來了，他指著稿件扉頁上的毛語錄和林語錄，悄悄地對我說：「林彪語錄就不要用了！」

　　我猛然一驚！腦海裏立即跳出一個念頭：「林彪出問題了！」當時，林是毛的「親密戰友和接班人」，明文寫在「九大」的黨章上。文革前期的幾年中，每逢開會、作報告、寫文章，都必須嚴格遵守一種程序：呼喊毛「萬壽無疆」後，一定得緊接著呼喊祝林「永遠健康」；引用了毛語錄後，一定得接引林語錄。否則就會被指責對毛為首、林為副的「無產階級司令部」不忠，是最可怕的政治錯誤。如果不是林出了問題，怎麼可能不用他的語錄？

　　當時的我，身份是灰黑色的。在全縣所有挨整靠邊的大小幹部幾乎全都定了單位重新工作後，我卻仍掛在「五七幹校」，在水庫工地做臨時工。儘管如此，指揮長幾年中卻對我甚是友好和信任。於是，我敢於輕聲問他：「林彪出了什麼問題，能告訴嗎？」指揮長說：「現在還保密在黨內領導幹部。可以告訴你一個人。林彪坐飛機出逃投敵，叛黨叛國，摔死在蒙古溫都爾汗了。」

這話給我極大的震驚！如果事先讓我來猜估，即使再好的想像力也不會想到林彪已成為「敵人」、得到「死亡」這樣的下場！一段時間以來，報紙、電臺都沒有林的報導，尤其是1971年國慶的報紙上竟無林的照片和消息，我早覺怪異。如果思維獨立、正常，是不難做出大體推斷的。就因為我思想封閉，迷信毛林，對他們充滿了敬意，便絕沒想過林會出事，而且出這樣震驚天下的大事！

破滅

以前，我這人想事情、看問題都受頭腦中條條框框的限制，總體是以黨和領袖的是非為是非。如果認識上有不一致，一定要檢查自己，責怪自己水平低。這些條條框框不是固有的，不是天上掉下來的，而是黨、領袖和政治精英們用多種形式和方法、反覆多年塞進來的。林彪之死粉碎了我頭腦中的條條框框，奇跡般地引發了我的獨立思考能力，原來看問題所站立的平臺基礎被動搖了甚至摧垮了。尤其是在看到中共中央經毛批示發出的《粉碎林彪反黨集團反革命政變的鬥爭》材料之一、之二、之三以後，讀過「十大」文件特別是周恩來批林的政治報告以後，我激發一系列的思考，得出了不同的結論。概括最重要的，是思想上遂步出現了三個「破滅」。

林彪神話的破滅。

早在抗戰勝利初期讀初小時，我就聽到過林彪的傳說。說他頭上長有比銅板還大的一叢紅毛，勇敢善戰，有次隻身被眾多敵人包圍，竟從敵頭頂上飛越突圍而去，帶回人馬來了個反包圍。林彪的戰史是傳奇性的。在接替彭德懷任國防部長的1959年更引我注目。出於對毛的迷信和崇拜，我對林彪在文革前夕和文革中不遺餘力的造神運作，曾為之贊佩。定為接班人，我曾認為非林莫屬，由衷擁護，深信是國家民族之福。文革中的《公安六條》明文規定，矛頭指向毛、林者即反革命。對這種特別的暴力保護，我也覺得應該。

「九一三」把林彪的一切都毀了。「九大」黨章讚揚林「一貫高舉毛澤東思想偉大紅旗，最忠誠、最堅定地執行和捍衛毛澤東同志的無產階級革

命路線」。位高權重的周恩來，在「九大」發言的全部內容幾乎都是讚揚林彪的，甚至說出因為有了林彪而使包括他在內的所有中國人「感到很大幸福」的肉麻話。「九一三」一夜之後，林彪的面目全非。林的頭上，是他那將要接班掌舵的黨，給他掃除了全部神聖光環，加上了醜陋和邪惡。從此，包括我在內的中國人對林的美好願境全都消失。

駕機出逃，體現出林對毛的硬頂、絕望和絕交。拿幾年造神中林讚揚毛的話，尤其是著名的毛語錄本〈再版前言〉、「九大」政治報告和幾次天安門接見紅衛兵講話加以對照，足見林對毛心口不一。公開說的、寫的那些，都是假的。毛、林之間，實際上相互都不真正承認是什麼「親密戰友」，而是君臣關係。聯想起文革前期的幾年中，林除了大會宣讀毛審閱同意的稿子外，對其他實質問題都是毛表態則自己跟著，沒有表現過對文革的積極主動關照。林、陳商談起草的「九大」政治報告重點不談文革、大談生產建設。林對江、張等文革派不乏反感，其幾大幹將在九屆二中全會上結夥批張。很明顯，林對文革的評價決不會像紙上印的那樣肯定。可見，林為人處事也有截然不同的兩個「面」。

林彪為何要駕機外逃？始終是我心中的一個謎。林稱得上是智勇雙全的人，每戰必先對敵我態勢瞭若指掌。他不會不明白，即使成功逃到國外，也無有可供利用的國際國內力量，不可能捲土重來，註定沒有希望。下場既如此清晰還要外逃，就只有一種解釋：林恐懼已極，唯求保命。也許林已看到劉少奇、賀龍諸人的慘死，不甘心束手受縛，凌辱斃命。但只要是外逃，就是下下策。而且又摔死，就正如毛說的是「幫了大忙」，能被輕鬆地安上無可分辯的罪名，順當地被處理掉。一代軍事名將，並沒能英雄到底，終歸演出了當代的一場大悲劇。

毛澤東神話的破滅。

以前讀黨史、現代國史，也就等同於讀毛澤東的勝利史；談國家和社會的每一個成就，都會說成是毛領導的結果；看未來，人們把美好希望全都寄託在毛的身上。毛的著作家家都有，毛的語錄人人能背。全黨全國全民對毛的讚頌之詞無以復加。我印象最深的詞是毛「英明偉大」、「戰無不勝」、「洞察一切」、「一句頂一萬句」。毛在我思想上曾是不受質疑的神聖人物。

這下子，由毛親自選定、樹立、確定的「親密戰友和接班人」、黨的唯一副主席、天天由全黨全軍全民呼喊、讚頌、祝願的林彪，突然被定為叛徒、賣國賊、反革命。我很自然地想到：林出問題有毛的錯。從井岡山起，林就一直跟著毛，歷經四十幾年，是毛一步步地親自把林提到僅次於他本人的地位。追問責任，毛應該是咎無可辭。

同是接班人，林彪與劉少奇大不同。林是「九大」寫在黨章上的「親密戰友和接班人」，是「九大」選的、也是毛拍板定的黨的唯一副主席。林受到的讚頌、崇拜是空前的（也可以肯定是絕後的），除毛之外，任何黨政軍領導人望塵莫及。這些都是「七大」以來當了20多年「接班人」和「二把手」的劉少奇沒法比的。如此受到毛倚重的林，「九大」閉幕僅僅兩年又四個多月就身敗名裂，無疑是對毛的最大嘲弄和打擊。

中共中央1973年8月30日批准的中央專案組《關於林彪反黨集團反革命罪行的審查報告》列舉了林曾對中國革命前途悲觀失望、追隨王明路線、夥同彭德懷要奪毛的權、抗日時吹捧蔣介石、拒絕到朝鮮作戰等等一系列歷史罪證。這些罪證，件件都是毛早就知道了的，從來沒當作問題，從來沒妨礙過林的節節上升。既然報告明示林的叛黨叛國，不是一時的偶然的，而是一貫的長時期的歷史性的，也就彰顯了毛對林是長時期的既失察又失策。

對林的處置，毛也不夠公正、磊落。最明顯的是毛在南巡中拉來一批省市委書記、革委主任和軍區司令、政委，背著林揭林的蓋子，製造輿論，凝結隊伍，宣告要在三中全會上倒林。黨主席如此對待唯一的副主席，違背了毛主張的、黨章上規定的民主集中制，不符合毛規定全黨必須遵從的「三要三不要」原則。毛幾次咄咄逼人的講話，無異敲山震虎，對林的出逃顯然起了迫促的作用。可見，毛林分裂，不是林一方的責任。

至此，即在毛死前，我曾深度迷信、從無懷疑的毛，就被我認定；並不那樣英明偉大，並非戰無不勝，談不上洞察一切，更不是句句真理。毛也有常人的特點，有不正確的一面，說的、做的，同樣可以而且應該問一個「為什麼」。

黨神話的破滅。

對黨的神化同神化毛是緊緊連在一塊的。經典的詞句：「聽毛主席話，跟共產黨走。」「共產黨，像太陽，照到哪裡哪裡亮。」有多年固定

的詞語，說黨是「偉大的、光榮的、正確的」，是先進階級的先進分子組成的「先鋒隊組織」。我同周圍的大多數人一樣，曾經深信黨的神聖。它無比正確，永遠從勝利走向勝利。對它只能頌揚，不許批評；只能服從，不許疑問。

林彪事件使我對毛澤東有了質疑，也就必然引起對黨的看法的改變。因為黨是用毛思想武裝的，黨就是毛，毛就是黨，黨、毛一體。最大的看法改變是，黨並非一貫正確，而是常有失誤；黨並非不斷勝利，而是飽受挫折；黨並不只講真話，而是常講假話；黨並非那樣英明，而是需要群眾監督。

從林事件中，我得到了最初的啟示。

九屆二中全會曾經發出公報，向全體黨員、全國民眾和世界各國宣稱，「全黨達到了空前的團結和統一」。看了專述這次全會「林陳反黨集團」活動的中央材料之一就明白了，全會的真相並非如此。

林彪集團的垮臺，7名政治局委員成了反革命，超過政治局委員總數的三分之一。還有八百多名軍級以上幹部遭整肅，坐牢、判刑、挨處分。他們都是這個黨的黨員，是黨中央和高級單位黨組織領導核心的重要組成部分。可是，在「九一三」發生不到兩年召開「十大」時，周恩來在政治報告中宣佈，「粉碎林彪反黨集團」是「九大以後取得的最大勝利」，這個黨「沒有被分裂」，而是「更加壯大」。

聯想起此前歷史上的「九次路線鬥爭」，一批批黨的領導成員和黨員垮了，分裂了。我便想打個比方：黨好像一個大家庭。這個大家庭內部，不斷發生了吵架、鬥毆，不斷有成員病了，傷了，逃了，死了——這些，難道都是不需要承認的事實嗎？都是「更加壯大」的標誌嗎？都是值得誇耀的「最大勝利」嗎？

以上說的三個破滅，破滅的只是「神話」，即那些脫離客觀實際的假相。對黨、毛、林，我不主張全盤否定，更無惡意貶損。相反，三者都有許多方面是值得肯定的，都是研究國情和歷史的寶貴資源，只是本文未能道及罷了。

真相

　　有關林、陳和黃吳葉李邱，我還有難解的眾多疑惑，許多真相還鎖在國家有關檔案中。陳和吳、李、邱各自的回憶錄展現了不少的過程和細節，是珍貴的歷史資料。但作為當事人，免不了主觀性和局限性。因此，有些結論已有事實依據，有些問題就只能是分析、推測，有些死結看來永遠無法解開了。

　　廬山全會上是否真有「反革命政變」？我看是整人的藉口而已。說有天才，稱讚毛是天才，印了幾條馬列談天才的語錄，怎麼就成了林「反黨奪權」的「理論綱領」？這類話其實眾多大人物早就在各種會議上、文章中說過寫過多少次、多少年了，這次無非是在憲法草案討論中出現了爭論引起重新肯定而已。設不設國家主席，也是憲法修改討論中的話題。在官方出版的《周恩來年譜》1970年部分，明白記載著：8月22日，即九屆二中全會開幕前一天的政治局5人常委會上，除毛外，林、陳、周、康4人都主張設國家主席，並且要實行黨主席和國家主席的一元化，即由毛任國家主席。此前，林已表態，他不能任國家主席或副主席。但「設國家主席」還是被說成是林「反黨奪權」的「政治綱領」。更為吊詭的是，常委康生在全會上贊同林稱天才的講話，也贊成設國家主席，汪東興更是慷慨激昂發言贊同並領頭要揪張，兩人卻平安無事。很明顯，把「天才論」和「設國家主席」說成是「綱領」，不過是製造先倒陳再倒林的武器彈藥而已。

　　毛為何要倒林？我看是毛為了保文革、保自已。毛自認一生最得意的是兩件事，這後一件就是文革，強調要「七八年來一次」。毛自知贊成文革的人不多，怨氣很大，也就對江、張等「志同道合」的文革派看得很重，對可能翻文革案的「中國赫魯雪夫」特別警覺和痛恨。陳和林的幾員幹將在全會上要揪張，毛很自然地認為矛頭是對自己而來。林在全會上的講話明顯是為陳和幾員幹將撐腰的。加上此前林、陳商定的九大政治報告主題並非無意地忽視了文革，毛必然看出他的這個「親密戰友和接班人」絕無可能支持他的文革偉業，他絕不願做被鞭屍的「中國史達林」。至此，倒林就成為毛不可逆轉的決策了。

　　黃吳李邱想不通，為何反江、張卻同江、張一道受審挨判？他們還想

不通，文革中，毛、周整大人物分別被認為只是「錯誤」和「違心」，他們跟著幫了忙和整了小人物卻是「罪惡」？應該說，凡文革中做幫兇整人，肯定是犯罪，黃吳李邱都是加害者，是罪犯。他們的「冤枉」只是在同毛、周比照時才顯露出來的。毛是文革的總策劃、總指揮，周作為中央文革碰頭會召集人和專整高幹的專案組總負責人，是文革的主要支持者、執行者。兩個「反革命集團」在文革中那些事，除被指控卻無實據的林「政變」、「謀殺」罪外，幾乎無不在此二人的掌控中。為何這兩人能超脫於兩個「反革命集團」之外？只能歸結兩個原因：一是「不反皇帝」的「忠君」文化傳統，毛是黨主，是君王，反毛即反黨；一是重定官僚集團重掌大權的需要。官僚集團將毛、周同文革罪責劃分開是為了保住革命領袖的光環。文革必須否定，不否定不能為自己雪冤、解氣、正名；革命領袖不能否定，這是他們重掌權力的合法性來源。審林、江集團可以為文革抵罪，保毛、周可以為復位者撐腰。這就是法律為政治服務──民主國家堅守法治不會出現，專制國家崇尚人治必然如此。

2011.5.5

知青

「九一三」斷想

胡小水

胡小水，退休編審。「九一三事件」發生時18歲，正在內蒙插隊。其父胡
癡是在文革初期被打倒並關押審查的原《解放軍報》代總編輯、新華社代
社長。

一

那一年，我正在內蒙古土默特左旗下面一個公社「插隊」，那時18
歲。記得是10月的某一天，我們知青從地裏收工回來吃午飯。忽然，大隊的
廣播喇叭裏喊我和另一個知青的名字，叫我們到大隊部去取信。我趕緊吃完
匆匆跑到隊部。大隊譚會計正等在那裏，見我來了，順手將一封信遞了過
來，我一看，是媽媽的來信。那時，每逢收到家信總有一種急迫的心情，我
想知道家中近況，特別是父親的消息。父親在文革「一月奪權風暴」中被
「造了反」，遭到關押，從此和家裏斷了聯繫。所以，媽媽每次來信我都盼
著能帶來一點有關父親的消息。

我拿著信邊往屋外走邊打開看，眼睛飛快掃著……「哎呦！怎麼
會……？」信沒看完，我竟大驚失聲，一時不相信自己的眼睛了！譚會計
好像猜到了什麼，在背後低聲說了一句：「小水子，信裏說了啥事兒，別
去跟別人亂說！」這話像囑咐，更像是命令（他是黨員幹部）。我回頭看
他一眼，有點底氣不足地「哦」了一聲，「我知道」，便趕緊離開了隊
部……

譚會計猜得不錯，媽媽信裏講的正是「林彪叛逃摔死了」這件事。信
中還說，這回你爸爸的「問題」說不定會有轉機了。我頓時感到全身每一根
神經好像都「被興奮」了，夾雜著一種說不出的寬慰……經過多年焦急的等
待、期盼，眼前彷彿出現了一縷亮光，好像苦難即將過去，家裏人很快就能

與父親團聚了……

父親的「問題」，確實與林彪有關。

1967年1月13日，以蕭力（即李訥，毛澤東與江青之女）為首的「革命造反突擊隊」，貼出一張〈解放軍報向何處去？〉的大字報，並一舉奪了《解放軍報》社的領導權。這就是當時震驚全軍的「一・一三」事件。林彪很快得知此事，即派葉群、關鋒前往軍報調查。葉、關在報社向蕭力等人瞭解情況後，向林作了彙報。1月17日，林彪寫了〈給解放軍報社革命同志的一封信〉，表示堅決支持蕭力等人的造反奪權行動，並說「……不能在報紙上公開發表《解放軍報》社的革命造反宣言、告全軍書之類的東西。以胡癡為首的小集團要那樣做，完全是個陰謀。對於這個陰謀必須揭穿。對胡癡等人，必須撤底揭露、撤底批判。」毛澤東同日閱批：「同意，這樣答覆好。」（父親時任軍報代總編、新華社代社長）

「第一公主」的發難，林副統帥定性，偉大領袖畫圈，在政治上已將父親置於死地……緊接著就是嚴厲批鬥、架「噴氣式」、交待「陰謀活動」，「罪名」也日見增多，什麼「國民黨員」、「假共產黨員」等（林彪聽蕭力彙報父親有過日寇「大掃蕩」時被俘問題，又加了一條「漢奸」），不久後被送往北京衛戍區監護。在那段日子裏，我幾乎無時無刻不在思念父親，祈盼他能早日平安回家。

後來，我終於不堪忍受令人窒息的政治空氣和來自造反派的監視、侮辱，1968年9月毅然提前上山下鄉去了。

收到媽媽信的那天晚上，我對兩個關係特「鐵」的知青說了「林彪出事了」，他們也都驚得說不出話來，如墜雲裏霧裏。「真的？真不敢相信！……」偏巧這時大隊民兵連長推門進來，看見我們好像在說什麼「悄悄話」，臉上閃過一絲神秘的笑，問：你們嘀咕什麼呢？三人誰都不敢鬆口：「沒什麼，說梁琛呢（平時我們都不待見的一個知青），不騙你，騙你王八蛋！你不信？」他不信，笑得更顯詭秘了……

其實我跟民兵連長私交甚好，他知道我父親是犯了「錯誤」的人，大字報都貼到了內蒙。可他一點兒不勢利，沒嫌我是「黑幫」的孩子，他老婆做點什麼好吃的，總不忘給我送點兒。弄的周圍頗有些議論，說我會「溜貼」當官兒的，搞得我都不知從何說起。不過，在插隊的幾年裏，村裏老

鄉、還有周圍知青沒什麼人歧視我，是我自父親被打倒以來，感到神經最為放鬆的一段難忘時光。

林彪的事情，其實民兵連長之前就已經知道，公社向黨員傳達了，但暫不讓對外說，強調這是紀律。這是他後來告訴我的。我心想，怪不得當時他和譚會計說話都怪怪的。

實際上沒過多久，這個爆炸性新聞便在村裏傳開了。村民們議論紛紛，既疑惑不解，又情緒激憤。當年的那些議論，現在大多已記憶不清了，但帶有時代印跡的一些典型思維語言，仍印象很深。有個小青年，說起話來就像是康生相面：林彪！我早瞧出來了，光腦袋、長眉毛的，看著就不像好人，一副奸臣相！這話旁邊有人附和。也有較理性的：那麼大「哥蛋」（大官）了，吃不愁、穿不愁，還想鬧甚？跑到哪兒哇能咋？──這是「理性者」想炸頭也想不明白的。至於所謂成份或出身不好的人，當時自然是三緘其口，他們早已被剝奪了話語權，成了人們眼中的另類，沒人理會他們會想什麼。

那時我也在想。林彪已經是《黨章》上寫明的毛主席接班人，誰反對他就等於反對毛主席、反對無產階級司令部，就是反革命。他怎麼一夜之間就從「親密戰友」變成「投靠蘇修」的壞蛋了？難道他也看不慣文革，對毛主席有不滿，想甩手不幹了？還是毛主席也要打倒他？文革以來，「莫斯科廣播電臺」老是罵毛澤東「獨裁」、「愚民」，說中國的文化大革命「不好」，它使人民生活水平下降了，而蘇聯人民生活水平卻不斷提高……林彪難道也「偷聽敵臺」了？要不幹嘛往蘇聯跑，而不往別處跑呢？那時，我腦子裏是一串沒有答案的大大問號……

二

1971年底，我第一次通過了「政審」（前一批沒過），進了呼和浩特一家小工廠當學徒。進廠不久，中共中央關於「粉碎林陳反黨集團反革命政變的鬥爭」材料和作為林彪罪行鐵證的《「571工程」紀要》，先後傳達到了基層。給我留下深刻印象的是《「571工程」紀要》中一些攻擊毛澤東的文字。（當時負責「九一三」專案的紀登奎認為裏面很多是罵毛的話，不能

印發。毛說，這一件最重要，必須下發。我至今不明白毛究竟是何用意？難道不怕有反作用嗎？）

《紀要》將毛澤東喻為「現代秦始皇」、「封建暴君」、「打著社會主義招牌，實行封建社會主義」。毛的政策「導致中國經濟停滯不前、老百姓生活水平下降、不滿情緒日益增長，敢怒不敢言，甚至不敢怒不敢言。」

且不論《紀要》出於什麼「險惡政治目的」，但它確實在某種程度上反映了當時我對毛的認識，也反映出當時的社情以及人民萬馬齊喑的普遍狀態。

《紀要》中還有一些極具「同情」、「拉攏」和「煽動」意味的話，如：「農民生活缺吃少穿；知識青年上山下鄉等於變相勞改；幹部上『五七』幹校等於變相失業；凍結工人工資是變相剝削；紅衛兵被利用，後都成了替罪羊……」這些話「貼近百姓生活」，更容易引起人們共鳴。對於我來說，家庭的不幸、知青經歷、親眼目睹的農民的窮日子、紅衛兵運動從瘋狂走向悄然無息等等，這些是事實，明擺著存在於當時的社會現實之中。《紀要》只是「居心叵測」地把這些點破了而已。至於林彪一夥的真實目的，當然得另當別論。

總之，我對當時的「批林整風」有疑惑也有反感，積極不起來，也許是「喪失了無產階級立場」吧。到後來的「批林批孔」，我更是對沒完沒了的學習、討論、發言批判感到厭倦和無奈。我看周圍的工人師傅（他們是「領導階級」）好像也都跟我差不多少。

「九一三事件」沒有給父親和全家帶來那個日夜期盼的「轉機」。林彪在臺上時，專案組說父親「攻擊污蔑」林彪；林彪垮臺後，隨即改口說父親「追隨林彪一夥」。過去的材料站不住了，再找新的材料。專案組整人可以隨意顛倒黑白。

「九一三」後的幾年裏，因父親問題仍無政治結論，我自然還得做我的「二等公民」，政治上受到歧視。記得在進廠後的頭兩年裏，為了「要求進步」，「主動向組織靠攏」（也讓自己心理平衡），寫過多份入團申請，被拖了又拖，直到超齡，結果黃了。原因不說自明。在那個「火紅的年代」，出身很重要，衡量一個人，先要看「根」紅不紅，再看「長」得歪不歪。入黨、提幹、當兵、上大學，樣樣如此。今天看來很成問題的政審，文革年代人們卻習以為常。

1975年鄧小平復出後，在厲行全面整頓的同時，抓緊落實幹部政策，解放了一大批文革中被打倒或靠邊站的老幹部（當然是經毛澤東首肯）。

5月16日這一天，父親終於獲得人身自由（仍戴著「反黨性質」帽子）。直到「撥亂反正」後的1980年，經中央軍委批准，才「徹底平反」。父親本來因軍報「一·一三」事件被關押審查，到頭也查不出搞了什麼陰謀。專案組就說「攻擊、污蔑林彪」等等（大概是指父親為沒搞陰謀辯白）。林彪倒了，又反過來說「追隨林彪一夥」、「攻擊、污蔑康生」等等。父親在不清不白中苦撐了整整十三年。我於這一年被「落實政策」回到北京。

三

很多年以後我才知道，緊隨「九一三事件」而來的「大清查」，波及到了一大批軍隊的中高級幹部（包括軍隊派駐地方參加黨政工作的領導）。由於吳法憲、林立果及其「小艦隊」均係空軍，空軍更成為清查的重點。受到林彪事件牽連的許多人，因此而改變了自己及家人的命運。

原國防科委副主任、空軍副司令王秉璋的女兒告訴我，「九一三」後她父親被隔離審查，1978年5月關進秦城監獄。專案組反覆審查的結果有兩件事：一件事是「洩露國家機密」，因為在周宇馳等人乘坐的直升機上有國防科委「絕密文件」。當年，林立果、周宇馳曾經打著「林彪」名義找過王秉璋，說「林副主席」寫文章需要參閱一些國外相關科技資料。由於林立果的特殊身份，王知道他們雖是空軍的人，但也替「林辦」辦事，便同意了。（當時歷史條件下，「林辦」提出的事，誰能不「同意」？）文件資料涉及內容是當時從國外翻譯過來的有關科技動態和科研成果。另一件是「外匯」問題。因林彪身體不好，國防科委為林批過外匯（科委有外匯額度），用於購買運動保健器材。其中一筆是王秉璋親筆簽字，後來沒有使用，另一筆是別人冒簽。至於其他批出去的，王根本不知道。

在亞非學生療養院隔離審查的幾年中，不只一任的專案組組長曾對王秉璋明確說：「你沒有什麼大的問題，與林彪事件沒有牽連，就等著出去吧，分配工作，很可能官復原職。」

1981年7月王秉璋被放出「秦城」，結束了將近十年的隔離、監禁生活，回家等待結論。

不久，總政副主任甘渭漢代表韋國清主任向王秉璋傳達了組織的意見：「你的問題已核查清楚。……不屬於參與林彪反革命陰謀活動的範疇；你有病，要盡快到301醫院查體治病，準備接受新的工作。……」

王的女兒回憶說，父親按照總政領導的安排，入住301醫院檢查身體。有一次在病房走廊遇到黃克誠，黃說，「你的問題已核查清楚，同林彪反革命集團不存在政治上、組織上的牽連。」並叮囑他：會有人同你談話的，談話時要冷靜。

無論是專案組，還是總政領導，還是黃老講的，都是一個意思：王秉璋確實與「林彪的陰謀活動」無關。

讓王秉璋意想不到的是，他最終等來的竟是一紙刑事「免予起訴決定書」。1982年1月，總政保衛部向軍事檢察院提請對王秉璋「免予起訴」的建議，認為王雖犯有「洩露國家重要機密罪」、「怠忽職守罪」，但屬「情節較輕」，可不起訴。對於這個結果，王表示「免予起訴決定書」中所述罪行不屬實，要求復查。之後他在有生的二十幾年中多次上書申訴，但沒有一次得到答復，就這樣被長期掛了起來。

2005年9月王秉璋去世。王的子女就後事處理向組織提出了書面意見：希望組織盡快妥善、公正地辦理父親後事，還他老紅軍、老黨員和合法公民的身份；由組織辦理告別儀式；在有關報上刊登去世消息等。

此後，有關方面通知家屬：不以組織名義開追悼會、不准穿軍裝、不登報、不發生平等多個不准。幾年來，子女多次向有關單位提出請求，一直未能實現以組織的名義辦理老父親告別儀式的願望。

子女們在書面意見中強調，王秉璋參加紅軍後一生從未離開過部隊，擔任七機部長時也是以空軍第一副司令兼之，直至去世都是以軍官證（現在保留的是1998年10月頒發的現役軍人軍官證）作為身份證明。在組織從沒有讓他辦理退役手續的情況下，不承認他有軍籍，也沒辦戶籍，又拿不出20年來他行使合法公民權（如他參加人大選舉）的證據，有關管理機關稱王秉璋屬他們代管，但又說不出主管單位，使他失去歸屬、成了無身份的「黑人」。不僅不合情理，還出現了「人權」問題。

因王秉璋事件複雜，一時不能解決政治結論問題，子女也能理解，但仍希望組織上儘快辦理後事，並在辦理後事以後，儘早做出實事求是的政治結論。

子女們的反映始終沒得到答復。老將軍的遺體至今還停放在醫院的冷藏室裏，引起人們關注和議論。

我另一位熟識的朋友，他父親是空軍前副司令員曾國華。林彪事件後，即被立案審查。1978年6月，專案組做出「上了林彪賊船，犯了嚴重方向路線錯誤」的審查結論。1982年6月，前面的結論經「復議修改」，變成「犯了嚴重政治錯誤」。（本人1978年1月已病故，沒能見到自己的結論。骨灰則被作了從大軍區副職連降三級的處理，允許存放八寶山革命公墓。）錯誤的性質似乎變了，「上賊船」這條沒有了，「方向路線」也不見了，但保留下來的「政治錯誤」仍有四、五條之多，且條條「嚴重」。朋友說，要是沒有中央當時的復議政策，父親「上賊船」這事兒恐怕永遠都說不清，豈不是再也無望回到「正確路線」上來了？

這位朋友說，不僅他父親本人受到直接牽連，而且連累了全家。「不光是我們家裏人，就連父親當年的秘書和公務員，最後也都被趕出了部隊，這不是搞株連九族嗎！」說這話時，他很忿忿。

據《心靈的對話——邱會作與兒子談文化大革命》披露：當年因「九一三事件」受到牽連的，僅軍職以上幹部就有一千多人。

四

歷史匆匆走過了四十年。今天人們談論起林彪事件，已不像過去那樣敏感和避諱。在戰爭題材的影視作品中，林彪已被允許作為正面人物露面，軍博展覽中他甚至可以按原來的元帥排序赫然亮相。官方調門似乎也不再那麼高了，從「林陳反黨集團」到「林、江反革命集團」到「林彪集團」（民間乾脆使用「林彪事件」這種中性語言）。在這些微妙的變化後面，人們好像看到了歷史的進步。

降調的處理，似乎意味著那段歷史在被淡化。但是，「九一三」這個驚天動地的事件，那段撼人心魄的歷史，在人們記憶深處，長久揮之不去。

　　四十年後，重新回顧和評說「九一三事件」，人們注意到民間研究中出現了對當年官方說辭質疑、甚至直接相抵牾的說法，人們也不再把官方解釋當作足以令人信服的唯一憑據。

　　文革史專家王年一說：「雖然『九一三』事件披露了很多材料，但關鍵的材料缺失，加上大量偽造的材料，使『九一三』事件的很多結論是錯誤的。」

　　《林彪事件完整調查》一書的作者舒雲，更是對「九一三」中存在的大量疑點提出質疑，通過對近百名當事人、目擊者的採訪、調查，對這一事件做出了「顛覆性的總結」。

　　「九一三事件」絕非孤立存在於世，而是與文化大革命「剪不斷，理還亂」，是文革產下的「怪胎」，是毛澤東長期、全面推行左的路線產生的最為嚴重的政治惡果，也使林彪製造的對毛澤東的「造神運動」由「頂峰」捧向「粉碎」（毛說過，物質不滅，不過粉碎罷了）。毛澤東「需要一點個人崇拜」，林彪便傾全力助之，推向了極致。那麼，到底是誰在「利用」，又是誰「被利用」了呢？賬怎麼能都記到一個人頭上？這顯然不是實事求是。

　　「九一三事件」是一個重大的歷史事件。它深刻觸及和影響了當時人們的思想、認識，特別是對一代青年破除迷信、獨立思考、反思文革、擺脫思想束縛，具有先導的啟蒙意義。同時也奠定了民眾「四五」運動、中央一舉粉碎「四人幫」的廣泛群眾基礎，從而改變了中國後來的政局走向和歷史進程。

　　王年一曾經說過這樣一段令人警醒的話：「不要把林彪事件小看了，不要以為這只是林彪一家和黃、吳、李、邱四家的事，它涉及到空軍、總參、廣州軍區、『四野』，涉及到我們對毛澤東的瞭解，涉及到我們對專制獨裁體制的認識。弄清楚這個問題，對中共有利，對人民有益。」

那年我差點殺人

黃曉龍

黃曉龍：退休高級養殖工程師，「九一三事件」發生時28歲，在四川省大竹縣烏木漁場工作。

　　1971年的四川省大竹縣烏木漁場，經過了「清隊」和「一打三反」中背靠背的檢舉和公開揭發。猜忌、提防像無處不在的病毒，彌漫在看似平和，卻滿是曖昧壓抑的空氣裏；在每一道不經意的目光後面，似乎總有一雙或者警覺驚悸、或者不懷好意的眼睛在打量、「關心」著你的一言一行。

　　更令人警懼的現實是；據來自重慶、成都、北京等地的消息，一場新的名曰「清查516分子」的運動已經在全國各大城市展開。那些曾經在清隊、一打三反運動裏已經遭到過清算的造反派頭目，那些被稱之為「幕後黑手」的大小幹部，又再次面臨著「比反革命還反革命」的嚴厲審查和清算。顯然、這場運動不久就會在政治運動歷來都要比大城市慢半拍的大竹展開。

工作組長認定我是「516」

　　1971年6月底，由縣委、縣革委派出的清查516工作組進駐漁場。在第一次學習文件兼見面會上，工作組長逐個點名，要求點到的每一個人都站起來相互認識。當我站起來時，這個正在大竹城關派出所指導員任上的組長王秀廉大人，頓時收起笑容，推開眼鏡，一雙凝滿殺氣的三角眼，陰森森、冷颼颼地將我從頭到腳打量了一番。儘管當時已是6月底，悶熱難當的會場內，幾乎所有人都汗流浹背地搖著扇子，但我脊背上卻頓時直冒冷氣。原來輕鬆喧鬧的會場剎哪間靜得像死水。這時候退讓露怯，肯定會讓他認為你心頭有鬼。在這個很多人都想找一塊墊腳石向上爬的年頭，你肯

定就會成為他們想要的那一塊。頓時、我迅速放鬆僵硬的面部肌肉，保持著禮貌的微笑，用冷冷的目光和他對恃了好幾秒鐘，然後不等組長大人示意就自行從容坐下。

王秀廉僅僅驚愕尷尬地愣了片刻，又恢復了隨意和微笑。只不過會不時向我投來一瞥看似無意的陰冷目光。

在隨後的一個多月內，除了在學習傳達文件的大會上頻繁地以陰森的目光對我施予特殊關照外，沒有任何異常。但我清楚，這種相安無事的平靜，不會太久。

果然，7月中旬一個晚上，工作組召集十幾個積極分子開了一次會，第二天早上飯堂裏就突然出現了一張標題為〈黃曉龍，你慌什麼？〉的大字報。署名是與我同住一個寢室，外號叫「劉大羅兜」的新科積極分子。大字報稱；自清查516的運動開展以來，我就一直驚恐不已、行為反常，肯定是心頭有鬼云云。其他5、6張專門針對我的大字報，除了「反軍」、「思想反動」之類的老調外，也沒有拿出任何新「罪證」。但這畢竟是一個危險的信號——王秀廉要對我動手了。

也奇怪，一旦看清現實處境，多年的壓抑、忐忑、驚恐頓時煙消雲散。好鬥叛逆的天性升騰起來。既然已被工作組看中，災禍難免，任何偽裝都失去了意義。既然兩年多來委曲隱忍，在無時無刻都不敢放鬆的高度警覺中幾近窒息，卻仍然不能脫禍，那就挺直脊樑痛痛快快地迎接要來的一切吧！

王組長是個架著一副近視眼鏡的中年員警。除了喜歡土財主式的附庸風雅外，一見到女知青，尤其是有幾分姿色的，他兩眼立馬就會放光，臉上的每一道皺紋都寫滿殷勤和饞涎欲滴的媚笑。粗厲的聲音也變得粘糊甜膩起來，一口一個「你這個女孩子」的曖昧和親熱，更是叫人全身起雞皮疙瘩。僅僅一個多星期，就有好事者在深夜捕魚時，給了他一句通俗形象的形容：「口水把腳背都打穿了。」隨後又簡化為「口水」或「腳背」。一旦沒有積極分子在場，深夜捕魚打瞌睡時，就會有人捏著嗓子，用粘乎乎、甜膩膩的聲音「你這個女孩子，好漂亮喲」，隨即就有人齊聲以「口水喲」、「腳背打穿囉」回應。於是在一陣陣轟然大笑中，瞌睡蟲蹤影全無。

王組長還經常在大小會上向我們宣講他的理論獨創；「你們抱怨工資

低，其實不是國家沒有錢，國家有的是錢，要多少有多少。為什麼不多拿一點出來？就是怕黨變修，國家變色，人民變懶。只有保持艱苦樸素的作風，才有繼續革命的意志。這個道理你們懂嗎？嗯？」令我們這些多少還懂得點社會主義必須最大限度滿足人民不斷增長的物質文化需求，懂得先進的生產關係必將極大推動生產力發展，人民生活迅速提高這類常識的知青們，只得你望我、我望你地苦笑。

凡學習文件或材料，王組長絕對不讓他人染指代讀。每次開讀前，茶杯、火柴、香煙都變成了「驚堂木」似的法器，凝聚著專政的威儀擺在固定位置。一頂半新不舊的警帽，被反覆擦拭得雪亮的警徽朝著桌下的聽眾，端端正正安放在桌中央的前端。隨著清理喉嚨的幾聲咳嗽，那雙在審問小偷和各種嫌疑犯中養成了凌厲煞氣的三角眼四下一掃，一種陰森的寒氣頓時升起。然後讀文件。

每讀完若干字句，他都要來上一段解釋、發揮。偏偏那段時間的各類文件中，毛老頭引用的文言和詩詞極多。解釋那些字義艱澀，出處生僻的文言文，就成了他賣弄學問，炫耀才華的難得機會。每到此時、他總是兩眼放光（多數時間都朝著女知青，尤其是那幾個稍有點姿色的，其目光的關注頻度最高），旁徵博引滔滔不絕地「拋文」。這個時候你絕對不能隨意離席上廁所，甚至不能絲毫走神，必須像無知的小學生一樣，恭恭敬敬聆聽他的教誨。

大約是8月下旬一次學習文件；當他結結巴巴地讀完一段涉及古典的文字後。又眉飛色舞地開始賣弄發揮，從司馬相如的〈鳳求凰〉，扯到「慶父不死，蜀（魯）亂不已」，從劉結挺、張西挺扯到劉文輝，劉湘，又扯到張國燾。我強忍著不笑出來，正準備起身上廁所時，突聽王組長炸雷似的一聲斷喝：「黃曉龍，黃部長，黃司令，你笑啥子？這是什麼時候？你以為你還是司令、部長？你的問題還早得很！現在我就告訴你，做好準備；好好交待你的反軍言行，你的問題不是一般的認識問題！」聽到這一連串威脅，我全身的血頓時湧上頭頂，我忍不住也毫不客氣地回應；「王組長，我聽到最高指示，聽到毛主席的教導，應該高興、應該感到幸福吧？我不該笑嗎？」這令他頓時語塞。臉色頓時脹得紫紅，在尷尬的沉默中愣了不到一秒，王組長桌子一拍就站起來，嘴角、兩腮、和手指頭都打著顫，指著我吼道：「黃曉

龍，我告訴你，你就是516分子，大竹的反軍黑潮就是你掀起的！你就是罪魁禍首！工作組想放過你，革命群眾也不答應！」

儘管早料到遲早會出現這種局面，但畢竟來得太早，太突然，令我在愕然中頓時意識空白，無言以對。

見我沒有回應，這位慣於頤指氣使的指導員，又放緩語氣開導我；「黃曉龍、你連龜兒、老子之類的粗話都說不通暢，你是不是太知識份子了？太引人注意了？像你這種封資修文化中毒很深，又當過反到底司令、部長，寫過反軍文章的人，不是516才怪了。」聽他這麼一說，我頓時意識到他絕對沒有掌握任何過硬的「鋼鞭」材料（事實上，我僅僅在大竹反到底擔任了不到兩個月的二號勤務員，又何來「鋼鞭」？），我馬上就理直氣壯地反詰：「王組長，你說我是516，起碼要有證據吧？516在大竹有哪些活動？在大竹由哪些人組成？你說得清楚嗎？你說我是516，那好！我是何時加入的？履行了哪些手續？我的上下級有哪些？進行了哪些活動？我連516是怎麼回事都不清楚，更沒有履行過任何手續，沒有參加任何活動，我在大竹反到底前後不到兩個月，哪來……」

不等我說完，王組長又迅速恢復了他那種慣有的，陰陽怪氣的微笑和自信，打斷我：「好了、好了、黃曉龍、不要以為你會說，就把你沒辦法；我告訴你，即使找不到證據，沒有履行手續，組織上照樣可以認定你是516。你不是知識份子嗎？這點常識都不懂？」說完了，又奚落道：「建議你好好領會一下『卑賤者最聰明，高貴者最愚蠢』的最高指示，不要以為只有自己最聰明！」

決心以死相拼

一天晚上，自知大劫在即，再也無心擺弄手風琴，我獨自躺在人跡罕至的大壩左則的草地上，仰望著宇宙深處發出的星光，回憶著短暫多舛的一生。

歷經了太多的磨難和驚恐，儘管心上早已磨出了一層硬繭。但此刻無論怎樣努力還是驅不走滿腹悲涼感慨。挨整已成定局，多愁善感、憤憤不平何用？反覆分析權衡，苦苦思考找尋出路，依然是一團亂麻一派茫然。無奈之下我痛下決心；你王秀廉無視事實硬要將我置之死地；那好！我們就來個

以死相拼！這個充滿了勢利、叛變、奸詐和醜惡的冷冰冰的世界，已經不值得留戀。死，既是解脫、復仇，也是為民除害。我頓時感到一種多年來從未有過的輕鬆和無所顧忌。甚至突然想起了《兩地書》中，魯迅寫給許廣平的一段話，大意是：如果遇到老虎要吃我，我就爬上大樹，老虎在樹下守多久、我就在樹上坐多久，絕不下來。即使即將餓死，我也要先用皮帶把自己牢牢捆在樹上，就是死了，也絕不讓自己掉下去，讓老虎遂願。在那次對「是生存，還是死亡」做出最後的抉擇時；魯迅對邪惡絕不妥協、退讓，絕不給敵人任何機會的決絕和徹底，就成了我的座右銘。

正當此時；突聽得溢洪道那邊傳來石××「義正辭嚴」的詰問：「你敢保證他思想不反動？保證他沒有敵我性質的問題？」隨即是張華益理直氣壯的回應；「我雖然不敢保證他沒有大問題，但先入為主地把他定成敵我矛盾，再去收集證據，就是成心整人。毛主席說要重證據，不要逼供信。這樣做絕不是黨的政策！」「那你敢說他一點問題也沒有？他心裏怎麼想的你也清楚？」「毛主席說『存在決定意識』，他如果仇視黨和社會主義，工作勞動就不會一直那樣積極，更不敢經常給領導提意見。」「那他那些反軍文章又說明什麼？」「你沒有參與過打砸搶？你沒有偷過魚？你沒有打過犯錯誤的當權派？你不曉得『要文鬥、不要武鬥』的最高指示？」沉默有頃後又是張華益的聲音；「王組長說過，只要站出來揭發黃曉龍，他就介紹我入黨。我當然想入黨。但我實在想不起，除了反到底那些事，他反黨反社會主義的證據在哪裡。這不是安心整人嗎？」

聽到這裏，自認所有的溫情早已乾枯的我，頓時眼眶裏漲滿了熱淚。我為自己用自私、冷漠去揣摩所有的人感到無地自容。我再沒有勇氣聽下去了。提起雨衣，逃也似地回到宿舍。

還有一個人在不經意中的幾句寬慰，也同樣令我至今難忘；他是不久前調進漁場擔任副場長的前志願軍特等功臣彭業臣。這個連自己的姓名都寫得歪歪扭扭，為人卻非常耿直的轉業軍人，與另一個轉業來的漁場毛副主任是迥然相異的兩類人（否則、照他的功績、資歷早就是師、團級以上）。也是我被王秀廉「認定」為「516」後的一個下午，工作組召開積極分子會議傳達一個什麼「重要」文件（王秀廉到來後，文件傳達開始嚴格按若干等級，先黨內後幹部，再積極分子，最後才是一般知青）。見隊長和積極分子

都去了不用曬太陽的會場，幾乎所有知青都陰一個陽一個地梭回了宿舍。只有我一個人還在魚池工地上，滿頭大汗地用片石砌著產卵池護坡。我之所以如此，僅僅為了用肌體的疲勞淡化深廣無涯的絕望而已。

　　就在我抱著一塊近百斤重的大石頭填進基坑時，身後響起了一個有些沙啞的聲音：「老黃，來抽支煙，歇一下。」只見老彭從小半包《大前門》裏掏出一支煙，笑吟吟的遞過來。當時的漁場知青，每兩三天能有一包《向陽花》已屬不易，《巨浪》、《飛雁》僅僅是發工資時偶爾來一包的奢侈，春節能抽上《大前門》更屬幸運稀罕。所以，我頗有些不好意思地連連推辭。見我如此，他的臉一下就「馬」起來，「你們知識份子就是這些假，明明想要又不好意思，拿著！」看著我點燃煙深深吸了一口，有點陶醉的樣子，他乾脆又將剩下的半包煙塞給我，然後輕輕拍著我的肩頭道，「我曉得你這幾天難過，你要相信是紅說不黑，是黑說不紅，放開一點，不要怕，嗯？」說完就背著手慢慢離去。

　　這在平日裏再普通不過的幾句寬慰，那時卻令我升起一陣自責反省；自到漁場以來，自恃多讀了幾本書，對文化較低的知青，始終有一種居高臨下的優越感，認為他們無知、粗俗、目光短淺、物質層面的追求遠遠多於精神，而現在卻恰恰是我一直不屑為伍的文化低的人，在暗中給了我同情。

　　還有那個和我基本沒有什麼交往的黃美勝，一次在宿舍走廊和我對面擦過時，突然叫住我，「黃曉龍，莫要成天做出苦大仇深的樣子，活一天就要高興一天。你曉得62年美國準備打古巴時，卡斯楚說過那句話嗎？他說；憑美國的實力完全能夠佔領古巴，但在被佔領的古巴土地上，絕對見不到一個活人，一棟完整的建築。怕啥子？人活著就是有那股志氣。」儘管我努力抑制著自己，除了微微點點頭外，盡力讓臉上做到波瀾不興。但心頭湧起的巨瀾卻鋪天蓋地。我只能站在寢室門邊，用滿懷感激的目光送他走進位於走廊最前端的宿舍。

　　當然、這些沒有權力的人都左右不了我的最後命運，但起碼讓我看到，即使在最黑暗的時刻，人世間照樣有溫暖，有良知。

　　我非常清楚；只要王秀廉還是工作組長，除非出現奇跡，我被打成516的厄運是不會改變的。以死相拼就必不可免。

　　每有傳達學習文件材料的全場大會，王秀廉始終沒有忘記用那雙冷颼

颳陰森森的三角眼對我頻繁關照，那目光有一種貓捉老鼠式的得意和戲謔，更有一種陶醉於手執生殺予奪權柄的滿足和炫耀。儘管我已決心在最後時刻和他同歸於盡，但每當見到他那種癩狗長毛式的得意，總是忍不住怒火中燒，尤其是當他半通不通、漏洞百出地賣弄炫耀學識時，好鬥的本能，總令我湧起要給這個小人一頓奚落嘲弄的衝動。但為了那一天不致來得太早，為了讓他不致生出警覺，我只得隱忍著，低下頭儘量不看、不聽，儘量讓自己平和下來。

也許是最後一次回家

在一邊急不可耐的等待著最後時刻的到來，一邊又下意識地希望這種劍拔弩張的僵持無限期延長下去的忐忑中，國慶到了。9月29號下午，漁場領導宣佈，當晚捕魚任務完成後即開始放假三天，10月2號晚上8點前必須全部返場。晚飯前，正當我和其他十幾個準備回家的知青在辦公室圍著王會計開探親證明時，王秀廉抱著茶杯緩緩走到王會計背後，用那雙陰森森的眼睛冷冷地盯著我。當輪到我時，王會計僅抬頭看了我一眼什麼也沒說，就在事先列印好了的介紹信上刷刷幾筆填上了我的姓名字、日期，蓋好公章，頭也不抬就遞給我。此時、王秀廉終於忍不住了；「黃曉龍，這個時候了，你還要回重慶？」我頓時來了興致，微笑著回敬；「這個時候是什麼時候？不是國慶日嗎？」

「我建議你不要回去，好好想想自己的問題。」

「我有什麼問題？自己的事，自己最清楚，用不著想。」

也許沒有想到我會如此冷硬，他稍稍愣了一下，我又趁熱打鐵：「我至少現在還是革命群眾吧？上面還沒有下達我黃曉龍是516分子的批文吧？我為什麼不可以回去？你暫時還沒有不准我回家的權力吧？」

見我如此強硬，王秀廉馬上變了臉；「黃曉龍，我是暫時管不了你，不過我警告你要按時回場，否則你就是罪上加罪！」

「我有什麼罪?!不就是你個人的欲加之罪嗎？」說完我就轉身準備大步離去，他突然厲聲叫道：「黃曉龍，回來！」我冷冷地轉過身去，見全辦公室的十幾個人都在以各種眼神看著他，他才勉強忍住怒氣道：「記住，三號

晚上6點點名。」

「對不起，熊書記說的是8點。」我說完，微笑著向他點點頭，大步離去。

當晚捕魚時，想起下午的一幕，我又生出幾分後悔，俗話說寧可得罪君子，不可得罪小人，挑戰他的淫威，踩他的痛腳，肯定將加劇敵意。那最後時刻會不會來得更早？如果他生出警覺，採取了預防措施，使最後和他同歸於盡的決心不能如願，豈不是小不忍亂了大謀？但事已至此、唯有聽天由命。

當晚捕魚回來，輪到我提起每人兩條的定量魚過秤時；掌秤的王老婆婆、王素芳，突然一改常態、大發善心：「黃曉龍你家裏那麼多兄弟姐妹，這兩條魚哪裡夠，去、還去選兩條來，我那兩條魚讓給你。」當我喜出望外地提著四條魚，在電站機房破腹打甲時才突然悟到，我和王秀廉下午那場較量肯定已在全場傳開了，不然錙銖必較的王老婆婆，不會慷慨地將供應指標讓給我。這當然是同情和善意的表達，但也表明最後的時刻已經不會太遠了。

意識到這也許是最後一次踏上故土，最後一次與親人團聚，和摯友交流。我抑住滿腹的不捨和悲涼，沒有在母親和兄妹面前流露出絲毫的情緒。當時，聶雲嵐（注：原重慶出版社編輯，被打成右派後在長壽湖漁場勞動改造）老師也從長壽湖回家探親，除了臉色凝重地在室內走來走去，聽著我的傾訴外，只得用連他自己也不會相信的「也許事情不至於那麼嚴重吧」來寬慰我。道別時，一向最多將我送到宿舍大門就回頭的他，竟默默地陪我走到儲奇門十字路口才和我分手。

在那些年、每逢節假日，輝夏的家，歷來都是同學朋友聚會交流的沙龍。在業餘文藝圈子內稍有點名氣的繪畫愛好者、文學愛好者是那裏的常客，也是獲取各種資訊乃至各種思潮交流碰撞的地方。在即將離別的10月2號晚上，我再也忍不住，將自己在漁場的現實境況，和王秀廉的幾次衝突，都向朋友們和盤托出。當時身為市內某大商場革委會委員，清理516領導小組成員的岳變容，認為就我在文革中僅僅當過兩個月頭頭的情況，就「認定」我是516分子簡直是天方夜譚，叫我根本不用怕，上面肯定不會批。正在鑽研繪畫的張琪居則認為，在「山高皇帝遠」的專縣，開罪了手

執生殺大權的當權者，什麼不可思議的荒謬都可能成立。他說：「現在黃曉龍的處境，是我們這些人當中，最危險艱難的，我建議不要再扯別的話題了，大家都集中精力給他想想對策。」然而，在我們這一堆既無從政經驗，更不不懂翻雲覆雨手段的文藝青年當中，又有誰能夠拿得出具體可行的建議？除了同情和擔憂、寬慰之外，又能有什麼辦法？

最後時刻逼近

也許是命中註定，那年的10月3日是一個黑色的日子；那天天剛亮，我就趕到了江北紅旗河溝，在公路邊從黎明等到中午，竟連一個熟人的車也沒碰到（那時重慶到大竹的車費是5.4元，對每月只有22元工資的我們，無論如何都是一種奢侈，所以搭車是我們往來於重慶大竹之間的普遍選擇）。焦急不安中，直到中午1點前後，才碰到46隊一個叫錢樂平的安徽籍年輕司機剛剛卸完貨準備裝鹽巴回大竹。喜出望外的我上車後才知道，他此次要繞道廣安、渠縣再回大竹。那時的客運班車都是早上發車，改乘客車顯然為時已晚。也許是命中註定，當天車還沒到渠縣就已經是晚上11點了，不得不在離渠縣還有十多公里的一個小鎮旅館住下。第二天凌晨5點又開車出發，哪知過渠縣不久，汽車的離合器又踩不開了，在我的一再懇求下，錢樂平憑藉著藝高膽大，居然硬是次次都準確判斷出發動機轉速和行車速度間的契合點，及時換檔，竟奇跡般地從渠縣爬上了九盤寺，又順利抵達大竹城。途中居然沒有出事、沒有拋錨，即使在今天也算得上奇跡。

一路狂奔，氣喘吁吁地趕到漁場時已經是10點半了，王秀廉正在主持一個文件學習會。好像專門在等我似的，剛剛走進會場他連頭都沒抬，就將我叫住，「黃曉龍現在是多少時間了，你知道這個時候才回漁場是什麼性質嗎？我告訴你，這是對抗運動！」「據我理解，這僅僅是一次迫不得已的違紀，因為汽車在路上出了故障……」「不要說了！」王秀廉一聲斷喝，音頻頓時提高了八度：「黃曉龍，你氣焰不要太囂張，我告訴你，你的材料早就報上去了，一批下來你就是516分子！」見我盯著他沒有開腔，又道：「黃曉龍你曉得516的性質嗎？那比反革命還反革命！」

那種得意加戲謔，一下將本來想盡量拖延最後時刻到來的我逼到了牆

角，血頓時沖上了頭頂，我也顧不上多想，立即回應：「還沒有批下來吧？沒有批下來我就不是516分子，說我就是516也好，認定也好，那都是你的個人看法，不能代表組織，我拒不接受！」

「那好！你就等著，我看要不了多久，就在這幾天！」

我心頭頓時一橫；這個時候了還要反覆折磨我，那好、老子不僅要在死前先拉你墊背。從現在起，老子每一刻都不會讓你舒服自在！原本準備躲到不引人注目的角落，此刻乾脆將竹椅放在正對著他的顯眼位置，裝作聽文件，把所有的仇恨鄙夷都集中在眼裏直盯著他，開始王秀廉讀得還算順暢，但幾分鐘後就穩不住了，始而汗水初露、繼之結結巴巴，後來原本青色的臉漸漸脹成了豬肝色，在頻頻的慌亂走神中，語無倫次起來，最後又爆發出一陣連連大咳。不得不破天荒地將文件交給張華益代讀（這可是他來漁場後的首例），而他自己則點上一支煙，起身轉到會場外去了。而此時的我、從緊張中鬆弛下來，手腳都在陣陣微微發顫。

趁下午上班的休息間隙無人注意，我偷偷從加工房找來一段7、8公分長的鋼鋸片，躲在電站機房用沙輪將兩面和尖端都磨得鋒快，再纏上布條，插在早就悄悄縫製在內褲貼身面的小口袋內；皮帶也扔掉，用一段多股塑膠軟電線代替，只需一拉就可以扯下來既當導線又可當勒頸索。我一次又一次地告誡自己；到了最後那一刻，絕不能輕易罷手。無論是用刀割頸，用線勒喉，用電擊，都必須對準要害下狠手，首擊斃命，然後再痛痛快快地自行了斷，絕不猶豫遲疑。

第二天，託伙食團採購從大竹買來一斤牛肉乾，在工間休息獨處時，在輾轉難眠的靜夜，在品嘗著難得美味的滿足中，忘掉當前的危局，忘掉也許是幾小時、幾十小時、乃至幾天後，就是我拉著王秀廉血濺五步，共赴黃泉的最後時刻。

此時、十幾年來孜孜以求的詩人夢想早已破滅。對現實、對個人的命運，我已不存絲毫希望。在這個告密、出賣、誣陷和獻媚不斷獲得鼓勵獎賞的黑暗時代；生而何歡，死又何憾！痛痛快快的死實在是幸運、是解脫。何況，還將有一個專事整人的惡徒墊背！

但我還年輕，我才28歲，生活才開始不久；我還沒有品嘗過愛情的幸福、甜蜜，沒有過任何異性間的感情交流，甚至沒有碰過、拉過一次異性

的手。

我有一個兄弟姐妹眾多的家。幼年時，父親就以「特嫌」罪名冤死獄中。倔強的母親在姑婆，外婆的鼎力相助下，以微薄的薪金支撐著這個風雨飄搖的家。1954年底母親再婚後，不到三年，繼父又被打成右派，半年後又以「歷史反革命」罪被捕入獄。是母親以她特有的，幾近極端的教育方式，將全家兄妹都養成了獨立自尊倔強進取的性格。我知道；一旦我對王秀廉施行「階級報復」，並「畏罪自殺」。對這個風雨飄搖的家庭，對我的親人們，無異是雪上加霜，屋漏逢雨。但我已經別無選擇。我沒有在缺乏起碼尊嚴的境遇下苟活的勇氣，更不願窩窩囊囊地獨自「自絕於人民」。無端置我於死地的惡人，必須先死。

好友急告驚人消息

絕處逢生的轉機是在10月6號出現的。

當天下午上班不久，李伯壽笑嘻嘻跑來告訴我，說306民工團有一個叫王甘讓的重慶知青，托他帶口信，叫我晚飯後一定要去一趟，有重要事情要同我商量。李伯壽是繁殖隊少有的幾個血統工人後代，也是在我被「組織認定」為516分子後，僅有的幾個還敢和我正常來往說笑的知青之一。

我匆匆吃完晚飯，劃著雙飛燕轉過梨子坳，急急向306趕去，船還沒攏岸，就看見王甘讓滿臉微笑等在湖邊。

王甘讓是1964年到大竹落戶的老知青。早在1965年的省群眾文藝匯演期間，他就以其音域寬闊，乾淨明亮、極具穿透力的男高音，被省歌劇院看中，並在省歌劇院逗留了整整兩個月，最後因為家庭出身「黑」（所謂「歷史反革命」），政審通不過，才又回到歐家林場，重新當起了知青。前些年我認識他時，他已結了婚，雖然個子小，卻是頭等勞力，拿的是最高工分。1970年開始在知青中招工，他的根紅苗正的妻子就被招進了縣國營旅館，不久就被當成接班人培養。領導在多次談話中，暗示她要同出身不好的丈夫劃清界限。當妻子在一次夫妻間的閒談中偶爾提起時，甘讓即主動提出了離婚。他只為不影響前妻的前途。但我非常清楚；所謂「劃清界限」，對極富自尊的甘讓無論如何都是難於承受的羞辱和折磨。

見到我上岸，王甘讓似乎鬆了一口氣，第一句話就是：「你終於來了。」

原來，早在8月底，他從湘渝鐵路民兵師宣傳隊回大竹辦事時，就得知我已經被工作組「認定」為516分子，就一直隱隱為我擔心。國慶當天晚上，即將解散的湘渝鐵路民兵師宣傳隊在地委禮堂作最後的彙報演出，當開幕式按彩排的程序開始齊聲高呼「敬祝林副主席身體健康，永遠健康」時，被突然沖上臺的鐵道師政委厲聲喝止。這位政委站到麥克風前向全場宣佈：

「從現在起，除了對毛主席外，對任何人都不准再搞敬祝之類的個人崇拜了。這是個是否忠於毛主席的大是大非界限，是對毛主席的革命路線的根本態度！」

演出開始後，原來早已定下來的節目。凡是和林彪有關的都被一律取消。於是，有關林彪已經出事的猜測，在演出結束後就不脛而走。第二天，在三步一崗，五步一哨的森嚴戒備下，地委大禮堂召開由黨政軍各界領導幹部參加的中央文件傳達大會。據王甘讓和同是重慶知青的新婚妻子李玲，從散會出來後的軍人間的交談中聽到的隻言片語中，更是肯定了這一猜測。

10月4號，民兵師宣傳隊解散前的最後一天，原來軍分區內被隔離審查的幾個516分子，突然解除了隔離。這顯然表明，這場莫名奇妙的清查運動已經夭折。從而讓甘讓夫婦暗自為我鬆了一口氣。昨天晚上，夫婦倆在306報到後，本來商量好準備於今天下午，由甘讓步行到漁場向我通報這一消息。但無意間於中午在供銷社食堂遇見了認識的李伯壽。李伯壽自告奮勇給我帶口信。

那一晚，我們興奮地抽著煙，從中國政局的劇變，未來政策局勢的趨向和各種可能，我們各自的出路前途，對生活、對人生的理解，尤其是他們在地委傳達大會後聽到的若干關鍵字後面潛藏著的各種可能的真相、含義，進行了熱烈的猜測和爭論。我們都有一種難以抑制的，苦日子終於熬到了頭的興奮和期盼。

最後的較量

回到漁場，反覆咀嚼著這一重大事變的含義，我甚至想像著王秀廉傳

達有關林彪問題的文件時，可能出現的各種表情。

對王秀廉們的厭惡和不齒，既來自艱辛坎坷的人生經歷，更來自思考和覺悟；這類慣於用他人的血，他人的不幸鋪築自己升遷之路的惡人，本來就是幾千年專制「惡政」培育出來的惡花毒果，也是歷代惡政得以複製延續的社會「培養基」。在不算太短的人生閱歷裏，每到關鍵時刻，我曾經數次領教過這類人的無恥。

一天早上，據說是接到了縣裏的緊急通知，王秀廉一早就去了縣裏。顯然是去聽林彪事件的傳達報告。下午接近下班時，遠遠看見他沿著小路走來，我順勢放下鋤頭坐在路邊，冷冷地注視著他一路走來，他也佯裝什麼也沒有看見似地從我們身邊急步走過，連路邊幾個女知青親熱討好地向他問好也一反常態地顧不上回應。

次日全場傳達文件，我興沖沖地提著竹椅來到會場時，王秀廉早就坐在辦公桌後面，在我既有點幸災樂禍又滿是鄙夷的凝視下，他似乎胸有成竹地不動聲色。當全場基本到齊，即將開始宣讀文件時，王秀廉不慌不忙地站起來指著我命令道：「黃曉龍，這個會你不能參加，馬上去廚房幫廚。」

「為啥子？憑啥子？」我好不容易才控制著自己，沒有讓「你以為還是你的林副主席在位的時候嗎？」這句話衝口而出。王秀廉則得意洋洋地微笑著一字一頓回應：「這是漁場黨支部的決定。」正當我準備繼續爭辯下去時，彭業臣不知什麼時候已站到面前，「老黃，這是為你好，我也同意了的。」見我愣在那裏，老彭又說了一句：「老黃，聽我的，去廚房。」說完就轉身回到會議主持桌邊。見事已至此，抗爭、大鬧、顯然無濟於事，我只得抑住滿腹怒火和忐忑，頗為不甘地去了廚房。反正你再也不能把老子打成516分子了，過不了幾天你就得滾蛋。

伙食團當時有三人，一個是兩年前到漁場的轉業軍人，一個是自到漁場以來一直在伙食團當炊事員的裘海柱，還有一個是犯有「生活作風錯誤」，外號叫「窯豬」，被「暫時掛起來」安排在廚房的知青。這天、裘海柱也被安排聽傳達。顯然、讓我頂替裘海柱，接受和「窯豬」一樣的「政治待遇」，是王秀廉有意安排的差辱，更是向我傳遞「黃曉龍，你的命運照樣捏在老子手上」的威脅暗示。

接近中午，正當我們手忙腳亂地抬飯甑子、舀菜時，裘海柱聽完傳達

回來了，一隻腳剛踏進門，就喜氣洋洋地大聲喊我：「雞娃（筆者外號，技術員之諧稱），熊書記叫你馬上去一趟！」說完就奪過我手上的鐵瓢，把我推出廚房。我知道肯定是好事來了，謝過廚房幾個人，就往辦公室趕。

辦公室裏，熊書記和彭業臣兩人正在低聲商量著什麼，見我站在門前，熊書記第一句話就問：「老黃，林彪叛國投敵的事情你知道了吧？」為什麼問這件事？是不是王秀廉又在搞鬼？我急忙搖頭裝出一付迷茫害怕的樣子，深恐兩人會由此追查消息來源（自從在甘讓那裏得知消息後，我沒有向漁場任何人透露過半句。在漁場我不敢相信任何人）：「你說的是林副主席？林副主席怎麼會叛國投敵？」熊書記和彭業臣會意地相互對視了一下，然後彭業臣笑著開了腔：「是這樣，下午還要學習林彪叛國投敵的文件，明天就召開野心家林彪的批判大會，你下午參加學習後，就抓緊時間寫批判稿，準備明天發言，沒問題吧？」

我心頭頓時一鬆，原來如此；這顯然是一種補償，一次表態，一次無端被剝奪的權利的回歸。或者乾脆就是對我這個已經被「組織認定」，只等批文下來就立即打入地獄的「516分子」，沒有平反的平反和正面肯定。在工作組進駐漁場的幾個月裏，一直很少見熊、彭二人在有關運動的大小會上露面。顯然是看不慣王秀廉那一套搞法，那一副德行。安排批判大會發言，無異是對王秀廉那一套的否定。而更意味深長的是，這也許就是一次對當時已經左得不能再左的政策方針，難得的矯正。至少這個人人自危，過了今天不知道明天會怎麼樣的恐怖局面，無論怎樣都得有所鬆弛。

見我愣在那裏，老彭拍了拍我的肩頭：「老黃、走、吃飯了。」

剛向伙食團走出幾步，突然想起住在和辦公室只有一牆之隔的王秀廉，他肯定聽到了我們剛才的談話。幾個月處心積慮的謀劃眼看將毀於一旦，此刻他心裏肯定不好過。此刻欣欣賞賞這個迫害狂的沮喪和失望，肯定是一大快事。不然幾個月的忍辱含羞，驚恐忐忑，豈不太委屈了！走近離他窗口僅7、8米距離的一棵黃葛樹前時，見他正全神貫注地在看一份材料。但凝神細看才發現；不對！那張清水臉已脹成了紫色，捏鋼筆的手也在微微發抖，哈哈，到底是氣得不輕。如果他此刻得知，一旦他將我打成了516，我就會不惜一切代價先取他的性命時，又會作何感想？我想，他應該慶幸才對。是的，託「林副統帥自我爆炸」之福，老子倖免了一場決定生死的無妄

之災，王秀廉也撿回了一條命。這應該是兩人的共同運氣。不過，老子還得逗逗你；我乾脆坐在樹下對著他的窗門，大聲唱起剛剛流行起來的「滿天烏雲哎嗨哎嗨喲，風吹散哎嗨哎嗨喲，毛主席來了晴了天，晴呀嘛晴了天……」反反覆覆，不休不止就是那幾句。

開始王秀廉不時抬起頭，用那雙三角眼狠狠看我幾下。見我根本不理，越發唱得起勁，就開始起身在房裏走來走去，其間，幾次把手伸到門上又縮了回去。最後他乾脆關上窗門、拉起窗簾，拿著碗筷走到門邊，狠狠盯了我好一陣。見我不僅越發唱得起勁，甚至還滿臉微笑地向他點頭致意，才只好拿著碗快快離去。我則一路尾隨他，改唱著節奏頗有點歡快的《打起手鼓唱起歌》，直到他走進食堂。好些正在路邊吃飯的知青有的一臉不解，有的則明知故問地打趣：「雞娃，你今天是不是吃了笑婆子的尿？」而我則回以從心頭溢出的一臉燦爛。

下午繼續學習有關文件。由王秀廉一句一頓念了將近四個小時。儘管昨天就從甘讓那裏得知了主要內容；但聽完全文後所產生的震撼、啟迪，即使用醍醐灌頂、茅塞頓開來描寫也顯得蒼白空洞。以前一直公認為是老人家最忠誠的學生，戰友，寫進了黨章和憲法的接班人，竟然轉身就要對老頭子謀反甚至「叛國投敵」，這說明了什麼？建國以來，從反右、反右傾、四清到文革，反覆演繹著今天我鬥你，明天你鬥我的悲劇和浩劫越演越烈。同事、同學、朋友之間，構陷、出賣、告密、報復就像瘟疫一樣無處不在。當年斯諾筆下那個「最有活力，最有朝氣」的「紅星照耀下的中國」，竟然變成了人人自危，風聲鶴唳的地獄……

當晚，我幾乎一氣呵成地完成了批判稿。在第二天的批判會上接連贏得數次熱烈的掌聲。在這些每次都持續了數秒的掌聲中，滿臉不快卻又無可奈何的王秀廉，也不得不敷衍式地拍了幾下巴掌。

批判大會中出現過一個小花絮；還是那個窩囊可憐，時刻不忘關注我的毛副場長。當我讀到稿子中林彪的流毒甚廣，「助長了很多別有用心的壞人和品質敗壞者，捕風捉影，羅織罪名陷害同志，以達到滿足個人野心和權欲的不可告人的目的，極大地破壞了革命隊伍的團結，渙散了革命鬥志」時，這個毛副場長突然陰陽怪氣地冒了一句：「大家注意啊，有人又在放毒了。」令會場突然愣了似地靜了片刻，我知道自己這段話無論怎樣都挑

不出骨頭，就故意停下來，一邊直直盯著毛副場長，腦子裏飛快地比較權衡著，如何借機教訓這個小人。也許是他突然意識到，平日裏這句對標榜自己的「革命警惕」和「革命覺悟」不無好處，甚至還有可能輕輕鬆鬆「再立新功」的慣用語，此時不僅牛頭不對馬嘴，只須有人稍加發揮還可能引來大禍加身，頓時眼裏就透出陣陣怯意，繼之又臉色蒼白一頭大汗。見狀，我心裏頓時一軟。趁還沒人反應過來，急忙假咳幾聲把局面掩飾過去。而此時，心不在焉的王秀廉也沒有過問和干涉的興致。

　　批判會後的第二天，王秀廉就再也沒有在漁場露過面。他是何時離開的？臨走時是何種表情？沒有人談起過，連我也失去了關心打聽的興趣。據說他的被蓋蚊帳是在一個星期後，由漁場領導安排伙食團採購員順路帶回縣城的。

我在鄉下聽到「林彪爆炸」的消息

李正權

李正權，退休幹部。「九一三事件」發生時21歲，是正在四川忠縣農村插隊的重慶知青。

　　「林彪爆炸」的消息是一個同學偷偷告訴我的。

　　搞了兩三年文化大革命，我們這些被當作「先鋒」和「闖將」的中學生全都被趕到了農村。我1969年3月下到忠縣望水公社同興七隊，那是一個人口過多、田地貧瘠的地方，人均不足一畝耕地，每年只能分不足一百斤穀子，大半年時間都只能靠紅苕度日。

　　我父母都是搬運工，我從小（5歲多）就開始為母親「打薄」（搬運工行話，就是為她多少減輕一點負擔）。從背兩匹磚開始，到下鄉時我可以挑兩百斤爬坡上坎。從小家裏窮慣了，又滿懷著「革命理想」，在鄉下兩三年，基本上沒有感到有什麼特別「惱火」的。有力氣，那農活也沒有什麼好學的，我很快就成了生產隊的強勞力，什麼都不比農民做得差，一年要做3000多工分，在生產隊裏是最高的。

　　由於「表現」好，我當過知青代表，出席過萬縣地區的上山下鄉座談會；當選過學習毛主席著作積極分子，上臺去講過學習心得。但是，1971年四川開始的「批清」（批判極左思潮，清查「五一六」、「三老會」）運動，卻把我打入了另冊。因四川當時的「批清」主要是清查「三老會」，而「三老會」又主要是清查原成都「八二六」和重慶「反到底」這一派群眾組織中的幹部和造反派骨幹，我原是重慶反到底派的中學生紅衛兵，參加過武鬥，公社不僅收到各地飛來的函調信，要我檢舉揭發；而且學校的工宣隊還派人下鄉來調查。不知他們在公社領導面前捅了些什麼「爛」，反正第一批招工沒有我的名字。雖然我不斷用「革命道理」安慰自己、批判自己、說服自己，但心裏依然難過，依然氣惱，依然憤慨。

正好遇上整黨，公社新來的主任是個女的，抱著還在餵奶的孩子進駐到我們生產隊。我心中有氣，就不理睬她。她見我勞動積極，做事踏實，便把我弄進整黨領導小組裏當群眾代表（當時提倡的是由群眾幫助整黨）。後來，還要我寫入黨申請，要培養我入黨。我把我參加過武鬥的事告訴她，她只說了一句「認識了就好」。不久，第二批招工開始，她堅決要推薦我。公社其他領導表示異議，她說表現這樣好的不推薦還能推薦誰？把那些異議全都駁了回去。就這樣，在極短的時間裏，連續三家單位來招工，她就為我填寫了三張推薦表。區裏的領導打電話來質問，她說別人表現得好，就是要讓表現好的早點走嘛！讓那區領導也無話可說。

哪知，第一家單位就把我收了。不過也遇到一點問題。我眼睛左眼好，可以看到1.5，右眼差，只能看到0.2。體檢時我作了一點弊，趁醫生不注意時，就讓左眼幫右眼的忙，結果造成那右眼的視力檢測一會兒好，一會兒孬，引起了招工「老闆」的懷疑。過了幾天，招工單位又通知我到縣城去複查。復查時，我依然故我。反覆多次，我忍不住了，心一橫，對那招工「老闆」說：「我眼睛有一隻近視，肯定的，你們要就要，不要算了，不查了，查也是近視！」說完就氣呼呼走了。哪知就是這一句話，讓那招工「老闆」立即決定收了我。後來進了廠，知道他是一個車間的指導員（黨支部書記）。他對別人說：「只要人老實，近視點又有什麼關係嘛？」

那天，我帶著悶氣又帶著對前途的茫然，從縣城回生產隊。同學蘇祖斌回重慶去後又回來，正好碰上，我們同行。天陰沈沈的，我們沿著一條小溪鑽進山裏，那小路上再沒有行人，他才壓低聲音告訴我林彪「爆炸」的消息。在農村，除了生產隊訂有一份《萬縣報》而且是十天半月才來一次外，幾乎沒有任何外界資訊。那時，留在城裏的那些工廠的「戰友」們，大多都在被「批清」，不是被關押就是寫不完的檢查，哪還敢給我們寫信說政治。即使林彪事件曾經有過什麼蛛絲馬跡，我們地處窮鄉僻壤，也不可能得知。突然聽到「我們敬愛的林副主席」叛逃蘇聯，那震驚的程度不是今天的年輕人可以想像的。一時，我只覺得腦海裏一片空白，那小溪的叮咚聲變成了震耳欲聾的轟鳴，那陰沈沈的天頓時垮下來壓在我們頭上，那遠處的大山，近處的大樹似乎全都搖晃起來。我站在那兒愣了好半天，還是蘇祖斌推了我一把：「走嘞，路還遠呢。」我才回過神來。

可能是這太出乎人意料又讓人感覺太不真實的消息，驅逐了我因為體檢而引起的鬱悶，革命造反的情緒又在胸中滾動起來。我們默默地爬上一座山梁，視野開闊了許多，遠處的農舍炊煙嬝嬝，灣裏有農民在犁田，那牛仰起頭長嘯，雲霧似乎都被那牛的叫聲驅趕得退了幾步。我說：「黨和人民遇到這樣大的事，我們還在考慮自己的前途，真不該！」蘇祖斌立即嘲笑我：「又來了！你真『革命』啊！」他「出身不好」，幾次招工都沒有被推薦，而我已經體檢，雖然可能竹籃打水，但畢竟比他強。我心中雖然不悅，想反駁，話到口邊卻咽了回去，只好繼續默默趕路。

那天晚上，我寫了這樣的日記：

> 1971年10月28日
>
> 　　今天好像在夢中度過。聽了蘇祖斌講，背心發涼，也為生長在毛澤東時代感到萬分幸福。我們不應當只關心個人的命運，忘記了黨和人民的命運，忘記了世界和革命的命運。為了保衛毛主席，要敢於拋棄一切，拼了。一切個人野心家陰謀家「機關算盡太聰明，反誤了卿卿性命」。經過偉大的無產階級文化大革命，全國人民思想覺悟大大提高，無產階級專政空前鞏固，國內空前穩定，一兩個小丑跳樑，何妨大局。我們只有認真讀書，弄懂馬克思主義，才可能不至於上當受騙。不管出現什麼情況一定要跟著毛主席，保衛毛主席，鞏固無產階級專政。階級鬥爭不以人們意志為轉移，一切野心家都是唯心主義者，過低估計人民，過高估計自己，到頭來頭破血流，身敗名裂，豈有他哉?!

「九一三事件」已經過去40年了，如今再翻開當年的日記，連自己也不敢相信這就是自己寫下的字句。我父母1947年從農村來到重慶，靠出賣勞力為生，解放後的確有一種「翻身作主」的感受，對「黨和毛主席」充滿著一種「樸素的階級感情」。我「生在紅旗下，長在紅旗下」，在那樣的時代，在這樣的家庭，受的全是「革命教育」。小學時我就開始讀《毛澤東選集》，初中時就開始批判「封、資、修」，文革武鬥更是衝在前，闖在前，出生入死，那思想早已「革命化」，早已「紅彤彤」的了。雖然下鄉後那看

到的，遇到的各種各樣的現實問題對我那「革命思想」也有過觸動，雖然林彪事件也震驚了我，但要洗刷我那思想中的極左，要讓我的「革命思想」來個真正的轉變，還需要時日，還需要有人撥開雲霧，還需要更大的震動，還需要讓我的思想和靈魂去經受鞭撻和錘煉。

我想，那個時代過來的人，絕大多數可能和我差不多吧？因此，我對現在有些宣稱自己很早就覺醒了的人總有點持懷疑態度，要是有那麼多人覺悟，「史無前例」的文化大革命為何在林彪「爆炸」後還能繼續下去，而且還繼續了整整五年呢？

當然，我也為自己沒能及時覺醒感到遺憾。我離開生產隊時，那位對我有大恩的公社主任語重心長地囑咐我：「遇到任何事，情願右一點，左了往往要犯錯誤。」那時，林彪「爆炸」的消息已經成了公開的秘密，她是用林彪事件來教育我。她只有初中文化，只比我大四五歲。怪只怪我沒有聽她的話，以至後來回到城裏進了工廠，我還繼續著自己的人生軌跡，陷在那政治漩渦中不能自拔，在「四人幫」垮臺後清查「三種人」時，又多受了幾年的磨難，而且那影響一直持續，讓我錯過了一次又一次「人往高處走」的機會……

林彪與詬諜

啟　之

啟之，中國電影研究藝術中心研究員。「九一三事件」發生時19歲，正在內
蒙插隊。

一

　　林彪出事的時候，我正在內蒙土旗插隊。隊長二銀虎病下了，我這個
記工員更沒法歇，整天領著三四十號社員苦受。前晌東墳地，後晌馬蓮灘，
穀子、玉菱子、糖菜、胡麻，地裏的活兒沒完沒了。晚上回來，查工分的社
員擠了半屋子。把他們打發走了，一頭倒下，死一般地睡。那時候，你就是
一頭牲口，帝力於牲口何有哉！

　　我何時，何處，從何人那裏聽說林彪的事，現在一點也記不起來了。
就連當時必有的驚駭，在心腦間也不留一絲痕跡。那些年，經歷的國家大
事太多，不免麻木不仁──彭羅陸楊、劉鄧陶、王關戚、楊餘傅、二月逆
流、六十一個叛徒集團……昨天是高官顯貴，今天就被砸爛狗頭。死上一
兩個副統帥，也見怪不怪了。再說了，不管怎麼天地翻覆，明天我還得領
著人下地。

　　能說話的知青都回北京了，當地的農民成了我的討論對象。十一月的
一個晚上，村裏的知識份子程天正來我這兒，我按最高規格招待──遞給他
一支太陽煙。他接過來，夾在耳朵上，上炕盤腿，拉過炕頭的塑膠袋，捏
起一撮黃楞楞的煙葉子，一邊捲，一邊說：「林彪死了，知青政策可能有變
化。」

　　「哼，你就灰撇（內蒙方言：胡說）吧！」我說。

二

　　一個月以後，他的灰撇成了現實——內蒙工業局到土旗招工，我被內蒙鑄鍛廠挑中。

　　告別塔布賽時，天正請我到他家吃餃子。吃完了，他從大紅躺櫃的深處，翻出一個木盒子，盒子裏裝著照片、獎狀、私信、公函——他原來是內蒙水泥廠的團委書記，1960年廠子下馬，他回鄉務農。因為地主出身，原來的女友分手了。三十大幾，才有一個從察哈爾逃荒來的醜女子嫁給他。

　　天正一樣一樣地給我看，最後從這些「細軟」的下面，翻出了一本破舊的《封神演義》。這是他送給我的禮物。他大概是用這本珍藏的讀物，償還他欠我的錢——兩年前，他家的女娃發高燒，送公社看病沒錢，我給了他十塊錢。

　　帶著這本書，我到了鑄鍛廠鑄鐵車間，成了混沙組的一個熟練工。

　　成了工人階級之後，我享受到了前所未有的政治待遇——在政治學習會上，給大夥念《「571工程」紀要》。

　　——農民生活缺吃少穿。

　　——青年知識份子上山下鄉，等於變相勞改。

　　——紅衛兵初期受騙被利用，已經發（配）充當炮灰，後期被壓制變成了替罪羔羊。

　　——機關幹部被精簡，上五七幹校等於變相失業。

　　——工人（特別是青年工人）工資凍結，等於變相受剝削。

　　念完了，我不禁對林彪父子暗生敬意——他們說得何等好啊！

　　敬意之外，還有一點兒不可告人的猜測——是不是中央要消除知青「變相勞改」的惡劣影響，我才有幸當上了工人？

三

　　批林批孔使我有了讀史的機會，範文瀾的通史就是那時候看的。《封神演義》也就在這種名義下翻了一遍。我對神魔小說不感興趣，但也不免有些聯想——看到商紂王的暴虐，不知不覺與B-52（毛澤東）對起號來，而

《紀要》對毛的評價更讓人想入非非：「他不是一個真正的馬列主義者，而是一個行孔孟之道。借馬列主義之皮、執秦始皇之法的中國歷史上最大的封建暴君。」再思謀起來，我又不免佩服起主席來──敢於將如此惡毒的詛咒發下來，足以證明其胸襟氣度。

但是，最讓我佩服的還是571的作者──據李偉信交代，《紀要》是「于新野按照林彪、林立果的意圖，和他們商量的內容在某三天內（1971年3月22日至24日）寫的。《紀要》說，中國的社會主義是法西斯主義，說中國的國家機器是個互相殘殺，互相傾軋的絞肉機。真是字字見血、句句入骨。尤其是那個「絞肉機」的比喻讓我銘心刻骨──十八年後，我把它寫進了《內蒙古文革實錄》。

邱會作說，毛知道林彪死了，很高興，讓汪東興告訴政治局，「感謝林彪幫了一個大忙！」還和汪碰了杯。（《邱會作回憶錄》下冊，香港新世紀出版社，2011年，第786、788、798頁）。幾天後，毛的輕鬆快活變成了僵臥長愁──整天躺在床上，很少說話和做事。一下子蒼老許多，背駝了，腿也不聽使喚了。腿腳浮腫，肺部發炎，濃痰不斷。弄得他夜不能寐，只剩下咳嗽。（陳長江、趙桂來《毛澤東最後十年》，中央黨校出版社，1998年，第178頁）毛的病源於心，他醒悟過來──他固然可以把「二月逆流」、「亂黨亂軍」等等一大堆屎盆子都扣在林彪頭上。但是，林彪也用他的死揭了毛的老底──副統帥、親密戰友、寫進黨章的接班人，居然是個叛國投敵反革命。這意味他這位「英明領袖」不過是個飯桶、騙子、教唆犯。

四

國人對文革的投入和信任，基於對毛的迷信和崇拜。林彪的一腔汙血，被歷史之手一滴不剩地潑到了毛的身上，令其靈光大減，文革的基礎從此動搖。人們開始用自己的腦袋思考問題。而獨立思考的車輪一旦啟動，就會沿著因果邏輯鋪設的軌道疾馳。毛這個神一倒，1966年以來被官方肯定的一切，就會隨之倒下。

因環境、稟賦的不同，人們對文革的覺悟有遲有早，林昭，北大右派學生，在文革伊始，就看出這是毛在禍國殃民。徐明曜，前北大數學系教

授。當時在唐山當中學老師。紅衛兵一起來，他就覺察到了這運動的荒謬。馬德波，前北京電影製片廠文學副廠長，劉少奇一被打倒，他就認定這場運動不過是爭權奪利。清華的武鬥，更讓好些人重新思考這場革命。但是，真正讓民眾懷疑毛，懷疑文革的是「九一三」。應該說，林彪之死是國人大面積覺悟的開始。它為1976年的「四五」天安門事件開闢了道路，為80年代的思想解放添磚加瓦。

　　我屬於後知後覺者，直到1972年初在《粉碎林陳反黨集團反革命政變鬥爭（材料之二）》的附錄裏看到《「571工程」紀要》，才悟出這個世道不對頭。我的幾位四中同窗，就是從那時開始研究中國的新階級和政治經濟學的。

　　儘管林氏對他所抨擊的暴政貢獻多多，且這個《紀要》也不過是「彼可取而代之」的藉口，而絕無救民於水火之誠心。但是，我還是要借此機會，向文革思想史的作者獻上一個鄭重的建議：請您在大作中為《紀要》寫上一筆。

五

　　想到林彪的赫赫戰功，想到他的滅門之災，想到他對毛的忠心赤膽，想到他成了毛的替罪羊，有些人不禁熱血沸騰，為他鳴冤叫屈。

　　王年一，文革研究的著名學者，我尊敬的前輩，給舒雲的《林彪畫傳》寫序，稱林是「中華民族最優秀的兒子」，有著「愛國家、愛人民的偉大人格」，而他「讀這本書的過程，是感動的過程，是受教育的過程，是與偉人親密接觸的過程。」（《還原一個真實的林彪──喜讀舒雲的新著〈林彪畫傳〉》。載《王年一文集》百度貼吧http://tieba.baidu.com/f?kw＝%BA%EC%BE%FC%D6%AE%D3%A5）我不以為然，提醒王先生：林彪吹毛，壞了一代風氣。王先生以林之功、之冤反駁我。說著說著，不禁涕淚漣漣。

　　從王到舒，從內到外，為林彪翻案的人不少。一位朋友給我寫信，痛陳林彪之冤。並引了1951年胡風給牛漢信中的一句話：「到我看準了的時候，我願意割下我的頭顱拋擲出去，把那個髒臭的鐵壁擊碎的。」他認為：「這話用在林彪身上很合適。」

　　我為有這麼一位糊塗的朋友欣然，於是建議他用比較史學的方法，寫一篇〈林彪與胡風異同論〉。事過七年，他仍沒寫出來。

　　據我看，除了尊毛愛黨之外，林彪與胡風完全是不共戴天的兩類人。林彪看准的不是「髒臭的鐵壁」，而是一個反覆無常，以整人為樂的皇帝。林彪從來不想擲出他的頭顱，他只是不想向毛低下他的頭而已——盧山會議後，毛先搞「批陳整風」、再反黃吳李邱的「軍事俱樂部」。「毛澤東的方針很明顯，步步升級、步步緊逼、步步圍攻，實際上是『敲山震虎』，看你林彪什麼態度，毛澤東已下定決心，不投降就讓你滅亡。」（《李作鵬回憶錄》下，香港北星出版社，2011年，第681頁）但是，林彪自恃功勞蓋世，堅持「三不主義」：不屈從，不檢討，不發言。他知道，檢討不檢討都一樣。林彪的死扛，在四十年後，獲得了其「死黨」的高度評價——「劉少奇投降了，作了檢討，也未能挽救自己的滅亡。鄧小平多次檢討，表態『永不翻案』，站起來之後不久，又強加『走資派還在走』的罪名，被打倒了。……黃吳李邱檢討多次，中央通過毛也通過了，最後還是被打倒。（出處同上）——他為毛立下了汗馬之功，有資格向毛說「不」！

　　是的，林彪那顆燒焦的頭顱確實給那個「髒臭的鐵壁」砸開了一個大洞。但是，他既非慷慨赴死的英雄，也不是反抗暴政的勇士。是的，林在文革之中當過觀潮派、逍遙派；他的出逃的確是毛逼出來的。（見王年一《毛澤東逼出來的「九一三林彪出逃事件」》、《林彪是「文化大革命」中特殊的觀潮派、逍遙派》，載《王年一文集》，出處同上）考慮到九屆二中全會的表現，我們還應該說，林彪還抵制過毛、抵制過文革。但是，有兩件事明擺著，第一，沒有林彪的支持，文革發動不起來。第二，在「造神運動」中，林彪功勞第一。

六

　　林彪用他的詭譎與冤屈給人們出了一個大難題。以至於有些史學家舉臂踟躕，踟躕猶豫之中，不免坐錯了地方。隨便舉個例子——

　　澳大利亞墨納斯大學（Monash Universith）教授，與Frederick C. Teiwes合著過《毛澤東主義時代的終結》（THE END OF The MAOIST ERA）一書

的Warren Sun先生，說林有三大冤。其二是：「林彪儘管骨子裏也不以大躍進為然，也主張包產到戶，但鑒於劉的教訓，不惜隱抑私見，處心積慮標榜毛之正確，最後仍落個反毛行刺的罪名、身敗名裂的下場。」（〈古有竇娥，今有林彪〉，載《明報》月刊1996年7月號）

這裏的邏輯是，林對得起毛，毛對不起林。換句話說，既然林「處心積慮」地拍毛之馬屁，他就不應該身敗名裂。如果身敗名裂，就是不義不公，就是冤比竇娥。

Sun先生的屁股坐在哪兒了？是坐在毛家灣的沙發上？還是坐在了懷仁堂的門檻上？

什麼叫冤？無故受到指責，無罪說成有罪，是為冤。林彪沒反黨，更沒反革命，也沒證據說他謀害毛，可非要這樣說，那是冤，冤得很。

林彪吹毛、造神、搞個人崇拜、現代迷信，將諂諛之風從黨內刮向了社會，壞了黨風、政風、社會風氣。如果按照敗壞風氣罪判林彪，不冤。

林彪的問題是罪非所罰，罰非其罪。他本來是在道德上犯了罪，卻非說他是政治犯。就好比是一人組織賣淫，卻判他顛覆國家。生產毒牛奶，卻定他裏通外國。不是以事實為根據，以法律為準繩；而是以逼供為根據，以需要為準繩。勢必要造成這種罪與罰的錯位。

七

人欲辱之，必先自辱。林彪遭此不測之災，蒙受替罪之冤，有一半是他自找。

毛說他一生幹了兩件事，一是打敗了蔣介石，二是搞了文革。林彪一生也幹了兩件事，一是打仗，二是挺毛。林的兩件事跟毛的兩件事其實是一件事——沒有林的力戰，毛不易打敗蔣介石。沒有林的力挺，毛搞不起文革。

為林鳴冤叫屈的人們，似乎忘記了林彪挺毛的手段和惡果。

林彪挺毛之法，一言以蔽之：投其所好。林知道，毛愛聽好話。而林認為，作為毛的嫡系和親密戰友，他有義務有責任滿足主席這個低級趣味。

從1959年當上國防部長，林就致力於此。其最傑出的表現是七千人大會。當時劉少奇總結大躍進的經驗教訓，在大會報告中提出「三分天災，七

分人禍」。毛大窘，提出重寫報告。在劉亞樓、陶鑄等人的鼓動下，林彪站出來挺毛（《吳法憲回憶錄》下，香港北星出版社，2007年，第545頁）：「事實證明，這些困難，恰恰是我們有許多事情沒有按照毛主席的指示去做而造成的。」「毛主席的優點是多方面的，我個人幾十年的體會，他突出優點是……不脫離實際。」「凡是毛主席的思想不受尊重，受到干擾時，就會出毛病。幾十年的歷史，就是這個歷史。」（李德、舒雲編著《林彪日記》下冊，明鏡出版社，2009年，第827頁）

本來是毛脫離實際，林偏偏說毛不脫離實際。本來是聽了毛的話才造成三年困難，林彪偏偏說三年困難是因為沒聽毛的話。林彪用他的言傳身教告訴中共的官員們，顛倒是非，混淆黑白；胡吹亂捧，諂媚阿諛才是英雄好漢！

高文謙說林彪「生性孤傲」，「個性極強、從不服軟。」（《晚年周恩來》，明鏡出版社，2003年，第323、335頁）這只是他性格中的一面。他性格中還有另外一面——諂諛。在中國官場上，「諂諛文化」源遠流長，公元前的哲人就給它下了這樣的定義：「希意道言，謂之諂；不擇是非而言，謂之諛」。意思是「迎合對方順引話意，叫做諂；不辨是非巴結奉承，叫做諛。」（《莊子·漁夫》，百度百科）林彪具備了諂諛者的全部素養和本領，從出山到摔死，12年間，他有11年半像李林甫一樣迎合上意，像李蓮英一樣阿諛取容。

毛投桃報李：林要求軍隊學毛著，毛就號召全國學習人民解放軍；林支持毛搞文革，毛就把他定為接班人，還假模假樣地寫進了黨章。

八

《林副主席語錄》正文380頁，其中充滿了對毛的諛辭和諛贊。《林彪日記》（李德、舒雲編）中的林彪講話，則以更完整、更有條理的方式重複著這些內容。我在這本書中劃了無數的道道，一個大疑問盤踞不去：林彪為什麼要如此肉麻地吹捧毛？

在吳李邱寫的回憶錄中，以及邱父子的心靈對話中，除了吳法憲略有提及之外，其他人都回避了這個問題——林彪的「語錄不離手，萬歲不離

口」是真心還是假意？他何必如此？

　　我請教鄭仲兵先生。鄭說，林吹毛，是為了山頭——中共黨內分了幾個山頭，毛是林這個山頭上的老大。林彪是軍事家，知道要戰勝對手，就得保住自己的山頭。而保住山頭，首先得保住老大。這裏有感情，有義氣，也有為臣之道。

　　但是，這個解釋仍不能解我心頭之困——當「山頭」已經穩如泰山了，你林彪幹嗎還要肉麻個沒完沒了？拍馬逢迎者，一定有所圖。而林彪並無所圖——他身體不好，又無野心，且位極人臣，何必還要自輕自賤繼續阿諛取容？

　　韓剛有句話很到位：林彪是「過度自我保護」。也就是說，林彪是為了自保而防衛過度。

　　在官場上，你要是不跟同事、上級一道吃喝嫖賭、貪污受賄，你的官就當不長。在黑道裏，你要是不跟著同夥們一起作奸犯科，殺人放毒，你的小命就難保。在政治運動中，你要是不承認種種莫須有的罪名，革命群眾就把你往死裏整。自古以來，自汙都是自保的一個重要手段。林彪為了自保而拍馬，與官員們為了自保而貪污，黑手黨為了自保而殺人，文化人為了自保而認罪，一個道理。

　　順著這個思路，我揣摩林彪的心理：彭德懷倒了，因為頂撞毛；劉少奇完了，因為跟得不緊。我來個恭順緊跟，你劃圈我劃圈，你說東我不西；語錄不離手，萬歲不離口。拍馬逢迎，只求自保。

　　如果一個時代，從中央領導到底層百姓，只能用自污才能自保，那麼，這是個什麼世道？

九

　　在我會唱的「紅歌」之中，「毛主席語錄再版前言」唱得最好：「毛澤東同志是當代最偉大的馬克思列寧主義者。毛澤東同志天才地、創造性地、全面地繼承、捍衛和發展了馬克思列寧主義，把馬克思列寧主義提高到一個嶄新的階段。」現在唱它，是滑稽，是反諷，是黑色幽默。可想當初，一旦那雄壯莊嚴的曲調在耳邊響起，一種崇高感就會在我心中升騰。

我相信，當這歌聲響徹神州大地的時候，有無數人會像我一樣被這陽剛之美所感動。

那麼，林彪，這首歌的詞作者，有這種崇高感嗎？換言之，他的阿諛逢迎是發自肺腑，還是發自皮膚？

1970年下半年，在拍馬受挫之後，林彪對家人吐露了真言：「今後再也不能隨便講話了！講話都要有根據，不然你好心好意擁護毛主席，還會犯擁護過頭的錯誤。」「什麼路線，就是毛線。」「什麼講老實話，他（指毛——作者注）就是最反對講老實話，最喜歡吹捧，誰講老實話，誰就完了。」（高文謙《晚年周恩來》第314頁）解讀林彪的上述真言，可以得出如下結論，第一，他知道自己以前的講話是沒有根據的。但是，他不願意承認阿諛逢迎，而以「隨便講話」代之。第二，他知道毛最喜歡吹捧，最不喜歡講老實話，而他以前不講老實話，就是為了自保。第三，他的反思和不滿是因為好心沒得好報。如果毛在批陳整風中不再揪住他和黃吳李邱，而是高抬貴手，也就是說，如果他的好心得了毛的好報，那麼，他還會接著說那些沒有根據的，不老實的話，繼續吹捧下去。

據高文謙分析，《「571工程」紀要》的「主要思想顯然出自林彪，像林立果那樣二十幾歲的年輕人，即使初生牛犢不怕虎，思想上再有反骨，也難以在批毛時寫出這種只有長期在權力核心圈中與毛共事，對政情極為瞭解的老手才會有的那種感覺。」（《晚年周恩來》，第321-322頁）這種分析有相當的道理。我還可以補充一些推理性的證據：《紀要》中說：「當然，我們不否定他在統一中國的歷史作用，正因為如此，我們革命者在歷史上曾給過他應有的地位和支持。」「過去，對B-52宣傳，有的是出於歷史需要；有的顧全民族統一、團結大局；有的出於抵禦外來侵敵；有的出於他的法西斯的壓力之下……」這種說法，很像是林彪在為自己的吹毛做解釋，找臺階。

如果林彪確是《紀要》主要思想的提供者，那麼，他政治做秀的功夫絕對是天下第一。有史以來，有誰能像林彪一樣把兩面派演得如此出神入化——會上吹毛是馬列主義的頂峰，會下說他是秦始皇、法西斯？在媒體上為中國的社會主義大唱頌歌，回到家裏咬牙切齒要「打倒當代的秦始皇——B-52，推翻掛著社會主義招牌的封建王朝」？

　　「語錄不離手，萬歲不離口，當面說好話，背後下毒手。」這是林彪出事之後，主流媒體大力宣傳的文字。事實上，這後兩句用在毛澤東身上更合適。至於林彪，說他「當面說好話，背後吐真言」似乎更為愜恰。

十

　　聽說林彪摔死，鄧小平說了八個字：「林彪不亡，天理不容。」在這個天理之中，應該包括對諂諛的憎惡。可是，兩天後，鄧小平給毛寫信，也還是得寫上「報上每天看到我們社會主義祖國在國內建設的突飛猛進，和國際威望的空前提高，都使我的心情激動起來，想做點事，使我有機會能在努力工作中補過於萬一。」「我衷心地誠摯地祝願主席萬壽無疆，主席的健康長壽就是全黨全國人民最大的幸福了！」（毛毛《我的父親鄧小平》，中央文獻出版社，2001年，第21節，樸方的遭遇3）

　　對於鄧小平的這些「諛詞」，鄧榕做了自相矛盾的解釋：「文革以來，他寫過檢討，寫過自述，寫過各種信函。不得不為了家人為了孩子求助於他人。多少年了，想說的話不能說，不想說的話卻逼著一定得說。由於政治和時勢所使，他不得不進行一些違心的自責，不得不使用文革的通用語言。」「在保持人格、保持一個共產黨員應有的原則和氣節的前提下，他向毛澤東作檢討，作自我批評。」鄧榕差矣：你可以把說違心的話歸為政治家的策略。但請勿扯上道德操守——違心者，豈有原則、氣節、人格可言？

　　鄧小平的困境，是中共的困境——1943年3月20日，中共高層作繭自縛，賦予了毛「最後決定之權」。1958年3月，毛為獨攬大權，悍然推翻八大關於反對個人崇拜的決議，以正確崇拜與錯誤崇拜的詭辯，混淆是非，大力推崇對他本人的崇拜。「參加1958年3月成都會議的省委書記和中央委員們，開始吹起了對毛澤東的個人崇拜之風。」（林蘊暉《國史札記》，東方出版中心，2008年，第252頁）八屆二中全會上，黨內高層更是帶頭吹毛，劉少奇稱「主席比我們高明得多……有些地方，我們是難以趕上的。」（李銳《大躍進親歷記》，南方出版社，1999年，第224頁）柯慶施稱：「相信毛主席要相信到迷信的程度，服從毛主席要服從到盲從的程度。」（同上，第252頁）周恩來稱：「毛主席是真理的代表」（同上，第332頁）。

　　上有所好，下必甚焉。中央帶頭，地方影從。從此，諂媚之風日盛。一個以反獨裁，要民主起家，以解放全人類自許，發誓帶領中國走向共產主義的政黨，居然搞起了吹拍比賽。大家比著吹，看誰吹得好。比來比去，林彪勝出——在諂諛上，他不是第一個，也不是最後一個，但無疑是最最最傑出、最最最有創造性的一個。說他傑出，是因為他有言論，更有行動，說他有創造性，是因為他有一套別人想不到的方法和措施，他把吹毛變成了一個由軍隊發起，中央領導、政府響應，全民參與的系統工程。

十一

　　《毛主席語錄》的出版可以說是這項工程的奠基禮。其重大意義，周恩來說得清楚：（1961年）「首先在軍內出版了《毛主席語錄》，然後很快推廣到全國，直至全世界，這是無產階級文化大革命準備階段最重要的措施之一。這一紅寶書把毛澤東思想所發展的馬克思列寧主義大眾化了，使毛澤東思想在中國人民以至於全世界人民中都得到了廣泛傳播，從思想上武裝了億萬群眾，這是對無產階級文化大革命最有力的輿論動員，並且具有深遠的影響。」（1969年4月14日周恩來在九大上的講話，《邱會作回憶錄》，第623頁）

　　這段話從反面證明了林彪吹毛——出版《毛主席語錄》與文革的關係：

　　用毛「思想武裝了億萬群眾」，是文革準備階段最重要的措施之一。

　　因此，為文革做了「最有力的輿論動員」。

　　「小紅書」首先武裝的是軍隊。林彪接替彭德懷主持軍委工作以後，做的最大最持久最有成效，而與軍事最無關的一件事，就是把軍隊變成一所學習毛思想的大學校——確切地說，是一所造神的學校，一所以宣傳現代迷信為主業的學校，一個極左思潮的大本營。

　　林彪治下的軍隊，是不是世界上最不怕死的軍隊，我不敢說。但是，我敢肯定，這是世界上最愚昧的軍隊。

　　以《毛主席語錄》的出版為標誌，林彪將黨內的諂媚主義提高到一個嶄新的階段。

十二

這個嶄新的階段的重要標誌是，毛的兩個寵信——林彪、江青雨露同沾，且在沒翻臉之前，林、江還形成了互吹的默契。為了插手軍隊，江青放下身段，給林彪當「轎夫」（《邱會作回憶錄》，第609頁）。林彪心裏恨不得一槍斃了江青，可在軍隊幹部會上，卻是一片阿諛——

> 江青同志是我們黨內的女同志中間很傑出的同志，也是我們黨的幹部中間很傑出的一個幹部，她的思想很革命，她有非常熱烈的革命的情感，同時又很有思想，對事物很敏感，很能看出問題，能發現問題，能採取措施……她一方面忠實地執行毛主席的指示，在另一方面她有很大的創造性，能夠看出問題、發現問題。文化革命中間樹立了許多豐功偉績，固然是主席的領導，全體中央文革同志的努力，黨中央同志的努力，但是她是有她獨特的作用，始終在這個運動中站在鬥爭的最前線。（出處同上，第562頁）

一方面是林、江互抬轎子，另方面是黨政軍高層爭先恐後向他們獻媚——

> 江青同志是一個堅強的共產黨員，無產階級戰士。她不是從今天，從無產階級文化大革命開始，三十年代她就是一個堅定的共產黨員、就是一個同叛徒、同假共產黨員、特務和社會的反動派做鬥爭的一個堅強勇敢的女戰士。……三十多年以前，江青同志成了我們偉大領袖毛主席的親密戰友和學生，得到毛澤東思想長時期的修養、學習和鍛煉。經過了戰爭的年月，解放以後正是江青同志身體很差的時候，受到黨內一小撮走資派的代表人物劉、鄧、陶、彭德懷、賀龍、彭、羅、陸、楊，譚震林等等，以至受到蕭華的迫害。儘管如此，江青同志堅強不屈，高舉毛澤東思想偉大紅旗，在我們無產階級文化大革命準備階段，進行社會主義革命教育的時候，進行了文藝的改革。大家知道，一九六四年演出樣板戲八齣，都是經過江青同志親自指導、修

改出來的。……江青同志是我們黨內傑出的女戰士，傑出的共產黨戰士，值得我們向她學習！向她致敬！（1968年3月24日周恩來在駐京軍事單位團以上幹部會議上的講話，見《邱會作回憶錄》，下冊，香港新世紀出版社，2011年，第562—563頁）

誰能相信，這些肉麻的吹捧出自「人民的好總理」？而「好總理」在講完了這番話之後，餘興未盡，「還領著喊口號：誰反對江青同志就打倒誰！誓死保衛江青同志！」（出處同上，第563頁）

這種講話，這類表演，在文革中司空見慣。竟至形成了要講話就非阿諛拍馬不可。隨便抄上幾段高層領導拍林彪馬屁的講話——

我們不僅為著我們偉大領袖、當代最偉大的馬克思列寧主義者毛主席而感到無限幸福，我們還為有了眾所公認的毛主席的接班人林副主席而感到很大幸福。（周恩來在中共九大上的發言。《邱會作回憶錄》，下冊，香港新世紀出版社，2011年，第623-624頁）

林彪同志的身體比我們中的任何人都好。我們確信林彪同志跟著毛主席領導個二、三十年是毫無問題的。有了主席，有了林彪同志這樣英明偉大的領袖，有了他們兩個人，剛剛好。馬克思、恩格斯也是兩個人，毛主席、林彪同志也是兩個人，我們的革命就無往而不勝，就可以信心百倍地完成我們偉大勝利的革命事業。（葉劍英講話。李德、舒雲編《林彪日記》下冊，明鏡出版社，2003年，第958頁）

擁護偉大的毛主席必須以林副主席為榜樣。林副主席是毛主席最好的學生，他對毛澤東思想鑽得最深，學得最活，用得最狠，貫徹執行得最好最徹底。……林副主席就是我們老幹部學習的榜樣。」（葉劍英講話。李德、舒雲《林彪日記》下冊，明鏡出版社，2003年，第978—979頁）

這些話是誰說的並不重要，重要的是，當時在臺上的人都得這麼說。討好昏君以獲寵倖，也是當年一項重要的政治任務。所以，深明君臣大義的周恩來諄諄告誡黃吳李邱：「中央政治就是處理好主席、林副主席、江青的關係。」（《邱會作回憶錄》下冊，香港新世紀出版社，2011年，第680頁）。

鄧小平說，文革中，囿於形勢，周恩來也說過一些錯話，辦了一些錯事。這些錯誤裏面，就包括周對毛、林、江的吹捧。以周在黨內外的崇高威信，他的吹捧對提升時代的諂諛之風起了大作用。問題是，這個形勢是誰造成的呢？

對於林彪來說，要維繫他創造的「嶄新的階段」，保住自己吹毛第一名的光榮，他就得在拍馬逢迎上不斷升級加碼。唐德剛所說「騎虎難下」「欲罷不能」，只有用在這時候才準確（唐德剛《毛澤東專政始末：1949--1976》，臺北遠流出版社，2005年，第204頁）。滋味難受，又不得不吹，一直吹到毛說了「討嫌」。

人們常說，阿諛奉承之徒沒有好下場。事實上，這種人的下場各異，終生榮華富貴的大有人在。「使李將軍遇高皇帝，萬戶侯何足道哉」，搞吹拍者也有一個遇與不遇的問題。林彪的不幸在於，他沒有遇到唐明皇，而是碰到了「始皇帝」。

十三

懷念毛時代的人們，常常誇讚那時的吏治，以彼時的清廉對比現今的貪瀆。頌揚毛的人們，常常拿毛的樸素節儉說事：蓋了N年的毛巾被，打了N個補丁的舊衣，一年不吃肉等等。這些人無知於一個基本常識——腐敗有種種，拍馬逢迎、阿諛取容同樣是腐敗，而且是比貪污受賄更隱蔽、更可怕的腐敗。

諂諛的對象是權力。誰掌權，誰就會得到它。絕對的權力導致絕對的諂諛。諂諛是精神性的權力尋租——掌權者付出權力，獲取諂諛者的歌功頌德。諂諛者以正直良心為代價，換取權力者賜予的種種好處。毛澤東是當代最大的權力尋租者，在長達三十年的時間裏，他支出權力，得到了上至中央

高層，下至黎民百姓的諂諛。林彪有足夠的資格提醒那些生活在烏有之鄉的人們：早在文革之前，這種腐敗就已經在神州大地氾濫成災了。

諂諛源自人性的趨利避害，源自變態心理和人格缺損。任何社會、任何制度、任何政黨都不可能杜絕諂諛。但是，好制度可以抑制諂諛的病毒，使諂諛之人缺少機會；壞制度則是諂諛病毒的培養基，可以使正直之人走上拍馬奉迎之路。

批林批孔使我讀了中國通史。由此知道了古代朝廷的派系——外戚、宗室、大臣、太監……清除精神污染時，我突然有所領悟：康生、「四人幫」無非是外戚的變種，毛遠新、王海容、遲群、謝靜宜、汪東興不過是宗室的變形；華國鋒、葉劍英、李先念、吳德、鄧小平等則是大臣的代表。「始皇帝」駕崩，宗室集團與大臣集團聯手，打掉了外戚集團。先華後鄧，保住了紅色江山。

有人說，中國的歷史是鬼打牆。嗚呼，信矣夫！

2011-5-2/17

2011-5-30修定

中小學生

小道消息：「林彪出事了」

趙之洪

趙之洪，退休金領取者。「九一三事件」發生時20歲出頭，是北京四中1968
屆畢業生，因身體殘疾而未下鄉，暫時留校等待安排。

　　「九一三事件」的發生，對中國的政治格局、社會結構、歷史進
程及每個人心靈的撞擊，無須我在這裏贅言。然其自身的雲譎波詭，
仍如一團亂麻和迷霧，至今沒有得到令人（起碼是我本人）信服的梳
理和破解。我想，這個歷史的重任，恐怕只能寄希望於當代人的下一
代甚至下N代的努力了。

　　有人說，40年前的往事恍如隔世，難以追記，似乎也懶得追憶。
我亦以為往事的確恍如隔世，卻又覺得像是發生在昨天，歷歷在目，
而且難以釋懷。我當然沒有能力也沒有資格對當年「九一三事件」及
林彪其人其事做出科學、嚴謹、實事求是、恰如其分的評價，但可以
在40年後的今天，追記我這個社會邊緣人是如何在較早的時間，從身
邊流傳的小道消息和撲朔迷離的蛛絲馬跡中得知「林彪出事了」的前
前後後，或許能夠為研究文革時期中國的社會政治生態、社會心理的
學人、思考者及愛好者，提供一份「流水賬」式的資料。

——題記

1971年9月下旬時，我還是北京四中「老泡兒」中的一員。

何謂「老泡兒」？

從1968年開始的大規模知識青年上山下鄉和有限量的廠礦招工及部隊
徵兵，讓京城各中學文革前入學的「老三屆」和文革中入學的六九屆畢業生
基本走光。剩下的畢業生，或由於本人身體傷病殘，或由於家中老人年邁需

要照顧，上山下鄉有諸多困難，而成為待分配的「老生」，也被低年級同學謔稱為「老泡兒」（大概是老泡在北京不走之意吧）。這是一個說是學生，又已畢業；說是畢業，學籍檔案又都在學校的特殊年代的邊緣群體，在北京四中約有百十號人。我因自幼腿疾，行走不便，自然忝列其中。閒來無事，承蒙有關老師的信任，邀我到學校圖書館幫忙，我樂得既幹活兒又看書，欣然應允。於是我在圖書館一直工作（用現在的話說，就是做義工）到1974年夏離校就業。

記得1971年9月，暑假後的開學之初，學生們即停課練隊，準備國慶22周年的天安門遊行。大約是十幾號，眼看就要彩排了，忽然有領導宣佈：「接到指示，今年慶祝十一不遊行了……毛主席說了，國慶遊行太浪費，勞民傷財，不要搞了嘛。」這個「遊行勞民傷財說」究竟是不是「最高指示」，現已無可考。不過取消持續了20多年的國慶遊行，的確令很多人不能理解。當然，不理解也是要堅決執行的，各學校的練隊戛然而止，恢復上課。

過了幾天，好像是20號。我正在圖書館登記卡片，一位校領導（後來調走，其姓名已記不起來）進來翻報紙，隨便搭訕幾句。他無意中瞥見辦公桌的玻璃板下壓著兩張毛澤東和林彪一起檢閱紅衛兵的郵票，沉吟片刻，對圖書館老師說：「這兩張郵票別在這兒壓著了，收起來吧。」老師不解。校領導又說：「林副主席很謙虛，最近指示不要宣傳他個人。上邊傳達把林副主席的照片、題詞都收起來，不要再掛了。」

三天後，一個在部隊文工團工作的小學同學給我講了這麼一件事，為迎接國慶，他們團排演了一台歌舞晚會，其中演唱一首歌，歌中唱道：「一輪紅日照海疆，林副統帥題詞閃金光。大海航行靠舵手，幹革命靠毛澤東思想……」日前總政審查時，非要拿掉這首歌不可。我納悶：「電臺不一直在播嘛，是你們唱的不行吧？」她狡黠地眨眨眼：「你注意一下，現在還聽得見嗎？」似乎話裏有話，另有隱情。

毛主席「反浪費」，林副主席「很謙虛」，都是那樣地自然而在理，除了覺得一張小小郵票都不讓放有點小題大做外，我還感佩於毛、林二主席的「最新最高指示」哩。然而，歌頌林副統帥的歌曲被拿掉，各單位又惟恐不及地一窩蜂撤下林彪像和題詞，甚至《毛主席語錄》卷首林題「讀毛主席

的書，聽毛主席的話……」也被告之「最好撕下」，卻讓我心頭掠過一絲疑雲。連續幾天接踵而至的變故和消息，終於構成一個謎團，在腦中縈繞。我朦朧地感到，中央高層是不是又有事了？

　　四中有個凌石軍老師，精通日語、俄語。我和他很熟，經常聊聊天。凌老師有一台當時覺得相當高級的日產帶短波的半導體收音機，晚上常用它收聽日本NHK的新聞廣播。這個秘密是我到他家借書時，他向我透露的。我們聊天的主要內容也是日本廣播中所報導的中國社會情況。在國內媒體終日營造的「形勢大好，不是小好」的氛圍中，這些被稱為「小道消息」的隻言片語令人眼界大開。小道消息在民間的傳播，被官方指斥為「傳謠」，乃文革期間中國社會的一大奇觀。其主要興奮點是中央高層的人事變動，所謂誰「上來了」，誰「下來了」，誰又「出來了」，不一而足。文革動盪，官方宣稱開創了「史無前例」的「大民主」，但從「彭羅陸楊」到「劉鄧陶」，從「王關戚」到「楊餘傅」，再到陳伯達，一個個「戰役」外加一個個「回合」，一批批打倒複一批批「解放」。而被冠之以「革命群眾」的老百姓，只有事後聲討的資格，沒有事先知情的權利。「關心國家大事」的老百姓厭煩兩報一刊的鼓噪和中央文件的說教，總被印證的小道消息自然而然地應運而生。上至耄耋老人，下至十幾歲中學生，普遍傾注著濃厚的興趣，傳播之快，流布之廣，均難以想像。其來源一部分是高層人士及其親朋有意無意的散佈，而主流則是海外媒體的報導，俗稱「出口轉內銷」。此風直到1989年的春夏之交仍在延續，據官方主流報刊記者的記述，那一陣帶短波收音機的銷售竟成「井噴」之勢。

　　那天，凌老師又到圖書館看書。我湊過去，悄悄將幾天來心頭的「疑雲」和盤托出。他邊聽邊點頭，神情凝重地伸出兩個手指頭，嘴裏念叨著：「木……木……」。見我不得要領，他又在小紙片上匆忙寫下：「二號、林」同時向下一揮手……此處無聲勝有聲，像是一聲驚雷，震得我頓然「開竅」——林彪出事了！

　　當晚，一個在交通部政治部有個職位的親戚來我家。說話間我向他求證林彪出事的真實性。起初他欲言又止，顯然「黨性」、「紀律」等原則在讓他緘口。猶豫片刻，聽到他嘴裏嘣出斷斷續續的幾段話：「中央文件已經下來了」，「這個人已經死了」，「想往蘇聯跑，飛機折下來爆炸」，「老

婆兒子全完了」——我忙問這是為什麼？回答是語焉不詳的「想謀害毛主席」，「搞政變」。

我在驚愕、惶恐、疑慮中徹夜失眠，實在弄不明白「親密戰友」怎麼會「謀害毛主席」；黨章和憲法確立的接班人怎麼會急不可耐地「搞政變」？同時又有一股衝動，如此爆炸性的新聞得趕快告訴別的同學。

次日上午，「老泡兒」們例行學習社論的聚會完畢，我來到一個常年住校同學的宿舍，這兒也是要好的同學們閒聊交流各色資訊或小道消息的地方。我把這幾天關於「二木」的傳聞告訴在座的幾位。當時的反響自不必多說，相信所有親歷者對驚聞「九一三事件」時的心底糾結及周圍眾生相都會記憶猶新。

不想一宿之後的早晨，校革委會副主任康輯元叫我去一趟辦公室。康是「三八」（泛指1938年前後參加革命）老幹部，資歷不淺，文革前任校黨支部委員兼主管總務的副校長，大家習慣地稱其「康校長」，一直延續到文革中也無人改口稱其「康主任」。此公解放後一直在文教口工作，是校領導中唯一一位在歷次政治運動中未受到任何衝擊，甚至質疑的領導幹部，個中原因不得而知，我以為堪稱奇跡。

辦公室內沒有別人，康校長臉色平靜，開門見山地問我最近是不是聽到「中央的一件事」。我立刻明白了他的意思，也察覺到有人打了「小報告」，別無退路，我點頭稱是。接著的問題就是「誰告訴你的」。按當時流行也是頗為滑稽的應答是「在公共廁所蹲著時，聽到牆那邊如廁之人的議論」。此說一利自己脫身，二免得給別人找麻煩。我覺得既然中央文件已經傳達，此事大概不是謠言，便如實相告聽親戚說的。康點點頭，顯然無意再深究消息來源，又問我都告訴誰了。我說在同學宿舍說過。

後來，我知道了，是李某，一位60年代初的留校生舉報了我。清理階級隊伍時，他是專案組成員，當時仍在負責專案審查的掃尾工作。他住的教工宿舍就在我們閒聊之處的隔壁。真乃隔牆有耳，防不勝防。40年前，階級鬥爭這根弦就是這樣緊繃在社會的每一個角落，處處都有警惕的眼睛和耳朵。我很慶幸自己對康校長的實話實說。

康校長可能認為我的確老實，也沒再追問我對此事的看法，轉而嚴肅地說：「這個事我不知道是真是假。我只想跟你說，咱們退一萬步講，即使

這個事是真的，那麼如果大家都像你這樣傳來傳去，會有什麼結果？中央的每件事都有毛主席的安排，你這不是擾亂人心，干擾毛主席的偉大戰略部署嗎？你說是不是？」

「干擾毛主席偉大戰略部署」的帽子雖然扣將過來，但我心裏倒有了底。康校長的口氣分明透著我並沒有造謠污蔑、惡毒攻擊的意思。我想，按康的幹部級別，即便還沒有聽到關於「二木」事件中央文件的正式傳達，肯定也聞到某些風聲。他找我談話也許是出於老革命的原則性和責任心，維護中央的權威？也許是出於善意，怕我信口開河，再捅出大漏子？我從忐忑中平靜下來，心想也用不著虛與委蛇了，乾脆把這幾天的真實想法告訴他。

我說：「我怎敢干擾毛主席的偉大戰略部署？退一萬步講，假如這個事是真的，大夥兒奔相走告，這不正是毛主席所希望的『你們要關心國家大事』嘛！回想十二年前的1959年，廬山會議彭德懷出事了，那時候普通群眾誰知道？當然也沒有什麼傳言。我還是兩年後從在軍區的舅舅那兒知道個大概。當時他家有一本《保衛延安》，我急著想借走，他囑咐只能自己看，千萬別外傳，說書裏歌頌的彭司令犯了錯誤，所以這本書也不讓看了。後來文化大革命批《海瑞罷官》，批彭德懷，廬山會議的事才公之於眾。從1959年到1971年，革命群眾變得這樣關注黨中央的變動，我覺得這是文化大革命的重要成果，群眾真的發動起來了⋯⋯」

康校長專心地聽我說，沒插一句嘴，表現出特有的城府。但從其表情來看，顯然不能苟同。等我說完了，他乾咳一下，說：「你有你的看法，能說出來就好，我也不跟你辯論⋯⋯形勢很複雜，很多情況你並不清楚，我也不清楚，一定要聽中央的。你們經過文化大革命的鍛煉，可還是太年輕。很多時候不要聽風就是雨，靜下心來沉穩沉穩再說，好不好？」繼而嚴肅地叮囑道：「那事千萬別再跟別人說了！」

我答應著「不說了，不說了」，退出門去⋯⋯

10月下旬，當關於「九一三事件」的中央文件要傳達到基層時，林彪折戟沉沙已是路人皆知。可見我雖然承諾「不說了」，但任誰也堵不住群眾的嘴，這一爆炸性的小道消息依然不脛而走。

我從正式傳達的中央文件的附件中，進一步得知還有一份《「571工程」紀要》，可弄不清其內容究竟是林彪授意的，還是林立果所想的。我還

得知，敢情1966年文革初起，毛澤東從湖南滴水洞給江青寫信，就對林彪5月講話中大談歷朝歷代的政變心存疑慮，頗不以為然。我還被告知，江青對「既然如此為何還要選林彪為接班人」的疑問有這樣的解釋：「（林彪一夥）有一個暴露的過程，我們也有一個認識的過程」。我以為，斯言不謬。無論從哲學的實踐論、認識論，還是從政治權謀來說，都有其特定的道理。江青（黨中央？）為維護中共和毛澤東的權威，抑或是起碼的面子，煞費苦心鋪了個還算說得過去的臺階。可不久，不知幕後怎樣一番策劃，報刊上又連篇累牘地暴揭林彪老底，什麼井岡山時期，他就散佈過「紅旗到底能打多久」的悲觀言論；什麼遼瀋戰役時期，他拒不執行毛主席攻打四平的部署而貽誤戰機——簡直令人啼笑皆非，策劃者自以為得計，真拿關心國家大事的芸芸眾生當傻B了。

　　還有一個小插曲，傳達關於「九一三事件」的中央文件時，我看到康校長也坐在後面。散會後我和他走了個對臉，他表情極不自然，似欲言又止，急忙轉身匆匆而去，我也就知趣地沒打招呼。如今步入花甲追憶往事，忽覺40年前自己實在是年輕氣盛，口無遮攔，回應康校長時的言辭和態度未免有些不厚道。唉……

　　此文匆匆寫完後，筆者又查閱了一些相關資料，確認「九一三事件」後，官方「大道消息」的發佈過程是：同年9月18日，中共中央發出關於林彪叛國出逃的通知，傳達到省、市、自治區黨委常委以上的黨組織。同年9月28日，中共中央發出關於擴大傳達9月18日通知的範圍的通知，要求將9月18日通知傳達到地、師以上黨委。同年10月6日，中共中央發出關於林彪集團罪行的通知，決定在10月中旬，將林彪叛黨叛國事件傳達範圍擴大到地方黨支部書記、副書記等。同年10月24日，中共中央發出關於將林彪叛黨叛國事件向全國廣大人民群眾傳達的通知。

初中生活與「九一三」

顧　土

顧土，高級編輯。「九一三事件」發生時14歲，正在北京上初中。

　　1971年初，在江西幹校的母親病重，先是送到南昌的醫院，但那裏的醫生都已下鄉，醫院由護士當家，治療不見任何效果，所以幹校最終同意我母親在我哥哥陪伴下回北京。我在此前為防傳染上血吸蟲病，暫時寄居到了湖州姨外婆家，接到父親從幹校的來信後，也趕回了北京。

初中課程與戰備教育

　　我從北京火車站下車後專門坐了一站地鐵。1969年在我隨父母離開北京去江西前夕，中國大陸這第一條地鐵線通車，我有幸作為第一批乘客，坐了個來回。如今回返北京，我想做的第一件事情就是去再次享受一下。從崇文門站出地鐵後乘坐六路電車，一直到東四九條，下車後向左一拐，就是我家所在的那條馬路，叫張自忠路，可是，當時這條路已改為工農兵東大街了，因為那時，抗戰英雄張自忠在文革輿論中變成了漢奸。

　　我家住在張自忠路三號。張自忠路從前叫鐵獅子胡同，三號曾經是一號，所以，這裏也叫鐵一號。鐵一號在清末到民國期間是重要建築，1950年以後歸中國人民大學，人民大學後來又將其中的一部分轉給中聯部。上個世紀六十年代至今，人民大學的那部分，基本是教職員工居住的地方。我家的住宅面積，從六十年代開始逐漸減少，終於在離京下放江西時全部交出。我的母親從江西回來後，暫時與另外一家人合住在一套房子裏，鄰居是工人，住大部分，我家只有一間，廚房、廁所公用。合居，是中國從六十年代初開始，在文革時代盛行，一直延續到八十年代的一種特有居住方式。就是原本一家人居住的一套住宅，住進兩家、三家，甚至更多。這種居住方式對社會

影響深遠，不但摧毀了人們原本就很薄弱的隱私意識，還讓同事、鄰居間互相仇恨，並且延及下一代，人為製造、激發了大量矛盾。

不知道是不願意和另一家人擠在一個廚房，還是鄰居不讓在廚房燒飯，走進房門，我發現我的母親正在房間內煮粥，煤油爐放在門後，屋裏的一切都是借的，包括鍋碗勺盆。我在家裏住了兩個星期，時常陪母親去阜外醫院看病，但母親希望我趕快入學。這次我終於到了入中學的年紀，算是真正進入了初中一年級。

我就讀的中學地處東四附近，算是北京的中心地帶，有著百年悠久歷史，最早叫崇慈女中，一聽就是教會學校，後來當然被改名，與當時中國大地上的所有名稱一樣，以數字、地點取代了文化，稱北京女11中學；到了文革，又跟隨改名浪潮，將直白發揮到極致，取名人民中學。幸運的是，我在人民中學讀書時，那些德才兼備的老一代教師還健在，有人曾留日、留美，有人畢業於燕京大學、輔仁大學、北平師範大學，即使1949年以後畢業的，也是清華大學、南京大學、洛陽解放軍外語學院的畢業生。其中，從舊時代過來的教師無不背負罪名，日本回來的叫日本特務，美國回來的就叫美國特務，在舊中國做過事的自然是歷史反革命。我剛進學校時，總看見一個面戴大口罩的老太太在清掃院子，經常受十幾歲的同學欺侮，後來，當她依然留著「特務嫌疑」的尾巴登上講臺時，我才知道，她是數學老師劉淑訓，曾留學日本早稻田大學。

我剛入學時，幾乎是個文盲，自文革開始，已經多年沒在課堂讀什麼書了，連小數點都不會。當時的課程有數學、政治、語文、外語、物理、化學、歷史、地理，還有農業基礎課和工業基礎課，後面這兩項，大概算是文化大革命帶來的成果。不知是學習內容過於簡單的緣故還是我確實發奮努力，不到一年，我的學習就跟了上去，在40來人的班裏排到前5名，還當過課代表，所有老師都很喜歡我，尤其是歷史和語文老師。其實，我們班裏真正在學習的不足10個人，其他人都是瞎混，反正照樣升學，照樣畢業，最後都是當工農兵和服務員，學了也沒用。課堂上課，在那時十分散漫，說話的，玩的，打架的，碰見嚴厲一些的老師，特別是那些年紀輕、沒有歷史問題的老師，學生的紀律就稍好一些；遇上像劉淑訓這樣的老師，人人都知道她是「特嫌」，當然就沒人搭理了。她老是在講臺上呼喚：求求你們了，聽

我講課啊！劉老師的數學課，是我遇見的最好的數學課，深入淺出，循循善誘，解題到最後，無不豁然開朗。

那時的課堂學習，有價值的是數學、物理、化學，而語文課內容都是些已經滾瓜爛熟的毛選文字和魯迅文章，還有什麼楊水才之類的英雄事蹟和一兩篇文言文，比如〈東郭先生〉，但選這種文字的目的是用來說明如何對敵鬥爭的。農業基礎和工業基礎課，後來去鄉下當知青，根本沒派上任何用場。外語課或選英語或選俄語，為什麼學習這兩門？老師解釋的原因，我記得非常清楚──英語是：毛主席還堅持背英語單詞呢，馬克思、恩格斯都會幾門外語；俄語則是：蘇聯社會帝國主義妄圖消滅我們，學好俄語將來戰爭一旦爆發時可以對付敵人。外語課本裏的課文，我記住的是《半夜雞叫》，還有就是毛主席萬歲、祝毛主席萬壽無疆，加上一些打仗時的用語。比如繳槍不殺，許多同學都注音為：葡萄糖一根兒。

除了上課，就是挖防空洞，我們常常用整個下午的時間在學校裏挖土、擔土、裝土，有幾次我還跟車去運渣土，東單公園就是傾倒渣土的地方，最後堆起了一座山包。我們學校的防空洞還是全東城區的模範防空洞，並且與四周的防空洞連為一體，不斷有客人前來參觀。有一日，忽然大兵臨境，四處崗哨，老師要求我們低頭挖土，不准抬頭張望，過後才知道，原來是葉劍英視察。

挖防空洞屬於戰備的內容，戰備的其他事情也很多。每星期5節的政治課，老師主要講授希特勒的閃電戰，同學們聽得津津有味。閃電戰之外，老師講得最多的是路線鬥爭，陳獨秀、張國燾、李立三、瞿秋白、羅章龍、王明、高崗饒漱石、彭德懷、劉少奇。不僅政治課，歷史課、語文課也離不開路線鬥爭，講的比階級鬥爭還多。我們還經常接受警報演習，上課時忽然警報大作，大家迅速鑽進防空洞，好在防空洞就在教室對面。拉練是因為毛主席在一支部隊野營訓練請示上有5個字的批示：野營拉練好，於是全國各地又掀起了拉練熱潮。每隔一段時間，我們整個年級就會出去拉練幾天，人人都會打背包、紮綁腿，學會了緊急臥倒、匍匐前進……

後來1976年唐山大地震時，我插隊的地方離重災區不遠，夜裏地動屋搖，窗外一片紅光，我的第一感覺是蘇修扔原子彈了，這就是我們從小接受的教育，而預防自然災害的本事卻一點沒有，結果，束手無策，無以應對。

我活了半個多世紀，少年時天天恐懼的戰爭危險，一次沒看見，天災卻頻頻發生，但直到近些年人們才明白，從小最應該學習、訓練的是預防地震、火災、車禍、疾病等等。

為軍代表蓋的住房

鐵一號的最西側要蓋一排平房住宅，其中兩套大的獨門獨戶，裏面有院落，還有花壇，衛生間有澡盆，據說由人民大學副校長郭影秋和崔耀先居住，郭影秋是行政7級，崔耀先9級，資格老，大家似乎覺得理所當然，其他每個小院將由兩戶人家居住，面積不大，而且分配時必須論資排輩，所以也沒人提意見。當時蓋房子，不找建築公司，都由本單位抽調人手。北京缺少壯勞力，我父親從江西被調了回來，調來蓋房子的另一個理由是順便可以照顧我的母親。同時調回幹活的還有二十多人，記得父親告訴我，從16級到13級，每個級別都有。

我父親繞道湖州，接回了我弟弟。我們全家終於團聚了，儘管房間很小，擠在一起，但這是北京，生活比江西強多了。而且父親幹活的地方就在我家旁邊，連喝水都可以回家歇歇。但有一天，父親回來後忿忿不平地說，原來崔耀先根本不願意住，這套房子實際是為姓楊的軍代表蓋的，別看他是學校那一級的軍代表，卻只是師職，推算下來相當於行政13級。那時駐人民大學的軍代表，有的在學校，有的在系裏，最高是師職，最低是團職和營職。而人民大學的教職員工的特點就是級別高，都是些知識份子中的老共產黨員，在我家四周的那些鄰居裏，20年代加入中共的有好幾位，比如尚鉞、羅耳漁，還有幾位是在法國、蘇聯加入共產黨的，30年代入黨的就更多了，系主任和總支書記都是延安和晉察冀邊區過來的，什麼大人物沒見過？

為13級的軍代表蓋房子，是我父親每天晚飯的談資。我聽他和母親講，這位姓楊的軍代表一直佔用吳玉章生前的吉姆專車，而郭影秋只能坐華沙202，崔耀先或者擠公共汽車或是與其他校領導合用勝利20。有一次楊代表乘坐吉姆去北京市委開會，市委領導一見汽車，立即下來迎接，以為是什麼大領導，不料是他，一臉的不快。一位14級的系總支副書記為楊代表未來的新家砌浴缸，邊砌邊發牢騷，說自己入伍的時間比他還早一年

呢。他說的是實情，人民大學的教職員工，1949年以前，很多人都是八路軍、新四軍、解放軍和遊擊隊，還有參加過南昌起義的。我父親說，不少人對軍代表滿腹意見，說自己以前就是軍人，後來被組織調進學校工作，在文革中卻成了走資派、叛徒、特務、反革命修正主義分子、階級異己分子，那些留在部隊，入黨比自己晚的下級，現在反倒都成了軍代表，跑來領導自己。早知如此，當初真不如不服從分配，堅決留在軍隊，說不定如今也是什麼地方的軍代表呢！

其實，房子蓋好後，姓楊的軍代表迫於輿論的壓力，並沒有住進那套房子，但一些軍代表還是在鐵一號佔據了一部分住房，使矛盾一直延續到上個世紀的九十年代。

要求初中生保密的文件傳達

1971年10月底的一天，人民中學忽然通知，下午全校集合，去長虹影院開會，不准請假。長虹影院在文革前叫蟾宮影院，破四舊時改為現在這個名字，影院就在隆福寺那條小街裏。文革開始至今，我經常被學校組織到電影院看電影，看《劉少奇訪問印尼》是為了批判，口號聲此伏彼起，電影裏說些什麼，一句也沒聽見；而看有關珍寶島事件和新老沙皇的影片，則是為了增加對蘇修的仇恨。但從來沒有到電影院開過會，為什麼不在學校禮堂或者在操場開呢？

進入長虹影院，發現門口還有學校佈置的崗哨，由高年級同學擔任，個個神情嚴肅。主席臺上端坐著學校革命委員會領導，中間坐著的那人不認識，我們班的班長也是學校紅衛兵大隊長，見的多，告訴我那是教育局革委會的領導。學校領導先講話，要求今天傳達的所有內容一律保密，不許對任何人說，父母也不行。我們這些初中生一下變得緊張起來，怎麼會有這麼大的事情先告訴我們？要我們保密，家長難道不知道？

等到教育局領導開講，我們才嚇了一跳，原來過去天天喊的「敬祝林副統帥身體健康，永遠健康」的林副統帥，竟然企圖叛逃蘇聯，9月13日，飛機在蒙古溫都爾汗失事，死了，怪不得有一段時間沒見到他的名字。他提出的「四個偉大」，寫出的「再版前言」，發出的「活學活用、急用先學」

的號召，我們都倒背如流，現在居然叛變，投奔蘇聯了！但我那時想得最多的不是林彪事件本身，而是我這樣一個十幾歲的孩子也可以知道國家的大秘密，還不能對外說，實在有種說不出的自豪感。

可回到家裏以後，我還是憋不住，晚飯時老想用一種隱晦的方式告訴父母，炫耀一下。可沒料到，父母之間的對話讓我聽出他們早已經知道此事，當他們發現我的秘密後很驚訝，問我怎麼也知道。聽過我的解釋，母親很奇怪，連初中生都知道的秘密，還叫什麼秘密？

從此，林彪事件在我們家裏就算公開了。我父親每天從建房工地回來，都會將那群高級「建築工人」的聊天內容告訴我母親，父親參加了鐵一號批判「林彪反黨集團」的集體學習，還去人民大會堂聽中央精神的傳達，中央文件和各類「林彪反黨集團「的材料也在陸續下發，他回家後總要再轉達給我的母親，我在旁邊就成了聽眾。我的哥哥和弟弟，從來對這些就不感興趣，既不聽也不插嘴。只有我，偶爾還追問幾句。鐵一號分成幾個學習小組，我父親那組有十來個人，組長是羅鬍漁，一位1926年入黨的老黨員，擔任過黃埔軍校的政治教官，也參加過南昌起義，還是個領導。他在小組會上爆料，南昌起義前夕，他掌握所有起義部隊連以上軍官的名單，找每個人談過話，不記得有林彪這個人。言外之意，林彪當時的職務在連以下，並不像過去報上所說的那樣，領導了南昌起義，又率部去井岡山與毛主席會師。

「571」，一個不可思議的「工程」

在那個年代，我從小就學會了由《人民日報》社論和中央人民廣播電臺播出的出席人員名單中察覺政治動向，發現人物沉浮。像我們這樣的中學生也經常由學校傳達「中央文件」，每次傳達，總有大事發生。「九一三」以前，陳伯達這樣一位大人物，在每天翻閱《人民日報》中，我感覺他很久不見了，問我父親才知道，他成了反革命修正主義分子，後來聽傳達，又說全國要開展批陳整風。學校傳達上面的指示，要大唱《國際歌》和《三大紀律八項注意》，我有點莫名其妙，不知為什麼非要唱這兩首毫不搭界的歌曲。林彪事件出來以後得知，毛主席號召唱這兩首歌是針對「林彪反黨集

團」的，可是，還是不明白其間有什麼必然關係，只有「一切行動聽指揮」算是沾點邊，林彪他們肯定沒有聽毛主席指揮。

對「林彪反黨集團」的揭發批判持續了很長時間，開始是揭露他們怎樣謀害毛主席、發動反革命武裝政變，以後，林彪又和孔子綁在一起，於是，批林批孔鋪天蓋地而來，我從批林批孔中熟悉了孔子，讀了《論語》，那時，全國大普及的子曰是「克己復禮」，人人皆知。批林批孔還在如火如荼，評法批儒又在全國大張旗鼓地興起，也不知這算是另一場運動呢，還是批林批孔的延續。我們從此知道，原來早在古代也有兩條路線鬥爭，儒家和法家，前者倒退，後者進步。正因為有了批林批孔和評法批儒，多年空蕩蕩的書店才擺起了古人的著述，當然，無一例外地都被歸入儒和法，一反一正，批判和讚揚的態度主要反映在注釋和前言裏，有大學老師的，也有工農兵的。我在一浪高過一浪的批判中，最大的收穫，就是閱讀了荀況、韓非、商鞅、李斯、賈誼、桑弘羊、桓譚、王充、范縝、柳宗元、劉禹錫、王安石、李贄、王夫之、顧炎武、黃宗羲、戴震的著述，還有受批判的孔子、孟子、董仲舒、二程、朱熹、王守仁的文字，像〈過秦論〉、〈鹽鐵論〉、〈神滅論〉，都是那時報刊上反覆介紹的經典，而且，我第一次知道，司馬光、蘇軾這些人原來都是反動保守分子。在批判中，為了「防止上林彪、陳伯達一類政治騙子的當」，還號召我們讀馬列原著，因而在課外學習小組讀了《關於費爾巴哈的提綱》、《哲學的貧困》、《德意志意識形態》、《共產黨宣言》、《1848年至1850年法蘭西階級鬥爭》、《哥達綱領批判》、《路易·波拿巴的霧月十八日》、《反杜林論》、《唯物主義和經驗批判主義》、《帝國主義是資本主義的最高階段》、《國家與革命》等，不但有老師具體輔導，還下發了許多學習參考資料。

林彪事件之後，當時給我的印象是，一切因此轉變，過去發生的那些殘暴行為和極端做法也都一股腦兒地歸罪於「林彪反黨集團」，我們去江西落戶，是林彪的「一號命令」導致的；很多人飽受折磨，大量的人死於非命，都是林彪一夥兒推行的極左路線造成的。江西的那個程世清，聽我父親講，他是林彪死黨，已經被捕。以後又聽說曾經走紅的大量軍官被清理出軍隊，我的同學中有民航局幹部的子弟，原本自我感覺很好，後來忽然變得很消沉，據說他們的父母也受到牽連，因為民航局當時屬於軍隊系統。

　　幹校的人陸陸續續回到北京，人民大學已經解散，我父親和母親被分配到北京師範大學。許多前幾年還被批得一無是處的人，如今逐漸出現在各種招待會和追悼會的名單上。人民文學出版社出版了郭沫若的《李白與杜甫》，我買了一本，讀了幾遍，這可是文革開始後我見過的第一部學術著述，並且內容與文革沒什麼關係。很多人都增加了工資，調高了一級。不時有國家與中國建交或是恢復外交關係，而且還是些資本主義國家。學校學習和社會生活也顯得日趨平穩。但我的母親，經過6年的煎熬，病情加重，最終癱瘓在床，那些痛苦不堪的往事似乎大多忘卻了。

　　母親在暨南大學讀書時的要好同學、地下黨時期的老戰友，無論身在北京還是外省市，開始經常過來看望病中的母親。我有時會被父親派去附近的江蘇餐廳買幾個好菜，這家菜館最早叫森隆飯莊，後來改為八一食堂，現在又改成江蘇餐廳。飯館的菜，只要有錢就行，不受票證的限制，可以吃到市場上少有的魚肉禽蛋。常要的菜是魚香肉絲、宮保雞丁、賽螃蟹、松鼠桂魚，偶爾還會來個烹大蝦。來客有臺盟中央秘書長徐盟山夫婦、紡織工業部的司長費志融夫婦、福建的一個地委書記張林、香港文匯報總編輯金堯如、長期從事秘密工作的白明——文革前他老是出國，又不說去哪裡，帶回來的糖果卻都是資本主義國家的巧克力。從他們與我父母的聊天中，我知道他們在文革前期幾乎被整得死去活來，現在都「恢復工作」，「恢復組織生活」了。他們，包括我的父母，都認為「林彪反黨集團」是極左，不過，批極左還沒多久，上面又傳達說林彪他們是極右，叫形「左」實右，《人民日報》因此發表文章，批判林彪的「極右實質」。

　　對那個時代的各種政治運動，堅信其合理和必要，是我這個學生當時的基本狀態。現在回想起來，我也有感到莫名其妙的地方。為什麼林彪、陳伯達、葉群這些人前幾年還紅得不得了，現在卻突然被打倒，而且說是「蓄謀已久」，「反共老手」，「一貫反黨、反對毛主席」……既然如此，林彪怎麼還能順利成為接班人，得到了篡黨奪權的機會？林彪已經是「接班人」，寫入了黨章，怎麼還會「搶班奪權」？那時的合理解釋，是說他們「隱蔽很深」、「反革命兩面派」、「欺騙黨欺騙毛主席」，「迫不及待」。等到「四人幫」被揪了出來，華國鋒宣佈「無產階級文化大革命以粉碎『四人幫』而宣告勝利結束」，我才開始覺得完全不對了，自劉少奇之

後，文化大革命揪出來的人怎麼都是文化大革命一手培育的人？如果沒有文革，這些反革命分子就不可能犯下這麼多罪行！直到1978年考入大學，哲學系老師李秀林在學校大禮堂為我們介紹理論務虛會情況，開場便說，我們唱了多年的《東方紅》和《國際歌》，其實是截然對立的，回頭一琢磨，果不其然。於是，我的反省也就開始了。

所有運動，為什麼都是上下五千年全要扯上，這也是我當時的困惑。批林批孔、評法批儒，以後又突然冒出來個評《水滸》，批宋江投降派，鬧得全國人民天天跟著沉浸於歷史當中。尤其是讓大字不識幾個的工人、農民在那裏每天拼命批孔子，講商鞅、李斯、桑弘羊，確實有些可笑。

「林彪反黨集團」的最大罪證就是《「571工程」紀要》，在最初傳達這一罪證時，我只覺得很驚訝，怎麼在我們這樣的國家也有人膽敢對毛主席下手，但聽到B-52這樣的代號時，又感到很有趣。聽見其中的那些形容後，的確很震驚，既不同意，也不反感。去農村插隊以後，同村的知青，有幾位總在那裏說，《「571工程」紀要》裏講得真好！我這個「先進知青」也沒想反駁。

斗轉星移，對《「571工程」紀要》，我越來越覺得不可思議，在那樣的年代，竟然能產生這樣準確的分析和歸納，不知是林彪的意思，還是林立果的覺悟，或是另有高人指引？對林彪之死，我認為至今仍然是謎，在相關檔案沒有全部公佈的情況下，不能貿然結論。對林彪這些人，究竟是些什麼人，值得持續研究，沒有止境，但肯定不像30年前宣判的那樣。林彪的歷史，尤其他在中國政治舞臺上叱吒風雲的這段歷史，也是一段含混的歷史，何時才能真相大白，我不知道。

「林副主席是壞的」
——「九一三」的童年記憶

李宇鋒

李宇鋒，自由職業者。「九一三事件」發生時8歲，是北京群英小學二年級學生。

「九一三」那年我八歲，讀小學二年級。

我就讀的北京群英小學是軍隊子弟學校，革命化加軍事化，每天第一課「天天讀」，「萬壽無疆」、「永遠健康」喊畢，高唱革命歌曲，然後不是語錄就是老三篇，一屋「小屁孩兒」莊嚴神聖得不得了。學校冠以軍隊編制，我屬「一連六排」（就是一年級六班），對小孩子來說，這樣的編制特帶勁，感覺自己就像個「小解放軍」，舞槍弄棒都透著革命。

忽然有一段，周圍有點不對勁，大孩子們開始交頭接耳，神秘地議論什麼。一天中午，在總後機關食堂就餐時，隱約聽見大我五六歲的堂哥和人正說誰誰誰「是壞的」，最後還特地找補一句「你說怎麼可能呢？根本不可能！」

謎底很快揭開了：「壞的」是林副主席。還有黃吳葉李邱，和林立果，和他幾個小兄弟。

那時父親在湖北潛江的「五七油田」會戰，供職總後物資部的母親帶著六年級的姐姐和我住機關宿舍。某晚，在一盞臺燈的幽暗中，母親低聲給我倆講述了一串特別神秘、驚險而好聽的「出去不能亂說」的故事：林立果怎麼陰謀刺殺毛主席，想了好幾種辦法，什麼火箭筒、飛機炸主席專列啊，什麼派人趁毛主席接見上車暗殺第一次沒帶槍、第二次帶了槍又被攔下啊，主席又怎麼特英明一路不停回到北京，然後嚇得林彪趕快跑，林豆豆報告總理，警衛員中槍跳車，八三四一連追帶開槍，卡車沒有小車快，加油車擋

跑道，油都沒加滿楞飛，林禿子光頭沒戴帽子爬飛機，最後摔死在溫都爾汗⋯⋯聽得我們姐弟心驚肉跳！母親又講到總理下令「全國機場不許起飛降落」、派陸軍管空軍（我十分納悶：總理不是「文的」麼，怎麼管軍隊？母親只含糊說「總理都能管」，我覺得她也不懂）⋯⋯可是還是跑了一架直升機，可是飛行員是好的，勇敢機智，騙那個會開直升機卻沒開過這個型號的周宇馳「羅盤不一樣」，又給飛回來了，然後搏鬥，然後犧牲，然後三個人約好一起開槍自殺，兩個死了，一個朝天開槍抓了活的——聽到這裏我哈哈大笑：這小子怕死！

　　尤其讓我意外而興奮的是，母親說「給林彪開飛機的潘景寅你認識，還抱過你呢」！簡直太絕了！這麼大的事，這麼好聽的故事，怎麼裏面還「有」我呢？再聽下去，原來是這樣：我還上幼稚園的時候，有一次母親去西郊機場接她的上級「馬處長」（可能和接新到的飛機有關），隨車帶我去玩，記得一個挺「壯」的叔叔抱我上了飛機開開眼。聽說那叫「三叉」機，可怎麼也看不出哪「三叉」。唯一的印象，是駕駛艙裏迎面一堆「表」——這怎麼看得過來啊？「叔叔」什麼模樣可是一點想不起來了，那也不要緊，反正明天可以和同學吹了：給林彪開飛機的抱過我！我還「坐」過摔的那架飛機！——至於是不是就那架，諒他們也不知道。

　　故事不能白聽，得「見行動」。既然「林副主席是壞的」，就得「消滅」。找了個星期天，母親帶著我和姐姐翻箱倒櫃，把所有和「林賊」有關的東西集中起來，清除痕跡。〈再版前言〉好辦，撕了或剪了就行，照片以及各類文字中的「林副主席」、「林彪同志」打個叉也不費事，麻煩的是各種語錄塑膠皮上那些燙金的林彪手跡，「大海航行靠舵手，幹革命靠毛澤東思想」之類，上面赫然「金光閃閃」的印著「毛主席語錄」幾個字，有的還有頭像。不記得是聽來的，還是我們自己「發明」的辦法，先在塑膠皮上塗一層牙膏，再用小刀刮下金粉——好像也不大管用，尤其得注意刮了「林副主席」還不能刮著毛主席，這樣一來效率更低。最後沒轍，只得用小刀把那部分齊齊刻去，雖然開了天窗不好看，「林賊」總是不見了。忙了半天。

　　「九一三」於我，就是一晚上故事，半天的活兒，與「民眾覺醒」、「文革破產」毫不搭界。在我心目中，從來沒想過林彪「出事」與毛主席

有什麼關係，他壞他的，毛主席偉大毛主席的，甚至更偉大──那麼偽裝都看出來了嘛。要說有點「思想進步」，就是「提高了識別階級敵人的自覺性」：看著是好人，沒準兒是壞人。

一個小孩子的「九一三」記憶

莊菁瑞

莊菁瑞，荷蘭華商。「九一三事件」發生時8歲，是瀋陽金屬研究所民辦抗大小學二年級學生。

　　文化大革命爆發的時候，我3歲，人生記憶才開始，大腦磁片對這個世界最初的記錄，除了身邊的爸爸，媽媽，姥姥，爺爺（姥爺）之外，全都是些「特殊」名詞：三忠於、四無限、紅衛兵、偉大領袖、偉大統帥等等，再有就是配上形象認識的毛主席和林副主席。對這一切，儘管我這個小孩子的思維完全不能理解，純屬機械記憶，但大人們的語氣和表情明白地告訴我，毛主席和林副主席都是不得了的×××。

　　我之所以用×××來表示，是因為根本找不到任何能夠表達一個小孩子觀念的辭彙。說他們在我的感覺中像神吧，神這個概念我是10歲左右才有的。我那時最直接的感覺，就是不能說任何關於他們的「壞話」，無論是在外面還是家裏。曾經在床上問媽媽：毛主席啥時死？當時媽媽嚇壞了，瞪圓了眼睛罵我，警告我再也不能說類似的話。她的反應把我也嚇壞了，原來在被窩裏說這樣的話也不行。

　　隨著年齡的增長，我對偉大領袖和林副統帥有了更清晰的「認識」。偉大領袖依然是需要「敬祝」的，家裏外面聽不到任何人有「不恭」的話語。但對敬愛的林副主席則隱隱有了些另外的感覺。記得有一次，外婆說起林彪抽大煙，說他講話沒中氣，不像個領袖人物。這犯禁的話讓我很震驚，不知身為家庭主婦的外婆是從哪裡聽來的。當時媽媽在旁邊馬上提醒姥姥，別說這樣的話。後來又聽到在瀋陽軍區後勤部任職的姨夫說起林彪怕風，居室室溫都是恒定的之類，讓我對這個林副主席的印象起了變化，感覺對他並不是完全不能說「壞話」的。當然，大人們說這些話的時候，總是背著我，只不過不小心讓我聽到了。

　　我對林副主席的看法有了改變之後不久，就發生了「九一三事件」。那時，我是小學二年級的學生，林彪的事對我來說只不過是個新聞，就算後來小學校裏開展「批林批孔」，我也沒拿林彪外逃太當回事，因為有劉少奇的例子在前。父親沒少對我描述當年劉少奇當國家主席時，我們大院熱烈慶祝的情形。既然國家主席能成「叛徒、內奸、工賊」，被我們這些小學生上美術課時當小丑畫，林副主席變成反黨集團首腦也就不算什麼特別的事了。這種沒有特別感覺的感覺，就是當年「九一三事件」後我的真實感受。

　　「九一三事件」發生後不久，我們科研大院就對黨員同志們傳達了重要文件，普通群眾沒資格聽。其實這都是瞎扯，這樣的大事既然不對黨員保密，普通群眾哪可能不知道。記得那天中午，爸爸下班晚了一些，我們全家都在等他開飯，媽媽告訴我們說是黨員在禮堂聽傳達文件。大約12點，爸爸表情特異地回到家中。媽媽一看就知道有事，忙問他都傳達了些什麼。爸爸把我們大家都召集在飯桌旁，既興奮又神秘地宣佈：林禿子摔死在溫都爾汗了。爸爸又說，這事要保密，不能出去亂講，他還特別叮囑我，不要和小朋友們說。

　　對大人們來說，這可是件大事。外公一輩子走南闖北，是見過世面的人，當年珍寶島開戰，戰備工作落實到每個家庭的時候，我也沒見他有過一絲緊張，這次他的反應依舊很平靜，沒有多餘的話。外婆是個外向的人，喜怒哀樂都掛在嘴上，聽完忍不住說：我早就說他不像個樣，現世報了。媽媽對這事很是認真對待，儘管爸爸已經讓我注意保密，她還是不放心地又對我嘮叨了半天。

　　本以為對如此機密的大事，我的玩伴們不可能知道，就算是知道，也會像我一樣不會對外人說起，沒想到吃罷午飯剛溜出大門，就遇上同住一個單元的鄰居小孩，比我小一歲的小莉。她一見到我就神秘地湊了上來：你知道不？我問：知道啥？她說是林彪的事。我說我不知道，她馬上興奮起來：你這都不知道，我爸說林彪摔死在蒙古了。接著，陸續遇上的小朋友們也都說起這件大新聞，我這才明白，原來這只能傳達給黨員同志們的文件內容，轉眼就成了我們孩子們盡人皆知的新聞。也不知道大人們是否瞭解這些發生在孩子們中間的事，至少我的家長不知道，永遠不會知道。

就在我們小孩子不再把「九一三」當新聞，以為事情已經過去的時候，我所就讀的科研大院「牛棚」小學鄭重其事地對全體學生來了次「專題教育」。老師準備了許多關於「九一三」，關於林彪的問題的標準答案，讓我們這些小孩子記住，說是如果遇見外賓問到這樣的問題，一定要按標準答案來回答。這又是瞎掰的事，我們大院文革十年完全沒有任何外賓來訪，不曉得為何要為我們這些小學生「打預防針」。當時老師講了一大堆，我沒記住多少，我從小到大對政治性的標準答案總是習慣性失憶，如何努力也記不住。那天老師講的，我就記住了一句：如果外賓問起林副主席，你們就說，他身體很好，他感謝您（指外賓）的問候。

多荒謬的事！老師講話的宗旨，就是要我們不要向任何外國人透漏「九一三事件」，不能說林彪的死，也不能講任何有關出逃的話題。

在這之後，我又陸續地聽到了一大堆相關傳聞，有個同學告訴我說：爸爸說林彪的飛機是被導彈打下來的，是周總理親自下的命令。鄰居的小莉還偷偷地把她父親帶回家的「內部資料」拿給我看，上面有林彪等人的遺骸照片。當時我還是個孩子，這樣的恐怖畫面著實地把我嚇得夠嗆。身為軍人的姨夫，「九一三事件」後，還為我們帶來了更多的新聞：林彪出事後，在瀋陽的空軍部隊被陸軍繳了械，被限制在軍營中不得外出。姨夫親眼看見，空軍營房門口都是持槍的陸軍站崗。也不知道這樣的狀態持續了多久。

轉眼就是40年，滄海桑田。當年的孩子成了大人，對事物的看法也有了根本的不同。在我的眼中，林彪這個人不再是×××，不再是反黨分子，也沒有了任何神秘的地方。他就是個歷史人物，一個特殊歷史時期中，佔據過特殊位置，做過特殊事情的人。「九一三」，這個歷史謎團，但願有真相大白的那一天。

「九一三」和小學生的政治課

戴為偉

戴為偉，自由職業者，戴煌與潘雪媛之女。「九一三事件」發生時7歲，尚未上學。

　　1971年的時候，北京的小學校是春季招新生，我雖然已到學齡，可生日小，不符合入學的要求，只能還在家「飄」著。那時，不知為什麼我經常喜歡蹦到床上，對著10平米小屋正牆中央的毛主席像，光腳丫協調地踏著步，有節奏地揮舞起紅寶書：「敬祝偉大領袖毛主席萬壽無疆，萬壽無疆！祝林副統帥永遠健康，永遠健康！」然後便無師自通地唱起整段《沙家浜》裏胡傳魁的：「想當初，老子的隊伍才開張，總共有十幾個人來，七八條槍……」

　　那時候，我有一堆小人書，《王國福》、《邱少雲》、《董存瑞》、《紅燈記》什麼的，其中還有一本漫畫，劉少奇長著個大酒糟鼻子，鄧小平被畫成一條小爬蟲的樣子，王光美扭捏著蛇一樣的身軀，胸前戴著一長串珠子；其中一張，一隻有力的鐵拳，狠狠地砸在他們身上，這些人的臉上表情痛苦扭曲。我不喜歡這本書，它讓我噁心。

　　到了中秋前後，夜長了，大雜院裏人家早早就拉緊窗簾，關門閉戶。這天，媽上中班，晚上十點後才放工回來。媽進家時，我已昏昏欲睡，可她還是抑制不住訴說的欲求，倒給我一個奇怪的消息：「林彪，就是毛老頭那個親密戰友──」媽好像怕我不知道似的，還特地添上「親密戰友」這個解釋，「和他老婆、兒子還有……好像9個人吧，坐飛機想叛逃到蘇修去，在溫都爾汗摔死了！」緊接著，媽又按慣例囑咐我：「不許出去亂說，被人聽到要抓起來的！」

　　媽在向我這個「樹窟窿」倒完秘密後，睡覺了。夜更黑了，想到那個新聞電影裏看到過的，緊跟在毛主席身後舞動著紅寶書，一臉似笑不笑，穿

著軍裝的林彪，和他腳上那雙黑布鞋，想著蘇修的猙獰，不知為什麼，一種莫名的恐懼從我脊背骨悄悄爬了上來。沒上學的孩子不懂政治，只是對死亡、非命、蘇修感到不解罷了。那時候哪裡能想到，已經死了的林彪會對我們今後那麼多年的學校生活糾纏不休呢。

轉過年（1972年）春節後，我上小學了。上學的前一天，從山西勞改隊回家休探親假的爸給我按照學校通知書的要求預備書包。先往包裹裝了一個紫紅底，畫著金黃色芒果的鉛筆盒，旁邊還有一段毛主席語錄。那時我家裝雨衣的口袋、月份牌、爸的旅行袋、糧票等等，只要能印上字的地方，都能看到一段或一句毛主席語錄。我對鉛筆盒上的芒果突然發生了興趣：「爸，芒果能吃嗎？」

「能吃，是一種熱帶水果，我在越南吃過。」

「別提你『外國人』時的事情！」每逢爸提到當「右派」前的正常生活，媽就會這樣打斷爸的敘說。

我不理會這些：「什麼味兒的？」……正當我對芒果的滋味充滿好奇時，我聽到媽悄聲問爸：「語錄，你檢查了嗎？」

學校通知書要求一年級新生的家長為每個學生預備一本《毛主席語錄》，爸重新掏出已裝到包裹的小紅本，遞到媽手裏：「看看，幸虧我想著，這林彪的「再版前言」得撕了，還有那『大海航行靠舵手』林彪的簽名，得塗了。要不孩子拿到學校去，還不得挨說！」

第二天一早，我挎著爸40年代當新四軍時發的，洗成灰白色，邊角有些破的挎包，包裹揣著那本被媽消滅了林彪痕跡的紅寶書，開始了我的學生生活。

我當小學生沒多久，一個下午，語文課，班主任抱著一摞小16開本的冊子進教室了。她告訴我們，這是重要的批判材料，我們要認真學習，期末要考試。

本子發下來了，那裝訂好的油印冊子足有大人的手指肚兒厚，篇篇印滿字，散發著新鮮的油墨香氣。那時，我除了「毛主席萬歲、副統帥、萬壽無疆、文化大革命、不忘記、鬥爭、打倒、砸爛、階級」這些在大街小巷刷的標語上經常見到的字、詞，別的都不認識。想著要看這麼多不認識的字，還要考試，我愁了起來。

老師說話了：「同學們，這是學校剛剛印好的批判學習材料，大家拿回家去，讓家長包個皮，不要弄壞了，每一本我都編了號，這本資料不要外傳，特別是不要給學校以外的人看，這是紀律。學習完了我要統一收回。」

好在這本讓我犯忱的批判資料一次也沒用上，大概老師都明白我們看不懂，沒要求孩子們自己讀，資料被媽包好書皮後就永遠束之高閣了。

然而，學校沒因為孩子們看不懂資料就耽擱了批判林彪。可以大言不慚地說，我那點兒支離破碎、似是而非的歷史知識還是從批判林彪特別是後來的批林批孔中普及來的呢。

下午上課，學校紅小兵廣播站有15分鐘廣播。喇叭裏傳來三年級以上的學生慷慨激昂地念批判稿的聲音：林彪和他的兒子妄想用炸彈炸毛主席，偉大領袖毛主席及時識破了他們的陰謀，林彪只能倉皇外逃，摔死在外蒙古溫都爾汗。他死有餘辜！林彪還和他的死黨寫了一個《「571工程」紀要》，夢想復辟到萬惡的舊社會，讓地主、資本家重新騎在我們勞動人民頭上作威作福，讓我們這些在新中國成長起來的紅小兵吃二遍苦，受二茬罪，給他們當牛做馬。我們堅決不答應！我們堅決要把林彪批倒、批臭……

小孩子的政治課，多是政治老師照本宣科，內容枯燥卻印象深刻。「林彪是個野心家」，最早教我們政治課的中年女老師有一副奇特的煙酒嗓，那低沉喑啞的聲音好像讓我窺探到林彪臥室中偷偷懸掛著的條幅——「天馬行空，獨往獨來」。

「同學們，你們知道什麼叫『天馬行空』嗎？」煙酒嗓老師自問自答著，「林彪把自己比喻成『天馬』，我要說，他真是狂妄已極啊，天馬？毛主席才是我們心中的紅太陽，林彪卻把自己比喻到天上，證明了他就是有篡黨奪權的野心！他把自己凌駕在偉大領袖毛主席之上嘛。他還要『獨往獨來』，同學們，大家想一想，這就是明確，他不要毛主席的領導，同黨鬧分裂嘛。這些都是他的心裏話，你們想想，他的野心多麼大……」

學校闢出後院兩間西側大殿做展廳，批判林彪從井岡山起就與毛主席對著幹，什麼毛朱會師被篡改成毛林會師，什麼林彪在戰爭中如何不聽毛主席的指揮，打了許多敗仗，給革命造成了重大的損失等等。軍事地圖上那些箭頭，從哪裡打到哪裡，搞得我暈頭轉向。展覽看了好幾遍，最終我也沒弄清楚林彪到底指揮打了哪些仗，怎麼就讓毛主席不高興了。

　　小學六年，老師讓我們把當代的林彪和已經逝去兩千多年的孔仲尼綁在一塊兒批了有四、五年，但究竟為什麼要這樣捆綁，而不是把林彪與歷史上諸如蔣介石、袁世凱、慈禧或其他什麼趙錢孫李撮成堆兒一起批，我至今也沒搞明白在政治課上我認為最能夠把這兩位聯繫在一起的就是「克己復禮」這個詞了。

　　「林彪還寫了『克己復禮』，」煙酒嗓老師耐心細緻，「『克己』，就是自己暗暗忍著的意思，他要忍什麼，無非就是內心對毛主席、對黨的刻骨仇恨，要『復禮』，恢復封建主義、資本主義、地主、資本家在中國的統治，讓歷史的車輪倒轉，回到兩千多年前孔老二那個奴隸制社會……」

　　從學校大門到操場之間，有一條二、三十米長的雨廊，這裏成了批林批孔的陣地。每天一進校門能看到我們才華橫溢、勤奮用功、博古通今的美術老師一人製作的，圖文並茂的批判宣傳欄。

　　從這裏，我第一次知道中國古代有個教育小孩子的《三字經》，什麼「頭懸樑，錐刺骨」。宣傳欄裏畫著一個古裝長髮男子，背景是一輪明月，木窗櫺前，他的頭髮吊在粗粗的木房梁上，席地而坐，一手捧著一本半捲著的竹簡，另一手正拿著一把尖尖的納鞋底用的錐子刺向自己的大腿。旁邊是批判這種死讀書、讀死書的大塊文章，大意是：不走與工農相結合的道路，只尊孔孟之道，走「學而優則仕」的白專道路，以這種殘酷的方式讀書，夢想有一天做了大官，騎在人民頭上作威作福……千百年來，這種強迫人死讀書的教育不知坑害了多少少年兒童……

　　我們小學校在一處清朝駙馬府裏，教室高大明亮、前廊後廈，庭院優雅。批林批孔後不久，王府後院坐北朝南一排高大的宮殿樣北房，也被騰出來做了批林批孔展覽室。如此算來，從這場運動開始，總共只有不到20個班級的小學校，已經為批林批孔開闢了5處批判陣地。小學六年，在這些經常更換展覽內容、不變換展覽主題的教室和走廊上，我被灌輸了很多那個年代特有的歷史觀。

　　不久，批林批孔晉級為評法批儒。但凡在歷史上留下點名聲的古人，統統被按法家、儒家歸了堆兒。法家代表好人；被歸到儒家那堆兒的，統統成了十惡不赦的壞人。壞人最大的頭子當然是孔老夫子，往下依次有孟軻、朱熹……直至慈禧太后、李鴻章、袁世凱、蔣介石、劉少奇、林彪。在展覽

板上，儒家人物醜陋猙獰、臉色陰暗、目露凶光，手裏的毛筆幻化成一把滴血的刀，狠嗶嗶地注視著參觀展覽的紅小兵。

在褒貶古人時，得到讚頌最多的是秦始皇如何焚書坑儒，古代的農民如何造反，推翻前朝的反動統治。從孔老夫子時代的蹦開始，陳勝、吳廣、黃巢、李自成、洪秀全……直至中國共產黨，「人民，只有人民，才是創造世界歷史的動力。」毛澤東這句印在我家日曆上的語錄，幫助我找到了暴民政治的理論依據。

比我們大不了幾歲的小姑娘黃帥的日記閃亮登在《北京日報》上的時候，我們被學校組織去看了電影《決裂》（好像是這個名字）。電影裏有個只會講「馬尾巴的功能」的醜陋木訥的教授，他成了被貧下中農奚落、鬥爭、教育、改造的對象，而貧農的兒子江大年僅憑一雙長滿硬繭的手，就上了大學。

三年級時，老師在課堂上正式向我們宣佈，學校教學改革，按照偉大領袖光輝的「五七指示」，今後實行開卷考試，每學期還有20天學工學農，走與工農相結合的道路，徹底清算「分兒，分兒，學生命根兒」這個十七年反動教育路線遺留下的餘毒。

當時我別提多高興了，太好了，這下我可有更多時間玩兒了！

大批判、階級鬥爭、學工學農，成就了我「幸福的」小學生活。

四十年前，學校教育緊跟著執政黨的要求，用著最具唯心色彩的方式向數以億計的莘莘學子傳授著荒謬絕倫的政治理念和偽歷史，稚嫩的頭腦沒有選擇知識的權利，只能在懵懂無知中接受於個人生活和社會歷史沒有任何進步意義的鬥爭哲學。

直到現在，我不時還會反芻那時的學校生活。就像一個納粹年代德國的普通日爾曼人，我至今說不清生活在那樣另類的年代是幸運還是不幸。幸運是指，我做學生時經歷過一個正常時代的孩子無法體會的政治狂飆和學校教育的扭曲變形，在這點上我們可謂見多識廣，而不幸恰恰也在這一點上。

政治犯

「九一三」時的見聞與感慨

戴　煌

戴煌，新華通訊社高級記者。「九一三事件」發生時43歲，因1957年後一直因「右派」問題被勞改、勞教，所以當時正在山西太原建築工程隊（山西省公安局太原勞改支隊）「就業」做木工。

1969年深秋，聽說是林彪的「一號命令」——防止蘇修侵華挑釁，我們很多家住京津滬的，已在清河農場就業或仍在勞改的「右派」，被押往山西繼續改造，其他省市的「右」字型大小人物，都被遣散回本省市做臨時工。後來又聽說這不只是林彪的「一號命令」，而是毛澤東、周恩來等人的聯合主張。正是在這種領導集體「防修備戰」的戰略思想的主導下，中央各機關內的不可靠分子，也都紛紛被送往各地的「五七幹校」。

但是，還不到兩年，突然聽說林彪夫婦和他們的兒子林立果，在蒙古國的溫都爾汗隨著飛機掉下來摔死了。當時我正在山西太原建築工程隊第三隊（即太原勞改三隊），給太原鋼鐵公司搶修鐵路和建造房屋，有人只是悄悄地耳語一些小道消息，而勞改隊的領導卻無聲無色，穩當得很。直到臨近「國慶」期間，離9月13號已半個月了，好像是越南的一個代表團訪問我國，在中國官方盛大的歡迎宴會上，這個代表團的負責人最後致詞祝酒時，仍按照中國當時的習慣高呼「敬祝毛主席萬壽無疆」、「敬祝林副主席永遠健康」，而中方的一位領導只是一般的致詞，「敬祝」之詞一個字也沒有。這似乎給人一種暗示：「林副主席」確實出了大問題。如果這時僅提「敬祝毛主席萬壽無疆」而不提「敬祝林副主席永遠健康」，豈不令全世界生疑？所以乾脆都不提為妙。

因此，對林彪等人摔死在溫都爾汗，只能在三五知己中偶爾耳語，誰也不能高談闊論。直到「國慶」節過後好多天，勞改隊突然召集全隊人員開大會，正式宣佈林彪夫婦和兒子等人為叛逃分子，已經摔死在蒙古國的溫都

爾汗，並說林彪根本不是偉大領袖的副統帥和接班人，而是想搶班奪權的「野心家」，被偉大領袖識破後，急於叛國外逃到蘇修去了……

聽了這類言辭，我倒有了些想法：自從中華人民共和國成立後，我感到毛澤東越來越大權獨攬，把過去革命戰爭年代千百萬同志奮勇殺敵、流血犧牲完全忘得乾乾淨淨，只有他一個人「萬歲萬歲萬萬歲」和「萬壽無疆」。這種氛圍，早在長征結束後的1936年，就是他所渴望的了。那時他在陝北寫的〈沁園春・雪〉中就有：「江山如此多嬌，引無數英雄競折腰。惜秦皇漢武，略輸文采，唐宗宋祖，稍遜風騷；一代天驕，成吉思汗，只識彎弓射大雕。俱往矣，數風流人物，還看今朝。」這就是說，千皇百帝都不在話下，真正的大帝王還要看我「今朝」的毛澤東。也就是說，抗日戰爭之前，他就渴望著大權獨攬了。

林彪應當是早就看透了毛澤東帝王天性的人。因此在1959年夏天的「廬山會議」上，彭德懷遭到錯誤批判，林彪取代彭出任國防部長、主持軍委工作後，他利用強有力的軍隊力量大搞特搞對毛澤東的個人崇拜。1961年在全軍政工會議上，他就說過：「《解放軍報》上要天天有毛主席的語錄，編必要的基本教材，免得指導員難解決問題，不過不要多，而要好。」到1962年，在擴大的中央工作會議上，他更是講：「《解放軍報》經常按照當時的需要，把毛主席的語言摘抄一部分登出來，底下也表示歡迎。」

林彪這些不同凡響的講話，深得毛澤東的賞識，使毛澤東對他更加器重。1964年5月正式出版了第一版《毛主席語錄》後，同年12月29日，林彪明確指示：「《毛主席語錄》在部隊很受歡迎，現在每班一本太少，大家不夠用，要多印一些，一定要發給每人一本。毛主席著作是最重要的思想武器。毛主席著作選讀本和語錄本，要像武器一樣發給每一位戰士。」至此，全軍達到人手一冊《毛主席語錄》。林彪還要求「大抓毛主席著作的學習，在全軍掀起一個更大、更廣泛地學習毛主席著作的高潮，把毛主席著作當作根本的必修課。」1965年11月，他又提出：「活學活用毛主席著作，特別要在『用』字上狠下功夫，要把毛主席的書當作我們全軍各項工作的最高指示。」1966年1月，他說毛澤東思想是當代馬克思列寧主義的頂峰，是最高最活的馬克思列寧主義。毛主席的話，水平最高，威信最

高，威力最大，句句是真理，一句頂一萬句。1966年9月18日，林彪接見解放軍高等軍事院校政治學院和總政治部宣傳部負責人時，發表了《關於把學習毛主席著作提高到一個新階段的指示》。在這個指示中，他把毛澤東吹捧為「幾千年才出現」的「天才」。他說「毛主席比馬克思、恩格斯、列寧、史達林高得多，現在世界上沒有哪一個人能夠比得上毛主席的水平」。「毛主席這樣的天才，全世界幾百年，中國幾千年才出現一個，毛主席是最偉大的天才。」

隨後，《人民日報》發表社論強調指出：林彪的這個指示「不僅對全軍，而且對全黨、全國人民都完全適用，都極為重要，極為適時」。於是在12月17日，《人民日報》在顯著位置發表了著名的《毛主席語錄再版前言》。林彪對毛澤東本人和毛澤東思想的吹捧已經到了登峰造極的程度。

林彪取代劉少奇成為毛澤東的接班人後，《毛主席語錄》更是迅速風靡全國，無論大小集會，必須集體朗讀毛主席語錄，任何人、任何組織都不能違背這種慣例。當時，除毛澤東本人，上至副統帥林彪，下到每一個學齡兒童，無不天天攜帶這本小紅書，飯可以不吃，覺可以不睡，《毛主席語錄》不可以不隨身攜帶，不可以不背誦。甚至連飯票、日曆、報銷憑證、學生用的鉛筆盒、布袋子等，無處不印上一段毛主席語錄。

在文革鼎盛時期，《毛主席語錄》向國內外共出版了50多種文字，500多種版本，總印數達到50多億冊，被銷往世界各地150多個國家，而那時全世界一共才有30多億人口。《毛主席語錄》成為20世紀世界最流行的圖書。文革時代，這本語錄與人們的工作、生活、相互交往密不可分，每個中國人都不得不拿著語錄本，念著語錄詞，唱著語錄歌，做著語錄操，跳著語錄舞，上著語錄課……這成了中國歷史上獨特的文化景觀。

但是，1971年發生了「九一三事件」，號稱是「偉大領袖毛主席的親密戰友和接班人」的林彪死了，這在國內外引起了巨大的震動，紅海洋般的狂熱波濤戛然而止，「紅寶書」熱迅速降溫。

這個獨特的過程，更加深了我早就有的一種理念：在狂熱標榜「為勞苦大眾謀幸福」、「為人民服務」的共產主義革命口號的人群中，有許多人是懷著帝王將相的野心、個人名利的私心、升官發財侵吞人民血汗的黑心來騙取千百萬真正的革命者為其英勇奮鬥、流血犧牲打天下坐江山的，毛澤

東、林彪就是這樣的人。但直到今天。40多年過去了，我還是不能理解：林彪已經是接班人了，他還有什麼必要反叛毛澤東？這一直是我無法解開的一個心結。

2011年6月5日於戴氏蝸牛居

我在獄中是怎樣知道林彪事件的

方子奮

方子奮，高級工程師。「九一三事件」發生時30歲。1970年在「一打三反」中被誣為「現行反革命」，判刑10年。當時在南京第四機床廠（江蘇省第十一勞改隊）服刑。

到了1971年秋，我的刑期下來已經兩年出頭了。這年的「國慶」前沒幾天，我被調入設計室搞設計。當時我所在的勞改隊（南京第四機床廠）開始生產「大橋」牌212越野車，我的機械設計老本行，終於使我逃脫了地獄般的出窯勞動，從「糠籮」跳進了「米籮」。

按勞改隊慣例，「國慶」放假三天。勞改隊裏犯人放長假是令管教幹部特別頭疼的事，為了防止犯人閒得無聊搞「名堂」，每天總要組織我們集中學習，讓大家圍坐在一起相互盯著。話雖如此，為了多少營造點節日氣氛，每天也恩准我們可以自由活動幾個小時。在這點難能可貴的自由活動時間，刑事犯們大多幹些拆洗縫補衣物之類的事，我們「反革命」主要是去閱覽室看報紙。勞改隊雖然對入口的食物控制很嚴（出於改造需要，讓犯人處於半饑半飽狀態永遠是最理想的選擇），但對精神食糧的供應相對要寬裕得多，外面公開發行的幾家大報，我們在裏面基本上都能看到。

1971年的那個「國慶」，我注意到了一個反常現象：我看遍了閱覽室內所有報紙，發現沒有任何中央領導人參加國慶活動的報導。按多年來的新聞老規矩，國慶前晚的招待宴會，「十一」的遊行慶祝，天安門城樓的晚會，這些都是報紙絕對不可或缺的頭版內容，與此同時少不了的，還有無產階級司令部頭面人物亮相的照片。可這次什麼報導都沒有，最令人驚異的是，偉大領袖和他親密戰友林副統帥的「紅寶像」也沒登！

出於「反革命」的靈敏嗅覺，我立馬感到這個反常現象後面一定隱藏著某個不為人知的重要資訊。只是猜不透到底是什麼。作為「現行反革命」

要犯，在高牆電網裏雖然不敢亂說亂動，但畢竟還沒嚇到不敢亂思亂想的地步，我甚至猜想到，報紙上之所以沒報導「國慶」節中央領導人露面，是不是偉大領袖龍體欠安，甚至已經嗚乎哀哉了，只是秘不發喪而已？不久後才明白自己高興得太早，他老人家當時仍然「神采奕奕，紅光滿面」，直到五年後才一命歸西。

「國慶」一過，一切又恢復老樣，每天出工→收工→吃飯→學習→睡覺，報紙的事也漸漸不多想了。

這年的10月25日，大陸中國在聯合國終於撈到了席位。當時大小報紙一連熱鬧了很多天，我記得單是各國發來的賀電、賀信，就在《人民日報》上整版整版地登了一個多星期。大約是在10月28日前後某天傍晚，和我同中隊的陳眊子上廁所經過我鋪位時，忽然把一張摺成書本大的《人民日報》丟在了我床鋪上，同時朝報紙呶呶嘴，示意我看看。我瞟了一眼後發現，有一小段鉛字下面用紅筆劃了一道槓槓。顯然，那是他特意讓我看的內容。

這陳眊子真名陳志瓊，同我一樣也是「現行反革命」。他原先在小火輪上當水手，船上空閒時間多，無事時三個小年輕天天湊在一道吹牛，後來不知怎麼議論起林副統帥的長相來，說林彪倒八字眉毛，一副白臉奸臣相，一看就不是好人，順帶又針對文化旗手江青同志講了些大不敬言論，結果被打成三人現行反革命小集團，他判的最輕：六年。這位反革命老弟有兩個特點：一是深度近視，故而我的老難友曹君給他取了個綽號「眊子」；再就是愛看報，一份報紙到他手裏，從報名題頭到印刷日期，若不全部看完，決不輕易放手。此君還有個長處：記憶力特好，經常能背出人民日報社論的大段內容。他和曹是我勞改期間的同「窗」鐵哥們。

「眊子」一走，我沿著他用紅筆劃出的文字看了起來。那是一份非洲小國發給中國政府的賀電，它夾在眾多國家發來的賀電賀信中極不顯眼，若非有「眊子」這種難得的細心讀者，恐怕沒人能注意到。

賀電全文不長，除了一番阿諛奉承外，其中有段話立即吸引住了我：「……我們深信，不久之後我們將會高興地看到北京出現一個新的、穩定的和諧政權」【注：由於年代久遠，我不敢保證自己記得字字準確了，但意思絕沒什麼出入】。

在所有的賀電賀信中，內容都是千篇一律祝賀中國恢復聯大席位，唯獨這個不起眼的非洲小國獨出心裁地提及「不久之後我們將會高興地看到北京出現一個新的、穩定的和諧政權」，這意味著什麼？

是這個非洲蕞爾小國由於文化落後，只顧瞎奉承而用辭不當？還是它探聽到了中國已發生的某些秘而不宣大事，一不小心說漏嘴捅了出來？

不過想想也不對。中國外交宣傳口都是些人精在把持，即便那個非洲小國的賀電中用辭不當，中方肯定會加以適當修飾；如果是無意中說漏嘴捅出了一些不便公之於眾的消息，那也絕對會一刪了事，怎麼也不可能讓其出現在《人民日報》上。

關鍵在於，自從徹底打倒「叛徒、內奸、工賊」劉少奇，粉碎了「劉、鄧資產階級司令部」之後，「無產階級司令部」一直「緊密團結在偉大領袖毛主席周圍」，現在這個非洲小國賀電中突然冒出來「新的、穩定的和諧政權」一語，那表明中共現有的政權既不穩定，又不和諧，這究竟指的什麼？

結論只有一個：北京最高層可能出事了，而且出的是大事！

最高層出事，無非是又有新的倒楣鬼被打倒。當晚我在閱覽室仔細翻閱了近月所有報紙，偉大領袖語錄天天照登，周恩來的活動時有報導，江青也偶爾亮相，林彪雖未見提及，但他一貫很少露面，何況兩年前剛作為接班人寫進中共黨章，絕不至於出問題，這四個頂級人物不出事，又有什麼大事可出呢？

想來想去，百思不得其解。

第二天出工上班時，我瞅空去找「眊子」就此事嘀咕了一番。「眊子」的看法同我如出一轍，不過有一點他比我考慮得更深遠：他認為非洲小國賀電中那段話是中方有意讓它出現在報紙上的，很可能是中國政府借這個不起眼小國的這段話，暗示中國已發生了某件大事，只不過暫時不宜宣佈，為不久之後的公之於眾預先打一個小小招呼，到時不至讓人感到過於突兀。「眊子」還認為，說不定這段話是中方通過外交渠道讓那個非洲小國故意寫進賀電的，這種第三世界的小小夥伴，甩根骨頭給它什麼都願幹。

我和「眊子」又對毛、林、江、周過了一次堂——毛太祖沒死可以肯定；毛在江青不會倒，這也可以肯定；林彪是毛的「親密戰友」，又是欽定

的接班人，毛決不至於自己打自己嘴巴子搞倒林彪，這同樣毋庸置疑。既然如此，唯一可能出事的看來只能是周恩來了。毛對周猜忌已久，前幾年之所以沒動他，是因為幫兇人手不足，不得不用周來救急，如今文革大業眼看已經初定，該是對周下手的時候了。

可想想還是不對。按中共的傳統套路，不管什麼頭面人物一旦失勢，報紙上決無可能讓其以正面形象出現，但是最近以來周恩來為了中國恢復聯大事，一直頻頻露面，《人民日報》上幾乎天天有他的活動報導，怎麼也看不出已被打倒的跡象。

這四個人都沒事，其餘的人任誰也同「新的、穩定的和諧政權」沾不上邊，那這句話到底指的什麼？我和「眊子」怎麼也猜不出。

沒隔幾天，謎底答案終於有了。

我們勞改隊規定每月11號家屬來接見，1971年11月11號那天正是接見日，那天臨近中午時，「眊子」帶著詭秘的笑容悄悄把我拉進廁所，當時裏面正好空無一人，我倆假裝大便蹲在一起，「眊子」低聲告訴了我一個重大消息：林彪死了！同時講了林彪叛逃摔死在蒙古溫都爾罕的大致經過。

我問他消息從何而來？他稱是上午二姐來接見時告訴他的。

「眊子」姐弟六人，上面五個全是姐姐，他母親四十出頭才生了他這個寶貝兒子，因此五個姐姐個個對他疼愛有加。「眊子」二姐是個幹部，在鄭州某研究所工作，辦公桌對面坐的是張愛萍的兒媳，兩人是無話不談的好友。當時張愛萍雖然還沒被「解放」，但他親屬們的高層人脈關係仍非常人可比，在林彪摔死後沒兩天，他們就知道了內情。張的兒媳瞭解「眊子」二姐有個弟弟因為議論林彪吃了官司，便把這個對外保密的消息暗中告訴了她。「眊子」二姐得悉這個驚人內情後，立即請假回了南京。第二天恰逢接見日，便在接見時告訴了「眊子」。附帶說一下，那時勞改隊接見分批進行，每批十來人，犯人和家屬可以湊在一塊談話（不像現在隔著厚厚的玻璃只能用電話交談）。旁邊雖有管教幹部巡迴監督，但他們無法顧及每一個犯人和家屬的談話內容。

聽了這個消息後，再回顧前段日子從報紙上看到的反常現象，我們一下恍然大悟──「國慶」之所以沒搞任何慶祝活動，那是為了掩蓋林彪缺席給老百姓造成的疑慮；而那個非洲小國賀電中的那段話，恰恰正是針對副統

帥林彪倒臺的暗示。只不過我們做夢也沒想到林彪竟然也會反毛，並且下場那樣慘。

當天下午我和「眊子」又把這消息轉告了曹，三人免不了大大幸災樂禍了一番。最為開心的是，毛太祖終於自己搧了自己一個嘴巴，這下倒要看他老人家怎麼挖空心思編謊話來糊弄全國老百姓了。

就這樣，在八億革命群眾還蒙在鼓裏、繼續還在敬祝林副統帥「身體永運健康」的1971年11月初，我們三個關在高牆裏的「反革命」，居然搶在全國絕大多數革命群眾（當然也包括我們勞改隊的管教幹部們）前頭，率先知道了林副統帥的不幸結局。

又過了一個多月，隨著「九一三事件」在社會上越傳越廣，勞改當局也向我們勞改犯宣佈了林彪事件。具體內容什麼也沒提，只是宣佈林彪是壞人，是叛徒，是反革命，是反毛主席的，今後不准再稱他為「毛主席的親密戰友」或「林副統帥」，再不准祝他「身體健康，永遠健康」。

林彪倒臺消息一公開，不少由於攻擊林彪而被判刑的「現行反革命」開始不安分起來，一些僅僅罵了幾句林彪而進來的更是憤憤不平叫屈，紛紛上書申訴要求平反：「我們過去是反林彪的，事實證明我們沒有反錯」、「我們早就看出林彪是奸臣，因此才堅決反對他，現在該是替我們伸冤的時候了」……

我的大腦可沒發熱。當然，也沒這種膽量。

首先，雖然我以前也攻擊過「林副統帥」，但是除此之外，以偉大領袖為首的「無產階級司令部」成員，幾乎全被我「瘋狂攻擊」遍了，如今去掉一個林彪，也減輕不了我半點「罪惡」。再者，被我「瘋狂攻擊」過的還有「無產階級專政」、「無產階級文化大革命」和「社會主義制度」，攻擊其中任何一項，都屬於十惡不赦的彌天大罪，怎能因為「林副統帥」的倒臺而一筆勾銷？即便「無產階級司令部」的夥計們都死光了，也輪不到我鳴冤叫屈！

更關鍵的是，林彪的倒臺只不過是他和毛之間狗咬狗權力鬥爭的結果，這同我們這些「現行反革命」絲毫沾不上邊，偉大領袖費了一番心血好不容易將我們關進籠子，難不成為了一個林彪就大發慈悲將我們放出去？稍微想想就該知道沒門！

果然，沒隔幾天全廠開了個「認清大好形勢，加深認罪服法」大會，

政委在會上嚴厲地批判了少數犯人「利用林彪事件翻案」的「罪惡企圖」。他那番狗屁不通、自相矛盾的「高論」足足講了三個小時，有些話時隔四十年後的今天我還依稀記得：「……近來，有些人利用林彪事件刮起了一股翻案妖風，這些人自稱早就看出林彪不是好人了，我就不信你比我們還英明？你比我們政治覺悟還高？」「我在此警告這少數人，認清形勢，加深認罪服法，老老實實接受改造，這是你們唯一的出路，任何翻案企圖都不可能得逞！否則必將受到無產階級專政的沉重打擊！」

這盆冷水兜頭一澆，從此無人再敢「翻案」。

「林副統帥」之死，我們這些反過他的「現行反革命」不僅沒沾到半點光，到1974年初「批林批孔」運動時，反倒和其他刑事犯們一樣，統統成了林彪「復辟資本主義」的「社會基礎」。

那次「批林批孔」運動把我們折騰得夠嗆。原先規定我們每晚學習2小時，為了配合「批林批孔」的深入開展，特地又加了1個小時，當時正是冷天，晚上3個小時坐下來，個個凍得通體冰涼，恨得牙癢癢的，但誰也不敢有絲毫不滿，嘴上還得按照上面要求，把自己的犯罪和「林賊」的反黨罪行掛鉤，狠挖自己和林彪的思想聯繫，挖空心思將自己「打扮」成林彪「復辟資本主義」的「社會基礎」。少數不識時務拒絕自我「打扮」的，輕者小組批判，重則大會批鬥，戴鐐上銬。有個因開挖土機翻車壓死人被判了兩年的肇事犯，就因為死活不承認自己是林彪的「社會基礎」，整整被鬥了一個月。

中國的革命辯證法歷來就是如此詭異，某位政治明星在臺上耀武揚威時，誰若「攻擊」他幾句，馬上就成為「現行反革命」；一旦這位明星倒臺了，「攻擊」過他的人則立刻又被搖身一變，成了他「復辟資本主義」的「社會基礎」。我在十年勞改期間，曾先後有幸地成為過劉少奇、林彪、鄧小平「復辟資本主義」的「社會基礎」。到了1978年，正當勞改當局準備將我們納為「四人幫」的「社會基礎」時，幸好天變了，以至這輩子不過由於缺了最後這頂「桂冠」而未獲「社會基礎」四項全能資格認證。這是後話了。

「批林批孔」結束後，在我剩下的五年刑期中，林彪雖然沒再「直接」打擾過我們，不過在長年累月的認罪服法教育中，每當我們深挖狠批自己犯罪根源時，總忘不了捎帶上林彪。我們「現反」自不必提了，犯殺人、

放火、搶劫、強姦、盜竊、詐騙、甚至交通肇事罪的，無一不把自己說成是因為中了林彪的思想流毒才走上犯罪道路的，總之，林彪成了形形色色罪犯的「精神領袖」。

這種情況一直持續到1976年的「反擊右傾翻案風」，到那時，「林副統帥」的位置才被「鄧副總理」暫時取代。

「林副統帥」的陰魂正式從我頭頂上消逝是1979年9月。那時我剛十年刑滿出獄不久，一個陽光熾烈的下午，我有幸接到了南京中級法院的平反判決書，那上面提到了林彪。法院對我的復查結論是「……所謂反革命活動，並無事實，應予否定；所謂攻擊言論，主要是針對林彪、『四人幫』倒行逆施不滿。因此，原以反革命罪論處，顯屬錯判。」至此，林彪終於和我此生的緣分劃上了句號。

光陰似箭，日月如梭，在接下來的日子裏，令人眼花繚亂的八十年代一晃過去了，隨著經濟大潮的席捲，時間很快又推近到了二十世紀尾聲。林彪，這個昔日曾經不可一世的儲君，也早已隨著歷史的變遷，褪變成了中國近代史上的一個政治符號，而新成長起來的一代人，已根本不知道這個符號在他們父輩的往日生活中曾經意味過什麼。就在這二十世紀末的1999年，大約是命運的一個小小安排，我竟然和這位28年前即已消逝的副統帥後人有幸得以結識。

本文作者近照。

準確地說，這位後人只能算是「林副統帥」的准後人──當年名噪一時的林彪准兒媳張寧女士。

當時她從美國回到故鄉南京探親，通過一個偶然機會認識她後，我和她見過幾次面，並就某些同有感悟的話題閒聊過。

一位當年副統帥府上名貴的嬌客，一個昔日身陷牢房的囚徒，在共同經歷了命運的詭雲譎波之後，懸殊的身份差距終於消失殆盡，使我們得有可能平等地面對而坐；而

那年她差點隨「三叉戟」上天的命懸一線的險遇，和我當年就差半步即將被押赴刑場處決的危境，又何其相似乃爾！這為我們的交談提供了契機。

在同她的幾次閒聊中，我從未向她打聽過半點當年林府的秘聞，她也隻字沒提過那些不堪回首的往事，我們的話題幾乎一直圍繞一些只有劫後餘生者才感興趣的內容──對命運的理解，對人生的感悟，包括對宗教的認識。有時我們也會談到吃，她同我一樣，很喜歡南京的一些地方菜。

有天在宴請她的席間，我同幾位在場作陪朋友閒談時提到了本文前面的那些陳年軼事，她在聽我講述的過程中，那張風韻猶存的臉上一直非常平靜，幾乎看不出任何表情。我講完後，她優雅地伸出手來指了我一下，反過來又點了點自己，接著又指向上空停留了兩三秒鐘，然後平靜地說道：「您，我，他們，過去所發生的一切，都是上帝的安排。倖存下來的您和我是這樣，」說到這裏她停頓了一下，抬起那雙美目向空中瞥了一眼，「他們，也是這樣。」

不愧是當年優秀的歌舞演員，雖然年過半百，語音仍然那樣悅耳又富磁性。不過在她那宗教虔誠的後面，我總感到似乎在隱藏著什麼。是多年坎坷積澱形成的睿智？是韶華漸逝後昇華出的參悟？還是一種在命運面前難以掩飾的無奈？我說不清，但又不能排除它們。

又是十來年過去了，每當和朋友們閒聊中談到林彪時（這是談及中國近代史時一個繞不過去的話題），耳畔不由會出現張寧女士那段悅耳的語音：「一切，都是上帝的安排」。

是啊，一切都是上帝的安排。否則，怎麼說呢？

「林副統帥」，「親密戰友」，「『九一三』事件」，「『571』工程紀要」，這些當年國人再熟悉不過的名詞，隨著四十年光陰的流逝，終於漸漸蒙上了一層歷史塵埃，但於我而言，它們卻像昨天才發生過似的，依然那樣清晰，那樣新鮮，那樣令人瞠目結舌……

歷史作為一門學科，我從來對它不感興趣。我之所以對某些歷史事件念念不忘，是因為它們正好發生在我的青年時代，林彪事件發生的那年，我剛剛三十歲，對一個行將就木的古稀老者，還有什麼比三十歲的青春歲月更彌足珍貴的呢？與此相應的是，在我三十歲時身邊發生的一切，它們當然將被永遠銘刻在我的記憶深處。常愛回憶自己年輕時發生的故事，幾乎是所有

老人的通「病」，正因如此，當啟之先生在林彪事件四十周年之際特邀我寫
一篇回憶文字時，我沒有片刻的猶豫就一口答應了下來。

　　啊，歷史，四十年前中國的那段歷史！

　　啊，青春，我那三十歲的青春歲月！

2011年5月14日於南京

走出恐懼
——「九一三事件」40年祭

饒瑞農

饒瑞農，退休工程師。「九一三事件」發生時27歲，是因「思想反動」罪被「勞動教養」後又強留在勞改工廠的「就業人員」。

　　林彪死那年，我27歲。作為一名「解除勞教留廠就業人員」，輾轉蘇北兩個、蘇南一個勞改隊後，1970年元月又被集體押送至南京第四機床廠——這也恰好是我「被留廠」的「第四」個勞改隊（它的「法定名稱」是「江蘇省第十一勞改隊」），在鑄工車間當電焊工。至於後來又歷經第五、第六、第七個勞改隊繼續「留廠」，使自己19歲時因「思想反動」被處的「勞動教養兩年」最終變成長達16年的「變相勞改」，那已是「後話」了。

　　所謂「留廠就業」是一種冠冕堂皇的說法，與另一種直言不諱的說法「留廠繼續改造」交替並用——需要你「安心留廠」時用前者，需要你「服從管教」時用後者。其實大家都心知肚明這「就業」是怎麼回事——我們這些人的「法定名稱」叫「廠員」而不是「職工」，相互不能稱「同志」而只能叫「同廠」。儘管從法律上講我們都已恢復了「公民權」，但與同廠犯人的區別也就是不剃光頭、不住監房、有工資，「理論上」還能請假外出而已。

　　我聽到林彪的死訊，是在當年的11月初。一天中午從食堂打飯出來，鐵杆「同廠」小徐搶前附耳一句「林彪死了」，旋即匆匆離去。言者惴惴，聽者惶惶——儘管心底都是溢滿快意，但傳播和聽取如此頂級的「政治謠言」（當局讓你知道前的「真相」），一旦暴露，麻煩可就大了！可是那個一臉奸相、陰陽怪氣，扇著「小紅書」對毛太祖亦步亦趨的「副統帥」、「接班人」，不管怎麼死的都大快人心！

　　當然，不久後，在得知他居然迫不及待要「搶班奪權」而幾乎成了太祖的奪命人；尤其是看到《「571工程」紀要》裏「打倒當代的秦始皇B-52」，「推翻掛著社會主義招牌的封建王朝」以及「社會法西斯主義」、「封建專制獨裁式家長制」、「變相勞改」、「變相失業」、「國富民窮」這些真正大快人心的話，卻又在原來的「大快人心」裏摻雜進一種難以言說的滋味。這一切太出人意表了——「親密戰友」一夜之間成了陰謀家、「反革命兩面派」！一個能站在批判「掛著社會主義招牌的封建王朝」高度的人，怎麼會在人格上有如《鏡花緣》裏的「兩面人」，於說笑間被人猛然揭起浩然巾，登時露出青面獠牙的另一面來?!

　　然而再細想想，一切又在情理之中了。他的那句「不說假話辦不成大事」，難道不是一語中的「切中時弊」？只不過具體因人而異，對某些人是「成大事」與否，對我們這些人就是「能生存」與否的問題罷了。捫心自問，就在林彪摔死前一年——1970年的3月20日，同廠犯人仇賢武被處決的「公判大會」下來，於晚間的「討論會」上自己不也是作了「義憤填膺批判反革命分子仇賢武」的違心發言嗎？固然每個人都有自辯的充分理由：「死者不能復生，而我們還要活下去啊」；但是作為與仇賢武的「罪行」有著同等犯意的自己，在槍聲響後馬上迫不及待要以誅心之論（誅自己心的！）表態亮相，不能不說是被剛才那聲槍響嚇破了膽！這種在露天操場召開全廠大會，當場點名、當場宣判、當場執行——宣判後立即將犯人拉到會場後面的亂石堆現場槍殺的做法，其立竿見影的效果就是「下一個會不會是我？」——因為仇賢武的致命罪狀「惡毒攻擊江青同志的樣板戲」，我也有份啊！

　　是什麼使我們變成「兩面人」？——恐懼。

　　無論平時對「領導幹部」的陽奉陰違，還是在每晚熄燈前「學習」時的言不由衷，乃至彼此間的虛與委蛇，勾心鬥角，內心的恐懼都無所不在，深入骨髓。至於上述「三個當場」那樣的恐怖場面，則更是刻骨銘心，終身難忘。1979年我被「清放」（這又是一個極其精妙的「法定用語」：它就是「清理釋放」的簡稱，卻繞過了「二度釋放」的聯想）回原籍成都。成都的禽類市場時興由顧客現選鮮活雞鴨、成交後當場宰殺去毛的交易方式，被成都人美其名曰「現場點殺」！至今經過此類攤點，我每見招牌上赫然在目的四個大字，耳畔還會響起當年那清脆的槍聲，不由一陣心悸。

那麼，在「兩面人」林彪的恐懼中，促使他黲夜倉皇出逃、不幸折戟沉沙的，當是那個迫在眉睫的「致命恐懼」——前「老戰友、接班人」轉眼變成「叛徒、內奸、工賊」位置上留下的余溫錐股了。由此看來，對某個「法定名稱」缺乏「身份認同」而失去安全感，實在是恐懼的深層源頭啊。

在這一點上林彪的恐懼與我們並無兩樣，差別只在那個缺乏認同感的「法定身份」上：在他是「親密戰友」、「接班人」，在我們則是「恢復公民權的廠員」，如此而已。既要你有「公民的覺悟」去盡「公民的義務」，又不能充分享受「公民的權利」；明知這「公民權」被打了折扣，又生怕一旦失去它所附麗的「廠員」身份、重墜「犯人」行列而萬劫不復——唯一的選擇就只能是做「兩面人」了。

不過我們中間還真有一個不願做「兩面人」的，但他的下場更加令人不寒而慄。

那是林彪摔死的兩年後了，時值「批林批孔」期間。我的一名「同廠」許小彥，精加工車間的刨床工，二十多歲。他是「勞改刑滿留廠就業人員」，某個休息日因家有急事又怕不能准假，便毅然以「公民身份」擅自離廠，結果被以「逃跑」罪名抓回、手銬腳鐐投入禁閉室內。一日廠部「最高領導」王政委親臨禁閉室對其進行「當面教育」，話不投機還被帶鐐踢了一腳——這「身份僭越」的一腳，其代價就是「廠員公民」許小彥不久後以「呼喊反動口號」為由被定為「現行反革命」判處死刑。處理方式同樣是「三個當場」——在全廠大會上當場點名、當場宣判、當場執行。

這樣的情景無疑更加堅定了我們這些「公民廠員」繼續做「兩面人」的決心。然而卻也有決心太堅定反而弄巧成拙的一例，那便是我們機修班的鉗工師傅老L。

L師傅一手好鉗工，是偽滿時期在東北做日語翻譯時跟日本人學的。他也因此而以「歷史反革命」入罪，刑滿留廠不久就在江浦縣入贅一農婦家。為爭取每週請假的「公民權」不打折扣，平時「靠攏政府」在在不遺餘力。哪知到了「批林批孔」後期忽然一改往常週末「回家」前後的喜形於色為長籲短歎了——不乏好事者打探原委，結果實在匪夷所思：近年來他每次回去上床後，必先向對方「彙報學毛選批林批孔心得體會」方能順利行房，妻子不勝其煩又無法勸阻，終於堅決要求離婚！為此L師傅居然還「理直氣壯」

了一回，去找「領導」請求幫他「講理調解」，最後自然是碰了一鼻子灰，婚也還是離了。

此事在我們機修班乃至鑄工車間一時傳為笑談。可是我卻在笑過之後陷入一種莫名的悲哀之中。因為相同境況的直覺讓我隱約感悟到，許小彥之死和L師傅的離婚這一前一後、一「悲」一「喜」的劇幕背面，都依稀晃動著一個「身份認同」的影子！

這些都是將近四十年前的舊事了，如今依然歷歷在目；並且有些場景甚至可以說「鮮活如昨」，與當年見到的那張溫都爾汗沙漠裏慘不忍睹的群屍照片定格在一起，難分難解。

翻開塵封已久的記憶，錄下片斷一二；雖然不成文章，卻也足以讓我從中再次自檢、自審、自省、自警，以時刻不忘1979年「清放」至今，自己對「恢復公民權的百姓」始終有一個「身份認同」問題，並牢記問題的真正解決只有一條唯一的途徑——走出恐懼。

2011年5月15日

「九一三」並未使我獲得釋放

謝聲顯

謝聲顯，退休幹部，作家。「九一三事件」發生時尚未滿26歲，正以「惡毒攻擊林副主席」的「現行反革命」罪名被關在四川省萬縣市看守所。

　　1971年的酷暑終於過去。引頸高牆之外，已是秋風習習，落葉蕭蕭的時節。

　　6月26日，我在萬縣市東方紅廣場的寬嚴大會上被以「攻擊我們敬愛的林副主席……態度惡劣，拒不認罪」的罪名公開逮捕，還在全市遊街示眾後被關進了看守所。但除了進監的當天填寫登記表時接受過問話之外，關進倉（看守所裏對牢房的俗稱）整整3個多月了，就沒有任何一個政府工作人員來問過我一聲。

　　9月13號已經靜靜地過去，我們這小地方的人都不知道那已發生的大事兒。由於各級保密措施的封鎖，「九一三事件」遲至國慶日之後才傳達到萬縣市。看守所馬上便進入了「緊急狀態」。除了伙房的幾個火鉤（獄中對炊事員的俗稱）不曾停工，任何在外勞動的人犯都不准出倉了；提審的、外調的都不來了，連代替放風而在天井裏開飯的慣例也取消了。在押人員除了倒馬桶和洗臉，都沒機會出倉了。

　　最初，人們都不知道這「緊急狀態」的原因。因為沒地方打聽，就亂猜。不久，便從火鉤口中傳出，是川北某縣有久關不決的武鬥人員「打監」，搶了槍殺了人，沖了出去。全省都在大搜捕。大家均信以為真，這消息便以訛傳訛，在北山公園看守所內廣為流傳。

　　其他倉裏如何，我不知道。但在16倉裏，只有我一個人不相信這種解釋。即使其他地方真有人「打監」成功，各地加強戒備是可能的，但不會連提審、外調這類日常工作也停止不辦了啊！我已經想到，大概是出了比「打監」更大的事兒。

只有在每天那張《萬縣日報》上找蛛絲馬跡。

當時，看守所內除了允許人犯們讀「紅寶書」外，每天還給各倉發一份八開四版的《萬縣日報》。每過三、四十天，當局便要統一回收，若缺少半張報紙，便會受到嚴厲追究，因為那是宣傳毛澤東思想的黨報。

存了這種心思去看報紙，果然就有了驚人的發現，有些紅極一時的人在新聞中不見了！

我返回去查國慶期間的報紙，果真沒見到林彪和他手下那幾員幹將黃吳葉李邱出席任何慶祝活動的消息。我覺得，自己的猜想被證實了。我編過報紙，太知道我國的各級機關報上領導出場與否及排名先後的關係了。我為此而震驚，最初甚至不敢相信。疑惑之下，又將上個月還未回收的報紙一張張地仔細查看，果然發現自9月中旬起，林副統帥以下的總參謀長、海空軍司令及一大批紅得發紫的人都從報紙上集體消失了！

為了證實這一發現，每天早飯後，我開始候在風門邊搶當天的報紙，看上邊出不出現這些人的名字。果然，一天沒有，兩天沒有，三天還是沒有……我頭腦裏畢竟沒有那些框框，就越來越相信自己的判斷，也悄悄地興奮起來：你們在十萬人參加的大會上抓我，通過高音喇叭公開宣佈我是「惡毒攻擊林副統帥的現行反革命分子」。現在，我被關在看守所裏，連一次審都還沒提過，那林副統帥說不定已成為現行反革命分子了！你們抓錯人了！

林彪的出事，肯定會改變我的命運。我越想越興奮，忍不住就將報紙搬到同倉的老地下黨員陳化文面前，向他耳語：你看，這個國慶日前後，林副統帥和黃吳葉李邱們都沒有出來……老革命將報紙認真地翻檢了一遍，但他絕對是想都不敢往這方面想的。陳老還輕聲告誡我：你千萬別亂說啊，林可是毛主席最忠誠的戰友，上了黨章的接班人啊！

我不敢再給任何人說了，就只能偷著樂。

又過了一段時間，緊張氣氛有所緩和。雖然還是不准在天井裏開飯，但在外勞動的又可以出倉了，提審的、外調的都來了。就有新抓進來的人傳出消息：「九一三事件」，「林彪反黨集團」……北山公園的居民都知道了。就有人對我說：你以前不承認攻擊過林彪，他們說你態度惡劣，將你辦成從嚴對象；以後提審時，你就承認攻擊過林彪，看他們怎麼著？

也有人說：因為沒有旁證，以前都沒提過你一次審，此事一出，就更不會審你了。許多人都向我表示祝賀，預測我馬上就會無罪釋放。還有人託付我，出去以後找他的家屬，說些什麼，辦些什麼……我也開始幻想，以何種姿態離開看守所，出去以後，第一頓要吃些什麼，然後再怎樣去找廠革委的范主任算賬……年青的司爐工當時也只有這個境界。——當我大失所望，又坐了兩年多之後才離開看守所時，照說我更應該想著出去後吃些什麼，和怎樣去找范主任算賬。但時間是最能改變人的東西。我出去時，已完全沒有了這些想法。

我在興奮的期盼中度日如年，但還是沒人來理我。一天兩天、十天半月、一月兩月……時間無聲地逝去，心中希望的火焰便被失望的冷風一點點吹熄。因武鬥殺人而入獄的回鄉知青高潔殘酷地說：你已經坐過半年牢了，如果你現在還在幻想著公平和正義，你就是個白癡！他的話就似一盆冷水，將我心靈深處還殘存的最後一點希望徹底澆熄了。

大概是在1971年的12月中旬。吃過早飯不久。我被陳所長帶出了大鐵柵門，進了黑樓大門外邊的第2預審室。

這是一間只有七、八個平方米的小房間，一門一窗，正對著門有一張小小的雙屜辦公桌，桌後有兩把籐椅，邊上的那一把空著，正中的籐椅上坐著一位清瘦的中年人。桌子前面有一根埋在水泥地裏的圓木，地面上只露出了六、七公分高的一截。這位所謂預審員冷冷地看著我走進了門，卻視而不見地俯下頭去看桌上的案卷。我就仔細地打量他。這人穿一套藍色中山裝，我不知道他代表公檢法三家中的哪一家。預審員自然不會向被提審的人作自我介紹。

所謂預審員，其實就是法官。那年頭，已經不興開庭審理這一套了，就是將人犯提到預審室裏問一番，然後就判決。不管是短刑、長刑甚至極刑，都是由預審員在預審室裏或公判會上完成的。

十幾分鐘過去了，還不見另外有人進來。我就想，老犯們都說，審訊的規矩是兩個人出場，一個問話一個記錄，今天怎麼只來一個人？此時，座位上那位預審員終於抬起頭，一言不發，冷冰冰地盯著我。這一招對剛抓進來的人可能會起到心理上的威懾作用，但對我這個已在裏面關了半年，並且知道強加在我頭上的罪名已不復存在的人，沒半點作用。

「坐下。」他指了指桌前那半截矮木樁。

我1米8的人坐在只高出地面約1尺的木樁上面，腦袋也僅及桌面高。這是為了防止被審的人用坐凳行兇而準備的特殊座位，當年的設施就這麼簡陋。

他攤開一本訊問筆錄，擰開了鋼筆帽。看來，今天真是一個人來審我了，這不合規矩的安排意味著什麼？我猜不出來。

姓名、性別、年齡、民族、文化程度、捕前職業、家庭住址、家庭出身、政治面貌……公事公辦，一項一項地問，慢條斯理地往格子裏填寫。好似從未看過我的檔案材料。

必須填寫的格子都填滿了，他放下筆，往椅背上一靠，居高臨下一言不發地盯了我幾分鐘。我腹中裝滿了獄友們應付提審的多種經驗，自然一點不急，就搓手，搓臉，伸懶腰，還觀察到桌子上沒有煙和火柴，他的手指上也沒有煙客的印記。就有點失望地想，他不會如獄友們所說，為了套我的話而時不時地拋一支煙下來。

「謝聲顯，你現在老老實實地向政府交待自己所犯下的罪行。」他並未提高聲音。

「在逮捕我的十萬人大會上，你們不是公開宣佈了，我是惡毒攻擊林副主席的現行……」

不待我說完，他便打斷了我：「不說這個，你在裏面肯定也知道了，我們就不說這事兒了，你現在只需交待，自己還有些什麼錯誤。」

罪行一下子變成了錯誤！

我背了一句那個時代盡人皆知的史達林語錄，大意是只有未出生的人和死了的人，才沒有錯誤。接著便反問他，凡是有錯誤的人，是否都要坐在預審室的矮木樁上向政府交待？他沒有正面回答我的問題，改而向我宣講坦白從寬抗拒從嚴頑抗到底死路一條的政策。

趁預審員低頭寫字的間際，我便搶著說，我根本沒幹過違法犯罪的事兒，你們卻硬栽個罪名把我抓了進來，關了整整半年之後，連那硬栽的罪名都不敢再提了，還來要我交待自己犯過的錯誤，你們這樣做合不合法？

這位預審員的外貌與性格是一致的，文明而不粗暴。面對我如此尖銳的問題，他既不反駁也不喝斥，只待我一停嘴，他便給我宣佈規矩：在預審

室裏，代表政府的他說話時不准插嘴，他問什麼我只能回答什麼。他特別說明，被審者是沒權提問的。

只要走出看守所牢房的大門，哪怕是坐在預審室裏，我便覺得陽光明媚，空氣清新，時間也過得特別快。彷彿才開始交談不久，他便看了看表，命令我起立，然後將記錄推到桌邊，叫我看一下，如果無誤，就簽上名字。我飛快地看了一下，除了前面那些姓名性別年齡民族文化程度等基本情況外，正文中的記錄只有一行字：對謝聲顯進行政策教育2小時38分。訊問人的簽字更是鬼畫符，我只認出了最前面的那個字——喬。我在指定的地方簽了名，又在他的指點下用拇指捺了好幾個印。喬預審就語重心長地說：進去後好好想想，怎樣做才對自己有利。

回倉後，我將提審情況一字不漏地向熱情的獄友們進行了詳細彙報，閑得無聊的傢伙們都積極認真地幫我進行評估和分析。最後，形成了兩種看法：一，都知道憑案卷裏的材料無法判你的刑，所以才來一個人走過場，可能要給你一個教育釋放。二，雖然知道僅憑案卷裏的材料無法判你的刑，但他們絕不會主動認錯；為了證明他們沒將你抓錯，就千方百計地想找你幾條「錯誤」，給你裁上個「政治尾巴」，判你個戴帽管制之類。給你弄個反革命或壞分子的帽子，你就成了「黑五類」，永世不得翻身。持二類看法的占多數。

我希望得到前一種結局。但在看守所裏已坐了半年，畢竟看到了許多外面看不到的事兒，心理也就成熟了一點。我知道，出現第二種結局的可能性要大些。在我們這片土地上，掌權的人怎麼會主動認錯呢？除非是失去權力之後，才有這種可能。

我不眠不休，進行了艱苦的思考。關於戴帽管制的後果，每個不聾不瞎的人都曾在身邊看到過無數鮮活的例子。你若一旦被判戴上帽子交群眾監督管制，表面上看，你未進勞改隊，還在社會上享受著有限的自由，實際上卻等於被判了政治上的無期徒刑，從此再沒有恢復正常生活的可能。被戴帽管制的人除了在物質生活上必將終身貧困外，若是未婚者，這一輩子再也不可能娶妻生子了。至於什麼交朋接友，外出旅行，遷居異地等等，更是想也別想。居委會為你成立的「包夾小組」中那些老頭老太太們不光嚴密地監視著你的一言一行一舉一動，他們別出心裁的任何命令你都必須服從。稍有不

慎，輕則批鬥，重則送你進監。你的父母和兄弟姐妹都會因為有了你這樣一個「社會關係」，而與升學參軍入黨提拔等一切好事兒絕緣。雖然你還留在社會上，你卻成了一個賤民，「黑五類」，你不再是個人，而真正變成了一砣「不齒於人類的臭狗屎」。當時，人們不可能預見到十年之內便會發生改革開放，戴在千百萬人頭上的政治帽子會被「一風吹」。我同絕大多數中國人一樣，真以為社會永遠要按他們宣佈的那樣「無產階級專政萬萬年」。所以，我也只能在當時的認知條件下，進行著現在看來十分愚蠢的思考並作出決定。

我最後決定：長痛不如短痛。絕不能為了逃避眼前看守所內的苦難，而去迎合辦案人。我堅信，以我的所作所為，他們即使在現有的「極左」形勢下，也不可能判我的刑。只要我不自己低下頭來，他們就不可能給我戴上帽子。我估計，他們最多只能利用「拘押無限期」將我在看守所裏再黑關一段時間，總不會真正「無限期」到永遠吧？那時，我還不知道佛家「緣起性空」的智慧。我不知道一切事物必是許多因緣（條件）齊備後才可能發生和存在（緣起）。因緣（條件）沒有齊備或齊備後又缺失了，該事物也就不存在了。在終極和絕對的意義上，一切事物都在變化。由於沒有永恆存在的事物，所以一切皆空（性空）。當時，滿腦袋形而上學的我也沒有半點政治智慧，不會學那些聰明老人採取「留得青山在」的策略，而自以為聰明地決定硬頂下去。雖然博得了個威武不屈的虛名，結果卻讓自己無辜地多吃了許多苦頭。

人生就像下棋，一步走錯全盤皆輸。但不同的是，人生還不如下棋，因為任何人都沒有再來一局的機會。

3天後，預審員喬又來提審我。一切程序如上次一樣進行完畢後，他問我想得怎麼樣了？我便一本正經地告訴他，我反覆思考了自己短短的一生，發覺我還真是一個毛主席的好工人。我擁護偉大領袖，願意為保衛他老人家的革命路線拋頭顱灑熱血，雖九死而不悔……喬耐心地聽我自我表揚了一通後，問：你就沒做過一樣錯事？沒說過一句錯話？我厚顏無恥地答：沒有，沒有，毛主席的書，我天天讀。我聽毛主席的話，照毛主席的指示辦。他問：你對地段委員搞假槍斃呢？也沒錯？我一點不急，就將武鬥時我一直在堅持「促生產」，未參加任何一派群眾組織，而她倆卻無中生有，誣我為造

反派「主力軍」的暗殺隊長，唆使另一派的武鬥人員將我抓去打得渾身是傷，如果不是僥倖遇見了那幾個我幫助過的女搬運工，和友人姜鐵匠，我已經被他們真槍斃了兩次。我將這一段的經歷，詳詳細細繪聲繪色地對喬講了一遍。他沒有打斷我，居然還聽得津津有味。兩個多小時就過去了，記錄上又只寫了一行：對謝聲顯進行政策教育2小時多少分鐘。我在指定的地方簽了名捺了指印，喬預審又語重心長地說：進去後一定要好好想想，怎樣做才對自己有利。

過了幾天，還是喬來提審。程序如前。但他不肯再聽我講故事了。而是將學習班裏問過我的一些無關緊要的問題找出來與我「核實」。那都是些不涉及偉大領袖和無產階級司令部的閒話，是些無論他們怎麼上綱上線，都扯不到現行反革命言論上去的雞毛蒜皮。諸如對市革委某個領導的風流傳聞；對每個月26塊錢工資不滿意；還有如1角2分錢的中夜班費，吃一碗雜醬面還得自己賠2兩糧票之類……即使在學習班，雞蛋裏找骨頭的專案組也沒將這些話太當一回事兒，我當時也避重就輕地承認自己說過。但現在經他重提，我就十分警惕了。也不管那專案組報上來的案卷是怎麼記錄的，我抹下臉皮統統不認賬：沒說過！我咋個會這麼沒覺悟啊！看守所裏流行這樣一句話：只要將一支笤帚在倉裏放半年，它就會撒謊。

就這樣，每隔三兩天，喬便來提審我一次。詢問筆錄上每次都只有對我進行政策教育2小時多少分鐘。他為達到目的而堅持不懈；我為不上他的套而施展泥鰍功。現在想來，那位預審員還真講政策，絕沒搞過體罰。當我將這點感想在倉裏發表時，高潔卻說，在1967年大規模武鬥時，為什麼公檢法的人有那麼多遭槍殺或被打殘？多半都是原來愛搞體罰的人。血淋淋的教訓就在前面，這才是他們現在不搞體罰的主要原因。

大約在提審我七、八次之後，喬的耐心終於到了極限。

我記得最後一次提審是在1972年的1月中旬。在預審室裏也感覺寒風侵肌。當我坐在那半截木樁上，還妄圖與他吊兒郎當地瞎扯時，喬卻不再與我兜圈子話家常了。他問我，建國20多年了，都知道我們中華人民共和國沒有《刑法》和《刑事訴訟法》，是我們制訂不出來麼？我答，原子彈和人造衛星都製造得出來，怎麼會制不出兩部法律！他誇我答得對。又問我知道不知道，政府為什麼不制訂這兩部成文法？我就老實地說沒想過這問題。他便深

入淺出地給我講，因為我們的理論基礎是唯物辯證法，按照唯物辯證法的觀點，萬事萬物都在不停地發展變化。他還舉了些例子來作證明，說，正因為一切都在不停地發展變化之中，我們若制訂《刑法》和《刑事訴訟法》這樣的成文法，先定下一個案子辦多久，哪樣罪判幾年，豈不是自己弄出些條條框框來束縛自己的手腳？就違背了唯物辯證法的基本原理，也太蠢了。我們當然不會作這樣的蠢事兒。他說，我們不要資產階級的成文法，就可以根據形勢的需要，方便靈活地打擊一切應該打擊的敵人。需要打擊你時，你無罪也可以有罪，不需要打擊你時，你有罪也可以無罪……

看來喬也和我差不多，畢竟站得不高。都知道，特別鋒利的刀子，使用起來當然很利索，但它不光是能夠很利索地殺豬，也會很利索地殺人啊！他說這席話時根本沒想到，就是因為這種方便靈活，此時包括國家主席和一大批開國將帥在內的無產階級革命家，正在被無罪定罪……所以，後來文革一結束，就有那麼多深受其害的無產階級革命家急急忙忙地站出來制定《刑法》和《刑事訴訟法》了。

當時我還想不到後來的事兒。只是看到他搖頭晃腦，十分得意地陶醉在自己的理論中，我就忍不住挺真誠地說了一句：沒有成文法，整起人來當然很方便。但執法者都必須是水平特別高，又沒得半點私心雜念的人才行啊，如果你們不是百分之百的布爾什維克，就可能放過了壞人，錯整了好人……

正在興頭上的喬不待我說完便勃然變色：我苦口婆心地給你講政策，你卻始終是一顆花崗岩腦袋，不識抬舉！

我也真是不識抬舉。還固執地問：你認為自己是百分之百的布爾什維克麼？

一直好脾氣的喬預審員終於拍了桌子，他衝到我身邊，抬腿踢了坐在矮木椿上的我兩下。大聲命令我站起來，然後指著我大罵了一頓。我冷靜地望著只及我肩高的喬預審員，心想他今天如此失態，大概是因為久久沒有制服我而受到了上面的批評。罵夠了，他回到座位上，冷冷地對我說；你既然不肯承認一點錯誤，堅決不走從寬的道路，我也沒有辦法。我不會再來白費口舌了。當然，你我都明白，憑現有的材料判不了你，但政府在十萬人的大會上抓你抓錯了麼？哼，判不了你，我們至少可以將你在看守所裏「泡」上

兩三年，你應該知道，看守所裏的兩三年，比勞改隊四五年都難熬……

　　不容我說話，喬預審就叫我在進行政策教育2小時多少分鐘的下方簽了名捺上指印。然後叫進陳所長，指著我嚴厲地說，這傢伙態度特別惡劣，給他上刑具。

　　進去後，陳所長並沒有照喬預審員的吩咐給我上刑具。

　　我就真被他們扔在看守所裏，像扔在泡菜壇裏的老泡菜一樣，被「泡」了兩年又十個月，直到釋放的那一天，都沒人再問過我一次。但我也知道，泡我這麼久，也不是那位文質彬彬的預審員所能決定的。

　　據說，司法機關的刑事檔案起碼要保存50年？我那幾份只寫了對謝聲顯進行政策教育2小時又多少分鐘，而沒有半點內容的訊問筆錄，此時應當還靜靜地躺在某個冷落的檔案室裏。40年如白駒過隙，那些薄薄的紙張可能早已變黃變脆，它們上邊是否落滿了灰塵？

外國人

記憶中的一個亮點

Carl Crook（英國）

Carl Crook，在中國長大的英國人，中文名柯魯。「九一三」發生時22歲，在北京郊外一汽車修理廠當學徒工。其父親大衛・柯魯克（英國）和母親伊莎白爾（加拿大）40年代後期被英國共產黨派來中國，調查土地革命。後留在中國，參與創辦了北京外國語學院。柯魯隨父母在北京定居。文革中，其父母被誣為「外國間諜」，雙雙逮捕入獄。「九一三」之後獲釋。在1973年「三八」節招待會上，周恩來當面向他們宣佈平反並賠禮道歉。

　　最初聽到「九一三」消息的時候，我二十二歲，在清河附近的雙泉堡汽修一廠做學徒工。在北外教書的父母已被拘留近四年。廠裏的生活還算可以，吃的比校好，儘管車間裏已傳開我父母是外國間諜，大部分工人對我還不錯，沒把我的「出身」當回事兒。不過此時我已在工廠幹了兩年多了，文革已持續了五年，對運動驚險的興奮也難以維持，我有些寂寞，對自己的前程也顧慮重重，恨不得發生什麼驚天動地的事能打破僵局。

　　消息是從科學院一個朋友家裏聽說的，回工廠的路上我很興奮，四處觀察誰可能也得知了這個消息。回到宿舍後，我就忍不住跟我同屋學徒說：「我已經聽說了。」他只是傻笑地看著我，問我聽說什麼了。我認為他在瞞著我，因為他是軍隊大院裏的人，雖然不是什麼高幹子弟，但平時消息還算靈通。我便說林彪墜毀於蒙古。他似乎有點驚訝，但也沒說什麼就出去了。

　　不一會兒，我就被召到廠裏的軍代表辦公室去了。軍代表嚴厲指責我身為外國間諜子弟，在廠裏受到如此寬大的待遇，不好好接受再教育，還敢傳播惡毒謠言攻擊國家領袖。當他追問我何處聽到此謠言時，我堅持說是騎自行車時聽路上人說的。他不相信，讓我去好好反省，再做交待。

　　過了幾天，軍代表又把我召去，不過這次他態度似乎有些緩和，他重

點要我交待謠言的其他內容，比如，飛機上還有誰？我說我實在沒聽到其他消息。他似乎有些失望。

我廠的軍代表小組是38軍派來的。沒幾天他們突然被8341派來的軍代表替換了。人們私下裏傳說38軍曾是林彪直屬的軍隊，他們被調往離城較遠的南口去了。此時還有不少人懷疑林彪的外逃是謠言，直到傳來最新指示「做好保密工作」，才排除了疑問。

對於熱愛毛主席，投身於文化大革命的一代人，「九一三」是一個重大轉折，是這一代人懷疑主義和獨立思考的起源。它也是一個群體記憶中的亮點。後來在美國上學的時候，我聽說有一代美國人的記憶亮點是聽到甘迺迪總統遇刺消息的時刻。這一時刻，自己跟誰在一起，在做什麼，在想什麼，都成了一種不可磨滅的清晰時刻。在中國，對我這一代人，「九一三」也是如此。

「九一三」對一個外國大學生的影響

潘鳴嘯（法國）

潘鳴嘯，法國漢學家，法國社會科學院高等研究院教授，清華大學人文社會科學學院中法中心主任。著有《失落的一代：中國的上山下鄉運動·1966-1980》等書。「九一三事件」發生時22歲，是正在香港學漢語的法國大學生。

　　我已經談到過總是感覺自己與中國知青有緣，主要是因為我們都屬於同一代人。1971年9月13日林彪突然神秘死亡，該事件猛烈地衝擊了當時的知青一代，儘管對我並沒有如此強勁，但卻也在我這個法國青年的思想上刻下了印記，直接影響了後來的心路歷程以及對當代中國的研究。

　　1966年中法兩國中止了學生交換計畫，再也沒有可能到北京去學習了。於是我就在1971年決定去香港學普通話，那一年的9月初到達這個城市。當年22歲的我雖然已經得到哲學學士學位，但還沒念完中文專業，對中國共產黨政權的看法還相當天真。我從來都不是一個毛派分子。我是一個注重理性反對迷信的馬克思主義信仰者。文化革命中對毛的個人崇拜令我非常反感，然而對中國的共產主義革命還是很讚賞的。

潘鳴嘯近照。

　　在我初抵香港的幾個星期中，當地報章的主要話題慢慢轉向林彪消失於中國政壇的新聞。一些獨立或親台的報紙索性肯定林已經死去。而與此同時，由北京支持的報紙就強調那是「別有用心的謠言」。

　　以我當年的漢語水平來閱讀中文報刊的文章還是很困難的（尤其是繁體字），不過足夠應付看懂其大意，此外總還能借助英語報紙來搜尋相關消息。在我當時任教的法國文化協會也

可以看到最受人讚頌的法國報紙《世界報》。然而，他們的駐京記者居然接受中國官方的立場否認林彪已死，一直到中國當局不得不自己出來承認這一事實。就是這樣，剛到香港我就一頭碰上中國政治的違背常理的古怪事情，令我很快就明白了對中國官方發佈的新聞是絕對需要採取一種重新判斷的態度，不可全信。

另一方面，令我震驚的是看到西方人對毛政府如此缺乏判斷力，從而輕易地被那些政治宣傳牽著鼻子走。1972年6月，我回巴黎參加中文學士學位的畢業考試，遇見了鳳凰書店老闆貝日隆先生。他向我敘述了他在北京的經歷，使我驚愕萬分。在中蘇斷交之時貝氏是少數選擇投向中共陣營的法共黨員之一，因此被視作中國的好朋友。為此他得到了中國國際書店在巴黎售賣該店發行的各種圖書的專利權。他對中國抱有一種樸素的原始好感，1958年還去了一個人民公社待了一段時間。他的5歲的女兒就在那裏學會了說中文，可惜一回法國就都忘光了。上大學後她又重新開始學，我跟她成了同學，因此就跟她父親保持了良好的關係。

當林彪被欽定為毛的接班人以後，貝氏就有意書寫林的傳記。1971年9月，中共中央外事辦公室接見了這位中國的好朋友，安排了一個辦公室給他，甚至還打算提供一系列寫作需要的有關林彪的資料。就這樣，在林彪死後的幾個星期內，中共當局仍然不斷給貝氏提供有關林的資料，表現無比友好，最後陪同他前往飛機場，而貝先生回到巴黎才得知他書中的主人公早已魂歸西天了，他的中國朋友也許是忘了告訴他。

他面含略為尷尬的微笑向我講述了這件事情，最後只是以一種帶有責備的欽佩語調說了一句：「這些中國人，真是⋯⋯」他的覺悟只到這個水平。至於他為寫書而製作的上千張有關林彪生平的卡片，照他的話說，是將它們「雪藏」起來了。他照舊售賣中國官方出版的報刊書籍。據我所知，他也未曾質疑過自己對中國共產黨的耿耿忠心。不過，後來我再沒見過他，一來我已經去了香港工作，二來也不再有必要到他的書店去購買中國的出版物了。

這段經歷對他似乎沒有什麼影響，但是對我就大為不同了。首先，我深信必須採取懷疑的態度來看待中國官方新聞報導，其次明白了「中國好朋友」的身份並不保證你會被中國當局尊重。林彪事件雖然沒有降低我研究當

代中國的熱情，但是這個戲劇性的事件給我敲響了警鐘，在今後的研究中一定得與我的研究對象保持一段距離，以便能清醒地做出獨立判斷。在此後30多年的研究生涯中，我時時刻刻提醒自己不可疏忽、不可忘卻這個教訓。

輯二
學術論文

前言

　　2011年8月24日，文衡文化公司與《記憶》在北京聯合召開了「『九一三』事件四十周年國際研討會」。提交了論文的作者們從美國、香港、南京，自掏腰包而來。此書就是這些論文的結集。

　　發生在「九一三」的林彪事件是國史上的大事，四十周年之際，官媒無語，學府噤聲。「禮失而求諸野」，這個會議彰顯了大陸民間的學術勇氣。

　　錢鍾書說：「大抵學問是荒江野老屋中二三素心人商量培養之事，朝市之顯學必成俗學。」這年頭難找荒江，文革學者也談不上野老，如今的「朝市之顯學」比如法律、經濟、企管、民國史算不算是俗學，我吃不准。但可以肯定地說，研究文革的都是遠離功名利祿的素心人。

　　我所說的素心不是沒有出書揚名的心思，不是沒有獲獎成家的欲望。他們只是不想禮拜廟堂，不願從主旋律中分一杯羹，不屑於為教授、博導、院士頭銜折腰而已。當然，同是不想、不願、不屑於，各人表現的強度、長度也各有不同，據我估計，這裏面最頑冥不化的，是那種寧願老死在冷板凳上，也不願到「百家講壇」上露臉；寧願像《如焉》中的達摩那樣在網上發飆，也不屑於給中南海的大員們講課的主兒。

　　有人說，那是因為他們吃不上葡萄！

　　不，他們想吃的不是這種葡萄！

　　人們喜歡說，什麼什麼研究填補了什麼什麼空白。照葫蘆畫瓢，我得說，本書的研究不但填補了學術的空白，而且填補了學風的空白。章開沅有言：「學風總是與世風聯系在一起的……政治壓力與金錢誘惑往往會破壞學術的健康發展。君主專制的暴虐必然造成史學的忌諱乃至作偽，而商品大潮的衝擊則會誘發學風的浮躁、粗制濫造乃至不惜剽竊以欺世盜名。」（陳才俊：《史學的品格與歷史學家的使命——章開沅教授訪談錄》《史學月刊》

2007年第4期）當今中國的學風如何，學界多有領教，無須我在這裏細數。把學風視為社會良心的最後寄托的章先生，相信會從這次研究者的身上，感到前所未有的欣慰──此間的學者不但早就把政治的壓力當作了求真的動力，而且他們用自己的成果昭示世人：在抄襲剽竊橫行，拜金主義泛濫，沽名釣譽成了美德的學壇上，這裏還有一方淨土。

臺灣歷史學家杜維運有言：「易代之際，歷史真相最易流失。」（《史學方法論》，北京大學出版社，2006）從毛到鄧，雖仍為一黨，但事如易代。既是「易代」，真相豈有不流失之理？宋史要「流失」趙某奪柴氏天下之事，滿清要「流失」向明朝納貢稱臣之史，鄧及後鄧時代自然也有自己要「流失」的東西。為了克服這「流失」，除了要「上窮碧落下黃泉，動手動腳找東西」之外，還要提高我們的「思考的能力」。這個能力是搞學術的基礎，是區分學人品級，學術高下的標准。古人把這種能力，稱為「識」。即見識、史識、志識。梁啟超說：「史識是講史家的觀察力……觀察要敏銳，即所謂『讀書有間』，旁人所不能觀察的，我可以觀察得出來。」（《中國歷史研究法補編》頁20）章學誠將志識與文辭相比較，以凸顯其作用：「文辭，猶三軍也；志識，其將帥也。」「文辭，猶舟車也；志識，其乘者也。」「文辭，猶品物也；志識，其工師也。」「文辭，猶金石也；志識，其爐錘也。」（《文史通義‧卷四‧內篇四》）

王年一的《大動亂的年代》1988年問世，二十多年來，各類的文革史一出再出，而此書的地位巋然不動。原因何在？它不僅有材料，更有識見。章學誠批評清中葉的史學界：「近日學者風氣，征實太多，發揮太少。有如桑蠶食葉，而不能抽絲。」（《章氏遺書》卷九《與汪龍莊書，《章學誠遺書》頁82，文物出版社，1985）這話也適用於文革研究。多年來，文革研究界一直存在著一種傾向：汲汲於搜羅資料，而忽略了對資料的「極深而研幾」。有些著述者樂於炫耀自己的注釋之夥，文獻之多，而惰於錘煉自己的識見。

趙園說：「征引的煩瑣，即緣不能精當，材料本身的說服力不足。征引應當是一種發現，對引文的發現，這樣的征引才不至於成為單純的炫博。」（《想象與敘述》，人民文學出版社，2009，頁269）因此，她發出

這樣的感慨：「取精用宏,是太高的境界,卻不妨心向往之。」取法其上,僅得其中。若以此境界為圭臬,文革研究會有大長進。

編者

2011年10月30日

黃、吳、李、邱與「九一三事件」

卜偉華

　　40年前發生的「九一三事件」，至今還存在許多巨大的謎團，例如：256號專機到底是迫降墜毀的還是被導彈擊中爆炸的？林彪出走是自願的還是被脅迫的？另一方面，隨著越來越多的史料被發掘出來，其中包括一些在「九一三事件」後遭受審查、監禁的重要當事人逐步恢復部分話語權，一些重要事件的當事人和親歷者的回憶錄陸續出版，許多歷史的真相和細節逐漸浮出水面。

　　本文根據現有的史料，對黃永勝、吳法憲、李作鵬、邱會作與「九一三事件」的關係作一初步的梳理，並對以往強加在他們頭上的種種不實之詞作一些分析和辨駁，以此作為對「九一三事件」40周年的紀念。

一

　　「九一三事件」後，中共中央很快就對黃、吳、李、邱作出了政治結論和組織處理。

　　1971年9月29日，中共中央發出通知，宣佈：「中央鑒於黃永勝、吳法憲、李作鵬、邱會作四同志參加林、陳反黨集團的宗派活動，陷入很深，實難繼續現任工作，已令他們離職反省，徹底交代。」

　　10月6日，中共中央在關於進一步擴大傳達林彪事件的通知中說：「早在九屆二中全會以前，林彪就背著毛主席和中央政治局大多數同志，同老反共分子陳伯達勾結在一起，指揮黃永勝、吳法憲、葉群、李作鵬、邱會作等多次開會，多方串連，陰謀策劃，妄圖推翻以毛主席為首的黨中央。林彪、陳伯達及其一夥在廬山會議上的全部活動，完全是有準備、有綱領、有計劃、有組織的。他們突然襲擊，煽風點火，破壞九屆二中全會原定議事日程，背叛『九大』路線，妄圖分裂我黨我軍，向毛主席奪權，顛覆無產階級專政，復辟資本主義。它的性質完全是一次被粉碎的反革命政變。」

　　1972年1月13日，中共中央下發〈粉碎林陳反黨集團反革命政變的鬥爭（材料之二）〉（以下簡稱〈材料之二〉），「主要內容是講林彪一夥制定的反革命政變綱領《「571工程」紀要》」，其中說：「據李偉信交代：于新野對他說，在批陳整風彙報會議的時候，林彪、葉群要搞『571』，黃永勝他們也同意。」這裏的「黃永勝他們」顯然是指黃永勝、吳法憲、李作鵬、邱會作四人。

　　在〈材料之二〉中，列舉了「林彪一夥」「從多方面進行了反革命政變的準備」的情況。在總共10個方面的問題中，有4個方面的問題與黃、吳、李、邱有關。

　　在「建立反革命政變的組織和據點」方面，其中說：「早在九屆二中全會以前，林彪就指揮陳伯達、黃永勝、吳法憲、葉群、李作鵬、邱會作，採取種種惡劣手段，拉山頭，搞宗派，結成以林彪為頭子的資產階級司令部，與毛主席為首的黨中央相對抗。」

　　在「製造反革命政變輿論」方面，其中說：「他們狂熱地吹捧林彪，到處散佈黃永勝、李作鵬、劉錦平〔民航總局原政委〕等人炮製的恩格斯、史達林、林彪『三大助手』中，『林彪是最好的助手』、『最光輝的助手』的謬論。黃、吳、李、邱等人在北京、河北、山西、湖北等地建造林彪紀念館，為林彪樹碑立傳。」「黃永勝、李作鵬、吳法憲把林彪的這首反動詩詞（指〈重上井岡山〉）譜成歌曲」。

　　在「妄圖拉攏某些部門、某些部隊的一些人，為林賊篡黨奪權服務」方面，其中說：「林彪、葉群、黃、吳、李、邱一夥，採用封官許願，請客送禮，接見照像，參觀遊覽等種種手段，搞山頭主義和宗派主義，妄圖分裂黨、分裂軍隊」。

　　在「秘密建立反中央政治局同志的黑『專案』」方面，其中說：「在林彪的指使下，林彪一夥秘密地組織親信，收集和複製反中央政治局同志的黑『材料』，甚至私設反中央政治局同志的秘密的『專案組』。這些黑『專案組』，由黃、吳、葉、李、邱直接控制，親自出面佈置任務，批閱和修改黑『材料』。」

　　〈材料之二〉中的這些材料明確認定黃、吳、李、邱是「按照《「571工程」紀要》這個反革命綱領，從多方面進行了反革命政變的準備」。但經

過仔細閱讀這份文件，就會發現這些材料抽象、空洞、牽強而無實質內容。其中所謂「秘密建立反中央政治局同志的黑『專案』」，其實是黃、吳、李、邱搜集、整理的張春橋的材料。

7月2日，中共中央下發的〈粉碎林彪反黨集團反革命政變的鬥爭（材料之三）〉（以下簡稱〈材料之三〉）中，第三部分「林彪反黨集團妄圖謀害偉大領袖毛主席，另立中央，發動反革命武裝政變和失敗後叛國投敵的罪證」中的26項指控中，與黃、吳、李、邱有關的有10項，即：（2）林彪給黃永勝的親筆信、（3）王飛（關於林彪給黃永勝的親筆信）的親筆供詞、（4）在林彪反黨集團發動反革命武裝政變前夕，葉、黃、吳、李、邱進行頻繁的電話聯繫、（6）黃、吳、李、邱等人向林彪、葉群報送的情報、（13）王飛等七人黑會擬定的隨從林彪、黃、吳、葉、李、邱南逃廣州人員名單、（14）劉世英（關於王飛要我們立即組織一批可靠人員，護送黃、吳、李、邱於明晨（十三日）由西郊機場乘飛機去廣州，到廣州後另立中央，並與蘇聯搞聯合）的親筆供詞、（15）林彪等南逃廣州準備乘坐的飛機起飛時間表、（16）李偉信關於兩架南逃廣州飛機的親筆供詞、（17）胡萍（關於吳法憲電話）的親筆供詞、（18）李作鵬竄改中央命令的陰謀和山海關機場值班記錄、值班員的說明。

〈材料之三〉中的這些材料是黃、吳、李、邱參與「發動反革命武裝政變」的最重要的證據，但這些證據無一例外，都是站不住腳的（下文將逐條進行辨析）。

1973年8月20日，中共中央一致通過並批准中央專案組《關於林彪反黨集團反革命罪行的審查報告》（以下簡稱《審查報告》），《審查報告》中建議：「永遠開除林彪反黨集團主要成員黃永勝、吳法憲、李作鵬、邱會作、李雪峰的黨籍，撤銷他們的黨內外一切職務。」

二

黃永勝（1910-1983），原名黃敘錢，湖北咸寧人。1927年參加秋收起義，後上井岡山。同年加入中國共產黨。1955年被授予上將軍衡，1956年被選為中共八屆候補中央委員，1968年遞補為中央委員。文化大革命期間，於

1968年任廣東省革命委員會主任、解放軍總參謀長，1969年兼任軍政大學校長、中共中央軍委委員。是中共第九屆中央政治局委員。「九一三事件」後被撤職。1973年被開除黨籍。1981年被確認為林彪、江青反革命集團主犯，判處有期徒刑18年，剝奪政治權利5年。1983年4月26日病逝於青島。

根據現有材料，黃永勝與「九一三事件」有關係的主要有六件事：1、林彪給黃永勝的親筆信；2、同意搞「571」；3、「政變前夕」與葉群進行頻繁的電話聯繫；4、向林彪報送情報；5、企圖南逃廣州另立中央；6、「九一三事件」後燒材料毀滅罪證。其中第2、3、4、5、6五項是黃、吳、李、邱四人所共有的罪名。

〈材料之三〉中公佈了林彪給黃永勝的親筆信的影印件，全文僅36個字：「永勝同志：很惦念你，望任何時候都要樂觀保護身體有事時可與王飛同志面洽　敬禮　林彪」。另有空軍司令部原副參謀長王飛的一段供詞作為證明。[1]

通過王飛的供詞，是要人們相信黃永勝不但參與了「反革命政變」，而且在其中起重要的作用，既要搞定釣魚臺，又要「負責統一指揮」。

實際上，這封信的內容與「反革命政變」沒有任何關係，而且這還是一封沒有送達的信。由於這封親筆信的內容與「反革命政變」之間的聯繫過於牽強，且為孤證，40年來對此親筆信的真實性的質疑始終存在。[2]

在黃永勝與「九一三事件」的關係上，還存在另外一些更為離奇的說法。如張耀祠在《回憶毛澤東》一書和蕭思科在《超級審判——圖們將軍

---

[1]　王飛的供詞如下：「1971年9月8日晚，林立果、周宇馳要我給黃永勝送東西，並把『帶交黃總長親收』的大信袋裝的東西交給我。十日，我把它送給了黃永勝，向黃說明是『晉草』（葉群代號）和林立果兩人送的，黃說『噢，是葉主任送的。』我向黃轉達了葉群、林立果向黃問候的話。我向黃轉達了周宇馳告訴我的他得到的關於毛主席同某地負責同志的談話內容的情報。黃表示對葉群、林立果感謝。

11日下午，林立果在西郊機場召開的黑會上，確定在南方動手謀害毛主席，釣魚臺留給黃永勝他們去搞。會後，林立果、周宇馳提出要我當林立果和黃永勝之間的聯繫人，並交給我一封林彪給黃永勝的親筆信，信的大意是：『我很惦念你，望你保重身體，現在形勢緊張，有事找王飛同志洽商。』要我必要時給黃永勝送去。林立果、周宇馳的意思是由黃永勝負責統一指揮。11日夜，葉群、周宇馳打電話告訴我，毛主席已離開上海，『解除任務』。12日上午，劉沛豐把這封黑信拿回去。12日晚，林立果、周宇馳向我談了林彪南逃廣州另立中央的反革命計畫之後，我召集魯珉、賀德全、劉世英、朱鐵錚等研究執行這一反革命計畫時，于新野在黑會的中間，把這封黑信又交給了我。十一點多，周宇馳電話告訴我『暴露了，不搞了。』我把這封黑信還給了于新野。王飛1971年9月28日

[2]　1971年9月15日的中央政治局會議第一次展示了這封林彪給黃永勝的親筆信，當時就有不止一人表示懷疑。見邱會作：《邱會作回憶錄》，香港新世紀出版社，2011年1月版，第799頁。

參與審理林彪反革命集團案親歷記》一書中都引用了這樣一條材料：

「同時（1971年9月8日），葉群給黃永勝送去密封親啟件——『現在情況很急，我們決定在上海動手。』」這類荒誕不經的東西雖然現在還可以隨處見到，但上不得臺面，在印發林彪罪行材料和兩案審理時均未被採信。

所謂「黃永勝他們」也同意搞「五七一」，只有空軍政治部秘書處副處長李偉信1971年10月13日的筆供一件孤證[3]。「九一三事件」後，經多年審查，並沒有發現黃、吳、李、邱與《「571」工程紀要》有關的任何材料，在對他們的起訴書中也都未將參與《「571」工程紀要》列入。

所謂「政變前夕」與葉群進行頻繁的電話聯繫一事，〈材料之三〉中列舉了軍委總機話務員馬建英等6人合寫的揭發材料，但此材料僅能說明黃、吳、李、邱與葉群之間通電話的次數和時間，而無任何通話內容。其實，黃、吳、李、邱與葉群之間進行頻繁的電話聯繫本是常態，並無不妥。頻繁的電話聯繫本身不能證明他們與《「571」工程紀要》和「反革命政變」有任何關係。

關於黃永勝向林彪報送情報之事，〈材料之三〉中說：「林彪為發動反革命武裝政變，千方百計探聽毛主席的行動，竊取毛主席在外地巡視期間同沿途各地負責人的談話內容。黃、吳、李、邱等人，經常向林彪密報毛主席的動向」。1981年1月，在《最高人民法院特別法庭判決書》（以下簡稱《判決書》）中說：「一九七一年九月六日，黃永勝向林彪密報了毛澤東主席察覺林彪在密謀奪權的談話，致使林彪下決心採取行動謀殺毛澤東主席，發動武裝政變。」[4]

黃永勝向林彪報告的內容是李作鵬告訴他的，因此李作鵬被特別檢察廳廳長黃火青指控為「有意告密」[5]。李作鵬在自己的自我辯護提綱中進行了反駁：「第一，不是我主動向劉豐瞭解主席講話情況，而是劉豐主動告訴我的；第二，我與黃永勝是上下級關係；第三，我曾告訴黃永勝不要告訴葉

---

[3]　李偉信在筆供中說：「在批陳整風彙報會上，黃、吳、邱、李、葉都檢討了，而且是主席批准要他們檢討，『主任』（葉群）非常緊張，當時要搞『571』，並和黃永勝商量了，黃永勝他們也同意。」（載於〈材料之二〉）。

[4]　最高人民法院研究室編：《中華人民共和國最高人民法院特別法庭審判林彪、江青反革命集團案主犯紀實》，法律出版社1982年4月第一版，第62-63頁。

[5]　《中華人民共和國最高人民法院特別法庭審判林彪、江青反革命集團案主犯紀實》，第116頁。

群和吳法憲。我從動機到目的都不存在『有意告密』，更沒有證據證明是『掩蓋陰謀活動』。」[6]

這裏的所謂情報，指的是1971年毛澤東在外地巡視期間同沿途各地負責人的談話內容。在當年毛澤東的每一句話都被奉為「最高指示」的情況下，高級幹部乃至普通群眾之間互相交流所能看到、聽到的毛澤東的講話、批示等內容是非常正常的現象。把黃永勝向林彪報送毛澤東的講話內容說成是參與「反革命政變」的罪行，實在是一件非常可笑的事情。

關於黃、吳、李、邱企圖南逃廣州另立中央之事，早已被史學界廣泛質疑。[7]中央專案組《關於林彪反黨集團反革命罪行的審查報告》[8]中說：「在林彪的直接指揮下，林彪死黨用窮兇極惡的手段，妄圖乘毛主席外出巡視的機會，在外地謀害毛主席，並策劃於同一時間，在北京謀害中央領導同志。他們的陰謀未能得逞。林彪又通過吳法憲私調飛機，要與黃永勝、吳法憲、葉群、李作鵬、邱會作等人一道，南逃廣州，另立中央，妄想造成所謂『南北朝』的局面。」《判決書》中是這樣敘述的：「林彪反革命集團的謀殺計畫失敗後，林彪隨即準備帶領黃永勝、吳法憲、李作鵬、邱會作等人南逃到他當時準備作為政變根據地的廣州，圖謀另立中央政府，分裂國家。」這兩件材料都有一個明顯的漏洞，即黃、吳、李、邱在「南逃廣州另立中央」這件事情上是被動而非主動的，用時髦一點的話來說，就是他們「被南逃廣州另立中央」了。

用林彪「要與」他們一道南逃廣州另立中央，和林彪「準備帶領」他們南逃廣州另立中央這樣的詞句來陷人於罪，實在是太過勉強了。當然，這也是在千方百計尋覓證據而不得的情況下不得已而為之的沒有辦法的辦法，堪稱構建冤假錯案歷史上的一個創舉。

---

6 李作鵬：《李作鵬回憶錄》，香港北星出版社，2011年4月第一版，第772頁。

7 余汝信在〈林彪「南逃廣州，另立中央」罪名考釋〉（載於《華夏文摘增刊・文革博物館通訊》第312期）一文中的說法最具代表性。文中說：「『南逃廣州，另立中央』是『小艦隊』核心成員非常倉促的臨時決定，未及付諸行動便已夭折。從目前已公開的材料來看，『小艦隊』打著林彪的旗號，但沒有充分的證據表明，林彪（以及葉群）事前知道『小艦隊』的計畫，更不用說同意他們的計畫了。根據現代法學『疑罪從無』及『疑點利益歸於被告』的原則，所謂『林彪又陰謀攜帶黃永勝、吳法憲、葉群、李作鵬、邱會作等人，南逃廣州，另立中央』的指控，不能成立。而更無任何證據表明，黃、吳、李、邱以及廣州軍區、廣州軍區空軍的領導人知曉『南逃廣州，另立中央』的計畫。」

8 1973年8月20日，中共中央一致通過並批准中央專案組《關於林彪反黨集團反革命罪行的審查報告》。

〈材料之三〉中的另外一些材料，如王飛等擬定的隨從林彪、黃、吳、葉、李、邱南逃廣州人員名單、劉世英關於王飛要他們組織人員護送黃、吳、李、邱乘飛機去廣州的親筆供詞、林彪等南逃廣州準備乘坐的飛機起飛時間表、李偉信關於兩架南逃廣州飛機的親筆供詞等，這幾件材料都只能證明周宇馳、王飛等人幹了些什麼，而根本不能證明黃、吳、李、邱幹了些什麼。

唯一有實質內容的材料是空軍司令部原副參謀長胡萍1971年10月4日的親筆供詞。

胡萍說：「一九七一年九月九日晚七、八點鐘，反革命分子吳法憲給我打電話說：『葉主任（葉群）來電話說，他們準備動，要用飛機，你把他們要用的飛機都準備一下，要用的三叉飛機一定好好檢查，另外大飛機也都作些準備，隨時可以用。』九月十日晚十一時以後，反革命分子葉群給我打電話說：『那位小將（指林立果）都給你談了吧，談的好吧？』

我說：『談的很好。』葉說：『要你準備飛機是不是還有難處？』葉接著又說：『這件事我和胖司令（吳法憲）都說好了，用不著想的太多。』葉還說：『再說立果和胖司令也都作了安排的，你要抓緊準備。』」

如若這份供詞的內容屬實，則可證明吳法憲知道並參與了小艦隊關於南逃廣州的陰謀活動。

奇怪的是，這份供詞在「兩案」審理期間卻不見了蹤影。1980年11月27日，在審問江騰蛟時法庭傳胡萍到庭作證，胡萍的證詞中完全沒有了原供詞中吳法憲和葉群給他打電話的內容。[9]

1982年「兩案」審理期間審判胡萍時，也沒有重提此事。[10]如此重要的材料為何被棄置不用，答案只能是胡萍1971年的供詞內容嚴重失實。

關於燒材料毀滅罪證的問題。第二審判庭在審問黃永勝這個問題時，黃永勝答：「我沒有銷毀罪證，我燒的是照片，燒了兩份文件，這兩份文件與林彪是毫無關係的。」法庭宣讀了黃永勝原服務員楊紅鋒和警衛員秦立軍1972年6月26日的證言：「1971年9月15日晚，黃永勝回到宿舍後，一直到9

---

[9] 《中華人民共和國最高人民法院特別法庭審判林彪、江青反革命集團案主犯紀實》，第143-147頁。

[10] 見余汝信：〈林彪「南逃廣州，另立中央」罪名考釋〉。

月24日早晨，我們每天早上打掃衛生時，都發現他房內的灰盒裏燒毀材料、毀滅罪證的紙灰。特別是22日燒得最多，直到早晨我們打掃衛生時，還是滿屋煙氣、灰屑，牆角熏黑了，灰盒燒炸了。」[11]

黃永勝的兒子黃春光回憶說，他幫助父親燒了一些照片。還有中國共產黨非常委員會的專案材料，還有一些策反信。關於為什麼燒？主要是怕說不清楚。[12]

吳法憲、邱會作也都受到了銷毀罪證的指控。

1980年11月29日下午，吳法憲在回答審判員寧煥星的關於銷毀了一些什麼罪證的提問時回答：「我銷毀了林彪、葉群和我們一起照的像片，給我的紀念『5．13』事件的詩，還有在毛主席那裏開會時，我記的毛主席和林彪的講話筆記，我怕以後抓辮子，也燒掉了。」[13]

邱會作在回憶錄中也談到了燒材料的事情：「我告訴胡敏和路光把桌子上玻璃板下面的有關林彪、葉群的照片都取出來，燒掉。我也叫秘書們把辦公室的資料、材料，有關林彪的也整理出來燒掉」。[14]他還將陳伯達送他的字和葉群送他的詩也都燒了。[15]

其實，銷毀可能成為罪證的東西以自保，這是文化大革命中最普遍的一種行為。行文至此，筆者頭腦裏不禁浮現出鄧拓自殺後，其妻丁一嵐在極度恐懼中銷毀鄧拓留下文字材料的畫面。[16]銷毀一些與林彪、葉群有關的材料只能說明黃、吳、李、邱等人在「九一三事件」發生後的一種恐懼心理，並不能因此就證明他們與「九一三事件」本身有任何關係。

---

[11] 《中華人民共和國最高人民法院特別法庭審判林彪、江青反革命集團案主犯紀實》，第160頁。蕭思科：《超級審判——圖們將軍參與審理林彪反革命集團案親歷記》，第74頁。

[12] 黃春光當時任北京軍區空軍防止突然襲擊辦公室副主任，他的回憶見舒雲：《黃吳李邱的9月12日》。

[13] 《中華人民共和國最高人民法院特別法庭審判林彪、江青反革命集團案主犯紀實》，第178頁。

[14] 《邱會作回憶錄》，第804-805頁。

[15] 陳伯達贈邱會作的字為：「天地馳驅客，英雄清淨身。留心千古事，不厭一窠塵。」葉群的詩為：「繁霜冷雨仍從容，晚節尤能愛此功。寧願枝頭抱蕊老，不能搖落墜西風。」見《邱會作回憶錄》，第805頁。

[16] 任捷：〈鄧拓自殺的前前後後——對鄧拓夫人丁一嵐的訪談〉，原載《南方週末》1999年6月25日。

三

吳法憲（1915-2004），江西永豐人，原名吳文玉，1930年參加中國工農紅軍贛東游擊隊。1932年由共青團員轉為中國共產黨黨員。1955年被授予中將軍銜。文化大革命期間，任副總參謀長兼空軍司令員、軍委辦事組副組長，中共中央軍委委員。是中共第九屆中央委員、中央政治局委員。「九一三事件」後被撤職。1973年被開除黨籍。1981年被確認為林彪、江青反革命集團主犯，判處有期徒刑17年，剝奪政治權利5年。2004年10月17日病逝於濟南。

黃、李、邱三人在「九一三事件」發生時都是完全不知情的，只有吳法憲知道並參與了對256號三叉戟飛機的追查。他親自在電話裏命令潘景寅：「要絕對忠於毛主席，飛機絕對不能起飛，不管什麼人的命令都不能起飛。」當時在電話裏，潘景寅滿口答應。256號飛機強行起飛後，吳法憲又打電話給北京軍區空軍司令員李際泰，向他傳達周恩來的命令，要他打開所有的雷達進行警戒，絕對不允許有任何一架飛機飛向北京，如果有飛機飛來，就攔截，並把它打掉。[17]

在對吳法憲的審查和審判中，將空軍指揮權交給林立果是最大的一件事。

1980年12月18日下午，吳法憲的辯護律師馬克昌在發言中說：「起訴書第三十九條指控吳法憲私自把空軍的指揮權交給林立果，使林立果憑藉特權，得以進行反革命陰謀活動。法庭調查證實吳法憲對私自交權和交權後產生的嚴重後果，負有不可推卸的罪責。但是，吳法憲當時並不知道林立果利用他交給的權力，組織『聯合艦隊』，進行反革命武裝政變的準備活動，因此，吳法憲不應直接承擔罪責。」[18]

律師的意見雖然合情合理，但並未被特別法庭採納。《判決書》中仍然堅持說：「1969年10月，吳法憲把空軍的一切指揮權、調動權交給林立果，使林立果得以組成林彪反革命集團謀殺毛澤東主席、策動武裝政變的骨幹力量『聯合艦隊』。」[19]

---

[17]　吳法憲：《吳法憲回憶錄》，香港北星出版社，2006年9月第一版，第863-864頁。
[18]　《中華人民共和國最高人民法院特別法庭審判林彪、江青反革命集團案主犯紀實》，第372頁。《吳法憲回憶錄》，第943頁。
[19]　《中華人民共和國最高人民法院特別法庭審判林彪、江青反革命集團案主犯紀實》，第63頁。

吳法憲晚年對《起訴書》中這一條指控進行了辯解：

「關於林立果在空軍『可以指控一切、調動一切』，這個話的確是出自我的口，是我同王飛、林立果私下裏講的。這個話是不妥當的，是錯誤的。我當時說這個話的意圖，主要是為了討好林彪。然而說了以後，又感到很後悔，想公開收回又怕得罪林彪，以至被林立果、周宇馳等人利用來興風作浪，我負有失職的責任。不過這話我從來沒有在公開場合講過，更沒有在任何文件上出現過類似的文字。而且我後來意識到有了問題後，確實叫人不要宣傳，也採取了一些措施來消除影響。

可話又說回來，是不是說了這個話就等於真的把空軍的一切指揮權、調動權都交給了林立果？當然不是。事實上，關於空軍的領導權、調動權，我從來沒有交給過林立果，林立果在空軍裏也沒有一分鐘是可以指揮一切、調動一切的。凡是懂得我們黨基本常識的人都知道，不要說我這個空軍司令，就是林彪要調動和指揮空軍，也要經過毛澤東的批准。除了毛澤東本人以外，誰都不能夠在空軍指揮一切、調動一切。」[20]

吳法憲作為一個空軍司令員，說出「兩個一切」這種話來確實很離譜，但把這話放回到個人崇拜、個人迷信極度盛行的那個年代，卻又是見怪不怪和可以理解的。把自己都不具備的權力交給另一個人，不過是句空話而已。還有所謂「八八密謀」問題。1971年8月8日晚，中央政治局會議後，周恩來要吳法憲和邱會作一起到毛家灣去找葉群，從她那裏取回毛澤東寫給林彪的一幅「龜雖壽」的字。此事在「九一三事件」後被說成是葉群、吳法憲和邱會作在一起策劃陰謀政變！吳法憲在專案組的壓力下寫了承認參與「策劃陰謀政變」的交代材料。專案組又以此去給邱會作施加壓力，邱會作頂住壓力，堅決不承認，對專案組說：「吳法憲怎麼交代的，我不管，但我決不向你們說假話！違背事實，違背黨的政策，違背自己的良心的事，我是決不會幹的！」1981年7月，吳、邱和王洪文、江騰蛟在秦城合監後，吳法憲哭著向邱會作說了。他說「八八」問題，1971年就說了假話，直到1980年公審之前才作了糾正。[21]

---

20 《吳法憲回憶錄》，第981頁。

21 《邱會作回憶錄》，第838頁。吳法憲在專案組的威逼利誘下，曾作過偽供，影響最大的當數所謂「林彪往哪裡擺」。吳法憲回憶說：「（1970年）8月20日，我約江西省革命委

　　所謂「八八密謀」問題，整了吳法憲和邱會作很長時間，但終因過於荒唐，難以置信而被專案組放棄，未能列入《起訴書》。

四

　　李作鵬（1914-2009），江西吉安人。1930年參加紅軍，1933年由共青團員轉為中國共產黨黨員。1955年被授予中將軍銜。文化大革命期間，任副總參謀長兼海軍第一政委、軍委辦事組成員，中共中央軍委委員。是中共第九屆中央委員、中央政治局委員。「九一三事件」後被撤職。1973年被開除黨籍。1981年被確認為林彪、江青反革命集團主犯，判處有期徒刑17年，剝奪政治權利5年。2009年1月3日病逝於北京。

　　李作鵬與「九一三事件」的關係，除黃、吳、李、邱共有幾件事外，主要就是所謂「放跑了林彪的座機問題」。在兩案審理時，此事被當作李作鵬在「九一三事件」中的「要害問題」。

　　中央專案組《關於林彪反黨集團反革命罪行的審查報告》中說：「（1971年9月13日）當晚十一時三十五分和十三日零時六分，李作鵬兩次向海軍航空兵山海關場站下達命令時，將周恩來總理關於256號專機必須有周恩來和黃永勝、吳法憲、李作鵬『四個人一起下命令才能飛行』的命令，篡改為『四個首長其中一個首長指示放飛才放飛』。九月十三日零時二十分，海軍航空兵山海關場站站長潘浩已經發現當時情況異常，打電話請示李作鵬：飛機強行起飛怎麼辦？這時李作鵬仍然沒有採取任何阻止起飛的措

員會主任程世清一道下（廬）山，一起去接中央和各省市來的人。程世清是東道主，我管飛機。我和程世清過去就很熟悉，所以在下山的路上他同我說起，前一天他陪毛澤東上廬山，汪東興對他講：『這次修改憲法，要堅持設國家主席，毛主席當國家主席，林副主席當國家副主席。如果不設國家主席，毛主席怎麼當我們的國家主席呢？不設國家副主席，林彪同志往哪裡擺？』我聽到這句話感到很高興，我想汪東興傳的話，就是主席的意思吧。這一下，我感到心裏更有底了。這裏我要特別聲明一下，過去很多檔案文章都說，這句話是葉群親自對我講的，這根本不是事實。實際上，這句話是我從程世清那裏聽到的，是汪東興傳來的話。葉群從來沒有對我說過這句話。這是一個多年的冤案，我要在這裏更正一下。這裏當然我有一定的責任，但歷史就是歷史。當年在『「九一三事件」』之後對我審查時，專案組為了收集林彪有『野心』的證據，千方百計地誘導我，非要我把這句話安到葉群的身上。我開始拒絕了，後來迫於他們施加的種種巨大壓力，就順從他們，說了違心的話。但我在當時寫的材料上，對一些被逼出來的假話都做了記號，怕時間一長，自己也忘了。如果現在還能找到我當時寫的材料，就會看到，我當時特地在這句話下面做了記號。」見《吳法憲回憶錄》，第788頁。

施，致使林彪、葉群、林立果得以乘256號專機叛逃。」結論很明顯，就是由於李作鵬篡改周恩來命令，致使林彪叛逃。

事實上，林彪所乘256號飛機不是什麼人放飛的，而是強行起飛的。李作鵬有傳達周恩來指示不確切的問題，但不存在篡改周恩來指示的問題。[22] 李作鵬也不存在放跑林彪的動機——林彪跑了對李作鵬沒有任何好處。李作鵬在回憶錄裏說：「我為什麼要放林彪逃跑呢？當時，我根本不知道林彪要去向何方，更沒有任何情由放林彪外逃蘇聯。我也可以斷定，黃永勝、吳法憲也決不會放跑林彪的。在我們心目中，忠於毛主席、忠於黨中央是至高無上的原則，林彪如果有反毛主席的舉動，我們不會跟著跑。」[23] 林彪跑了，對黃、吳、李、邱都不會有任何好處。據邱會作回憶，1971年9月17日晚，黃永勝在與他談話時預感到後果嚴重，有可能會被抓起來，「當時黃永勝對林彪是十分有氣的，他說到這裏站起來，在房間裏來踱步，然後走到一幅巨大的三北地圖的牆前，大聲疾呼：『你跑什麼跑，害死人呀！』」[24]

在兩案審理時，李作鵬在特別法庭上曾對「放跑了林彪的座機問題」表示「有保留地承認這個罪行」。[25]

李作鵬的辯護律師張思之在特別法庭上提出：「一、法庭調查的結果，證明林彪反革命集團的主要罪行是利用各種手段，甚至陰謀殺害毛澤東主席，策動武裝政變，推翻無產階級專政的政權。在這個集團性的共同犯罪中，李作鵬有他不可推卸的責任。但是，從法庭的查證來看，李作鵬並沒有參與制訂《「571工程」紀要》一類的反革命武裝政變策劃，沒有證據證明他直接參與策動了武裝政變的反革命活動。二、起訴書指控李作鵬犯有向黃永勝密報毛澤東主席南巡談話的罪行，但沒有證據證明，他告訴黃永勝上述談話的目的是為了促使林彪『下決心採取行動殺害毛澤東主

---

[22] 李作鵬說，他對山海關機場調度室的兩次電話，第一次是說一位首長指示即可放飛，第二次修正為「四人聯合指示才能放飛」。李作鵬對當年9月12日夜間發生事情的詳盡敘述見《李作鵬回憶錄》，第693-697頁，782-787頁，888-892頁。

[23] 《李作鵬回憶錄》，第786頁。

[24] 《邱會作回憶錄》，第802頁。黃正在《將軍最後的一聲吼》中說黃永勝喊的是：「他媽的！跑什麼跑?!……」《記憶》總63期，2010年11月30日。

[25] 《中華人民共和國最高人民法院特別法庭審判林彪、江青反革命集團案主犯紀實》，第396頁。

席。』三、『在南逃廣州，分裂中央』的犯罪活動中，不能證明李作鵬參與了策劃。」[26]

　　李作鵬在回憶錄中解釋了自己為什麼會「有保留地承認這個罪行」，他說：「個人的生死榮辱微不足道，國家大局是第一位的。在這個思想指導下，我咬緊牙關，決心犧牲自己，承擔起山海關機場林彪逃跑的責任，以此掩蓋周恩來總理處理不當的事實，以免總理的負面影響公佈於世。我在法庭上就山海關機場這個問題只講了一句：『保留意見！保存資料！』」[27]

　　2004年，九十高齡的李作鵬再次上書中央進行申訴。他在題為〈不平則鳴〉（之二）的申訴材料中提出，周恩來在處理山海關機場「九一三事件」的過程中，存在重大失誤。既未及時指示北戴河的8341部隊加強警衛，加強監視，控制林彪的交通工具，又沒有採取諸如關閉山海關機場，控制三叉戟飛機，軟禁空軍機組人員等措施。既不信任李作鵬，卻又要李作鵬來處理這樣重大問題，違背了「用人不疑，疑人不用」的原則。李作鵬認為，「四個人一起下命令才能飛行」的指示本身就有問題，他說：「其實『四個人一起』是無法處理緊急情況的，很容易貽誤時機，不是好辦法。夜間四人並不是集中在一起，而是分散在各自住宅。林彪飛機要起飛夜航，山海關機場先向我報告請示，我立即報告周總理，報告總長，報告吳法憲，徵求意見後，才向山海關機場作回答。或山海關機場直接請示周總理，由總理徵求黃、吳、李的意見，也要一定時間，這才是拖延時間，放跑林彪的辦法。」[28]

　　平心而論，周恩來貌似穩妥的指示確實是一個無法執行的指示。我認為，那不過是周恩來在當年那種錯綜複雜的局面下實行自我保護的一種無奈之舉。

---

[26]　《中華人民共和國最高人民法院特別法庭審判林彪、江青反革命集團案主犯紀實》，第396-397頁。李作鵬認為律師的辯護只是在敲邊鼓，寫了一首題為〈評律師〉的打油詩：「尊敬公正人，天知無偏心。官方辯護詞，和尚照念經。遵命防風險，明哲可保身。邊鼓敲兩下，有聲勝無聲。」此詩直到20年後的2001年才給張思之看。張思之對李作鵬的「邊鼓論」「一方面，覺得有點尖刻，另一方面又不得不承認它擊中了我的要害」。見張思之：〈詩評律師，可堪入史——重訪李作鵬前副總長索詩瑣記〉。

[27]　《李作鵬回憶錄》，第774頁。

[28]　《李作鵬回憶錄》，第890-891頁。

五

邱會作（1914-2002），江西興國人。1929年參加紅軍，1932年由共青團員轉為中國共產黨黨員。1955年被授予中將軍銜。文化大革命期間，任副總參謀長兼總後勤部部長、軍委辦事組成員，中共中央軍委委員。是中共第九屆中央委員、中央政治局委員。「九一三事件」後被撤職。1973年被開除黨籍。1981年被確認為林彪、江青反革命集團主犯，判處有期徒刑16年，剝奪政治權利5年。2002年7月18日病逝於北京。

1971年3月24日，毛澤東找黃、吳、李、邱等人談話時戲稱：在他死後，邱會作可以來這裏當中央委員會主席。[29]在四個人當中，邱會作與「九一三事件」的牽連算是最少的了。

由公安部長李震、北京衛戍區司令員吳忠、中央組織部負責人郭玉峰等組成的專案組在審問邱會作時，主要集中在「八八密謀」上。

李震對邱會作說，你只要把這個事件說清楚，對你來講就沒有什麼大問題了。[30]

本來一件很簡單的事情，卻被安上了嚇人大帽子，邱會作當然不會認賬。專案組威逼利誘，企圖迫使邱會作就範。有一次，專案人員竟然對邱會作誘供說：「這個問題，其實也並不難，你寫三點就可以了。第一點是，葉群策劃你們必要時準備到廣州去另立中央；第二點，葉群動員你們準備在三中全會上繼續反黨；第三點，你對吳法憲的交代可以寫『同意』或者寫沒有聽清楚他們說什麼，都可以。」[31]邱會作在這個問題上頭腦清醒，始終未上專案組的鉤。

邱會作在回憶錄中比較詳細地敘述了1981年在秦城監獄與吳法憲、王洪文合監期間，他與吳法憲之間關於「八八密謀」問題談話。

邱會作說：「一天，我們在一起閒談，我說起了『八月八日』在葉群家談話的問題。吳法憲立即緊張起來，並一下擁到我的肩上流著眼淚說：

[29] 《吳法憲回憶錄》，第836頁。《李作鵬回憶錄》，第678頁。《邱會作回憶錄》，第756頁。
[30] 程光：《心靈的對話——邱會作與兒子談文化大革命》，香港北星出版社2011年4月第一版，第675頁。
[31] 《邱會作回憶錄》，第834頁。

「老邱！對不起你，我說了假話，可能對你有連累。我交代過，八月八日，在毛家灣，葉群和我們說的主要是『要準備政變的問題』。『為什麼要說這樣天大的假話？你不只是連累我，你還連累了黃、李，連累了解放軍！你給江青（沒敢說主席）幫了大忙。他們找不到定我們參與『政變』的臺階，你把大家送上了這個臺階。你的假話，對我不能沒有影響。不過事情已經過去了，對得起對不起都沒用了。我的心裏很明白，對我們的公審決不是僅根據你的假交代決定的，沒有你的交代他們照樣幹。我不怪你，你放心好了！』

我這麼說後，吳哭得更傷心，他說：『是他們逼我說的。他們說這是給我提出了找出路的方法。我就是照著他們的需要說的和寫的。結果什麼也沒搞到，還是關到現在。」

王洪文說：「我想起了，一次李震、郭玉峰、吳忠三人向中央政治局彙報時，曾經說到你們在葉群家談話的問題。總理最後是這樣說的，八月八日吳法憲、葉群、邱會作在葉群家談話的問題，是目前已經發現的最重大的問題，起決定作用的問題。但是這個問題，吳、邱的口供不一致，對他們處理問題，今天就不討論了，待把『八八』問題搞清楚後再討論處理。我記得對你們的問題也就拖下來了。」

吳法憲說假話當然不對，但說明他們很需要吳的假話，想把我們往『兩謀』、『政變』上連。如果他們有了林彪『兩謀』、『政變』的確鑿證據，也不會無數次地追問這個『八八』問題了。」[32]

另外，專案組還捕風捉影地在「工改兵」問題和國防工業問題上對邱會作進行逼供。

所謂「工改兵」，是指將全國上百萬的基本建設隊伍組建為基本建設工程兵。此事由周恩來最先提出，得到毛澤東的批准。1969年冬，周恩來向政治局提出「工改兵」的方案，並指定邱會作負責組織實施。邱會作與國家建委軍管會主任李良漢等七人組成規劃小組，作出了「工改兵」的規劃。1970年廬山會議後，「工改兵」的問題被擱置起來了。「九一三事件」後，專案組對組建基本建設工程兵的問題，對邱會作進行了反覆審問。專案組說，「組建基本建設工程兵，是林彪以全民皆兵為幌子，搞陰謀的組成部

32　《邱會作回憶錄》，第929-930頁。

分，以便實現你們的『軍國論』」。「你邱會作篡奪了組建基本建設工程兵的規劃領導權。這是搞武裝暴動的力量之一。你就是企圖憑藉這支力量來控制全國的大後方。」

1968年下半年，周恩來提出了新的國防工業的領導方針，即將使用、生產、科研以使用為主，分別管理國防工業的方針。這個方針得到毛澤東的批准。為了實施新的方針，中央決定分兩步走。先成立分別由邱會作、吳法憲和李作鵬負責的常規兵器、航空、造船和電訊工業領導小組作為過渡。第二步，國防工業歸中央軍委統一領導。經毛、林批准，決定在軍委辦事組之下，成立中央軍委國防工業領導小組，並決定由邱會作任國防工業領導小組組長。從1968年下半年開始，到「九一三事件」，邱會作搞了三年多國防工業的領導工作。「九一三事件」後，專案組在審問時，逼迫邱會作交代他「是怎樣取得了國防工業的領導權的？」「為什麼要用國防工業來搞垮國家的整個工業，必須交代你的陰謀詭計！」

對這兩個問題，邱會作都理直氣壯地反駁了專案組的指控，[33]而專案組和後來的兩案審理也不得不放棄了這兩條指控。

六

由於關鍵材料的缺失和檔案的封閉，「九一三事件」的許多真相至今未能昭於天下，尤其是關於林彪在「九一三事件」中的具體作為的材料鮮有披露，令我們在企圖復原那一段歷史場景時倍感困惑。相對來說，黃、吳、李、邱與「九一三事件」的關係則比較明朗。

黃、吳、李、邱四人都是從小參加革命（黃永勝17歲、吳法憲15歲、李作鵬16歲、邱會作15歲），在革命戰爭年代都是戰功卓著。文化大革命中他們都被提升到高位，「九一三事件」後又都被打入了地獄。他們在晚年都對「林彪反革命集團主犯」的罪名提出了異議。

黃、吳、李、邱在文化大革命中犯有各種各樣的錯誤以至罪行，主要可以歸結為「誣陷老一輩無產階級革命家」和「迫害幹部和群眾」這兩條。

---

33 《邱會作回憶錄》，第839-843頁。

客觀地說，犯有這兩條錯誤的，在黨的高級幹部中可是大有人在，尤其是文化大革命中仍在臺上的和被提升的人們中，基本上是無人能免。

以黃、吳、李、邱為主要成員的軍委辦事組在文化大革命的混亂局面下，做了一些對國家和人民有益的工作。他們整垮了軍內造反派，保持了北京和軍隊的穩定。他們在周恩來的領導下，參與「三支兩軍」工作，在全國範圍內，維護了必要的社會穩定，減少了工農業生產和人民生命財產的損失。

黃、吳、李、邱的革命歷史是不應該被一筆抹殺的。在兩案審理時，總政治部保衛部副部長鄭夢溪在與吳法憲談話時說：你們這些人和「四人幫」不一樣，過去打過仗，吃過苦，有一段革命的光榮歷史，這一點上黨和人民都不會忽略的。[34]但後來的事實卻不是這樣的。1981年5月，由軍事法庭向他們下達刑事裁定書，宣佈剝奪他們過去被授予的勳章。對此，李作鵬說：「我的三個國家勳章既不是偷的，也不是搶的，更不是騙的。是我戎馬二十年，南征北戰，浴血奮鬥，為黨、為人民、為新中國，殺敵立功的榮譽，是1955年周恩來總理代表國家授予我的。試問，何罪之有?!」李作鵬憤然提筆，在裁定書上給中央寫信抗議。他寫道：「公檢預審時，曾多次向我傳達中央負責人指示說：你們同『四人幫』不同，你們打過仗，你們吃過苦，你們有一段光榮的歷史。按照此裁定書，不但完全否定了過去中央負責人的指示，也是徹底的違反歷史唯物主義，是徹底歷史唯心主義。因此我堅決地反對。我雖然人已快入土了，我至死決不接受此項裁定書。」李作鵬在回憶錄中寫道：「當時，我已做好最壞的準備，如果再有人來要我的勳章，我寧願把勳章丟到大海中，也誓死不交。」[35]

其實，在兩案審理時，已經基本搞清楚了黃、吳、李、邱與「九一三事件」的關係。經過近10年的反覆審查和審問，沒有發現他們參與或知道《「571工程」紀要》、南逃廣州、另立中央和謀害毛澤東的任何罪證。[36]

---

[34] 蕭思科：《超級審判——圖們將軍參與審理林彪反革命集團案親歷記》，第111頁。

[35] 《李作鵬回憶錄》第802-803頁。

[36] 蕭思科在《超級審判——圖們將軍參與審理林彪反革命集團案親歷記》一書中引述圖們的話說：「黃、吳、李、邱的罪行證據中，他們誣陷老一輩無產階級革命家的較多，但能證明他們參與或知道《「571工程」紀要》、南逃廣州、另立中央和謀害毛主席的罪證沒有查到。」

但為了政治上的需要，在《判決書》中還是用曖昧的語言表述了黃、吳、李、邱與「反革命武裝政變」、林彪叛逃蘇聯和「南逃廣州另立中央」有某種關係。

40年過去了，黃、吳、李、邱均已故去，他們的名字仍然被捆綁在歷史的恥辱柱上[37]，在媒體和各種出版物上，他們的名字還是與「九一三事件」緊密地聯繫在一起。不過，在中共中央黨史研究室最近出版的《中國共產黨歷史》第2卷中，在敘述「九一三事件」的過程時，除了還留有黃永勝打電話向葉群報告毛澤東南巡談話內容、林立果準備用飛機把黃永勝等由北京送往廣州兩個情節外，沒有再保留其他涉及黃、吳、李、邱參與或知道《「571」工程紀要》、謀害毛澤東和南逃廣州、另立中央的內容，[38]這多少也可讓人感覺到有了一點小小的進步。

37　2009年出版的《辭海》中，黃永勝詞條中有「『文化大革命』中參與林彪反革命集團篡奪黨和國家最高領導權的陰謀活動」、「被中華人民共和國最高人民法院特別法庭確認為林彪反革命集團主犯之一」等語。辭海編輯委員會：《辭海》上海辭書出版社2009年9月第1版，第2卷，第968頁。

38　中共中央黨史研究室：《中國共產黨歷史》第2卷（1949-1978）下冊，中共黨史出版社2011年1月第一版，第846-849頁。該書稿中過去曾將黃、吳、李、邱與葉群、陳伯達相提並論。

論文革期間的軍委辦事組

丁凱文

　　軍委辦事組在文革期間存在整四年，是軍隊的「統帥部」，在國家與軍隊的發展和建設方面扮演了重要的角色，但是長期以來國內黨史學界有關文革期間的軍委辦事組這一課題較少有人研究。[1]隨著吳法憲回憶錄、邱會作回憶錄和李作鵬回憶錄的問世，人們有必要重新審識文革中的這段歷史，深入探討文革期間軍委辦事組的功過與得失。筆者一得之見，還願方家不吝賜教。

一、軍委看守小組的起源

　　軍委辦事組的前身是軍委看守小組，成立於1967年8月17日。為何此時會成立這麼一個軍委看守小組？國內一位黨史作家尹家民將其歸結於毛澤東對軍委辦事機構的不滿，不主張設立軍委秘書長和林彪的提議。[2]

　　為何此時軍委設立這麼一個看守小組？

　　吳法憲回憶說：「大約是在一九六七年六月初，毛澤東到南方去巡視『文化大革命』的情況。為了保證他的安全，中央軍委決定，由代總參謀長楊成武、空軍政委余立金和海軍政委李作鵬隨同前往。這時，葉帥已因『二月逆流』事件靠邊站了，蕭華也被轟得不能工作，楊成武再一走，『三人小組』就名存實亡了。於是，周恩來以中央文革碰頭會議的名義向林彪提出：『是不是先成立一個軍委臨時看守小組，在中央文革碰頭會議的領導之下，

---

[1] 相關文章可參見王年一〈關於「軍委辦事組」的一些資料〉，《黨史研究資料》，2001年第7期；余汝信〈軍委辦事組前期的幾個問題〉，《華夏文摘》「文革博物館增刊第590期」，2007年8月13日；余汝信〈1969：對蘇戰備中的軍委辦事組、林彪與毛澤東〉，見參看《華夏文摘》，文革博物館增刊第524期，2006年9月5日，還見丁凱文主編《百年林彪》，明鏡出版社，2007年版。

[2] 尹家民〈「軍委辦事組」始末〉，《黨史博覽》2003年第11期。

暫時負責處理軍委的日常工作？』林彪同意周恩來的意見，並提出由我、邱會作和張秀川三人組成這個看守小組，由我任組長。」[3]

邱會作回憶說：「『五一三』以後，部隊的三軍革命派打垮了造反派，軍委看守小組（四人小組）和軍委辦事組，也就應運而生，軍委辦事組是向全軍文革奪回文化革命領導權的產物。一九六七年七月中旬的一個深夜，吳法憲打電話來說：『總理讓我通知你，經主席批准，成立一個軍委看守小組，有你一個，要做好準備。』我問：『誰牽頭？還有誰人呀？』吳說：『讓我牽頭，可能因為楊代總長不在吧。還有葉群和張秀川同志。』這樣看守小組就成立了，在京西賓館八樓辦公，工作人員基本上都是軍委辦公廳的同志，沒有全軍文革的那些人。」[4]

我們再看江青是怎麼說的。江青在1968年10月30日的八屆十二中全會上說：「軍委辦事組是怎麼產生的呢？1967年夏天，鬥爭蕭華的時候，出現了不嚴肅的現象，把一場嚴肅的階級鬥爭，變成低級下流，轉移了鬥爭大方向，侮辱了中國人民解放軍。因此，我建議成立一個看管小組。開始是4個人。後來……在軍隊產生了新的辦事班子──軍委辦事組。楊、余、傅問題出現後，進行了改組。」[5]

事實上，自「二月逆流」之後，中央政治局裏面的老幹部們被迫「靠邊站」，江青把持的「中央文革碰頭會」成了主持中央日常工作的常務機構。毛澤東在隨意間改變了中央內部的組織結構，江青不僅掌握了操縱文化大革命的權力，而且取得了操縱了整個中央的權力。軍隊原來負責的主要領導人如葉劍英、聶榮臻、徐向前、蕭華等人，下放的下放，檢討的檢討，全軍文革小組也壽終正寢了，代總參謀長楊成武又時常不在北京，陪伴毛澤東巡視「大江南北」，一時間軍內群龍無首。而林彪不願意江青通過全軍文革小組插手軍隊事務。林彪曾對邱會作等人說：「他們（全軍文革）叫你們去開會說事，你們別理睬，想辦法推掉。」這個時候凡是有關軍隊的事情，周恩來就找楊成武，楊成武列席中央文革碰頭會，楊有事繁忙時就由吳法憲代替。如果吳法憲忙不過來，就找邱會作和海軍政治部主任張秀川，軍隊內部對此也形成默契。邱會作

3　吳法憲《歲月艱難──吳法憲回憶錄》，下卷，香港北星出版社，2006年版，頁676。
4　邱會作《邱會作回憶錄》，下冊，新世紀出版社，2011年1月版，頁539。
5　王年一〈關於「軍委辦事組」的一些資料〉，《黨史研究資料》，2001年第7期。

回憶說：「軍隊裏這麼辦事，周恩來清楚，江青卻不明白，她提出軍隊要有個組織承辦文化大革命的事，至少是承辦駐京軍隊各大單位文化大革命的事務。那時，毛主席將到南方巡視，楊成武要隨行，周恩來順著江青的意思，提出成立一個『小組』看家。林彪贊同，報毛主席批准了，由周恩來口頭作了通知。於是一個由吳法憲、我、張秀川組成的軍委『看守小組』開始處理駐京軍隊各機關和下面大軍區與軍委的聯繫工作。」[6]

軍委辦事組在1967年10月15日給周恩來、陳伯達、康生、江青並中央文革小組的報告說，「根據總理和中央文革小組1967年8月17日指示，由吳（法憲）、葉（群）、邱（會作）、張（秀川）4同志組成一個小組，由吳負責，……」。[7]根據軍委辦事組的報告，成立軍委看守小組的初衷是「任務主要負責駐京各機關、部隊無產階級文化大革命的工作，看著總政的文化大革命運動不要出偏差。」[8]

為了順利地開展工作，看守小組在京西賓館召開了一次軍隊各大單位黨委書記聯席會議，吳法憲在會上講了看守小組的工作範圍，主要是完成毛澤東、林彪、周恩來交辦的各項任務，負責處理軍隊系統駐京機關的文革方面具體工作，以及各大軍區、省軍區文革的聯絡工作。邱會作說：「雖說是『具體工作』和『聯絡』，但各單位什麼事都報上來，因為他們沒其他地方報，而我們又沒別處去推，只好幹起來，『四人小組』成了『軍政府』。軍委各機關在上面有了自己的『衙門』，領導幹部害怕全軍文革，害怕造反派，害怕挨鬥挨整的恐懼心理消除了，都敢站出來工作。從1967年4月初到7月底，延續了四個多月的軍隊『無政府』狀態結束了。」[9]

由此可見，軍委看守小組的成立是當時政治形勢使然，既不是因為毛澤東不主張設立軍委秘書長，也不是林彪主動出面要設立這麼一個軍委辦事組。江青提出成立這麼一個「小組」的目的是：「任務主要負責駐京各機關、部隊無產階級文化大革命的工作，看著總政的文化大革命運動不要出偏差」，而林彪屬意的則是防備江青把手伸進軍隊，利用全軍文革小組干

6　程光〈心靈的對話——邱會作與兒子談文化大革命〉，上冊，香港北星出版社，2011年版，頁136-137。
7　王年一〈關於「軍委辦事組」的一些資料〉，《黨史研究資料》，2001年第7期。
8　王年一〈關於「軍委辦事組」的一些資料〉，《黨史研究資料》，2001年第7期。
9　程光《心靈的對話——邱會作與兒子談文化大革命》，上冊，頁137-138。

預軍隊事務。林彪後來曾對黃永勝等人說：「去年（1967年）3月間，全軍文革快垮了，江青幾次提出要健全全軍文革，我都沒有表態。要是恢復全軍文革，就會有人插手軍隊，找他們的代理人，軍委常委的工作也難於恢復，這其中的核心問題是請誰管事的問題。葉帥管事，軍隊喜歡，他們（中央文革）反對；徐帥管事，他們喜歡，軍隊不喜歡，只好臨時先用個小組管大事，這個方法靠得住。」[10]

二、軍委辦事組的成立

　　軍委辦事組的正式成立是在1967年9月24日，是軍委看守小組的延續。據軍委辦事組在10月15日的報告稱：「9月24日，總理和中央文革小組又決定增加楊成武同志為辦事組成員，並指定楊為組長，吳為副組長。」[11]

　　吳法憲回憶說：「九月二十六日，楊成武回到北京。當晚，在中央文革碰頭會議上，周恩來就宣佈撤銷了看守小組，另外成立以楊成武為組長的軍委辦事組。我被任命為軍委辦事組的副組長，同楊成武一起參加中央文革碰頭會議。我們這個辦事組的成員還有葉群、李作鵬、邱會作。」[12]

　　邱會作回憶說：「九月二十三日，楊成武、李作鵬、余立金陪毛主席視察大江南北回京。在中央碰頭會上周總理親自宣佈把原軍隊四人小組正式改為軍委辦事組，成員為楊成武、吳法憲、葉群、邱會作、張秀川，楊成武為組長，吳法憲為副組長。楊、吳同時又是中央碰頭會議成員。不久李天煥（楊成武倒臺以後，李吃了安眠藥，後被搶救過來）、劉錦平也參加了辦事組。軍委辦事組就是在這樣的時期組建的，其目的就是建立一個統一的、有權威、有能力的領導指揮機構。軍委辦事組第二天在京西賓館會議樓第三會議室正式宣佈成立。軍委辦事組的成立使軍隊的文化革命開始了新的時期。對於辦事組的成立，我沒有聽到林彪有任何插手安排辦事組成員的意見，林彪也沒有召集辦事組開過什麼會研究工作。一切聽毛主席的，在總理領導下

10　程光《心靈的對話——邱會作與兒子談文化大革命》，上冊，頁141。
11　王年一〈關於「軍委辦事組」的一些資料〉，《黨史研究資料》，2001年第7期。
12　吳法憲《歲月艱難——吳法憲回憶錄》，下卷，香港北星出版社，2006年版，頁677。

工作。」[13]

　　吳法憲的回憶與史實略有出入，李作鵬當時並非軍委辦事組成員，李是在1968年3月份軍委辦事組改組後才正式加入。邱會作的回憶則較為準確，1967年9月份軍委辦事組的成員是，楊成武（組長）、吳法憲（副組長）、葉群、張秀川和邱會作。

　　1968年6月11日，吳法憲在接見軍委辦事組全體工作人員時說：「原來沒有個辦事組。文革高潮的時候，『七二〇事件』武漢發生了陳再道的問題。那時王力、關鋒、戚本禹勾結軍隊內部揪軍內一小撮，搶槍，衝擊軍隊。那時毛主席還在外地視察。楊成武回來後，成立了軍委辦事組，楊擔任組長。後來又相繼搞了政工組、軍報組、文藝組。軍委辦公廳是軍委的辦事機構。軍委常委、軍委辦事組的事情都通過那裏辦。軍委辦事組的問題經辦公廳提交軍委常委討論。……」[14]

　　從以上情況來看，軍委看守小組正式過渡到軍委辦事組，這是因為身為代總參謀長的楊成武回到北京，軍內需要一個較為正式的機構處理軍內日常事務。從林彪的批示來看，林彪對此並不主動，而是「呈主席批示」，也正如邱會作所言「對於辦事組的成立，我沒有聽到林彪有任何插手安排辦事組成員的意見，林彪也沒有召集辦事組開過什麼會研究工作。一切聽毛主席的，在總理領導下工作。」

三、軍委辦事組的主要工作

　　軍委辦事組的存在大致可以分為兩個時期：楊成武時期和黃永勝時期。楊成武時期較短，從1967年9月到1968年3月的「楊余傅事件」，為期僅僅半年；黃永勝時期則從1968年3月到1971年9月的「林彪事件」，為期三年半。軍委辦事組在這段歷史時期的主要工作是「三支兩軍」、國防戰備、國防建設。「楊余傅事件」不在本文討論範圍之內，故此處不贅。

---

[13]　邱會作《邱會作回憶錄》，下冊，新世紀出版社，2011年1月版，頁539。
[14]　王年一〈關於「軍委辦事組」的一些資料〉，《黨史研究資料》，2001年第7期。

（一）「三支兩軍」

「三支兩軍」的工作起源於文化大革命初期，全稱是支左、支工、支農、軍管、軍訓。這是毛澤東利用軍隊介入地方文革事宜的權宜手段，既可收到軍隊支持地方造反派之功效，使軍隊成為文革運動保駕護航的得力工具，亦可達成奪取被劉少奇等人「竊取」的權力，從而穩固自己因發動文革而造成全面混亂的局面。是一舉多得的辦法。

「三支兩軍」的重點是支左和軍管，二者緊密結合。事實上，在軍委辦事組成立之前，「三支兩軍」的工作就已經全面展開，軍委辦事組成立之後，「三支兩軍」的工作已開始向深度和廣度發展。軍委辦事組的工作有以下幾個特點：

第一、根據各地不同的情況，以曲折的方式設法遏制造反運動。對於響應毛澤東號召造反奪權的造反派們，軍委辦事組不能公開反對，但卻以地區特殊情況為由予以遏制。舉例來說，新疆地區的文革在1967年初迅速發展，2月11日中共中央、國務院和中央軍委頒佈了《關於新疆生產建設兵團文化大革命的決定》，特別規定「新疆生產建設兵團在軍事管制下進行無產階級文化大革命。地方上任何革命群眾組織和個人對兵團的文化大革命不許干預和串聯。」除了大中學校、醫療單位、文藝團體和科研部門外，其餘所有單位一概不搞奪權鬥爭，所有武裝部隊，只進行正面教育，不搞「四大」，以利戰備。軍委辦事組推出了賽福鼎，讓他在新疆管事。邱會作說：「把一個有影響的民族幹部抬出來『主政』，是毛主席常用的方法。我們這麼辦表面上很中立，實現了兩派『大聯合』，實際上把造反派遏止了。賽福鼎與王恩茂並無根本的衝突，他在共產黨裏閱歷不深，事情來了還是要聽王恩茂他們的。後來因為賽福鼎能力有限、開展工作困難，黃永勝到軍委辦事組管事以後，調湖南省軍區司令員龍書金任新疆軍區司令員、革委會主任。」[15]這些措施對穩定新疆局勢發揮了重要作用。

第二、堅決支援軍隊系統幹部，使之成為對抗中央文革和造反派的中流砥柱。南京軍區司令許世友在文革期間受到造反派的衝擊，一度躲進大別山，甚至聲稱要武力對抗造反派。軍委辦事組就是看重許世友這一點，對許

---

[15] 程光《心靈的對話——邱會作與兒子談文化大革命》，上冊，頁383。

世友不遺餘力地予以支持。邱會作說：「南京軍區許世友司令反對造反派，受到軍委辦事組的支持。正是靠了這個，他才能與轄區內的上海幫抗衡，許世友兼任江蘇省革委會主任、省委第一書記，其影響涵蓋了華東，對穩定局勢起了作用。」[16]

　　第三、通過組織手段，將造反起家或支持造反派的重要人物從領導崗位上換下來。文革之初最早起來造反奪權的有四個省：山西省、山東省、貴州省和黑龍江省。主要代表人物是山西省的劉格平、山東省的王效禹、貴州省的李再含、黑龍江省的潘復生。但是到了中共九大時，軍委辦事組的力量進入中央政治局，這幾個最早起來造反的代表人物都被換下，軍隊的領導人成為這幾個省的第一把手。北京軍區副司令謝振華任山西省委第一書記，濟南軍區司令楊得志任山東省委第一書記，昆明軍區副政委藍亦農任貴州省委第一書記，瀋陽軍區政委汪家道任黑龍江省委第一書記。這樣，等於變相地讓這些因造反起家的代表人物邊緣化，不再主持省委主要工作。用邱會作的話說「從某種意義上說，這也是『三支兩軍』。」[17]

　　第四、軍委辦事組在周恩來的領導下作了大量辛苦、細緻的工作，尤其是軍隊參與支工、支農、軍訓等工作。據統計：僅1967年2月至1969年4月九大召開，全軍每月投入「三支兩軍」的人員均在90萬人左右，最多時達每月95萬多人。此外，為「支工」、「支農」，空軍部隊還派出飛機1976架次、海軍出動艦船237艘。儘管隨著九大的召開和「革命委員會」的建立，全國混亂形勢有所好轉，參加「三支兩軍」的人員逐年減少，但至1972年正式取消「三支兩軍」前，全軍進行「三支兩軍」的人員仍有27萬人。在「支工」過程中，解放軍在1967至1968年中，每年派出10餘萬人，深入廠礦、企業，宣傳毛澤東「抓革命、促生產」的號召和黨的各項政策，要求廣大職工堅持「八小時工作制」和工餘時間「鬧革命」，同時在人力、物力、車輛等方面，給予恢復生產的企業大力支持，抽調大批技術人員攜帶物資、車輛，直接參加許多重點工程建設，使許多廠礦企業逐步得以復工，使國家一些重點工程項目得到繼續建設和發展。另外，解放軍還經常派出人員、機械，到車站、碼頭進行突擊裝卸和運輸，解決物資壓車、壓船、壓港問題；並出

---

[16]　程光《心靈的對話──邱會作與兒子談文化大革命》，上冊，頁385-386。
[17]　程光《心靈的對話──邱會作與兒子談文化大革命》，上冊，頁384。

動大批車、船、飛機等，搶運內外貿易的緊急物資，不少戰士甚至還頂替工人採煤、採礦等。經過「支工」，「文化大革命」之初遭到嚴重破壞的工業生產，得到一定程度的恢復，避免了工業生產建設遭受更大損失。解放軍在「支農」中投入的力量最多、貢獻最大。僅1967年2月下旬至3月下旬的一個月時間中，「支農」部隊即達73.9萬餘人。到第二季度時，每天「支農」的解放軍人數，就達50萬人以上；「支農」負責的縣（市）達2072個、公社達2萬多個。1968年一年，解放軍共抽出116個團、119個營、2666個連、125個排、861個宣傳隊，進駐到1236個縣（市）社隊，進行定點「支農」。據不完全統計，僅該年第二季度，用於「支農」的汽車即達2萬餘輛、各種機械800餘台，馬車3000餘輛，出動勞力3000多萬個，支援公社、農場達1.5萬多個。當年半年時間內，人民解放軍為「支農」還出動飛機718架次、艦船42艘。廣大解放軍指戰員普遍深入田間、地頭、隊組，與農民同學習、同勞動、同開會。經過與農村幹部、社員群眾的共同努力，減少了農業生產的損失。[18]

第五、軍委辦事組不僅為維護軍隊的穩定作了大量工作，還向周恩來推薦了不少軍隊幹部，及時填補了國務院各部首長因文革運動下臺或靠邊站的空缺。邱會作說：「那時籌建的國務院業務組成了國務院最高辦事機構，並很快恢復了國務院各機關、部委。恢復和重建機構容易，找辦事的人就難了。周恩來對我說：『中央各部門需要人，請軍隊支援，要選調優秀的。你給我作個參謀，向我介紹，我定下來以後再告訴黃總長向他要人。』」[19]中央和國務院各部委領導很多來自軍隊，計有：南京軍區軍政委王良恩任中央辦公廳第一副主任，瀋陽軍區副政委郭玉峰任中央組織部負責人（後為部長）。瀋陽軍區副司令李震任公安部長；北京軍區的李際泰任三機部長；濟南軍區的李水清任一機部部長、李耀文任外交部副部長；廣州軍區的白相國任外貿部長；昆明軍區的韋統泰任七機部長；裝甲兵的沙豐任農業部長；總後營房部長伊文任燃化部長；總後物資部長范子喻任商業部長等等。邱會作說：「被打倒的老幹部很難解放出來，解放一個副部長以上的人，要毛主席親自批准才行，如要呈報，上海幫不但會阻攔，可能還會加害。最簡捷可行

[18] 劉炳峰〈中國人民解放軍「三支兩軍」的前前後後〉，《黨史縱覽》2006年第1期。
[19] 程光《心靈的對話——邱會作與兒子談文化大革命》，上冊，頁286。

的辦法就是用軍隊幹部。這正是周恩來的高明之處，把複雜的問題簡單化地解決了。」[20]軍委辦事組對周恩來的工作予以了最大的支援。

（二）戰備工作

由於受到文革運動的衝擊，戰備工作在1967年和1968年受到很大影響。從1969年起，中國的戰備工作進入了一個高潮期。這與蘇聯對中國的威脅有直接的關係。這一時期軍委辦事組的主要工作有：中蘇邊境衝突導致的珍寶島戰鬥、加強中蘇邊境地區軍事力量的部署，組建中央軍委總預備隊、加緊軍工生產、成立各級防突擊辦公室等。

1969年2月到3月之間，中蘇邊境發生爭端，進而導致軍事衝突，中蘇雙方在中國東北的黑龍江省烏蘇里江上的珍寶島打了一場規模有限的小仗。邱會作回憶說：「1969年3月珍寶島戰鬥，我邊防站是營建制，只有一個邊防連和二十三軍的一支訓練小分隊，無重火器。蘇方是團建制，後援部隊是一個師、一個炮團、一個坦克營。我軍是於被動中突然應戰，因瀋陽軍區平日戰備訓練好，我方很快就擺脫被動並給敵人以重創，繳獲頗豐。」[21]中國方面利用珍寶島戰鬥作了大量的宣傳工作，強調「蘇修亡我之心不死」，在全國掀起了加強戰備和批判蘇聯社會帝國主義的高潮。

中央軍委確定了「三北」地區的防務，即華北、東北和西北地方。西北地方：在蘭州軍區原有的基礎上，從外面調來了一個步兵師和一個坦克師，合併組建成一個新的野戰軍，再從湖南調來了四十七軍。加上文化大革命初從山西奉調入陝西的二十一軍，蘭州軍區有三個野戰軍、近二十萬兵力的陸軍戰略力量了。[22]與此同時，成立軍委戰略總預備隊。從南方抽調多支野戰軍沿太行山、京廣線華北段、隴海線鄭州兩側部署，便於快速反應北上。總預備隊約占中國陸軍五分之一。這一設想是林彪提出，由軍委辦事組組長黃永勝具體組織完成。[23]10月16日，經毛澤東批准，軍委向有關軍區和空軍下達建立全軍戰略預備隊的命令。戰略預備隊由若干個陸軍軍、空降

軍和坦克師、地炮師、高炮師組成。同日，軍委命令，調陸軍第43、47軍編入戰略預備隊序列。第43軍於11月20日前進駐鄭州、洛陽地區，歸武漢軍區指揮；第47軍於翌年適當時機進駐靈寶、潼關、渭南地區，歸蘭州軍區指揮。[24]

　　關於軍工生產，邱會作說：「針對蘇軍的作戰和裝備特點，研製、生產、裝備了解放軍大量新武器；增加物資準備，按毛主席的要求，準備了三百萬軍隊打一年戰爭的軍需、油料、彈藥、醫藥等物資；充實軍隊人員。凡『三支兩軍』離隊人員的缺額，均予補足；部分生產師、欠員師轉為滿員師，進行嚴格訓練。中央在準備，各地也在準備。如東北、西北、內蒙等地區，建立小基地，能在『敵後』生產輕武器、子彈、手榴彈、炸藥等。便於我軍的小分隊以我們擅長的游擊戰牽制敵人。」[25]

　　為了防備蘇聯有可能對中國發動突然襲擊，軍隊成立了各級防突襲的指揮機構。1969年9月22日，軍委批准總參關於防止敵人突然襲擊小組成員調整的報告，同意由副總參謀長閻仲川任組長。總參作戰部副部長范天恩、總參二部副部長徐敏輝和總參三部副部長馮維精任副組長。總參報軍委辦事組和周恩來的報告稱：一、向全國範圍發出防止敵人戰略突然襲擊警報的權力，必須集中於偉大統帥毛主席和副統帥林副主席。在緊急情況下，可授權軍委辦事組決定，由總參謀部組織實施。局部地區的防突襲警報，授權大軍區首長決定，同時上報、下發。二、防止敵人戰略突然襲擊警報，由統帥部直接發到各大軍區、省、市、自治區革命委員會，以及軍一級部隊。三、軍隊的各級司令部和省、市、自治區人民防空領導小組辦事機構，必須建立晝夜值班制度，保證及時、準確地接收和發出警報。統帥部防止敵人戰略突然襲擊警報設備，設在總參謀部作戰部，警報信號由總參謀部統一規定。10月7日，國務院、中央軍委轉發總參10月2日關於建立防止敵人突然襲擊警報系統的報告，要求迅速組織落實。[26]邱會作回憶說：「中央防突辦公室由黃永勝親自掛帥，各軍區、軍、師，特別是『三北』地區部隊成立了防突辦公室

---

[24] 余汝信〈1969：對蘇戰備中的軍委辦事組、林彪與毛澤東〉，丁凱文主編《百年林彪》，明鏡出版社，2007年版。

[25] 程光《心靈的對話──邱會作與兒子談文化大革命》，上冊，頁364。

[26] 余汝信〈1969：對蘇戰備中的軍委辦事組、林彪與毛澤東〉，丁凱文主編《百年林彪》，明鏡出版社，2007年版。

和精悍的應變指揮班子，電臺通訊、指揮線路和情報工作進行了加強。」[27]

9月20日，軍委辦事組在北京召開全軍戰備工作會議。參加會議的有各軍區、軍兵種司令員、政委。會議研究了蘇聯的戰爭動向和對付蘇軍突然襲擊的措施。9月30日，林彪視察空軍第34師所屬的西郊機場。此外，中央軍委對大軍區、野戰軍的領導班子作了調整，軍委機關作了精簡整編，軍內機關也進行了整頓等等。這些都是軍委辦事組這段時期就戰備一事做的主要工作。軍委辦事組還做了其他一些比較細緻的工作，可參見余汝信〈1969：對蘇戰備中的軍委辦事組、林彪與毛澤東〉，該文有較為詳細的介紹。

（三）國防工業建設

1969年4月，中共九大之後，國防工業系統脫離國務院，統一歸中央軍委直接領導。為了保證軍工生產的正常進行，中共中央於1969年12月20日決定成立中央軍委國防工業領導小組，由中央軍委辦事組成員邱會作任組長。[28]林彪為此專門與邱會作談話。林彪說：「準備打仗，除了思想認識之外主要是指揮員、兵員、物質條件三個方面。毛主席是最會打仗的人，我們有很多有經驗的指揮員。在這方面我們是軍事強國。戰爭打起來，最難辦的是兵源，沒有國家能比得過我們。現代戰爭，物質力量十分重要，甚至起決定作用，我們最困難的是這條。如果把國防工業抓上去了，我們就不怕打仗，甚至使得仗有打不起來的可能。我們有了力量，別人就不敢來欺負我們。」林彪還說：「國防工業要抓住兩頭，『常規』和『尖端』。各種武器都有『尖端』，即使步槍也有。尖端武器的概念應當是兩條：一是火力強，二是適用。火炮打坦克，火力強，但戰場上不一定都適用。如果有步槍手榴彈那樣的武器也能打坦克，就是步兵的『尖端武器』了。科研一定要抓緊，它是『慢工細活』，要像唐僧取經那樣堅持不懈，總有一天可以成功地到『西天』。」林彪特別叮囑邱會作說：「你有三個軍職：副總參謀長、總後勤部長、國防工業領導組長，個個都重要，但最重要的還是國防工業組長。你要把主要的精力用在這上，要像你當初到總後那樣，能夠在短時間之內抓出成績來。現在

27　程光《心靈的對話──邱會作與兒子談文化大革命》，上冊，頁365。
28　宋永毅主編《中國文化大革命文庫》，香港中文大學，中國研究服務中心出版，2006年版。

大敵當前，你要不辜負主席和全黨全軍對你的期望。」[29]

軍委辦事組的領導下，那幾年國防工業有了相當的發展，第一，恢復生產。1969年國防工業率先恢復，1970年達到歷史最好水平。那兩年國家的國民經濟發展較快，很大程度上是國防工業拉動的。第二，建立了健全的領導機構。國防工業在各省市本無機構，這次從中央到地方，設立了三級領導機構：一是軍委國防工業領導小組和國務院各部門的機構；二是大軍區成立國防工業領導小組，對本大區的實行檢查督促領導；三是各省市革命委員會和省軍區對國防工業工廠實行雙重領導。第三，制定了發展規劃。根據毛主席黨中央的指示，結合我國現實國力，提出了「四五」期間（1971至1975年）國防工業發展規劃。要在「四五」期末力爭達到年產五百個步兵師常規裝備的能力，坦克要達到五千輛；飛機要達到三千五百架；艦船要達到二十五萬噸；炸藥和配套物品，如通訊、車輛等的生產能滿足需要。為了應付可能爆發的大規模戰爭，還規劃了「動員生產能力」，即一旦戰爭爆發，最大限度地動員軍工和民用工業開足馬力的產量。此外，還把步兵武器、火炮、坦克原有的研究院所集中合併，組建了兵器科學研究院，把有限的力量集中起來使用，對常規兵器的發展起到了有力的推動。[30]

經過中蘇珍寶島戰鬥，中國軍方發現了自己與蘇方在武器方面的差距，中央政治局甚至為此專門討論，要給軍隊增加反坦克的新式裝備。部隊裝備了新型大口徑無後坐力炮，新研製專門對付坦克的100毫米無後坐力炮還可以裝在吉普車上，提高機動性和攻擊突然性。對原來裝備陸軍步兵連隊的火箭筒給予改進，配上大威力的新式反坦克火箭彈。此外，在全國還搞了坦克大會戰，幾乎把中國最好的冶金、機械、電子等新技術都採用上了，完成了新式坦克的定型和批量生產。新式裝甲運兵車、自行火炮也投產了。海軍方面，除了優先製造導彈驅逐艦和導彈護衛艦外，核潛艇的研製也更上一層樓。1970年中國第一艘核潛艇岸上總試車時出現問題，一些人因為客觀條件不成熟而產生畏難情緒。但是林彪卻堅持要搞。林彪說就是架著劈柴燒也要搞出來。[31]空軍方面，中國自行設計了「強殲六」，可用于低空飛行支

---

[29] 程光《心靈的對話——邱會作與兒子談文化大革命》，上冊，頁311-312。
[30] 程光《心靈的對話——邱會作與兒子談文化大革命》，上冊，頁312-313。
[31] 程光《心靈的對話——邱會作與兒子談文化大革命》，上冊，頁316-319。

援地面部隊，還可以打坦克。1969年7月「殲八」型戰鬥機也飛上了天。此外，中型運輸機和直升機也研製出來，並擴大生產。[32]

另據李作鵬回憶，1967年，新型獵潛艇批量製造，1968年代號053工程的導彈護衛艦開始研製，1969年5月常規動力潛艇開始批量製造，1971年8月第一艘代號051工程的導彈驅逐艦開始試航。同時大型海洋調查船等紛紛下水或開工製造。林彪見此形勢很高興，提出要建造航空母艦，要建造大型遠航登陸艇，要成立海軍陸戰師。[33]

回顧這段歷史，中國的國防科技和國防工業在文革期間並未停滯，而是有了長足的發展，特別是國防尖端技術有了突破性進展。1966年5月9日中國第一次含有熱核材料的核子試驗成功；1966年10月27日，第一枚核導彈發射試驗成功；1967年6月17日第一顆氫彈爆炸成功；1969年9月23日第一次地下核子試驗成功；1970年4月24日第一顆人造地球衛星發射成功；1970年12月26日第一艘核潛艇研製成功。所有這些成就與中央軍委和軍委辦事組的領導是分不開的。

軍委辦事組還有其他幾項重要的工作，如對外軍援和組建解放軍基建工程兵。對外軍援主要是針對朝鮮、越南、阿爾巴尼亞等國，具體情況可參看程光《心靈的對話》有關章節。此處不贅。

四、軍委辦事組與江青等文革極左派的關係
──從合作共事到抵制、鬥爭

軍委辦事組與江青文革極左派的關係有一個發展、演變的過程，楊成武時期主要是合作共事，到了黃永勝時期則逐漸轉變為抵制、鬥爭。有學者認為，由於林彪及軍委辦事組積極支援了文革，故毛澤東才將軍隊的大權交給他們。因而，林彪等人與江青的矛盾僅僅是統治集團內部爭權奪利的鬥爭。這種看法只是看到了問題的表面現象，而未能作更深層次的分析和研究。

---

[32] 程光《心靈的對話──邱會作與兒子談文化大革命》，上冊，頁320-321
[33] 李作鵬。《李作鵬回憶錄》，下卷，香港北星出版社，2011年版，頁622。

（一）楊成武時期

楊成武出任軍委辦事組組長是在1967年的「七二〇事件」之後。那時的楊成武正在軍中當紅，是軍內僅次於林彪的代表人物。此時，楊成武不僅陪同毛澤東巡視「大江南北」，而且還參與中央文革碰頭會的工作，與江青關係甚好。楊成武與江青的關係基本上是合作共事，對江青予取予求。

吳法憲回憶說：「除了林彪，楊成武與江青的關係也很好。江青經常找楊成武辦些事情。楊成武對江青也很尊重，江青叫他辦什麼，他就辦什麼。」[34]邱會作的回憶更增加了不少新的內容。邱回憶說：「我覺得有兩件事影響了楊成武。一是1966年7月毛主席給江青寫過一封長信，原信只有周恩來、王任重等極少數人看過，楊成武也知道內容。二是毛主席1967年夏天到南方巡視由楊成武陪同，他們朝夕相處了兩個多月。楊成武從接觸中對毛主席和江青的關係有了自己的認識。」[35]邱還說：「他（楊成武）在軍委辦事組曾得意地說過：『你們都沒有到過江青同志家裏吧，江青同志請我到她家裏，給我講她青少年時的苦難，她說是第一次向外人透露。江青同志一邊講一邊哭，我一直陪她流淚……』」[36]此外，楊成武還替江青作了很多私事，經周恩來批准，楊成武交代吳法憲派飛機，將上海方面收集到的江青的材料帶回北京銷毀，同時還將知道江青底細的江、滬、浙地區負責公安的領導人抓到北京，關進秦城監獄。[37]

1967年冬，江青在中央文革碰頭會上要求寫一個「黨史綱要」，即「兩條路線鬥爭史」，周恩來、陳伯達和康生都表示同意，於是責成楊成武出面完成，楊成武專門搞了一個寫作班子，從解放軍高等軍事學院、政治學院等處抽調了30多個「筆桿子」，集中在京西賓館寫作「兩條路線鬥爭史」。楊成武親自掛帥，甚至將自己的女兒楊毅從空軍報社調到該寫作組。幾個月後提綱草稿完成。吳法憲一看提綱，裏面只有三個人：毛澤東、林彪和江青。吳法憲極為詫異，問楊成武「連朱老總和周恩來總理都沒有，能行嗎？」楊

---

34 吳法憲《歲月艱難——吳法憲回憶錄》下卷，香港北星出版社，2006年版，頁712。
35 程光《心靈的對話——邱會作與兒子談文化大革命》，上冊，頁165。
36 程光《心靈的對話——邱會作與兒子談文化大革命》，上冊，頁168。
37 吳法憲《歲月艱難——吳法憲回憶錄》下卷，香港北星出版社，2006年版，頁706-707、頁713；邱會作《邱會作回憶錄》，下，新世紀出版社，2011年1月版，頁579-580。

悄悄告吳「是江青不叫寫的。她不讓寫周恩來，也不讓寫其他人。」但是該提綱被毛澤東否定，江青連夜通知楊成武，寫作班子解散，人員全部遣散回原單位。[38]一出「兩條路線鬥爭史」的寫作鬧劇草草收場。

楊成武主持搞的「紅太陽」展覽也是為了突出江青。據邱會作回憶，「《紅太陽展覽》和《黨史綱要》的指導思想是一樣的，也是從有共產黨誕生到文化大革命，黨的歷史都反映出來了。毛主席、林總、江青三個人在《紅太陽展覽》中的地位，同《黨史綱要》也是一樣的。突出了毛主席和肯定了林總，江青佔有重要的地位。」「《紅太陽展覽》同樣是楊成武親自組織領導，張秀川協助辦具體工作。江青去看過兩次，據說都表示滿意。張秀川陪我去看過一次。我看後向張秀川說了：『這個展覽，是有楊代總長特色的，總覺得以後會有些麻煩。』」[39]

楊成武之所以與江青關係密切，是因為楊成武意識到江青政治地位的重要，特別是江青背後的毛澤東。對於邱會作對「黨史綱要」和「紅太陽展覽」的疑慮，楊成武特別與邱談了話，楊說：「今後我們將要為中央文革辦很多的事。我們現在辦的這些事（指搞黨史、辦展覽）都是為召開九大作的重要的準備工作。我們的眼光要放大一點，遠一點。」此外，楊還在軍委辦事組會議上講了三點意見：一是軍委辦事組除辦軍隊的事之外，還要接受毛主席、林副主席、中央文革等交給的各種事情，其中有的是最為重要的大事情！二是軍委辦事組同羅瑞卿的軍委辦公會議是不同的。辦公會議是在軍委常委領導下的辦事結構，辦事組則是代表軍委常委工作的；三是我們軍委辦事組不要把自己的各種範圍搞窄了，我們應當立腳軍隊，面對全黨、全國。[40]從楊成武的這番表態可以看出，楊成武緊跟江青的真實態度。總的來看，楊成武對江青畢恭畢敬，有求必應，這一時期的軍委辦事組與江青的關係基本上是合作共事。

（二）黃永勝時期

1968年3月「楊余傅事件」之後，黃永勝被毛澤東任命為總參謀長、軍

[38] 吳法憲《歲月艱難——吳法憲回憶錄》下卷，香港北星出版社，2006年版，頁713-714。
[39] 邱會作《邱會作回憶錄》，下，新世紀出版社，2011年1月版，頁546-547。
[40] 邱會作《邱會作回憶錄》，下，新世紀出版社，2011年1月版，頁547。

委辦事組組長。黃永勝與其前任楊成武頗有不同，除了全力抓緊戰備工作，在對待江青的態度上有了根本的轉變。黃永勝時期的軍委辦事組與江青的關係從楊成武時期的合作共事逐漸演變為抵制和鬥爭。

黃永勝時期的軍委辦事組對江青的抵制和鬥爭，首先是對江青等文革極左派的認識，軍委辦事組內部對此統一了認識，達成了一致。邱會作回憶說：「從一九六八年三月黃永勝上臺之初，他同楊成武的政策基本上是一樣的，關於林總、江青之間的關係也是滴水不漏的。」到了1968年10月八屆十二中全會時，黃永勝在軍委辦事組內部公開對李作鵬和邱會作說：「林總提出了反江青宗派主義。這個問題今後會向你們說清楚的。」從此以後，對一些重大問題，黃、吳對李、邱就會透露一些了。此外，遇到與李、邱有關的問題，黃、吳也會「分別談話」，不要撞到江青的槍口上。九大之後，黃吳李邱更是敞開心扉。黃說：「過去有些事沒有同你們說，有過去的情況。現在就會一切都同你們說的，毫無保留了。不僅如此，過去沒有同你們說過的事，也會同你們說的，補上這一課。因為事情都有一個發展過程，過去的事不同你們說清楚，就不能為你們瞭解今天。」邱會作說：「黃、吳關於林總和江青之間的問題，確實同我和李作鵬『補了一課』，而且是內容非常豐富的一課。在九大期間，有一天，黃、吳、李、邱四人在京西賓館大樓八層東邊大房間從晚上八時談到第二天早上六時，一共談了十個小時，我們是邊談邊議的！」[41] 軍委辦事組在對待江青等文革極左派認識問題上有了實質性的變化。

中共九大之後，軍委辦事組全力支持周恩來主持中央日常工作，抵制江青等人對中央工作的干擾。九大後中央新的政治局組成，林彪特別對軍委辦事組強調：「政治局工作要以總理為核心。你們要全力支持總理工作。別的人（江青）的話不能聽，不能受她干擾。」林彪甚至說：「你們要把總理當作軍隊的領導，總理的事就是軍隊的事，他對你們說的話，一定要照辦。」[42] 正是有了林彪和軍委辦事組的大力支持，周恩來在中央可以大膽、主動地處理日常工作。從1969年的九大到1971年「九一三事件」這段時期，周恩來執政使中國的經濟有了明顯的起色，江青等人對中央政局的干擾相對

---

41 邱會作《邱會作回憶錄》，下，新世紀出版社，2011年1月版，頁581-582。
42 程光《心靈的對話——邱會作與兒子談文化大革命》，上冊，頁277、頁285。

減少很多。[43]

　　林彪和軍委辦事組抵制江青等人對軍隊的滲透。文革初起階段，全軍文革小組頻繁換人，相關高層領導不是下臺就是被打倒，如劉志堅、蕭華、徐向前等人。其中一個主要原因就是，他們都不是江青心目中的合適人選，不能全力貫徹江青的意圖。因此，如何控制全軍文革小組和總政成為江青的一個主要目標。由於林彪的抵制，全軍文革小組在徐向前離職後銷聲匿跡。江青開始盯上總政這個軍內重要的機構。1966年江青就想讓文革小組的關鋒出任總政副主任，林彪知道江青的意圖後，將任命壓了下來，直至作廢。1970年春江青又在政治局會議上提出張春橋出任總政主任。吳法憲及時將情況報告給葉群，林彪隨即去毛澤東處，提議李德生任總政主任，得到毛的首肯。軍委任命很快公佈，由此成功地阻止了江青對軍隊的滲透。[44]

　　有關軍委辦事組抵制江青與江青鬥爭的事情還有很多，諸如「李必達事件」，「溫玉成事件」等，此處不贅。正如邱會作所言：林彪反對江青的態度是一貫的，「九大」後他曾向我們交待，大概意思是三條：1、在政治局裏工作，對總理要全力支援，要把他當成軍隊自己的領導一樣，不能給總理出難題，以免別人鑽空子；2、對陳伯達應當保護，不要讓別人搞掉了他；3、對那些從陰暗角落裏爬出來的人（張春橋等），在適當的時候，要用光線「照射」一下。這樣就能團結大多數人在一起工作。正是有了林彪的交待，我們才敢於大膽地抵制江青呀！」[45]

五、盧山會議與軍委辦事組

　　1970年8月的盧山會議是文革時期一個重要的轉捩點，也是林彪和軍委辦事組開始走下坡路的轉捩點。盧山會議上的鬥爭標示著中央高層內部抵制

---

[43]　相關的研究可參見程光〈1970年盧山會議背景的研究〉，載《百年林彪》，明鏡出版社，2007年版。

[44]　程光《心靈的對話——邱會作與兒子談文化大革命》，上冊，頁402-403。

[45]　程光《心靈的對話——邱會作與兒子談文化大革命》，上冊，頁411。

文革極左派的黨內相對健康的力量的失利，江青等文革極左派勢力在黨內重新佔據了上風，他們更加肆無忌憚地推行毛澤東的文革極左路線。

（一）「設國家主席」問題與軍委辦事組

1970年3月上旬，汪東興受毛澤東的委託從外地回到北京，向中央政治局傳達了毛澤東的談話精神，其中特別提到了國家主席的問題。吳法憲回憶說：「最後，汪東興還特別傳達了毛澤東關於是否設國家主席的意見。毛澤東說：『還有一個問題就是要不要設國家主席，我的意見是不設。如果大家認為要設的話，那麼有誰來當這個國家主席？我毛澤東是不當了。如果要設國家主席的話，也只有林彪同志來當。』」[46]參加政治局會議的李作鵬也說：「汪東興在政治局會議上傳達毛澤東的原話是：『如果要設國家主席，只有林彪同志來當。』」[47]邱會作對此也有相同的回憶。[48]

5月17日軍委辦事組到林彪處彙報工作，期間談及毛澤東說起過「如果要設國家主席，只有林彪同志才能當。」林彪當場表態說：「我不當這個主席，這個不妥。應該是毛主席當國家主席，這才是名正言順。一個十億人口的大國，沒有國家主席，沒有一個元首，這樣名不正、言不順。這個國家主席、國家元首，只有毛主席來當，別人都不合適。但是毛主席的年紀大了，當國家主席要出國訪問，別的國家元首來還要回訪，毛主席出國有困難，可以設副主席，副主席可以出國對其他國家進行訪問。我也不適合當這個副主席，我的身體不好，不能參加活動，不能出國訪問。要設國家主席還是毛主席來當。」[49]邱會作也回憶說：「記得大約1970年5月初，我們向林彪彙報過工作，談到了設國家主席，他明確地說，毛主席當國家主席，才名正言順。十億人口的大國，沒有國家主席，名不正、言不順。這個國家主席只能毛主席來當，別人都不合適。今後你們別在我這說這個事。他身體不好，不能參加活動，如設副主席他也不當。」[50]

林彪在廬山會議開幕式上的講話中，並未堅持設國家主席並由毛澤東

---

[46] 吳法憲《歲月艱難——吳法憲回憶錄》，下卷，香港北星出版社，2006年版，頁775-776。
[47] 李作鵬《李作鵬回憶錄》，下卷，香港北星出版社，2011年版，頁655。
[48] 邱會作《邱會作回憶錄》，下，新世紀出版社，2011年1月版，頁675。
[49] 吳法憲《歲月艱難——吳法憲回憶錄》，下卷，香港北星出版社，2006年版，頁777-778。
[50] 程光《心靈的對話——邱會作與兒子談文化大革命》，上冊，頁426。

出任，林彪只是按照憲法修改草案的口徑提出毛澤東是「無產階級專政元首」。綜觀軍委辦事組諸人在會議上各小組的發言，基本上沒有涉及到要求毛澤東出任國家主席的情節。在會議上最積極要求毛澤東任國家主席的是汪東興。邱會作說：「汪東興堅持要設國家主席最積極，他是從北京一直說到廬山上的，從來沒有停過嘴嘛！凡是他認為有必要說的人，他都說到了。他對程世清說的，也對吳法憲說了。」[51]李作鵬當時就感到奇怪。李作鵬說「汪東興的發言，我當時就很反感。我在參加中央修改憲法小組工作期間，知道毛主席多次表示不願擔任國家主席，林彪也兩次申明不願擔任國家副主席，政治局也已通過在憲法中國家主席的決議，林彪的開幕式講話中，也沒有提到設國家主席問題。汪東興處於什麼想法、什麼目的，在中央全會上突然又提出設國家主席問題呢？當時我真是不理解。由於汪東興的特殊身分，他的講話迷惑誤導了一大批參會的中委。」[52]

可以說，有關「設國家主席」的事項與軍委辦事組無關，軍委辦事組並非中央決策層，無論是在廬山會議之前還是會議期間基本上未曾捲入。軍委辦事組在廬山會議之前就已經瞭解了毛澤東和林彪的想法，因此他們在會上並未提出或堅持毛澤東當國家主席林彪當國家副主席，憲法修改草案中的有關「國家主席」條款在當時也僅僅是備用而已，[53]是否正式寫進憲法修改案端看毛澤東的態度和會議最後的決定。真正煽風點火，大力主張設國家主席者實為汪東興而已。

（二）廬山會議上「批張」與軍委辦事組

林彪在廬山會議上發表了一篇針對張春橋的講話，除了講話中頌揚毛澤東外，林彪特別指出「毛主席個人的這種天分、學問、經驗來創造出新的東西來。而毛主席這些著作中間所發揮的地方，所具體化的地方，所增加的新的東西，你們翻開馬列著作中間他不可能有的，他沒有，而且是不可能有的。」「這點值得我們同志們深思。尤其是在中央的同志值得深思。因為他

---

[51] 程光《心靈的對話——邱會作與兒子談文化大革命》，上冊，香港北星出版社，2011年版，頁429。

[52] 李作鵬《李作鵬回憶錄》，下卷，香港北星出版社，2011年版，頁663。

[53] 程光《心靈的對話——邱會作與兒子談文化大革命》，上冊，頁425、429、441。

那個中央不同，在我們這個國家，無產階級專政的國家，共產黨當權的國家。最高的一聲號令，一股風吹下去，就把整個的事情改變面貌，改變面貌，改變面貌。因此，在這個問題上，我們值得把腦筋靜下來想一想，是不是這回事情。」林彪講話中提到的「尤其是在中央的同志值得深思。因為他那個中央不同」就是針對張春橋在政治局憲法修正案討論一事上的表現。局外人對此當然是不瞭解的，但是參加過政治局會議討論的人都清楚林彪講話針對的是何人。

然而，林彪這番針對張春橋的講話，軍委辦事組事先並不知道，而是在林彪講話後由葉群向他們打了招呼。吳法憲回憶說，葉群在會前曾明確告訴過吳林彪不講話。[54]邱會作說：「開幕式結束後，主席臺上的政治局常委先離開，然後大家再向外退場。吳法憲、葉群、李作鵬和我稍等了一會兒，因為主席臺有個後門，出去方便。陳伯達留在主席臺上等我們一起走。葉群剛走上主席臺，用神秘的樣子說了一句：『林總講話裏指的人是陸定一式的人物，是不點名的點名！』就算是給我們通氣了吧！」[55]李作鵬的回憶也證實葉群會後悄悄通告說「林彪原來沒有準備講話，是臨時準備的，林彪的講話是經過毛主席批准的」[56]。由此可見，除葉群外軍委辦事組幾人沒有想到林彪在開幕式上發表針對張春橋的批評，因此也絕不可能事先預謀「倒張」的活動。

軍委辦事組諸人在各分組討論時大致按照這一口徑發言，李作鵬、邱會作的發言都很溫和，籠統地表態對林彪講話的支持。吳法憲是與張春橋在憲法修改時發生激烈爭論，故吳的發言較為突出，吳說：「對憲法中到底怎麼寫毛主席和毛澤東思想，是有不同意見的，寫什麼不寫什麼，寫多寫少，在認識上都是有不同意見的。⋯⋯這次討論修改憲法中，有人竟說毛主席天才地、創造性地、全面繼承、捍衛和發展了馬克思列寧主義『是個諷刺』。我聽了氣得發抖。這是黨的八屆十一中全會就肯定下來的，林副主席〈再版前言〉中肯定下來了的，怎麼能不寫？不承認，就是推翻了八屆十一中全會的決議，推翻了林副主席的〈再版前言〉。關於這個問題，憲法是本來沒有

---

[54] 吳法憲《歲月艱難——吳法憲回憶錄》，下卷，香港北星出版社，2006年版，頁791。

[55] 程光《心靈的對話——邱會作與兒子談文化大革命》，上冊，頁439。

[56] 李作鵬《李作鵬回憶錄》，下卷，香港北星出版社，2011年版，頁660。

寫，是討論中題外的問題，可是有人卻借這個機會進行貶低。毛主席天才
地、創造性地發展了馬列主義，現在全世界廣為傳播，全黨全國人民一致公
認。如果這股風吹下去，這怎麼得了？所以，林副主席特別強調，在中央工
作的老同志要冷靜的想一想，對我自己教育很大，值得我們深思。」[57]

軍委辦事組雖然在會議開始前並不知道林彪發起對張春橋的批評，但
是隨著會議的展開，軍委辦事組多少有些被動地參與了這場「倒張」活動。
當與會者知悉林彪講話所指時，群情激憤，聲討張春橋之聲不絕於耳，包括
許多中央的老幹部如陳毅、陳雲、李先念、聶榮臻等都積極發言支持林彪的
講話。張春橋幾臨滅頂之災。華北組二號簡報猶如一發重磅炸彈，掀起了批
張的高潮。邱會作對此有很精闢的評論「那時在廬山上，根本不是黨內討論
問題，研究對『毛澤東思想』加不加上『天才』的定語；探討《憲法》中設
不設國家主席。而是中央內部的軍隊派在沒有得到毛主席的許可下，要對文
革派來一次打擊。我在那個政治環境裏，不管個人的主觀意志如何，都要被
卷了進去。」[58]

（三）廬山會議後期的軍委辦事組

面對會議上一片討伐張春橋之聲，8月25日中午江青帶著張春橋、姚文
元闖到毛澤東住處「告御狀」，毛澤東「龍顏大怒」，下令收回華北組二號
簡報，停止討論林彪講話，並責令陳伯達作檢討。8月31日，毛澤東寫下了
文革以來第二張「大字報」——〈我的一點意見〉，將陳伯達拋出來予以打
倒。由於毛澤東的激烈反彈，廬山會議的倒張活動功虧一簣。廬山會議形勢
逆轉，重現了當年「二月逆流」時的情景。

軍委辦事組此時處於非常被動的局面，下面兩件事很能說明問題：

第一、林彪、周恩來保吳法憲過關。8月28日周恩來找了吳法憲，要求
吳寫一份檢討並囑咐吳法憲：「這樣做的目的。最主要的是替『副統帥』擔
責任。」與此同時，林彪也直接站出來保護吳法憲。27日晚，周恩來、康生
去林彪處彙報軍委辦事組的情況，當康生提及「吳法憲造謠」時，林彪不客
氣地對康生說：「我不同意這個意見，這個問題不充分嘛！說吳法憲造謠，

---

[57]　宋永毅主編《中國文化大革命文庫》，香港中文大學，中國研究服務中心出版，2006年版。
[58]　程光《心靈的對話——邱會作與兒子談文化大革命》，上冊，頁445。

8月14日的爭論你也在場，怎麼是造謠呢？吳法憲這個人我瞭解，從一軍團到四野，跟了我幾十年，從來沒有聽他造過謠。」當吳法憲向林彪表示要寫檢討時，林彪說：「你不要寫檢討！你沒有錯，講話是我講的，錯了我負責。」[59]針對新的形勢的變化，周恩來及時向軍委辦事組諸人「交底」，邱會作回憶說：「周恩來找吳法憲、李作鵬和我做了一次較長的談話，談了三個問題：1、毛主席認為主要是陳伯達的問題，他欺騙了不少人。吳法憲有錯誤，但和陳伯達不同，對陳要批判，吳要作好自我批評。2、毛主席要「和為貴」，問題在山上處理好，不帶下山。3、吳法憲檢討思想境界要高，不要過多地解釋，內容上不要和林副主席的講話扯在一起，不要和陳伯達混在一起，不要把別人拉進自己檢討中去。」[60]與此同時，周恩來還建議毛澤東在〈我的一點意見〉中拿下吳法憲的名字，吳法憲暫時過了關。

第二、黃永勝拒絕毛澤東「反戈一擊」的要求。8月29日上午，黃永勝被毛澤東緊急招上了廬山。黃永勝回憶說：「1970年廬山會議，我在北京留守。毛澤東寫了〈我的一點意見〉後，要我上山。我一到山上，什麼人都不讓我先見，沒見林彪，直接去見毛澤東。我們談話時，所有的人包括林彪都在等，等這個談話有什麼結果。毛澤東跟我談了很長時間，最後要我表態，我就說了這句話──『軍人以服從命令為天職』。我知道毛澤東不高興了，他想聽的不是這句話。」「他大概是要我學謝富治。跟著江青屁股後面跑……那不可能！」[61]

從毛澤東拉黃永勝的情況來看，毛澤東是希望黃永勝能反戈一擊，站到自己一邊揭發軍委辦事組其他人，甚至包括林彪。這次黃永勝上山實際上仍然站在林彪和軍委辦事組諸人一邊，不願向文革極左派低頭。而此時黃永勝和軍委辦事組已處於非常被動的地位，隨時會被毛澤東拿下，甚至打倒。

廬山會議由於倒張風波最後草草收場。軍委辦事組幾人在九江機場送別林彪時，林彪坦然地說了幾句話「不做虧心事，不怕鬼叫門。照常吃飯，

59 吳法憲《歲月艱難──吳法憲回憶錄》，下卷，香港北星出版社，2006年版，頁805-806。
60 程光《心靈的對話──邱會作與兒子談文化大革命》，上冊，頁471。
61 黃正《軍人永勝──原解放軍總參謀長黃永勝前傳》，香港新世紀出版社，2010年11月版，頁550。

照常睡覺，照常工作，最多是個彭德懷第二。你們有事情多向周總理請示報告。」[62]廬山真是解放軍的災難之地，前後兩任國防部長都栽在了廬山會議上。林彪此言後來竟然一語成讖，一年後果真成了「彭德懷第二」。

六、林彪事件中的軍委辦事組

（一）廬山會議後軍委辦事組力爭主動的措施

廬山會議結束後，幾位中央常委在毛澤東處開了會，毛澤東表示：「事情到此為止，只在山上，不許帶到山下。回去以後，政治局開一個民主生活會，作些自我批評，抓好團結。」[63]為了儘快解決廬山會議問題，軍委辦事組多次找周恩來，要求儘快召開政治局民主生活會，但是都被江青等人以各種理由推託，其中「康生病了無法與會」是他們最佳的藉口。

為了爭取主動，軍委辦事組採取了以下措施：1、認清當前的局勢，內部統一思想。廬山上的鬥爭由於毛澤東全力維護張春橋等文革極左派的態度，軍委辦事組則完全處於被動地位，要想求得早日解脫，就不得不在民主生活會上認真作檢討，不再得罪江青一夥人，以便爭取主動。2、軍委辦事組諸人去釣魚臺八號樓看望正在生病的康生，以表達對他的尊敬。然而康生卻拒絕見面。[64]3、向毛澤東寫檢討，爭取毛澤東的寬恕和原諒。1970年國慶日前夕林彪與毛澤東談話後找吳法憲，談及林在毛處對吳的力保，並同意吳法憲也向毛澤東主動彙報工作，作個自我批評。吳法憲為此求見毛澤東不果，於是自己寫了篇檢討送毛。葉群此時也向毛澤東寫了檢討。4、軍委辦事組認識到不能指望政治局召開生活會以解決爭端和矛盾，必須自己來爭取主動，批判陳伯達，批判「天才論」。軍委辦事組於是在全軍開展批判「天才論」的學習運動，造了不少聲勢。這也是軍委辦事組試圖與陳伯達劃清界限的重要措施。[65]5、軍委辦事組建議林彪主動與毛澤東聯絡，表態認錯。

62　邱會作《邱會作回憶錄》，下，新世紀出版社，2011年1月版，頁723。
63　程光《心靈的對話——邱會作與兒子談文化大革命》，上冊，頁489。
64　程光《心靈的對話——邱會作與兒子談文化大革命》，下冊，頁494-495。
65　程光《心靈的對話——邱會作與兒子談文化大革命》，下冊，頁502。

邱會作回憶說：「林彪接受了我們的建議，從北戴河回北京住，9月28日他剛下飛機就去看毛主席，這是盧山會議以後他們第一次見面。那天林彪一見到毛主席就自我批評說：『我還沒有回家就先來看主席。盧山會議過了快一個月了，當時我缺乏應有的謹慎，講了些欠妥的話，結果在房間裏劃了根火柴，差點把房子燒了。主席很關心，把問題處理得很好！』毛主席說：『擦根火柴是燒不著房子的，因為目的不在於燒房子。我每個月都要擦一盒火柴，除了抽煙，什麼也沒燒過。對問題反覆思考是對的，但也不要搞得不敢說話了。在教條主義統治的時候，多數人是不敢說話的，這些年好些了，我們要注意發揚敢說話的好作風。』毛主席和林彪談得很好，告別時親自送客到門口，這是不多見的。」毛對林彪的「認錯」是高興的。此外，林彪還注意多向毛送部隊和戰備方面的有關資料。此後毛澤東又找葉群談話，據邱會作回憶：毛主席對葉群講，最近林彪同志想的問題很多，送來的材料都看過了。關於戰備方面的問題，林彪同志想得很好，其中有的問題見解是獨到的。告訴林彪同志，思想集中才能把問題考慮得更透徹，有所失才能有所得。最近，除了戰備以外沒有什麼大的事了，陳伯達的問題（從此不說是盧山問題）還沒有處理完，也不難處理，這件事情由我來辦。林彪同志不必多分心，要用更多的時間去考慮戰備。[66]

然而，軍委辦事組力爭主動的措施並未討得毛澤東的歡心，他們馬上面臨了下一波的清算鬥爭。

（二）華北會議、軍委座談會、批陳整風彙報會

盧山會議打倒了黨內第四號人物陳伯達，按照中共以往的慣例，陳伯達過往所做的一切都要被清算和批判。駐紮在保定地區的38軍寫了一份〈關於檢舉揭發陳伯達反黨罪行的報告〉，送軍委辦事組並報中共中央。該報告說：「陳伯達千方百計地突出自己，反對偉大領袖毛主席和他的親密戰友林副主席，對抗毛主席的革命路線。」「陳伯達不擇手段地插手軍隊，搞宗派活動，妄圖亂軍、奪權。」「陳伯達在處理保定問題中，大搞分裂，挑動武鬥，鎮壓群眾，破壞大聯合、三結合。」38軍的這份揭發材料顯然是言

---

[66] 程光《心靈的對話——邱會作與兒子談文化大革命》，下冊，頁502-503。

過其實，不過都是些欲加之罪而已，但是卻成為毛澤東砸向軍委辦事組的一塊石頭，毛澤東在這份材料上批示：「建議北京軍區黨委開會討論一次，各師要有人到會，時間要多一些，討論為何聽任陳伯達亂跑亂說，他在北京軍區沒有職務，中央也沒有委託他解決北京軍區所屬的軍政問題，是何原因陳伯達成了北京軍區及華北地區的太上皇？林彪同志對我說，他都不便找三十八軍的人談話了。北京軍區對陳伯達問題沒有集中開過會，只在各省各軍傳達，因此沒有很好打通思想，全軍更好團結起來。」毛澤東發出了解決華北地區問題的指示，軍委辦事組不得不在12月22日召開華北會議。

　　與華北地區軍政事宜沒有任何關係的江青竟然到會講話，大分貝地拉高批判力度，上綱上線。江青信口開河地說：「北京軍區也是企圖挾天子令諸侯，搞政變奪權，謀害毛主席。」[67]1971年初，毛澤東看到華北會議在輿論方面工作已做得差不多了，應該著手組織上的處理了。1月24日根據毛澤東的指示，周恩來代表中共中央作了結論性講話，周恩來在講話中將陳伯達定性為「國民黨反共分子」、「有托派重大嫌疑」、「追隨王明、劉少奇，反對毛主席的無產階級革命路線」、「參與了彭德懷的軍事俱樂部」、「破壞無產階級文化大革命，反黨亂軍，陰謀篡權」、「在九屆二中全會上搞突然襲擊，進行分裂黨的陰謀活動」等等。周恩來進一步指出「李雪峰、鄭維山同志緊跟反黨分子陳伯達，反對黨的「九大」路線，在政治上犯了方向、路線的嚴重錯誤」。周恩來同時宣佈中央關於改組北京軍區的決定：任命李德生為北京軍區司令，謝富治為第一政委，紀登奎為第二政委。總的說來，38軍的報告不過就是一個打擊陳伯達藉口，陳伯達已然倒臺，是個「死老虎」，毛澤東通過批判陳伯達，達到了改組華北地區軍隊系統的目的，目的還是敲山震虎，警示軍委辦事組，並以此影射到林彪。

　　華北會議之後，軍委辦事組馬上面臨了下一個問題，即如何向軍隊內部傳達毛澤東在廬山會議上的〈我的一點意見〉和批判陳伯達事宜。為此，軍委辦事組專門請示了毛澤東。周恩來很快就帶來了毛澤東的指示：「主席要我向各位說一下，全軍都要好好學習三十八軍的報告，辦事組要首先學好，在全軍做個模範。主席說，三十八軍無憂無慮，寫出了一個很好的報告。辦

67　陳先瑞〈批陳批林期間的北京軍區〉，《百年潮》，2000年第5期。

事組的幾個人有憂有慮，總是寫不出有思想的報告。不砸爛枷鎖就不能解放自己。」[68]1971年1月9日，中央軍委召開了有143人參加的座談會。

對於軍委座談會的進展狀況，毛澤東深感不滿，終於在2月19日發洩出來。毛澤東在周恩來請示結束全國計畫會的信上的措辭嚴厲地批示說：「請告各地同志，開展批陳整風運動時，重點在批陳，其次才是整風。不要學軍委座談會，開了一個月，還根本不批陳。更不要學華北前期，批陳不痛不癢，如李鄭主持時期那樣。」其實，毛澤東的批示真實含義並非指軍委辦事組沒有批判陳伯達，而是指責軍委辦事組沒有在會議上作自我批評。

面對如此巨大的壓力，軍委辦事組不得不作深刻的檢討。據邱會作回憶說：「軍委辦事組立刻著手整風，以批評黃永勝、吳法憲為主，大家開誠佈公、暢所欲言。2月28日軍委辦事組向毛澤東遞交了檢討報告。該報告說，從1月9日開始的軍委座談會，由於我們沒有抓住批陳這個重點，結果會議開了一個月，還根本不批陳，這是一個嚴重的政治錯誤，對全軍的政治思想建設是一個重大的損失，教訓是非常沉痛的。我們軍委辦事組有幾個同志在九屆二中全會上犯了方向、路線錯誤，本應在軍委座談會上聯繫自己的錯誤，通過批陳進行自我教育，清理思想，但沒有這樣做，結果造成被動，一錯再錯。「這幾個同志在這次傳達會上，對自己過去對反黨分子陳伯達有迷信，上了他的當，受了騙，引用了他搞的語錄等所犯的嚴重錯誤進行了自我批評，表示要在『批陳整風』運動中認真檢查自己。」[69]對於軍委辦事組的檢討報告，毛澤東於3月1日批示曰：「已閱，很好。有了主動，力求貫徹。」

毛澤東對軍委辦事組幾人檢討作的批示使事情的發展有了新的轉機，但是江青、張春橋等人卻是不肯善罷干休，因為他們已經意識到林彪和軍委辦事組是他們搞文革運動最大的障礙，是與他們完全對立的政治勢力，如果這次不能趁機將林彪和軍委辦事組扳倒，將來恐怕就更困難、更沒有機會了。於是在1971年3月的上旬政治局討論毛澤東的批示時，張春橋突然提出應該

---

[68] 程光《心靈的對話——邱會作與兒子談文化大革命》，下冊，頁515。
[69] 中共中央文獻研究室編 《建國以來毛澤東文稿》，第十三冊，中央文獻出版社，1998年版，頁212-213。

召開一次中央會議解決盧山問題。[70]毛澤東也同意了召開這個會議。3月24日下午，毛澤東在中南海召見黃吳李邱、李德生、紀登奎、汪東興談話，周恩來和康生陪同。毛澤東說：「中央準備召開一次會，內容主要是『批陳整風』，你們之中一些同志以發言者的姿態做點自我批評。會議名義上是討論陳伯達的問題，實際上給你們做自我批評創造條件。」同時毛還要周恩來帶黃吳李邱幾人去北戴河向林彪彙報「批陳整風彙報會」事宜。[71]當周恩來攜軍委辦事組從北戴河林彪處回京後，毛再次接見，並作了長篇談話。最後毛數次表示「你們幾個的問題，在我這裏都處理完了。」[72]

　　4月15日至29日，中共中央在北京召開了批陳整風彙報會。中央、地方和軍隊的主要領導幹部共99人參與了會議。這個會議名為「批陳整風彙報會」，實際上是一個軍委辦事組諸人作檢討以及給他們幾人作組織結論的會議。1971年4月29日周恩來在批陳整風彙報會全體大會作總結講話，該講話稱：在盧山會議及其前後，軍委辦事組五位同志在政治上犯了方向路線的錯誤，在組織上犯了宗派主義的錯誤；但錯誤的性質還是人民內部問題，同反共分子陳伯達問題的性質根本不同。他們之所以犯這樣嚴重的錯誤，最根本的原因就是不聽毛主席的話，站錯了立場，走錯了路線。錯誤的政治路線，必然帶來錯誤的組織路線，帶來不正之風，最終站到反「九大」的陳伯達分裂路線上。經過會上同志們的善意批評和幫助，並有個別揭發，五位老同志對所犯錯誤已有了進一步的認識，表示願意通過實踐和學習，改造自己。

　　回顧這段歷史，我們可以看出從華北會議到批陳整風彙報會這段期間，毛澤東對軍委辦事組採取了嚴厲和懷柔的兩手政策，又打又拉。嚴厲的方面：毛澤東利用38軍的報告，先將與軍委辦事組沒有什麼關係的李雪峰、鄭維山打倒，再在軍委辦事組幾人的檢討上作批示，聲色俱厲，嚴詞批評他們批陳不痛不癢，同時讓江青、毛遠新等人出面攻擊軍委辦事組在盧山上搞了「未遂政變」，搞得軍委辦事組諸人心驚膽戰、坐臥不安，不得不搜腸刮肚深刻檢討。懷柔的方面：當毛澤東看到所有這些手段對林彪絲毫不起作用時，毛又換上另一副面孔，讓周恩來帶領軍委辦事組幾人向林彪彙報工作，

---

[70]　程光《心靈的對話──邱會作與兒子談文化大革命》，下冊，頁529。
[71]　程光《心靈的對話──邱會作與兒子談文化大革命》，下冊，頁535-536。
[72]　程光《心靈的對話──邱會作與兒子談文化大革命》，下冊，頁543-544。

再向軍委辦事組諸人表示「問題已全部解決」，可是在批陳整風彙報會上給軍委辦事組諸人作了政治結論。事實上，與其說這是給軍委辦事組作的政治結論，還不如說是給林彪在廬山會議上批張一事作政治結論更貼切。在整個文革期間，因抵制、反對了文革極左派江青等人而被中共中央作了正式的組織結論者，惟有軍委辦事組。這個由中共中央給軍委辦事組所作的「組織結論」，無疑是軍隊幹部們抵制、反對文革極左派的一個鐵證，是黃吳李邱為代表的軍隊幹部們在文革當中的光輝的一頁。

（三）「九一三事件」與軍委辦事組

1971年發生的「九一三事件」是一個突發性事件，軍委辦事組除邱會作外在不同的程度上都有所捲入，中共後來羅織罪名，將黃吳李邱定為「林彪死黨」予以打倒，故有必要對每個人分別予以論述。

1、黃永勝

1971年8月15日毛澤東南巡，所到之處皆召見當地黨政軍幹部大講黨內路線鬥爭史，並將矛頭對準了林彪。毛澤東南巡談話的內容在9月初傳到北京，是華國鋒向周恩來作的報告。周恩來由此知悉毛澤東對廬山會議的鬥爭仍然耿耿於懷。為此周恩來特別找黃永勝談了一次話。據邱會作回憶，周恩來與黃永勝談話的內容大致是：

周恩來說，主席又提出了廬山會議問題，說還沒有了結，需要講清楚。廬山會議到現在一年多了，有的人總是不講話是不行的……周恩來又說：林副主席在廬山上如果能對這個問題講幾句，事情在山上就會處理得更好。今年4月『批陳整風』彙報會時，林副主席要是能說幾句話，今天主席可能不會再提出這個問題。我過去就想向林副主席提個建議，出於種種原因始終沒有開口。你們是否可以向他轉達我這個意思。[73]

由此可見，黃永勝對毛澤東南巡談話內容是比較瞭解的。黃永勝按照周恩來的意思將毛南巡講話內容轉告給身在北戴河的葉群和林彪，目的也是希望林彪能出來說句話，作個檢討，或者對軍委辦事組批評幾句，求得毛澤東的寬容和諒解。

---

[73] 程光《心靈的對話——邱會作與兒子談文化大革命》，下冊，頁604。

另據舒雲的訪談，1971年9月12日是星期天，黃永勝上午先到理髮室理髮，然後大兒子黃春光陪他散步、聊天，大約一個多小時後回來。接著就是含飴弄孫。晚上8點黃乘車從西山到人民大會堂，參加例行的政治局會議，討論四屆人大的政府工作報告。[74]晚上10點多鐘，周恩來接到汪東興電話，知悉北戴河發生了狀況。政治局會議因此暫停，黃永勝當晚滯留在人民大會堂。

2、吳法憲

9月12日中午，吳法憲和夫人陳綏圻及秘書到空軍大院，吳法憲閱讀四屆人大周恩來要作的《政府工作報告》，陳綏圻則找出吳前兩次的檢討，準備寫新的檢討材料。此後吳法憲又處理空軍內部一些事情，包括與八航校校長、政委談話，以及空政文工團指導員談話。[75]

大約在晚上11點左右，周恩來打來電話詢問是否有調一架空軍飛機到山海關機場，並要求吳法憲查問。吳法憲經過與調動飛機的空軍副參謀長胡萍聯繫後，被告知那是飛機改裝後的試飛。吳隨即命令飛機要立即飛回北京。但胡萍隨後又打來電話稱，該機有發動機故障，正在檢修。吳報告周恩來後，周立即指示飛機返回時不許帶任何人到京。不久葉群給吳打來電話，說林彪要去大連。而吳則稱調動飛機必須有周恩來的同意。周得到吳的請示後命令吳立即到西郊機場追查飛機調動情況，吳在9月13日零時左右趕赴西郊機場。吳到西郊機場後接到周恩來電話稱，林彪一行已離開北戴河，驅車去山海關機場。吳法憲打電話給256號專機機長潘景寅，命令飛機絕對不能起飛，潘也滿口答應。但是林彪的座機最後還是強行起飛了。當林彪座機飛抵赤峰附近時，吳法憲請示周恩來是否派殲擊機予以攔截，周恩來請示毛澤東後予以否定。林彪座機飛出國境後，周恩來下達了禁空令，吳法憲立即向北空和瀋空傳達。大約在凌晨3點，沙河機場起飛了一架直升機，吳法憲請示周恩來後表示，如果該機飛向國境就予以擊落。後來該機飛回北京，降落在懷柔縣境內。[76]

---

[74]　舒雲〈黃吳李邱在「九一三事件」前一天〉，《華夏文摘》文革博物館增刊第472期2005年12月20日。

[75]　吳法憲《歲月艱難──吳法憲回憶錄》，下卷，香港北星出版社，2006年版，頁861-862。

[76]　吳法憲《歲月艱難──吳法憲回憶錄》，下卷，香港北星出版社，2006年版，頁863-866。

3、李作鵬

9月5日李作鵬陪同來訪的朝鮮軍事代表團到達武漢，武漢軍區政委劉豐看望李作鵬，順便談及毛澤東南巡講話的內容。李作鵬聽完後形成三點認識：1、盧山會議問題沒有完結。原本毛澤東親口宣佈黃吳李邱的問題已經完了，盧山會議的問題告一段落，但是通過劉豐的談話，李作鵬意識到這個看法並不正確。2、盧山會議的問題不僅沒有結束，反而政治上上綱的調子比以往更高了，諸如「修正主義」、「陰謀詭計」等份量很重的罪名。3、矛頭明確地指向林彪。9月6日，李作鵬回到北京，將劉豐所談的內容告訴了黃永勝，不久又告訴了邱會作，但是李作鵬特別叮囑不要告訴葉群和吳法憲。[77]

9月12日晚，北戴河發生意外情況時，遠在北京的李作鵬對此一無所知。周恩來在晚11時給李作鵬打來電話，要求李作鵬查詢是否有一架空軍飛機停留在山海關機場。李作鵬當即打電話到機場，機場的調度值班主任李萬香證實確有空軍三叉戟飛機在當晚8時15分降落在該機場。李作鵬隨即向周恩來作了彙報。周恩來當即指示「第一、北戴河那位（李一聽就明白是指林彪）可能要動，要飛夜航，夜航很不安全，不宜飛夜航。第二、他要飛夜航，你就告訴山海關機場，待他到達機場後，請他給我來個電話。第三、空軍那架飛機的行動，要聽北京我的指示、黃總長的指示、吳副總長的指示和你的指示才能放飛。第四、我已告訴吳法憲到西郊機場去了，作必要準備。」李作鵬和夫人董其采核對後，還向周恩來複誦了一遍。複誦時用的是董其采的記錄稿，周恩來肯定地回答「那就這樣吧」。[78]

李作鵬在11時35分向山海關機場調度室主任李萬香傳達的周恩來的前三條命令，隨後李作鵬又補充一句：「四個首長中，其中任何一個首長指示均可放飛。」此後不久，李作鵬感到自己對「四個首長中，其中任何一個首長指示均可放飛」的話不夠準確。李作鵬認為，雖然周恩來或黃永勝完全可以決定是否放飛，但又想到周恩來電話指示的第四點，即吳法憲已受命到達西郊機場，空軍直接領導的中央首長專機師和指揮系統都在西郊機場，而且山海關機場那架飛機是屬於空軍專機師的，機組人員也是空軍的，如果吳法憲

---

[77] 李作鵬《李作鵬回憶錄》，下卷，香港北星出版社，2011年版，頁682-684。

[78] 李作鵬《李作鵬回憶錄》，下卷，香港北星出版社，2011年版，頁693-694。

不知道總理「夜航很不安全，不宜飛夜航」的指示，他可以隨時直接調動飛機。這樣就不能保證總理指示的落實。於是，李作鵬在9月13日0時6分再次致電山海關機場，李指示說：「空軍那架三叉戟飛機要經北京周總理、黃總長、吳副總長和我四人聯合指示才能放飛，如果其中一個首長指示放飛，不管是誰的指示要報告我，你們要切實負責。」[79]

林彪座機強行起飛後，機場當即向李作了報告，李也報告給周恩來。兩個小時後李作鵬被招到人民大會堂參加政治局緊急會議。

4、邱會作

9月12日上午，邱會作從總後大院趕到西山住所，主要是會一下自己的親家母，他們中午要來看望剛剛出生不久的孫女。下午邱會作在辦公室準備國防工業領導幹部會議的內容。下午6時左右，葉群從北戴河打來電話，祝賀邱有了孫女，當上了爺爺。晚飯後，邱會作到京西賓館主持了國防工辦領導幹部會議，研究一下業務問題。原來曾約好在京西賓館與吳法憲會面，於是當晚12點時電話找到吳法憲，但吳說有事來不了了，只好做罷。大約在13日凌晨1點左右，邱會作回到總後大院家中服了安眠藥就寢。

凌晨3時左右，邱會作在熟睡中被叫醒，勤務員通知說，周恩來要邱馬上去人民大會堂參加政治局會議。邱會作在昏昏沉沉中到了人民大會堂。[80]

從軍委辦事組幾位大將的行程、活動來看，我們可以看出次下幾點：

第一、黃吳李邱四人對於北戴河的突發事件毫無所知，他們事先都未察覺到任何異常的徵兆。雖然毛澤東的南巡談話通過各種方式傳到軍委辦事組，但是也僅僅對毛澤東可能搞的下一步動作有所擔心，畢竟人們願意往好的一面猜想。即將召開的九屆三中全會和四屆人大新一屆政府的人事安排，周恩來都有了相應的部署和安排，周恩來提名黃永勝、李作鵬、邱會作出任國務院副總理，吳法憲任人大常委會副主任，這一名單得到了毛澤東的認可、批准。[81]如果周恩來意識到毛澤東要對軍委辦事組採取組織措施，周一定不會作如此之安排。這也說明，周恩來也完全沒有意識到一場尖銳的政治

---

[79] 李作鵬《李作鵬回憶錄》，下卷，香港北星出版社，2011年版，頁694-696。

[80] 程光《心靈的對話——邱會作與兒子談文化大革命》，下冊，頁607-609。

[81] 程光《心靈的對話——邱會作與兒子談文化大革命》，下冊頁577。

鬥爭即將爆發。

　　第二、在「九一三事件」中，軍委辦事組諸人按照組織原則，不折不扣地執行了周恩來的指示和命令。吳法憲和李作鵬雖然並不瞭解北戴河林彪處發生了什麼事情，但二人都遵照周恩來的指示向空軍和機場下達了命令，這也是他們的職責所在，他們沒有故意放跑林彪座機的動機，也不可能參與中共指控的所謂的「武裝政變」或「南逃廣州、另立中央」的陰謀。

　　第三、在處理林彪一行出走的問題上，只有吳法憲和李作鵬有涉及。吳法憲負責空軍，對專機飛行負有相當的責任。而山海關機場歸海軍航空兵管理，故李作鵬作為海軍政委也負有一定的責任。黃永勝和和邱會作基本上與林彪出走一事無關，即使中共追究責任的話，也不應歸罪到黃、邱二人身上。再進一步說，真正在前臺負責處理這一突發事件的周恩來、汪東興、張耀祠等人才應負直接的責任，更不用提那真正的幕後決策人——毛澤東。

七、軍委辦事組的垮臺

（一）加強戰備，防止外敵入侵

　　林彪在9月13日凌晨突然出走，其飛機飛往蒙古方向，中方極可能面臨與蒙古，特別是蒙古背後的蘇聯打交道的局面。毛澤東及時否定了葉劍英、周恩來的發表針對蘇聯的公開聲明的建議，認為先看看情況再說。[82]在情況不甚明朗之時，中方首先要做的是加強戰備，防止外敵入侵。邱會作回憶說：黃永勝在政治局會議上就戰備問題談了三點：一、三北（東北、華北、西北）進入戰備狀態。三北的國境線上的部隊進入一級戰備。二、各戰略方向的二梯隊，進入一級戰備狀態。統帥部的總預備隊，進入一級戰備狀態。三北的空軍部隊的戰備請總理親自部署。三、北京要對空進行戰備。[83]吳法憲回憶說：周恩來要求黃永勝準備全軍作戰部署，並要求吳準備空軍的戰備資料，空軍作戰部和雷達兵部立即準備空軍的戰備情況和防空作戰預案，防止空襲，防止飛機外逃，黃永勝還提出立即調派一個師加強南口方向的防

---

[82]　邱會作《邱會作回憶錄》，下，新世紀出版社，2011年1月版，頁795。
[83]　邱會作《邱會作回憶錄》，下，新世紀出版社，2011年1月版，頁795。

守，此議得到毛澤東批准，馬上得到實施。[84] 顯而易見，此時的軍委辦事組仍然還有「剩餘價值」，還必須完成中央交辦的各項戰備任務，但實際上他們僅僅屬於「留用查看」而已，毛澤東、周恩來雖然暫時依靠他們渡過這一危機時刻，但一旦危機過去，他們難逃被整肅的厄運。

（二）軍委辦事組的垮臺

1971年9月24日，黃吳李邱在北京人民大會堂被中央宣佈停職反省。周恩來代表中央與他們進行了談話。周恩來宣佈：「毛主席和黨中央決定，停止你們一切職務，給你們找一個地方，好好地反省檢查自己的錯誤。你們年紀都大了，生活上會有人照顧。你們的老婆、孩子只管放心，組織上會照顧他們，請你們相信我周恩來。」[85] 從周恩來代表毛澤東宣佈的這一決定來看，黃吳李邱等人此時並未被定性為「林彪反黨集團」成員。作為林彪在軍隊中的嫡系骨幹，隨著林彪的倒臺，他們必然也會受到牽連。但是，如何處理此四人，毛澤東還是有自己的盤算的。此時的毛澤東尚不想將他們一棍子打死，而是區別對待，放到衛戍區掛起來、養起來。這與文革期間被打倒並關進秦城監獄的很多老幹部相比，黃吳李邱還是得到某種特別的待遇的。顯然，「林彪事件」本身所造成的巨大震撼，軍隊這些幹部不處理是不行的，毛澤東對黨內必須有個交代，否則不僅江青、張春橋為代表的文革極左派不答應，其他人也會有看法——當時連與林彪關係密切，與黃吳李邱們曾站在一個陣營的汪東興也迫不及待地落井下石，努力洗清自己與軍委辦事組之間的瓜葛。吳德回憶說：「9月23日的晚上，周總理通知讓我到人民大會堂，是什麼廳我記不住了。我進去時，看見汪東興、楊德中在那裏。汪東興和楊德中都說：黃、吳、李、邱這些人是軍權在握，再不動他們很危險，這個事應該處理。我們正說著，周總理來了，汪東興向周總理講了要處理黃永勝等人的意見。楊德中說：黃永勝在燒材料。周總理說，你們先等一等，說完他就同汪東興一塊出去了。過了不長時間，半個多小時的光景，周總理回來了。周總理告訴我們，毛主席已經批准了，把黃、吳、李、邱逮捕起

84　吳法憲《歲月艱難——吳法憲回憶錄》，下卷，香港北星出版社，2006年版，頁867。
85　吳法憲《歲月艱難——吳法憲回憶錄》，下卷，香港北星出版社，2006年版，頁880。

來。」[86]在這種情形下，讓黃吳李邱離開關鍵的軍隊崗位，關到衛戍區停職反省亦不失為一項權宜之計。

10月3日中共中央正式通知撤銷軍委辦事組，成立軍委辦公會議，由葉劍英主持。軍委辦事組從此走入歷史。

八、軍委辦事組文革中的功過和歷史地位

軍委辦事組成立於1967年8月中旬，正式結束於1971年10月初，前後共經歷了整整四年時間。認真地回顧這段歷史，筆者試就以下幾點談談自己的看法：

第一、軍委辦事組有別于江青等文革極左派，他們並非是毛澤東發動文革的主要力量。有學者認為軍委辦事組「最積極地支援了毛澤東的文革」，這一觀點頗值得商榷。黃吳李邱幾人在文革初期不僅不是文革運動的積極參與者，相反他們都是文革運動中造反派衝擊、迫害的對象。文革初期黃永勝在廣州一直堅定明確地支持保守派，而非造反派。文革研究者遲澤厚說：「我記得1967年6月6日，中山大學「八三一戰鬥」隊就登了小報，『炮轟黃永勝動員令』。那時批「二月逆流」，全國以譚震林為代表，各地都有譚震林式的人物嘛。廣東的譚震林是誰呢？就是黃永勝嘛，『抓廣譚』。有一次在北京彙報，戚本禹當著周恩來的面問黃永勝：黃司令，現在抓廣譚啦，誰是廣譚啊？是不是講你啊？戚本禹也是得意忘形。抓廣譚實際上就是抓黃永勝、劉興元。」[87]吳法憲在空軍成為造反派衝擊的主要目標，空軍院校和工廠的造反派不僅貼出「打倒吳法憲」的標語，而且揪鬥吳法憲，要求吳交代問題。吳法憲每天不得不東躲西藏，時而空軍指揮所，時而西郊機場或北空司令部，後來由葉劍英批准住進京西賓館。吳法憲說「1966年冬到1967年初這一段時間是我們最難過的日子。」[88]李作鵬在海軍也是造反派攻擊的主要對象。李作鵬回憶說：「海軍院校的所謂造反派，大批湧進海軍大院與機關造反派合成一股，衝擊領導機關，其主要矛頭對準李、王、張。於

---

[86] 吳德口述《十年風雨紀事》，當代中國出版社，2004年版，頁145。
[87] 葉曙明〈遲澤厚訪談（節錄）〉，《華夏文摘》文革博物館增刊第466期，2005年11月22日。
[88] 吳法憲《歲月艱難——吳法憲回憶錄》，下卷，香港北星出版社，2006年版，頁618-620。

是，今天這個院校把我揪去批鬥，明天那個院校把我揪去批鬥。有幾次圍攻批鬥我長達幾十個小時，有時是通宵達旦，有時是從早到晚，造反派不讓我吃飯、不讓喝水、不讓抽煙，甚至不讓上廁所。」後來林彪安排李作鵬住進京西賓館，躲避造反派的圍攻。[89]邱會作是這幾人中受迫害最甚者。在全軍文革小組組長徐向前的命令下，邱會作不得不離開西山軍委駐地回到總後機關大院，隨後就被造反派揪鬥，在批鬥會場上造反派對邱會作毒刑拷打，幾乎致死。實事求是地說，黃吳李邱作為軍隊主要領導人都在不同程度上受到文革運動的波及和迫害，他們對江青等文革造反派有深深的怨氣和看法，只不過在毛澤東威權下不得不予以回應，說黃吳李邱「最積極地支持了毛澤東的文革」絕非歷史事實。

　　第二、黃吳李邱諸人之所以能夠登上中央高層政治舞臺，全因林彪對軍內造反派的遏制和打壓，是林彪反擊江青支持的造反派後的受益者。1967年5月13日軍內造反派故意衝擊保守派搞的紀念毛澤東延安文藝座談會講話發表二十五周年，製造了一起嚴重的武鬥事件。當時李作鵬在海軍大院、吳法憲在空軍大院都嚴陣以待，隨時予以支援。而此時林彪不僅出面公開支持保守派，親自去醫院慰問被造反派打傷的人員，還出席保守派在人民大會堂的演出。由於林彪的表態，軍內造反派從此一蹶不振，北京和軍隊的局面得以穩定。而以江青為首的中央文革卻束手無策，他們支援的學生造反派雖然沒有土崩瓦解，但是卻已成為強弩之末，很難在軍隊內部再製造什麼事端了。由於毛澤東對「二月逆流」的態度，軍隊內的老帥們被迫靠邊站，黃吳李邱等人參與軍委辦事組的工作，從而進入中央高層政治舞臺，他們實是軍內元老們離開政治舞臺後的延續，是軍隊抗衡文革極左派的一隻力量。

　　第三、1967年8月軍委辦事組成立時，急風暴雨式的文革運動已經過去，全國的局勢已從造反奪權轉為「大聯合」、「三結合」，尤其是武漢「七二零事件」後，毛澤東認識到一味支援造反派造反奪權也許會出現軍隊的強烈反彈，毛澤東不得不作些稍許的讓步，一方面安撫軍人，另一方面拋出「王關戚」予以打倒。林彪則希望「小組辦大事」，在葉劍英、聶榮臻被迫離開政治舞臺後仍能控制全軍局勢，達到穩定軍隊的目的。所以

---

[89]　李作鵬《李作鵬回憶錄》，下卷，香港北星出版社，2011年版，頁555、564。

說，黃吳李邱上臺是當時政治形勢使然，並非是他們在文革初起時支持造反奪權所致。相反，他們個個痛恨造反派，也是後來他們在林彪支持下聯手抵制江青等文革極左派原因所在。事實上，文革初期軍隊內部帶頭造反奪權的人物，如貴州的李再含等後來都被打壓下去，根本無法在軍內形成造反勢力。

第四、在文革錯綜複雜、波詭雲譎的形勢下，軍委辦事組在周恩來領導下參與了「三支兩軍」的工作，對穩定地方混亂形勢立下了汗馬功勞，不僅維護了社會的安定，保護了人民生命財產，恢復了因文革運動而停滯的生產，也保護了一大批幹部。此外，軍委辦事組領導了軍隊的戰備工作，中國的戰備任務、軍工生產、對外援助等並未因為文革動亂而中斷，重要的國防工業項目，如「兩彈一星」都取得了可喜的成就。與此同時，軍委辦事組還成功地抵禦了外敵的入侵，如1969年的珍寶島戰鬥。這些都是應該予以肯定的。

第五、軍委辦事組在黃永勝時期抵制了江青為代表的文革極左派。在林彪的支援下，軍委辦事組全力支援周恩領導的中央工作，抵制江青等人對中央工作的無端干擾，抵制中央文革小組在九大後死灰復燃。在林彪的支持下，軍委辦事組抵制了江青對周恩來的攻擊。此外，軍委辦事組還抵制了江青等人對軍隊的滲透，如抵制張春橋出任總政主任等。這些都是人們不應遺忘和忽略的。軍委辦事組與江青等人的鬥爭並非簡單的是統治集團內部爭權奪利的鬥爭，而是黨內相對健康的力量與文革極左派的對抗，是繼中共元老們「二月逆流」抗爭後的繼續。由於林彪和軍委辦事組的抵制，江青等人始終無法有效地掌控軍權，這是他們最終滅亡的一個根本原因。

第六、文革運動本身就是一場動亂，由毛澤東全力發動，江青等人大力貫徹和推行。軍委辦事組處在這種特殊的環境下也不得不回應和支持，但是他們的回應和支持絕非可與江青等文革極左派相提並論，他們在這期間的責任也不能與江青等人同日而語。他們日後的倒臺並非是支持了文革運動，恰恰是他們成為毛澤東推行文革路線的障礙，是與江青等人鬥爭的犧牲者。如果說軍委辦事組在文革期間有錯誤和責任，那就是他們都身不由己地捲進這場運動，這些錯誤和主要責任應由毛澤東負，他們僅僅負有執行方面的責任。

　　第七、軍委辦事組是文革某一特定時期的軍隊統帥部，是在毛澤東、林彪和周恩來的直接領導下工作。黃吳李邱幾人絕非參加了「林彪反黨集團」或曰「林彪反革命集團」，從事了所謂的「篡黨奪權」的活動。他們在軍中的職務均由毛澤東和中央軍委批准、任命，而非林彪私相授受。軍委辦事組在文革中實際上受到雙重領導。軍事方面林彪作為軍委副主席直接指導軍委辦事組的工作，然而在政治方面，軍委辦事組更受到周恩來、中央文革碰頭會和後來的中央政治局會議的直接領導。在毛澤東的極左路線下，軍隊被迫介入地方文革運動，無論其出發點多麼良好，其實際工作中都會陷入進退維谷，左右為難的境地，甚至捲入地方的派系鬥爭之中不能自拔。毛澤東制定的各項任務也非軍隊領導人所能理解，更不用提左右了。所以他們在執行的過程中所出現的問題以及產生的消極後果亦不能由他們來負。林彪事件後，中共將軍委辦事組的黃吳李邱四人打成「林彪死黨」或曰「林彪集團」則是黨內政治鬥爭的需要。

　　第八、軍委辦事組除黃永勝去世較早外，其餘三人都寫了自己的回憶錄，2006年出版了《吳法憲回憶錄》，2011年初出版了《邱會作回憶錄》和《李作鵬回憶錄》，另外，程光著有《心靈的對話——邱會作與兒子談文化大革命》及《歷史的回顧——邱會作與兒子談革命經歷和若干歷史問題》。這些回憶錄和口述歷史的出版是當前中共黨史研究、軍史研究和文革史研究的一件大事，為我們進一步深入研究這段歷史，特別是毛澤東、林彪、周恩來等重要的歷史人物以及重新認識文革史提供了珍貴的史料，其重要性、獨特性是迄今為止國內所有老幹部官式回憶所無可比擬的，其價值將隨著研究者的不斷深入而日益彰顯。雖然，這些回憶尚存在著這樣或那樣的問題，但是在很大程度上澄清了官方長期以來歪曲和掩蓋的歷史，揭示了歷史的真相。筆者相信，有了這些回憶錄和口述歷史的問世，中國的現代史、中共黨史以及文革史將會有更進一步的推進。

林彪與1960年軍委擴大會議

林蘊暉

1960年舉行的中共中央軍委擴大會議，與1958年反教條主義、1959年批彭德懷這兩次軍委擴大會議的最大不同之處，就在於這是一次重塑毛澤東思想為全黨一切工作的指標，開啟了把毛澤東推向神壇的大門。

把毛澤東思想寫進黨章是中共七大

中共黨內對毛澤東的個人崇拜，起始於二十世紀四十年代的延安整風，1945年的中共七大，大會的醒目橫幅寫的是「在毛澤東的旗幟下勝利前進」。劉少奇向大會所作的修改黨章報告，不只誇大毛澤東個人在中國革命中的作用，把中國革命的勝利發展歸功於毛澤東一人，把毛澤東思想作為黨的指導思想寫進黨章，更把毛澤東的地位擺到了黨中央之上。劉少奇說：

「我們的毛澤東同志，是我國英勇無產階級的傑出代表，是我們偉大民族的優秀傳統的傑出代表。他是天才的創造的馬克思主義者，他將人類這一最高思想——馬克思主義的普遍真理與中國革命的具體實踐相結合，而把我國民族的思想水平提高到了從未有的合理的高度，並為災難深重的中國民族與中國人民指出了達到徹底解放的唯一正確的道路——毛澤東道路。」

「……我們黨業已得到的偉大的成功。這是全中國人民的偉大勝利。這是馬克思列寧主義在中國人民中的偉大勝利。這是我們黨的領袖毛澤東同志的思想和領導的勝利。」[1]

劉少奇強調說：

「黨章的總綱上確定：以馬克思列寧主義的理論與中國革命的實踐之統一的思想——毛澤東思想，作為我們黨一切工作的指標，反對任何教條主

---

[1] 《劉少奇選集》上卷，人民出版社1981年版，第319、320頁。

義的與經驗主義的偏向。」「現在要加以說明的，就是關於毛澤東思想。」
「毛澤東思想，就是馬克思列寧主義的理論與中國革命的實踐之統一的思
想，就是中國的共產主義，中國的馬克思主義。」「它是中國的東西，又是
完全馬克思主義的東西。它是應用馬克思主義的宇宙觀與社會觀──辯證唯
物論與歷史唯物論，即在堅固的馬克思列寧主義理論的基礎上，根據中國這
個民族的特點，依靠近代革命及中國共產黨領導人民鬥爭的極端豐富的經
驗，經過科學的縝密的分析而建設起來的。」「它是中國無產階級與全體勞
動人民用以解放自己的唯一正確的理論與政策。」[2]

中共八大未寫毛澤東思想的原因

對毛澤東的個人崇拜之風，從建國前後開始，在一定程度上有所降
溫。主要表現是，由毛澤東本人提出不再提毛澤東思想。據胡喬木回憶，
1949年1月，毛澤東在修改新民主主義青年團團章草案時指出：將草案中的
「毛澤東思想」，一律改為「馬克思列寧主義理論與中國革命實踐之統一的
思想」；將學習和宣傳毛澤東思想，改為學習和宣傳「馬克思列寧主義理
論」。在1949年3月的中共七屆二中全會上，毛澤東又強調不要把他與馬、
恩、列、斯並列，說如果平列起來一提，就似乎我們自己有了一套，而請
馬、恩、列、斯來做陪客，這樣不好，我們請他們是做先生的，我們做學
生。[3]1954年12月，中共中央宣傳部根據中央書記處的指示起草了一個《關
於毛澤東思想應如何解釋的通知》。《通知》說：「黨章已明確指出：毛澤
東思想『即是』馬克思列寧主義的理論與中國革命的實踐之統一的思想，
它的內容和馬克思列寧主義是同一的。」《通知》特別說明，「毛澤東同
志曾指示今後不要再用『毛澤東思想』這個提法，以免引起重大誤解。我
們認為今後黨內同志寫文章做報告，應照毛澤東同志的指示辦理。」毛澤
東在審閱這個通知稿時加了一句：「在寫文章做講演遇到需要提到毛澤東同
志的時候，可用『毛澤東同志的著作』等字樣。」[4]12月19日毛澤東在一次

[2]　《劉少奇選集》上卷，人民出版社1981年版，第332-334頁。
[3]　《胡喬木回憶毛澤東》，人民出版社1994年版，第328-329頁。
[4]　《建國以來毛澤東文稿》第四冊，人民出版社1990年版，第623-624頁。

座談會上向與會的各民主黨派、無黨派民主人士打招呼說：「我們不提毛澤東思想。如果把毛澤東思想同馬列主義並提，有人會以為是兩個東西，為了不使發生誤會，就不提毛澤東思想。」[5]胡喬木後來解釋說：「這與蘇聯共產黨對毛澤東思想的提法不感興趣有關。」「在我們黨提出毛澤東思想後，蘇聯黨始終拒絕承認這個提法。在蘇聯報刊上絕口不提毛澤東思想。這成了一個禁區。凡是中共文件中提了的，它在發表時都給刪掉。既然蘇共是如此態度，而中國革命又離不開蘇聯的幫助，從大局出發還必須搞好與蘇共的團結，出於這樣的考慮，不僅『歷史決議』將毛澤東思想提法刪去，並且在1956年八大不提了。」[6]

鑒於蘇共二十大批判了對史達林的個人崇拜，鄧小平在八大作的修改黨章報告中，肯定了反對個人崇拜是正確的，是必須堅持的原則。對此，中共很早就注意了這個問題，而且正是毛澤東自己反對對個人的歌功頌德。又說，領袖是需要熱愛的，這不是個人崇拜。[7]鄧的這一席話，既接過了蘇共二十大反對個人崇拜的口號，又維護了毛澤東的威信，並間接地回答了人們對中國是否也存在個人崇拜現象的質疑。

毛澤東倡導個人崇拜

對1956年經濟工作中的反冒進，在1957年開展反右派運動以後的八屆三中全會上，毛澤東開始進行批評，在1958年的南寧會議、成都會議上批評步步升級。毛說：

> 赫魯雪夫一棍子打死史達林，也是一種壓力。中國黨內絕大多數人是不同意的，有一些人屈服於這種壓力，隨聲附和，要打倒個人崇拜（有的是過去壓力殘餘，心理狀態複雜）。還有些人對反對個人崇拜很感興趣。個人崇拜有兩種：一種是正確的。我們不是崇拜馬克思、恩格斯、列寧嗎，史達林正確的東西也還要崇拜。對於他們，我們必

---

[5] 《毛澤東文集》第六卷，人民出版社1999年版，第387頁。
[6] 《胡喬木回憶毛澤東》，第329頁。
[7] 《鄧小平文選》第一卷，人民出版社1994年版，第229、234-235頁。

須崇拜，永遠崇拜，不崇拜不得了。真理在他們手裏，為什麼不崇拜呢？我們相信真理，真理是客觀存在的反映。一個班必須崇拜班長，不崇拜不得了。另一種是不正確的崇拜，不加分析，盲目服從，這就不對了。現在既有個人崇拜，也有反個人崇拜。反個人崇拜的目的也有兩種：一種是反對不正確的崇拜；一種是反對崇拜別人，崇拜自己則很舒服。問題不在於個人崇拜，而在於是否真理，是真理就要崇拜。打死史達林，有些人有共鳴，有個人目的，就是為了想讓別人崇拜自己。列寧在世時，許多人批評他獨裁。說：政治局只五個委員，有時還不開會。列寧回答很乾脆：與其你獨裁，不如我獨裁好。因此，只要正確，不要推，不如我獨裁；也開點會，不全是獨裁就是。不要信這個邪，你反對個人崇拜，反到天上去，無非想自己獨裁。[8]

對毛澤東的個人崇拜之風，正是在這一背景下重新刮了起來。

1958年5月舉行的中共八大二次會議，代表們紛紛發言歌頌毛澤東：

要徹底破除迷信，做到真正的思想大解放、思想大革命。對毛澤東思想不存在迷信的問題。過去偏重學馬恩列斯原著，而對毛澤東的著作學習得不夠，今後幹部必讀，應以學毛著為主，這是活的辯證法，活的馬克思主義，毛澤東真正發展了馬克思主義。[9]毛主席是真理的代表。[10]毛主席的講話對我國乃至整個國際共產主義事業，將發生極其深遠的影響。[11]我們出現了毛主席這樣一個偉大的馬克思主義者，也正像當時德國出馬克思、俄國出列寧一樣，是完全合乎事物發展規律的。為了解決當前中國革命問題，就要好好學習毛主席著作，不能光學以往的東西。[12]毛主席是當代最偉大的馬克思主義者[13]。

逢先知、金沖及主編的《毛澤東傳》在談到這次會議時說：

---

[8] 毛澤東在成都會議上的講話，1958年3月10日。參見李銳著：《「大躍進」親歷記》，第173-174頁。
[9] 李銳著：《「大躍進」親歷記》，上海遠東出版社1996年版，第285頁。
[10] 李銳著：《「大躍進」親歷記》，第352-353頁。
[11] 李銳著：《「大躍進」親歷記》，第364頁。
[12] 李銳著：《「大躍進」親歷記》，第366頁。
[13] 李銳著：《「大躍進」親歷記》，第321頁。

　　對社會主義建設總路線，代表們給予高度評價。有些中央領導人說：黨的這條總路線，「是馬克思主義的普遍真理同中國革命的具體實踐相結合的毛澤東思想的又一光輝範例，同時也是馬克思主義的社會主義建設學說的新發展」。「擁護和相信毛主席就是擁護和相信真理」。「毛主席是真理的代表」。[14]

　　林彪在1958年的姿態，可以說只是「緊跟」。從現有文件看，1958年5月，林彪在全軍高級幹部會議上的講話，在講到學習軍事科學時，批評了有人認為，「只有外國的東西才是科學的」說法。指出「凡是從實踐中抽象出來而又經過實踐證明了是正確的東西，就是科學的，就是真理。」「不要一談到外國的東西就津津有味，把本國的東西看作是『土包子』。」強調：「毛澤東同志的軍事著作就是軍事科學，是馬克思列寧主義在軍事方面創造性的發展，我們要好好學習。」然後說：「學習政治，就要學習馬克思列寧主義，學習毛澤東思想。」

　　1958年6月17日，毛澤東在李富春第二個五年財政計畫的報告上批示：「打倒奴隸思想，埋葬教條主義，認真學習外國的好經驗，也一定要研究外國的壞經驗——引以為戒，這就是我們的路線。經濟戰線如此，軍事戰線上也應完全如此。反對這條路線的人們如果不能說服我們，他們就應當接受這條路線，『既不能令，又不受命，是絕物也』，走進死胡同，請問有什麼出路？」6月29日，毛澤東召集軍委擴大會議各組組長會議，「指名批評了劉伯承（南京軍事學院院長兼政治委員）和蕭克（訓練總監部部長），說他們犯了教條主義錯誤。」[15]毛說：「不知道軍事學院、訓總到底有多少馬克思列寧主義。馬列主義本來是行動的指南，而他們當作死條條來唸，馬克思、列寧在的話，一定批評他們是教條主義。」[16]還說：「蕭克同志的錯誤是嚴重的。過去沒有這樣的時機開這樣大的會議，今天有了這個時機，我們可以挖挖教條主義的根子。」毛澤東說：「蘇聯打敗過十四個帝國主義國家的干涉，那很久了。蘇聯有二次世界大戰的經驗。我們打敗過蔣介石、日本帝國

---

[14]　逢先知、金沖及主編：《毛澤東傳》1949-1976（上），中央文獻出版社2003年版，第821-822頁。
[15]　《彭德懷傳》，第555頁。
[16]　《劉伯承傳》，第664頁。

主義、美帝國主義，我們有豐富的經驗，比蘇聯的多，把自己的經驗看得那麼不值錢是不對的。（林彪插話說：我們的經驗很豐富，不要把黃金當黃土甩掉了。）要以我為主，學習別人的先進經驗。」毛還強調說：這個會議主要是打倒奴隸思想，埋葬教條主義，以整風方式大鳴大放，破除迷信，提高思想，吸取經驗教訓，主要是教育全黨全軍，團結全黨全軍。因此，會議上可以指名批評。[17]

　　如果說林彪在1958年講到毛澤東思想的話語，還比較平和的話。那到1959年，林彪的調門就高了很多。1959年7至8月在廬山舉行中央政治局擴大會議和中共八屆八中全會，把彭德懷向毛澤東上書言事打成「反黨集團」，並在全國範圍開展反對「右傾機會主義」的鬥爭，9月17日，林彪就任國防部長主持中央軍委日常工作。學習毛澤東著作是「學習馬克思列寧主義的捷徑」，「是一本萬利的事情」，就出於由林彪主持的批判彭德懷的軍委擴大會議上的講話。林彪說：

　　「我們學習馬克思列寧主義怎樣學呢？我向同志們提議，主要學習毛澤東同志的著作。這是學習馬克思列寧主義的捷徑。馬克思、列寧的著作那麼多，裏面有許多人名地名你都搞不清。最好先讀毛澤東同志的著作。……毛澤東同志全面地、創造性地發展了馬克思列寧主義，綜合了前人的成果，加上了新的內容。……我們學毛澤東同志的著作容易學，學了馬上可以用，好好學習，是一本萬利的事情。」[18]

　　上面這兩次內部講話，在當時都沒有公開發表。林彪第一篇公開發表「高舉」的文章，是他就任國防部長以後，為慶祝中華人民共和國成立十周年而寫的〈高舉黨的總路線和毛澤東軍事思想紅旗闊步前進〉[19]。從此，林彪就成了「高舉」的代表。

林彪把毛澤東推向神壇

　　1960年，是1958年發動「大躍進」、1959年廬山會議反彭德懷的「右

---

[17] 毛澤東在軍委擴大會議小組長座談會上的講話記錄，1958年6月29日。
[18] 林彪在軍委擴大會議上的講話，1959年9月。
[19] 林彪：〈高舉黨的總路線和毛澤東軍事思想紅旗闊步前進〉，《紅旗》1959年10月1日。

傾機會主義」以後，全國經濟生活最困難的一年，《中國共產黨歷史》第二卷中寫道：「據正式統計，1960年全國總人口比上年減少1000萬」[20]。人們對毛澤東倡導的總路線、大躍進、人民公社這「三面紅旗」多有懷疑，共產黨和毛澤東威望也直接受到了影響。就在這個時期，林彪對學習毛澤東著作、高舉毛澤東思想作了一系列講話，親自主持軍委擴大會議作了以「高舉毛澤東思想紅旗，把毛澤東思想真正學到手」為主題的決議。林彪宣稱：現在的馬列主義，「就是我們毛主席的思想。它今天在世界上是站在最高峰，站在現時代思想的頂峰。」[21]

1960年2月，在廣州舉行的軍委擴大會議上，林彪提出學習毛主席著作就是要背警句，他說：「我們不要背那麼多，要挑選最好的，背上那麼幾十句，就差不多了。」他還把毛澤東為抗大的題詞，即「堅定正確的政治方向，艱苦樸素的工作作風，靈活機動的戰略戰術」三句話和「團結、緊張、嚴肅、活潑」八個字稱作為「三八」作風。

在此期間，時任總政治部主任的譚政，對林彪提出的「三八作風」的提法表示異議，說「這恐怕不是很準確，還有個『三八』婦女節，這容易說混了。需要再斟酌斟酌。」對林彪強調學習馬列主義，「主要是學習毛澤東同志的著作」，「這是學習馬克思列寧主義的捷徑」的提法，譚政也認為與中央的提法不同，仍應按中央「學習馬克思列寧主義、學習毛澤東著作」的提法為好。譚政認為，「理論還是要系統地學」。他指示，要以總政制定的哲學、政治經濟學、中國共產黨黨史三門課的教學大綱為線索，加強馬列主義系統的理論學習。

對此，林彪認為：「譚政這個人不對頭，抵制宣傳毛澤東思想。」

在1960年9月12日的軍委常委擴大會議上，林彪的講話著重批評了總政治部的工作。林說：

「今天我著重講政治工作。我軍政治工作有很好的傳統，有主席的思想指導，有主席的很多指示和範例，有很好的基礎。政治部門做了很多工作，成績是主要的，占九個指頭的地位。但是今年總政召開的全軍政工會議，雖然也解決了許多問題，但開得不夠好，許多應該回答的問題沒有回

---

[20] 中共中央黨史研究室編：《中國共產黨歷史》第二卷，中共黨史出版社2011年版，第563頁。
[21] 林彪在軍委擴大會議上的講話（記錄稿），1959年10月20日。

答。聯想到去年的政工會議，情況也是如此。幾年來的政治工作是前進了，但缺點是對思想問題注意得不夠，一方面是沒有很好抓部隊的思想動態，另方面對上面的指示和思想也貫徹得不夠。」

「政治工作是很重要的工作，正像主席說的，它是生命線，是統帥，是靈魂，是一切工作的保證。」

林彪批評說：「上海會議提出反修正主義問題，廣州會議提出新的戰略方針，提出三八作風，這些，政治工作會議都應該傳達。對於三八作風還應該做出解釋，比如什麼叫緊張、團結，可能有各種理解，政工會議應該進行解釋，而且要號召、要發動、要檢查，這是政治工作理所當然的事。但是政工會議沒有進行解釋和佈置。對軍隊內部的思想動態，也綜合得不夠。我們要求抓下面的思想，貫徹上面的思想，思想仗是很重要的戰鬥，不打好思想仗，其他仗就打不好。」

由此，林彪提出了政治工作中的「四個第一」。他強調說：武器和人的關係，人的因素第一；各種工作和政治工作的關係，政治工作第一；政治工作中的各種工作和思想工作的關係，思想工作第一；書本思想與活思想的關係，活思想第一。

對如何開好這次軍委擴大會議，林彪說：

「這次要大家好好講講政治工作，講一些生動的事實、工作內容和工作方法，多用些功夫，使政治工作提高一步打好這個基礎，我們就放心了……。像打仗一樣，要集中兵力、突破口子，現在就是要突破思想這個口子。」

「對待問題有兩種作法，一是當苗頭一出現就去揭露克服，一是讓它高度發展，讓它爛，物極必反，爛了就必然要變，要走到它的對立面。兩種作法都是辯證法，但是後一種做法損失太大，這是對敵人、對壞人的辦法。我們採取第一種辦法，這是好心的辦法。我反覆考慮過這個問題，決心現在就改變過來。」[22]

9月14日，軍委擴大會議開幕，會議根據林彪上述講話的精神，對總政治部主任譚政等人進行「揭發批判」。並作出《中共中央軍事委員會擴大會

---

[22]　林彪在軍委常委擴大會上的講話要點（記錄稿），1960年9月12日。

議關於譚政同志錯誤的決議》，說這次會議是「反對彭、黃資產階級軍事路線鬥爭的繼續」，指責譚政對軍隊政治工作方向發生「嚴重偏差」「應負主要責任」。會後，總政治部又按上述決議的要求，於當年10月25日至1961年1月25日召開總政黨委擴大會議，對譚政進一步揭發批判，製造了一個所謂「譚政反黨宗派集團」[23]，撤銷了譚政的總政治部主任職務，並處分了總政治部的一些同志。[24]

10月20日，軍委擴大會議通過了由林彪親自主持的《關於加強軍隊政治思想工作的決議》。

《決議》說：「會議認為，毛澤東思想無論過去、現在或將來，都是我軍建設的指標，也是我軍政治思想工作的指標。1929年毛澤東同志起草的中國共產黨紅軍第四軍第九次代表大會決議，即古田會議決議，指明了我軍建設的方向，奠定了我軍政治工作的基礎。古田會議決議所建立起來的我軍政治工作的光榮傳統，是永放光芒的。……在這次會議上，林彪同志根據毛澤東同志歷來的指示和當前的實際情況，提出了正確處理政治工作領域中的四個關係問題。到會同志一致認為，林彪同志提出的這四個關係問題是創造性地運用毛澤東思想的範例。」

《決議》對毛澤東思想重新作了解釋，稱：

「毛澤東同志是當代偉大的馬克思列寧主義者。毛澤東思想是在帝國主義走向崩潰、社會主義走向勝利的時代，在中國革命的具體實踐中，在黨和人民的集體奮鬥中，應用馬克思列寧主義的普遍真理，創造性地發展了的馬克思列寧主義。毛澤東思想是中國人民革命和社會主義建設的指標，是反對帝國主義的強大的思想武器，是反對修正主義和教條主義的強大的思想武器。」

---

[23] 1961年1月30日，總政黨委擴大會議向毛澤東主席、黨中央和軍委的報告中說：譚政為了執行彭德懷的資產階級軍事路線，「與總政組織部長劉其人、宣傳部長薑思毅、秘書長白文華、解放軍報總編輯歐陽文一起，進行反黨宗派活動」，「結成反黨宗派集團，把持總政領導」。決定給劉其人、薑思毅、白文華以黨內處分。

[24] 1979年3月，中共中央、中央軍委批准總政治部《關於為「譚政反黨宗派集團」冤案徹底平反的決定》。《平反決定》指出，「這是林彪製造的一起冤案」。「譚政同志在任總政治部主任期間，堅決貫徹執行了毛主席，黨中央的路線、方針和政策，工作成績是主要的。他提出要系統完整地學習馬列主義，提倡部隊學習文化和科學技術等，對我軍革命化、現代化建設起了積極作用，政治工作方向是正確的。不存在反黨的問題，更不存在『譚政反黨宗派集團』。」「強加給譚政同志的一切誣衊不實之詞，均應予以推倒。」因譚政的所謂「問題」受到迫害、株連的同志，也都得到了平反和恢復名譽的處理。

這就把毛澤東思想的地位拔高到指導世界革命的理論高度。

《決議》強調：

要「大張旗鼓地反覆深入地宣傳毛澤東思想的重大意義」。「號召人人讀毛主席的書，聽毛主席的話，照毛主席的指示辦事，做毛主席的好戰士」。

「政治掛帥，也就是用毛澤東思想掛帥。」要「高舉毛澤東思想紅旗，把毛澤東思想真正學到手」，「把毛澤東思想的學習運動推向新的的高潮」。「堅持在一切工作中用毛澤東思想掛帥」，作為「黨的一切工作的指標」。[25]

對這次軍委擴大會議所討論的問題和作出的決議，毛澤東非常滿意。10月20日，林彪到會講話說：

「我們這個會開了一個多月了，開得很好，解決了很大的問題，有歷史意義的問題，帶根本性的問題。昨天毛主席講，在古田會議以後，我們還沒有這樣正式地來研究過政治工作。在延安時搞了一下，沒有今年這一次搞的這麼認真。毛主席自己看這個會議的決議，他準備改後用中央的名義發給全軍，並且說以後每隔若干時間要照著決議檢查一次，看哪一條做到了，哪一條沒有做到，有什麼新的意見需要增加上去，原有的意見哪些應作新的的修改。」

事情果真如林彪所說，毛澤東親自對《決議》稿做了多處修改和改寫，並於12月14日致信劉少奇、朱德、周恩來、鄧小平、彭真。信中寫道：

> 「此件經過修改，修改處並已徵得軍委及總政方面幾個同志（羅，蕭，劉志堅）的同意，現送上，請審閱。希望在十天左右時間內閱完，交尚昆印發黨，政，軍，民各系統，先發軍事系統。文件雖長，但不難讀。修改是陳伯達，田家英諸同志的一個小組進行的。」

毛澤東十二月十四日[26]

---

[25]　《中共中央軍委擴大會議關於加強軍隊政治思想工作的決議》，1960年10月20日。

[26]　《建國以來毛澤東文稿》第九冊，中央文獻出版社1990年版，第383頁

　　12月21日，中共中央批准了軍委擴大會議的這個決議，並作了長篇批示：

　　「中央看到1960年10月20日軍委擴大會議關於加強軍隊政治思想工作的決議，認為會議開得很好，決議也寫得很好。這個決議，繼承和發揚了1929年古田會議的傳統，在毛澤東思想的指導下，全面地總結了解放十一年來軍隊建設和政治思想工作的豐富經驗，明確地指出了在新的歷史時期中軍隊政治工作的方向，提出了措施，打中了要害。決議闡述了政治工作領域中的四個關係問題，強調指出在政治工作中要著重抓思想工作，而在思想工作中又要著重抓活的思想，指出在軍隊中貫徹『三八作風』，改進工作方法，把根子紮在基層的重要性。決議號召高舉毛澤東思想紅旗，把毛澤東思想真正學到手；堅持在一切工作中用毛澤東思想掛帥。中央認為，決議所提出的這些問題，都是正確的和適時的。中央批准這個決議，希望能定期檢查，貫徹執行。這個決議不僅是軍隊建設和軍隊政治思想工作的指標。而且它的基本精神，對於各級黨組織、政府機關以及學校、企業部門等都是有用的，可以發給地委以上的機關閱讀。軍隊中有文化條件的幹部必須研究馬、恩、列、斯的經典著作。研究方法，必須是為了我們的工作需要而去作研究，即為了解決中國問題和國際問題的需要而去請教馬、恩、列、斯，而不是為研究而研究，不是讀死書，而是領會馬克思列寧主義的精神實質。讀毛澤東同志的著作的方法也應當這樣。過去軍隊中理論研究工作的方法是讀死書的方法，那是不正確的，10月軍委擴大會議已指出了這一點，中央認為是正確的。」

　　這表明，毛澤東對這個重新定義毛澤東思想、「高舉毛澤東思想紅旗」的決議作了全面肯定。「毛澤東思想」，由此重新登上了中國的歷史舞臺，進而登上了世界舞臺。這是對中共八大通過的未提毛澤東思想的黨章的否定。

　　此後，毛澤東對林彪提出學習毛澤東思想的一套，不只再次作了肯定和讚揚，同時發出了全國學習解放軍的號召。1963年12月16日，毛在〈關於工業部門學解放軍的信〉中寫道：

　　「國家工業各個部門現在有人提議從上至下（即從部到廠礦）都學解放軍，都設政治部、政治處和政治指導員，實行四個第一和『三八作風』。我並建議從解放軍調幾批好的幹部去工業部門那裏去做政治工作……。」

　　「解放軍的思想政治工作和軍事工作，經林彪同志提出四個第一、三

八作風之後，比較過去有了一個很大的發展，更具體化又更理論化了，因而更便於工業部門採用和學習了。」[27]

　　在中共中央向全黨批發了《中共中央軍委擴大會議關於加強軍隊政治思想工作的決議》以後，由軍隊到地方很快掀起了全國範圍學習毛澤東著作的熱潮，形式主義、實用主義大肆氾濫。如果說，1958年的中共八大二次會議，重新點燃了對毛澤東個人崇拜的火；那麼，1960年的軍委擴大會議，則開啟了把毛澤東推上神壇之門。

[27]　《建國以來毛澤東文稿》第十冊，中央文獻出版社1996年版，第454-455頁。

父與子：誰離歷史真相更近？
──《心靈的對話》與《邱會作回憶錄》的差異對比與探析

余汝信

　　1971年的「九一三事件」，迄今已整整四十年。雖已走過了漫長的四十個春秋，卻由於眾多客觀因素的制約，尤其是官方檔案尚未開放，我們對於這段歷史的研究，仍然大都只能依靠私人回憶史料。故而，去年底以來，這段歷史的重要當事人黃永勝、邱會作、李作鵬的傳記、回憶錄先後在境外面世（吳法憲的回憶錄早於2006年已出版），就不能不被看作是研究者的一大幸事。

　　惟筆者始終認為，對私人回憶類史料，應該從兩方面去認識。一方面是其重要性之不可忽視。諸如「九一三」當事人、當事人的親屬、當事人身邊工作人員多年來披露的個人親身經歷，不少是極富現場感而又鮮為人知的珍貴史料，這對於研究者來說無疑具有十分重要的參考價值。另一方面是，當事人的記述固然重要，卻非我們判讀歷史原貌唯一的依據。它需要與我們手中掌握的歷史事件發生當時形成的其他材料、記錄進行比對，方能形成較為正確的論斷。此外，私人回憶史料也存在水準參差、良莠不齊的問題，個別當事人（尤其是重要當事人）的失實記憶，反倒是困擾研究者、引致研究者無謂爭議的障礙。

　　胡適對待回憶類史料的嚴謹態度，是值得我們借鑒的。

　　胡適終生甚為鼓勵他的朋友們或老一輩的人物寫自傳，「希望能替將來的史家留下一點史料」。他曾力勸歷經晚清、北洋、民國三個時期，宦海浮游六十餘載，1920年代官至內閣總理的許世英（1872-1964）寫回憶錄。而當由許世英口述、冷楓筆錄的《許世英回憶錄》問世後，極具歷史考據癖

的胡適認為，「將來定有人視為史實」，不過其中也有不少錯訛之處。胡適在負責為之糾正後說：「光靠記憶是非常危險的。」胡適並舉出自身的失實記憶例子後感慨地說：「所以寫《回憶錄》，一定要有材料，如日記、年表、題名錄等等，都是十分重要的資料，不能專靠記憶。記憶是很危險的。我在美國哥倫比亞大學作口述錄音的前一天，一定要把有關的材料收拾好，編一個大綱，像預備功課一樣，有時花了好幾個鐘頭，才能去口述。現在此地的一班人，不翻過去的材料，全憑記憶，就有許多錯誤了。可見口述歷史還是靠不住。」（蔡登山：〈口述歷史不可盡信〉，香港《蘋果日報》，2011年5月1日）。

以前人嚴謹、求真的治學態度為榜樣，我們將目光投向了年初有關邱會作私人回憶性質的兩本書：《邱會作回憶錄》（邱會作著，香港：新世紀出版社，2011年1月版）和《心靈的對話》（程光著，香港：北星出版社，2011年4月版）。

據悉，邱會作生前曾留下了一百五十萬字的回憶錄素材稿。這些素材稿是邱會作自1981年「保外就醫」後十餘年間親筆所寫，彌足珍貴。此外，邱會作生前多次與有關單位的研究人員就自己的經歷作過錄音談話，這些談話存有根據錄音而未經談話者審閱及核實的文字記錄。

邱會作去世後，其家人參考上述談話記錄，將回憶錄素材稿進行整理，對重複敘述處予以刪減、壓縮，並對全書涉及的史實與可以找到的其他相關資料進行了校正，最終形成了七十多萬字的《邱會作回憶錄》。而《心靈的對話》則是邱會作二子程光（邱承光）根據回憶錄素材稿及其他資料，改換文體，深加工為父子對話形式而成。據悉，邱會作生前其實並沒有與程光進行過如此系統性的、長篇大論的、囊括一切的文革「百科全書」式的談話。

既然原始的材料實際上是出自於同一素材稿，使我們感到困惑的首先是為什麼要形成不同出版社的、不同形式的兩本書？這樣的困惑又促使我們對這兩本書進行了內容上的比對，於是，我們便發現，兩本書在對同一歷史事件有著不少語句基本相同的敘述的同時，也存在著大量的細節上截然不同的差異。

「魔鬼在細節中」（Devils are in the details），據說原話出自於二十世紀著名現代主義建築大師路德維希·密斯·凡·德羅（1886-1969）之口。

他認為，不管你的建築設計方案如何恢弘大氣，如果對細節的把握不到位，就不能稱之為一件好作品。而我們從歷史學的角度上去理解，細節就是歷史事件的某一環節。而不少細節，往往就是解開歷史之謎的關鍵點和突破口。忽略細節，結論往往難以成立，一個環節有誤，對整個歷史事件的敘述就會產生質疑，正所謂「失之毫釐，謬以千里」。

《心靈的對話》與《邱會作回憶錄》存在大量細節差異的原因，我們認為，是程光對邱會作的回憶錄素材稿作了個人理解基礎上的大量加工、擴展和延伸。這部分加工、擴展和延伸，並非出自於邱會作本人的意願，而是帶有濃厚的程光本人的思想痕跡，程光本人對歷史事件的解讀。此外，不少邱會作沒有親身經歷的事情，如「二月逆流」，《對話》中以邱會作主述，做了重筆添加。直白地說，《對話》中的邱會作，是被改寫了的邱會作，人為地使邱會作的思想「貼近」當代人的思維。而且，更值得關注的是，這一部分加工、擴展和延伸，很大部分都與事實不符。

以下，筆者例舉若干，並進行簡要的分析，這對我們更確切地弄清事實真相，想必是有益的。

一、《關於羅瑞卿同志錯誤問題的報告》

◎子：1966年**4月初**（黑體字部分為本文作者所改排，下同），以葉劍英、謝富治為首的**專案委員會**向中央提出了**《關於羅瑞卿錯誤問題的報告》**，4月24日，葉劍英、蕭華、楊成武、劉志堅向毛澤東和中央寫報告**揭發羅瑞卿的罪行**。中共中央於5月16日向全國**下發**了**《關於羅瑞卿錯誤問題的報告》**並寫了**按語**，指出羅瑞卿「是反對**中央**、反對毛主席，反對林彪同志的錯誤，**是資產階級野心家篡軍反黨的錯誤**」，隨文件還下發了葉劍英、謝富治、蕭華、**楊成武**批判羅瑞卿的發言。羅瑞卿問題被他們說得很嚴重，政治上被置於死地！……《對話》，上，頁16-17。

根據《回憶錄》所附的《關於羅瑞卿同志錯誤問題的報告》及未附的中央對該報告的批語，《對話》上述基本每一句都有誤。正確表述應該是：1966年4月30日（不是「4月初」），以葉劍英為首的中央工作小組（不是

「專案委員會」）向中共中央、毛澤東提出了《關於羅瑞卿同志錯誤問題的報告》（羅後有「同志」二字）。4月24日，葉劍英、蕭華、楊成武、劉志堅向毛澤東和中央寫了一信，揭發彭真「在這次會議過程中，在一系列的重大政治問題上，對羅瑞卿同志的錯誤，採取了縮小、掩護、包庇、支持的態度，並且企圖給羅瑞卿同志待機翻案作種種準備」（不是「揭發羅瑞卿的罪行」，而是揭發彭真）。中共中央於5月16日向全國批轉了（不是「下發」，下發是5月25日）《關於羅瑞卿同志錯誤問題的報告》並寫了批語（不是「按語」），指出羅瑞卿「是反對黨中央（漏了「黨」字）、反對毛主席、反對林彪同志的錯誤，是資產階級個人主義野心家篡軍反黨的錯誤（漏了「個人主義」）」，隨文件還下發了葉劍英、謝富治、蕭華、楊成武等（楊後要有「等」，因為楊的發言不是楊一人署名而是楊成武、王尚榮、雷英夫三人聯名的）批判羅瑞卿的發言。

　　類似的程光口中所涉史實錯誤，所在多有。因本文的宗旨是探究《對話》如何「改造」了邱會作，故而，程光話中的錯誤，下文不再一一列舉。

二、批判《海瑞罷官》

◎父：……

　　　1965年11月28日深夜，葉群打電話給尚在臺上的羅瑞卿，詢問第二天《解放軍報》的版面。正巧他出去娛樂凌晨才回來，羅看到電話記錄後立刻察覺出其中的奧妙，打電話問《解放軍報》社，知道有姚文元的稿子沒有登。羅當即立斷，下令將姚的文章放在頭版頭條轉載並加了措辭極為強烈的短評，指出吳晗的《海瑞罷官》「**是一株大毒草**」，是「**反黨反社會主義**」，羅瑞卿對吳晗出手非常重。《解放軍報》又比《人民日報》提前了一天刊載了姚文元的文章，**在全國反應最快、態度最鮮明**。……《對話》，上，頁17。

◎**關於〈評新編歷史劇《海瑞罷官》〉的情況我不瞭解。**……《回憶錄》，上，頁390。

　　《回憶錄》直截了當地表示，「關於〈評新編歷史劇《海瑞罷官》〉的情況我不瞭解」，這是實事求是的態度。而《對話》關於羅瑞卿下令《解放軍報》轉姚文的過程不合常理，如果葉群有這個電話，也只是「詢問第二天《解放軍報》的版面」，羅有那麼神奇的心靈感應，「看到電話記錄後立刻察覺出其中的奧妙」？葉群這個電話與姚文如何能聯繫得上？

　　黃瑤、張明哲所著《羅瑞卿傳》，問題雖然不少，但僅就羅在該問題上的活動經過而言，卻比《對話》可信。《羅瑞卿傳》稱：「11月25日，羅瑞卿陪同周恩來到達上海」，「上海市委負責人陳丕顯悄悄告訴羅瑞卿，毛主席對北京各報不轉載姚文十分不滿。毛澤東說：『他們不登，你們就出小冊子』。毛澤東還關照此事對誰也不要講。陳對羅瑞卿說：『我誰也沒有講，但可以告訴你一下。』於是，羅瑞卿便要來一本刊登姚文的小冊子。」11月26日晚，羅見到江青，「江青又談起姚文元的文章，她說：『北京各報到現在也不轉載，不知是為了什麼……現在在北京看家的是彭真。』」「羅瑞卿立即答應她，《解放軍報》可以加按語轉載。隨後羅瑞卿吩咐秘書電話通知解放軍報社。他又親自打電話給彭真，告訴彭，他在同主席談起此文時，主席笑了。因此他估計主席已看過此文，他建議《北京日報》與《解放軍報》同時轉載，彭真未給明確答覆。」（黃瑤、張明哲：《羅瑞卿傳》，北京：當代中國出版社，1996年4月版，頁533-535）。

　　此外，姚文《解放軍報》轉載於1965年11月29日第二、三版，並非「放在頭版頭條轉載」。該報加了「編者按」而並非「短評」，「編者按」雖稱《海瑞罷官》「是一株大毒草」但卻沒有說是「反黨反社會主義」的。《北京日報》與《解放軍報》同日轉載姚文，而此前，華東地區七家報紙已予以轉載，所以，也不能說「在全國反應最快，態度最鮮明」。

三、首都工作組

◎父：……

　　　　1966年春，在毛主席授意下，中央成立了首都工作小組，周恩來負責，葉劍英為工作組長，參加具體工作的有楊成武、我、軍委作戰部長王尚榮等人。**周恩來、葉劍英指揮我們做了三篇「文章」：**

　　　　1、……

　　　　2、改組北京衛戍區。北京軍事力量原來有軍隊一個師、公安軍一個總隊（相當於師）、中央警衛團（**行政級別為軍**，兵力為一個小師），……這次軍隊那個師和公安總隊擴編為**警一師、二師**，另調北京軍區兩個師為**警三師、四師，連同中央警衛團，統一由北京衛戍區領導（警衛團受雙重領導），歸軍委和北京軍區指揮，實際上是楊成武指揮。**……

　　　　3、改組衛戍區時曾設想調一個完整建制的野戰軍進京。……

　　　經過調動之後，**北京的機動部隊約十萬人**，毛主席很滿意。**中央軍委又決定，凡是調「一兵一卒」（實際一個連），均須經中央軍委主席毛澤東簽字。**

◎子：對於這樣重大的軍事調動，主持中央日常工作的劉少奇、鄧小平不過問？

◎父：**我們辦事既沒有正式文件，也沒有定時定點的辦公。**

　　　……《對話》，上，頁24-25。

◎政治局五月擴大會議期間，對首都安全問題，提高到了重要的日程上來了。中央指定葉劍英副主席擔任首都工作小組組長。**小組辦事機構開始時設在京西賓館八樓，後搬到三座門。我雖然不是首都工作小組的成員，但參加了工作組的部分工作。**

　　對首都安全，主要採取了兩項主要措施。

　　第一是加強衛戍區，也可以說是建立了有實力的衛戍區。……

　　衛戍區改組後，除原有的首都警衛師改為警衛一師，公安總隊改為警衛二師之外，又從野戰部隊增調了兩個主力師，一個是二十四軍的七十四師，這是我軍當時的兩個機械化師之一；一個是駐石家莊六十三軍一八九師。

　　……

　　第二是確定首都工作小組的日常工作。……

　　對首都安全的任務暫定了兩項：（一）制定對首都的設防、警衛、主要目標控制的方案；（二）準備對首都進行全面的清查清理。清查清理的

對象包括社會人口、槍支彈藥、電臺、監獄、僑民等。⋯⋯《回憶錄》，上，頁440-441。

　　邱會作並非首都工作組的正式成員。但正如《回憶錄》所述：「我雖然不是首都工作小組的成員，但參加了工作組的部分工作」。對此，《對話》是含糊其辭的，極易使讀者產生邱是正式成員的誤會。

　　其次，《對話》將首都工作組的工作概括為三篇「文章」並不準確。《回憶錄》對其任務的敘述較為全面，即除了改組加強北京衛戍區外，其日常工作為：「（一）制定對首都的設防、警衛、主要目標控制的方案；（二）準備對首都進行全面的清查清理。清查清理的對象包括社會人口、槍支彈藥、電臺、監獄、僑民等」。

　　《對話》關於首都工作組的細節有如下錯處：

1、成立時間不是「1966年春」，而是1966年5月中旬。

2、北京軍區兩個陸軍師，1966年調入北京衛戍區時並未改變番號，仍稱陸軍第七〇師（《回憶錄》誤為七十四師）和陸軍第一八九師，改稱警衛第三、四師是在1969年12月。

3、中央警衛團文革期間一直由中共中央辦公廳領導，並非《對話》所稱「統一由北京衛戍區領導」或「受雙重領導」，更不可能「實際上是楊成武指揮」；也並非「行政級別為軍」，文革後總參警衛局（不是中央警衛團）的級別方明確為軍級。

4、在首都工作組鼎盛時期亦即1966年下半年，北京衛戍區實際上由首都工作組領導指揮，而非「歸軍委和北京軍區指揮」。

5、1966年擴編後，北京衛戍區下轄部隊四個師又一獨立團，兵力不足五萬，而非《對話》所稱「約十萬人」。

6、1966年，軍委並沒有一個「凡是調『一兵一卒』（實際一個連），均須經中央軍委主席毛澤東簽字」這樣的「決定」。嚴格的《關於部隊調動使用權限的規定》，是黃永勝到任後軍委辦事組於1968年4月26日下發的。

7、首都工作組既有正式文件，也有「定時定點的辦公」。首都工作組設有以總參作戰部人員為主組成的辦公室，並設有七個組：部隊

指揮組，治安組，槍支彈藥清查組，電臺組，社會人口清查、清理
組，監獄、看守組，外事、僑務組（參見張民：《周恩來與「首都
工作組」》，中央文獻出版社，2009年4月版，頁95-98）。辦公地
點先在京西賓館主樓，後搬至三座門。

1966年，邱會作雖然不是首都工作組正式成員，但他是軍委辦公會議
成員，對以上情況尤其是部隊編制、調動情況應該是清楚的。上述《對話》
錯處，顯然不會是邱會作本人所述。

四、《五七指示》

◎父：……

　　　　1966年5月7日，毛主席閱讀了由林彪轉去的**我寫的《關於全軍農
副業生產的報告》**後，給林彪寫了封長信，抒發他的想法。
　　……
◎父：**軍隊搞農副業生產，算是我在三年困難時期的「創造」吧，**……
　　《對話》，上，頁27。

◎1966年4月間，**總後**向林總寫了一個**《關於進一步搞好部隊農副業生產的
報告》**，他把報告轉送給毛主席了。5月7日，毛主席就是在那個報告上做
了批示，《五七指示》即從此而來。……《回憶錄》，上，頁339。

　　（三）全軍後勤部門組織生產的作用。這也是一種重要作用，事實
上，任何工作都有組織實施問題，全軍的生產就是後勤部門組織實施的。我
們做了應做的工作，在工作中遇到了很大的困難，也遭到過打擊，這都是歷
史事實。**我們用自己的思想、智慧、勤勞，幫助全軍度過了災荒，但應不把
它看成是自己的功勞，而是總後部長和總後黨委及廣大後勤戰線的指戰員應
做的份內之事。**……《回憶錄》，上，頁339。

　　《回憶錄》附有毛澤東《五七指示》全文。正如《回憶錄》所述，毛
澤東所批示的，是以軍委總後勤部名義寫的《關於進一步搞好部隊農副業生

產的報告》，而非《對話》所稱「我」（指邱會作）寫的《關於全軍農副業生產的報告》。這個畫龍點睛的「我」字，明顯刻意突出邱會作。

中共軍隊的農副業生產，遠的不說，至少延安時期，已經有之。以毛澤東《五七指示》中的說法是「第二次世界大戰的八年中，各個抗日根據地，我們不是這樣做了嗎？」「至於軍隊，已經這樣做了幾十年」，如何能像《對話》大言不慚所稱：「軍隊搞農副業生產，算是我（指邱會作）在三年困難時期的『創造』吧」？相反，《回憶錄》中的邱會作是擺正了自己的位置的。這樣，似乎就有兩個邱會作：一個是《回憶錄》中謙虛謹慎的邱會作，一個是《對話》中自我吹噓的邱會作。

五、1966年「十一」在天安門城樓上

◎父：10月1日國慶日慶祝大會，**我在天安門城樓上發現上海二軍醫大的學生、包括陶鑄的女兒等幾個人被帶上了天安門，在城樓內的休息室裏向毛主席告我的狀。我急得沒辦法，只好請人幫忙湊過去聽，得知狀告得很凶，好在毛主席只是聽，沒吭氣。一會兒，我遇見陶鑄，狠狠地瞪了他一眼走開了。陶鑄莫名其妙地連聲招呼我，我不理睬。晚上，秘書說陶鑄來電話要我聽，我生氣想不接，但想想還是拿起話筒，陶鑄說：「老邱，我們幾十年的友誼就這麼結束了？我向你申明三點：1、孩子上天安門，事先我不知道，但責任在我；2、孩子退出紅色造反縱隊，由曾志（陶的夫人）管在家中；3、我向你道歉！我絕不作對不起朋友的事。」我為他的坦誠動了情，說：「陶書記，你已經是黨和國家的領袖了，還這麼看得起我，我們幾十年的友誼如舊！」……《對話》，上，頁52**

◎陶鑄的女兒陶斯亮也在天安門上，他看見毛主席進了休息室，就跑進去向毛主席告我的狀，陶斯亮說邱會作「鎮壓群眾運動」，他以軍隊有紀律為藉口「定了很多條條框框」，不許我們到北京串聯，趕我們回去，我們「在總後大院連飯都吃不上」。陶鑄看見女兒跑到毛主席身邊去說話，怕她影響毛主席休息，就去叫她，毛主席說：「我想聽聽，做調查研究

嘛。」陶鑄和我甚好，他出來後走到我跟前，摟著我的肩膀說：「嘿，亮亮在主席那裏告你的狀，你對亮亮管教不嚴，她是你的兵。」我不服氣地說：「我前幾天就給她寫了一個條子叫秘書送去，我寫的是『亮亮你不要跟著鬧，要退出，否則我告訴你爸爸了』，她不但不聽，還在大會上念了我的條子，表示要堅決和革命群眾在一起。」陶鑄說：「她怕曾志。」他邊說邊刮了我一下鼻子就走了。事後曾志批評了陶斯亮，陶斯亮很快就退出了。……《回憶錄》，上，頁447-448

　　這是同一件事，《對話》與《回憶錄》細節截然不同的典型事例，也是《對話》改寫了邱會作的典型事例。

　　陶斯亮到毛澤東處告狀，確有其事。這個情況邱會作是怎麼知道的？《回憶錄》說是陶鑄告訴他的。陶鑄當時是中央第四號人物，也是主管國慶日觀禮活動會務工作的主要負責人之一，他是可以在毛澤東身邊，也是有條件在天安門城樓上隨便走動的。陶鑄將其女兒告狀的情況告之邱會作，是可信的，邱會作的反應也在情理之中。反之，《對話》說邱會作自己「發現」陶斯亮「在城樓內的休息室裏向毛主席告我的狀」，則沒有什麼可能性。以邱當時的地位，他站的位置離毛澤東頗遠，是不可能觀察得到毛在休息室內的具體活動的，況且他怎麼曉得陶斯亮到毛身邊就是告狀？更重要的是，邱根本沒有可能「只好請人幫忙湊過聽」！一則偷聽毛澤東的談話在當時不啻於彌天大罪，楊尚昆所謂在毛身邊「安裝竊聽器」被打倒已是前車之鑒，邱會作如何敢冒天下之大不韙找個活人去竊聽？二則情急之下找什麼人「幫忙湊過去聽」？當時天安門上參加觀禮活動的除特邀的工農兵代表、紅衛兵代表外都是些高級幹部，誰願意去給邱打這個工？

六、林彪說過「陶鑄方式」嗎？

◎父：陶鑄被中央文革忌恨、盯住了，林彪很著急。中央文革搞陶鑄，林彪向毛主席說要保。中央文革幾次搬陶鑄搬不動，就使了狠毒的一招，把造反派送上的陶鑄早年在地下鬥爭時的「變節材料」突然向社會公佈，大造聲勢後再報毛主席。毛批評了他們，但是不想給群眾運動潑

冷水，有些無奈，默認了，陶鑄暫不保了，先靠邊站吧。可中央文革立刻開展大批判，把「生米煮成熟飯」，打倒了。林彪得知略微晚了，非常生氣，卻無力回天了。中央文革「先造聲勢見毛主席不甚反對，就把材料捅向社會，得到毛主席默認，再趁機把人搞臭打倒……」林彪把這種打倒人的手段歸納叫做「陶鑄方式」，多次告誡我們要提防。1968年初夏，南京軍區司令員許世友從存留在南京的敵偽檔案中發現了「伍豪自首」（伍豪是周恩來的化名）材料，送到北京，被江青當作了「把柄」。1967年江青就利用紅衛兵以這件事搞過周恩來，這次又借此事再整他。江青還要抓「紅區損失百分之九十的禍首」，也是直接威脅周恩來的。**對此，林彪找我們，說不許「陶鑄方式」重演，並叫把他的態度向周恩來通氣。**……《對話》上，頁74-75

　　《對話》上述有關「陶鑄方式」的話，《回憶錄》中找不到相應的敘述。這些話，並非事實。

　　1966年12月間，北京社會上批判陶鑄的大標語、大字報已越來越多，但都是批陶「執行資產階級反動路線」、「鎮壓群眾」、「最大的保皇派」等等，並沒有「陶鑄早年在地下鬥爭時的『變節材料』突然向社會公佈」。1967年1月4日下午，周恩來、陳伯達、康生、江青等接見赴廣州專揪王任重革命造反團並作「重要指示」，陳伯達說：「陶鑄同志到中央來並沒有執行以毛主席為代表的無產階級革命路線，實際上是劉、鄧路線的忠實執行者。劉鄧路線的推廣同他是有關係的」。這些話，在場的周恩來是默許的。當晚，造反派去中南海揪陶鑄，周指示：「一、完全支持揪陶鑄的革命行動。二、怎麼處理正在協商。」1月8日，毛澤東發話：「陶鑄問題很嚴重，陶鑄是鄧小平介紹到中央來的，這個人極不老實，鄧小平說還可以。……」「陶鑄的問題我沒有解決，你們也沒有解決，紅衛兵一起來了就解決了。」

　　據說，林彪在1966年底毛澤東未有明確表態前對陶鑄曾有所告誡稱：「要被動被動再被動」。在1967年1月初毛、周均同意要「解決」陶鑄後，林公開是不可能有不同意見的，即便私下裏對陶鑄這位老下級有所同情，也不會輕易向外人透露，更不會有「對此，林彪找我們，說不許『陶鑄方式』

重演，並叫把他的態度向周恩來通氣。」這無異於林彪告訴周恩來要對抗毛澤東對陶鑄問題的解決。

　　陶鑄被打倒的過程，研究界大都早已耳熟能詳，但迄今尚沒有林彪在此問題上與毛、周及中央文革有不同態度的堅實材料。在文革中，林彪從來沒有先於毛澤東對中央的負責人表態要「保」或者要「打倒」，對陶鑄也應是一樣的。《對話》上述「獨家材料」，不可靠也不可信。

七、1967年3月30日回總後

◎父：就在這時，一個叫我為難的事情來了，周恩來知道了軍委的安排，打電話對我說，他要親自送我回機關，**叫我務必請中央文革幾位「大人物」也去**。我說是他們指使造反派把我差點打死。周恩來嚴肅地批評我說：「你恢復工作後，總是要和那些人打交道，你怎麼這麼不懂事！其他人不到可以，但江青不到不行！別人請還請不到她呢！我已經為你請好了。那天上午你提前到我這裏來，我們一起到釣魚臺去。我到了那兒，他們就不好臨時變卦推辭了。」

　　1967年3月30日早上，**我按時到釣魚臺接人。該到的人差不多都到了，只是不見江青的蹤影。葉群向我建議：「你最好到十一樓去請江青同志？」她見我臉色難看，說：「去不去由你。如果去，我陪你一起去。」我猶豫了一下，還是跟著葉群到了江青那裏。我被打傷的手臂沒好，吊著繃帶。江青看到我，有些尷尬，說：「打得這麼厲害呀？」我「嗯」了一聲，不吭氣了，由葉群向江青說客套話。**……《對話》，上，頁127

◎我當時雖然傷勢還較重，胳膊還吊著繃帶，但因工作需要，我即奉命回總後主持工作。1967年3月30日，**總理打電話讓我先到釣魚臺集合，到了釣魚臺，江青在那裏，那時我還沒有和江青面對面說過話，總理看見我的手，忙對江青說：「邱會作同志手還抬不起來，沒有辦法給你敬禮呀，你能參加今天的大會，大家都很高興！」說完周總理一行就前往總後禮堂。**……《回憶錄》，下，頁513。

　　據邱會作的秘書回憶：邱會作1967年3月底回總後主持工作，是葉劍英按照毛澤東和周恩來的意思安排的。總後造反派幕後是些什麼人，邱會作當時並不知情。在1967年初的時候，江青的態度還是重要的。因此，當邱知道江青要參加歡迎大會，還挺激動，很感謝周恩來的安排，認為江青很給面子，江青在大會上也講了話。江青說，「邱會作同志我是不太熟悉的，大概見過幾次面。但是早一些我看過他寫的自我批評，也聽過他在這次運動中的一些態度，我對他那個書面檢討，我覺得是誠懇的，是比較實事求是的。此外，當他在群眾面前，當群眾運動在一個高潮的時候，出現了某一個偏激的時候，在這樣關頭的時候，最容易考驗一個人了，考驗一個共產黨員，在這方面我聽到邱會作同志是有良好的表現的，是值得我學習的，我相信也值得同志們學習。」

　　《對話》上述有關邱回總後的情節，與《回憶錄》大有出入。《回憶錄》所記述的，是當時的實情，《對話》的情節，不真實地誇大和提前了邱會作等與江青的鬥爭。

八、看守小組與軍委辦事組

◎父：……

　　　　軍隊裏這麼辦事，周恩來清楚，江青卻不明白，她提出軍隊要有個機構承辦文化大革命的事，至少是承辦駐京軍隊各大單位文化大革命的事務。**那時，毛主席將到南方巡視，楊成武要隨行，周恩來順著江青的意思，提出成立一個「小組」看家。林彪贊同，報毛主席批准了，由周恩來口頭作了通知。一個由吳法憲、我、張秀川組成的軍委「看守小組」處理駐京軍隊各機關和下面大軍區與軍委的聯繫工作。毛主席和周恩來都提議，葉群要參加。林彪本不願意葉群這樣，但只好同意，就成了「四人小組」，由吳法憲牽頭並參加碰頭會。……**

　　　　「四人小組」一開始「當家人」就是楊成武，吳法憲工作上的事情都請示他，不厭其煩，大點的事都由楊決定。比如，最初時參加「四人小組」本應陸海空軍都來當家人，海軍是李作鵬在管事，應當他來。但楊成武讓張秀川來，就按著楊的意思辦了。……

「四人小組」在辦事，只是周恩來代表中央口頭上宣佈，到了8月中下旬周恩來才叫我們起草一個報告，由中共中央和中央軍委向下發一個文字通知，實際上那時「四人小組」已經工作了一個月了。
……

◎父：「四人小組」成立後在京西賓館召開了一次軍隊各大單位黨委書記聯席會議，我們進場時大家高興得起立鼓掌。吳法憲講了「四人小組」的工作範圍：完成毛主席、林總、周總理交辦的任務，負責處理軍隊系統駐京機關文化大革命方面的具體工作，以及各大軍區、省軍區文化大革命的聯絡工作。

雖說是「具體工作」和「聯絡」，但各單位什麼事都報上來，因為他們沒其他地方報，而我們又沒別處去推，只好幹起來，「四人小組」成了「軍政府」。軍委各機關在上面有了自己的「衙門」，……從1967年4月初到7月底，延續了四個月的軍隊「無政府」狀態結束了。……《對話》，上，頁136-138。

◎1967年7月中旬的一個深夜，吳法憲打電話來說：「總理讓我通知你，經主席批准，成立一個軍委看守小組，有你一個，要做好準備。」
……

軍委辦事組成立的時侯，全軍文革早已垮臺了，總政治部也「癱瘓」了。軍委辦事組把全軍文革、總政治部的工作集於一身。看守小組時期，其主要任務是在中央、中央軍委、中央文革小組直接領導下，負責處理軍隊系統駐京機關、部隊無產階級文化大革命方面的具體工作。楊成武時期和黃永勝時期的前期權力有所加強，九大以後，軍委辦事組的權力確實不一般了。……《回憶錄》，下，頁539-540。

關於軍委辦事組的前身「看守小組」，《回憶錄》十分簡略，只有兩三句話。《對話》講得似乎很具體，但越具體，暴露的問題就越多。

（一）看守小組成立的時間。

根據總參、總政的官方資料，看守小組成立的時間均為1967年8月17

日。根據王年一查核的檔案材料，亦為8月17日（王年一：〈關於「軍委辦事組」的一些資料〉，北京：《黨史研究資料》，2001年第7期）。因此，《對話》將小組成立時間認定為7月14日毛離京前，是錯誤的。《回憶錄》有兩個時間，前為「七月中旬」，後為「八月中旬」，應以後者為准。

（二）看守小組是誰建議成立及成立的原因。

根據王年一查核，1968年10月30日，江青在八屆十二中全會上說：「軍委辦事組是怎麼產生的呢？1967年夏天，鬥爭蕭華的時候（余注：鬥爭蕭華是在1967年8月中旬，這也可以作為看守小組成立時間的佐證），出現了不嚴肅的現象，把一場嚴肅的階級鬥爭，變成低級下流，轉移了鬥爭大方向，侮辱了中國人民解放軍。因此，我建議成立一個看管小組。」（王年一：〈關於「軍委辦事組」的一些資料〉）

看守小組是江青最先建議成立。成立的原因也如江青所述，而並非《對話》所稱：「毛主席將到南方巡視，楊成武要隨行，周恩來順著江青的意思，提出成立一個『小組』看家」。

（三）看守小組成立是否「林彪贊同，報毛主席批准」？

《對話》此說沒有依據。軍委辦事組1967年10月15日的報告只提及「根據總理和中央文革小組1967年8月17日指示」。我們至今也沒有看到毛、林對看守小組有任何指示的文字依據。

（四）葉群參加看守小組是否「毛主席和周恩來都提議」，「林彪本不願意」？

葉群參加看守小組是否毛的提議，目前並無任何這方面的材料可作佐證。《回憶錄》根本沒有提及，可見起碼邱會作對此是毫不知情的。看守小組是一臨時工作班子，不是一個權力機構，不是政治地位的象徵，在當時總政、全軍文革都基本癱瘓的情況下，林彪似應更需要葉群幫他多瞭解一些軍隊文革方面的情況，如此說來，又何來「林彪本不願意葉群這樣」？

（五）看守小組是否「一開始『當家人』就是楊成武」？

1967年8月楊成武尚隨毛澤東在南方，毛的行蹤不定又極須保密，吳法憲如何能「工作上的事情都請示他」？「不厭其煩」地請示，還要你這「看守小組」幹什麼？

（六）張秀川參加看守小組的原因。

原因很簡單，並不是「但楊成武讓張秀川來，就按著楊的意思辦了」，而是李作鵬當時正隨同毛澤東在南方，如何能「應當他（余注：指李作鵬）來」？

（七）看守小組成立有否正式報告和「由中共中央和中央軍委向下發一個文字通知」？

看守小組是一臨時工作班子，其成立既沒有正式報告，也沒有中共中央、中央軍委的文字通知。即便是9月份決定成立軍委辦事組，也是由周恩來及中央文革小組所決定，並沒有中共中央、中央軍委的正式通知。

（八）看守小組的工作範圍是否包括「以及各大軍區、省軍區文化大革命的聯絡工作」？

不包括。看守小組存在的時間很短，不到四十天。軍委辦事組1967年10月15日的報告很明確，看守小組「任務主要負責駐京各機關、部隊無產階級文化大革命的工作，看著總政機關的文化大革命運動不要出偏差」。即使到了軍委辦事組初期，亦明確「各大軍區、省軍區的無產階級文化大革命工作，是在中央文革小組直接領導，軍委辦事組負責辦理主席、林副主席、中央文革小組交辦的一些有關具體工作。」（王年一：〈關於「軍委辦事組」的一些資料〉）

（九）看守小組是「軍政府」嗎？

不是。看守小組工作範圍僅限於京內各單位的文革運動，「看著」其「不要出偏差」。此期間，軍委常委還存在，運作尚正常，根據有關資料，看

守小組存在的四十天不到的時間，軍委常委開過七次會議，所以，不能說看守小組是「軍政府」，更不能說整個軍隊存在過四個月的「無政府」狀態。

九、「七二〇事件」

◎父：我從江青的話裏聽出來：一些人衝擊了武漢東湖賓館，**毛主席正在睡覺，急忙從臥室轉移出去，忙亂之中連睡衣都沒有換，說「沒想到我們來到了賊窩裏了。」毛主席轉移到安全的地方後，才叫汪東興趕緊向北京打通了電話，通報情況**。江青說的是從那來的最新情況。

　　　　我急忙離去準備，並按林彪的交待組織了以解放軍總醫院主任陸維善為首的精幹醫療隊同行。**我趕到西郊機場，有中央警衛團數百名全副武裝的精銳突擊力量隨我行動，首批一百多人與我們同乘兩架伊爾十八型飛機離京。我晚上到達漢口王家墩機場，立即與中央軍委指揮所及附近各部隊的通信聯絡接通**，向北京報告我已到位。……

◎父：……

　　　　我在機場待命之際，叫來一些家住在城裏的人向我談談情況，大概這樣：……。

◎父：周恩來到武漢後與我通過一次電話，叫我在機場守候，有事會叫我。**過了一會兒，汪東興打來電話找我了，叫我過去。我直奔毛主席那兒。**

　　　　看上去毛主席很輕鬆，穿著睡衣正在洗漱。……我把信交給毛主席，他打開看了看，沒說什麼。**我立即告辭，回到王家墩機場臨時指揮所值守。**

　　　　我在回到機場的一路上，看見市內到處遊動的雜亂的人很多，不少人戴著柳條編的生產上用的安全帽，拿著大棒子似乎在準備武鬥，也有零散的軍人混在其中，但並無開槍打鬥事件。

　　　　我在機場待命，看到多架空軍當時最大的運輸飛機，**還有飛機連續從北京運來中央警衛團的部隊。我判斷：毛主席馬上就要乘飛機離開武漢了。**

◎子：毛澤東決定離開武漢，是什麼時候走的，現在有不同的說法。

◎父：**7月21日凌晨過後大約三點的時候，汪東興與我通過一次電話，問了這邊的情況。我說很安全。我明白他的意思，細心地檢查了一下周圍。不久，一串車隊開進了機場，頭一輛是北京吉普車，楊成武從裏面出來，馬上去招呼第二輛轎車中的毛主席下來。我一看，作為當地軍政首腦的陳再道沒按慣例來送行，心中馬上想，糟了，陳再道要倒楣了！……**

　　我以為毛主席馬上要到上海去了，沒想到他登上飛機後一直沒起飛。不一會兒，我被叫到毛主席飛機上他的座艙裏，他說：「我太疲勞了，沒有寫信。你回去向林彪同志說，我完全同意他對形勢的看法。但有一點林彪同志沒有提到，那就是對造反派也要加以分析，不是一切都是好的。我先到上海去，這的事留給總理處理。你早些回去吧，把情況向林彪同志說說。」……《對話》，上，頁147-150

◎**當天晚六時左右，我帶著秘書吳瑞雲、警衛員蔣平安從總後出發，路過三〇一醫院時帶上了外科主任陸維善和一個有工作經驗的護士，到了西郊機場，吳法憲還為我們派了空軍門診部主任和兩名護士，我們乘伊爾十八專機夜航，於二十日晚十一時左右到達了武漢王家墩機場。我到了之後，來接我們到場部的竟是一輛帆布篷有多處彈孔的北京吉普。我立即同周總理打通了電話，總理高興地說：「好！你在機場待命，過一會有人找你。」**

　　我坐在房間的沙發上抽煙待命。大約二十一日的凌晨三點多點鐘，楊成武來了，第一句話就說：「我們勝利了！跟我走。」我聽到楊成武的話後，估計主席已經安全轉移出來了，我心裏也很高興！我坐上楊成武的伏爾加車，開往主席在機場的專列。毛主席在火車上召見了我。主席見到我時，心情還平靜，他同以前一樣，首先就說：「『興國佬』來了。你那個總後勤部的人現在聽你的話嗎？文革是個好辦法，好人壞人都會自己去表演的。」接著，我把林總的信及林總要我轉告主席的關心他老人家的話都向主席做了簡要彙報。主席一邊抽煙，一邊聽我說。待我說完之後，主席說：「我要先睡一會覺了，待一會給他們寫幾個字。」我即回到機場宿舍休息去了。

天剛濛濛亮，汪東興又來了，說主席叫我去。我上到主席的專列，他正在洗漱。主席見到我就說：「太疲勞了，又睡不著，我也沒有寫信，你回去向林彪同志說，我完全同意他對全國形勢的看法。有一點他沒有提到的就是對造反派也要加以分析，不是一切都是好的。」……

大約七點半左右，停機坪上有三架伊爾十八同時發動，接著主席坐楊成武的伏爾加來了，到了停機坪，主席下車和我們握手，也和工作人員握手，主席上了飛機，我和楊成武、余立金他們說了幾句，我才知道主席要去上海。楊成武摟著我說：「阿彌陀佛，阿彌陀佛！」我當時也很激動，我對他說：「你無限忠於毛主席，我要向你學習！」說完他又拉著我上機去看主席。實話說，楊成武對我是很關心的，他讓我能多見到毛主席。我一下飛機，飛機就起飛了，警衛部隊上了另外的飛機。……《回憶錄》，下，頁533-535

邱會作是1967年7月武漢『七二〇』事件的親歷者，是『七二〇』事件發生當天從北京飛武漢將林彪（有說是江青）的一封信親手交給毛的帶信人。他關於此一經過的回憶，應比陳再道、吳法憲或其他人的回憶更具權威性。可惜的是，邱會作在《回憶錄》中講清了的經過，卻又被《對話》將水攪渾。

1、《對話》說，「毛主席正在睡覺，急忙從臥室轉移出去，忙亂之中連睡衣都沒有換，……毛主席轉移到安全的地方後，才叫汪東興趕緊向北京打通了電話，通報情況」。其實，直至7月21日凌晨轉移到王家墩機場的行動前，毛並沒有離開過東湖客舍梅嶺一號半步。

2、《對話》說，「我趕到西郊機場，有中央警衛團數百名全副武裝的精銳突擊力量隨我行動，首批一百多人與我們同乘兩架伊爾十八型飛機離京」。《回憶錄》根本沒提有中央警衛團部隊隨行。邱會作並沒有指揮中央警衛部隊的權力，中央警衛團即便要增援，也可隨差不多同時到武漢的周恩來行動而不會隨邱會作行動。

3、《對話》說，「我晚上到達漢口王家墩機場，立即與中央軍委指揮所及附近各部隊的通信聯絡接通」。而《回憶錄》僅是說，「我立即同周總理打通了電話，總理高興地說：『好！你在機場待命，過一會有人找你。』」

4、《對話》說，「我在機場待命之際，叫來一些家住在城裏的人向我談談情況」。而《回憶錄》僅是說「我坐在房間的沙發上抽煙待命」。邱會作並沒有瞭解情況的任務，三更半夜又能從哪裡「叫來一些家住在城裏的人」？

5、《對話》說，「過了一會兒，汪東興打來電話找我了，叫我過去。我直奔毛主席那兒」。毛澤東那兒是哪裡？《對話》講不出來。其實，據《回憶錄》，邱到達後一步也沒離開過王家墩機場。東湖客舍既然已不安全，汪東興沒有理由叫邱來回折騰一個多小時去那兒見毛。

6、《對話》說，「我在回到機場的一路上，看見市內到處遊動的雜亂的人很多，不少人戴著柳條編的生產上用的安全帽，拿著大棒子似乎在準備武鬥，也有零散的軍人混在其中，但並無開槍打鬥事件」。據《回憶錄》，既然邱沒有離開過機場，這一段話就純為杜撰。

7、《對話》說，「7月21日凌晨過後大約三點的時候，汪東興與我通過一次電話，問了這邊的情況。我說很安全。我明白他的意思，細心地檢查了一下周圍。不久，一串車隊開進了機場，……」。毛的安全至關重要，「檢查周圍」的活，汪絕不會放手讓邱去幹。而《回憶錄》說的是「大約二十一日的凌晨三點多鐘，楊成武來了，第一句話就說：『我們勝利了！跟我走。』我聽到楊成武的話後，估計主席已經安全轉移出來了，我心裏很高興！我坐上楊成武的伏爾加車，開往主席在機場的專列。」

8、《對話》說，「我以為毛主席馬上要到上海去了，沒想到他登上飛機後一直沒起飛，」《對話》接著說毛叫邱到他的座艙裏說了一番話。而《回憶錄》是說「主席上了飛機，我和楊成武、余立金他們說了幾句，我才知道主席要去上海」。邱事前並不知道毛要去上海，毛也沒有在機艙裏和他說什麼話，那些話其實是在這之前毛在專列上與他說的。

十、1966年7月毛給江的信

◎父：我覺得有兩件事影響了楊成武。一是1966年7月毛主席給江青寫過一

封長信，原信只有周恩來、王任重等極少數人看過，**楊成武也知道內容。……**

◎子：毛澤東在發起與劉少奇鬥爭的時刻，寫信論述文化大革命的目的和部署。姑且不論信的內容，僅是寫給江青這件事，就大大地提高了她的地位。

◎父：**江青如獲至寶，搞得很神秘。江青是直筒子脾氣、肚子裏藏不住一點事。她以為風聲出去了，葉群定會懇求她看一下信。葉群聽從林彪的，裝作不知道。後來葉群對我說，果然如林彪所料，江青按捺不住了，叫葉群到釣魚臺十一樓住處去談一談。江青很神秘，等房內只有她們兩人時，把臥室的門和外邊的門都關上，江青才把藏在她睡的床上褥子下面的信拿出來。葉群看信的時候，江青還在信的上面用報紙遮擋，生怕有人用什麼特殊辦法攝走了內容。**

◎子：江青把事搞得那麼玄乎，令人感到很可笑！真是哪樣嗎？

◎父：**葉群就是這麼對我說的呀！葉群記憶力很強，看了兩遍把信的大意記住了。葉群謊稱內容早從楊成武那知道了，顯出不感興趣的樣子。……**

……

◎子：林彪就不去和毛澤東談一談？

◎父：他很難啟口呀！倒是陳伯達聽到這封信的風聲，和林彪研究過。我聽陳伯達說，可以肯定毛主席是不會「以江促林」（給江青寫信去批評促進林彪搞文化革命），並自告奮勇去「探風」。有一次陳伯達去毛主席那談論一本他們都感興趣的書時間：聽說主席給江青同志寫了封長信，談了許多重要的理論，是否由我們整理一下，指導全黨學習……毛主席說：有個什麼重要理論，興致所到，多寫了幾句罷了。我若把信寫給林彪、恩來，他們黨性強，會老老實實鎖在抽屜裏。寫給江青這個小自由主義分子，她就會吹出去。有些問題在小範圍內吹一吹有好處。

林彪知道了毛主席那麼說，心放下了一些，但還是沒有解決問題。1967年毛主席從南方巡視回北京後，和林彪兩個人談論其他問題時，又談到給江青寫的信，說沒有不利於林彪的意思。毛主席為

表示誠意，說那封信已經叫人燒掉了。那一次毛主席和林彪是怎麼單獨談的，外人一概不知。我是從林彪偶爾帶出的一句話中做出了判斷，他說：「我向主席說了，我提的那個『頂峰』，是當代，不是今後，更不是永遠。我並沒有什麼說得不妥的，主席也同意。」……《對話》，上，頁165-167。

關於1966年7月8日毛澤東給江青的信，《回憶錄》沒有談及。這些經《對話》作者杜撰強加於邱會作身上的話，退一萬步說，即使真是邱所說，也是不符合事實的。

1、1972年5月，江青在中央批林整風彙報會議華東組和中南組會上即講清了毛給她的信傳達給林彪的過程：「聽說主席寫了這封信後，要秘書抄了一個抄件，並在抄件上做了親筆修改。在主席那裏（即白雲黃鶴處）首先看到這封信的抄件的，是總理、王任重。總理看了這封信後，提出他去大連說服林彪改正。主席同意。總理勸告林彪不要再作那種提法，據說當時林彪表面上是答應了。因此，八屆十一中全會後，中央專門發了一個通知。現在事實證明，他實際上是耍了兩面派。最近查了一下過去的批件，主席把林彪這個講話，一直壓到1966年9月20幾號才批發。」（〈江青同志在批林整風會議華東組和中南組會上的講話〉）

據《周恩來年譜》，「（1966年）7月11日、12日到毛澤東處談話。看了毛澤東7月8日給江青的信後，建議找林彪談談。經毛澤東同意，7月14日，從上海飛大連與林彪談話，轉達毛澤東的意見。林彪表示接受，答應回京後修改5月18日的講話。15日，周恩來返京向劉少奇作了彙報。」（《周恩來年譜1949-1976》，下卷，頁40。）

相信絕大多數研究者更為認可《周恩來年譜》的記載而不會認可《對話》的說法，即林彪、葉群當時不在北京，是周親自到大連，轉達毛澤東的意見。直到1966年8月八屆十一中全會時，林彪才被毛主席叫回北京。因此，「江青按捺不住了，叫葉群到釣魚臺十一樓住處去」看信的故事，應為子虛烏有。

2、毛澤東在給江青的信中所表達的對林彪的「他的一些提法，我總感

覺不安」，主要是對林過份吹捧毛的不安。這種「不安」也好，不
滿也好，毛給江的信並非孤證。在寫這封信後十多天，7月25日，
毛澤東將一份新華社電訊稿批予陶鑄、張平化稱：「此件看過，可
用。在第五頁上將『最高指示』改為『指導方向』。以後請注意不
要用『最高最活……』，『頂峰』，『最高指示』一類的語言。」
7月29日，陶鑄就毛澤東的批示給中央，毛報告中稱：「主席指
示：今後不用這類語言。大家認為這是偉大領袖的謙遜態度。我們
應當按主席的指示辦。」陶鑄的報告還建議採取逐步停用、「不宜
突然全部停止使用這類語言」的步驟。陶鑄這個報告，毛8月4日同
意「可發各省、市、區黨委注意掌握」。當日，中共中央將陶的報
告發至省軍級以上黨委、黨組。（見中共中央文件中發（66）394
號，又見《建國以來毛澤東文稿》，第十二冊，中央文獻出版社
1998年1月版，頁85-86。）

毛澤東對林彪委婉的批評，不管真情也好，假意也好，已由
中共中央文件傳達到全國的省軍級以上單位。即使沒有毛給江的
信，也還有中發（66）394號文件。毛給江的信及中發（66）394
號文（尤其後者）均可證實：此一階段，毛對林是又打又拉，在
重用其之前已打了預防針。既然如此，江青也好，林彪（包括葉
群）、陳伯達也好，根本已不可能將毛對林的批評再搞得如《對
話》般神神秘秘。毛主席的態度林彪已知悉，林彪不會有希望陳
伯達去探風的願望，陳伯達既沒有這個能力，更不會「自告奮勇
去」。況且，那時陳伯達還遠遠沒有靠向林彪，可以說基本沒有
個人來往。

3、毛澤東1966年7月給江青的信，以邱會作、楊成武當時的地位和職
務。都是不可能與聞的。毛1966年到南方，楊成武並未隨行，楊
隨毛南巡是1967年，《對話》的作者恐怕是將兩年的事搞混了。
《對話》說，1967年毛南巡迴京後告訴林彪，「說那封信已經叫
人燒掉了」，其實，據戚本禹的說法，給江青的原信，早在1966
年8月林彪從大連回到北京後，在林的要求下，請示了毛，得毛
同意，已經銷毀了。（余汝信：〈與戚本禹面對面〉，原載電子

雜誌《楓華園》第432期，2004年1月9日），因此，《對話》說「1967年毛主席從南方巡視回北京後，和林彪兩個人談論其他問題時，又談到給江青寫的信，說沒有不利於林彪的意思」，在情理上是沒有可能的。

十一、九大黨章

◎父：**它的錯誤很多，有些我當時就能看出來，如把「打倒以美國為首的帝國主義、打倒以蘇修叛徒集團為中心的現代修正主義、打倒各國反動派！」寫入了黨章總綱，這在我們的黨綱上從來沒有過的，違反了我黨不干涉他國內政的原則，自我孤立，加深了對方對我國的軍事壓力。黨章上明顯的錯誤還有，只是沒有人願意公開說出來罷了。……**《對話》，上，頁211。

這是《對話》改造了邱會作，將《對話》作者的當代思維強加於三十多年前其父身上的一個典型例子。

九大黨章上這句話全文是：「中國共產黨堅持無產階級國際主義，堅決同全世界真正的馬克思列寧主義的政黨、團體團結在一起，同全世界無產階級、被壓迫人民、被壓迫民族團結在一起，為打倒以美國為首的帝國主義、打倒以蘇修叛徒集團為中心的現代修正主義，打倒各國反動派，為在地球上消滅剝削人的制度，使整個人類都得到解放而共同奮鬥。」類似這樣的「豪言壯語」，毛澤東說過不知多少次，林彪在九大的政治報告中也有引用。

邱會作是九大時期的政治既得利益者，是那個時代的天之驕子。邱會作當時沒有任何理由懷疑其自身信仰，懷疑毛、林的「偉大」與「正確」。在《回憶錄》中，根本找不到類似的話。

十二、江青、葉群進政治局

◎子：毛澤東嘴上不同意江青，一次次劃掉江青的名字，可是心裏又是另外的想法，如何才能順利地把這件事辦下來？

◎父：這就靠周恩來了。他帶著康生、黃永勝先到毛主席處，說：我們向主席真誠地提出，江青同志一定要列進政治局候選人名單之內。……

毛主席說：你們的道理是對的。這個問題不管怎麼說，責任在我毛澤東身上，我應當完全負責。**我不願意和她一起工作，受她的氣！她從思想上來說不是一個純潔的黨員，另外，她也不是一個女人。**……《對話》，上，頁258-259

◎二十七日上午十時，周恩來、康生、黃永勝三人到了毛主席住處。周恩來說：「我們誠懇提出江青同志一定要列入政治局候選人名單之內。把她列入固然有一定的政治影響，不列入也會產生政治影響，甚至會產生的更大的政治問題。權衡利弊，我們提議一定要把江青列入候選名單之內！」

毛主席：「你們要那就要吧。不管怎麼說，列上了責任在我身上，就這樣吧。」

周總理等三人接著就到林總家裏去了。……《回憶錄》，下，頁651

　　從《回憶錄》的敘述來看，九屆一中全會前後，毛澤東對江青進入中央政治局口頭上從來沒有表示過明確的反對態度，也沒有任何對江青的評論、評價。

　　《回憶錄》稱，4月26日後毛澤東曾先後兩次在擬定名單江青的名字上打叉。這是毛在做做樣子。周恩來最能揣摩毛的心態，兩次堅持將江青、葉群的名字都列上。到了4月27日，周、康、黃三人到毛處彙報，周講了上述《回憶錄》中的一番話，毛則最終表示了同意。

　　與《回憶錄》相比較，《對話》中的毛多了幾句話：「我不願意和她一起工作，受她的氣！她從思想上來說不是一個純潔的黨員，另外她也不是一個女人。」這是邱會作回憶錄原稿中所沒有的「僭建物」。

　　正如在毛、江身邊十八年的戚本禹所言，「毛、江的關係一直很好，感情甚篤，直到晚年，尚為如此。說毛對江沒有感情，那是騙人的話。」（余汝信：〈與戚本禹面對面〉，原載電子雜誌《楓華園》2004年1月9日第432期）尤其是在1969年4月九大時期，毛對江青是不會說這些話的。從文革的整個實踐來看，毛與林彪、與周恩來、與鄧小平等人的關係相比，毛與江

青不能說沒有感情，僅就江青九大、十大進入中央政治局而言，不能說毛主席「不願意和她一起工作」。而且，「另外，她也不是一個女人」是什麼意思呢？幾十年來，有關毛、江關係的各種資料，資訊不斷豐富，惟從來沒有在別處聽到這樣的說法。

十三、邱鼓動別人不投江青的票？

◎父：……

> 我來到會場，看好了我的座位在哪裡，就退出來在大廳門口外坐下來休息，正巧廣州軍區的丁盛、任思忠等人和其他幾個軍隊中央委員來了。我想起文化大革命以來江青指使造反派對我和老幹部的人身殘酷迫害，想起江青這個霸王對黨和國家的禍害，我話在口中，如鯁在喉。我大膽地講了一句：「江青他們是反對解放軍的，是反對林副主席的，如果有她的名字，我是不投票的，紅人的臉上也可以抹黑嘛！」我覺得大家原來心裏就有想法，經過我這麼挑明、鼓動，肯定有人和我一樣，不會投江青的票。

◎子：你的此舉在「九一三」以後被中央專案組查實，是政治上將你置於死地的重要「罪行」，說你「瘋狂反對文化大革命，迫害江青同志」。**別人沒投江青的票是躲在暗中，而你在明裏煽動。**

◎父：對此我無悔無恨。1976年毛主席逝世後，許多人表白自己在文化大革命中如何反對「四人幫」。但是，**高級幹部在黨的代表大會上、在黨的全會上敢公開和江青對著幹的，除了我們幾個，能再找出其他更多的人來嗎？**……《對話》，上，頁265。

◎不一會，就發選票了，我這時才看到自己名字在候選人之中。選舉很快就結束了，……由於自己可以選自己，得全票的不少。江青沒有想到自己會少幾張票，心裏很不舒服，但沒有發火也沒有退席，只是坐在那裏像一塊木頭那樣連動也不動一下。……《回憶錄》，下，頁652-653。

邱會作九大不投江青的票，據切實瞭解，應是事實（《回憶錄》中對

此未有提及），但如《對話》所說邱公開地去挑明、鼓勵別人也不投江青的票，並不可信，這是《對話》人為地拔高邱會作的一個典型事例。

1、《對話》借「邱會作」的口說「江青他們是反對解放軍的」，這個說法是站不住腳的，江青並不反解放軍。毛澤東依靠解放軍搞文革，解放軍在文革中為毛澤東所用，這一點江青是很清楚的。請解放軍為「尊神」，以「無產階級專政的『尊神』來攻他們，攻那些混進黨內的資產階級代表人物，那些資產階級反動『權威』，才嚇得他們屁滾尿流，繳了械。」（江青〈為人民立新功〉）就是江青的提法。一言以蔽之，江青不是反對解放軍，而是想把解放軍抓在手，想讓軍隊聽她的。

2、《對話》借「邱會作」的口說江青「是反對林副主席的」，在九大期間，沒有這個跡象，邱會作也不可能看到這個跡象。由於林彪當時的地位如日中天，江青是靠頌揚林彪來為自己服務的。九大以後，特別是到了1970年下半年，那就是另一種情況了。

3、在黨的代表大會期間，在大庭廣眾之中，公開地鼓動別人去投某某人的票，不去投某某人的票，都是很犯忌的、嚴重違反黨的紀律的行為，真實的邱會作想必不會那麼傻，尤其《對話》稱邱「我覺得大家原來心裏就有想法」，就更沒有依據，

十四、對九大的認識

◎父：黨的「九大」是文化大革命進入了中期之時召開的，相對來說，國家已經算是進入了比較平穩的時候了。**本來「九大」應當是有所作為的，但是它無所作・為，「九大」是一個平庸的會議！不但如此，「九大」的路線是錯誤的**，它口頭上說「團結起來，爭取更大的勝利」，但沒有通過總結文化大革命的進程來把它結束，非但沒有那樣做，反而決定繼續進行文化大革命。……《對話》，上，頁271。

◎我參加過三次代表大會，感受是不同的。參加第七大感到很光榮；參加第八大就感到很平淡；參加九大的印象最深刻。在黨的九次代表大會上，我

當選為中央委員，後又在九屆一中全會上，當選為中央政治局委員。我十四歲參加中國工農紅軍，走上了革命的道路，經過四十年的革命鬥爭，我從一個普通戰士成長為黨的高級幹部，並成為黨的最高領導集體中央政治局的成員之一。……《回憶錄》，下，頁616-617。

　　九大在文化大革命的進程中是一個很重要的會議。對於極為擁護毛、林的邱會作來說，九大是他政治上回報最豐盛的鼎盛時期。從《回憶錄》中他對九大的敘述可以看出，他對此時期是「印象最深刻」的，他認為象他這樣「進入政治局的人，大多數都得到全黨的擁護」。可以說，邱此際正是躊躇滿志之時。故而，邱在《回憶錄》中雖然談到了九大期間的一些黨內鬥爭，但卻從來沒有說過「九大路線是錯誤」之類的話。《對話》所稱邱會作說九大「無所作為」，「是一個平庸的會議」，「『九大』的路線是錯誤的」，決不會是邱會作本人的思想，而是《對話》作者程光本人的思想。

十五、林彪說過「就讓她當個『宋慶齡』」嗎？

◎子：陳伯達能影響林彪嗎？

◎父：能，有時還相當大呢！

　　　　針對江青的活動，林彪曾對我們說：「**他們對誰出氣不是實質問題，主要是有人沒當上中央常委，沒有創造出騎在別人頭上的條件，在發洩不滿。對她這個特殊問題，我們要多用腦子，想複雜一點不夠，還要想到兩點、三點……**」

　　　　我覺得林彪把問題看重了，江青掀不起什麼大浪。**我有一次斗膽問了句：「林總，日後真要是主席百年了，你怎麼擺弄那個三點水（江青）。」林彪不假思索地說：「就讓她當個『宋慶齡』！冷一點還是熱一點，看她的表現。」**……《對話》，上，頁406。

　　林彪八大就是中央政治局委員，1958年成為中共中央副主席，他是深諳「中央政治」的人，決然不會在一個部下面前隨便對中央主席的夫人說三道四、品頭論足。作為部下，真實的邱會作知道林彪的為人，當著林彪的面，邱

會作決然沒有這個「斗膽」問這個「將林彪軍」式的問題。林彪對自己能不能接上班，心裏清楚得很，他也不會去設想毛「百年以後」如何如何的事。林彪思想深沉，邱會作在老幹部中也算是有思想的，因此，邱會作不會問這個「只能會意，不能言傳」的問題，林彪更不會去回答這個「只能會意，不能言傳」的問題。《回憶錄》中也找不到如此「只能會意，不能言傳」的對話。

十六、1970年5月17日談話

◎父：……林彪很生氣地說：「江青攻擊總理，還攻擊了中央常委的大多數，是嚴重的違反紀律行為。應當向主席彙報……」他還列舉江青的一些劣跡。林彪的談話，後來李作鵬整理成四條，我把它抄在我的工作筆記本裏了。

……

◎父：……

我打通了周恩來那的電話，問：「總理有空嗎？」他明白我的意思，答：「你現在就到我這兒來。」待我趕到，他立刻支開旁人。我把那天下午江青談的內容、情節都彙報了，並把林彪的態度和黃永勝向毛主席報告的事也說了。周恩來心情沉重，非常難過地說：「自從江青到了延安和主席在一起，我照顧了她幾十年，一直對她非常關照，可以說是無微不至。人要講良心呀……」周恩來說他和江青的交往時很傷感，最後說：「我感謝軍委辦事組的同志能向我及時通報情況，這對我是很大的幫助。你們都是老同志，對於過去黨內發生的那些事，雖然你們當時不在領導崗位上，但事情的經過、內容、中央最後的結論，你們知道。我相信你們對她的胡說，也就是聽聽而已。在我們中央裏，為什麼還會發生這樣的事，你們是清楚的，這是件壞事，但是當你們理解了就是好事！」

……

第二天5月18日下午，黃、吳和我向周恩來彙報了毛主席的態度和林彪的問候，大家談得非常知己。我們覺得毛主席對江青嚴重的錯誤只說了那麼幾句不痛不癢的話，不僅是袒護，也太放縱了，不

**免發些牢騷。周恩來卻說，主席能那樣說江青幾句就已經很不錯很
不容易了。**

**　　那天晚上我們聚餐，喝了酒。周恩來興奮地說：「我們有毛主
席、林副主席領導，有眾多的老同志，什麼風浪也不怕。」我們暢談
到凌晨才分手。……《對話》，上，頁409-410。**

◎一九七〇年五月十七日，江青又叫我們去釣魚臺十一樓，這次可大不一樣
　了，江青主要是攻擊總理。……
　……
　　　我們出來以後到了毛家灣，向林總作了彙報。林總很生氣，他說：
　「江青攻擊過中央常委的大多數，今天是直接攻擊總理，這個事情你們應
　當向毛主席報告清楚。」
　……
　　　大概七點多鐘，我就到了中南海西花廳總理的家裏，我把整個過程都
　向總理說了。總理對江青的話、主席的話都不吃驚，但聽我的話時很激
　動，眼眶都是濕潤的，總理拉著我的手連說了兩句：「**老同志就是老同
　志！**」接著總理又說：「**老同志是能夠理解大事的！**」我望著總理慈祥的
　面孔和疲憊的雙眼心裏也是很激動的。
　　　不久，李先念跑來找總理，總理還有事，我就沒有和總理一起去大會
　堂開會，我先走了。……《回憶錄》，下，頁682-683。

　　1970年5月17日江青找黃吳李邱等人談話，是一次重要的談話。這次談
話過程及事後各人的反應，對我們研究文革當中毛、林、周、江青，以及黃
吳李邱的思想狀況是大有幫助的。惟在《對話》和《回憶錄》中，同一個邱
會作，對此事經過的描述卻大不相同。

　1、江青談話後到林彪處彙報的過程。《回憶錄》及《對話》及提及林
　　彪說了意思大致相同的一句話：「江青攻擊過中央常委的大多數，
　　今天是直接攻擊總理，這個事情你們應當向毛主席報告清楚。」但
　　《對話》隨後又說，「他還列舉江青的一些劣跡。林彪的談話，後
　　來李作鵬整理成四條，我把它抄在我的工作筆記本裏了」，這並不

符合我們所知的林彪沉默寡言，從不在部下面前公開點名議論人的性格。同時也可以合理推斷，這一段話邱會作原稿是沒有的。

2、到周恩來處彙報的過程。《回憶錄》記載簡潔明瞭，聽完邱會作彙報，周恩來只講了兩句話：「老同志就是老同志！」「老同志是能夠理解大事的！」而《對話》則說周講了長長的兩段話。

程光寫於2006年的〈1970年廬山會議背景的研究〉寫到此事時還稱，邱會作說：「這一次我把下午江青講的詳細地說了一遍，周恩來一聽就覺得有份量，一邊聽一邊做筆記。」（《文化大革命：歷史真相和集體記憶》，下冊，田園書屋出版，2007年3月版，頁632）不知什麼原因（也許程光自己也感到說周恩來「一邊聽一邊做筆記」太不真實？）在《對話》中將此刪掉了。

周恩來是一個很成熟很老道的大政治家。他有話都不敢跟鄧穎超說，自己放在肚子裏，怎麼敢與邱會作這麼一個低一輩的「外人」說江青的壞話，甚至「一邊聽一邊做筆記」？眾所周知，在文革中周恩來對江青從來都是畢恭畢敬，不敢得罪，甚至悟出文革中的「中央政治」就是「處理好主席、林副主席、江青的關係」，他怎麼敢對邱說攻擊江青的話，他不怕別人把話捏在手上嗎？伍豪一事已被毛等人捏在手裏，還不夠難受嗎？還要把攻擊江青的話讓別人捏在手上嗎？

3、《對話》中「第二天5月18日下午」這一段，《回憶錄》是沒有的。黃吳邱與周恩來一起議論毛及江青，以當時的情勢及周恩來的性格，都是難以想像的。

十七、林彪想當國家主席嗎？

◎父：退一萬步講，就算林彪想當國家主席，也在情理之中，沒有什麼可指責的。……林彪在這件事上的考慮，我判斷是借著憲法修改中「設國家主席」的討論，作為話柄打擊上海幫張春橋。毛主席同樣也對國家主席看得很輕。……《對話》，上，頁430-431。

◎林彪同意設國家主席，全國基層同意設國家主席，幾個常委都同意設國家
　主席，全黨全國從上到下，從中央到地方，都是從國家體制去考慮，建議
　設國家主席。只有毛主席說不設國家主席，雖然他說是為改變國家體制，
　實際上主席的目的就是不想讓林彪當。也許毛主席把「國家主席問題」和
　接班人問題連在一起去考慮了。⋯⋯《回憶錄》，下，頁679。

　　關於國家主席一事，《對話》的作者按今天的思維去「推測」當年的
林彪，借「邱會作」之口得出自己的結論：「退一萬步講，就算林彪想當
國家主席，也在情理之中，沒有什麼可指責的。」《對話》的作者有什麼
依據可以設定林彪頭腦中那怕是閃過當國家主席的念頭？筆者認為，《回
憶錄》說得對。毛「不想讓林彪當」，又不好說出口，是問題的實質，毛
提出改變國家體制只是一個藉口。在毛極端重視權力和實際權力集於毛一
身的毛澤東時代，所謂國家體制，對毛來說並不重要。毛1971年8月南巡
時說，「有人急於想當國家主席」，要分裂黨，急於奪權」，更是欲加之
罪，何患無詞！

　　「國家主席問題」，只是毛澤東不想要林彪的一個藉口。沒有國家主
席問題，還有「四大偉大討嫌」，還有「締造的為什麼不能指揮呀」，還有
「天才」問題這一「反黨理論綱領」，等等。即便沒有這些，毛澤東一樣會
「拋石頭、摻沙子、挖牆腳」。毛澤東為什麼不想要林彪了？毛林之間的蜜
月為何如此短暫？毛林之間後來真正的分歧何在？毛林分歧中林彪是否一切
全對？林彪如有錯錯在何處？這些，都是文革史研究中尚未研究透徹，還須
深入鑽研的問題。

　　此外，《對話》中的「邱會作」說「林彪在這件事上的考慮，我判斷
是借著憲法修改中『設國家主席』的討論，作為話柄打擊上海幫張春橋」，
也並非事實。憲法修改過程中吳法憲與張春橋有過爭論，但不是國家主席問
題。況且，「上海幫張春橋」在廬山會議之前，在憲法修改過程中關於設國
家主席的有關討論也沒有什麼把柄可抓。

十八、陳伯達把林彪推上第一線

◎父：我和李作鵬反對把林彪推向第一線，但苦於沒有機會進言。相反，陳伯達則通過葉群、吳法憲和林彪溝通。以後黃永勝對我講，陳伯達為林彪打上海幫，提了三個方案：「出題目」、「指出來」、「敲邊鼓」。「出題目」是把上海幫的問題正式提到毛主席那裏去，看毛主席怎麼辦。「指出來」是在一定場合向大家指出上海幫的問題，「敲邊鼓」是旁敲側擊他們，給以警示！林彪想選擇「出題目」，想對毛主席說，或寫信給毛主席。在林彪猶豫之際，陳伯達提出最好是「指出來」。

◎子：陳伯達那麼有把握？

◎父：他分析了理由：其一、毛主席和林彪是親密戰友，歷來互相支持，毛主席要打倒的人，林彪支持。林彪討厭的人，毛主席就搬開。其二、毛主席知道上海幫的宗派活動和反林彪、周恩來的事，批評了上海幫，表示以後要拆散他們。其三、高級幹部絕大多數人討厭上海幫，受過他們的傷害，只要林彪「點」一下，就會受到廣泛的擁護。
……

◎父：如果此時林彪把「指出來」降為「敲邊鼓」更好。即便引起毛主席的不快，但也不會令他過分在意，更不會讓他掀起一個保護上海幫、打擊軍委辦事組的運動。黨內政治生活，毛主席主張「君子動口不動手」。林彪講話，事先毛主席知道，是在黨的會議上講，是「動口」，沒有「出手」搞什麼動作嘛！但是，陳伯達、吳法憲、汪東興發難了，把事態急劇擴大，變成了「動手」。……《對話》，上，頁439-441。

《對話》上述演義式地講述陳伯達與林彪的關係，對人們弄清歷史真相的反作用十分大。

1、歷史真相是：陳伯達和葉群稍有往來，從而黃吳李邱和陳伯達也有些來往。從現在的各種文字資料、回憶錄等來看，這樣的來往不多不深，遠未達到「陳伯達為林彪打上海幫，提了三個方案」甚至「他分

析了理由」的地步。《回憶錄》從未透露過這樣的資訊，陳伯達的秘書們都在，據切實瞭解，九屆二中全會以前林彪和陳伯達來往極少，陳伯達的閩南話，林彪聽不懂，九屆二中全會後更無來往。

2、九大尤其1969年下半年以後，毛澤東對軍隊、對林彪有所不滿，對江青卻基本上是肯定的，沒有聽說有什麼批評。這些，林彪是清楚的，陳伯達是清楚的，黃吳李邱也是清楚的。江青的確飛揚跋扈，但說此時已有明顯的「上海幫的宗派活動」，應非事實。在這樣的大前提下，「陳伯達為林彪打上海幫，提了三個方案『出題目』、『指出來』、『敲邊鼓』」應無可能，「林彪想選擇『出題目』，想對毛主席說，或寫信給毛主席」更不可能。如果上面是事實，毛澤東提出「林陳反黨集團」一點也不冤枉。康生、江青、張春橋、姚文元都是政治局委員，林彪和陳伯達都商量好了對付他們的方案，不是「林陳反黨集團」是什麼？《對話》這樣做，是借邱會作的口授人以柄，對歷史、對林彪、對陳伯達，及對自己的父親，都是極不負責任的。

3、《對話》說，「林彪講話，事先毛主席知道，是在黨的會議上講，是『動口』，沒有『出手』搞什麼動作嘛！但是，陳伯達、吳法憲、汪東興發難了，把事態急劇擴大，變成『動手』」。道理同上面一樣，你自己都承認「發難了」、「把事態急劇擴大，變成了『動手』」，毛澤東不收拾你收拾誰?!事實上，在九屆二中全會上，吳法憲與陳伯達、汪東興並不是一個組，也沒有像陳伯達、汪東興般堅持設國家主席，《對話》將吳法憲與陳、汪捆綁在一塊，亦有失公允。

十九、「九一三」凌晨的政治局會議

◎父：⋯⋯

　　周恩來剛進入四川廳，我發現他的神色非常特別，面容不僅疲勞，而是心中沉甸甸地裝著件大事。⋯⋯他看江青毫無反應，補充了一句：「**林彪坐飛機走了。**」

◎子：對周恩來說的，你的第一反應是什麼？

◎父：我聽到周恩來說「**林彪坐飛機走了**」，一時糊塗了，不知道他說的是什麼意思，也想不出來解釋。……

　　……

◎父：周恩來說完「**林彪坐飛機走了**」，疲倦地合上雙眼，靠在沙發裏休息了足有五分鐘以上。

　　……

　　　　周恩來說，……凌晨1點50分左右，北京空軍的雷達最後搜索到飛機，**飛機向北去，以後就搜索不到目標了**。

　　……

◎子：有史學研究者認為，周恩來已經知道林彪外逃了，並舉出了吳忠回憶作證，說吳忠和吳德已經知道了，作了防範的準備。

◎父：周恩來告訴吳忠、吳德，事情本身可能有，也可能沒有。因為那個時候，周恩來要緊急通知衛戍區防止萬一，這種可能性有。**但說到周恩來對他們說林彪外逃了，不可能！因為他沒有那個時間找吳德、吳忠談話。再說，飛機才消失，到哪裡去了還不知道嘛！周恩來說的是「失蹤」！他呀，那麼謹慎的人，在那種情況不明的情況下，會斷然宣佈林彪「叛逃了」？根本不會！**

　　……

◎子：我注意到了，周恩來在政治局上講話，在沒有摸清林彪飛機下落的情況下，他沒加上任何結論性的用語。

◎父：**但是對林彪違反紀律隨便乘飛機夜航，對林彪走了，是貶意的口氣，是反對的。**他心情沉重，說話嚴肅認真。……《對話》，下，頁610-614。

◎我們大概等了近三小時，於十三日早六時，可以看到窗外的光線，天都快大亮了的時候，政治局的會議才開始的。……

　　周總理坐下之後，習慣性地掃視了一下全場，就特意對著江青說：「江青同志，今天凌晨發生的事你不會感到突然吧？」江青當時不可能理解總理的話，因此她沒有回答總理的問話。總理看他的話毫無反應，又補

充了一句：「**林彪坐飛機走掉了，飛機出境到外蒙古了。**」

……《回憶錄》，下，頁792。

　　關於1971年9月13日凌晨的政治局會議，《回憶錄》與《對話》的細節分歧關鍵在於：《回憶錄》中周恩來是說：「林彪坐飛機走掉了，飛機出境到外蒙古了。」而《對話》中周恩來僅是說：「林彪坐飛機走了。」

　　據多種資料綜合分析，9月13日凌晨周恩來知道林彪的專機越過了中蒙邊界上空是鐵定無疑的。

　　9月13日凌晨一時前，得周恩來同意，吳法憲已經到達西郊機場空三十四師指揮所。吳法憲在回憶錄中稱：「我一直在雷達監視器前關注著飛機的動向，並隨時向周恩來報告。」「當飛機飛到了赤峰附近的時候，我想到在赤峰附近有我們的殲擊機部隊，就問周恩來要不要把三叉戟攔截回來。周恩來說：『這要請示毛主席。』過了一會兒，周恩來答復我說：『毛主席不同意，說『天要下雨，娘要嫁人，由他去吧』。』」「到九月十三日凌晨兩點多鐘時，周恩來又來電話問飛機到了什麼地方。我說：『已經快出國境了，離中蒙邊界只有一百公里。飛機高度只有三千公尺，快看不見了。』很快，飛機就從雷達螢幕上消失了。我立即報告了周恩來，說飛機已經飛出國界，雷達看不見了。」（《吳法憲回憶錄》，下卷，頁863-864）

　　很簡單的道理是：256號專機有沒有出境，空軍的雷達是能夠偵測得到的，此情況吳法憲也會馬上報告周恩來。因此，周恩來才須在凌晨三時將李作鵬、邱會作等「請」到人大會堂。試想林彪的專機不是強行起飛，不是飛出了國境，只是「違反紀律隨便乘飛機夜航」，半夜三更、心急火燎地將全體在京的政治局委員召來幹嘛？

　　我們不明白的倒是，《對話》為什麼要反覆強調9月13日這一天周恩來只是說「林彪坐飛機走了」，只是「情況不明」？《對話》似乎有意將政治局得知256號專機越境的時間推遲一天，但這種歪曲事實真相的做法又有什麼意義呢？

二十、中央宣佈林彪死訊的時間

◎父：……最初，毛主席在沒有弄清楚情況之前還沒有下決心做什麼處理。**如果說發現林彪乘坐的飛機在外蒙古失事，讓中央瞭解了實情，我倒是立了功的。**

我在總參三部（情報部）例行的情況簡報中看到一條不起眼的消息：蒙古人民共和國指責我國，昨天凌晨三時許，一架中國大型軍用飛機入侵其領空，在溫都爾汗附近墜毀……

……

◎父：軍隊的戰備一直作得好。我立刻打電話把這條消息向周恩來彙報了。他說：「**我已知道了，你心很細，我通知外交部查辦。**」

……

◎父：**就是經過這一條線索，中央知道了飛機的下落和林彪的死訊。**

……

◎子：9月14日是「九一三」後的第一個工作日，中央沒有找你們有什麼事嗎？

◎父：我和周恩來有一次電話聯繫，就是我看到了總參三部那則情報後向他報告。我的感覺是，中央第一件要緊的事是瞭解林彪那架飛機的下落，在沒有搞清楚之前，不會有什麼大動作。

14日晚上，周恩來召集政治局會，研究戰備問題，……

……

◎子：「九一三」以後的一段時間裏，你們還能正常地參加中央政治局辦公嗎？

◎父：還算正常。**9月15日晚上，政治局在人民大會堂福建廳開會。一開始周恩來就宣佈，林彪乘坐的飛機已在蒙古共和國溫都爾汗失事墜毀，機上的九人全部死亡。**……《對話》，下，頁623-627。

◎9月14日……

我同往常一樣在家裏的辦公室一一翻閱文件，我在《三部要報》中看到：「蒙古人民共和國國防部通報，昨凌晨一時許，中國一架大型運輸機

入侵，在肯特省溫都爾汗墜毀⋯⋯」

我立即將此事報告了周總理，總理說：「很好。我已知道了。」

今天下午中央政治局沒有開會。**晚上開會時，周總理宣佈：林彪乘坐的三叉戟飛機，在外蒙古溫都爾汗墮毀了，機毀人亡，飛機上九個人都死了。**⋯⋯《回憶錄》，下，頁797-798。

1、關於256號專機越過中蒙邊境及失事的情況，總參及空軍技偵部門（總參三部是技偵部而並非情報部）先後都有及時的報告。如果非要說什麼立功，只能說是技偵部門立了功，如何會像《對話》所說是看到了《三部要報》的邱會作立了功？「讓中央瞭解了實情」的是三部和空軍，怎麼會是邱會作？而《回憶錄》只是敘述了事情經過，沒有說什麼立功不立功的。

2、《對話》將中央宣佈林彪死訊的時間說成是9月15日晚上。《對話》也說中央14日上午已從《三部要報》中得知了256號飛機在外蒙失事墜毀，天大的一件事，為什麼14日晚政治局開會時不宣佈而要拖延整整一天至15日晚才宣佈？這是毫無道理的。而《回憶錄》則十分明確，9月14日，「晚上開會時，周總理宣佈：林彪乘坐的三叉戟飛機，在外蒙古溫都爾汗墮毀了，機毀人亡，飛機上九個人都死了」。

　　《周恩來年譜》1971年9月14日條記載：「9月14日下午連續工作達五十個小時後剛休息，即接到來自中國駐蒙古大使館的特急報告，獲知林彪等機毀人亡的確切消息。隨即，親往毛澤東處報告情況，⋯⋯」「傍晚，主持在京中共中央政治局成員會議，通報林彪等人機毀人亡的消息，並在會上分發中國駐蒙古大使館的報告。」（《周恩來年譜（1949-1976）》，下卷，頁482-483。）

　　據時任外交部辦公廳主任的符浩回憶：9月14日中午，外交部即收到中國駐蒙大使館的報告，得知一架中國噴氣式軍用飛機於13日凌晨2時左右墜毀在蒙古肯特省貝爾赫礦區以南十公里處，機上九人（八男一女）全部死亡。報告即送達毛澤東和周恩來處。下午2時，周恩來來電話，對外交部的工作感到滿意並指示：一、將今天收到

的我駐蒙古大使館的報告用三號鉛字列印十八份，下午6時由符浩親自送到人民大會堂北門內，交中央辦公廳王良恩副主任；……（符浩：〈林彪之死〉，載《60個瞬間》，生活・讀書・新知三聯書店，2009年9月版）

根據多種材料比對，《回憶錄》所說為確。然而，《對話》為何有意將中央宣佈林彪死訊的時間推遲一天？卻是令人頗感蹺蹊的。

【2011年9月13日改定】

林彪捲入「兩謀」有多深？

蔣　健

1971年10月6日，毛澤東批示照發的〈中共中央關於進一步擴大傳達林彪事件的通知〉，即中發〔1971〕65號文件，說：

「在林彪直接指揮下，他們決定實行兩項蓄謀已久的極其惡毒的反革命陰謀：（一）謀害毛主席。他們妄圖乘毛主席巡視南方的機會，在上海或上海附近炸掉毛主席乘坐的火車。他們具體策劃了炸車的時間、地點、代號、武器、方法，指定了具體執行人員。他們還策劃於同一時間，在北京下手殺害中央政治局同志，並且察看了中央同志住所的地形，畫了地圖。林彪妄圖在實現這一罪惡計畫以後，立即上臺，復辟資本主義。林彪這項反革命罪行的確鑿證據，包括林彪的手令，林彪死黨畫的地圖，已被中央查獲。林彪指定的殺人兇手已向中央交代。（二）另立中央。林彪陰謀攜帶黃永勝、吳法憲、葉群、李作鵬、邱會作等人，逃離北京，另立中央，勾結帝、修、反，發動反革命內戰。林彪策劃這一陰謀的手令，外逃人員的編組名單，已被中央查獲。參加陰謀策劃的有關人員已向中央交代。」[1]

一、毛澤東時代的定罪依據

在毛澤東時代，中央專案組給林彪定罪依據的邏輯就是：

林立果組織小艦隊＝林彪指使林立果組織小艦隊；

林立果小艦隊起草《「571工程」紀要》＝林彪指使林立果小艦隊起草《「571工程」紀要》；

林立果、葉群圖謀暗殺毛澤東＝林彪指使林立果、葉群暗殺毛澤東；

林立果、葉群圖謀南下廣州另立中央＝林彪圖謀南下廣州另立中央；

---

[1]　美國《中國文化大革命文庫》編委會／宋永毅：《中國文化大革命文庫》（光碟），香港中文大學出版社，2002年。

葉群、林立果裹挾林彪出逃＝林彪偕葉群、林立果出逃；

林立果、周宇馳出示過「林彪手令」＝林彪本人書寫了「林彪手令」；

「林彪」給黃永勝寫過一封黃並沒有收到的信＝黃永勝參與了林彪的「兩謀」；

林彪出逃＝林彪叛國；

黃永勝、吳法憲、邱會作、李作鵬是林彪的親信部下＝黃永勝、吳法憲、邱會作、李作鵬參加了林彪反黨集團。

接下來的邏輯還有：

一年前林彪等人在廬山上的言行＝反革命未遂政變；

兩年前被以林彪名義下達的「第一號令」＝反革命政變預演。

那時的證據很多是「逼供信」產物，比如，「據李偉信交代：于新野對他說，在批陳整風彙報會議的時候，林彪、葉群要搞『571』，黃永勝他們也同意。」「林彪說：『林立果不但要指揮空軍的小聯合艦隊，全軍的大聯合艦隊也要歸他指揮』。」[2]吳法憲後來承認當年他被逼無奈「交代過，8月8日，在毛家灣，葉群和我們說的主要是『要準備政變的問題』。」[3]

實際上，從毛澤東本人「步調一致才能得勝利。林彪步調不一致，所以不能勝利。什麼大艦隊，小艦隊。」的說法來看[4]，毛澤東本人未必認為「大艦隊」參與了林彪的「兩謀」。

二、改革開放年代官方對林彪集團定性的變與不變

鄧小平主導中國政局後，徹底否定了毛澤東親自發動和領導的「無產階級文化大革命」，所以毛澤東時代給林彪定的「反對九大路線」即反對文化大革命的罪名化為烏有。1980年11月至1981年1月的「共和國大審判」摘掉了黃永勝、吳法憲、邱會作、李作鵬參與「兩謀」的罪名，也沒再糾纏

---

[2]　〈粉碎林陳反黨集團反革命政變的鬥爭（材料之二）〉，《中國文化大革命文庫》（光碟）。

[3]　邱會作：《邱會作回憶錄》，香港　新世紀出版社，2011年，929-930頁。

[4]　逄先知，金沖及：《毛澤東傳》，中央文獻出版社，2004年，1674頁。

1970年林彪在廬山上的言行以及1969年林彪「第一號令」的問題。

不過，「共和國大審判」仍然指控林彪是「兩謀」的首犯。

此後的20多年，絕大多數官方人士仍然堅持和信奉這種指控。

汪東興說：「林彪、葉群、林立果等人，在接到顧同舟、劉豐的密報後，感到自己暴露無遺了，決意對在旅途中的毛主席採取謀害行動。」[5]

于南說：「1971年9月5日、6日，林彪、葉群得知了南巡談話內容後，驚恐不安，決心採取行動謀殺。」[6]「林立果、葉群、林彪瞭解到對他們尖銳而明確的批評，受到極大的震動，同時引起極度的恐慌和不安。9月7日，林立果就向他的『聯合艦隊』下達了『一級戰備』命令。次日，林彪下達了武裝政變的手令。」[7]

《毛澤東傳（1949-1976）》稱，《「571工程」紀要》「定稿後，曾由林立果連同有關政變資料帶往並『留在』已到北戴河的林彪、葉群處。」「這些情況表明，為實現搶班奪權的野心，林彪等已走上鋌而走險、孤注一擲的犯罪道路。」又稱：「9月5日、6日，在北戴河的林彪、葉群先後得到周宇馳、黃永勝的密報，獲悉有人透露的毛澤東南巡談話的主要內容。覺得自己『末日』即將來臨的林彪一夥終於作出瘋狂的決定：要將毛澤東殺害於巡視途中，發動武裝政變。」[8]

原官方人士高文謙也說：「葉群在知道毛澤東在南巡講話中點了她的名後，惟恐毛首先拿她開刀，已經失魂落魄，整日哭求林彪帶著全家躲到國外去，像王明那樣當寓公；林彪被磨得心煩意亂，甚至一度表示了同意，但因林立果的反對而暫時作罷。」「面對毛的步步緊逼，無法從正面應戰，但他也不想聽天由命，聽任毛擺佈宰割。林彪很清楚毛澤東是不會輕易放他過去的，擺在眼前的只有兩條路可走：要麼俯首就擒，像劉少奇一樣悲慘地死去；要麼鋌而走險，跟毛拼個你死我活。為人個性極強，從不服軟，而且又曾在疆場上征戰廝殺了大半生的林彪自然不會選擇前者，坐以待斃。」[9]

[5]　汪東興：《毛澤東與林彪反革命集團的鬥爭》，當代中國出版社，1997年，183頁。

[6]　于南：《關於林彪事件若干歷史問題的考察》，引自《林彪反革命集團覆滅紀實》，中央文獻出版社，1995年，185頁。

[7]　于南：《關於林彪事件若干歷史問題的考察》，180頁。

[8]　逄先知，金沖及：《毛澤東傳》，中央文獻出版社，2004年，1599頁。

[9]　高文謙：《晚年周恩來》，香港·明鏡出版社，2003年。

　　甚至連一向為林彪辯白的體制內研究者王年一也在2006年撰文認為：「毛去南方巡視，作了殲林的部署，又有意無意地洩露消息，以敲山震虎。毛打算在1971年9月底、10月初召開中共九屆三中全會清算林彪，林彪則決定破釜沉舟，先發制人。非常之人必有非常之舉。」[10]

　　由於9月12日「毛澤東安全返回北京，使林立果等在途中謀害毛澤東的計畫落空，完全打亂了林彪一夥的部署。……林彪、葉群、林立果又緊急策劃難逃廣州，企圖另立中央，分裂國家，宣稱『如果要動武，就聯合蘇聯，實行南北夾擊』。王飛（空軍司令部副參謀長）等據此擬定了南逃名單，除林彪一家外，還有黃吳李邱等。」[11]

三、民間研究的推動和官方口徑的鬆動

　　不過，官方人士不可能完全壟斷「九一三事件」的研究。隨著國際互聯網的崛起，民間研究者，包括「九一三事件」的受害者及其後人，紛紛貢獻各自的研究成果，丁凱文2004年主編的《重審林彪罪案》就是其中的集成大者。

　　最近五年，吳法憲、邱會作和李作鵬的回憶錄陸續問世，披露了許多鮮為人知的事實，從而進一步推動了「九一三事件」的研究。

　　吳法憲說，「『「九一三事件」』以來，我是十分希望看到，但是一直沒有看到過有直接的或者是有說服力的證據，說明林彪直接策劃了『政變』和『謀害毛主席』的行動。如果有這樣證據，為什麼一直不讓我們看到？」[12]

　　在2004年寫給中共中央的申訴信中，李作鵬直言志大才疏的林立果那些不切實際的謀反、叛亂空想與林彪無關，那些所謂的林彪「手令」和「親筆信」是偽造的。[13]

　　邱會作認為：「看了毛澤東的南巡講話後，葉群緊張，林立果瞎張

---

[10]　王年一：〈林彪——最經得住研究的人〉，引自《百年林彪》，香港-明鏡出版社，2007年，6頁。

[11]　《毛澤東傳》，1600-1601頁。

[12]　吳法憲：《吳法憲回憶錄》，香港-北星出版社，2006年，975頁。

[13]　李作鵬：《李作鵬回憶錄》，香港-北星出版社出版，2011年，886頁。

羅，林彪則照常生活。」[14]對於周宇馳、于新野自殺前撕碎的「永勝同志，很惦念你，望你任何時候都要樂觀保護身體，有事時可與王飛同志面洽。敬禮！林彪」這封信，邱會作強調：「當時在人民大會堂政治局會上展示那封信，我就對它懷疑，除了字跡以外，也不符合林彪的辦事風格嘛。林彪和黃永勝有事，都是面商或是由機要人員轉達。林彪從來沒給黃永勝寫過個人的信，為什麼這麼關鍵的事上，莫名其妙地寫上了那一封含糊不清的信？」對於《「571工程」紀要》，邱會作認為：「那不像是久經沙場的林彪所言，反倒是像沒有指揮過軍隊的狂妄書生寫的東西。」「僅從《紀要》的思想和文字風格上看，我說那絕不是林彪的。林彪的思想是中國式的、傳統的，他的語言比較『土』，實在、古板，甚至有些澀口。」「熟悉林彪的人看了那個《紀要》，都不會說它是林彪的『傑作』。」[15]

邱會作還強調：「林彪是沉穩、從不輕舉妄動的人。林彪一生帶兵，深知軍事手段的厲害。政變是特殊的軍事戰鬥，這個利害關係，他能不知道？武裝政變要有計劃、部署、部隊、指揮官。這些都沒有，怎麼政變？我根本不知道有武裝政變，林彪沒有通知我，也沒有任何人通知我做好行動的後勤保障和武器準備。黃永勝也沒有通知任何部隊做準備。政變不是一兩個人可以搞得了的呀！手裏沒有部隊，沒有周密的組織指揮，搞什麼政變？那不是胡扯？林彪會放著軍委辦事組不用，反而讓林立果找來幾個毫無軍事指揮常識的空軍機關政工人員和秘書去搞政變，那不是胡鬧嗎？林彪是個打仗、辦事無十分把握不行動的人，他能不顧一切地做出如此荒唐之舉嗎？」[16]

事實上，最近兩年，官方關於「九一三事件」的說法也有所鬆動，比如2009年版的《辭海》在[林彪反革命集團]詞條中寫道：「林彪之子林立果及其黨羽炮製《『五七一』工程紀要》反革命計畫，妄圖謀害毛澤東，發動武裝政變。」[17]六十年《中華人民共和國大事記》中寫道：「3月21日至24日林彪之子、空軍司令部辦公室副主任兼作戰部副部長林立果，與他的秘密小組織『聯合艦隊』成員周宇馳等，在上海制定了反革命武裝政變計畫

14　《邱會作回憶錄》，787頁。

15　程光：〈回味「九一三」〉，電子雜誌《記憶》總68期，2011年2月28日。

16　程光：〈回味「九一三」〉。

17　夏征農，陳至立：《辭海》（彩圖本），上海辭書出版社，2009，1392頁。

《「571工程」紀要》，陰謀策劃發動武裝政變，謀害毛澤東，以『奪取全國政權』。」[18]「9月5日至13日……5日，探聽到毛澤東南巡途中講話的內容後，以林立果為首的『聯合艦隊』決定謀殺毛澤東，發動武裝政變。毛澤東覺察到林立果等人的可疑行動，當即改變行程，打亂了他們的計畫。12日下午，毛澤東平安抵達北京。當晚，林立果乘專機飛抵北戴河同林彪、葉群密謀。13日凌晨，林彪等人乘飛機外逃，在蒙古溫都爾汗附近墜落，機毀人亡。」[19]《中國共產黨歷史》第二卷雖然堅持了1980/1年的林案審判結論，但對一些提法進行了修改，如：「林彪集團的骨幹成員決心鋌而走險」，林立果「召集他的秘密小組織策劃發動反革命武裝政變」。[20]

注意：「林立果」或「林彪集團的骨幹成員」代替「林彪」成了行為的主體。

四、林彪從廬山會議後期到「批陳整風」會議結束的表現

那麼，林彪是否知悉林立果的謀劃，或者給林立果出謀劃策過呢？

換言之，林彪捲入「兩謀」有多深呢？

邱會作認為：「林彪知不知道、有沒有參與林立果搞的『兩謀』問題，直到現在（筆者注：指他寫回憶錄的時候）也是沒有證據說清楚的。」「如果他們有了林彪『兩謀』、『政變』的確鑿證據，也不會無數次地追問這個『八八』問題了（筆者注：指吳法憲和邱會作1971年8月8日到毛家灣看望葉群時的談話內容）。」[21]

我們先從廬山會議後期開始，看看林彪的作為：

林彪在廬山會議後期「泰然自若」，用葉群的話說，林彪的態度是「不改變自己的觀點，不干擾毛主席對問題的處理」，自此以後的一年多時間對毛澤東一直採取「不說話，不干擾，不自責」的態度[22]；對張春橋的態

---

[18] 中共中央黨史研究室：《中華人民共和國大事記》，北京 人民出版社，2009年，219頁。

[19] 《中華人民共和國大事記》，223頁。

[20] 中共中央黨史研究室：《中國共產黨歷史》（1949-1978）第二卷，中央黨史出版社，2011年。

[21] 《邱會作回憶錄》，820頁，930頁。

[22] 《邱會作回憶錄》，714頁，775頁

度則一如既往，比如在9月1日（筆者注：吳法憲說是8月31日，但《周恩來年譜》記為9月1日）舉行的批判陳伯達的中央政治局擴大會議上，儘管周恩來遞條子給林彪，希望他在講話中表揚一下張春橋，但林彪置若罔聞。[23]

　　1970年9月7日早晨，負氣離開廬山的林彪先是改變了原本答應程世清的「去南昌休息並同毛澤東談一談」的安排[24]，隨後在九江機場，他又坦然地告訴送行的黃永勝、吳法憲、邱會作、李作鵬：「不做虧心事，不怕鬼叫門。照常吃飯，照常睡覺，照常工作，最多是個彭德懷第二。你們有事情多向周總理請示報告。」[25]

　　不過，在不喪失個人尊嚴的前提下，林彪也試圖與毛澤東溝通把問題說清楚。邱會作回憶說：「林彪接受了我們的建議，從北戴河回北京住，9月28日他剛下飛機就去看毛主席，這是廬山會議以後他們第一次見面。那天林彪一見到毛主席就自我批評說：『我還沒有回家就先來看主席。廬山會議過了快一個月了，當時我缺乏應有的謹慎，講了些欠妥的話，結果在房間裏劃了根火柴，差點把房子燒了。主席很關心，把問題處理得很好！』毛主席說：『擦根火柴是燒不著房子的，因為目的不在於燒房子。我每個月都要擦一盒火柴，除了抽煙，什麼也沒燒過。對問題反覆思考是對的，但也不要搞得不敢說話了。在教條主義統治的時候，多數人是不敢說話的，這些年好些了，我們要注意發揚敢說話的好作風。』毛主席和林彪談得很好，告別時親自送客到門口，這是不多見的。」[26]

　　隨後林彪召見吳法憲，說：「過去在廬山我不贊成你作檢討，但是我現在贊成你到毛主席那裏去說一下，作點自我批評，主要是把當時和張春橋發生爭論的情況再向毛主席談一談。今後空軍的情況，要直接向毛主席彙報、請示，不要只是向我說，應該讓毛主席瞭解你的工作。」[27]

　　9月29日，吳法憲向毛澤東交上第一篇書面檢討。[28]隨後他三次求見毛

23　《吳法憲回憶錄》，813頁。
24　李意根：《程世清沉浮錄》，《文史精華》，2008年11期。
25　《邱會作回憶錄》，723頁。
26　程光：《心靈的對話——邱會作與兒子談文化大革命》（下），香港北星出版社，2011年，502頁。
27　吳法憲：《吳法憲回憶錄》，香港　北星出版社，2006年。
28　《毛澤東傳》，1583頁。

澤東，但都被拒絕。林彪知道這個情況後，無奈表示「那就沒有辦法了」，並同意吳法憲再寫個檢討。[29]

令林彪沒有想到的是，毛澤東對吳法憲的檢討，以及葉群10月13日上交的檢討，大加鞭撻，絲毫不講情面。

11月6日，毛澤東批准發出《關於成立中央組織宣傳組的決定》，組長康生，組員江青、張春橋、姚文元、紀登奎、李德生，管轄中央組織部、中央黨校、人民日報、紅旗雜誌、新華通訊社等單位，這個組織宣傳組類似早先的中央文革小組，從而形成與軍委辦事組對峙的局面。11月13日，毛澤東又把矛頭對準黃永勝：「盧山會議發難，你黃永勝是個頭。你們辦事組一統天下，我要打破你們的一統天下。我現在要謝富治、紀登奎參加你們辦事組。」[30]

11月16日，毛澤東發動批陳整風運動，對林彪旁敲側擊。12月18日，毛澤東對美國記者斯諾說：「什麼『四個偉大』，討嫌！」[31]隨後毛還指示把他同斯諾的談話紀要發至全黨學習。1971年2月18日，毛澤東批示「應對南昌起義和兩軍會合作正確解說」[32]，意指先前對林彪在歷史上的地位和作用宣傳過分了。

毛澤東含沙射影的做法自然引起林彪的不滿，但他只是私下對家人發洩，說：「今後再也不隨便講話了！講話都要有根據，不然你好心好意擁護毛主席，還會犯擁護過頭的錯誤。」「什麼講老實話，他就最反對講老實話，最喜歡吹捧，誰講老實話，誰就完了。」[33]從來不在下屬面前講毛澤東的壞話。[34]

面對毛澤東「甩石頭、挖牆腳、摻沙子」以及沒完沒了的整治，以及毛澤東親侄子毛遠新「盧山問題的實質是未遂政變」[35]之類的誣衊，作困獸鬥的黃永勝甚至對他兒子說「我不想活了，我在中央裏困難得要死，我現在

---

[29] 《吳法憲回憶錄》，香港　北星出版社，2006年。

[30] 《吳法憲回憶錄》，香港　北星出版社，2006年。

[31] 中共中央文獻研究室：《周恩來年譜：1949-1976》（下）中央文獻出版社，1997年，421頁。

[32] 《周恩來年譜》，437頁。

[33] 《晚年周恩來》，314頁。

[34] 《邱會作回憶錄》，772頁，954頁。

[35] 《邱會作回憶錄》，749-750頁。

死還是個烈士，我已經寫好遺囑，放在保險櫃裏」，但黃、吳、葉、李、邱所做檢討都絕口不提林彪，使得一直想逼林彪公開認錯的毛澤東幾無所獲。

為僵局而焦急的邱會作曾經向黃永勝建議，由黃永勝勸林彪向毛澤東表示一下自我批評的態度，為慎重起見，可先向葉群說，如果說得下去，再向林本人說。過了大約三天，黃向邱透露了葉群轉達的林彪對其建議的答復。林彪說：「（一）自我批評本來是我們黨的正常生活，只要有缺點、有錯誤就應當進行批評。但對廬山的問題我是沒有什麼可自責的。全會開幕上的我的講話，毛主席是同意的，我講話的要點毛主席是知道的。所以毛主席才會說：『不要奉命講話，要講自己的話，才能講好。』我就是本著這個精神講話的。（二）他們妄想要從我們的自我批評中得到什麼東西，這是不可能的。在廬山興師動眾鬧了幾天，還不就是得到了『天才論』和設『國家主席』兩個問題。這兩個問題，前者是老得掉牙的問題，我是提過堅持天才的觀點，難道我連提個人觀點的權利都沒有了？（三）廬山的問題不是做自我批評可以了結的問題。」林還讓葉群轉告黃等：「要是晚上睡不著，可以加點安眠藥。」當邱會作把自己和黃永勝的建議與林彪的答復向周恩來彙報後，周只說了一句：「林總善於把複雜的問題條理化。」[36]

1971年3月24日下午，毛澤東、周恩來、康生接見黃永勝、吳法憲、邱會作、李作鵬、紀登奎、李德生和汪東興。結束時，毛澤東對周恩來等人說：「到北戴河去一趟，去同林彪同志商量一下開會的問題。林彪同志這個人，想問題常常比我們想得都深刻，對開會的問題，先徵求他的意見再做決定，是很必要的。」[37]

林彪在3月30日至31日會見前來北戴河彙報工作的周恩來、黃永勝、吳法憲、李作鵬、邱會作、李德生、紀登奎時，只是簡單地表示完全擁護毛澤東自廬山會議以來的一系列指示和工作部署，完全同意毛澤東對批陳問題的多次批示和談話以及中央批陳整風彙報會的安排，委婉地批評吳法憲、葉群是「無心插柳柳成蔭」。[38]但他在與周恩來等人小範圍的談話中作了一點自我批評，承認自己是個「炮筒子」，「講話有氣，順口而出，放了炮」，同

---

[36] 《邱會作回憶錄》，779-780頁。

[37] 《邱會作回憶錄》，757頁。

[38] 《邱會作回憶錄》，758頁。

時也為自己的盧山講話作了辯護；針對毛澤東「陳伯達早期就是一個國民黨反共分子。混入黨內以後，又在1931年被捕叛變，成了特務，一貫跟隨王明、劉少奇反共。他的根本問題在此。所以他反黨亂軍，挑動武鬥，挑動軍委辦事組幹部及華北、軍區幹部，都是由此而來。」的批示[39]，林彪表示絕沒想到陳伯達的問題會這麼嚴重。

儘管周恩來此行的目的是代表毛澤東要林彪出來參加一下即將召開的批陳整風彙報會，講幾句話，但林彪並不表態答應出席會議。於是，毛澤東聽了周恩來北戴河之行的彙報後，對林彪的態度極其不高興，但也只能當面嚴厲批評黃、吳、李、邱：「你們已經到了懸崖的邊沿了！是跳下去？還是推下去？還是拉回來的問題。能不能拉回來全看你們自己了！」[40]

不過，吳法憲、李作鵬、邱會作的回憶與李德生的說法不一樣，他們回憶說：毛澤東告訴他們「黃永勝、吳法憲、李作鵬、邱會作你們幾個不要緊張，你們有個底，我是保你們的。」「對毛澤東的這句話，我們幾個都表現出感激的心情，並異口同聲的說：『感謝主席對我們關心和愛護！』」「我們從他的書房裏出來時，心情已經有所緩和。」[41]毛澤東的第二次接見讓我們「真正放下了思想包袱。」[42]毛澤東說「你們的問題在我這裏已經完了，今後就看你們的實際行動了。」[43]

而且在4月上旬，吳法憲、葉群就按照林彪的要求，分別向毛澤東交上他們重寫的檢討。4月11日，毛澤東批告周恩來：吳、葉的檢討「我已看過，可以了。」毛澤東還要求把吳、葉的檢討連同黃、李、邱三人的檢討「向政治局會議報告，作適當處理。」[44]

「九一三事件」後下發的中發〔1971〕65號文件說：九屆二中全會以後，……毛主席對林彪，對黃、吳、葉、李、邱等進行嚴肅批評和耐心教育，希望他們能夠同陳伯達劃清界限，回到正確路線方面來。但是，林彪及

39 〈粉碎林陳反黨集團反革命政變的鬥爭〉（材料之一），《中國文化大革命文庫》（光碟）。
40 李德生：〈從盧山會議到「九·一三」事件的若干回憶〉，引自《林彪反革命集團覆滅紀實》，中央文獻出版社，1995年，5頁。
41 吳法憲：《吳法憲回憶錄》，香港　北星出版社，2006年。
42 《邱會作回憶錄》，761頁。
43 《李作鵬回憶錄》，678-679頁。
44 《毛澤東傳》，1590頁。

其一夥毫無悔改之意。軍委座談會，開了一個月，還根本不批陳。拖了七個月，黃、吳、葉、李、邱才勉強寫了「檢討」。毛主席當時曾明確批示，他們以後是實踐這些申明的問題。林彪則長期稱病，對毛主席批示同意的中央文件，林彪看也不看，連「完全同意主席批示」這樣幾個字，也要秘書摹仿他的字體代寫，對毛主席和黨的事業充滿仇恨，躲在黑暗的角落裏加緊策劃新的反革命陰謀。[45]

實際上，林彪對中央召開批陳整風彙報會的請示報告，只是讓秘書寫上「完全同意主席批示和會議安排」，並特意要秘書注明「遵囑代寫」。

實事求是地說，林彪在盧山會議開幕式上的公開發言並沒有引起毛澤東的反感，而葉群在私底下的串聯倒張活動確實觸怒了毛澤東。不過，葉群的這些活動很多是她自行其事，並沒有得到林彪的同意，更不是林彪的授意。事實上，不僅林立果為此表示過對葉群的不滿，「翻車了，倒大霉了，都是他媽的主任（指葉群）搞的，她想搶頭功，盡是瞎指揮」[46]，而且葉群本人也承認造成盧山會議後的被動局面她有很大責任，正如她私下對黃永勝說的那樣：「在蘇州，他（筆者注：指林彪）轉氨酶高，我們兩人都哭了。他哭政治上的，我哭主要是政治的，加上責任的。」[47]林彪確實指示過葉群和吳法憲做檢討，葉群和吳法憲也確實做了檢討，甚至黃永勝、李作鵬和邱會作也陪綁做了檢討。

那麼，毛澤東為什麼還要揪著林彪不放呢？

這與林彪對待文化大革命的態度，特別是對待文革幹將張春橋的態度有關。

邱會作認為，搞張春橋和擁護文革本來是可以分開的，可毛澤東非認為反張就是反文革，就是對著他毛澤東本人。毛澤東始終沒有繞出這個怪圈，非要叫林彪從他的胯下爬過去，而林彪就是不從。[48]

在這樣的大背景下，軍委辦事組的黃、吳、葉、李、邱雖然誠惶誠恐做了多次檢查，毛澤東或批示「很好」，或批示「可以」，但還是李作鵬的

[45] 〈中共中央關於進一步擴大傳達林彪事件的通知〉，《中國文化大革命文庫》（光碟）。
[46] 〈粉碎林陳反黨集團反革命政變的鬥爭（材料之一）〉，《中國文化大革命文庫》（光碟）。
[47] 張聶爾：《風雲「九一三」》，解放軍出版社，1999年，260頁。
[48] 《邱會作回憶錄》，783頁。

話一針見血：「『很好』也好不了，『可以』也不可以，都是一回事。」[49]
總之，毛澤東並不想放過他們，說是「完了」，卻一直「沒完沒了」。

4月29日中央「批陳整風」彙報會議結束。儘管林彪4月19日就從北戴
河回到北京，儘管周恩來轉達了毛澤東想讓林彪在會議結束時講幾句話的意
思，但林彪表示「堅決不講」[50]，而且始終未到會，以致於周恩來後來無奈
地向吳法憲表示「林副主席要是以講話的形式檢討幾句就好了。」[51]

五、林彪是否在公眾面前表現過對毛澤東的不滿？

當年的中南海攝影師杜修賢不僅繪聲繪色地編造了1971年「五一」勞
動節上午林彪與毛澤東、周恩來等人上天安門城樓的情節，還聲稱當晚的焰
火晚會，林彪因為要抽大煙本不想參加，後經周恩來再三勸說後，才不得不
中斷抽大煙，姍姍來遲，到場後卻始終不同毛澤東打招呼，而毛澤東對林彪
也視若不見，林彪僅僅坐了幾分鐘，便不辭而別。[52]

杜修賢關於「五一」焰火晚會的說法不僅為許多專業的黨史研究者所
接受，比如高文謙，甚至權威的《周恩來年譜》有「林彪在到場數分鐘後不
辭而別」的輯錄[53]，《毛澤東傳》也有「林彪對廬山會議以來開展的批陳整
風，特別是毛澤東對黃永勝等抓得很緊的批評，越來越懷恨在心，甚至在公
開場合明顯地表露出來。中央批陳整風彙報會結束時，恰逢『五一』節。這
天晚上，勉強來到天安門城樓觀看焰火的林彪一臉沮喪，始終不同毛澤東說
話。在城樓上，他坐在毛澤東對面，幾分鐘後便不辭而別。林彪這一舉動，
引起在場目擊者的議論和猜測」的敘述[54]，而且通過作家顧保孜的《共和國
紅鏡頭：中南海攝影師鏡頭中的國事風雲》、《攝影師眼中的晚年毛澤東》
之類暢銷書廣為公眾所認知。

---

[49] 吳法憲：《吳法憲回憶錄》，香港 北星出版社，2006年。

[50] 《毛澤東傳》，1591頁。

[51] 《吳法憲回憶錄》，香港 北星出版社，2006年。

[52] 杜修賢：〈林彪對毛澤東的「不辭而別」〉，轉引自《林彪反革命集團覆滅紀實》，中央
文獻出版社，1995年，59，63-66頁。

[53] 《周恩來年譜》，455頁。

[54] 《毛澤東傳》，1591頁。

　　然而，實際上，「五一」那天上午，天安門城樓根本沒有什麼領導人參加的活動。

　　至於當晚，林彪警衛隊中隊長蕭奇明回憶說：「5月1日，……林彪只在天安門城樓上站了一會兒，就給毛主席請假，說『身體不舒服』，馬上就回家了。」[55]邱會作回憶說：五月一日夜，毛澤東、林彪在黃永勝陪同之下同時登上了天安門。放了一輪煙火之後，林彪指著自己的頭向毛澤東說：「我頭疼，早點退場。」毛澤東回答說：「好。今天沒有什麼題目了。」邱會作還回憶：林走後，毛也進休息室了。葉群見機馬上進去同毛談了近兩個小時，談完後她很高興。[56]

　　由此可見，林彪當晚並未遲到，早退前也向毛澤東請了假，而且當年的新聞影像也清楚地記錄了毛澤東和林彪一起歡迎各國來賓的畫面，更有林彪在城樓上落座後笑容滿面的鏡頭。[57]

　　也就是說，儘管內心有不滿，但林彪在公開場合仍對毛澤東表現出既有的恭敬。

　　而且，林彪希望與毛澤東面談，消除隔閡。不過，林彪1971年5月想見毛澤東卻沒能見到。[58]李文普回憶：「林彪心情不好，曾要求面見主席談話。當時，毛主席那邊電話至少是葉群打，我們『林辦』有傳聞，林彪想與毛見一下，談一談。但是長時間毛主席不作答復。林彪個性很強，從不服軟。兩人之間的關係發生了急劇的變化。」[59]

　　6月3日下午，林彪陪同毛澤東會見羅共總書記齊奧塞斯庫率領的羅馬尼亞黨政代表團，這也是他和毛澤東的最後一次見面。

　　這個時候，林彪、葉群與江青之間相互表示了善意，比如，6月9日，林彪應江青的邀請，與葉群到江青釣魚臺住地由江青照相，江青對林說：「你是黨的副主席，解放軍的副統帥，照的相應有領袖氣派。」林彪聽從江青擺佈，照了一張捧讀《毛澤東選集》樣子的相。次日，林彪、葉群又

55　蕭奇明：〈親歷「九一三」〉，《軍休之友》，2006年7期，48頁。

56　《邱會作回憶錄》，778頁。

57　1971年五一勞動節視頻：http://www.tudou.com/programs/view/R3Ax4M2cY0g/；http://v.ku6.com/show/9WGHibnwtc5C7e.html。

58　吳法憲：《吳法憲回憶錄》，香港　北星出版社，2006年。

59　李文普：〈林彪衛士長李文普不得不說〉，《中華兒女》，1999年2期。

應江青的邀請，去釣魚臺同江青及釣魚臺工作人員、警衛戰士照了一張大合影。[60]

　　林彪和葉群7月18日[61]離開北京去北戴河。吳法憲回憶：「我去機場送林彪，向他彙報空軍訓練的情況，但他一言不發。我心裏想，林彪怎麼變了呢？是避嫌？還是因為其他？但是有一點，我應當實事求是地說明，從九屆二中全會之後，我沒有聽到林彪說過一句對毛主席不滿的話，林彪的思想上是不是有一個禁區，或者是有什麼其他的想法我就不知道了。」[62]

　　7月31日，《人民日報》報導〈第七、八期《人民畫報》合刊和《解放軍畫報》合刊八月一日出版〉：「兩本畫報都以單頁篇幅刊登了毛主席的照片，刊登了毛主席的親密戰友林彪副主席學習毛主席著作的照片（筆者注：該照片為江青6月9日所拍攝），這張照片把林副主席無限忠於毛主席的深厚的無產階級感情生動形象地展現在人們面前，給了人們巨大的激勵和鼓舞。」

　　照片發表後，葉群給江青打電話說：「江青同志給林彪同志照的相太好了。這張照片不但有藝術價值，還有重大的政治意義，在社會上一定會產生強烈而深遠的影響。……林彪同志看了以後非常高興。……」江青回電葉群說：「謝謝林副主席對我的鼓勵。攝影藝術是一個方面，主要是林副主席的形象好，同時又是學習毛主席著作最好、最高的代表。……」[63]

　　〈孜孜不倦〉照片的發表也讓林立果誤以為，「現在空氣緩和了，好轉了。葉群檢討過關了。江青也作了姿態……」[64]

六、毛澤東為什麼又要南巡？

　　吳法憲回憶說：「正當我們如墮五里霧裏，認為：盧山會議的問題已經完了，全黨可以團結起來，為實現『九大』的任務而奮鬥的時候，毛主席

───────────
[60] 楊銀祿：〈林彪《孜孜不倦》照片背後的故事〉，《黨史博覽》，2010年1期。
[61] 楊子萬：〈「九一三事件」後的山海關機場〉，《黨史博采》，2001年1期，46-48頁。
[62] 《吳法憲回憶錄》，香港　北星出版社，2006年。
[63] 楊銀祿：〈林彪《孜孜不倦》照片背後的故事〉，《黨史博覽》，2010年1期。
[64] 張聶爾：《風雲「九一三」》，解放軍出版社，1999年，300頁。

又開始了南巡。這次南巡，是毛主席許多次南巡中最神秘的一次。」[65]

那麼，毛澤東為什麼又要南巡呢？

邱會作認為：「事物往往物極必反，廬山會議後，毛澤東不停地折騰，收效甚微，大家口服心不服，反而同情林彪。所以毛澤東要南巡，要再燃處理林彪的戰火。」[66]

《毛澤東傳》上說：密切關注情況發展的毛澤東，通過向有關人員瞭解情況，得知在中央批陳整風彙報會以後的兩個月裏，黃永勝等在總參謀部一直嚴密封鎖廬山會議的真相，扣壓不下發他們幾個人的檢討，以致連總參二級部的領導幹部都不知道黃永勝等在廬山會議上的問題。毛澤東得出結論：「他們的檢討是假的。廬山的事情還沒有完，還根本沒有解決。這個當中有『鬼』。他們還有後臺。」[67]

實際情況是，7月9日美國總統國家安全事務助理基辛格秘密訪華，周恩來在雙方第一輪會談結束後向毛彙報情況。然而，在本該討論關乎中美關係改善和世界戰略新格局這件大事的時候，毛澤東偏偏撇開這個主題，用很長的時間，向與會的總參某部副部長熊向暉瞭解總參機關內部批陳整風和林彪的「五個大將」的問題，並作出他們還有後臺的結論。[68]

在毛澤東動身南巡後，毫不知情的林彪專門打電話給周恩來，表示在毛澤東回京前一定要通知他，他想在北京迎接毛澤東。[69]

8月16日，林彪在北戴河會見前來彙報工作的周恩來、黃永勝、張春橋、紀登奎。在周恩來介紹毛澤東決定在國慶日前後召開九屆三中全會、然後召開四屆人大的計畫之後，林彪還順著毛澤東的思路作了指示。

然而，毛澤東在南巡期間，肆意給林彪上綱上線：「有人看到我年紀老了，快要上天了，他們急於想當主席，要分裂黨，急於奪權。」「這次廬山會議，是兩個司令部的鬥爭。」「我看他們的地下活動、突然襲擊是有組織、有計劃、有綱領的。綱領就是『天才』和要當主席，就是推翻二中全會

[65] 《吳法憲回憶錄》，香港 北星出版社，2006年。
[66] 《邱會作回憶錄》，783頁。
[67] 《毛澤東傳》，1593頁。
[68] 熊蕾：〈歷史的注腳〉，引自《林彪反革命集團覆滅紀實》，中央文獻出版社，1995年，77-89頁。
[69] 高文謙：《晚年周恩來》，香港-明鏡出版社，2003年。

的議程和九大路線。」「林彪那個講話，沒有同我商量，也沒有給我看。」「他們名為反張春橋實際是反我」。「犯了大的原則的錯誤，犯了路線方向錯誤，改也難。」「我一向不贊成自己的老婆當自己的秘書和辦公室主任。林彪那裏是葉群當辦公室主任，他們四個人（黃永勝、吳法憲、李作鵬、邱會作）向林彪請示問題都要經過她。」「如果不是他交代叫聽她的，為什麼四個人都要經過她呢？」「盧山這件事，還沒有完，還不徹底，還沒有總結。」[70]

毛澤東還反覆宣講「要搞馬克思主義，不要搞修正主義；要團結，不要分裂；要光明正大，不要搞陰謀詭計。」[71]

極具諷刺意味的是，毛澤東在「文革」前曾經表示希望林彪多活20年，因為林有馬列主義。毛澤東幾乎從未認為有誰符合他心目中「馬克思主義」的標準，他也幾乎從未說過哪個人是「馬克思主義者」，他甚至連「懂馬克思主義」這個平常的肯定之辭都很少使用。由此可見，毛澤東當年對林彪的這個評語非同尋常。[72]

老實說，毛澤東的南巡無非是舊調重彈，並沒有拿出林彪有什麼地下活動的證據，分明是以「團結」為名，行「分裂」之實，其所作所為本身就是對「光明正大」的反諷。

七、毛澤東的南巡收穫幾何？

8月17日，毛澤東對劉建勳、劉豐等人說：盧山會議，他們搞突然襲擊，搞地下活動，為什麼不敢公開呢？可能是心裏有鬼。在座的同志，都檢討自己犯了錯誤。你們是屬於上當受騙的，問題在北京。[73]

8月25日，信奉「與人鬥其樂無窮」哲學的毛澤東，別有用心地提醒關心農業問題的華國鋒，說：「你滿腦子是農業，我滿腦子是路線鬥爭，兩個司令部的問題。要抓路線。路線不對，抓了農業也不行，腦袋掉了還不知為

---

[70] 汪東興：《毛澤東與林彪反革命集團的鬥爭》，179-181頁。

[71] 《毛澤東傳》，1594-1598頁。

[72] 何雲峰：〈「文革」發動階段毛澤東對林彪的態度辨析〉，《湖南科技大學學報（社會科學版）》，2006年5月第九卷第3期。

[73] 汪東興：《毛澤東與林彪反革命集團的鬥爭》，92頁。

什麼。」[74]

8月30日，毛澤東當著華國鋒等人的面，毫不留情地敲打丁盛、劉興元，說，「你們和黃永勝的關係那麼深，黃永勝倒了那怎麼得了呀？」[75]

8月31日夜，毛澤東因許世友曾經堅決擁護林彪廬山講話並與江青有矛盾等現實問題以及紅軍長征中許世友與張國燾關係密切這個歷史問題，嚴厲批評了許世友。[76]

…………

毫無疑問，由於毛澤東在黨內至高無上的地位和威望，因此毛澤東南巡期間，所有被毛澤東談話者，或者表態接受毛澤東的批評，或者表態按照毛澤東的指示辦。

不過，筆者認為，除了得到程世清「林豆豆曾兩次來南昌採訪，到過我家裏，她跟我愛人交談時，流露過對葉群的不滿，並說她家裏的情況很複雜，請程世清政委不要涉及她家的事，弄不好會殺頭的。林豆豆為什麼把她家裏的事情看得這麼嚴重，難以理解。」「我懷疑林彪可能要逃跑，可能從北戴河坐水陸兩用坦克往南朝鮮跑，也可能坐飛機往香港跑」的秘密報告之外[77]，毛澤東的南巡沒有取得多少有價值的成果。

相比之下，儘管毛澤東一再強調保密，但給「北京」或林家通風報信的不少，劉豐、王璞、顧同舟、陳勵耘、王維國等人[78]，還有黃永勝，把毛澤東南巡的談話內容，報告了「北京」或林家。

實際上，毛澤東想收拾林彪，卻沒能找到一個得力的幫手甚或打手，更別說主動請纓的了。

劉豐在8月16、17日被毛澤東談話的十天後，也就是8月27日，去看望毛澤東並表態說：「我們完全擁護毛主席的指示，無論在什麼情況下，我們都聽毛主席的話，跟毛主席革命到底。我認為，如果因林副主席的講話影響了主席的健康，我建議林副主席在適當的小範圍內，向主席做個檢討。」聽

74　《毛澤東傳》，1595頁。
75　《毛澤東傳》，1597頁。
76　《李作鵬回憶錄》，687頁。
77　李意根：〈程世清沉浮錄〉，《文史精華》，2008年11期。
78　〈粉碎林陳反黨集團反革命政變的鬥爭〉（材料之二），《中國文化大革命文庫》（光碟）。

了劉豐的表態，毛澤東興奮地拍著大腿說：「你說得好。在九屆三中全會上，就由你把這個問題提出來。希望你實踐自己的申明，表裏一致應當是一切共產黨員的態度，但這不容易做到，更不容易一貫做到。」在這裏，毛澤東顯然是強人所難，想用劉豐做打手。所以20年後，劉豐回想此事時激動地對邱會作說：「我是在劫難逃。如果沒有『九一三』，我也自身難保。想想看，主席讓我在九屆三中全會上，把林的問題提出來，這不是找死嗎？！我提吧，林不會放過我；我不提吧，主席更不會放過我。」[79]

毛澤東在接見一些人時，直接對他們說：「黃永勝、吳法憲、李作鵬、邱會作倒了你們怎麼辦？你們和黃、吳、李、邱的關係是很好地呦。」他們當時大吃一驚，出了一身冷汗，竟然緊張得忘記了表態。[80]

當事人丁盛回憶說：毛澤東指著我：「丁盛、劉興元，你們倆個人，跟黃永勝的關係這麼好，密切來往這麼多，黃永勝倒了你們怎麼得了？」你毛澤東說這話就不對，我們又不是為黃永勝革命，我們幹什麼工作又不是靠黃永勝起家的，這可以查。我們當什麼，是毛澤東你的命令，不是黃永勝的命令。他倒了就倒了，他死了就死了，我們怎麼樣了，我們不是照樣活著嗎？照樣幹革命工作嗎？怎麼能夠這樣說！我認為毛澤東當時對廣州這個考慮是不公道的！你說我們跟他的關係密切，那你跟他的關係不密切啊？從井岡山你們一起下來，他當總長是我們讓他當的嗎？[81]

9月6日早晨，李作鵬聽到劉豐透露的毛澤東南巡講話後，把它概括為三點：廬山的問題沒有完；政治上綱的「罪名」比以前更高了，更是增加了「修正主義」和「陰謀詭計」這兩條分量很重的罪名；矛頭明確指向林彪。[82]

9月6日下午，邱會作聽了李作鵬透露的毛澤東南巡講話後，感覺毛澤東的「這種做法欠妥，有什麼問題，如果在會上談，當面談，什麼問題都好解決，這樣在背後搞，越搞越亂。」[83]

李作鵬還說他從方方面面知道了毛澤東南巡講話的主要內容後，思想

[79] 《邱會作回憶錄》，784-785頁。
[80] 《吳法憲回憶錄》，860頁。
[81] 丁盛口述，金光整理：《丁盛回憶錄》，自印本，2001年。
[82] 《李作鵬回憶錄》，683頁。
[83] 《邱會作回憶錄》，851頁。

上產生很大震動，同時又有許多疑惑不解：第一、毛澤東這麼多重要的講話內容，為什麼不在政治局會議上講？而要借南巡，到外地對少數幹部講，並要求對北京保密。這種做法就是馬列主義？就是團結？就是光明正大？第二、林彪在盧山的講話是公開的，是毛澤東當場批准講的，全體中央常委、中央委員都在座，並以熱烈掌聲表示贊成。第二天重放錄音也是政治局討論通過並得到毛澤東批准的，怎麼能說是突然襲擊，搞地下活動呢？第三、關於「人民解放軍是毛主席親手締造和領導的，林副主席直接指揮的」的提法，是經毛澤東同意的文革開始後的統一對外提法。1970年7月底，毛澤東批示「按照原來提法不變」。可在南巡時毛澤東卻用這件事批評林彪說「締造的就不能指揮呀？締造的也不是我一個人嘛！」真是翻手為雲，覆手為雨，出爾反爾。[84]

當年對毛澤東南巡講話絲毫不知情的吳法憲的感受比李作鵬更深刻，吳法憲說：

當我在事情發生十餘年後，看到他這些談話時，心情很不平靜。幾十年來，毛澤東在我的心目中，一直都是一個光輝的形象，我始終認為，毛澤東是我們黨的最高領袖，我對毛澤東是最崇敬的，把毛澤東看作了真理、正義的化身。遇到任何問題，都要想是不是不忠於毛澤東。但是看了這樣的一個講話，毛澤東在我心中的形象，真的是瓦解了。用一句話來說：毛澤東是言行不一。

第一、毛澤東明明親自對我們說：「黃永勝、吳法憲、李作鵬、邱會作你們幾個不要緊張，你們要有個底，我是保你們的。」可到了下面又說：「黃、吳、李、邱倒了你們怎麼辦？」

第二、明明在中央「批陳整風」彙報會議上，經毛澤東親自批准，周恩來代表中央對我們的「錯誤」作了結論。從那以後，我們沒有犯任何「錯誤」。可他跑到下面又說：「現在不作結論，結論要由中央來做。」

第三、明明我在盧山會議以後三次要求見毛澤東，都被他拒絕了，不見我。不僅是我，就連林彪在1971年5月想見毛澤東也沒能見到。可到了下面他卻說什麼「他們不來找我，我還是要去找他們。」

---

[84]　《李作鵬回憶錄》，689-691頁。

第四、毛澤東經常親自倡導「批評與自我批評」。但是他自己有意見當面不講，或者是只講好聽的，卻跑到下面去煽風點火，還一再對我們封鎖消息，不准參加談話的人把這些情況告訴我們。他有意見可以擺到當面來談嘛！他自己老說「要光明正大，不要搞陰謀詭計」，但是他自己這樣做是光明正大嗎？[85]

吳法憲還為他和李作鵬當時討好江青的所作所為而感慨：毛澤東已經到南方去了，一路上去串聯，要拿掉我們，而我們則完全蒙在鼓裏，正在疲於奔命忙於侍候毛澤東的夫人。現在想起來真是又可笑又可悲。[86]

由劉豐、丁盛、李作鵬、邱會作、吳法憲等人的反應看，毛澤東的談話內容以及談話形式並不能打動人心。

實際上，許世友、韓先楚等人當毛澤東面的檢討也就是逢場作戲罷了，這從他們在毛澤東還沒走就結夥去打獵的舉動[87]可見一斑。

毛澤東也不是不明白這一點，畢竟無產階級文化大革命搞得天怒人怨，張春橋更是不得人心，儘管此時的毛澤東尚不知道許世友、韓先楚和楊得志三位老上將在廬山會議期間曾經分別給毛澤東、林彪寫信建議「犯錯誤的人（筆者注：指張春橋）不宜留在中央工作，應放到基層去鍛煉」的事情，因為這三封信在周恩來的提示下被林彪、葉群出於善意扣下未送達他手裏。[88]

9月10日，毛澤東決定北返。離開杭州前通知許世友到上海見面，但列車到上海後，卻不見許世友在等候，毛澤東當即起了疑心。等許世友次日上午趕來後，毛澤東便同他和王洪文談話，臨近中午，毛澤東對王洪文說：「今天中午你請客，陪陪這位老將軍到錦江飯店吃飯去，我們在這裏等候你們。」可當汪東興送走許世友、王洪文回來後，毛澤東馬上說：「我們走，不同他們打招呼。誰也別通知，馬上開車。先發前衛車。」隨後便突然離開上海。[89]當忐忑不安的許世友下午坐飛機緊急趕回南京並在南京火車站迎候毛澤東之時，被毛澤東以沒休息不好為由，最終未能見上毛澤東一面，且被

85　《吳法憲回憶錄》，860-861頁。
86　《吳法憲回憶錄》，香港　北星出版社，2006年。
87　汪東興：《毛澤東與林彪反革命集團的鬥爭》，149頁。
88　《邱會作回憶錄》，717頁。
89　張耀祠：《張耀祠回憶毛澤東》，中共中央黨校出版社，1996年。

汪東興告知無須他給沿途各站打電話。[90]

在回京的路上，毛澤東還想著拉幫手找打手。沒想到在濟南想見楊得志卻不得[91]，於是不死心的毛澤東又讓通知吳德、李德生、紀登奎、吳忠到北京豐台車站開會。[92]

12日中午一到北京，毛澤東就與等候在豐台火車站的李德生、紀登奎、吳德和吳忠密談。

吳德回憶：「李德生彙報時，我們就看出毛主席顯得很不耐煩。」「毛主席說廬山會議的6號簡報是反革命簡報。我一聽毛主席這樣說，就趕緊檢討。」「毛主席隨後的談話好像是說『這是個反革命集團』或『是個反革命的行動』這樣一類的話，因為緊張，沒有聽得很準。」「紀登奎禁不住跟我說：這個問題大了！我們都感到很緊張。從豐台回來後，我到吳忠家談了很長時間。我和吳忠交換了意見。」「我們倆人商量到後半夜1點多鐘，也沒有考慮好怎麼傳達毛主席的講話。」[93]

李德生回憶：毛澤東還把他單獨留下，交代了一項秘密任務，就是馬上從38軍調一個師到南口。[94]

由此可見，南巡不順的毛澤東是帶著一肚子怒氣和怨氣回到北京的。

八、「九一三事件」是毛澤東南巡逼出來的嗎？

因為毛澤東回到北京的當夜，北戴河就發生了林彪出逃的事件，所以一些當事人和研究者就把毛澤東的南巡同林彪的出逃聯繫起來，前者是因後者是果，甚至有些人乾脆說林彪的出逃是毛澤東逼出來的。[95][96]

邱會作認為：「批陳整風」會議前，毛主席不只一次說問題已經處理

[90] 汪東興：《毛澤東與林彪反革命集團的鬥爭》，194-196頁。
[91] 《張耀祠回憶毛澤東》，中共中央黨校出版社，1996年。
[92] 汪東興：《毛澤東與林彪反革命集團的鬥爭》，196頁。
[93] 朱元石：《吳德自述：十年風雨紀事》，當代中國出版社，2004年，http://hqread.com/Html/455/1956.htm。
[94] 李德生：《李德生回憶錄》，解放軍出版社，1997年，415頁。
[95] 王年一、何蜀、陳昭：〈毛澤東逼出來的「九・一三林彪出逃事件」〉，《當代中國研究》，2004年2期。
[96] 高文謙：《晚年周恩來》。

完了。還不到四個月，他反悔了，開始南巡，逼出了「九一三」，這就是毛澤東啊！[97]

李作鵬在他2004年寫給中共中央的申訴信中認為林彪出走是「逼上梁山」，逃往蘇聯不是叛變，而是躲難、躲批鬥、逃禍，是毛澤東秘密策劃批鬥林彪的結果。[98]

吳法憲說：看過毛澤東的這個「南巡談話」我才知道，原來我一直都被蒙在鼓裏。在此之前我一直以為，是林彪、葉群、林立果在「九一三事件」中跑了，我才倒的。直到看了這個談話，我才相信了，就是沒有「九一三事件」，毛澤東也是決心要在九屆三中全會上把我們徹底拿掉的。他的這次南巡，就是在組織上和輿論上為徹底拿掉我們作準備。[99]

黃永勝1980年11月25日在法庭上供認：他給葉群通情報，促成林彪下決心謀害毛澤東主席，後果是很嚴重的。[100]

那麼，毛澤東的南巡談話果真對林彪一家有非常大的殺傷力嗎？換句話說，毛澤東的南巡談話真的會使林彪一家覺得末日即將來臨，所以不得已鋌而走險嗎？

筆者認為，毛澤東的南巡談話只會讓沒有多少黨內高層鬥爭經驗的林立果、葉群感到憤怒和或恐慌罷了，而熟諳毛澤東整治對手招數的林彪雖然不會無動於衷，但決不會中了毛澤東打草驚蛇、敲山震虎之計。

林彪家中的牆上就掛著他親自抄錄的蘇軾〈留侯論〉中的一段話：「匹夫見辱，拔劍而起，挺身而鬥，此不足為勇也。驟然臨之而不驚，無故加之而不怒。」林彪怎麼會因為毛澤東虛張聲勢、無中生有的指責而驚而怒呢？

即將召開的九屆三中全會對林彪很可怕嗎？不是。就連一向在林彪與毛澤東及江青之間和稀泥的「八級泥瓦匠」葉群，也曾經在8月8日對來北京毛家灣住地看望她的吳法憲和邱會作說：「在三中全會上，他們（指江青一夥）要是把廬山會議的問題再端出來，我們以端對端，決不要怕他們。」吳

---

[97] 程光：〈回味「九一三」〉，電子雜誌《記憶》總68期，2011年2月28日。

[98] 《李作鵬回憶錄》，885頁。

[99] 《吳法憲回憶錄》，861頁。

[100] 于南：〈毛澤東1971年南巡考述〉，引自中共中央文獻研究室暨中央檔案館《黨的文獻》編輯部編《共和國重大決策和事件述實》，北京 人民出版社，2005年，363-364頁。

法憲和邱會作當時也同意葉群的意見。[101]

更重要的是，九屆三中全會會討論什麼呢？

事實上，關於九屆三中全會討論四屆人大的人事安排，周恩來的提議得到了毛澤東的認可、批准，即黃永勝、李作鵬、邱會作出任國務院副總理，吳法憲出任人大常委會副主任。[102]在周恩來給毛澤東的報告中還專門提到：「請林副主席在國慶日和四屆人大上講話。」[103]

周恩來在9月5日審閱中央辦公廳整理成文的林彪8月16日講話稿後，批示印發政治局各成員，並致信且附定稿給在杭州的毛澤東。而且周恩來9月9日就收到毛澤東圈閱同意的林彪8月16日講話稿，隨後安排中央辦公廳準備將其作為中央文件下發。[104]9月10日夜，毛澤東還閱批並同意周恩來關於國慶日前召開九屆三中全會的請示報告。[105]

可以說，毛澤東由于南巡沒有多少實際收穫，只靠劉豐那種不情不願的小角色，是不可能在九屆三中全會上向林彪攤牌的。另外，此時的江青對黃、吳、葉、李、邱不再劍拔弩張，吳法憲、李作鵬和葉群對她很遷就甚至很謙恭；康生則因生病變得更加多疑，甚至拉著來看望他的周恩來的手說「你看我有沒有歷史問題，材料都在這裏。」[106]自顧不暇的康生怎麼可能在九屆三中全會上向林彪發難呢？（1972年起，康生也確實被秘密調查過「歷史問題」，當然，這是另一個故事。）

最重要的是，林彪知道他自己不是劉少奇、陳伯達，沒有「叛徒」之類的歷史把柄供毛澤東抓捏；也不是彭德懷，與毛澤東不存在「三分合作七分不合作」的舊怨，更沒有「裏通外國」的嫌疑；而是眾所周知的毛澤東的「親密戰友」和寫入黨章的「接班人」。何況在歷史上，林彪對毛澤東是有大恩大功的。林彪1928年8月對毛澤東的救命之恩和1929年6月對毛澤東的力挺之功奠定了林彪——毛澤東在中國共產黨內的特殊關係的基礎，特別是後

[101]　《邱會作回憶錄》，834頁。

[102]　程光：《心靈的對話——邱會作與兒子談文化大革命》（下），香港北星出版社，2011年，577頁。

[103]　《邱會作回憶錄》，781頁。

[104]　張聶爾：《風雲「九・一三」》，解放軍出版社，1999年，317頁。

[105]　《周恩來年譜》，480頁。

[106]　《吳法憲回憶錄》，香港　北星出版社，2006年。

者，長久為毛澤東念叨，他甚至在1966年6月10日還對越南領導人胡志明說起此事：「那時，林彪同志同我一道，贊成我。他是在朱德領導下的隊伍裏，他的隊伍擁護我。我自己的秋收暴動的隊伍，卻撤換了我。同我有長久關係的撤換了我，同我不大認識的擁護我。你看，怪不怪呢。」[107]與此可以參照的是，毛澤東和林彪共同的老戰友陳毅在「九一三事件」後對林彪破口大罵，遣詞造句涉事無所不用其極，但他也不得不小心翼翼地承認：「1928年湘南進軍，我是犯了錯誤的，林賊在桂東一仗還是打得對的；紅四軍七次大會上我是反對毛主席的正確路線的，林彪是寫信支持毛主席的，這也是歷史事實。」[108]

實際上，毛澤東南巡時沒有糾纏林彪的任何歷史問題，這和他當年打算收拾彭德懷、劉少奇時的做法有很大不同。說穿了，毛澤東當時也沒有策劃好在九屆三中全會上該怎麼對付、處理、安排林彪，頂多也就是建議免去林的第一副總理兼國防部長之職，而接任者也只能是黃永勝。吳德的「10月8日，毛主席接見塞拉西皇帝。我和蕭勁光同志提前到達接見地點等候。外賓來訪之前，我們進去見毛主席，發現他老人家滿臉倦容。毛主席緩慢地說：治病救人嘛，有病也不讓治。他說原來準備在三中全會時解決這個問題，並且準備安排林彪的工作的。毛主席還說：高崗不自殺，也準備安排他的工作。顯然，關於林彪的事情，他到這時還沒有撇下，甚至還困擾著他。」[109]這段話可以作為一個佐證。

還值得一提的是，當年毛澤東決意在廬山上搞垮彭德懷，但還是保留了彭德懷的政治局委員；八屆十一中全會搞下劉少奇，也保留了劉少奇的政治局常委。

此外，毛澤東無論是1959年夏搞彭德懷，還是1966年夏搞劉少奇，都是找到了得力的援兵和稱心的接替者之後才動手的，而南巡結束後的毛澤東並沒有做好這方面的準備。

因此，筆者絕對不同意「九一三事件」是毛澤東逼出來的說法。

---

[107] 〈毛澤東在杭州同胡志明的談話（節錄）〉，《中國文化大革命文庫》（光碟）。
[108] 陳毅：〈揭露大叛徒、大漢奸、大賣國賊、大野心家林彪早年的反黨錯誤和罪行〉，《中國文化大革命文庫》（光碟）。
[109] 朱元石：《吳德自述：十年風雨紀事》，http://hqread.com/Html/455/1956.htm。

　　筆者認為，毛澤東在不清楚林立果謀殺企圖的情況下對林彪不會那麼絕情，林彪也不會那麼愚蠢沉不住氣。

　　其實，林彪當時的對策就是任憑風浪起安居北戴河，以後不管是計畫去大連還是去廣州，都是休息，甚至帶上全家一起休息！總之，這個時候林彪對毛澤東的態度就是以靜制動：你使你的千條計，我用我的老主意——休息！

九、林彪是否知道林立果有殺毛的想法？

　　作為林彪的兒子，林立果從初中起就有常人沒有的知政議政的條件和興趣。[110]當全國人民都在響應林彪的號召大搞思想革命化時，林立果則到處看外國書籍、錄影和電影，而且喜歡鼓搗些高科技的東西[111]，所以林立果本人對毛澤東沒有什麼敬畏感。

　　林立果視野開闊，所以林彪很早就讓他參與自己的政治活動，比如讓林立果為他的講話「拉條子」，外出視察、參觀帶林立果同行，甚至在廬山會議期間讓林立果給吳法憲傳話：「爸爸的意見，不要你作檢討。他的意思是，有問題要檢討，也要由他來檢討，你沒有責任。」[112]

　　廬山會議的結局讓林立果覺得：「這些老總們（筆者注：指黃永勝、吳法憲、李作鵬、邱會作）政治水平低，平時不學習，到時胸無成竹，沒有一個通盤，指揮軍事戰役還可以，指揮政治戰役不可以。說明了一點，今後的政治鬥爭不能靠他們領導，真正的領導權要掌握在我們手裏。」[113]

　　年輕自負的林立果看不起母親葉群，發展到後來，對於父親林彪，也只是借重牌子而已。從「小艦隊」的政變綱領《「571工程」紀要》來看，林立果早有除掉毛澤東的想法。

　　筆者認為，林立果在獲悉了毛澤東的南巡談話內容後，9月6日一定向林彪發過狠，講了他要殺掉毛澤東的想法，但林彪肯定不同意他的輕舉妄

---

[110] 陳小魯：〈己所不欲勿施於人〉，引自米鶴都主編的《回憶與反思——紅衛兵時代風雲人物》第二冊，香港中國書局，2011年，http://www.21bcr.com/a/shiye/lishiguan/2011/0616/2905.html。

[111] 張聶爾：《風雲「九·一三」》，解放軍出版社，1999年，177-178頁。

[112] 《吳法憲回憶錄》，香港　北星出版社，2006年。

[113] 〈粉碎林陳反黨集團反革命政變的鬥爭（材料之三）〉，《中國文化大革命文庫》（光碟）。

動，甚至沒太當真，以為兒子就是說說氣話而已。我們還可以從另一個角度
看待這個問題：如果林彪真的同意林立果的殺毛計畫，9月7日林立果還會去
林豆豆那裏尋找血緣情感的支持嗎？林彪那樣精細的人，如果同意林立果的
計畫，一定會向兒子強調務必對任何人都要保密！

另外，剛知道毛澤東的南巡談話時，葉群可能會手足無措，「恐慌萬
狀，怕得要命，說我們不想辦法就得當王光美，堅持要逃跑。」[114]林彪對她
的判斷肯定不以為然，但他早已經厭煩甚至習慣了葉群的囉嗦，對策就是閉
目塞聽。9月8日上午，林彪甚至當著未過門的兒媳婦張寧就對葉群說：「你
有空也要讀些書，不要做貧嘴饒舌的婦人。」[115]

筆者還認為，即使林立果稍後說服了葉群，葉群最多表示有限的支
持，會叮囑兒子：謀定而後動，知止而有得。要留後路，不要蠻幹。

事實上，9月8日夜從北戴河回到北京後，有一天，「下著小雨，林立
果乘直升機在天津一處空地降落，前呼後擁，有人給他打傘，驅車直奔他的
伯父（筆者注：應為叔父林育菊，時任天津結核病院總務科長）家，作短暫
停留即離去，沒有接觸其他人。」[116]由此可見，那時的林立果對策劃謀殺並
沒有多少緊迫感。那幾天，林立果一會兒把江騰蛟找來，一會兒把關廣烈找
來，一會兒把魯瑉找來，想起一出是一出，毫無章法可言，真是應了「嘴上
沒毛辦事不牢」那句老話。

張聶爾的評論說的好：

當人們細細琢磨「謀殺」和「南逃」這「兩謀」時，不難發現這「兩
謀」實際上只停留在倉促的狂想上就宣告破產，甚至連會還沒開完就宣佈
「作廢」了。事實上，誰作出了謀殺毛的動作了？例如誰拔出了槍，放了
炸藥或點了火？沒有；甚至，誰真的動手作謀殺毛的準備了？例如準備了
槍支，準備了火種，準備了炸藥？沒有……「兩謀」均未遂。一切只是林立
果們的狂想。所以，「571」陰謀倒更像幾位志大才疏，眼高手低者夢囈的
「狂人日記」，或幾個蹩腳演員在密室裏表演的短命的《我的奮鬥》。正如

[114] 閻晶明：《我的丈夫郭玉峰》，香港 中國文化傳播出版社，2010年，54頁。
[115] 張寧：〈「九一三事件」前夕在林彪家〉，引自《林彪反革命集團覆滅紀實》，中央文獻
出版社，1995年，118頁。
[116] 閻晶明：《我的丈夫郭玉峰》，53頁。

王年一在《大動亂年代》中所說：「他們想幹什麼就幹什麼，雜亂無章，反革命準備不是有條不紊地進行的。」[117]

至於林立果說：「林彪9月6日抱著前來報告毛澤東南巡講話的周宇馳，哭著說：『我一家老小都交給你了，你要救救我們一家。』」[118]的說法，同李偉信在羈押中「我發現他們開會的房門打開著，走到門口一看，魯瑉不知何時已走，裏邊還有林立果、周宇馳、劉沛豐、于新野四人，室內氣氛異樣，剛才那種囂張氣焰已為神色茫然所代替，眾人目光呆滯，低頭不語。原來偉大領袖毛主席已北上返京，企圖謀害主席的陰謀破產了。林（立果）流著淚說：首長（筆者注：指林彪）交給我的任務沒有完成。首長連生命都交給我了，我拿什麼去見首長。沉默了一陣，周宇馳歇斯底里地說：現在難過也沒有用，也沒有其他辦法，只有等到國慶日那天，首長託病不去，我駕直升機去撞天安門。……」[119]的說法一樣，根本經不起推敲，都是當年胡亂揭發和逼供信的產物。

林彪9月6日有那勁頭抱著周宇馳哭何如此前找個時間或者以後找個機會去抱著毛澤東哭啊？那多給力呀！

至於李偉信提到的林立果、周宇馳、劉沛豐、于新野四人，則全都死於「九一三事件」，而死人是不會開口說話的。而活人魯瑉說：9月11日夜，劉沛豐沒在現場出現過，江騰蛟則是現場的主角之一。于新野讓林立果出去接了一個上海的電話，林立果回來就告訴大家：「情況有變化。剛才講的全部作廢，就當沒講過。你們回去什麼也不能說，這話要傳出去，不但我們要殺頭，老婆孩子都要殺頭的！」[120]而且林立果在9月12日下午離開北京之前，還很沉穩地告訴來報信的王維國之子王大瑋：「很感謝你們的關心。說明王政委對我們感情很深。毛還沒有看出你父親跟我們有這個關係。今後要想法跟王洪文搞好關係。少提林副主席，特別不要提我。」[121]

9月12日21時，林立果到達北戴河林彪、葉群住處。

---

[117]　張聶爾：《風雲「九·一三」》，320頁。

[118]　于南：〈驚心動魄的「九·一二」之夜〉，轉引自中共中央文獻研究室暨中央檔案館《黨的文獻》編輯部編《共和國重大決策和事件述實》，北京　人民出版社，2005年，369頁。

[119]　張聶爾：《風雲「九·一三」》，289-290頁。

[120]　張聶爾：《風雲「九一三」》，302-303頁。

[121]　張聶爾：《風雲「九一三」》，297頁。

那麼，林立果會不會對林彪講他那些不著調的殺毛狂想呢？筆者認為不會，本來那些也就是說收就收的預案，林立果自己也沒太當真！

那麼，與葉群合謀的林立果會不會對林彪講他的「南下廣州，另立中央」的設想呢？筆者認為會，林立果離開北京之前已經就此做了佈置，且已經落實人去做。

林彪被林立果說動了嗎？顯然沒有，當夜他沒有聯繫過黃永勝、吳法憲、李作鵬、邱會作中的任何一個人。不過，林彪最終在葉群、林立果的合力勸解下，放棄原本去大連休息的計畫，同意第二天換到廣州去休息，隨後就踏實地上床休息了。

那麼，沒說動林彪的林立果是否放棄了「南下廣州，另立中央」的計畫呢？筆者認為沒有，他會用類似挾持或欺騙黃永勝、吳法憲、邱會作、李作鵬第二天去廣州的路數，在葉群的配合下，把林彪騙到廣州，然後再攤牌。

結論

毛澤東南巡尋找幫手或打手的努力並不成功，許世友等人的表現令毛澤東相當不安，毛澤東只好在北返途中，繼續其尋找幫手或打手的努力。

林彪在知悉毛澤東的南巡談話後，繼續採取休息休息再休息的老對策。

林立果向林彪發洩過他對毛澤東的憤恨，以及不成熟的「兩謀」，但沒有得到林彪的認同。

林立果的「兩謀」只是倉促的狂想，從未落到實處。

如果沒有林立果的輕舉妄動，擬議中的九屆三中全會將會是一次無大波瀾甚至波瀾不驚的會議。如同當年整治劉少奇一樣，決不肯善罷甘休的毛澤東會另找時機整治林彪，但只要林彪堅持既定策略，毛澤東就不會輕易得手。

至於「直接掌握軍權的林彪發動政變，而毛澤東、周恩來發佈幾道命令，指揮軍隊，幾乎未放一槍，未流一滴血就平息了這場特大的叛亂，因素是多方面的。從直接因素方面說，和毛澤東這次南巡所作的工作分不

開。」[122]的說法，明顯違背事實，雖然林彪和黃永勝、吳法憲、李作鵬、邱會作確實直接掌握軍權，但他們從未想發動政變，更談不上「特大的叛亂」。毛澤東的南巡沒有產生多大積極作用，反倒是許多被毛澤東南巡談話者，包括程世清，後來成了「林彪反黨／反革命集團」案的受冤者。

　　一向多病且孤僻的林彪對家人的言行，特別是關鍵時刻的言行，有失察之過。

　　毛澤東南巡期間「對二十幾歲的人就這麼捧（筆者注：吳法憲等人曾經吹林立果是「超天才」），這沒有好處，其實是害了他。」[123]這句話說到了要害。

　　引發偶然的「九一三事件」的因素是多方面的，主要不是毛澤東逼出來的，而是林豆豆告出來的。關於此，筆者另有專著《回望「九一三」》進行論述。

---

[122] 于南：〈毛澤東1971年南巡考述〉，轉引自中共中央文獻研究室暨中央檔案館《黨的文獻》編輯部編《共和國重大決策和事件述實》，北京　人民出版社，2005年，367頁。

[123] 《毛澤東傳》，1596頁。

周恩來與林彪在文革中同江青關係之對比與辨析

夏繼波

　　《關於建國以來黨的若干歷史問題的決議》在談到林彪和江青時說
「他們組成兩個陰謀奪取最高權力的反革命集團，利用毛澤東同志的錯誤，
背著他進行了大量禍國殃民的罪惡活動」，因而這兩個集團之間的關係被定
位為「互相利用、互相勾結」。葉劍英後來則說「周恩來同志同林彪、『四
人幫』進行了長期的、艱苦卓絕的鬥爭」。[1]中央文革小組是文革前期領導
文革運動最重要的機構，江青是此機構的靈魂人物，全軍文革小組則是指導
軍隊文革的重要機構，通過考察周林二人對這兩個不同機構的態度（包括對
待江青的態度），筆者對上述說法持斷然否定態度。由於江青的特殊地位，
中共高層包括周恩來等人對江青無不禮讓三分。有些人無視當時的歷史狀
況，有意區分林彪與周恩來對江青和「中央文革小組」的態度，似乎周恩來
一直是堅決抵制，而林彪則是曲意逢迎。[2]更有人撰文稱林彪在文革中對江
青進行了「集中吹捧」。[3]然後歷史的真實卻是，林彪和周恩來對待江青的
態度形成了鮮明的對比：林彪對於江青雖然有客氣，有吹捧，更多的卻是對
江青的「不客氣」，特別對於江青「染指」軍隊的行動斷然加以抵制；周恩
來的表現可以說連「不卑不亢」都算不上，個別時候甚至還喪失了人格。可
是如果從政治家是否合格來說，周恩來遠比林彪合格；在把握中央最高層政
治上，周恩來表現得也更為出色。從某種意義上來講，如何處理和江青的關
係，部分的決定了周恩來和林彪的政治命運。

---

[1]　安建設編《周恩來的最後歲月（1966-1976）》，中央文獻出版社，1995年12月版，第3頁。

[2]　穆欣〈同「中央文革小組」的幾次鬥爭〉，載安建設編《周恩來的最後歲月（1966-
1976）》，中央文獻出版社，1995年12月版，第15-30頁。

[3]　溫相〈林彪對江青的集中吹捧揭密〉，見互聯網《文學城》的溫相博客　http://blog.
wencuecity.com/archives.php？date＝200406&blogID＝12

一、林彪對於全軍文革小組的態度與周恩來對於中央文革小組的態度的對比：

（一）林彪和全軍文革小組[4]

1、全軍文革小組整人

軍隊院校造反派的興起實際上是文革運動中地方造反運動的延伸，也是毛澤東、江青和中央文革小組大力支持下的必然產物。《五一六通知》下發僅僅九天，5月25日中央軍委批發了總政起草的《關於執行中央五月十六日通知的通知》，總政設立「全軍文化革命小組」和文化革命辦公室。[5]其功能為保持軍隊與中央文革小組的聯繫，並負責指導全軍文化革命事宜。全軍文化革命小組一時間成為指導軍隊文化革命運動的特殊機構。但是軍隊文化革命小組對軍隊幹部不是保護而是縱容、支持造反派衝擊、迫害，從而引起軍內高級將領們的怨恨，主要參與整人者有全軍文革小組的謝鏜忠、李曼村等人。

日後隨著全軍文化革命小組組長劉志堅的倒臺，中央軍委又成立了全軍文革小組，1967年1月11日徐向前元帥被中共中央和中央軍委任命為全軍文革小組組長，12日全軍文革小組正式成立，江青為顧問。

徐向前被任命為全軍文革小組組長之後，即向江青彙報軍隊的文革情況，得出的主要結論是：軍隊的造反派沒有發揮作用。於是新的全軍文革小組立即建議：調幾個造反派來幫助軍隊機關搞文革。各路造反派到了北京之後，徐向前在全軍文革小組歡迎各造反派頭目的會議上發表了長篇講話：「我們執行江青同志指示，請大家來幫助機關搞文化大革命。」[6]

實際上，當時軍內院校造反派組織已經十分倡狂。以海軍院校的造反派為例。李作鵬說：「海軍院校的所謂造反派，大批湧進海軍大院與機關造反派合成一股，衝擊領導機關，其主要矛頭又是對準李、王、張。於是，今天這個院校把我揪去批鬥，明天那個院校把我揪去批鬥。有幾次圍攻批鬥我

---

[4]　《找尋真實的林彪》一書中對此有更詳細的論述。

[5]　范碩《葉劍英在非常年代》，上，華文出版社，2002年版，第51-52頁。

[6]　邱會作《邱會作回憶錄》，下，新世紀出版社，2011年1月版，第496-497頁。

的時間長達幾十個小時，有時是通宵達旦，有時是從早到晚，造反派不讓我吃飯、不讓喝水、不讓抽煙，甚至不讓上廁所。」[7]

在新的全軍文革領導下，全軍文革局面果然「大開」。全軍院校從亂到徹底垮掉；省軍區以上機關，除總參之外，均亂起來，甚至作戰部隊也有部分開始亂。總後機關成為全軍大亂的典型，測繪學院造反派殺進葉劍英的住處。[8]

1月19日下午，上任伊始的徐向前直接打電話給正在西山「躲反」的邱會作。以中央軍委副主席的身份下令邱回總後接受造反派的批判。邱會作剛回總後就被造反派抓走批鬥，在批鬥大會上邱會作遭到殘酷的毒打，全身多處傷殘，幾乎喪命。林彪聞訊後大怒，聶榮臻甚至建議直接派軍隊搶人，必要時可以動武。林彪手書「立刻放了邱會作」，陳伯達也簽了名。當時「動用部隊搶人」作為第二方案準備實施。葉群24日晚手持林彪的命令到總後救出邱會作，葉群說：「我奉毛主席、林總、周總理、陳伯達組長、葉帥之命來搶救你」。邱會作隨即被轉移到軍委西山駐地，沿途重兵戒備，防止造反派搶人。面對邱會作慘遭造反派的毒打，險些喪命，軍隊的老幹部們表示了強烈的憤怒，聶榮臻甚至說：「老是說什麼要照顧影響，如果早依我說的，派兩個營衝進去，把人搶出來就少挨這麼多打了。我看對造反派壞頭子不殺幾個不行！」劉伯承第二天也來看望邱會作，劉帥說：「這是個啥子文化大革命嘞！明明是壞人利用文化大革命整好人。毛主席、林總察覺到了問題，派人去救你，是對你個人的關心，也是對全體老幹部的關心。你受了傷、挨了打，換取的是更多的人不挨打，不被鬥。這與你過去打日本鬼子、打國民黨受傷是一樣的，是你的貢獻。」林彪直接下令救走邱會作，迫使造反派在武鬥軍隊老幹部一事上有所收斂，否則其他人也難免遭此厄運。邱會作受了難，但是卻保護了更多的人。[9]林彪下令救出邱會作實際上就是對徐向前與江青合流迫害軍隊幹部的強烈批評。此後，徐向前再也無法下令將軍隊幹部交造反派批鬥了。

---

[7]　李作鵬《李作鵬回憶錄》，下卷，香港北星出版社，2011年版，第555頁。

[8]　邱會作《邱會作回憶錄》，下，新世紀出版社，2011年1月版，第497頁。

[9]　程光《心靈的對話──邱會作與兒子談文化大革命》，上冊，香港北星出版社，2011年版，第87-102頁。

　　徐向前在會見北京軍區幾個革命組織時大發雄威：「你們認為鬥楊勇、廖漢生到時候沒有？（答：沒有。）沒到，什麼時候到？（徐副主席很氣憤站起來）你們認為阻力是什麼？（答：爪牙沒抓出來。）你們的觀點是根本錯誤的，你們這樣搞會把打擊面擴大，楊勇、廖漢生這樣的活老虎毛沒拔一根。……我勸你們把廖漢生鬥鬥，楊勇是個什麼東西，鬥鬥去。……要狠造楊勇、廖漢生的反，這個反不造，你們要擴大，就會擴大到你自己頭上，如都搞成楊勇、廖漢生的爪牙、走狗，這就不得了啊！要集中火力。一個是對楊勇、廖漢生要鬥垮、鬥臭、燒焦……放著活老虎一毛不拔，還到處去找，究竟有多少老虎？要打多少老虎？」[10]

　　全軍文革小組是中央文革安插在軍隊中的一個楔子，是江青利用來在軍隊中造反奪權的重要工具。江青是全軍文革小組的顧問，有了全軍文革，江青就有機會和能力插手軍隊事宜，搬弄是非，製造矛盾，亂中奪權，並由此進一步染指軍權，江青等文革極左派成為搞亂軍隊的幕後操盤手。這不能不引起林彪的高度警惕。

2、全軍文革小組的壽終正寢

　　「二月逆流」後，全軍文革小組組長徐向前請假檢討，不再參與全軍文革事宜。徐向前雖然不再管全軍文革小組的事，但仍然還是掛名組長，直到9月16日才鄭重其事地向毛澤東遞了辭呈。徐向前在辭呈中承認「在蕭華問題揭露後，全軍文革小組的工作陷於癱瘓。」毛澤東的批示是：「我意不宜免除，請考慮酌定。」林彪批示：「我完全同意主席意見，不要免除為妥。」[11]

　　為何全軍文革小組此時「陷於癱瘓」？這實際上是林彪的主意，也是林彪的「拖」字訣。全軍文革小組以前有江青等人的支持，在批鬥、打倒軍隊老幹部一事上出了大力，結果引發眾怒，成為眾矢之的。邱會作回憶說：「我記得在全軍幹部會議後，我們軍委機關幾位領導和大軍區的司令員黃永勝、陳錫聯、韓先楚等人去林彪那裏看他。我們議論說，全軍文革比當年中央蘇區時的肅反委員會還壞，想要整哪個就整那個，置人於死

---

[10]　徐向前接見北京軍區幾個革命組織時的講話，1967年1月29日，載宋永毅主編《中國文化大革命文庫》，香港中文大學，中國研究服務中心，2011年版。

[11]　徐向前《徐向前回憶錄》，解放軍出版社，2007年版，第627-630頁。

地。林彪在旁邊沒聽清楚，問我們在說什麼。我們向他解釋，林彪明白了，說：『對老幹部要保護嘛！有人對李天煥保了，為什麼不保邱會作呀？我很同意保李天煥，他是個好同志，但是不能不保邱會作呀？還不是那個原因！』」這裏林彪所說的原因是指李天煥是原四方面軍的幹部，而邱會作是一方面軍的幹部。林彪實際上在批評徐向前。[12]此時的徐向前離開全軍文革小組，而蕭華因「五一三事件」靠邊站了，全軍文革小組群龍無首，莫知所以。中央文革有事時總要找全軍文革小組，而林彪卻吩咐手下：「他們叫你們去開會說事，你們別理睬，想辦法推掉。」林彪認為，全軍文革有沒有是小事，但有了江青在它背後就是大事了。江青是全軍文革的顧問，有全軍文革，她在軍隊裏就有職務，沒全軍文革，她就沒職位。林彪不讓江青插手軍隊，不能明著說，就只好不要全軍文革，不給江青可乘之機，哪怕是犧牲軍隊裏什麼人，也在所不惜。[13]林彪認為，收回軍隊文革領導權不難，但是一旦江青插手，反而使得問題複雜化，不如「拖」在那裏，讓全軍文革小組不明不白地掛在那裏，不支持、不理睬，直到變相地讓其壽終正寢了。

1968年3月黃永勝出任軍委辦事組組長時，林彪說了一番內心的話：「去年，全軍文革垮了，江青幾次提議要恢復全軍文革，我都沒有表態。要恢復全軍文革，就會有人插手軍隊的文化革命，並在軍隊內部找他們的代理人。中央軍委常委的工作一時也難以恢復起來，現在主要的問題是誰來管事。葉帥管事，軍隊喜歡，他們（指中央文革）不喜歡；徐帥管事，他們喜歡，軍隊不喜歡。只好用辦事組來管大事，這是最靠得住的辦法。」[14]吳法憲也回憶說：「林彪事後對我說：『誰當全軍文革的小組長，過不了多久，就會被打倒。如果一定要撤換徐帥，全軍文革那就讓他名存實亡吧。』」[15]

這也是後來林彪同意江青之提議成立「四人小組（即看守小組）」處

---

[12] 程光《心靈的對話——邱會作與兒子談文化大革命》，上冊，香港北星出版社，2011年版，第129-130頁。

[13] 程光《心靈的對話-邱會作與兒子談文化大革命》，上冊，香港北星出版社，2011年版，第133、136頁。

[14] 邱會作《邱會作回憶錄》，下，新世紀出版社，2011年1月版，第577頁。

[15] 吳法憲《歲月艱難——吳法憲回憶錄》，下卷，香港北星出版社，2006年版，第657頁。

理軍中事務的主要原因之一。[16]再後來，由於軍委辦事組的成立，「全軍文革小組」也就無疾而終了。

（二）周恩來與中央文革小組

中央文革小組的前身是「文化革命文件起草小組」，其成員名單是在周恩來參加、鄧小平主持的，在1966年4月9日至12日召開的中央書記處會議上草擬的，後報毛澤東批准。[17]中共中央在1966年5月28日發出通知，中央文革小組正式成立。但是中央文革小組成立伊始，並沒有人給以太多的重視，且在中央文革小組許多成員觀念中，它就是政治局常委的參謀秘書班子，甚至是歸劉少奇、鄧小平領導。[18]但是後來經過毛澤東和江青的諸多運作，中央文革小組最終成為「文化大革命」的指揮機構，其成員成為「無產階級司令部」的主要成員以及人所共知的中央首長（中央文革小組主要骨幹力量）。但是需要指出的是，在這個歷史的變遷中，周恩來的作用始終被官方漠視甚至不承認。周恩來和江青及中央文革小組在文革前期、中期基本上是同盟關係，雖然也有分歧，但是這種分歧卻被官方演繹成是純粹的「鬥爭」關係，並進而把這種所謂的「鬥爭」誇大為長期持久、你死我活的路線鬥爭。這種看法顯然不是歷史的真實。實際上，在貫徹毛澤東的意圖，把江青以及中央文革小組抬到凌駕於中央政治局之上的這個過程中，周恩來可以說是居功甚偉。在整個「文化大革命」中周恩來和江青的關係更是錯綜複雜，絕不能簡單地「概念化」。

1、樹立中央文革小組的權威

1966年7月9日，風塵僕僕回到國內的周恩來在人民大會堂舉辦宴會，慶祝「亞非作家緊急會議」閉幕。劉少奇等一干中央要員在宴會前會見了參加會議的各國代表。宴會開始前，周恩來特意打電話給穆欣：要陳伯達參加

16　程光《心靈的對話──邱會作與兒子談文化大革命》，上冊，香港北星出版社，2011年版，第136-137頁。

17　中發〔66〕267號文件，附件二，《一九六五年九月到一九六六年五月文化戰線上兩條道路鬥爭大事記》；中共中央文獻研究室《建國以來毛澤東文稿》，第十二卷，中央文獻出版社，1998年1月版，第40頁。

18　沈傳寶〈中央文革小組的歷史沿革及立廢原因探析〉，《中共黨史研究》，2007年第1期；1966‧05‧28，中發〔66〕281號；《江青同志講話選編》，人民出版社，1968年版，第29頁。

會見，並叫中央文革小組全體成員出席宴會，新華社將趁此機會公開報導中央文革小組成立的事。[19]周恩來不僅費盡心機創造機會把中央文革小組這個牌子打出去，還順從毛澤東的旨意在樹立中央文革小組的「權威」上不遺餘力。[20]

八屆十一中全會之後，毛澤東著軍裝在天安門上接見紅衛兵。軍隊幹部喜氣洋洋，因為葉劍英、聶榮臻、徐向前三位元帥進了政治局。江青發脾氣，說「野心家無計可施了，想把主席和中央文革隔開來。軍隊要獨立，這是新的分裂主義。」周恩來知道了，趕緊讓邱會作給中央文革的人做軍裝，而且怕邱搞錯（因為邱以為是為陶鑄、陳伯達），特意叮囑是給江青，而且是要做男式的。邱會作說，在做軍裝上，周恩來把中央文革的人想在中央其他領導人之前。[21]

周恩來在1966年9月19日接見科學院文革代表和院黨委等人時就指出：「部的名稱太大，過去文化部那麼大，幹了不少壞事，今天中央文革小組，是一個小組，倒做了不少好事，很受群眾歡迎。」[22]

1966年8月18日，毛澤東第一次接見紅衛兵。由周恩來親自審定的關於此次接見的新華社電訊稿刊登於次日的《人民日報》，通訊中說：「有1500名學生代表登上天安門城樓，同黨和國家領導人一起參加大會。毛主席和林彪、周恩來、江青等同志分批地接見了他們，同他們談了話，並且在一起照了相。」「慶祝大會由中共中央政治局委員、中央文化革命小組組長陳伯達同志主持。……」[23]在此新華社電訊中，江青被放在十分突出的地位，就如歷史已經證明的那般，江青高於其他政治局常委的地位呼之欲出。陳伯達也被單獨點出，對於這個中央文革小組組長給以了非凡的待遇。1967年的5月1日，周恩來把已經印好的《人民日報》停發，把原本排名排在中央委員名單

19 穆欣〈關於工作組存廢問題〉，載張化、蘇采青《回首「文革」》，下冊，中共黨史出版社，2003年版，第641頁。

20 司馬清揚、歐陽龍門《新發現的周恩來》，明鏡出版社，下冊，2009年版，第823-824頁。

21 程光《心靈的對話——邱會作與兒子談文化大革命》，上冊，香港北星出版社，2011年版，第46頁。

22 〈周恩來在1966年9月19日接見科學院文革代表和院黨委的講話〉，載宋永毅主編《中國文化大革命文庫》，香港中文大學，中國研究服務中心，2011年版。

23 《人民日報》，1966年8月19日第一、二版。

之後的中央文革小組成員名單提到中央委員名單之前。[24]

　　周恩來在1967年1月份如此評價中央文革小組：「中央文革小組是毛主席最好的參謀部，軍委是司令部，我們國務院是執行機構（陳伯達同志插話：中央文革不是參謀部，只是個工作機構），我們要以上海為起點作個榜樣；鐵道學院已經決定到鐵路沿線去宣傳了，別的院校也可以考慮大搞宣傳。」「對中央文革小組我是堅決支持的」。[25]

　　1968年中央擬定的慶祝國慶口號中有一條：向立下豐功偉績的中央文革致敬！[26]「九大」召開之前，1969年3月15日，中共中央發出《關於迅速掀起春耕生產新高潮的通知》。在此中發通知中，排名為中共中央、中央文革小組、國務院、中央軍委，中央文革排在國務院之前。[27]這個排名絕對不是一時心血來潮，是周恩來在「九大」來臨之際對於中央文革小組的一個獻禮。

2、林彪提議──在中央文革碰頭會中摻沙子

　　中央文革小組成立之後，形如一盤散沙，內部也是矛盾重重，而且中央文革小組的左派文人們並無行政、管理和實施的能力。[28]「二月逆流」之後，自1967年2月19日起，中央文革碰頭會取代了原來的中央文革小組會議和中央碰頭會。[29]前後參加過中央文革碰頭會的成員主要是原中央文革小組會議成員陳伯達、康生、江青、張春橋、王力、關鋒、戚本禹、姚文元、汪東興、謝富治。1967年2至3月間毛澤東同意葉群、蕭華、楊成武列席與會。隨著文革深入，黃永勝、吳法憲亦與會，其間成員也不斷遭到清洗。[30]無論是早期的中央碰頭會還是後來的中央文革碰頭會都是由周恩來負責召集和主持會議，並決定會議議程。[31]

24　王力《王力反思錄》，下冊，香港北星出版社，2001年版，第717頁。
25　周恩來接見學生工人及軍事院校代表時的講話，1967年1月10日，《周恩來文革講話集（1966-1976）》，筆者收藏。
26　中共浙江省委黨校黨史教研室編印《「文化大革命」時期資料選輯》，1984年12月版，第183頁。
27　馬齊彬、陳文斌等編寫《中國共產黨執政四十年（1949-1989）》，增訂本，中共黨史出版社，1991年5月版，第317頁。
28　穆欣〈劍拔弩張：中央文革小組實錄〉，《縱橫》，2006年第1期。
29　中共中央文獻研究室《周恩來年譜（1949-1976）》，下卷，1997年5月版，第130頁。
30　中共中央組織部等編《中國共產黨組織史資料》，第6卷，中共黨史出版社，2000年版，第61頁。
31　張佐良　《周恩來的最後十年》，上海人民出版社，1997年版，第121頁；《周恩來年譜（1949-1976）》，下卷中多次記載周恩來主持中央文革碰頭會的情況。

由於中央政治局裏面的老幹部們被迫「靠邊站」，江青把持的「中央文革碰頭會」成了主持中央日常工作的常務機構。毛澤東在隨意間改變了中央內部的組織結構，江青不僅掌握了操縱文化大革命的權力，而且取得了操縱整個中央的權力。據邱會作回憶：「毛主席對八屆十一中全會以後的中央工作是很不滿意的，他叫中央文革處理文化大革命事務，在某種意義上已經承擔了部分政治局和書記處的權力。這一次，他借著批判『二月逆流』，作為中央政治局主席的毛澤東停止了政治局和書記處的活動，叫周恩來等人參加了中央文革那的碰頭會，這在客觀上形成了中央文革碰頭會成為中央唯一的決策和執行機構，使之承擔了原來由政治局委員、副總理、書記處成員參與的中央日常工作。」「而林彪本想阻攔一下，把中央文革權力限制在書記處的執行範圍內，向毛主席表示了這個意思，他還提議：『碰頭會不要搞中央文革的清一色，要有老同志和軍隊的同志參加，要由總理來主持。』毛主席同意了林彪的建議。但是在執行時，這個事卻辦不下來，地方幹部只有謝富治，負責軍隊工作的只是楊成武參加了碰頭會（後來加了吳法憲）。以後周恩來想再增加其他幾個老同志，江青堅決不幹，使得中央碰頭會中央文革成員占了絕大多數。他們把中央碰頭會的『主持人』周恩來和參加進來的其他人看成了附屬，一切由他們說了算。」[32]這一時期正是江青個人權力如日中天之時，周恩來也不得不看江青的臉色行事。

由此可以看出，林彪想「摻沙子」，雖然毛澤東同意卻最終辦不下來，筆者傾向於是江青反對，而周恩來對待中央文革小組缺乏林彪對待全軍文革小組的那種強硬態度，因此林彪之提議「流產」。

3、既衝突又合作但以後者為主的關係

文革中，周恩來扮演了一個非常微妙的角色。一方面，周恩來要維持整個社會運轉，執行國務院總理的職能；另一方面，周恩來為了不被打倒——這也是他在整個文革中所要達到的目標，勢必要求他做一個響噹噹的文革派，以至於在某些方面做得比中央文革小組還要左。[33]這樣，在這兩個

[32] 程光《心靈的對話——邱會作與兒子談文化大革命》，上冊，香港北星出版社，2011年版，第131頁。
[33] 馬繼森《外交部文革紀實》，香港中文大學出版社，2004年版；王力《王力反思錄》，下冊，北星出版社，2001年版，第981頁。

方面無疑都會受到中央文革小組的指責。³⁴周恩來更有來自毛澤東對他的指責，中央文革小組一干人在此基礎上「再加一碼」。³⁵這三個方面導致周恩來與中央文革小組的衝突在所難免。

但是從另一個方面來說，周恩來和中央文革小組的關係，並不是水火不容，因為周恩來和中央文革小組是毛澤東手下兩大剛柔並濟的政治利器。雖然在毛澤東的「文革算盤」中，周恩來也是最終要被清算的目標之一，但是在沒有徹底打倒和解決劉少奇的情況下，發動文革，可借用的最大力量就是周恩來，周恩來仍然具備巨大的利用價值。徐向前回憶道：「文化大革命」初期，周恩來積極回應和支持毛澤東發動文革。對於那些持有懷疑或者不積極的很多高級幹部，周恩來用自己的親身經歷來勸說和幫助他們加深理解「文化大革命」的意義、性質、對象和任務。最後徐向前指出，沒有周恩來對毛澤東的「忠心耿耿」，文革是不可能搞起來的。³⁶

邱會作也坦誠說：「林彪說的『理解要執行，不理解也要執行』，作為軍人，我一生如此。但更打動我心的是，周恩來不止一次深情地要大家支持文化大革命，否則就會『晚節』不保，個人的革命經歷也要『一筆勾銷』。我真怕自己跟共產黨毛主席革命大半輩子，最後被毛主席視為背叛了他的『反黨分子』。」³⁷

因此在本質上，周恩來和中央文革小組都是執行毛澤東的文革決策的主力軍。正因如此，也就決定了就整體而言，周恩來與中央文革小組的關係基本是十分融洽的。尤其是在文革初期。

周恩來坦言：「有人想動搖中央，挑撥我和中央文革的關係，這是不會得逞的！我和中央文革是在一起辦公的，今晚我們又在一起。」³⁸在穆欣等當事人的回憶中說連中央文革小組的日程都是由周恩來安排。³⁹

34　司馬清揚、歐陽龍門　《新發現的周恩來》，明鏡出版社，2009年版，第828-830頁。
35　周秉德《我的伯父周恩來》，遼寧人民出版社，2001年9月第1版，第255頁。
36　徐向前〈鞠躬盡瘁　砥柱中流──回憶周總理在文化大革命的片斷〉，載北京師範大學主編《敬愛的周恩來總理永遠活在我們心中　第五集》，1978年版，第1-9頁。
37　程光《心靈的對話──邱會作與兒子談文化大革命》，上冊，香港北星出版社，2011年版，第63頁。
38　首都紅代會北京第二外語學院紅衛兵　中華人民共和國對外文化聯絡委員會「井岡山」主辦〈周總理重要講話〉（1967‧9‧18），載《外事戰報》，1967年9月26日，第2期第1版。
39　穆欣〈關於「中央文革小組」的一些情況〉，《中共黨史資料》，1999年，第69期。

對於中央文革小組，周恩來曾經這樣評價到：「我們中央文革（小組）是無產階級司令部重要組成部分，成份上來說是主要的組成部分，在這個鬥爭中，不論從維護、堅持、發揮毛主席的無產階級革命路線方面說來，不論是從批判、揭露、打擊資產階級反動路線方面說來，我們都應該承認中央文革在我們無產階級司令部中起了巨大的作用，有她的豐功偉績。」[40]同時，周恩來也號召廣大軍民要永遠忠於中央文革！

從本質上來講，周恩來同江青以及中央文革小組的關係在很大程度上就是周與毛的關係。所以周恩來多次說過中央文革（小組）決定的事，我們去執行。對於周恩來如何支援中央文革小組的工作，吳法憲對此有過生動的回憶。1966年10月中央召開中央工作會議，重點批判劉少奇的錯誤路線。但是由於與會的各地幹部對所謂的「文化大革命」很不理解，所以對於批判劉少奇並不積極，會議開了許多天卻效果不彰。經文革小組提議，周恩來親自給吳法憲下令，由空軍派出專機，將各地的造反派頭頭們接來北京，一起參加討伐劉少奇的大會，周恩來並且親自與會，以示重視。周恩來在與會過程中，一直在頻頻點頭，讚揚造反派頭頭的揭發。造反派終於在會上掀起了批劉高潮。[41]可見，憑藉周恩來的智慧，中央文革小組的一些提議和決定會得到更完美的發揮和更理想的結果。

二、周恩來同江青的關係

江青在1967年4月的中央軍委擴大會議上講：「進城的初期，總理給我安排過幾次工作，接觸了一些事情。」[42]江青主要是指，在1956年曾由周恩來提議，中央政治局常委任命江青為毛澤東的五大秘書之一（副部級）。[43]實際上，建國以後的高層對於江青的態度可以說是表現其本人政治態度的一個潛規則。作為一個老紅軍，徐業夫從50年代起就在毛澤東身邊擔任機要工

---

[40] 周恩來在接見軍隊幹部會議上的講話，1968年3月24日，《周恩來文革講話集（1966-1976）》，筆者收藏。

[41] 吳法憲《吳法憲回憶錄》，下卷，香港北星出版社，2006年版，第602頁。

[42] 江青在軍委擴大會議上的講話，1967年4月12日，《江青十年講話彙編1966-1976》。

[43] 閻長貴〈所謂毛澤東和江青結婚「約法三章」的問題〉，載閻長貴、王廣宇 《問史求信集》，紅旗出版社，2009年4月版，第272頁。

作，曾經因議論江青而被調離過職位。[44]周恩來對於江青的堅定支持是其不被打倒的重要原因之一。特別是文革初期，江青進入「文化大革命」最高領導層，是毛澤東確保「文化大革命」政治路線得以貫徹的重要保證。而在此過程中，周恩來所做的工作無疑要比任何人都多，自然也比林彪多得多。但是如同所有高層政治人物關係一樣，周恩來與江青之間也是充滿矛盾，特別是江青的特殊地位，導致她與周恩來之間的矛盾尤為突出。可縱觀文革，由於周恩來審時度勢，及時調整自己和江青的關係，更是由於毛澤東的特殊制約，周恩來從來沒有主動和江青翻過臉。江青反過來，也對周恩來施以善心與保護。因此兩人之間的關係實為錯綜複雜。

（一）江青對周恩來的指責與保護

由於文革瘋狂的奪權運動，中共的黨政系統，特別是國務院系統遭受了巨大的衝擊，不少幹部被關押、批鬥，政府日常活動陷於癱瘓，而中央文革小組的權力如日中天。「二月逆流」後毛澤東採取高壓手段嚴厲批評了幾位老帥，周恩來也被迫跟著檢討。1967年2月江青就曾指著周的鼻子說：「你一貫地跟中央文革分庭抗禮，長期搞一個政治局碰頭會，還有國務院碰頭會，把中央文革裏的常委拉到你那邊去。你成心拆散中央文革」，江青還威脅說：「要知道，我們中央文革不出面保你，你周總理也會被打倒的。」[45]江青甚至說：「主席已講過了，文革小組代替了書記處。以後總理要象對待書記處一樣對待文革小組。」江青、張春橋總覺得周恩來做得不夠，逼周恩來交權，周恩來對江青等人只好說：「以後你們作決定，我給你們辦事」[46]周恩來作為堂堂的中央政治局常委、國務院總理，此時竟然淪為中央文革的走卒。

吳法憲將軍時任空軍司令，曾參與中央文革碰頭會，吳回憶說「在碰頭會中，總理孤家寡人，江青很凶，動不動就拍著桌子批總理，多次威脅說：你周恩來不要忘記，要不是我保你，你早被打倒了，並要大家表態。

44　陳小雅《中國「牛仔」──毛澤東的「公案」及行為、心理分析》，明鏡出版社，2005年版，第652頁。
45　安建設編《周恩來的最後歲月（1966-1976）》，中央文獻出版社，2002年版，第27頁。
46　王力《王力反思錄》，下冊，北星出版社，2001年版，第984頁。

當時沒有什麼人為總理講話。總理總是一聲不吭，很可憐，叫人看不下去。」[47]大量的實例表明，周恩來對於江青可以說是畢恭畢敬。[48]「楊成武事件」發生時，周恩來甚至建議邱會作對楊成武問題的表態報告把江青同志的名字往前寫，可以寫在周恩來的前頭。[49]

　　誠然，部分是由於周恩來的謙讓，江青對周恩來也並不都是飛揚跋扈。江青甚至有時對周恩來非常尊重。官方為了樹立周恩來的偉大形象，對於此點非常忌諱，一概不提。林傑的太太王乃英曾經「交代」：江青經常等周恩來拿主意，雖然中央文革小組的其他人有時候不同意這種做法。林傑抱怨說，江青總是讓我們按照周總理的命令去執行，事情總是變的越發困難。[50]在1967年夏天，造反派圍困中南海。戚本禹建議周恩來為安全起見搬到釣魚臺。[51]對所有的這些支持和關心，周恩來自然也報之以桃李。不僅對江青，連對張春橋都說：你們是管戰略的，你們定了，我給你們辦。[52]

　　對於周恩來，江青也是時常關照有加。1967年1月，北京大街上連續出現了要打倒周恩來同志的大標語。[53]閻長貴回憶到：在發生所謂「二月逆流」的時間裏，我拿份關於周恩來的什麼材料（其內容沒一點印象了，很可能是關於貼周恩來大字報的材料）給江青看，江青嚴肅地跟我說：「凡是涉及到總理的事情，我心都不安！」江青這句話，這個表態，對我影響很大。也正巧在這段時間裏，我中央財經學院的一個大學同學（年輕教員），給我來信，說（大意）：「1967年2月16日晚（或2月17日凌晨），周總理接見財貿口造反派的講話對造反派和無產階級文化大革命不利，還當場抓了支持造

47　高文謙《晚年周恩來》，明鏡出版社，2003年版，第234頁。

48　具體可參閱《吳法憲回憶錄》；楊銀祿〈江青在釣魚臺居住時的一些情況〉，《黨史博覽》，2005年第11期；楊銀祿《我給江青當秘書》，香港共和出版有限公司，2003年版等書籍。

49　邱會作《邱會作回憶錄》，下，新世紀出版社，2011年1月版，第555頁。

50　《王乃英交代材料》轉引自Macfarquhar Roderick, Schoenhals Michael《Mao's Last Revolution》the Belknap Press of Harvard University Press 2006 p101

51　建東等編著《評說周恩來》，湖南人民出版社，2000年8月版，第262頁。

52　王力《王力反思錄》，下冊，香港北星出版社，2001年版，第679頁；吳法憲則說周恩來幾乎從不否定江青和康生的意見，見吳法憲《吳法憲回憶錄》，下卷，香港北星出版社，2006年版，第680頁

53　中共浙江省委黨校黨史教研室編印《「文化大革命」時期資料選輯》，1984年12月版，第105頁。

反派的財政部副部長杜向光，等等，並附來了周恩來講話的紀錄；其意思是想就周恩來的這次接見寫周恩來的大字報，問我行不行。我知道這不行，因為按照當時毛主席以及中央文革的意見，不允許貼總理的大字報。陳伯達、江青不止一次叫我找聶元梓、蒯大富，讓他們組織人到天安門覆蓋有關總理的大字報，我聽了江青所說她『心不安』的話，更覺得不行，於是我就給我那位同學打電話，告訴他：『不行，絕對不行，決不能給總理貼大字報。有什麼意見可以向上反映。』我那位同學，知道給總理寫大字報不行，又給我來信，說要貼李先念的大字報，我覺得他不聽話，有點不耐煩，告訴他：『我不管了！』我當時的心態是只要不貼總理的大字報就行，其他我不管。我講這件事情，是想說明，江青所說『心不安』的話對我確實是影響很大的，也是很直接的。」[54]

可以這麼說，雖然江青倚仗「第一夫人」的特殊身份，對周恩來時有不敬，但是江青對於周恩來並不是後來官方一直認定和宣傳的：江青對周恩來是使盡奸計、迫害和炮打。[55]兩者的關係可以用周恩來和江青自己的言論作為注腳。江青在接見北航「紅旗」，清華「井岡山」，地質「東方紅」代表時指出：「反我們的總理……就是指向中央。」[56]

（二）江青和周恩來的互動

聶元梓回憶說：有一次，康生要我抓楊勳（經濟學家，文革時為北大教師，因為反對江青曾坐牢兩年）。楊勳是楊炳章的姐姐。指示我們讓群眾扭送楊勳到公安部。開始康生指示，我照辦了。後來康生又通知讓我到他那裏去，問我：「指示你抓楊勳，你怎麼沒辦呢？」我說我已經讓學生把她扭送到公安部了。他說：「那總理來電話說沒有送去。」然後他立刻打電話給謝富治核實。謝富治說「人送來了，在押了」。然後他當著我的面又給周恩來打電話，說：「已經辦了，我也問了謝富治了，在押了。」我才知道這事是周恩來讓辦的。

[54] 閻長貴〈1967：江青和周恩來的關係〉，載何蜀、吳迪主編《記憶》，第三期，2008年9月28日出版。
[55] 具體官方宣稱：可參閱中央文獻出版社出版的《周恩來傳》。所有官方材料在打倒「四人幫」之後，對於江青在文革中對於周恩來的支持和保護一概不提。
[56] 武漢造反派編印《在無產階級文化大革命中中央負責同志講話抄錄》，第2卷，第137頁。

當聶元梓被問到：到底為什麼要抓楊勳？聶回答說：我先不知道，後來聽說是周恩來完全是唯江青意圖為從。[57]是如聶元梓所說，還是如林乃英在檢討中表示的要聽周恩來的？無論如何，閻長貴先生回憶說：在外出開會或活動時，周恩來有時坐江青的車。這是為什麼？對這個問題我當時就想過。我認為，主要就是周恩來要和江青討論問題，徵求她的意見，以統一對一些問題的認識。……中央文革小組組長雖然是陳伯達、顧問是康生，但說話算數的實際上是第一副組長江青，她幾乎具有一票否決權；不管什麼問題，就是陳伯達、康生同意了，江青不同意也是不行的。周恩來作為「中央文革碰頭會」的主持者，不能不正視和重視這種情況。[58]筆者認為，周恩來與江青在工作上是非常互相支援的，雖然時不時的江青會耍下「小脾氣」。舉例來說，王力曾經回憶道：有關四川「二挺」（劉結挺、張西挺）的問題，他曾經應江青要求進行調查，事後也寫信給江青說明情況。但是後來此信是周恩來批示的。周恩來批示道：「同意王力同志意見。」[59]

周恩來在接見科學院造反派時說：「江青同志講話就是指示，誰不執行，你們就造他的反。我支持你們按江青同志的指示去辦事，至於他至死都不執行，那你們自己去想辦法，可以奪權嘛？我只能起煽風點火的作用，在必要的時候，我可以助你們一臂之力。」[60]

周恩來也是如此躬親力行的。不少坊間演義式作品都將傅連暲的受迫害歸結為林彪對傅連暲的人身報復。[61]但是據邱會作回憶：「一次，總理、楊成武、吳法憲和我在場，江青對葉群說：『傅連暲在五十年代初，不是害過林副主席嗎？現在，為什麼不報仇！』葉群笑了笑回答說：『傅連暲還好，就是教林副主席養身之道，現在他（林）自己都會查藥典了。』江青認為葉群不識抬舉，立即說：『把傅連暲抓起來，待後再處理。』大家都不吭聲，江青就火了，這時總理說這件事我來辦。也就過了一天衛戍區來了

57 〈文革風雲人物聶元梓談周恩來〉，《開放》，2004年5月刊。
58 閻長貴〈1967：江青和周恩來的關係〉，載何蜀、吳迪主編《記憶》，第三期，2008年9月28日出版。
59 王力《王力反思錄》，下冊，香港北星出版社，2001年版，第739-740頁。
60 1967年1月22日，〈周總理接見科學院革命造反派談話紀要〉，《文革傳單：周恩來講話》，第16頁，北航紅旗轉抄。
61 典型者如溫相《晚年林彪》，東西文化事業有限公司，2007年版，第283-287頁。

幾個人，給我看了總理的條子：「把傅連暲交給來人，周恩來。」我看了條子之後知道總理並不是指名叫我辦的，我就給總後副參謀長陳龐打了電話，陳龐帶著他們到了香山傅的住處，翻牆進去把傅連暲帶走了，並關進了秦城。」[62]「過了幾天（那時我不在碰頭會，不是天天見總理）我見到總理，問為什麼抓傅連暲？總理只說了一句話：『和你們沒關係。』不久傅連暲就死在秦城。」日後的中紀委審查小組對邱說：傅連暲之死與你無關，你對傅連暲在文革中說過的一些批評的話，不能和專案混為一談。[63]

　　曾經是上海造反派負責人的潘國平回憶：一是有一次他參加北京工人體育館紅衛兵大會，會後大家鼓掌要中央首長繞場一周，周應是第一位，可他退到後面，還扶著江青下臺階。潘當時感到很不舒服。二是1967年1月，潘上京開全國造反派頭頭大會，第一個發言，提出部份幹部可以出來工作由造反派監督，江青當場反對，把潘轟下臺。潘氣不過，給周恩來遞紙條要求繼續發言，周卻公開宣佈說，潘的意見，他已知道，會轉告中央，今天不必再發言了。江青會後也順勢過來，叫我潘司令，並給我聯絡電話，派車派聯絡員。[64]

　　江青和周恩來在日常生活中的關係也非常親密。周恩來曾對劉白羽說：「她（江青）那裏一個電話就是幾個小時。」[65]吳法憲回憶說：「江青下樓的時候，周恩來都趨步往前，扶其下樓！在江青外出青島遊玩，周恩來還要吳法憲和李作鵬兩位政治局委員陪同，而且指點他們如何才能安排好江青的休養。」[66]而周恩來對於江青的要求更是有求必應！江青有個人問題時特別愛找周恩來幫忙，而且有時候是撒嬌式地要周恩來去處理一些事情。[67]江青因為覺得住11號樓不安全提出要改住10號樓，又在17號樓和10號樓下面建立防空洞。而這些工作，都是周恩來一手操辦的。楊銀祿說：「江青提出要求後，打電話給周總理。周總理對江青非常瞭解，他接到我的電話，立即

[62]　邱會作《邱會作回憶錄》，下，新世紀出版社，2011年1月版，第580頁。

[63]　邱會作《邱會作回憶錄》，下，新世紀出版社，2011年1月版，第888-889頁。

[64]　金鐘採訪潘國平，http://www.open.com.hk/2006_6p46.htm

[65]　宗道一〈毛澤東、周恩來比較說〉，《黨史博覽》，1995年第3期。

[66]　吳法憲《吳法憲回憶錄》，下卷，香港北星出版社，2006年版，第732、855頁；程光《心靈的對話——邱會作與兒子談文化大革命》，下冊，香港北星出版社，2011年版，第572頁。

[67]　權延赤《走下聖壇的周恩來》，中共中央黨校出版社，1993年1月版，第354頁；黃正《軍人永勝-原解放軍總參謀長黃永勝將軍前傳》，新世紀出版社，2010年版，第539-540頁。

就答覆了：『好嘛，江青同志的想法是對的，我同意。我現在就給東興同志打電話請他準備一下。江青同志還有什麼要求嗎？』我說：『江青同志說要檢查一下樓的安全情況，然後再用紫外線消毒，別的沒有提什麼要求。』周總理說：『那好嘛，我請東興同志辦。』[68]」

邱會作對周恩來如何對待江青有個生動的回憶。1967年夏天某日中央碰頭會開會。江青坐在主持人的位置，周恩來在鄰座。會議中間，護士給江青送水吃藥。江青喝水時，水可能熱了一點，於是把杯子朝地下一摔，大叫：哎呀！不得了了！護士想用開水燙我，謀殺我！汪東興讓人再送一杯來。周恩來起身搶著先接過了杯子，用手在杯子上摸了一下，感覺不是那麼燙，才端到江青的手上說，開水不燙，請江青同志服藥吧。[69]

江青的秘書楊銀祿也有過回憶：1968年初冬，江青患了重感冒，高燒不退。周總理幾次到釣魚臺11號樓看望江青，並與醫護人員一起研究治療方案。他為了能夠掌握江青的病情，及時採取措施，帶上文件和辦公用品，連續幾天到釣魚臺11號樓辦公，以便隨時與醫護人員進行溝通。[70]江青不過是感冒而已，周恩來就帶上辦公用品到江青的地方辦公，隨時關注江青的病情，這種功夫可謂是登峰造極、上下五千年獨有了。根據楊銀祿的回憶，我們還知道如下情節：愛屋及烏，周恩來主動關懷楊銀祿，問個人有什麼困難，得知楊的姐夫被抓三個月，周仔細記下楊的姐夫的資訊，然後周通過汪東興，三天以後就放出來了。楊銀祿不就是江青的一個秘書麼？放下身段如此做事，周恩來之為讀者可鑒。

閻長貴先生還說：「周恩來到江青這裏來之前，都是親自打電話給閻長貴（時任江青秘書），問：『江青同志現在幹什麼，是工作還是休息？如果不是休息，我想到江青同志那裏去。』有時周恩來也打電話說：『我有事要到江青同志那裏去，請你問一下江青同志行不行？』閻長貴每次向江青報告時，江青都是高興和痛快地說：『總理來，可以，歡迎。』閻長貴說：實實在在地說，江青沒有一次說『總理不能來』，或藉口有這樣或那樣的事情

---

68 楊銀祿〈江青在釣魚臺居住時的一些情況〉，《黨史博覽》，2005年，第11期。

69 程光《心靈的對話-邱會作與兒子談文化大革命》，上冊，香港北星出版社，2011年版，第278頁。

70 楊銀祿〈難忘關懷：我所感受到的周總理〉，《黨史博覽》，2008年第3期。

而拒絕總理來。」閻長貴還回憶到：「她常常纏著周恩來，她做的事，她的活動，很多總是要求周恩來參與。比如，當時江青經常看所謂革命樣板戲的演出，她要周恩來也看，演出結束後，她給劇團的演出人員談看法，提意見，她也要周恩來陪著，我看到周恩來不僅多次和江青一起看戲，也參加江青演出結束後的活動，可以說周恩來經常總是『奉陪到底』。——在文革中紅衛兵搞的一些資料中可以看到這方面的記錄。據我看，周恩來也『樂意』（不樂意也順從）幫助江青做些事情，這恐怕是大政治家的『深謀遠慮』，想到毛主席……[71]」

（三）周恩來對江青的吹捧

1966年10月周恩來把江青在一個大會上的講話做成錄音，在全國播放。[72]對於一個還不是中央委員的江青，這種待遇即使不是空前，恐怕也是絕後。

1966年11月28日晚，北京和來自全國各地的兩萬多名「革命文藝戰士」，在人民大會堂舉行了文藝界無產階級文化大革命大會。正如余汝信先生所言：之所以隆重其事，是為了對江青進行一次集中的人為拔高和吹捧，這是一次向江青表忠獻媚的大會。[73]

周恩來在此次大會上不顧歷史的真實，對江青做了極其露骨的吹捧：「在這裏介紹一下，在座的陳伯達同志、康生同志、江青同志，都是堅決擁護和執行毛主席無產階級革命路線的。上面所說文藝革命的成績，都是同江青同志的指導分不開的，都是同文藝界的革命左派的支持和合作分不開的。這是同三十年代到六十年代貫穿在文藝界的一條修正主義黑線進行堅決鬥爭的結果。江青同志親自參加了鬥爭實踐和藝術實踐。雖然艱苦的鬥爭損害了江青同志的身體健康，但是精神的安慰和鼓舞，一定能夠補償這些損失。我在文藝方面是個外行，是個不成功的支持者。在方針上，我是堅持革命化、

---

[71]　閻長貴〈1967：江青和周恩來的關係〉，載何蜀、吳迪主編《記憶》，第三期，2008年9月28日出版。

[72]　〈中央首長在向資產階級反動路線猛烈開火誓師大會上的講話〉，周恩來，1966年10月6日，載宋永毅主編《中國文化大革命文庫》，香港中文大學，中國研究服務中心，2011年版。

[73]　余汝信〈1966年的中央文革小組〉，《華夏文摘》，文革博物館增刊，第608期，2007年11月5日。

大眾化、戰鬥化和民族化的，但在實踐上，常常犯指導性的錯誤。例如，在音樂方面，我是外行中的外行，我只強調中西音樂的不同處，強調反對崇洋思想，強調中西音樂分開的基本訓練，不認識洋為中用，不認識可以批判地吸收西洋音樂為我所用。在這個問題上，江青同志直接幫助了我，我也在學習革命歌曲的實踐中，得到了深刻的體會。」[74]在這場把江青樹立為偉大的文藝革命旗手的登基典禮上，周恩來是立了頭等功的。周恩來把自己擺在江青學生的位置上。

正如余汝信先生所評論：周恩來的講話，通篇充滿了卑躬屈節、諂媚奉承的表白。誰又可以說，在江青邁向更高權力的道路上，沒有周恩來推波助瀾的一份功勞？[75]誠如歷史所記載，周恩來從這麼一種表態到當眾振臂高呼「（我們要）誓死保衛江青同志！」也就不足為奇了。[76]閻長貴回憶說：關於江青和周恩來的關係，我也問過汪東興，他說：「江青和總理的關係是比較親密的，非同一般，同她和其他領導人的關係不一樣。在文革中，總理說了很多讚揚江青的話。『向江青同志學習！』『向江青同志致敬！』就是首先由總理喊出來的。連主席都說，總理有點怕江青。」[77]

1968年3月24日，中央決定在人民大會堂召開對軍隊幹部會議，宣佈「楊、余、傅反黨集團」的問題時，周恩來當眾高喊：「誰反對江青同志就打倒誰！誓死保衛江青同志！」周恩來還當眾做了力捧江青的講話：（1）從歷史上來塑造江青的革命歷史形像，把江比作魯迅來讚揚；（2）江青受到過迫害；（3）文革期間江青又立新功。[78]

作為中央領導人，在如此大規模的群眾大會上帶頭高呼：「誓死保衛江青同志！」也是前無古人後無來者。如果說文革是毛澤東和江青合夥開的「夫妻店」，那麼周恩來就是這個店的總經理。

---

[74] 《無產階級文化大革命中中央首長講話選編》，第四集，首都大專院校赴西南革命造反隊編，中國京劇院紅色革命人民戰鬥隊翻印，1966年年12月，第60頁。

[75] 余汝信〈1966年的中央文革小組〉，《華夏文摘》，文革博物館增刊，第608期，2007年11月5日。

[76] 《北郵東方紅》，北京郵電學院革命委員會、紅代會北郵東方紅公社主辦，1968年3月29日，第76期第1-4版，1968年3月27日周恩來在北京工人體育場的十萬人「徹底粉碎二月逆流新反撲，奪取無產階級文化大革命全面勝利誓師大會」上的講話。

[77] 閻長貴〈1967：江青和周恩來的關係〉，載何蜀、吳迪主編《記憶》，第三期，2008年9月28日出版。

[78] 中央首長在首都十萬人大會上的講話，周恩來，1968年3月27日，載宋永毅主編《中國文化大革命文庫》，香港中文大學，中國研究服務中心，2011年版。

（四）江青在九大上進政治局：周恩來的頂尖政治藝術

江青把自己定位在常委，排名在毛、林、周之後，權力比周強或者至少差不多。林彪對此洞若觀火。1968年底，林彪對毛澤東說：從政治上來說，一個幹部應當先鍛煉，後提拔，對他們成長有利。現在不是戰爭年代，對那些剛出露頭角的人鍛煉時間應當放長一點。有些女同志過去被耽誤了，現在也不好突然長上去。毛澤東對於林彪影射江青的提議直接否定，說現在政治上的考驗勝過了戰爭年代，進入中央委員會的人的原則是：德才為主，照顧到歷史情況；男女幹部，應當一視同仁。[79]

黃永勝在政治局名單提名會上說：江青在文化大革命中有功，應講功勞，但不一定要當選政治局委員。周恩來會後，批評黃永勝，「你太不懂了！」。[80]

「九大」閉幕之後，依據毛澤東指示，周恩來、康生、黃永勝草擬政治局委員名單。4月26日，毛澤東看到名單後把江青的名字劃掉。在這之前，林彪已經先看到名單並且把葉群的名字劃掉了。周恩來針對這種情況說：「單純從名單本身來看，她們可以不放進去。但是從現實來考慮就一定要上了。我們應當從大局著想，要再向主席提出我們的意見。」於是周恩來等人繼續把江青、葉群的名字放在名單上。毛澤東看到後，第二次把江青的名字劃掉。對於為什麼劃掉江青，毛澤東沒有多說什麼。對於葉群，林彪說，葉群堅決不能進政治局，否則他說得清楚還是說不清楚，都是政治問題，他只有堅決不同意這麼辦，才可以從政治上說清楚。周恩來於是先去找毛澤東，試探毛的真正想法。周恩來對毛說：「我們向主席真誠的提出，江青同志一定要列入政治局候選人名單之內。把她列入固然有一定政治影響，但不列入也會產生影響，會產生更多政治影響，甚至會產生政治問題。權衡利弊，我們提議一定要把江青同志列入候選人名單！」毛澤東說：「你們的道理是對的。這個問題不管怎麼說，責任在我，我應當完全負責。」毛雖然同時說了一些關於江青的負面的評論，實際上毛已經告訴周恩來，同意他的做法了。周恩來等人又來到林彪處，林彪還是不

---

[79]　程光《心靈的對話──邱會作與兒子談文化大革命》，下冊，香港北星出版社，2011年版，第247-248頁。

[80]　邱會作《邱會作回憶錄》，下，新世紀出版社，2011年1月版，第650頁。

同意葉群進政治局。黃永勝告訴林彪，如果葉群不進入政治局，江青也不便列入，那麼就是給毛澤東難堪了。林彪沉思良久，說：「我對葉群的同意或不同意，都聽主席的決定。」邱會作說：「毛澤東有難處。周恩來知道毛的難處。在毛口頭反對的情況下，誰也不知道這事該咋辦。周恩來審時度勢，揣摩毛的心理，把這件事辦得讓毛主席滿意，只有周恩來有這個本事，除了他，誰也辦不到。」[81]

顯然，毛澤東的兩次劃掉江青並不代表其內心真正不希望江青進入政治局，只是礙於情面，不忙於急於同意。周恩來十分明白毛澤東的意思，於是先出面向毛澤東坦誠江青必須進入政治局，而這番言談實際是周恩來為毛澤東「解圍」，接下來帶著黃永勝等人去勸說林彪同意葉群也要進入，即是作為江青的「陪襯」，以免造成江青「獨寵」之舉，從而備受非議。

三、林彪對江青的態度

林彪親口說：「要防止某些人向軍隊插手，要像『防賊』一樣。只要文革小組那些人管了軍隊的事，就是亡黨亡國的開始。」[82]

（一）林彪對江青的吹捧

林彪唯一「拿的出手」的吹捧江青的事實，就是在解決楊成武的「3.24大會」上的講話。1968年3月24日是毛澤東解決「楊余傅」的重要日子，當晚召開的軍隊幹部會議上，周恩來和林彪都不約而同地高調稱讚江青在文革中的作用。可是如果同周恩來相比，林彪的講話依然低一個規格。[83]林彪在會上說：「江青同志是我們黨內女同志中很傑出的一位，也是我們黨內女幹部中很傑出的一位，她的思想很革命，她有非常熱烈的革命感情，同時，也很有思想，對事物很敏感，很能看出問題，很能發現問題並採取措施，過

---

[81] 程光《心靈的對話——邱會作與兒子談文化大革命》，上冊，香港北星出版社，2011年版，第252-262頁。

[82] 程光《心靈的對話——邱會作與兒子談文化大革命》，上冊，香港北星出版社，2011年版，第183頁。

[83] 周恩來、林彪的講話均載宋永毅主編《中國文化大革命文庫》，香港中文大學，中國研究服務中心出版，2011年版。

去，她身體不怎麼好，大家不瞭解她，在這次文化大革命中，就看出她的作用，很大很大的作用，她有很大的創造性，能夠發現很多問題，她始終樹立了很多的功勳，始終站在革命的前線上，捍衛江青同志的權威也就是捍衛無產階級文化大革命總司令部的權威，也是捍衛偉大領袖毛主席的偉大部署的權威，也就是捍衛偉大領袖毛主席的權威！」[84]

林辦秘書張雲生就在會議的現場，他聽了林彪講話後的感覺是：「即席發表講話，是林彪的一個特長。他抓住主題，往往能夠出口成章，語言獨特，邏輯性和說服力都比較強。可他這次講話，卻東拉西扯，語無倫次，漏洞百出。這可能是他臨陣磨槍，更可能是他言不由衷，逢場作戲。」[85]林彪講話後，周恩來、陳伯達、康生、姚文元也先後講話。最後，毛澤東突然來到會場，引來了全場的沸騰，歡呼聲四起，毛澤東的現身顯示出拿下楊成武等人是毛澤東的決定，是毛澤東文革當中又一次戰略部署。

周恩來和林彪在公眾場合如此肉麻地吹捧江青，表面上看是向江青表忠心，其實更重要的是作給當時隱身幕後的毛澤東看的，是在向毛澤東表忠心，江青不過就是在前臺忠實地執行了毛澤東的指示而已，毛澤東才是整個事件的真正決策人。[86]

（二）林彪對江青的抵制

林彪雖然貴為黨的第二號人物，但從不介入具體的事務性工作，除了在毛澤東需要時出面講講話外，大都置身事外。林彪對毛澤東採取的策略是「理解的要執行，不理解的也要執行」。但林彪對江青為首的中央文革卻不大買賬，並且堅決予以抵制。林在1968年曾對軍委辦事組的黃、吳、李、邱幾位將軍說「還是那句話，對主席的指示理解的要執行，不理解的也要執行。主席搞什麼就讓他搞吧。但軍隊不能亂，軍隊穩定了，地方亂一點，天塌不下來；軍隊亂了，就不得了了。軍隊是絕對不能讓他們（指江青一夥）

[84] 宋永毅主編《中國文化大革命文庫》，香港中文大學，中國研究服務中心出版，2011年版。
[85] 張雲生、張叢堃《「文革」期間我給林彪當秘書》，香港中華兒女出版社，2003年7月版，第277頁。
[86] 丁凱文、司馬清揚：《找尋真實的林彪》，香港：中國文革歷史出版社，2011年7月，頁375。

進來搗亂的。」[87]軍委辦事組在黃永勝領導下堅決站在周恩來與林彪一方多次抵制了江青等「上海幫」的無理取鬧，對維護政局的穩定，加強戰備以及「抓革命促生產」起了重要作用。

江青等人在1967年1月19日的中央軍委擴大碰頭會上指責總政主任蕭華沒有在軍內搞起文革運動，聲稱「蕭華是劉志堅的黑後臺，部隊執行『中央文革』指示不徹底，是蕭華打馬虎眼！」並要求蕭華當晚去工人體育館參加群眾大會。[88]江青等人就是想通過打倒總政主任蕭華，再搬倒軍委前臺的葉劍英，達到插手軍權的目的。這一點主持會議的葉劍英很清楚。葉劍英在20日上午趕到林彪處，向林彪彙報了晚上會議的情況和以後發生的問題。林彪聽了以後大怒。為此，林彪要秘書打電話，叫江青專門來一趟。吳法憲回憶說：「林彪一見江青怒火沖天，不等江青開口，就大發脾氣，連珠炮一樣的責問江青：『你們說解放軍已經走到了修正主義的邊緣，已經被我們帶到了資產階級軌道上去了，有什麼根據？說三座門是閻王殿，你們一見三座門就有氣，你們太放肆！這完全是對軍隊和軍委領導的污蔑。解放軍是毛主席親自締造和領導的，是毛主席指揮的，軍隊到了修正主義的邊緣如何解釋，你們這樣仇視軍隊，仇視軍委領導，我幹不了，不幹了！我辭職總可以吧。我要報告毛主席，你們不同我商量，大罵蕭華，鼓動抄家，搶檔案，這是為什麼？你們不通過軍委，就直接插手軍隊的工作，想搞掉總政，這符合毛主席的指示嗎？我要找毛主席，請求毛主席免去我的一切職務。』林彪連說帶罵，根本不讓江青解釋。林彪在盛怒之下掀翻了身邊的茶几，高聲叫警衛員備車，說：『我們兩個人馬上去見毛主席，把事情說清楚，是我的問題，我辭職，我不幹了！』」[89]

張雲生說：「林彪臉色氣得紫青，身上一陣陣發抖。張雲生還是第一次看到林彪氣成這樣。」林彪對張雲生說：「叫葉群，快把江青給我趕走！」張雲生驚得目瞪口呆。[90]江青接著向林彪道歉說：「你是中央副主

---

[87] 仰天長嘯〈汪東興的一部充滿謊言的書──評「毛澤東與林彪反革命集團的鬥爭」〉，《華夏文摘》，文革博物館增刊，第453、454期，2005年9月5-6日。

[88] 范碩《葉劍英在非常時期（1966-1976）》，上卷，華文出版社，2002年6月版，第150-151頁。

[89] 吳法憲《吳法憲回憶錄》，香港北星出版社，2006年9月版，第653-654頁。

[90] 張聶爾《中國1971──風雲「九‧一三」》，解放軍出版社，1999年版，第158頁。

席，軍委副主席，我有錯誤，你可以批評我，你批評我，斥責我，甚至罵我，我都可以接受，何必一定要到主席那裏去呢？那句話的確不是我說的，罵蕭華，抓蕭華，抄家都是不對的，絕對不是我支援的，你可以檢查，這件事情我已經報告了毛主席，是我錯了，我檢討。」[91]

　　吳法憲說：「據我所知，在中央常委裏面，這樣斥責江青的，除了毛主席之外，就只有林彪了。」21日林彪通知葉劍英和徐向前，請他們主持召集軍委會議。請中央文革的陳伯達、江青、康生等參加會議，傳達毛主席對蕭華問題的處理意見，並通知蕭華本人參加會議。中央文革卻只有關鋒一人與會，軍隊一些幹部發言要求中央文革注意穩定解放軍的問題，不要把軍隊搞亂。江青聽了關鋒的彙報後認為這個會議是個反對毛主席、反對中央文革、反對江青的會議，要求主持會議的徐向前檢討，而徐卻推給會上發言的黃永勝，讓黃作檢討。黃永勝跑去請示林彪，要不要寫檢討。林彪說：「絕對不能寫這個檢討，要堅決頂住，我去直接報告毛主席。」江青由於不滿徐向前的態度，幾次要求林彪再換他人出任全軍文革小組組長，但被林彪拒絕。林彪事後對吳法憲說：「誰當全軍文革的小組長，過不了多久，就會被打倒，如果一定要撤換徐帥，全軍文革那就讓他名存實亡吧。」吳法憲說：「以後果然如此，徐帥下來以後，由楊成武代理了一個短時間，以後，楊成武隨毛主席東巡以後，全軍文革就銷聲匿跡了。」[92]林彪對中央文革的態度由此可見一斑。1967年2月軍委頒佈的八條命令實際上亦是針對造反派對軍隊的奪權運動，起到了抑制造反派的作用。

　　黃永勝發言一事是指，在「大鬧京西賓館」中，時任廣州軍區司令員的黃永勝嚴厲批評文革小組不聽毛澤東的話，不執行毛澤東的指示，胡亂批評解放軍，亂鬥解放軍幹部，要奪解放軍的權，希望中央文革作出認真、深刻的檢討。黃永勝說：「希望中央文革多聽毛主席的話，特別是江青同志要多聽毛主席的話！」葉劍英把會議情況報告給林彪。[93]後來在「反擊二月逆流」時，江青因「大鬧京西賓館」事非要壓黃永勝作檢討，黃永勝在請示林

[91]　吳法憲《吳法憲回憶錄》，下卷，香港北星出版社，2006年9月版，第654-655頁。
[92]　吳法憲《吳法憲回憶錄》，下卷，香港北星出版社，2006年9月版，第656-657頁。
[93]　高文謙《晚年周恩來》，明鏡出版社，2005年版5月版，第195-197頁。

彪後，始終頂住沒有理睬。江青對此一直耿耿於懷。[94]筆者認為，黃永勝的表現與後來林彪提名黃代替楊成武出任總參謀長一職關係甚大。林彪在文革開始後至「九一三事件」之間極力避免江青等中央文革小組成員插手軍隊事務，因此毛澤東也只能把以「批林批孔」之名行讓江青、王洪文等人插手軍隊事務之實的行動放在「九一三事件」之後進行。

林彪囑咐葉群：「不能讓這個女人插手軍隊，軍隊不能亂。」但是毛澤東通過改組「全軍文革小組」，由江青出任顧問，並接受中央軍委和中央文革雙重領導，以利於江青在軍隊勢力的滲透。林彪讓全軍文革名存實亡的一個重要目的就是讓江青的這個職務自動撤銷，使江青不能夠名正言順地插手軍隊。

除此之外，林彪還在八屆十二中全會上特意談「文藝、文化」，以「侵佔」江青的一畝三分地。林彪說：「有人（江青）把文化問題當作自己的權利，別人不許解釋。姑且不論我講的對不對，我敢講，就是對那個霸王的否定。」[95]事後果然引起江青的強烈反彈，要批判林彪的這個講話。

而後來，周恩來果然讓林彪過問下「文藝問題」，而在此問題上林彪狠狠的卡了江青他們一下子。江青等人搞了一個《朝陽溝》的報告，要求中央批轉以示現代戲的重要意義。林彪每次都是推給政治局討論，結果政治局黃永勝、陳伯達等人不支持江青，結果多次沒有通過。[96]

九大之後，江青因為沒多少實際工作，於是找毛、林要權要工作。江青說：「請求中央分配我工作！」林彪說：「政治局委員就是重要的工作。」江青說：「一點權力也沒有，是空洞的工作。」林彪說：「集體領導中，你贊成或是反對就是權力！」江青急了說：「現在我在政治局裏是個多餘的人！」林彪回應道：「像我們這些人，可以說都是多餘的人！」於是再也不理睬江青。[97]

在林彪的帶動下，邱會作等人也對江青不怎麼客氣。有次，江青要求

[94] 高文謙《晚年周恩來》，明鏡出版社，2005年版5月版，第266頁。
[95] 程光《心靈的對話——邱會作與兒子談文化大革命》，上冊，香港北星出版社，2011年版，第199頁。
[96] 程光《心靈的對話——邱會作與兒子談文化大革命》，上冊，香港北星出版社，2011年版，第291頁。
[97] 程光《心靈的對話——邱會作與兒子談文化大革命》，上冊，香港北星出版社，2011年版，第288頁。

邱會作給樣板戲劇團製作軍裝。邱會作頂著不理江青的要求，而且還發生了當面衝突，邱衝著江青說：「他們又不是軍人，發什麼軍裝?!」[98]

（三）九大前後林彪對中央文革滲透軍隊的防範[99]

自文革開始以來，江青通過文革小組發號施令，幾乎是無往而不利，黨內、政府內一大批官員倒臺，中央領導權力的機構變成中央文革小組碰頭會，原中央政治局常委會和書記處的職能被文革小組碰頭會所取代，江青成了中央文革碰頭會的實際主持人，周恩來則成了為其跑腿辦事的「從屬」。江青獨攬中央的權力實現了一大半，惟此時軍隊的權力並不在江青的手中，所以江青一直想將軍隊文革事宜抓在自己手裡，從而實現自己對軍隊的控制。然而，江青的這一企圖卻遭到了林彪的堅決抵制。

江青為了實現自己對軍權的控制，主要通過以下幾種手段：（1）在軍隊中尋找自己的代理人，凡是形成對江青奪取軍權構成障礙和阻力的人不是被打倒，就是被迫離職、靠邊站，前者如劉志堅、蕭華，後者如葉劍英、聶榮臻、徐向前等。（2）直接將文革小組的人安插進軍隊，特別是要控制解放軍總政治部這個管理軍隊幹部的關鍵組織機構，其他還有安排文革小組的人任一些大軍區的政委，以待將來進一步升職、提拔，如張春橋在1967年5月出任命南京軍區政委，毛遠新在1974年2月被任命為瀋陽軍區政委。（3）江青系統的「大將」直接擔任中央軍委更高職務，以便控制軍權，如張春橋在1971年10月成為中央軍委辦公會議成員，1975年2月成為中央軍委常委，並兼任解放軍總政治部主任。王洪文在1973年8月中共十大上成為黨中央副主席，兼任軍委辦公會議成員，1975年2月又成為中央軍委常委。這期間，毛澤東為了提拔文革極左派掌握軍權，也頗費了一番功力，文革後期文革派大將們在掌控軍隊一事上頗有斬獲，但這已是林彪死後之事了。

文革開始後江青通過全軍文革小組搞亂軍隊，揪出所謂帶槍的劉鄧路線代理人，整了一大批軍隊幹部，林彪對此極為不滿，不僅曾當面訓斥過江青，而且非常警惕和防範江青插手軍隊事宜。有關遏制軍內造反派勢力和讓

---

[98] 程光《心靈的對話──邱會作與兒子談文化大革命》，上冊，香港北星出版社，2011年版，第334-335頁。
[99] 《找尋真實的林彪》對此有精彩的論述。

全軍文革小組無疾而終，都是林彪採取對付江青的政策，前文已述，此處不贅。林彪實際上對付江青的對策是，不讓軍隊裡存在江青的代理人，哪怕犧牲個別人也在所不惜，如蕭華、楊成武、溫玉成等；不准江青文革極左派派人打入軍隊，尤其不能讓他們控制解放軍總政治部這個要害部門。黃永勝擔任軍委辦事組組長時，林彪就親口交代說：「要防止某些人向軍隊插手，要像『防賊』一樣。只要文革小組那些人管了軍隊的事，就是亡黨亡國的開始。」[100]可見林彪對此事重視的態度。

關鋒是中央文革小組的筆桿子，也是江青特別屬意打入解放軍總政治部的重要的一步棋。邱會作回憶說：「1966年底，江青推薦中央文革成員關鋒任總政副主任，林彪點頭了，軍委命令準備下發。江青看辦成了，高興地說：『關鋒到軍隊去，是打先鋒的，別被撞出來就行，以後還有人跟著去。』江青說話時沒注意葉群在場。林彪知道後交代，關鋒的任命壓下來，然後拖著不辦，直到作廢。」[101]換句話說，對於關鋒到總政出任副主任，林彪曾有一紙任命，但並無對外正式宣佈該令，關鋒自然也沒到職。

林彪阻止張春橋出任總政主任則更加清楚明白。1970年春，江青對葉群說：「林副主席堅持突出政治，可是總政這麼長時間連個主任都沒有。我看可以叫春橋當。」對於張春橋，周恩來早在1966年11月就曾經點名讓張去做他的秘書。[102]江青的話引起了林彪的注意，但林彪置之不理。林彪曾屬意李作鵬，李德生也在考慮之內。不久江青乾脆在政治局會議上提出，要張春橋出任總政主任。吳法憲趕緊電話告訴葉群，林彪立即去見毛澤東，提出由李德生擔任總政主任，毛批准後，軍委辦事組迅速辦理了手續，中央軍委很快就公佈了李德生的任命。[103]由此成功地抵制了江青要張春橋出任總政主任的企圖。邱會作回憶說：「李德生率軍赴安徽『三支兩軍』，以『左』的姿態介入文化大革命，得到毛主席讚揚。在中央裏工作的軍隊幹部，李德生相比我們幾個抵制江青的『死硬分子』來說，能被上海幫接受。李德生雖

[100] 程光《心靈的對話——邱會作與兒子談文化大革命》，上冊，香港北星出版社，2011年版，第183頁。

[101] 程光《心靈的對話——邱會作與兒子談文化大革命》，上冊，香港北星出版社，2011年版，第402頁。

[102] 司任《文革風雲人物訪談錄》，中央民族學院出版社，1993年8月第1版，第37頁。

[103] 程光《心靈的對話——邱會作與兒子談文化大革命》，上冊，香港北星出版社，2011年版，第402頁。

然沒有當過大軍區主官，一步躍升到中央軍委，但他到北京後比較謹慎，沒有和上海幫私下接觸，工作尚可，林彪也能接受他。這次江青垂涎總政主任，林彪為了『先占住位置』，提議了李德生，遏制了上海幫向解放軍的滲透。」[104]

九大時，「三人小組」裏只有黃永勝未進政治局常委，令人蹊蹺。據黃永勝對邱言，毛澤東曾設想將常委增加到七人，即毛、林、周、陳、康、黃永勝、張春橋。但毛考慮張春橋進常委帶來的問題較多，林彪也不喜張，毛心中猶豫。後來還是林揣摸出毛的心思，提出黃、張均不進常委，遂擺平此事。林彪「犧牲」黃永勝而擋住了張春橋進入政治局常委。「九一三事件」林彪倒臺後，張春橋終於在中共十大上躋身政治局常委之列，這乃是後話矣。[105]

1971年9月林彪垮臺後，李德生雖然沒受什麼牽連，甚至十大上還當選黨中央副主席，但最終還是在1973年被擠出中央領導核心，到瀋陽軍區任司令，張春橋終於當上了解放軍總政主任，那已是1975年2月的事情了。文革極左派們雖然在軍權的爭奪上取得了一定的收穫，但距離掌握實權還相差甚遠。林彪當年奠定的軍隊基礎成為日後粉碎「四人幫」的中堅力量。

（四）林彪對於受到江青責難的周恩來的支持

八屆十二中全會前，在討論劉少奇案子時，江青突然提出「蘇區損失百分之百」的罪魁也不能放過。江青這是要翻周恩來執行王明路線的舊賬，周恩來又生氣又緊張。林彪知道後，表示：第一，這個是江青在說瘋話，周恩來是受毛的信任的，第二個沒有毛的同意，誰也不能翻老賬，他會向毛談，第三個，林彪叮囑邱會作等，要全力支援周，要防止發生第二次「陶鑄事件」。[106]

丁凱文先生認為：林彪領導下的軍隊系統堅決支援周恩來在中央碰頭會和「九大」後中央政治局的工作。無論是葉劍英、楊成武主軍之時，還是後來的黃永勝、吳法憲等人的軍委辦事組當權之際，軍隊系統不僅從未參與

---

[104] 程光《心靈的對話——邱會作與兒子談文化大革命》，上冊，香港北星出版社，2011年版，第403頁。
[105] 《找尋真實的林彪》。
[106] 程光《心靈的對話——邱會作與兒子談文化大革命》，上冊，香港北星出版社，2011年版，第186頁。

過中央文革倒周的活動，而且大力支持周恩來在中央的工作，這與林彪對周恩來的態度有必然地聯繫。[107]林彪十分瞭解周恩來的困難處境，所以林經常告誡軍委辦事組幾位將軍尊重周恩來，因為無論是毛還是林，無人可以像周恩來那樣處理好全國的事務。有一次葉群專門告訴楊成武和吳法憲，一定要積極支持周恩來的工作。葉群告訴吳法憲，林彪當面對周恩來表態說：「我的身體不好，一切工作還希望你鼎力相助。」[108]

九大之後成立新的政治局之後，林彪交代黃永勝等人：「政治局工作要以總理為核心。你們要全力支持總理工作。別的人（江青）的話，不能聽，不能受她干擾。」[109]

「九大」後江青擅自召開政治局委員會議，除江青外，還有黃永勝、吳法憲、邱會作、李作鵬、李德生、姚文元。江青在會上一是大肆吹噓自己的「革命經歷」，二是惡毒攻擊周恩來。江青指責周恩來：「在大的原則問題上看不清，容易跟別人走，今天東風來了是東風，明天西風來了是西風。」江青炫耀說：「周恩來在文化大革命中辦錯了幾件事，還有檢討在我的手裏」，並說：「周恩來這個人不能掌舵，不能當一把手。」江青還說黃永勝等人在搞軍黨論。面對江青對周恩來的攻擊，黃永勝等人當場與江青頂了起來，隨即宣佈退場。黃永勝等人會後及時向林彪作了彙報，林彪決定讓黃、吳二人直接向毛澤東彙報，並要葉群立刻聯繫。邱會作則去中南海西花廳向周恩來通報有關情況。周含著淚握著邱的手說：「老同志就是老同志！老同志就是老同志！」但是毛並未在意此事，只是對黃、吳說：「你們不要講到過我這裏來告江青的狀，如果讓她知道了會整你們的。她已經整過你們一次，我也不告訴她，你們到我這裏來過。」[110]

葉群對於周恩來是非常尊重的，把周恩來當作領導和長者看待。周恩來找葉群辦的事情，葉群都會認真地去辦。[111]

107 丁凱文〈周恩來與林彪文革作用之比較研究〉，載宋永毅主編《文化大革命：歷史真相和集體記憶》，上冊，田園書屋出版，2008年版，第337頁。
108 吳法憲《吳法憲回憶錄》，下卷，香港北星出版社，2006年9月版，第681頁。
109 程光《心靈的對話——邱會作與兒子談文化大革命》，上冊，香港北星出版社，2011年版，第277頁。
110 仰天長嘯〈汪東興的一部充滿謊言的書——評「毛澤東與林彪反革命集團的鬥爭」〉，《華夏文摘》，文革博物館增刊，第453、454期，2005年9月5、6日出版；吳法憲《吳法憲回憶錄》，下卷，香港北星出版社，2006年9月版，第753-755頁。
111 程光《心靈的對話——邱會作與兒子談文化大革命》，上冊，香港北星出版社，2011年

林彪對軍委辦事組說：「你們要把總理當作軍隊的領導，總理的事就是軍隊的事，他對你們說的話，一定要照辦。」周恩來很有感觸的說：中央有幾個能像軍委辦事組這樣的機構辦事就好多了。[112]林彪甚至說：「中央的事，辦不辦，怎麼辦，要由總理定。」[113]

林彪在文革中對周恩來的大力支持與維護是當今國內史學研究者有意忽略的。

四、如何對待江青實際上是重大政治問題

邱會作說：中央裏的同志通常都把江青的亂鬧當「作風問題」看。林彪更有甚之，認為江青不過是個「老婆」。只有周恩來把如何對待江青當作重大政治問題來看待，認為如果處理不好，會引起全黨性的問題。[114]

（一）理解周恩來、林彪、江青關係的一把鑰匙

1966年5月份中央政治局召開擴大會議，解決「彭羅陸楊」問題。林彪在會上根據毛澤東這幾年來的部署，做了反「政變經」的講話。但毛澤東卻於1966年7月8日，在武漢給江青寫了一封信，該信較長，主要涉及毛澤東當時的一些想法，尤其是信中提及林彪的「518講話」，在林彪倒臺後成為毛澤東及時識破林彪反動本質的根據。信中說：「林彪五月十八日在中共中央政治局擴大會議上的講話，中央催著要發，我準備同意發下去，他是專講政變問題的」。「他的一些提法，我總感覺不安。」「我猜他們的本意，為了打鬼，借助鍾馗。我就在二十世紀六十年代當了共產黨的鍾馗了。」等等。該信主要內容此處不再多贅。[115]

7月11日，周恩來到武漢，毛將該信給周恩來和湖北省委書記王任重看

版，第269頁。

[112] 程光《心靈的對話──邱會作與兒子談文化大革命》，上冊，香港北星出版社，2011年版，第285頁。

[113] 程光《心靈的對話──邱會作與兒子談文化大革命》，上冊，香港北星出版社，2011年版，第290頁。

[114] 程光《心靈的對話──邱會作與兒子談文化大革命》，上冊，香港北星出版社，2011年版，第406頁。

[115] 宋永毅主編《中國文化大革命文庫》，香港中文大學，中國研究服務中心出版，2011年版。

過。周恩來問毛：「是不是我的工作又犯了錯誤？」毛澤東表示不是周的問題。[116]周於是轉而提出建議：「那麼我去找林彪談談。」毛澤東表示同意。周恩來先把此信帶給在上海的江青，然後7月14日飛往大連向林彪轉達毛澤東的意見，林彪表示同意並接受，答應回京後再修改他的「518講話」。後來江青將此信給葉群看了，並當著葉群的面燒毀了該信。可是毛澤東處卻保留了一份抄件，該抄件後來作為林彪倒臺後的中央文件向全黨公佈。

毛澤東在寫成此信時並非要留待日後某個特定的時間將其公佈，而是借機向林彪傳達出一個資訊：江青才是毛澤東發動文革、推動文革最主要的人物，毛澤東向江青是「交底」的，是真正推心置腹的，而這層意思的轉達卻要繞一個彎子，曲折地傳達給林彪，對林彪有所警示，即毛澤東雖然信任林彪，但是這個信任並不是無限的，還要看各人自己的表現，要好自為之。[117]而周恩來在得知此信件不是針對自己時，顯然是明白了其中的道理。這是理解周恩來在文革中處理所謂的中央最高政治——毛澤東、林彪、江青三者之間的關係的一把關鍵鑰匙。

據邱會作回憶，毛澤東的信的確給林彪造成很大的困擾和不安。邱回憶說：「林彪知道了信的內容，思想有了疙瘩，他發現毛主席在重大政治問題上言行不一。毛主席一方面默許甚至讓人宣揚自己，許多人作了，林彪是很起勁的一個，但在給江青的信中說這不是他的本意；毛主席一方面說要團結廣大高級幹部，但在信中卻表現了對江青等少數人的依託和信任，而對廣大幹部卻認為是盤根錯節的舊勢力，會一朝覆亡；毛主席一方面提倡黨的領導，在信中則要把一些部門打得粉碎，頃刻瓦解。特別是毛主席交待林彪在1966年5月政治局會議前對防政變做了部署，還要林在會上公開講「防政變」，給江青的信中卻說是他違心地同意的，是有人借助鍾馗打鬼。在發起文化革命的關鍵時刻，毛主席突然同江青這個『家屬』談起黨和國家的大事來了，林彪沒有想通。1966年8月八屆十一中全會上，林彪被毛主席確定為他的接班人，好像對他非常信任了。但是到了1967年1月，他沒有和林彪透氣就突然發動了『一月風暴』，接著又否定了林彪堅持的『部隊不介入地方文化革命』政策。毛主席支持中央文革在反擊『二月逆流』中批判葉劍英、聶榮臻，

[116] 袁小榮《毛澤東外出和巡視記事1949-1976》，大風出版社，2010年版，第1445頁。
[117]《找尋真實的林彪》。

搬開了林彪主持軍隊工作的兩個最信任的幫手，又影射到了林彪本人。正因為如此，林彪不僅對全國文化革命的問題不敢多說，即使對他負責的軍隊事務也不願多管，特別是對一些敏感問題更是這樣。凡是毛主席沒有表態的事他一律不吭氣，毛主席有批示的文件，他就寫上『堅決照辦』、『完全同意主席的批示』。林彪處處表白與毛主席完全一致，在許多重大問題上不敢輕易表態，包括軍隊向中央文革、向江青的某些遷就，從某種意義上來說，源於此信。」[118]

既然林彪能明白這個道理，周恩來也必定能明白這個道理，可是最終林彪沒有能夠很好地貫徹下去，周恩來卻做到了。這就是林彪與周恩來在文革中的最大不同。

（二）周恩來認識到：和江青關係就是和毛的關係並且受到毛周關係的制約

閻長貴先生說：「談江青和周恩來的關係，不論從哪方面說，都不能脫離開毛澤東。周恩來對江青遷就又遷就，忍讓又忍讓，為什麼？因為江青背後站著毛澤東。江青是通天的，周恩來對江青的態度是他對毛澤東態度的延伸。江青也知道她在很多方面都得靠周恩來。她建國以後的工作都是周恩來給安排的，她在文革中的職務攀升也離不開周恩來。她1956年成為毛主席五大秘書之一是周恩來提議的，1969年在『九大』當上中共中央政治局委員也是由周恩來精心操作才順產。這是從她本人的利害關係而言。而她對周恩來的態度，從根本上講，也是以毛澤東對周恩來的態度為轉移的。毛澤東經常敲打周恩來，在每一次敲打時，江青都比毛澤東走得更遠，從思想方法講，她比毛澤東更極端。江青認為周恩來成為她實現野心的障礙而必須打倒，恐怕是在林彪『「九一三事件」』以後。因此，不論從情理看，還是從實際講，說江青從文革一開始就把周恩來視為『眼中釘』，就要整周恩來、打倒周恩來，是不對的，不符合歷史事實。[119]」

筆者認為，按照毛澤東的本來設想，「九大」之後應該是整周。作為

---

[118] 程光《心靈的對話——邱會作與兒子談文化大革命》，上冊，香港北星出版社，2011年版，第166頁。
[119] 閻長貴〈1967：江青和周恩來的關係〉，載何蜀、吳迪主編　《記憶》，第三期，2008年9月28日出版。

毛澤東的代言人，「九大」後江青接連對周恩來發動了幾次攻擊。江青在1969年夏季向劉慶棠交底：「文藝界大批判有個困難問題，就是有總理，有些事都是總理主張的。」劉慶棠馬上就呼應說：「文藝界的權還沒有真正掌握在無產階級手裏。」不久8月26日，劉慶棠致信江青說文藝界的階級鬥爭，實質還是兩個司令部的鬥爭。[120]

「『九大』之後，江青背著周恩來曾經四次和在京部分政治局委員「談話」發洩對『九大』後中央工作的不滿，後兩次是專門誹謗周恩來的，誣稱周恩來『在亂中看不清方向，作不出決策』，吹噓自己是很成熟的領導幹部，可以掌握國家的全盤領導。」。[121]

但是第二次廬山會議改變了文革的大方向。因此，周恩來和江青的關係儘管從文革開始，難免有些磕磕碰碰，但是總的看來是良好的，雖然期間江青多次為難周恩來。[122]「九一三事件」之後，周恩來和江青是毛澤東清理林彪勢力的左右手。此時的周恩來和江青的利益也是一致的。周江之間的良好關係再次體現，直到1972年年底。

「林彪事件」之後，江青多次宣稱：總理、康生、春橋、文元，我們是毛主席這一派的，都是受林彪集團迫害的。林彪一夥到處放火，我們是救火隊，保老同志。[123]無疑，周恩來是被江青看作是同一集團的人。但是隨後，隨著毛澤東發動文革的進一步深入，周恩來和江青的關係變成了攻擊為主合作為輔。

因此周恩來和江青以及中央文革小組的關係很大程度上受到毛澤東對周恩來的態度和文革的進展所影響，而且在某種程度上可以說這是個決定性因素。在文革前、中期，二者整體而言是以合作為主，共同貫徹毛澤東的文革路線。「九一三事件」之後，兩者之間因為權力的再分配，則逐步轉為以

---

[120] 《歷史的審判》編輯組，《歷史的審判——審判林彪、江青反革命集團犯紀實》，群眾出版社，2000年版，第81頁。

[121] 邱會作回憶稿、談話稿，引自程光〈1970年廬山會議背景的研究〉，載丁凱文主編《百年林彪》，明鏡出版社，2007年版，第440頁；吳法憲《吳法憲回憶錄》，下卷，香港北星出版社，2006年9月版，第753-754頁；中共中央文獻研究室《周恩來年譜（1949-1976）》，下卷，中央文獻出版社，1997年5月版，第367頁；李作鵬《李作鵬回憶錄》，下卷，香港北星出版社，2011年版，第644-645頁。

[122] 程光《心靈的對話——邱會作與兒子談文化大革命》，下冊，香港北星出版社，2011年版，第282-283、413頁。

[123] 金春明《「四人幫」浮沉記》，遼寧人民出版社，1997年1月版，第148頁。

爭奪為主，矛盾日益尖銳。但是除了這個因素之外，周恩來對於江青的吹捧很大程度是自降人格。相對於被中共認定為不齒於人類的狗屎堆——康生，在1966-1967年的公開場合對於江青倒是不卑不亢，無甚吹捧。[124]

至於周恩來為什麼如此自我「作賤」，是什麼重要因素在文革時期制約了周恩來，導致周對江青和文革小組如此這般，筆者認為那就是周恩來對毛澤東一個人的忠心，而非對國家和人民的負責，是周恩來時刻在心裏的以所謂「賢相」自居，保持晚節的心態所致，由此周恩來也只能扮演「從惡」和「幫兇」的角色，起到任何其他人所起不到的作用，而非制止動亂、更不可能撥亂反正，引導國家步入正途。周恩來還可以說是第一個領會到「江就是毛的一條狗」的高級領導人，因此，周恩來對江青的態度之謎也就可以得到合理的解釋了。

周恩來心裏很清楚，所謂的文革不過就是毛氏夫婦的雙簧表演，為了保持所謂的「晚節」，周恩來必須對毛江言聽計從，逆來順受，周恩來此時已到了唾面自乾的程度，周內心雖然極為苦悶，但卻始終保持冷靜，從不聲辯，更不會拍案而起，周恩來知道，如果稍有不慎，就會步了劉少奇、陶鑄等人的後塵，隨時可能被毛江拋出予以打倒。此時的周恩來步步緊跟猶恐不及。[125]周恩來私下的表白很能說明問題，當毛澤東的醫生李志綏提醒周恩來要提防江青時，周歎了一口氣說：「我對江青仁至義盡。1945年我在重慶，江青要看牙齒，我特地飛回延安將她接來。她1949年和1956年到蘇聯治病，還不是我給安排的。」周還叮囑李志綏不要同任何人講此事。連李醫生都看出「周恩來對毛處處小心謹慎，唯恐不合毛的意圖。」[126]周恩來此時只敢私下歎氣，感慨自己忠心耿耿卻不能見容於江青這些文革暴發戶。

即使周恩來如此私下慨歎，可在政治生活中表現出來又是另一番情景。同江青的關係，不僅是生活中的事情，更是政治上的事情。九屆二中全會，毛澤東和林彪就如何對待江青、張春橋等人發生了嚴重的衝突。會議結束時，周恩來對江青表示了特殊的關懷。原來江青出門坐飛機，周恩

---

[124]　閻長貴〈文革初期對江青的宣傳〉，《黨史博覽》，2005年第1期。

[125]　《找尋真實的林彪》。

[126]　李志綏《毛澤東私人醫生回憶錄》，時報文化出版企業股份有限公司，1994年版，第490頁。

來都是要吳法憲陪同。但是這次盧山會議結束，是周恩來陪同江青同機返回。而且因為林江鬥爭，江青怕人暗害她。周恩來則告訴江青，我先行下山幫你探路，沒有問題後即打電話通知。[127]周恩來的這種關懷不是無的放矢的。

（三）周恩來和林彪對待江青的不同預示了兩個人不同的結局

在文革開展這段時期內，無論是周恩來還是林彪，都不可能置身於這場運動之外，也不可能公開表示對文革的異議或反對，但對比周恩來與林彪對中央文革的態度，顯然，周恩來更像一個謹小慎微的小媳婦忠心耿耿地侍奉毛江這對惡婆婆，而林彪則不大買江青和中央文革的賬，對江青插手軍隊之事處處提防。從某種意義上來說，此點也註定了林彪的結局。同時也說明林彪和周恩來處事的不同，林彪在軍隊中的這種行為在一定程度上抵制了毛澤東的「為所欲為」，例如抵制張春橋出任總政治部主任一職，支持後來的軍委辦事組成員對抗江青等人，而周恩來則明顯的不同。如果周恩來像林彪一樣抵制江青等插手政務系統，顯然局勢會在一定程度上好些。但是正是這種不同，也預示了兩人的結局的不同。

吳法憲回憶說：「對毛澤東親自發動和領導的這場『文化大革命』，不管林彪是否衷心擁護，但同周恩來一樣，他都全力去執行毛澤東的部署和計畫，這是毫無疑問的。至於對江青，最初因愛屋及烏，林彪對江青也是很尊敬，對江青提出的問題，也很重視。」[128]但是隨著運動的開展，林彪與周恩來在對待江青等文革派的態度上卻變得大相徑庭。而這也是林彪最後很快出局的重要原因之一。

以江青為首的中央文革小組的靠山是毛澤東。周恩來在1968年10月召開的中國共產黨八屆十二中全會上說：「中央文革是我們在這次無產階級文化大革命中產生的一個新生的力量。中央文革，在兩年前十一中全會上已經肯定了的。那個時候，在毛主席為首、林副主席為副的領導下，中央文革在無產階級文化大革命中，成了直接執行毛主席的無產階級革命路線的一個

---

[127] 吳法憲《吳法憲回憶錄》，下卷，香港北星出版社，2006年9月版，第853頁；楊銀祿《我給江青當秘書》，香港共和出版有限公司，2003年版，第170頁。
[128] 吳法憲《吳法憲回憶錄》，下卷，香港北星出版社，2006年9月版，第615頁。

前線發動群眾的機構。」[129]從本質上來講，中央文革小組和林彪沒有隸屬關係，實際上，中央文革小組是直接聽命於毛主席的。

但是林彪遠沒有周恩來看得這麼清楚。江、張、姚的政治數量級無法企及林彪於萬一，林彪曾鄙夷地說，張春橋、姚文元這種名字他過去連聽都沒有聽說過。[130]

1969年9月，林彪到江西視察時講：在中國，小資產階級可能把權搶走，要防止小資產階級搶權，現在就要注意。他還明確說：據我看，上海就是小資產階級掌權。[131]林彪向毛澤東推薦十二軍軍長李德生出任總政治部主任，張春橋事後向江青講，林彪就是不想讓我們插手軍隊。張春橋曾嘲笑黃永勝：「是個大老粗，什麼也不懂。」林彪在同陳伯達、黃永勝、吳法憲會面時說：「張、姚是無名小卒，不知是從哪裡冒出來的，也沒有做過什麼大的工作，不過是個小記者。」[132]

林彪和江青之間，據說還有一次，林彪揚言要找槍，「斃了她！」[133]

有一次邱會作問林彪：「林總，日後真要是主席百年了，你怎麼擺弄那個三點水（江青）。」林彪不假思索地說：「就讓她當個『宋慶齡』！冷一點還是熱一點，看她的表現。」[134]

對於林彪和江青之間的激烈衝突，周恩來試圖進行「調和」過。

黃永勝出任總參謀長後，其行事風格大異於其前任楊成武，黃永勝不買江青的賬，認為軍委辦事組只能向毛、林、週三人負責。原來軍隊調動命令報告上名單冗長，致使兵力調動遲緩且易洩密。於是毛澤東批示，軍委辦事組有關軍隊調動的文件不送中央文革小組。黃永勝依令而行。江青則極為不滿，在中央文革碰頭會上大罵黃永勝等：「黃永勝，吳法憲，你們目無中央，無組織、無紀律，搞獨立王國，封鎖消息。」江青揚言不許二人參與會議，還要寫檢討。林彪支持黃、吳，堅決不寫檢討，黃、吳也認為自己沒有

[129] 宋永毅主編《中國文化大革命文庫》，香港中文大學，中國研究服務中心，2011年版。
[130] 張聿爾《風雲「九‧一三」》，解放軍出版社，1999年版，第153頁。
[131] 金春明《「四人幫」浮沉記》，遼寧人民出版社，1997年版，第138頁。
[132] 中共中央文獻研究室編《毛澤東傳（1949-1976）》，中央文獻出版社，2003年版，第1557-1558頁。
[133] 張聿爾《風雲「九‧一三」》，解放軍出版社，1999年版，第158頁。
[134] 程光《心靈的對話——邱會作與兒子談文化大革命》，上冊，香港北星出版社，2011年版，第406頁。

錯。周恩來、康生和姚文元則和黃永勝和吳法憲談話，要求兩個人檢討錯誤，並暫時停止工作。[135]

由於周恩來主持文革碰頭會，這樣夾在中間，事情難辦。吳法憲說：「我們與江青等人的矛盾激化後，周恩來為調解江青和軍委辦事組之間的矛盾，真是費盡了苦心。」原定黃永勝率團出訪阿爾巴尼亞之事也受到江青的阻撓，周恩來則出面請示毛澤東。毛澤東發話，江青不對，黃永勝仍然應當出訪阿。周恩來提出，黃、吳、李、邱要和江青等人在一起開一個團結的會。周特別叮囑這些丘八們不論江青說什麼，都不要說話。不曾想，黃、吳、李、邱遭到江青破口大罵：「你們軍委辦事組的人，身穿的綠軍裝，頭戴的紅五星，領子上的紅領章，這些都是老娘給你們爭來的。你們目無中央，目無組織紀律，不覺得可恥麼？」因為有周恩來的囑咐，只是為了團結，黃永勝等就一直站在那裏，聽江青訓斥，一聲沒吭，忍氣吞聲，啼笑皆非。周恩來也覺得江青太過分，就把事情報告了毛。毛指示江青要檢討。周再次叮囑黃永勝等人不要「放炮」。江青的檢討很不像樣，吳法憲說：「江青同志的檢討，我們表示歡迎。但是江青同志先入為主，偏聽偏信，出口傷人，主觀、片面地處理問題，值得引起警惕。」知情的汪東興接著說：「江青同志好訓人，隨便罵人，侮辱同志，這是最不好的。江青同志的錯誤，常委要負責，總理對江青同志太遷就了。」江青聽了我和汪東興的發言，氣得臉色發青，表情很難看。周恩來就立即宣佈散會。[136]

為了彌補林彪和江青之間的裂隙，周恩來主動提議，把江青的行政級從九級提到五級，林彪同意了，並和周恩來一起簽名。周恩來還對邱會作等人剖心道：「（江青的問題）一定要處理好，這不是對她個人怎麼樣的事情，而是黨的大局利益。」「我希望你們也能顧全大局，別去惹她為我增加麻煩。在一些問題上對她要忍耐，力求不發生大的政治影響。」[137]

九屆二中全會期間，8月29日晚上（《吳法憲回憶錄》記載是31日根據《周恩來年譜》應為29日），林彪主持中央政治局擴大會議，批判陳伯達的

---

[135] 吳法憲《吳法憲回憶錄》，下卷，香港北星出版社，2006年9月版，第731頁。

[136] 吳法憲《吳法憲回憶錄》，下卷，香港北星出版社，2006年9月版，第732-733頁。

[137] 程光《心靈的對話——邱會作與兒子談文化大革命》，上冊，香港北星出版社，2011年版，第283頁；張聶爾在其《風雲913》一書中的原稿涉及此事，但是在正式出版時則被刪掉。

錯誤。會議中間，周恩來曾經三次遞條子給林彪，希望林彪在講話中表揚張春橋、姚文元幾句，有利團結。但是林彪根本不理，令周碰了一鼻子灰。[138]

五、結束語

綜上所述，周恩來是當時中央當中最理解毛江關係，並且處理最好的人。

對於江青和毛的關係，周恩來是當作政治上最大的事情去對待的。即周恩來同邱會作所講：「對江青的問題，不少人，包括許多高級幹部都不理解，說我們又不是封建王朝。如果這麼來考慮她的問題，就不現實了。」[139]周恩來確實按照封建王朝的那一套來對待江青的。

江青從毛澤東的「探雷器」變成毛澤東的前臺代言人，周恩來深深知道江青就是代表毛本人。因此周恩來是把江青看做毛澤東的影子來對待的。所以從生活上，從政治上周恩來都對江青是萬般的照顧和遷就。

而林彪根本不懼江青，甚至江青要整周恩來，林彪對周恩來伸出援手，不怕得罪江青。因此林彪比周恩來更有自尊，而周恩來在毛澤東面前甚至江青面前都毫無自尊可言。

整體來看，文革初期這段時間，周恩來心懷戒懼，誠惶誠恐，為中央文革操持了大量的具體事務，是毛澤東、江青推動文革浪潮的最重要的具體執行人。林彪則專注於其軍隊系統，堅決有效地抵制了江青試圖插手軍權的企圖，維護了整個軍隊的穩定（但是也由此形成了自己在軍隊的班底，被後人詬病——筆者注）。周恩來和林彪對於江青態度的不同，這和如何對待文革的態度直接相連，畢竟江青是文革的「旗手」，特別是考慮到毛澤東晚年的「家天下」心態的日趨嚴重，周恩來和林彪的結局迥異，不是偶然的。

---

[138] 吳法憲《吳法憲回憶錄》，下卷，香港北星出版社，2006年9月版，第813頁；舒雲《林彪事件完整調查》，明鏡出版社，2006年版，第183頁。

[139] 程光《心靈的對話——邱會作與兒子談文化大革命》，上冊，香港北星出版社，2011年版，第283頁。

一部較有價值的《林彪年譜》
——評《林彪日記》

趙　暉

　　在中國近現代史上，林彪是一位頗帶神秘色彩，且至今都難以蓋棺論定的歷史人物。作為中共及其軍隊的重要領導人，林彪為新中國的建立立下赫赫功勳，正如黃克誠晚年所言：「他與陳雲、羅榮桓，李富春等同志，共同領導了東北的解放戰爭，解放了整個東北。後來進關指揮平津戰役，解放華北，以後又進軍中南，直到中南地區全部解放，他才回來休息」[1]。但林彪晚年捲入文革，在「九一三事件」中神秘死亡。其死後被中共開除黨籍。並在文革後期遭到激烈的批判，80年又作為林彪反革命集團的首犯接受缺席審判。上述政治事件極大地影響了與林彪相關的歷史研究的正常展開。距今為止，關於林彪的正規傳記仍然相當少，而已出版的林彪傳記及其生平編年著作大多質量不高，有的書甚至基本上是胡編亂造。關於林彪生平的許多重要史實仍多有晦暗不明之處，對其總體評價的爭議也相當大。

　　筆者以為，要更為深入地瞭解評判林彪，梳理相關史料，辨別真偽，厘清關於林彪的相關史實，是展開扎實研究的第一步。而由李德、舒雲合作編撰的《林彪日記》（香港明鏡出版社2009年版），是近年來論述林彪生平編年較為出色的一部著作，該書提供了關於林彪生平的許多重要資料，對於相關研究的深入化頗有裨益。但此書在史料的論述上也存在一些錯漏和問題，對於林彪生平某些重要問題所作敘述亦有某些不應有的回避或維護。本文謹以相關史料為據，對於《林彪日記》的史學價值和存在的問題作一粗淺的探討，希望得到方家之指正。

---

[1]　李維民：〈黃克誠面示我們歷史地書寫林彪〉。《炎黃春秋》2002年第8期，第9頁。

一、扎實的史料貢獻

《林彪日記》以年譜形式論述林彪複雜的一生，在挖掘史料上貢獻頗大。眾所周知，由於林彪被視為反革命集團主犯，並被各種黨史、國史長期否定。在其身後，與之相關的各種文稿資料散失嚴重，缺乏整理，更少有公開出版發行的機會。

而《林彪日記》則在林彪生平繫年的記錄中收錄了林的大量文章和講話，其中包括了林彪生平歷史上一些十分重要的文獻，對於瞭解和評判林彪的生平事業有著重要的史料價值，以下僅列舉三例說明《林彪日記》在這方面作出的貢獻。

（一）〈論短促突擊〉一文與林彪在五次反圍剿時期的戰略戰術思考

林彪在十年內戰時期發表過〈論短促突擊〉一文，以往國內不少論者很少引用該文章原文，卻簡單論斷此文為林彪搞政治投機，迎合李德（奧托・布勞恩）提出的「短促突擊」思想之作。但從《林彪日記》收錄的〈論短促突擊〉全文和林彪在此一時期給中央軍委寫的兩封長信中，我們卻可以發現一個和以往所論很不相同的林彪。

〈論短促突擊〉一文在一開篇就詳細敘述了敵軍在五次圍剿中採取的戰略戰術上的種種變化，指出「極力剝奪紅軍進行一般的運動戰，尤其是遭遇戰鬥、襲擊的機會，這是敵人在五次戰爭中戰略戰術的決定上最基本的要點之一」[2]，正是在這樣的背景下，紅軍以往那種對付國民黨軍常常行之有效的「誘敵深入」方針遇到了尖銳的挑戰。正如林彪在文中所言：「誘敵深入的方法，在對付歷經慘敗而有無數血的教訓的敵人，已經不是可靠的有效的辦法了」。因此，如果要堅持在內線進行運動戰，就不得不在戰術戰鬥形式上加以變化，「短促突擊的戰鬥，是從上述的敵人戰略戰術條件，及其他種主客觀條件下產生的」。林彪在文中分析了短促突擊在戰鬥戰術上的

---

[2]　林彪的上述判斷可以得到國民黨方面史料的證實，如當時擔任第五次圍剿主攻部隊的國民黨圍剿軍第三路軍所遵循的作戰方針明確規定：「本路軍以消耗戰之目的，采斷絕赤區脈絡、限制匪之流竄、打破其游擊戰術、封鎖圍進之策略……本戰術取守勢戰略取攻勢之原則，步步為營，處處築碉，匪來我守，匪去我進」。〈贛粵閩湘鄂贛北路剿匪軍北路軍第三路軍作戰計畫〉，轉引自黃道鉉：〈第五次反「圍剿」失敗原因探析──不以中共軍事政策為主線〉，《近代史研究》2003年第5期，第83頁。

運用，認為運用短促突擊的戰鬥方式，不僅要用來爭取戰鬥的勝利，更要注重於爭取戰役的勝利。而要達到這樣的目的，「需要最好的配合，最好的組織，在這種戰鬥中如發生小的缺點，都會造成失去勝利的惡果」。

正是基於這樣的考慮，林彪在這篇文章的第二部分詳細敘述了短促突擊這種戰鬥方法在戰前、戰中、戰後應注意的事項和採取的合理方針，並對採用這種作戰方式在不同地形上、敵軍進軍的不同情況、突擊部隊戰鬥隊形的選擇等種種在短促突擊戰鬥中可能遇到的問題加以討論並提出相應的對策，使得這種戰鬥形式能根據敵我兩軍的實際狀況而具有相當的靈活性。而在〈論短促突擊〉的最後一部分，林彪明確限定了短促突擊對於紅軍戰鬥戰術的意義和局限性所在：「我們在戰略戰術上，是一方面要極力利用革命戰爭的各種輔助方式（游擊戰爭防禦等），但最基本是要巧妙的機動。以主力尋求在更寬大無堡壘的地域，進行正規的、大規模的運動戰，大量地消滅敵人的有生力量。短促突擊雖然也是運動戰的一種，但我們如完全束縛在這種戰鬥方式中，則是非常錯誤的。在另一方面，如果不相信這種短促突擊的戰鬥有消滅敵人的可能，有造成戰役上勝利的可能，而忽視這種戰鬥，則更是危險的、有害的」[3]。

通讀林彪撰寫的這篇文章，我們並不能得出所謂林彪向李德獻媚，「搞政治投機」的結論。以往有關中共黨史的很多論述因受《若干歷史問題決議》的影響，存在一個不小的認知誤區，就是認為第五次「反圍剿作戰」放棄了以往反圍剿作戰中行之有效的「誘敵深入」方針，而改用「短促突擊」的戰鬥方式，導致紅軍失去了不少殲敵機會，以至於被動挨打。但正如前所述，在國民黨方面全面更改原有圍剿作戰方針的條件下，以往行之有效的反圍剿策略顯然已無法適應新的形勢變化。而毛澤東在此後於陝北總結十年內戰的經驗教訓時，也承認在三次反圍剿之後，「誘敵深入」的內線作戰戰略已不合適。主張採用進攻的外線作戰戰略，紅軍主力突進到以浙江為中心的蘇浙皖贛地區，向廣大無堡壘地帶尋求作戰[4]。而這與林彪在〈論短促突擊〉一文最後提出的「以主力尋求在更寬大無堡壘

3　林彪：〈論短促突擊〉，《林彪日記》上冊，香港明鏡出版社2009年版，第86-93頁。
4　毛澤東：〈中國革命戰爭的戰略問題〉，《毛澤東選集》第一卷，人民出版社1969年版，第219-220頁。

的地域，進行正規的、大規模的運動戰，大量地消滅敵人的有生力量」主
張恰恰是相合的。

　　當然也要看到在當時的歷史背景下，要下決心放棄經營數載的中央蘇
區，以紅軍主力突入敵軍後方作戰，這樣大的戰略決策自然是不容易作出
的，而如果堅持在內線進行運動作戰，面對國民黨軍新的圍剿戰略，短促
突擊這樣的戰鬥形式自然就成為可以發揮紅軍運動戰所長的較為合理的一
種作戰手段。對於短促突擊在反圍剿作戰中的價值，紅軍不少將領有著與
林彪相似的認識，如彭德懷在〈頑強防禦與短促突擊──給某師長的信〉
一文中這麼論述短促突擊的意義：「在敵躍進和推進時，靈活的運用攻擊
的戰術動作──側擊和短促的突擊，來取得敵人資材，根據自己的特長和
敵情，是有可能的；而且也只有這樣積極動作，爭取每次戰鬥的勝利，才
能展開戰役上的勝利，完成持久戰略。」紅軍總司令朱德在總結高虎腦戰
鬥時指出：「突擊隊能英勇與適時施行短促突擊，守備隊能堅決與頑強地
抵抗互相配合，是有很大意義的」[5]。而有趣的是，各種關於朱、彭的傳
記、年譜從未把他們發表的這些意見作為朱、彭搞「政治投機」的證據，
唯獨對林彪卻如此苛責，只能說某些偏見的存在影響了史家作出較為客觀
的歷史評判。

　　短促突擊戰術雖然可以發揮紅軍的戰術長處，在反圍剿作戰中也收到
某些成效。但在總體戰略上，仍無法破解國民黨軍步步為營的進攻戰略。
而且由於國民黨兵力十分集中，極少孤軍冒進，造成使用短促突擊戰術無
法取得殲滅戰的效果，而打成擊潰戰、相持戰，對於兵力、武器均處於劣
勢的紅軍而言是無法承受的。為了解決此一困境，林彪在1934年4月和5月
兩次寫長信致函中革軍委，要求採用更合理的運動戰方式應對國民黨軍的
圍剿。

　　在4月2日信中，林彪批評了那種主張分兵狙擊，以堡壘對堡壘的作戰
方式：「有些重要的負責同志，因為他以為敵人五次『圍剿』中所用的堡壘
政策是完全步步為營的，我們已失去了求得運動戰的機會，已失掉一個戰役

---

[5]　彭德懷：〈頑強防禦與短促突擊──給某師長的信〉，朱德：〈一個支撐點和短促突擊的
　　戰例〉，均轉引自黃道鉉：《第五次反「圍剿」中共軍事政策再理解》，中國社科院近代
　　史所民國史研究室　四川師範大學歷史文化學院編著：《1930年代的中國》下卷，社會科
　　學文獻出版社2006年版，第511頁。

中消滅幾個師的機會。因此遂主張我軍主力分開去分路阻敵，去打堡壘戰，去天天與敵人保持接觸，與敵對峙，去專門尋求小的戰術勝利以削弱敵人，想專憑在長期無數小的勝利中（每回消滅敵人一個連獲一個營），就此把敵人的五次「圍剿」完全粉碎，這種意見我是不同意的。」主張使用更靈活、更大規模的運動戰打擊敵人：「我覺得我們主力通常應隱蔽集結於機動地點（判斷敵人將向某地前進則位於某地附近而外），有計劃的盡可能造成求得運動戰的機會，抓緊運動戰的機會，而於運動戰中以我主力軍大量的消滅敵人，每次消滅它數個師。只有這樣的仗才能以小的代價取得大的勝利，只有這樣的仗才能轉變戰略形勢，才能粉碎敵人的『圍剿』，而徹底解決問題」。在其後進行的廣昌作戰中，林彪、聶榮臻就聯名建議中革軍委將紅軍主力收縮到廣昌城附近地區，待敵展開後再尋覓良機突擊殲敵。但此一建議未為中革軍委採納。

　　廣昌戰役失利後，林彪在5月4日又致信中革軍委，尖銳批評軍委指揮不當，提出運動作戰中「主力兵團可以取得勝利的仗不應放過，對於得不償失的仗，對於勝利條件不足的仗，則不應以主力進入戰鬥，這一點應成為每一戰役的最高首長下決心時和我主力軍團首長專斷專行時的最高原則」。林彪的這一批評在措辭上比起彭德懷在廣昌戰役失利後指責李德「崽賣爺田不心痛」要溫和的多，但其內在含義卻頗有相合之處，而且對於紅軍改進戰略戰術指揮有著積極的建設性意義。但在許多學者的選擇性研究中，林的這些重要見解往往被選擇性遺忘了。

（二）「突出政治」下的軍隊訓練與建設

　　林彪在59年接任國防部長後，主張加強軍隊的政治思想工作，不少相關歷史論著都言之鑿鑿地認為，林彪鼓吹「政治可以衝擊一切」，認為政治學習可以衝擊軍事訓練，甚至片面突出政治，導致人民解放軍的軍事訓練水平大為下降等等。更有甚者，認為軍隊的現代化建設在林彪主軍時期受到了很大破壞。

　　但從《林彪日記》中收錄的林彪當時發表的一系列講話指示來看，他對於軍事訓練和軍隊建設的重要性是十分清楚的。在林彪主持軍委工作中，他在許多重要的講話、指示中一再強調軍事訓練和軍隊建設的重要性。如1960

年2月林彪在廣州召開的軍委擴大會議上作長篇報告，著重提出在部隊中提倡「三八作風」[6]。以往論述多認為林彪提倡「三八作風」意在討好毛澤東，並開軍隊工作泛政治化之風，但仔細研讀林彪這篇講話，其重視軍隊訓練和建設的話語比比皆是，比如他提出兩彈為主、導彈第一，努力發展電子技術」的國防尖端技術發展方針；要求制定好編制和裝備發展的八年規劃，明確主張在建立完整的現代國防的基礎上，大力發展空軍、海軍和特種兵，適當減少步兵的數量，大搞民兵，培養後備幹部和技術力量。反對那種把「學原子彈條件下作戰認為是教條主義」的看法，認為技術是主要的，戰士們要學好各種技術，包括「怎麼樣做工事，怎麼樣刺殺、投彈，怎麼樣防毒」等等。幹部要「又紅又專。專門的只專也不行，專門紅，變成空頭政治家也不行……我們搞的就是打仗這一行，不懂得打仗，打仗亂搞一通還行嗎」[7]？

　　同年9至10月，中共中央軍委在北京召開擴大會議，不少研究者都提到林彪在9月12日軍委常委會上提出「四個第一」的觀點，認為是非常「左」的強調「突出政治」的錯誤觀點，「四個第一」的推行，導致軍隊建設受到很大損壞等等[8]。但這種判斷其實並不符合史實。就在這次軍委擴大會議閉幕會上，林彪就部隊建設各個方面發表了長篇講話，其中就政治掛帥問題、政治與軍事關係問題有這樣一段詳細的論述：

　　「我強調政治掛帥，但是，不要以為政治掛帥就不要軍事，那不行的。事情總是由幾個方面合成的，缺了一樣就不行的。政治固然要，軍事也要。現在我們應該這樣想：軍事和政治比較，那個重要？沒有話說，政治第一，可是講時間，那個應該多占一點，那個應該少占一點？政治應該少占一點，文化更應該少占一點，軍事應該占多些。軍事應該占60%、70%以至80%。我們把這兩個問題分析分析，政治是主要的，這是我們的基礎，什麼工作都要政治掛帥，政治起主帥作用。但是，學軍事要比政治的時間多。軍事為政治服務，不然變成空頭政治。你的飛機開不好，在空中掉下來，那不就是政治損失嘛？……打槍你不練是不行的，大炮不練是打不準的，步槍射

---

[6]　即毛澤東在1939年提出的「堅定正確的政治方向，艱苦樸素的工作作風，靈活機動的戰略戰術」三句話和「團結、緊張、嚴肅、活潑」八個字，林彪將這三句話、八個字概括為三八作風，在部隊中提倡推行。

[7]　《林彪日記》下冊，第727-733頁。

[8]　叢進：《曲折發展的歲月》，河南人民出版社1989年版，第315-321頁。

擊不練是打不準的，你不給他練的時間，單講道理哪裡行，練的時間少了還不行的。不要搞成一個空頭軍。我們一定要把技術搞好，技術不搞好，打仗就要出亂子，打敗仗，出笑話的⋯⋯軍事這東西，不能放鬆」[9]。

同年12月，林彪在聽取海軍副政委杜義德彙報海軍訓練情況時，專門強調要加強對部隊的技術訓練，認為像海軍這樣一個技術複雜的軍種，更不是一日之功就可以奏效的。要海軍抓緊時機，拿出大量時間來搞訓練。而在其後同副總參謀長張宗遜（兼總參軍訓部部長）談話時，林彪又一次就軍事訓練問題發表長篇指示，提出「過去是靠打仗訓練部隊，現在是靠訓練好了去打仗，一定要下功夫把軍隊訓練好⋯⋯訓練不好，平時出事故，戰時會散掉⋯⋯現在裝備、幹部、戰士都是新的，非下大力訓練不行。一定要看清這點，軍事幹部、政治幹部、後勤幹部都要認識這點，也要告訴地方工作同志，使他們認識到這點」。他還十分細緻地就軍事訓練的許多細節問題發表意見，主張要加強技術訓練、戰術訓練、指揮員訓練、佇列訓練、夜間訓練等軍隊訓練工作，而且還要抓住重點，「反覆地學，反覆地練，不然到打仗時就不能過硬」[10]。

很顯然，從林彪的上述多篇講話中根本不可能得出某些研究者所謂林彪片面鼓吹突出政治，因而忽視軍隊訓練的結論來。而即使在文革前夕的1965年，「突出政治」之風已經甚囂塵上，日趨極端之時。林彪在同年11月發佈的嘉獎海軍令中仍把苦練過硬的技術和近戰夜戰的戰術作為1966年軍隊五項具體工作中的一項[11]。

平心而論，林彪在59年復出主持軍委工作時既有半真情半假意地迎合毛澤東，大力鼓吹「突出政治」甚至走向極端的一面，同時又有在工作中堅持務實作風，重視軍隊訓練，大力推進軍隊現代化建設的一面。之所以林彪有如此複雜的兩面形態，由他自己所寫的一句工作心得可以令我們略解其中的緣由所在：「自主事，唯勝是圖。他主事，唯命是從」[12]。

---

[9]　《林彪日記》下冊，第775頁。

[10]　《林彪日記》下冊，第787、789、790頁。筆者之所以長篇摘引林彪的講話，意在說明林彪對於軍事訓練的重要性是有著充分認識的。

[11]　《林彪日記》下冊，第903頁。

[12]　林彪讀書時所作筆記。

（三）文革中的林彪

以往涉及林彪的許多論著在對其前半生或多或少加以肯定的同時，對林彪文革時期的作為大都加以批評性的論述。林彪在文革中作為副統帥、毛的親密戰友和接班人，確實做了不少錯事，說了不少錯話。但分析研究這段歷史，應該力求對其中的每位歷史人物按一個標準進行客觀論斷，而不是對有些人的作為以「違心、失誤」加以開脫，對有些人則以「壞人做壞事」一棍子打死。而要對文革中的人與事作出較為客觀準確的評價，首先是對當時的歷史史實背景進行較為可靠的梳理還原。《林彪日記》中的第十、十一章使用大量歷史資料較為詳細地記述了林彪文革中的史事，對林彪在文革中的真實面目進行了一定的還原。

如文革前夕發生的打倒羅瑞卿事件，在過往的許多著述中，羅被打倒被認為是林彪蓄意陷害羅導致的結果。而毛的責任僅僅是聽信了林彪的一面之辭之後錯整了羅瑞卿。近來也有研究者認為打倒羅瑞卿是毛林交易的結果，毛需要借助林彪的力量來實現其發動文革的宏偉計畫[13]。

《林彪日記》作為一本年譜性著作，雖然沒有對這一事件的複雜起因作出明確的判斷[14]。但仍通過對一些原始資料的引述，揭示了一些與以往著述頗為不同的重要資訊，為更全面客觀地探討此一事件提供了幫助。

《林彪日記》在記載與打倒羅瑞卿事件相關的史料重點引述了毛澤東在上海會議召開前對羅瑞卿的一些負面評價：「羅的思想同我們有距離……羅把林彪同志實際當作敵人看待。羅當總長以來，從未單獨向我請示報告過工作，羅不尊重各位元帥，他又犯了彭德懷的錯誤，羅在高饒問題上實際是陷進去了。羅個人專斷，羅是野心家。凡是要搞陰謀的人，他總是拉幾個人在一起……」「那些不相信突出政治，對於突出政治陽奉陰違而自己另外散佈一套折中主義（即機會主義）的人們，大家應當有所警

---

[13] 參見卜偉華：〈砸爛舊世界—文化大革命的動亂與浩劫〉（中華人民共和國史第六卷），香港中文大學出版社2009年版，第27頁。筆者對此觀點持懷疑態度，以毛的領袖地位和雄猜個性，豈是可以隨便作政治交易的物件，而且林一向小心謹慎，對歷代史書頗有涉獵，對毛的個性也是知之甚稔。豈不知這種交易近於要脅，對己而言後患無窮。再者，如果真有此一交易，就很難說得通林彪在文革初期的種種消極被動之舉和其後的步步高升。

[14] 在《林彪日記》作者之一舒雲撰寫的《林彪畫傳》等論著中，對於羅瑞卿事件的起因有明確的闡述，可參看。

惕[15]」[16]。由上述毛作出的尖銳評價可見毛對羅的不滿是由來已久，事出有因，並非所謂林彪的一面之辭就能打動。

《林彪日記》還在1966年4月和5月條目下收錄了中央工作組提交給中央的《關於羅瑞卿錯誤問題的報告》的重要內容和該報告六個附件的名稱：「葉劍英發言：〈徹底粉碎羅瑞卿同志篡軍反黨的陰謀，高舉毛澤東思想的偉大紅旗奮勇前進〉；謝富治發言：〈高舉毛澤東思想偉大紅旗，肅清羅瑞卿同志在公安工作中散佈的資產階級毒素〉，蕭華發言：〈堅決保衛毛澤東思想，徹底粉碎羅瑞卿同志的資產階級軍事路線和篡軍反黨的陰謀〉；楊成武發言：〈堅決捍衛偉大的毛澤東思想，徹底粉碎羅瑞卿篡軍反黨的陰謀〉；〈羅瑞卿同志3月12日的檢討〉；葉劍英、蕭華、楊成武、劉志堅四人聯名於1966年3月24日給毛澤東、中共中央的信〈彭真同志在批判羅瑞卿會議過程中的惡劣表現〉」[17]。

從這些附件名稱我們不難發現，在這場打倒羅瑞卿的黨內鬥爭中，當時在軍中擔任要職的葉劍英、楊成武、蕭華等人起了十分重要的作用[18]。而以往的不少論述對於這些事實往往避而不談，卻把打倒羅瑞卿歸咎於林彪一人，如此論史，只能離歷史的真實越來越遠。

《林彪日記》中還記述了文革中與林彪有關的不少重要事件的史料背

---

15 王年一先生在其《大動亂的年代》一書中指出，毛的這一指示在很大程度上是針對羅瑞卿的。王年一：《大動亂的年代》，河南人民出版社2005年版，第21頁。

16 《林彪日記》下冊，第906-907頁。

17 《林彪日記》下冊，第918頁。該書在敘述中缺少了楊成武的發言名稱，現據《中國文化大革命文庫》光碟所載補上。

18 今年初出版的《邱會作回憶錄》和《邱會作與兒子談文化大革命——心靈的對話》兩書提供了關於打倒羅瑞卿事件的重要回憶史料，更揭示出羅瑞卿被打倒與軍中複雜的派系之爭有很大關係。據邱回憶，早在1965年5、6月在京西賓館召開軍委常委會時，他在休息室聽到聶榮臻、葉劍英兩位元帥對羅瑞卿的尖銳批評。同年6月，葉劍英又把邱會作叫到自己家中，就羅瑞卿問題向他打招呼。在談話中，葉提到羅瑞卿與賀龍結成同盟，搞小圈子，急於撈取資本上臺等事情。打招呼的人還有李天佑、吳法憲、李作鵬、陳錫聯、楊得志、許世友、黃永勝、韓先楚等軍隊高層幹部。在上海會議之前，葉劍英、謝富治、蕭華、楊成武、劉志堅等人已經去杭州向毛系統彙報了羅瑞卿的問題。之後才有要林寫信羅瑞卿問題報告一事。而在上海會議上，葉帥還當著去看他的幹部大聲說：「搬掉凶神，解放元帥。你們受壓當然不好受，但你們到底還有工作，他對你們還是要客氣一點的，否則對工作不利。對我他就不客氣了。他根本不把我這樣的人放在眼裏的！」在北京舉行的「面對面」形式的批判會議上，衝鋒陷陣的還是葉劍英、謝富治、蕭華、楊成武、劉志堅等人以及總政的一幫人，如李曼村、唐平鑄等人。邱會作：《邱會作回憶錄》上冊，香港新世紀出版及傳媒有限公司2011年版，第377-380、393、395、399頁。程光：《邱會作與兒子談文化大革命——心靈的對話》，轉引自丁凱文：〈不容青史盡成灰——讀程光《邱會作與兒子談文化大革命——心靈的對話》〉（一），《華夏文摘增刊》第792期。

景，對於研究者探討林彪在文革中各種作為背後的種種複雜原因頗有裨益。如該書在1966年10月1日條目下記載了林彪指示發表《關於軍隊院校無產階級文化大革命的緊急指示》的重要背景資料。根據《林彪日記》的記述，在當日林彪陪同毛澤東第四次接見紅衛兵時，解放軍第二軍醫大學造反組織紅色造反縱隊代表陶斯亮（陶鑄之女）在天安門城樓向毛林反映軍隊院校「鎮壓群眾」的情況，認為軍隊院校搞文革條條框框限制太多。林根據毛的態度提出要採取措施加以糾正，於是才有《關於軍隊院校無產階級文化大革命的緊急指示》的出臺[19]。《林彪日記》1967年7月25日條目下記載了林彪於當日在天安門城樓上發表了「要戰鬥，要突擊、要砸爛總政治部閻王殿」這一口號的事件。以往不少論者往往就此孤立立論，認為總政被砸爛係林彪一手造成。而《林彪日記》在記述此一事件時明確說明這是林同毛女兒肖力（即李納，當時是《解放軍報》的主要負責人）談話時所說，並在注釋中指出林彪在什麼情況下說這句話，現在缺失內容。按照林彪一貫做法，如果毛澤東不說話，他不會表態[20]。應該說，這是一種十分嚴謹地對歷史資料進行解讀的態度，也有益於我們更客觀深入地瞭解這段歷史。

　　文革中林與江青集團以及諸位「無產階級革命家」的關係，是研究文革林彪不可忽略的重要內容。以往著述往往喜歡以一種黑白分明的圖譜加以描述，林彪集團與江青集團既勾結又爭奪，林彪集團對許多無產階級革命家進行了瘋狂的迫害，如賀龍、徐向前、聶榮臻、葉劍英、羅瑞卿、楊成武等。但這種簡單、片面化的敘述缺乏扎實史料的支持，而更多是一種簡單的政治性臆斷。《林彪日記》較為詳細地記述了在林彪1966年至1971年的生平交往事蹟。依據這些重要的資料，對我們瞭解林彪在文革中這方面的情況大有裨益。

　　據《林彪日記》記載，文革中林彪與周恩來一直保持著密切關係，八屆十一中全會確定中央領導人選時，周恩來提出僅保留林彪一人的黨中央副主席職務，以突出林的接班人地位。九大上又發表長篇發言，稱頌林彪。甚

---

[19]　《林彪日記》下冊，第959頁，王年一先生在《大動亂的年代》一書中也持有類似看法，「林彪下令，不是因為『紅縱』一人（學生）反映了什麼，而是因為所謂『無產階級革命司令部』有此需要」。《大動亂的年代》，第80頁注1。

[20]　《林彪日記》下冊，第1059頁。

至不惜把林彪說成是「南昌起義」的光榮代表[21]。

葉劍英在八屆十一中全會後多次在公開場合和黨的會議上大力頌揚林彪：稱林彪是「毛主席最好的接班人」，「最全面掌握毛澤東思想」，「毛主席最好的學生」[22]。而林彪對周恩來、葉劍英等老幹部也多有維護，1970年5月17日江青擅自召集部分政治局委員開會，吹噓自己，攻擊周恩來「在亂中看不清方向」等。會後黃、吳、李、邱等向林彪報告，林彪很生氣，要黃、吳等報告毛和周[23]。1966年11月間，幾位老帥在接見軍隊院校和文體單位來京人員時達發表講話，對文革中的一些錯誤行為進行了批評。因此遭到批判，並被迫違心地做了檢查。林彪在次年1月的軍委擴大會議上發表講話時，對除賀龍以外的元帥都加以保護，稱「這幾個老帥是好同志，他們是做工作，不是不做工作的，是正派的，不是不正派的，是光明磊落的，把他們炮轟，對軍隊是不利的」[24]。在軍事科學院造反派批鬥葉劍英時，葉因身體不佳而請求休息，林彪當即批准，並表示：「全面看來，葉帥功大於過」[25]。

在打倒賀龍和楊余傅倒臺等問題上，《林彪日記》也較為如實地記述了林彪起的作用。

據該書記載，1966年9月上旬，吳法憲將揭發賀龍的資料報送林彪，林彪隨即將這一材料轉報毛澤東。其後，擔任中央軍委辦公廳警衛處處長的宋治國將其揭發賀龍的四份材料報送葉群（林彪妻）。9月6日，林彪在軍委會議上「吹風」，稱「中央軍委各總部、各軍兵種以及某些大軍區都有人伸手，想在那裏製造混亂，企圖在亂中奪權……他們的總後台是賀龍，主席說要在軍內高級幹部中『打招呼』，對賀龍的野心要有所警惕」。在打倒賀龍的問題上，無疑林彪起了重要作用。但《林彪日記》同時也指出，林彪的「打招呼」行動是受了毛的委託。而且與會的軍委常委紛紛表態，堅決

---

[21] 《林彪日記》下冊，第932、1157、1166頁。

[22] 《林彪日記》下冊，第958、961、978頁。

[23] 《林彪日記》下冊，第1179頁，此事兩位當事人吳法憲和邱會作都留下了回憶資料，邱會作回憶林彪讓他們報告主席，告訴周恩來是他的建議。《邱會作回憶錄》下冊，第682-683頁。

[24] 《林彪日記》下冊，第996頁。

[25] 《林彪日記》下冊，第1045頁。

擁護毛的決策和林彪的講話[26]。這樣的論述應該是更為客觀和接近歷史真實的[27]。

在「楊余傅」倒臺事件上，《林彪日記》記述葉群代替林彪在1968年3月19至22日連續四天參加中央緊急會議，主要內容是解決「楊余傅」的問題。並較完整地收入了林彪在324大會發表講話的內容。包括林彪講話期間江青、周恩來等人的插話[28]。為我們瞭解該事件不無裨益。但因《林彪日記》在兩年前成書，所以未能利用最近公開出版的一些重要資料對此一事件進行更深入系統的論述[29]。

林彪在文革中有多次講話吹捧江青，但同時也有與江青發生激烈衝突的時候，《林彪日記》中記載了林彪在67年1月因打倒蕭華問題與江青發生的一次激烈衝突[30]，以及林彪在不少問題上對江青胡作非為的一些抵制[31]。

而在九屆二中全會前後，林彪和黃、吳、李、邱等人和江青集團發生尖銳矛盾衝突，《林彪日記》對此記述甚詳，在國家主席問題上，毛一開始既表示不要設國家主席，同時又表示自己不要當國家主席，可由林彪擔任國家主席[32]。其翻雲覆雨的政治手段於此可見一斑。而在九屆二中全會林彪講話前，毛向林表示可以講張春橋的問題，但不要點名。但一旦會上群情激憤，要揪出張春橋[33]，形成「炸平廬山之勢」時，毛又一次出爾反爾，出來

[26] 《林彪日記》下冊，第1045頁。
[27] 據黃永勝回憶，他曾去西山參與葉劍英主持的會議，傳達打倒賀龍的問題，劉伯承在會上作了長篇發言，指責賀龍是大軍閥、打土匪。黃正：《軍人永勝──原解放軍總參謀長黃永勝將軍前傳》，香港新世紀出版及傳媒有限公司2010年版，第549頁。
[28] 周在林彪講話時插話說：「誰反對江青同志就打倒誰！誓死保衛江青同志！」在其後的講話中又肯定和讚揚江青，並表示要永遠忠於中央文革。《林彪日記》下冊第1103、1107頁。另可參見《大動亂的年代》，第239頁，《邱會作回憶錄》下冊，562-563頁。
[29] 今年出版的《邱會作回憶錄》詳細敘述了楊成武倒臺的過程，並揭示了楊倒臺的一些重要原因，《邱會作回憶錄》下冊，第549-566頁。
[30] 《林彪日記》下冊，第1001-1002頁。
[31] 如江青在1969年8月就當前文藝工作和「普及樣板戲」等問題致信林彪，並要求將她的意見轉發各地。中央政治局根據林彪的指示決定請示毛澤東，將此事擱置。《林彪日記》下冊，第1167頁。
[32] 《林彪日記》下冊，第1176-1177頁，《邱會作回憶錄》對於汪東興傳達毛澤東指示一事有較詳盡回憶，可參看。
[33] 據邱會作回憶，如鄧穎超、陳雲等許多老幹部都發言表示了對江青張春橋一夥的不滿，許世友還提議把張下放農村，勞動改造三年。《邱會作回憶錄》下冊，第700、705、707頁。

力保張春橋和江青集團[34]。其目的在於維護文革這一毛澤東晚年不可觸犯的「宗教與陷阱」（胡喬木語）。

二、論述上的錯漏與相關問題

林彪一生經歷複雜，要寫好他的生平編年，需要對相關歷史知識有較為扎實的掌握，《林彪日記》一書因為種種原因，在這方面的史實敘述中錯漏頗多，留下不小的遺憾。如該書敘述林彪參加北伐的經歷，混淆了獨立團的北伐過程。史載獨立團的北伐路線是先入湖南，在汀泗橋、賀勝橋戰役中屢建奇功，1926年10月攻克武昌後才轉向江西方向對孫傳芳部作戰。但《日記》卻記載林彪在獨立團軍中參加北伐是先去江西，打垮孫傳芳後才轉入湖南與吳佩孚作戰，未免與史實相去甚遠。

《林彪日記》中記述林彪在蘇聯情況時，提到林彪對歐洲戰事的兩次帶有預言性的判斷，並認為林彪的判斷十分準確。對於林彪是否有過這麼兩次準確的軍事預言，至今還缺乏足夠的史料加以證實，但筆者在此要指出的是，由於作者對蘇德戰爭的戰場地理狀況並不熟悉，所以在文中引述的所謂林彪的判斷可謂是漏洞百出。

根據蘇聯方面的歷史記載和朱可夫等紅軍將帥的回憶，蘇軍統帥部確實在1940年秋天對原來的作戰計畫進行了重要的調整，據朱可夫回憶，當時紅軍統帥部認為最危險的戰略方向是西南方向的烏克蘭，而不是西部方向的白俄羅斯，儘管這一方向距離蘇聯首都最近[35]，因此在蘇德戰爭爆發時，蘇軍在西南方向上集結了最多的兵力，而德軍根據戰前制定的作戰計畫，在巴巴羅薩行動的第一階段於西部的白俄羅斯方向集結了德軍最強大的陸軍（中央集團軍群）和空軍集團（第2航空隊），雙方實力對比的懸殊，使德軍在開戰之初就在西部方向上取得了最大的勝利。

《林彪日記》中記述林彪於1940年9月被邀請參與了蘇軍統帥部的決策會議，而且他還在會上準確預測了德軍的主攻方向。但根據作者記述的林彪所作判斷：「（德軍）將從西線高加索方向進攻，從波羅的海到喀爾巴阡

34　《林彪日記》下冊，第1182-1187頁。
35　朱可夫：《回憶與思考》，中國對外翻譯出版公司1984年版，第232頁。

山，全線進攻，佔領莫斯科」是不可能得到上述的結論。稍微瞭解蘇德戰爭歷史的人就應該知道，德軍發動全線進攻是必然的，而莫斯科作為首都，也一定是德軍要佔領的主要目標之一。關鍵是如何確定德軍的主攻方向，是西南方向的烏克蘭，還是西部方向的白俄羅斯，或者是西北方向的波羅的海沿岸地區。林彪要做出正確判斷，也只能在這三個方向中擇一。但《林彪日記》卻莫名其妙地搞出一個根本不存在的「西線高加索方向」，可說是非常嚴重的敘述錯誤，也讓人懷疑這段記載的可靠性。

由於《林彪日記》中涉及歷史人物極多，作者採用註腳方式敘述許多重要歷史人物的簡單生平情況。但因人物眾多，其中掛一漏萬的錯誤之處頗多。如項英中共三大當選為中央委員而非中央政治局委員。董必武並未擔任過全國人大委員長職務，蔣介石也從未畢業於日本東京士官學校，馮玉祥在張家口組織抗日同盟軍是在1933年而非1935年，王明在六屆四中全會上被選入中央政治局，但未入常委會；張國燾中共三大上落選中央委員等等。可能是出於疏忽，《林彪日記》中為陳昌浩這一歷史人物寫了兩個註腳介紹其生平，而在陳再赴蘇聯的時間記述上卻有1938年和1939年之別。《林彪日記》記載於1967年8月17日成立中央軍委辦事組有誤，當時成立的是軍委看守小組，次月才改稱軍委辦事組。

《林彪日記》中還有一些不應有的記載錯誤。如該書對二屆人大的召開日期有些含混不清，在其兩個章節都記載了二屆人大召開事件，分別記為1958年和1959年。而書中在1932年條目下敘述林彪、聶榮臻率領紅一軍團入閩作戰歷程時，也出現不少重複敘述。

還應指出的是，《林彪日記》對於一些重要的黨史資料和研究成果的利用不夠充分。如該書第三章關於林彪1934至1935年間的編年記述中就未提及林彪在1935年年末向中共中央提出戰略建議一事，當時中共中央向軍團領導幹部徵求對戰略問題的意見，林彪為此致信中央，建議在陝南開展游擊戰爭，並要求把紅軍的主要幹部派往陝南。此建議最後被中共中央否決。關於這一事件，《聶榮臻回憶錄》和《張聞天年譜》都有記述，《張聞天年譜》還收錄了當時張（聞天）、毛（澤東）就此事聯名致彭德懷轉林彪電的部分電文內容，但《林彪日記》的作者對此未加利用，造成記述上的缺漏。

　　林彪在東北指揮作戰期間，與蘇聯、朝鮮等方面亦有交往。但《林彪日記》對此一無記載，而根據俄羅斯聯邦對外政策檔案館保存的前蘇聯文件，僅在1948年，蘇方就應中共請求，派出茹拉夫廖夫為首的大批鐵路專家和工程技術人員攜帶大批設備到東北幫助修復了10000多公里鐵路和9000多米大中型橋樑，為遼瀋戰役的順利進行創造了重要條件。在這次交涉中，林彪還專門致函史達林，請求蘇聯派出專家幫助中方恢復東北的工業和運輸。上述文件均已被譯成中文，並收入《近代史資料》第113期（2006年出版），但《林彪日記》卻未能合理利用這些資料。

　　最後要提到的是《林彪日記》在學術規範上的嚴重不足，該書提供了許多重要的歷史記述，而且與以往的許多歷史論著所論有著明顯的差異與不同，但《林彪日記》僅給出部分記述的資料來源。考慮到當今現當代史研究遇到的種種困難，作者這麼做也可能有難言的苦衷[36]，但無論如何，大量資料來源的缺失不僅影響了研究者對該書的合理利用，也降低了《林彪日記》的可信度。

三、一些不應該有的回避

　　研究林彪生平，應以不溢美、不醜化，客觀評價為原則，記述他的生平編年史事，無論好壞，都應秉筆直書，不應該存在回避。但比較遺憾的是，《林彪日記》在記述林彪編年史事時，還是出現了一些不應有的回避。

（一）林彪與高饒事件的關係：

　　高饒事件是中華人民共和國成立後中共黨內發生的一起嚴重的黨內鬥爭事件。而林與高饒事件的關係，多年來研究者一直言之不詳。據筆者所見，在譚宗級編著的《十年後的評說》研究論文集中，有于南撰寫的關於林彪之研究文章明確提到林彪所謂「參與高饒反黨陰謀活動」，該文稱高崗出事前曾到杭州與養病的林彪多次密談，還提到葉群也常代林彪到高崗處談政治問題，林彪在1953年十一月末託高崗妻子給高崗帶一封信，高崗

---

[36]　鑒於文革研究禁區頗多，一些重要的研究論著對於某些資料來源不得以採用知情者說的方式加以標注，這在一定程度上是可以理解的，但卻是不合規範的。

出事後葉群編造情況欺騙高崗妻子等[37]。而近年則有研究者根據某一未必準確可靠的資料，稱林彪在高饒出事後對高崗反戈一擊，對高大肆揭發批判[38]。但該文所引資料為孤證，且敘述中亦有自相矛盾之處，其可信性頗令人質疑。

　　《日記》對林彪與高饒事件的相關敘述甚少，其1952、1953年條目中相關記載主要包括，「1953年（日記誤記為1952年）8月，林彪在西山休養時，高崗邀二三十位軍隊和地方幹部去看望他」，「1953年10月，高崗到杭州劉莊拜訪林彪，主要談中央政治局關於開展增產節約運動和糧食統購統銷兩個會議的情況」。而其1954年條目下僅引用吳法憲回憶錄中的記載，稱林彪在該年2月初給劉亞樓一封信，請劉向高崗傳達其不願出任國務院總理的意見。而根據現有資料來看，林與高崗及高饒事件的關係並非如此簡單。據張明遠回憶，參與此次探望的王鶴壽曾經跟他提及此次探望中林彪的一些看法：「林總的水平確實很高，看問題深刻，對少奇的問題提得很尖銳，認為劉少奇在毛主席身邊確實很危險[39]」。而《日記》所記載的高崗1953年10月在杭州劉莊與林彪的長談，據高崗秘書趙家梁回憶，高崗南下時只是順便向林介紹了政治局關於開展增產節約運動和糧食統購統銷兩個會議的情況，考慮到高崗此次南下同陳正人、劉亞樓、陶鑄等多人談到讓林彪任部長會議主席之事，在和林彪談話時提到此事的可能性很大[40]，正因為高崗一再表示擁護林彪主持部長會議，吳法憲回憶的林彪致劉亞樓信內容才較為合理。另外據王鶴壽所說，高崗在1953年12月時還要他乘去上海檢察工作之便，去杭州林彪處談第一線當家問題，並希望林彪向毛進

[37] 于南：〈林彪集團興亡初探〉，譚宗級：《十年後的評說──文化大革命史論集》，中共黨史出版社1987年版，第61頁。

[38] 溫相：《毛澤東權術面面觀──高饒事件始末及其延伸》，網路版見http://www.360doc.com/content/10/0629/16/135392_35931241.shtml.

[39] 張明遠回憶為未刊稿，轉引自林蘊暉：《中華人民共和國史第二卷　向社會主義過渡──中國經濟與社會的轉型（1953-1955）》，香港中文大學2009年版，第303頁。

[40] 趙家梁在回憶高崗南下過程時提到高崗發表了不少對劉少奇的不滿看法，並推測高崗可能與陶鑄、林彪等交換過意見。林蘊暉、沈志華採訪趙家梁記錄，2005年2月2日，轉引自林蘊暉：《中華人民共和國史第二卷　向社會主義過渡──中國經濟與社會的轉型（1953-1955）》，第309頁。而趙家梁和張曉霽合著的《半截墓碑下的往事──高崗在北京》一書中對此事的記載略有不同，趙家梁、張曉霽：《半截墓碑下的往事──高崗在北京》，香港大風出版社2008年版，第154頁。

言反對劉少奇當家[41]。

　　另據陳雲年譜記載，在毛澤東決定批判高饒之後，還專門派陳雲到杭州做林彪的工作：「毛澤東要陳雲轉告在杭州修養的林彪：不要上高崗的當，如果林彪不改變意見，就與他分離，等改了再與他聯合。陳雲向林彪原原本本轉達了毛澤東的話，並向他介紹了高崗利用四野旗幟，在全國財經會議上煽動各大區負責人攻擊中財委的種種問題。林彪表示同意不再支持高崗」[42]。《陳雲傳》對於林陳之間的談話有更為詳細的記錄：「在杭州，陳雲向林彪轉達了毛澤東囑咐的話，並把高崗如何利用四野旗幟，如何在全國財經會議上煽動各大區負責人、如何到處活動等問題告訴了林彪。林彪答復說：『對這件事主席和你（指陳雲）比我瞭解，我同意。』林彪又問陳雲：『想不想當黨的副主席？』陳雲說：『我不配，不要當。』林彪說：『那末除劉少奇外不要再提別人了。』林彪還說：『高崗可能自殺。』陳雲立刻回到上海把他同林彪談話的情況報告毛澤東。毛澤東問陳雲：『難道副主席只要劉少奇一個？不要恩來？』陳雲說：『我當時理解林彪說除劉少奇外不要再提別人的意思，是林彪自己不想當副主席』」[43]。

　　仔細分析上述各種史料，我們可以推知，林彪在高饒事件上的捲入應該非淺。也因此，毛澤東一旦決定要端出高饒，便專門派與林彪在東北共事數載，交情不錯的陳雲南下向林彪吹風，而對毛瞭解甚深的林彪也明確作了表態：不再支持高崗，自己無心擔任黨中央副主席等領導職位，出於一份戰友情誼，林通過陳雲向毛傳話，指高崗有可能自殺，但毛並未特別重視，終於導致高崗二度自殺的悲劇發生。

　　對於林與高饒事件的種種複雜關係，《林彪日記》在現有史料的利用上多有不足，這是頗令人遺憾的。而同樣的缺憾也發生在林彪1959年主持軍委日常工作以後軍中發生的一件重要事件上。

---

[41] 林蘊暉：《中華人民共和國史第二卷 向社會主義過渡——中國經濟與社會的轉型（1953-1955）》，第313頁。

[42] 中共中央文獻研究室編：《陳雲年譜（1905-1995年）》中冊，中央文獻出版社2000年版，第192頁。

[43] 中共中央文獻研究室編：《陳雲傳》下冊，中央文獻出版社2005年版，第886-887頁。

（二）「譚政反黨集團事件」：

　　1960年發生的所謂「譚政反黨集團事件」，是林彪主持軍委日常工作後發生的一件大事，也是軍隊繼1958年反教條主義，1959年反彭黃之後又一起重要的整肅事件。關於此事，國內的當代史著作和論文論述不多，但大都指控此事與林彪有關，如叢進《曲折發展的歲月》一書第七章「軍隊的磨難」第三部分「1960年的反譚政鬥爭」中這樣敘述道：「譚政等不同意林彪只提『以毛澤東思想為指針』和只提學毛著、背警句的說法。認為有些理論是馬克思發明的，毛主席沒有發明，如政治經濟學的資本主義部分；不斷革命論也是馬克思發明的，毛主席闡述了，如果只提以毛澤東思想為指導而不提馬列主義，就不能概括。譚政還指出，對毛澤東思想『不能庸俗化』……譚政也不同意『三八作風』的提法。他說『是不是叫三八作風？這樣提好不好？』『三八作風這句話怎麼樣？還有三八婦女節，會不會引起誤解？』總政治部只將毛澤東原題詞內容作為人民解放軍光榮傳統作風進行宣傳，不稱作三八作風……在3、4月份的全軍政治工作會議上，總政治部也沒有佈置貫徹林彪提的『三八作風』……林彪對於譚政和總政治部對他不盲從、不吹捧，對他的指示有所考慮，沒有立即傳達貫徹，恨之入骨，蓄意進行打擊……林彪仍不甘心，決意『徹底解決』譚政和總政治部的『問題』，於是在剛剛4月開過全軍政治工作會議不久又提出要召開軍委擴大會議，專門討論政治思想工作問題。於是有1960年9、10月軍委擴大會議的召開。會議的整個過程，是林彪蓄意打擊譚政、整總政治部的過程」[44]。該書作者還認為譚政等人倒楣的原因，是因為他們的抵制破壞了林彪搞政治投機的活動，阻礙了林彪借宣傳、突出毛澤東，借此樹立自己，進而篡黨奪權的計畫的展開。類似的說法和敘述在譚政、羅榮桓等將帥的官方傳記中也可以看到[45]。但這種一邊倒的批判性論述其實存在不少問題，林彪確實對譚政主持的總政工作頗為不滿，並主持了軍委擴大會議對譚政的批判。但所謂林為了篡黨奪權掃除障礙因而打倒譚政的說法則多是缺乏足夠證據的「誅心」之論。近年來披露的資料則顯示譚政被打倒的因素頗為複雜，據曾任總後勤部部長的邱

44　叢進：《曲折發展的歲月》，第309、310、311頁。
45　如喬希章著：《譚政大將》，解放軍出版社2005年版，黃瑤：《中國元帥羅榮桓》，中共中央黨校出版社1998年版。

會作回憶，北京軍委擴大會議之初並不存在所謂林彪蓄意整譚政的氣氛，會議其後的轉向和賴傳珠[46]的會下進言及其會上所作的批評性發言有不小的關係[47]。而此次軍委擴大會議儘管批評了總政治部的「工作方向偏」，會議上通過的《關於譚政同志錯誤的決議》也只是規定了「希望譚政同志在今後總政治部機關的整風中，進一步地進行檢查」。真正上綱上線地對譚政進行揭發批判，甚至搞出一個「譚政反黨宗派集團」，則是隨後召開的總政黨委擴大會議作出的決定[48]。而在最後的處理上，譚政被貶為總政治部副主任，撤銷軍委常委、中央書記處書記等職務，比起1959年反彭黃時不少軍隊成員受到的處理明顯要輕一些。

綜合現有的資料來看，譚政受批判和免去總政治部主任職務，確實與林彪有著直接和間接的關係。但《林彪日記》對譚政受批判、被免職及羅榮桓出任總政治部主任等事件均未加記述。僅在兩處編年史事記載中略有涉及。即該書1960年4月條目下提到林彪向譚政建議把貫徹廣州軍委擴大會議精神作為全軍政治工作會議的主要議題，1961年4月30日條目中提到羅榮桓在中央軍委常委第26次會議上向林彪提出「帶著問題學毛選」的提法不妥，並稱羅「在此前前後，他多次對林彪將學習毛主席著作庸俗化、簡單化提出批評」[49]，作為盡可能詳細記錄林彪生平重要事件的年譜性著作，《林彪日記》中出現這樣大的忽略是相當不應該的。

四、結語

《林彪日記》儘管存在一些史事敘述的錯漏與不足，但作為一本系統性闡述林彪一生的年譜著作，是迄今為止關於林彪生平敘述最為完整，使用歷史資料最為豐富的論著。這本著作的出版，對於相關研究無疑起到了重要

---

[46] 賴傳珠是林彪的老部下，曾任東野六縱隊政委、四野第四十三軍、第十五兵團政委，時任瀋陽軍區政委。從瀋陽軍區後來樹立的雷鋒、紅九連等典型來看，賴對於林彪提倡的一套政治工作主張是積極擁護倡導的。

[47] 《邱會作回憶錄》上冊，第256、257頁。

[48] 據邱會作回憶，時任總政副主任的蕭華在反對譚政問題上是積極的，但最後僅被任命為總政第一副主任，收穫不大。邱會作：《邱會作回憶錄》上冊，第371頁。可見總政黨委擴大會議之所與在批判譚政問題上上崗上線，與批判主持者摻雜著私心利益不無干係。

[49] 《林彪日記》下冊第802頁。

的推動和促進作用。希望《林彪日記》今後再版時能夠在進一步吸收當今最新研究成果的基礎上[50]，改正原有的不足，對林彪這位複雜而又重要的中國近現代歷史人物的一生作出更加翔實準確的論述。

---

[50]　從去年底到今年4月，隨著《軍人永勝──原解放軍總參謀長黃永勝將軍前傳》、《《邱會作回憶錄》、《邱會作與兒子談文化大革命──心靈的對話》、《李作鵬回憶錄》等著作的出版，湧現了關於林彪和文革的大量重要史料，這為我們進一步瞭解林彪無疑提供了極其重要的幫助。

「批林批孔」運動與江蘇「軍管」的終結

南京大學歷史系／董國強

　　1974年的「批林批孔」運動是「文革」後期非常重要的政治運動之一。然而迄今為止，國內外學界對這場運動的起因、過程、性質和影響的專題研究還十分有限。國內發表的幾篇相關文章都側重於北京的精英政治的層面，其核心觀點可以歸納為：以江青等人為代表的一小撮野心家、陰謀家，利用毛澤東對周恩來的猜忌和不滿，打著「批孔」和「批儒」的幌子，對以周恩來為代表的革命老幹部群體進行打擊迫害，為其篡黨奪權掃清道路。最後由於毛澤東的明察和干預，這場運動不得不黯然收場。[1]

　　撇開敘述話語中的政治偏見不談，上述解釋體系的結構性缺憾是顯而易見的：第一，其對精英政治層面的考察論述還不夠全面。出於對周恩來在「九一三事件」之後大力倡導批判林彪極「左」路線的不滿，毛澤東在一定程度上支持江青等人的批周活動。然而另一方面，從1973年底決定八大軍區司令員對調[2]，到1974年初指使江青到軍隊「點火燒荒」[3]，再到同年2月批評江青等人「三箭齊發」[4]，再到同年8、9月指使王洪文召集軍隊高級幹部

---

[1] 參見陳立旭：〈「九一三事件」後肯定與否定「文革」的鬥爭與毛澤東的心態〉，《毛澤東思想研究》，1996年第1期，第135-140頁。童小鵬：〈周恩來在「批林批孔」中〉，《領導文革》，1996年第12期，第48-52頁。安建設：〈毛澤東與「批林批孔」若干問題考述〉，《黨的文獻》，2000年第4期，第55-63頁。程振聲：〈毛澤東提出「要把國民經濟搞上去」前後〉，《黨的文獻》，2005年第2期，第42-43頁。林林：〈「批林批孔」運動述略〉，《福建師範大學學報》（哲學社會科學版），2008年第5期，第120-126頁。王海光：〈「古為今用」的荒唐一幕：「批林批孔」運動〉，《黨史天地》，1994年第6期。

[2] 參見李金明：〈1973年八大軍區司令員對調的台前幕後〉，《湘潮》，2005年第1期，第26-31頁。舒雲：〈八大軍區司令員對調緣由〉，《領導科學》，2001年第2期，第53頁。這兩篇文章主要敘述了1973年12月毛澤東的5次談話內容和八大軍區司令員對調命令的發出，但沒有明確指出八大軍區司令員對調的政治含義在於剝奪他們在地方上的黨政大權。

[3] 王海光，程振聲等人都提到江青到軍隊「點火燒荒」的事實，但是他們沒有意識到，這件事的背後推手是毛澤東。

[4] 參見周全華：〈批林批孔運動中的一場混戰——鍾志民退學事件〉，《百年潮》，2004年第10期，第78-80頁。鍾志民是南京大學政治系（哲學系）1972年工農兵學員。他的父親是江西省軍區高級幹部。鍾志民初衷畢業後到江西農村插隊，後來通過其父親的關係參軍，並在1972年作為「工農兵學員」進入南京大學學習。1973年下半年，他多次向學校領導寫信，要求退學返回農村當知青。這件事情被江青等人用作反對老幹部的一個口實，在1974

會議[5]，顯然反映出毛澤東利用「批林批孔」運動削弱軍方權力、恢復地方黨政秩序的戰略意圖。不瞭解這一點，我們就無法理解毛澤東為什麼要對批周進行干預。其次，上述解釋體系僅限於探討中央的決策動機與過程，沒有涉及社會各界對「批林批孔」運動的反應，以及這場運動在各地展開的實際形態和政治後果。[6]因而，其作為一場全國性的群眾運動的複雜性、多重性沒有得到彰顯。

　　國外學界對此問題的論述，值得一提的是Keith Forster關於浙江個案的分析。其基本觀點是：「大聯合」以後被邊緣化的浙江／杭州的造反派頭頭們在江青集團的支持下，利用「雙批」運動對當時掌權的省市領導幹部發難，並在很大程度上控制了地方領導權。因而，這場運動的本質是中央和地方上的「文革」激進派聯手，再一次向以老幹部群體為代表的保守勢力「奪權」，是「第二次文化大革命」。[7]筆者認為，「大聯合」時掌握浙江大權的軍隊幹部南萍、熊應堂在「九一三事件」後遭到清洗，當地權力落入地方老幹部譚啟龍等人之手，使得浙江在「雙批」期間的矛盾衝突與其他很多省份有所不同。因而Forster的研究結論是否可以作為一種通行的範式，值得我們認真考慮。

　　本文試圖從地方史的視角切入，具體考察江蘇／南京「批孔批孔」運動的動力、性質和結果。筆者希望這樣的圍觀實證研究，有助於揭示「雙批」運動現實形態的多樣性和複雜性，從而拓展我們對這場運動的現有認知。

年初發起一場批「走後門」的運動。毛澤東覺得批「走後門」有可能沖淡「批林批孔」運動，同時危及他與老幹部們之間脆弱的反軍聯盟，因而對江青等人提出批評，說「批林批孔」加上「批走後門」，是「三箭齊發」。

[5] 參見顧為銘：〈軍隊高幹會和毛澤東的「八月指示」〉，《當代中國史研究》，2003年第6期，第117頁。這篇文章談到1973年底八大軍區司令員對調後，廣州軍區、福州軍區、南京軍區有大量揭發材料報送中央，內容涉及李德生和幾大軍區司令。王洪文向毛澤東和政治局報告了這些情況，並於8、9月間主持召開「大軍區司令政委會議」，向他們公佈了這些揭發材料，迫使李德生等人檢討。李德生後來提交了一份檢查報告，提到自己在林彪問題上犯了嚴重的罪行，還提到要辭去中央副主席職務。9月8日，毛澤東在李德生的檢討上批示：「已閱，改了就好。」李德生的副主席職務隨即被免除。隨後毛澤東發出關於「安定團結」的指示。

[6] 林林的〈中共中央1974年九號檔由來考略〉一文，是中文文獻中唯一一篇以地方史視角切入、帶有實證性質的論文。該文簡單分析了福建「軍管」負責人韓先楚與張春橋、王洪文、江青等人的關係，詮釋了1974年3月中央九號檔的具體內涵與實際影響。其缺憾是所述內容僅涉及中共「十大」前後軍隊幹部與江青集團之間的矛盾，對福建地方政治幾乎沒有涉及。參見林林：〈中共中央1974年九號文件由來考略〉，《福建黨史月刊》，2008年第3期，第100-101頁。

[7] Keith Forster, "The Politics of Destabilization and Confrontation: The Campaign Against Lin Biao and Confucius in Zhejiang Province, 1974." China Quarterly 107 (September 1986), pp.433-462.

　　本文所涉及的地方政治勢力包括：（1）以吳大勝[8]、蔣科[9]為代表的軍隊幹部群體。他們在「文革」初期介入地方「支左」工作，後來在「大聯合」時在省革委會中擔任重要職務。1973年底許世友調離江蘇後，他們依然控制著當地的黨政軍大權。（2）以彭沖[10]、許家屯[11]為代表的舊省委幹部。他們在「文革」初期受到衝擊，「大聯合」時作為「革命幹部」被結合進省革委會領導班子，後來又被結合進省委領導班子，但沒有實權。（3）以曾邦元[12]、周錫祿[13]、徐松林[14]為代表的造反派頭頭。他們因「文革」初期的地位和影響，在「大聯合」時被結合進省市領導班子，但很快被「軍管」當局邊緣化，而後又在「清查五一六」運動中遭到清洗。（4）「清隊」期間被「軍管」當局以各種藉口遣送到農村的「下放人員」群體（江蘇全省在1969、1970年間共下放城鎮人口35萬人，其中南京市下放13萬人[15]）。

　　本文的內容分為三大部分：第一部分考察敘述1968至1973年間軍方領導人推行的各項政策，以及他們與中央領導及各職能部門之間的關係，揭示

8　吳大勝原為南京軍區後勤部副部長，「文革」初期參加南京「支左」工作，1968年「大聯合」時被任命為江蘇省革委會副主任，1970年「整黨建黨」運動中被任命為江蘇省委書記，後來還兼任江蘇省軍區政委。1973年12月許世友調離南京後，吳大勝代理江蘇省委第一書記兼省革委會主任。1974年11月被中央停止領導職務。

9　蔣科原為南京軍區司令部作戰訓練部部長，1968年「大聯合」時被任命為省革委會政工組長，後來擔任過省革委會副主任、省委常委、省軍區副司令等職。他是許世友和吳大勝的重要助手，1974年11月被停止領導職務。

10　彭沖原為江蘇省委書記處書記，「文革」初期受到衝擊，1968年「大聯合」時被任命為省革委會副主任，1970年「整黨建黨」運動中被任命為省委副書記。但長期無實權。他在1974年春策動「倒吳」運動，同年11月被中央任命為省委第一書記、省革委會主任、南京軍區第二政委。

11　許家屯原為江蘇省委書記處書記，「文革」初期受到衝擊，1969年初獲得解放，擔任過江蘇省水利工程指揮部副總指揮、省革委會副主任、省委副書記等職。1974年春跟隨彭沖發起「倒吳」運動，同年11月成為彭沖副手。1976年10月彭沖調上海後，接任江蘇省委書記和省革委會主任。

12　曾邦元原為南京大學數學系政治輔導員，「文革」初期捲入造反活動，後來成為江蘇「屁派」總頭目，1968年「大聯合」時被任命為省革委會常委、宣傳組副組長，1970年「整黨建黨」中被任命為省委委員，1971年秋因「五一六」嫌疑被隔離審查，1974年春獲得釋放，積極參加「倒吳」運動。

13　周錫祿原為省級機關低級幹部，「文革」初期參加造反，後來成為省級機關「屁派」頭頭，1968年「大聯合」時被任命為省革委會常委，後來擔任水電部門負責人，1971年因「五一六」問題受到審查，1973年獲釋，積極參加1974年「倒吳」運動。

14　徐松林原為省級機關低級幹部，「文革」初期參加造反活動，後來成為省級機關「好派」頭頭，1968年「大聯合」時被任命為省革委會常委，後來擔任農業局負責人，1970年因「五一六」問題受到審查，1973年獲釋，積極參加「倒吳」運動。

15　1974年11月26日，許家屯在江蘇省委部委辦局負責人會議上的發言。詳見施兆祥工作筆記。

江蘇／南京「批林批孔」運動的多重內在動力。第二部分敘述1974年初至1975年初當地「雙批」運動開展的實際情況，主要涉及上述各種勢力對中央「批林批孔」運動指示（包括中共中央1974年1號、2號、3號文件和1970年初的「兩報一刊」社論）的最初反應，以及後來各方對中央12號文件、14號文件、17號文件、21號文件、26號文件（這些文件與江蘇問題直接有關）的應對策略，揭示「反軍」聯合陣線形成的過程。第三部分分析論述這場運動的結果，主要涉及當地黨政領導權在軍隊幹部和舊省委幹部之間的轉移，以及彭沖、許家屯掌權後如何收縮群眾運動的情況。

　　本文論述所依據的史料包括公開或未公開發表的地方史資料，公開或未公開發表的回憶錄資料，「雙批」運動期間流傳的大字報和傳單，當時省市委印發的一些會議記錄和批判發言，以及筆者採集的一些親歷者的口述歷史資料。此外，宋永毅先生主編的《中國文化大革命文庫》，收錄了許多相關的中央文件和中央領導人講話。施兆祥[16]先生向筆者提供的10本1974年的個人工作筆記，全面系統地記錄了「雙批」期間省委和省級機關許多重要會議的情況，並保存了若干內部傳達的中央文件和中央領導人講話抄件。

一、江蘇「軍管」及其政治後果

　　從大的方面看，「文革」前期江蘇的情況與很多其他省份十分相似。在1967年初的「奪權」鬥爭中，當地造反派分裂為「好派」和「屁派」兩大聯盟。雙方爭持不下，造成過渡性權力機構的難產。為了穩定社會局勢和工農業生產秩序，中央於1967年3月決定對江蘇實施「軍管」。[17]其後經過一系列波折（主要是1967年夏天的「倒許」運動[18]），在中央的強力撮合下，以許世友為首的江蘇省革委會於1968年3月宣告成立。「軍管」當局的權威

---

[16]　施兆祥1965年從蘇州絲綢工業學院畢業，不久被任命為蘇州團市委副書記，「文革」初期捲入造反活動，1967年1月奪權後成為蘇州市革委會常委，1971年10月調任省革委會政工組副組長，1972年擔任省委組織部副部長，1973年兼任團省委書記。作為部委辦局負責人和工青婦貧組織人，他幾乎參加了1974年所有重要會議。1976年「四人幫」垮臺後，他遭到清洗。

[17]　詳見Dong Guoqiang and Andrew Walder: Nanjing's Failed January Revolution of 1967: The Inner Politics of an Aborted Power Seizure, *China Quarterly*, September Issue, 2010.

[18]　詳見Dong Guoqiang and Andrew Walder: Local Conflict in the Chinese Cultural Revolution: Nanjing Under Military Control, *Journal of Asian Studies*, May Issue, 2011.

得到進一步確認。然而此後軍方推行的各項政策，使得原有的一些矛盾不斷激化，同時新的矛盾層出不窮。

（一）幹部政策

毛澤東提出「大聯合」，顯然有意緩和各種政治勢力之間的矛盾衝突。然而既然「軍管」實踐的實質內容是軍人專政，必然導致政治上的宗派主義。少數人的「一言堂」有賴於「清一色」幹部路線的保障。許世友曾毫不隱晦地說過：「毛主席關於接班人標準有五條，林副主席有三條，我看主要是兩條，一條是聽話，一條是肯幹」。[19]對許世友而言，最「聽話」、最「肯幹」的，當然是自己屬下的軍隊幹部。

軍方對各種異己勢力的打擊和排擠，首先表現為對舊省委領導班子成員的處理。1967年「一・二六奪權」前後，舊省委主要領導紛紛遭到造反派群眾組織的批鬥和監禁。同年3月「軍管」以後，這批幹部被移交到軍隊手裏（省委第一書記江渭清因得到中央的保護，於2月份飛赴北京，倖免於難）。軍方對這些人的嚴厲政策比造反派有過之而無不及。他們先後被集中囚禁在南京警備區司令部、江蘇省公安學校和南京郊區「句容少年犯管教所」。據一些知情者透露，許世友的既定方針是將這批人囚禁到死。[20]為了給這些幹部定罪，軍方先是大力揭批江渭清的「資反路線」。這個企圖遭到中央否定後，軍方又試圖把江渭清打成江蘇「五一六」的總後台。[21]

其次，許多廳局級幹部和大批省級機關中下層幹部、一般工作人員，也被軍方視為「舊人員」，極盡排擠打擊之能事。其具體做法包括：（一）以各種名義將其下放基層單位擔任行政副職；（二）利用「上山下鄉」運動將其下放農村安家落戶；（三）以各種名義（如「清隊」、清查「五一六」等）送進「學習班」長期審查。[22]根據原省級機關軍代表袁剛[23]的回憶錄，

19　周治華：〈批判吳大勝同志等人分裂主義的幹部路線〉，刊載於1974年12月14日印發的《省級機關批林批孔大會發言》。

20　丁群：《劉順元傳》，第421頁，江蘇人民出版社，1999。

21　〈中央政治局領導同志對江蘇省委南京軍區負責同志的重要指示〉，1974年11月13日，全文抄件見施兆祥工作筆記。

22　李昌文：〈批判吳大勝同志等人的宗派主義、分裂主義，為全面落實毛主席的五七指示而鬥爭〉，刊載於1974年12月14日印發的《省級機關批林批孔大會發言》。

23　袁剛原為南京軍區司令部作戰訓練部副科長，「文革」初期參加南京「支左」工作，在

1968年春「大聯合」以後不久，有近7000名省級機關幹部被集體下放至金壇農村「勞動」。1969年初，他們當中的近1000人獲得「解放」，被安置到新組建的「江蘇省生產建設兵團」、「江蘇省煤炭指揮部」和省革委會各組、局任閒職（其中很多人在「清查五一六」期間又被隔離審查）。對於那些沒有獲得「解放」的機關幹部，軍管當局則以貫徹毛澤東的「五七指示」為名，在南京周邊建立了六個「五七幹校」，讓他們繼續勞動改造。後來省裏又陸續送了數千幹部進幹校審查，使幹校「學員」總數超過10000人。[24]這個數字是當時省級機關幹部總數的一半。

　　第三，對於少數被結合進各級革委會的舊省委幹部和造反派頭頭，「軍管」當局也不斷尋找機會加以打擊、排擠和清洗。例如在1970年廬山會議期間，許世友曾指示省革委會辦公室起草了一份名為《無產階級文化大革命的偉大勝利，使江蘇發生了天翻地覆的變化》的彙報材料，對江蘇地方幹部隊伍狀況作出了如下估價：「原省、專、市領導班子中有大批壞人。省一級幹部中有重大政治問題的占72%，部委廳局領導幹部中有重大問題的占28%，十五個專市級幹部中有重大問題的占40.9%，原省、專、市第一把手有重大問題的占69%」。[25]清查「五一六」運動興起後，吳大勝在一次研究省級機關幹部情況的會議上說：省革委會各部、局的地方幹部中屬於「五·一六」分子和「檢舉揭發較多、嫌疑較大」的人占33.4%，其中組、局以上負責幹部中占55.5%，科室負責人中占42%，一般工作人員中占30%。截止到1971年10月，原省級機關幹部上了「大名單」的高達2400多人（省級機關幹部總數大約為20000人）。[26]另一份材料顯示：在「清查五一六」運動高潮期間，「大聯合」時經中央批准的28個省革委會常委中，被打成「五·一六」的有21人，占百分之75%。其中地方幹部8人或者被隔離，或者背靠背審查，或者上大名單，比例高達100%；群眾代表12人，除來自基層的3名工

1967年秋至1968年初北京談判期間對杜方平鬥爭堅決，得到許世友的賞識，「大聯合」後被任命為省級機關軍代表，後來長期主持省級機關「五七幹校」工作，1973年底被任命為省委組織部副部長，1974年「倒吳」運動中受到衝擊，1975年初被調回部隊工作。

24　袁剛：《風雨八年》，第122-184頁，2008年，自費印行。

25　錢永清：〈揭發批判吳大勝對抗中央指示，拒不交代與林彪及其死黨陰謀活動有牽連的問題〉，刊載於1974年7月5日印發的《省級機關批林批孔大會發言》。

26　周治華：〈批判吳大勝同志等人分裂主義的幹部路線〉，刊載於1974年12月14日印發的《省級機關批林批孔大會發言》。

農代表外，全部被隔離和背靠背審查。[27]由於眾多委員、常委不斷被清洗，省革委會在1970年下半年到1973年底沒有開過一次全委會。[28]

與此同時，許世友等人在軍隊內部也積極推行「以人劃線」的幹部路線。捲入1967年夏天「倒許」風潮的南京軍區領導幹部王必成、林維先、鮑先志、史景班、杜方平等人，省軍區領導幹部趙俊、陳茂輝等人，以及南京空軍領導幹部江騰蛟、王紹淵、高浩平等人，在「大聯合」以後都受到許世友的打擊報復。[29]另有資料顯示，在清查「五一六」期間，南京軍區政委、副司令中，有10人被整了材料。1967年3月成立的省「軍管會」中，軍以上幹部全部整了材料。[30]

伴隨上述打擊、排擠和清洗而來的，是一批受到許世友信任的軍隊幹部得到提拔、重用。江蘇境內各級黨政軍大權迅速集中到許世友及其少數親信手中。表面看來，許世友個人和軍管當局的權威得到空前強化，實際上則給自己樹立了許多敵人，嚴重削弱了「軍管」政權的社會基礎。

（二）社會政策

「大聯合」以後，軍管當局為了強化社會控制，利用「清隊」和「一打三反」運動大搞所謂「城市衛生」，使許多無辜的人淪為犧牲品。有資料顯示，在1969年的「清隊」運動中，江蘇全省因所謂「叛徒、特務、現行反革命」等問題受到審查和迫害的人大約有近100萬。[31]1970年，全省至少又有8萬多人遭到同樣命運。[32]在1969至1970年間，江蘇全省有35萬多城鎮居民被以各種名義下放到蘇北農村，其中南京市下放人員多達13萬多人。[33]

---

[27] 汪學周：〈堅持團結統一，反對分裂——批判吳大勝同志等人搞獨立王國的嚴重錯誤〉，刊載於1974年12月14日印發的《省級機關批林批孔大會發言》。

[28] 李昌文：〈批判吳大勝同志等人的宗派主義、分裂主義，為全面落實毛主席的「五七指示」而鬥爭〉，刊載於1974年12月14日印發的《省級機關批林批孔大會發言》。

[29] 趙玉祥：《柳營夢》，http://blog.sina.com.cn/s/blog_59e060570100af58.html。趙玉祥是南京軍區後勤部下級軍官，在1966年11月捲入造反活動。後來受到許世友打擊報復。艾漢美：《石頭城的風雷》，http://blog.sina.com.cn/s/blog_59e060570100as2l.html-type=v5_one&label=rela_nextarticle，艾漢美是南京軍區宣傳部下級軍官，1966年11月捲入造反活動，後來受到許世友打擊報復。

[30] 1974年10月25日，劉伯英在地市委負責人大會上的發言，施兆祥工作筆記。

[31] 江蘇省地方誌編撰委員會編：《江蘇省志‧大事記》（下），第234頁，江蘇古籍出版社，2001。

[32] 江蘇省地方誌編撰委員會編：《江蘇省志‧中共志》，第318頁，方志出版社，2002。

[33] 1974年11月26日，許家屯在江蘇省委辦局負責人會議上的發言。見施兆祥工作筆記。

　　1970年以後興起的清查「五一六」運動，也在江蘇造成了十分惡劣的社會影響。從中央的戰略部署看，這場運動原本旨在懲治少數造反派頭頭，徹底瓦解各派群眾組織。然而在江蘇各地具體實踐中，這場運動被嚴重地擴大化，實際上變成各級「軍管」人員任意清洗各種異己勢力、維護軍人專制的藉口。根據「文革」後官方正式公佈的資料，在持續3年的「清查」運動中，江蘇全省共有13萬多人受到審查、迫害，其中被折磨致死致殘的有6000多人。[34]而據一些參與過清查、復查工作的人士透露，實際波及數量和死亡數量至少兩倍以上。[35]在一些重點地區和重點單位，「清查」帶來的危害更加嚴重。例如在南京華東電子管廠，全廠3800名職工當中被懷疑為「五一六」分子的人數達到2700多人，最後被正式定為「五一六」分子的有1226人，占職工總數的32%，其中有7人被殘害致死。[36]在南京市市政建設公司，被打成「五一六」分子的有894人，上了懷疑名單的有1200多人，占職工總數的59%。[37]南京大學在1970年春夏的「清查」高潮期間，全校2000多教職員工中有1560人受到運動波及，有1154人上了清查「大名單」，有108人受到關押，有21人跳樓、自縊、臥軌自殺身亡。[38]

　　上述這些錯誤政策造成巨大社會震動，同時孕育著的強大政治反彈。

（三）江蘇軍管當局與中央的關係

　　許世友對毛澤東的個人效忠，和毛澤東對許世友的高度信任，都是毋庸置疑的事實。然而這種特殊關係也使得許世友驕傲自大，忘乎所以，不把

　　汪學周：〈堅持團結統一，反對分裂──批判吳大勝同志等人搞獨立王國的嚴重錯誤〉，刊載於1974年12月14日印發的《省級機關批林批孔大會發言》。

[34]　劉定漢主編《當代江蘇簡史》，第235頁，當代中國出版社，1999。潘祝平：《江蘇清查「五一六」冤案》，《炎黃春秋》2007年第11期。

[35]　董國強與王春南談話記錄，2008年1月9日。王效智、余華明、王春南：《縱觀江蘇挖「五一六」之戰──三評江蘇清查運動的大方向》，1974年4月18日，油印稿。王春南「文革」爆發時是南京大學歷史系研究生，參加過南大「八二七」組織。畢業後被分配到《新華日報》工作，參加過本單位「清查五一六」小分隊。1974年春，他和兩個同事貼出關於「清查五一六」問題的系列大字報，在「倒吳」運動中發生了巨大反響。1975年調往《人民日報》工作。在擔任《人民日報》記者期間，彭沖私下向他透露過，出於政治方面的考慮，省委在正式公佈「清查五一六」問題的資料時，沒有包括徐州和連雲港地區的資料。

[36]　劉定漢主編《當代江蘇簡史》，第235頁，當代中國出版社，1999。

[37]　1974年11月20日中共南京市委材料組編《中共南京市委常委（擴大）會議揭發批判材料彙編》，第44頁。

[38]　潘祝平：〈江蘇清查「五一六」冤案〉，《炎黃春秋》，2007年第11期。

其他人放在眼裏。在許世友主政時期，江蘇「軍管」當局與中央各部委之間的關係並不融洽。以下是幾個典型事例。

如前所述，「大聯合」以後江蘇的黨政軍大權迅速集中到軍隊幹部手裏。到1970年初各級地方黨委重建時，全省14個地、市委「一把手」中沒有一個地方幹部；68個縣、市「一把手」中，地方幹部僅占8席。[39]「林彪事件」發生後，中央開始有意識地調整地方各級權力格局。1972年中央32號文件明確指出：「各級地方黨委的成員要作適當調整」，要「更多地挑選換一些熟悉全面工作和比較有經驗的地方幹部，安排他們擔任主要領導職務。」[40]但是江蘇沒有傳達這個文件。許世友、吳大勝等人還私下議論，「把看老虎的都撤走，怎麼行呢？」[41]有些「支左」幹部從其他省市聽到消息，向吳大勝等人詢問。吳大勝答復沒有此事，甚至還佈置「追查謠言」。因而截止到1973年年底，江蘇全省依然有2000多名軍隊幹部在地方上「支左」，[42]15個地市的「一把手」仍然全都是軍隊幹部，68個縣市的「一把手」也還有39人是軍隊幹部，占57%。[43]這種情況在全國是罕見的。

再例如，中央在1972年發佈過一個28號文件，要求軍隊歸還其在「文革」期間佔用的地方單位的房子、土地、物資。但是這個文件也遭到江蘇「軍管」當局的抵制。其中尤以地處紫金山麓的南京中山植物研究所的情況最具代表性。該植物研究所始建於1929年，到「文革」前已經積累了植物標本四十多萬份，與世界上四十多個國家的科學研究機構建立了學術交流聯繫，具有很高的國際知名度。然而由於該研究所與許世友的寓所毗鄰，「軍管」當局便以「保衛首長安全」的名義，從1969年起長期佔用該研究所，縱容一些軍隊幹部家屬在裏面養雞、養鴨、種水稻，造成的破壞和損失無法估價。1973年，葉劍英、李先念等人先後在一封「群眾來信」上作出明確批示，要求「軍管」當局儘快將中山植物研究所復原。但是許世友、吳大勝等

---

39 周治華：〈批判吳大勝同志等人分裂主義的幹部路線〉，刊載於1974年12月14日印發的《省級機關批林批孔大會發言》。

40 〈中共中央、中央軍委關於徵詢對三支兩軍問題的意見的通知〉，1972年8月21日，載於宋永毅主編之《文革文庫》光碟，香港中文大學出版社，2006。

41 1974年8月25日，許家屯在地市委負責人會議上的發言，施兆祥工作筆記。

42 1974年8月15日，吳大勝在地市委負責人會議上的檢查，施兆祥工作筆記。

43 周治華：〈批判吳大勝同志等人分裂主義的幹部路線〉，刊載於1974年12月14日印發的《省級機關批林批孔大會發言》。

人對此置之不理。到1974年11月吳大勝被中央停職時為止，這個問題依然沒有得到解決。[44]

　　再例如，蘇北鹽城地區是「清查五一六」的重災區之一。有關資料顯示，鹽城地區原地委常委13人中，有6人被打成「五一六」，4人掛上「大名單」，約占77%；中層幹部84人中，有43人被打成「五一六」，占51%。地區「公檢法」機關500餘幹警中，有327人被打成「五一六」，占65%。地區下屬的濱海縣死亡18人，傷殘60多人。[45]因而當地到北京上訪、申訴的幹部群眾人數也特別多。為此，中央辦公廳信訪處於1972年8月先後3次打來電話，要求江蘇省委提供鹽城地區「清查」情況的報告。當工作人員向吳大勝彙報時，吳大勝不耐煩地說：「他們要這個東西幹什麼？不要理他！」最終，中央信訪處沒有得到有關材料。[46]

　　再例如，許世友、吳大勝等軍方人員根本不懂經濟建設和工農業生產。但是他們為了替個人樹碑立傳，擅自搞了許多規模很大的基建工程。這些專案即不請示中央有關部門批准，也不進行調查研究，結果造成許多重大事故和巨大的資源耗費。[47]這樣的做法當然使中央主管部門的官員大為惱火。國務院副總理李先念曾在一次全國基本建設工作會議上尖銳地指出：「有的地方不是在搞基本建設，而是在吃基本建設，幾千人沒事幹，地質情況沒查清，設計沒有做出來，就硬要上馬。這不是建設社會主義，是吃社會主義。」[48]

　　再例如，淮河是長江與黃河之間一個重要的水系，對沿岸各省的工農業生產和人民生活具有十分重要的影響。1971年，水電部要在江蘇境內建一個十萬千瓦水電機組。吳大勝竟當面對水電部部長說：「水電部要在諫壁裝

---

[44] 會議秘書組編印：《江蘇省省級機關幹部批林批孔會議記錄（8-9）》。該文件詳細記錄了1974年7月24日和25日兩天會議發言情況。

[45] 潘祝平：〈江蘇清查「五一六」冤案〉，《炎黃春秋》，2007年第11期。汪學周：〈堅持團結統一，反對分裂──批判吳大勝同志等人搞獨立王國的嚴重錯誤〉，刊載於1974年12月14日印發的《省級機關批林批孔大會發言》。

[46] 會議秘書組編印：《江蘇省省級機關幹部批林批孔會議記錄（8-9）》。汪學周：〈堅持團結統一，反對分裂──批判吳大勝同志等人搞獨立王國的嚴重錯誤〉。

[47] 徐懷萌：〈批判吳大勝同志等人在基本建設戰線上推行的修正主義路線〉，刊載於1974年12月14日印發的《省級機關批林批孔大會發言》。

[48] 朱通華：〈揭發批判吳大勝破壞社會主義計劃經濟〉，刊載於1974年7月5日印發的《省級機關批林批孔大會發言》。

十萬千瓦機組，這是違反戰備原則的，你們裝了我也要拆掉。」[49]1972年，國家計委下達文件，要求各省將發電廠、供電局的管理權集中起來，加強管理，統一調度。江蘇省水電局根據該文件精神向省委提交報告，建議將淮海鹽電網和南通、徐州兩地區電業單位收歸省裏直接管理。吳大勝對此的答復是：「我看你們還是不要管。」結果國家計委的指示在江蘇被打進冷宮。[50]

在軍隊系統內部，許世友與中央和周邊各省的關係也很緊張。據他的親信後來揭發，許世友曾經整了294名軍隊幹部的材料，其中軍以上幹部84名，涉及總政、總參、總後和其他軍區的高級幹部。其中最重要的材料，可能是吳大勝親自整理的「關於謝富治反對我們偉大領袖毛主席的滔天罪行」。[51]

對江蘇軍管當局最不利的一個因素，無疑是許世友與「上海幫」的緊張關係。現有資料表明，許世友與張春橋的齟齬最早發生在1970年廬山會議期間。當時許世友加入吳法憲等人反對張春橋的鬥爭，寫信給毛澤東和林彪，提出「犯了錯誤的人不准在毛主席身邊工作，要下放到基層去」。[52]此後許世友多次告誡他的下屬「不要東張西望」，其核心內涵是「不要東張」——即不要學習「上海經驗」、不要巴結「上海幫」。他還多次說過：「不是什麼人說的話都代表中央，哪來的這麼多中央？只有毛主席批的文件才代表中央，不要隨便吹。」許世友還編了一首醜化張春橋的打油詩，當時流傳很廣：「戴眼鏡，夾皮包；寫總結，會提高；論思想，一團糟；打起仗來往後跑。」[53]1973年11月，國務院和中央軍委曾轉發了經毛澤東批示的上海市《武裝工人階級建設城市民兵》的調查報告，要求各級黨委仿效上海的辦法，迅速組建城市民兵指揮部。江蘇「軍管」當局出於對張春橋、王洪文等人的反感和對權力分散的擔憂，指示下面「不開會傳達貫徹，不成立民兵指揮部組織，不搞試點」。[54]在1973年12月22日的會議上，毛澤東讓王洪文選

---

49 周夕祿：〈批判吳大勝同志等人抵制黨的基本路線，破壞水電展現的革命和生產〉，刊載於1974年12月14日印發的《省級機關批林批孔大會發言》。

50 周夕祿：〈批判吳大勝同志等人抵制黨的基本路線，破壞水電展現的革命和生產〉，刊載於1974年12月14日印發的《省級機關批林批孔大會發言》。

51 1974年10月25日，地市委負責人大會上的發言，施兆祥工作筆記。

52 1974年10月25日，劉伯英在地市委負責人大會上的發言，施兆祥工作筆記。

53 1974年10月25日，劉伯英在地市委負責人大會上的發言，施兆祥工作筆記。

54 汪學周：〈堅持團結統一，反對分裂——批判吳大勝同志等人搞獨立王國的嚴重錯誤〉，

讀「八大軍區司令對調命令」。當王洪文念到許世友的名字時，許世友不但不起立應答，反而慣茶杯向王洪文表示抗拒。[55]

由於以上種種事實使我們不難理解，為什麼在江蘇「雙批」運動的矛盾衝突中，舊省委幹部領導的「反軍」聯盟會在若干關鍵時刻得到中央領導人的支持。

二、「批林批孔」引發政治衝突

1974年1月，中央連續發出3個文件。[56]2月初，「兩報一刊」配發了幾個社論。[57]全國範圍的「批林批孔」運動由此發軔。

2月4日，江蘇省委召開省委擴大會議，宣傳、貫徹中央的指示。當時省委的幾個主要領導不清楚中央發動「雙批」運動的背景，因而表現得十分謹慎。他們在會議發言中都強調了學習中央文件和「兩報一刊」社論的重要意義，表示要積極參與和部署批判林彪反黨集團的陰謀和罪行，批判林彪修正主義路線的極右實質。至於「如何聯繫實際」，大家都沒有多談，只是決定先在南京和其他地方搞幾個單位試點，摸摸基礎的情況和群眾的反映。[58]從各單位反饋的情況看，一般幹部、群眾的內心也充滿迷茫、擔心、害怕。不過也有人大膽猜測，說這場運動有特殊的背景，目的「是批死的逮活的」。還有人認為這是「第二次文化大革命」。[59]

為了推動「雙批」運動，同時堅持「正確的」導向，吳大勝在2月中旬先後召集工、青、婦、貧群眾團體負責人和省裏部、委、辦負責人會議，

刊載於1974年12月14日印發的《省級機關批林批孔大會發言》。

[55] 舒雲：《八大軍區司令員對調內幕》，《黨史天地》，2000年第9期。

[56] 《中共中央轉發〈林彪與孔孟之道（材料之一）〉的通知及附件》，1974年1月18日。《中共中央補充通知》，1974年1月22日。《中共中央轉發〈南京軍區黨委關於學習江青同志給二十軍防化連的信的報告〉，〈中共陸軍第二十軍委員會給江青同志的來信〉和〈二〇八一部隊防化連全體同志給江青同志的來信〉》，1974年1月25日。詳見宋永毅《文革文庫》光碟，2006。

[57] 北京大學、清華大學大批判組：〈林彪與孔孟之道〉，1974年2月1日，《紅旗》，第2期。《人民日報》編輯部：〈把批林批孔的鬥爭進行到底〉，1974年2月2日，《人民日報》。唐曉文：〈「克己復禮」與野心家、陰謀家林彪〉，1974年2月5日，《人民日報》。

[58] 1974年2月4日，省委擴大會議討論，施兆祥工作筆記。

[59] 1974年2月8日，工會蹲點同志向彭沖彙報工廠運動情況。2月11日，研究團內開展批林批孔點上情況。施兆祥工作筆記。

發表如下談話：「批林批孔是毛主席親自發動和領導的，非常重要。文件指出歷代的反動派總是利用孔孟搞復辟，搞倒退。……我們要通過『批林批孔』同反動思想、反動世界觀徹底決裂，使我們得到教育，世界觀得到改造。」他還指出，這場運動就是要把林彪宣揚的「克己復禮」，「天才論」，「上智下愚」，「中庸之道」逐條批深批透。他還指出，「有人說『批林批孔』運動是『批死的逮活的』，這是唯心主義的，希望大家不要隨便去猜。」他還強調，對這場運動要加強領導，要引導群眾正確處理兩類不同性質的矛盾，正確處理「抓革命」和「促生產」的關係。[60]吳大勝的上述談話，顯然是希望把「雙批」運動限制在意識形態領域，而且以批「孔孟之道」為主。

另一方面，為了防止幹部群眾在學習、批判中聯繫到「軍管」當局與林彪的關係問題，吳大勝、蔣科等人利用當時《人民日報》對「鍾志民事件」和「馬振扶事件」的宣傳，部署由團省委牽頭，對所謂「修正主義教育路線復辟回潮」問題展開調查。無錫、蘇州兩市因發生學生死亡事件，成為調查的重點。[61]省委其他領導人——包括彭沖、許家屯——並沒有對吳大勝等人的部署提出異議。

但是「批林批孔」運動的發展並沒有完全受到吳大勝等人的控制。一些在「清查五一六」運動中遭到打擊迫害的南京造反派頭頭開始四處活動，試圖利用這場運動為自己平反。3月初，部分南京大學師生率先貼出關於「清查五一六」問題的大字報，南大黨委則對此表示附和。隨後《新華日報》部分工作人員又貼出大字報，公佈了他們對全省各地「清查五一六」情況的調查材料。[62]為了遏制這股潛流，省委在3月中旬召集了地市委負責人會議。吳大勝在會上一方面承認清查「五一六」存在擴大化問題，另一方面則強調「當年的清查運動中央有文件，主席有批示，大方向正確」。他要求大家切實加強對運動的領導，要善於引導群眾，打擊階級敵人，要警惕否定

---

[60] 1974年2月13日，吳大勝與工青婦負責人談話，施兆祥工作筆記。

[61] 施兆祥工作筆記，1974年2月下旬至3月上旬。

[62] 葛忠龍訪談，2007年4月13-14日。葛忠龍原為南大數學系學生，「文革」初期捲入造反活動，後來成為南京「好派」頭頭，1970年因「五一六」問題被隔離審查。王春南訪談，2008年1月9日。會議秘書組編印：《江蘇省省級機關幹部批林批孔會議記錄（8-9）》。該檔詳細記錄了1974年7月24日和25日兩天會議發言情況，對上述問題有所涉及。

文化大革命的右傾思潮。他還指出，當前運動需要聯繫的實際，是工、農、文、教、衛各條戰線上的復辟回潮問題。[63]

4月2日，省總工會系統召開「批林批孔」大會。吳大勝到會講話。他按照當時的主流輿論宣傳，大談了一通狠批林彪罪行的偉大意義，順便提到葉群等人樹立的先進典型太倉縣洪涇大隊的問題。[64]他沒有想到的是，這個講話（以及此前提出的「修正主義教育路線復辟回潮」問題）立即引發了另一個衝突。

由於歷史的機緣巧合，蘇州在「文革」期間雖然也實施了「軍管」，但是一些主要的造反派頭頭（或曰「新幹部」）並沒有受到清洗，始終留在市革委會和市委領導班子內部。在黨政軍要害部門由軍隊幹部壟斷的情況下，文化、教育、衛生這樣一些不重要的部門是由他們分管的。在他們看來，吳大勝等人揪住蘇州不放，揪住文教衛戰線不放，無非是想轉嫁責任，轉移鬥爭矛頭。他們當然不會坐以待斃。於是在兩天後的大會上，華林森[65]等人開始揭發林彪在蘇州的活動，鬥爭矛頭實際指向蘇州市委負責人、軍隊幹部曲言斌[66]。而對曲言斌的揭發批判，又必然涉及到南京軍區負責人許世友及其妻子田普與林彪、葉群的交往。還有人提到，「九一三事件」之後，中央的林彪專案組曾派人到蘇州調查林彪在當地的罪行，並責成蘇州市委暨江蘇省委提交了一份專題報告。吳大勝在審查這個報告時，有意刪去了田普給林彪、葉群送螃蟹等情節。還有人提到，現任省委常委、許世友親信蔣科與1968至1971年間的「選妃子」活動有牽連。[67]

這個時候，彭沖和許家屯等人開始對如何開展「批林批孔」運動提出

---

[63]　1974年3月14日，吳大勝在地市委負責人會議上的講話，施兆祥工作筆記。

[64]　1974年4月2日，吳大勝在省工會批林批孔大會上的講話，施兆祥工作筆記。

[65]　華林森原為蘇州長風機器製造廠技術部門主管，老勞模，老黨員。「文革」初期捲入群眾造反活動。1967年1月蘇州奪權後被選為蘇州市革委會主任。1968年3月市革委會改組時成為副主任。1969年參加中共九大，當選中央候補委員。1970年蘇州市委重建，被任命為市委副書記。1973年參加中共十大，當選中央委員。同年，被任命為江蘇省委委員，省總工會主席。但他的實際領導職務是蘇州市委副書記、市革委會副主任。

[66]　曲言斌是27軍幹部，1969年被任命為蘇州市委書記、市革委會主任。

[67]　1974年4月4日，省工會批林批孔大會發言，施兆祥工作筆記。所謂「選妃子」問題，是指在1969至1971年間，中央軍委辦事組成員、解放軍總後勤部部長邱會作的妻子胡敏在全國各地為林彪兒子林立果和女兒林立衡找對象。在江蘇，時任省革委會政工組長的蔣科具體經辦此事，但背後的推手是南京軍區司令許世友和他的妻子田普。江蘇最後被選中的候選人是南京軍區前線歌舞團演員張寧。「林彪事件」後，張寧被隔離審查。1974年春，她的母親田明為了解救女兒，向外界公佈了「選妃子」的內幕。

自己的看法。4月6日，省委召集部委辦局負責人會議。吳大勝在會上提出：
「為了把革命和生產搞好，省委各機關和工青婦貧負責人要堅守崗位，黨的
核心組要多加強領導」，「各級領導不要遇到困難、問題就回避，該堅持的就
堅持，該說服的就說服，該支持的就支持」，「省委分工的同志要多彙報，
多請示」。這顯然是試圖用「組織紀律」和「生產任務」來抵制群眾的揭發
批判，保護自己的權威。彭沖、許家屯等人不以為然。許家屯在會上提出，
「批林批孔」運動要進一步深入，清查林彪死黨活動是迫切需要解決的問
題。他還說「革命小將反潮流，我們為什麼不能反潮流？」彭沖則提出，
當前需要關注的四個問題是：一、深入揭批林彪死黨在江蘇的罪行。二、清
查「五一六」問題。這個問題涉及到如何對待「文革」，如何對待革委會這
個新生事物，如何對待新幹部的問題。三，清查與林彪有牽連的人和事，
「選妃子」是一個重要問題。四，修正主義復辟回潮問題。他還提出要成立
調查組，分口調查三個問題：（1）林彪死黨活動，（2）「選妃子」問題，
（3）「九一三」以來省委是如何領導清查運動的。[68]

　　省委領導層的分歧對群眾性的揭批運動產生了極大的刺激。與此同
時，中央在4月10日發出第12號文件。該文件第三條提到：

　　「批林批孔是上層建築領域裏馬克思主義戰勝修正主義、無產階級戰
勝資產階級的政治鬥爭和思想鬥爭。……各級領導同志務必理解這場鬥爭的
偉大意義，堅決貫徹執行毛主席的革命路線，相信群眾，依靠群眾，放手發
動群眾。要把各級領導機關的批林批孔作為重點認真搞好。要歡迎群眾聯繫
本地區階級鬥爭和兩條路線鬥爭實際所提出的批評。」

　　該文件還指出：

　　「有極少數領導幹部，不批林，不批孔，捂蓋子，怕群眾，甚至採取
惡劣手段挑動群眾鬥群眾，破壞革命，破壞生產，煽動經濟主義，破壞知識
青年上山下鄉，這是完全錯誤的。……中央希望各級黨委認真加強領導，團
結95%以上的群眾和幹部，使批林批孔進一步開展起來。」[69]

　　在那些對吳大勝不滿的人看來，這段話就是針對吳大勝的。於是南京

---

[68]　1974年4月6日，部委辦局負責人會議發言，施兆祥工作筆記。

[69]　〈中共中央關於批林批孔運動幾個問題的通知〉，1974年4月10日，載於宋永毅《文革文
　　　庫》光碟，2006。

各種類型的揭批大會連續不斷。其中比較重要的有4月8日由省工青婦貧組織共同發起的「批林批孔」大會，4月10日南大和省級機關聯合批判蔣科大會，4月15日省委宣傳部批判大會，4月20日省五七幹校批判會等。[70]

在各方的壓力下，省委在4月11日至14日再次召集地市委負責人碰頭會。吳大勝在會上承認江蘇的清查工作存在問題，而且承認責任主要在省委。他同意釋放因「五一六」問題被關押的造反派頭頭文鳳來[71]，朱開地[72]，魯學智[73]，曾邦元等人。同意對蘇州負責人曲言斌和無錫負責人王晏[74]隔離審查。同意儘快召開「兩委會」（指「黨委會」和「革委會」）。召開「兩委會」的實際意義，在於可以將「大聯合」時被結合進「革委會」、但在「整黨建黨」後沒能進入「黨委會」的造反派頭頭全部吸納進來），進一步揭露批判林彪死黨的罪行和清查「五一六」存在的問題。他還表示，群眾揭發出來的問題與他都有牽連，錯誤十分嚴重，教訓十分深刻，心情十分沉重。蔣科在這次會上就「選妃子」問題做了簡短的檢討。但他強調這個問題涉及到南京軍區政治部、後勤部和中央軍委辦事組，同時也涉及到吳大勝。許家屯針對吳大勝和蔣科的發言，提出解決領導機關問題的必要性和迫切性。[75]

4月21日，彭沖出面召集部委辦負責人開會，提出「加強」省委辦公室（相當於「文革」前的省委辦公廳）的意見，並提出省委辦公室應該置於常委集體領導之下。這實際上是將這個要害部門從吳大勝、蔣科等人手裏奪了過來。隨後，彭沖、許家屯又改組了辦公室下屬的「林彪問題調查組」（該調查組成立於1973年3月，過去一直受吳大勝等人的控制，從未認真開展工

---

[70] 施兆祥工作筆記，1974年4月7日至20日。〈省總工會、省貧協、省婦聯、團省委聯合召開批林批孔大會，徹底清算林彪及其死黨在江蘇的罪行〉，《新華日報》，1974年5月11日，第一和第三版。〈南京大學和省級機關宣傳系統分別召開大會，揭發和聲討林彪及其死黨在江蘇的罪行〉，《新華日報》，1974年5月11日。第一和第三版。

[71] 文鳳來是南京大學政治系青年教師，共產黨員，復員軍人，「文革」初期捲入造反活動，後來成為南京「好派」頭頭，「大聯合」時被結合為省革委會常委，分管教育，「清查五一六」期間遭到關押，導致精神失常。

[72] 朱開地是南京晨光機器廠青年工人，工人家庭出身，「文革」初期捲入造反活動，後來成為南京「好派」工人組織「新工總」頭頭，「大聯合」時被結合為省革委會委員，「清查五一六」期間被關押，造成精神失常。

[73] 魯學智是復員軍人，共產黨員，「文革」前擔任長江機器廠黨委秘書，後來捲入群眾運動，成為「好派」工人組織「新工總」頭頭，「大聯合」時被結合為南京市革委會委員，「清查五一六」期間受到審查，積極參加「倒吳」運動。

[74] 王晏是27軍幹部，1969年被任命為無錫市委書記、市革委會主任。

[75] 1974年4月11日至14日，地市委負責人碰頭會，施兆祥工作筆記。

作）。改組後的調查組分為（1）內勤組、（2）選妃組、（3）清查五一六組、（4）各地與林彪死黨有牽連的人和事組。彭沖賦予調查組的首要任務是「抓林彪死黨活動」。其中圍繞蘇州問題所開列的調查清單包含30多條內容。[76]至此，江蘇「批林批孔」運動的領導權開始轉移到彭沖等人手中，清查的重點是與林彪有牽連的人和事。

4月底和5月初，省委「林彪問題調查組」在各地活動，揭發出更多不利於吳大勝、蔣科的情況。例如有人揭發，吳大勝、蔣科等人曾經在南京師範學院找人幫葉群出假證明，證明她在學生時代就參加了中共地下活動，是通過黨組織介紹去延安的。還有人揭發，田普為了討好林彪，指示王晏在無錫為林彪建一個行宮，吳大勝對此表示支持。還有人揭發，1973年3月，吳大勝在蘇州市委提交的調查材料中劃去田普的名字，還告誡曲言斌今後不要亂說。還有人說，「批林批孔」運動起來後，吳大勝曾經派蔣科去武漢軍區摸風向、對口徑（武漢軍區政委王六生原為南京軍區政治部主任，與「選妃子」事件有牽連）。還有人揭發，吳大勝等人在群眾揭批運動起來後，曾散佈一些錯誤言論，說這場運動是「地方整軍隊」，是「彭、許鬥吳、蔣」。吳大勝還在幕後活動，鼓動別人批判許家屯在4月商業會議上的一個講話，因為這個講話包含對許世友和軍方人員的指責。[77]

5月7-10日，省委召集部委辦負責人會議。會上由省委調查組彙報了情況。吳大勝隨即做了檢討，承認自己的指導思想存在問題，並承認與蘇州、無錫問題，「選妃子」問題，清查「五一六」問題等都有牽連。不過他最後強調，自己的錯誤根源在於驕傲自滿，沒有很好改造世界觀，脫離群眾。[78]很顯然，在形勢不利的情況下，吳大勝的策略是承認一些事實，但是在問題性質上守住底限。然而他沒有意識到，另一個更大的危機正在向他襲來。

三、「倒吳」運動的升級

前面提到過，在1969到1970年間，江蘇「軍管」當局曾將35萬城鎮居

---

[76] 1974年4月21至23日，施兆祥工作筆記。
[77] 1974年4月26至5月6日，施兆祥工作筆記。
[78] 1974年5月7至10日，施兆祥工作筆記。

民下放蘇北農村,其中南京地區下放13萬多人。這個政策釀成不少社會問題。1974年春節前後,數千下放人員湧入南京城內,要求省市委解決其返城、復工、複職問題。省市委負責人在與下放人員的接觸中承認當初的政策是不對的,但是對如何解決這個問題則態度含糊。僅持到4月28日,失去耐心的下放人員開始在南京車站攔截火車,揚言要去北京請願,造成京滬鐵路中斷50多小時。

　　中央於29日和30日兩次打電話給吳大勝等人,表示「不同意下放人員赴京上訪」。中央還要求省市委派人說服下放人員「不要阻攔火車通行」,「要牢牢掌握批林批孔鬥爭的大方面」,「有什麼問題統統放到運動後期處理」。[79]然而饑寒交迫、無家可歸的下放人員不可能僅憑幾句空洞的政治口號就被打發。無奈之下,吳大勝在4月30日與下放人員初步達成8條協議,5月2日正式簽字生效。該協定的主要內容是:由下放人員原所在單位負責安排下放人員生活,政府對下放人員每月發放八元錢、二十五斤糧、半斤食油,煤按居民標準供應。[80]5月6日,吳大勝以省委名義向中央發出電報,彙報了處理情況。他沒有想到的兩個後果是:第一,這個消息傳出後,返回南京的下放人員一下子增加到5萬多人。由於省市財政不堪重負,那些後來者的要求無法得到滿足。於是在南京鬧事和赴北京上訪的人潮依然無法阻遏。當局不讓乘火車,下放人員就攔截汽車。[81]第二,中央在5月9日發出14號文件,並連夜派專機送到南京。

　　中央14號文件是對江蘇省委6日電報的批復,其中指出:

　　「江蘇省委──主要是吳大勝同志──在處理南京下放人員問題上,完全違背了中央兩次電話指示,不堅持將這個問題放在運動後期處理的原則,不像廣大下放人員宣傳中央12號文件和中央有關指示,進行政治思想教育,而是大搞經濟主義,煽動下放人員回到城市,扭轉了批林批孔的鬥爭大方向。中央認為,這種做法是完全錯誤的。」

　　該文件還說:

---

[79]　南京市檔案館編:《南京「文化大革命」大事記》(油印本徵求意見稿),第195頁。

[80]　有資料顯示,1974年4、5月份為下放人員發放補貼,僅南京市就額外支出了上百萬元資金、二百三十萬斤糧食、五千四百多斤食油。轉引自南京市委黨校李之榮教授〈十年動亂期間的南京〉手稿。

[81]　南京市檔案館編:《南京「文化大革命」大事記》,第195-196頁。

「批林批孔運動以來，江蘇省委少數領導同志不批林，不批孔，不准聯繫江蘇省階級鬥爭、路線鬥爭的實際，捂蓋子，保自己。廣大幹部、群眾起來進行鬥爭，開始揭發省委問題的時候，省委主要負責人吳大勝同志在下放人員身上大做文章，大搞經濟主義，轉移鬥爭目標，用破壞生產來破壞革命，破壞批林批孔，這就是問題的實質。」

該文件最後又重申了處理下放人員的原則，要求江蘇省委採取措施剎住「經濟主義妖風」，同時想辦法把下放人員送回去，以免干擾「批林批孔」這個首要任務。[82]

5月10日，省委召集部委辦負責人會議，傳達中央14號文件。吳大勝宣讀過中央文件後，許家屯首先發言，提出要根據中央14號文件的指示，在群眾中掀起一個「大宣傳、大發動、大揭發、大批判」的高潮。要在五臺山召開群眾大會，並拉線到全省各地農村的生產隊。吳大勝隨後對照14號文件的條文，檢查了自己自2月以來領導「批林批孔」運動中捂蓋子、劃框框、頂條條的錯誤，如抵制省總工會「四二大會」、工青婦貧「四八大會」的錯誤和處理下放人員問題上的經濟主義錯誤等。同時，他又對下放人員問題的處理過程作了詳細說明，旨在強調省委領導的集體責任。

針對吳大勝的發言，彭沖、許家屯在隨後的發言中都表示，自己在參與處理下放人員問題時也存在嚴重錯誤，沒有堅持原則，違背了中央兩次電話指示精神，願意承擔責任。但是他們隨即指出，作為省委主要領導，吳大勝無疑應該承擔主要責任。他們指責吳大勝的錯誤不是偶然的。他們還聲稱吳大勝剛才的的檢查很不像樣，沒有觸及本質。接著彭沖提出四個問題要吳大勝回答：第一，清查「五一六」是什麼指導思想，什麼精神狀態？為什麼對大批新幹部、老幹部進行殘酷鬥爭、無情打擊？第二，為什麼「批林批孔」那麼不起勁，而批「五一六」那麼起勁？第三，清查「五一六」造成什麼樣的嚴重後果，是什麼性質，是什麼原因？第四，當前如何廣泛、深入地貫徹落實中央文件？應該先解決什麼問題，再解決什麼問題？許家屯則質問吳大勝：「為什麼批極左聯繫實際，批極右不讓聯繫實際？你究竟有沒有搞中央領導同志謝富治的材料？有沒有整南京軍區主要負責人杜平的材料？」[83]

---

[82] 中央1974年14號文件，全文抄件見施兆祥工作筆記。
[83] 1974年5月10日，省委部委辦負責人會議發言，施兆祥工作筆記。

　　顯然是在彭、許等人的暗中策動下，《新華日報》在5月11日報導了工青婦貧「四八大會」和4月10日南京大學批判蔣科大會的消息，同時配發了一篇題為〈牢牢掌握批林批孔這個鬥爭大方向，徹底揭開省委階級鬥爭和路線鬥爭蓋子〉的社論。[84]雖然「五一一」社論和兩篇新聞稿沒有公開點名，但是聯繫裏面列舉的大量具體指控，讀者不難發現鬥爭矛頭是指向吳大勝、蔣科的。而且問題的嚴重性在於，彭沖、許家屯等人借助這些社論和文章，直接將吳、蔣等人定為「林彪死黨」。[85]

　　此後，從5月中旬到6月下旬，省委各部委辦局負責人和數十名「群眾代表」幾乎每天下午都在中山東路307招待所舉行「省級機關批林批孔大會」，揭發批判吳大勝、蔣科等人的罪行。那些「群眾代表」絕大部分是過去的造反派，其中有很多人在清查「五一六」期間受到牽連。他們除了參加大會的揭發批判活動，還以個人或集體名義散發了大量的批判傳單，其中流傳下來的包括〈堅決捍衛中共中央十四號文件，徹底粉碎吳大勝等人的倡狂反撲〉和〈嚴正抗議！強烈要求！〉。[86]彭沖、許家屯除了經常參加307會議，還多次單獨召集工青婦貧負責人和部委辦局負責人開會，掌握307會議動態，控制會議進程。[87]此外，他們還與一些沒有資格參加307會議的造反派頭頭暗中接觸，通過他們動員社會力量，製造社會輿論，給吳大勝等人施加壓力。[88]

---

[84] 〈牢牢掌握批林批孔這個鬥爭大方向，徹底揭開省委階級鬥爭和路線鬥爭蓋子〉，《新華日報》，1974年5月11日，第一版。〈省總工會、省貧協、省婦聯、團省委聯合召開批林批孔大會，徹底清算林彪及其死黨在江蘇的罪行〉，《新華日報》，1974年5月11日，第一和第三版。〈南京大學和省級機關宣傳系統分別召開大會，揭發和聲討林彪及其死黨在江蘇的罪行〉，《新華日報》，1974年5月11日。第一和第三版。

[85] 《新華日報》負責人樊發源是一個老幹部，「文革」初期受到衝擊，1969年獲得解放，參與過南大清查「五一六」工作，當時表現頗為激進。但在1974年的「倒吳」運動中，他堅定地站在彭沖和許家屯等舊省委幹部一邊。

[86] 江蘇省省級機關幹部批林批孔會議部分代表：〈堅決捍衛中共中央14號文件，徹底粉碎吳大勝等人的倡狂反撲〉，1974年5月24日，傳單。省級機關批林批孔會議機關幹部代表：〈嚴正抗議！強烈要求！〉，1974年6月7日，傳單。這兩份傳單提到的指控和要求沒有什麼特別的地方，不過前者有27人簽名，後者有34人簽名。通過分析這兩份名單，我們可以知道這些「群眾代表」的派性淵源。其中發揮主導作用的幾個人，是與曾邦元關係密切的原省級機關「屁派」頭頭。

[87] 1974年5月11至6月21日，施兆祥工作筆記。袁剛：《風雨八年》，第202-205頁，自費印行，2008。王春南：《參加批林批孔運動》，手稿。

[88] 與葛忠龍訪談，2007年4月13-14日。葛忠龍為平反「五一六」問題，曾找過吳大勝、彭沖等人。吳大勝拒絕與他見面。彭沖則暗示他動員其他受到牽連的造反派頭頭到省委鬧事，對吳大勝施加壓力。為此，葛忠龍曾召集200多人進駐省委大樓請願，最終迫使吳大勝簽字釋放文鳳來——此舉等於宣佈清查「五一六」運動完全搞錯了。

　　「雙批」運動走勢的變化，還促使一些參加「支左」的部隊幹部也開始揭發吳大勝等人的問題。有人提到，在1970年廬山會議前後，省委在討論修改憲法問題時，吳大勝等人公然違背毛澤東的提議，堅持主張設國家主席，並主張由林彪擔任國家主席。還有人揭發，在「九大」、「十大」中央委員選舉時，吳大勝在江蘇代表團裏進行部署，操控對一些中央老同志的選票。還有人揭發，在吳大勝等人的主使下，江蘇曾大量印行《東北解放戰爭時期的林彪》和《林彪軍事論文選》等書籍，大吹林立果的《講用報告》，大辦《井岡山展覽》和《洪澤展覽》。還有人揭發，在「批林批孔」運動起來之後，吳大勝、蔣科曾指示公安機關掌握「反潮流戰士」的動態。還有人揭發，吳大勝對中央14號文件非常不滿，說「搞經濟主義，不是我吳大勝一個人嘛！」——暗示彭、許等人見風使舵、興風作浪。還有人揭發，吳大勝對別人說過：「現在中央還沒有撤我的職，我還要領導。」還有人說，現在有些地方不向省裏送材料、彙報工作，顯然是在當地掌權的軍隊幹部受到吳大勝的慫恿。[89]

　　吳大勝在此期間至少做過6次公開檢查，承認了群眾揭發的很多問題，但是對有些問題進行了辯解，持保留態度。他還反覆強調自己的各種錯誤根源是思想認識問題，錯誤的性質是人民內部矛盾。彭沖、許家屯則對群眾性的批判揭發表示大力支持。他們贊成群眾提出的「多開大會」的要求，並說如果會場不夠大，可以採用拉線廣播的方式擴大聽眾。他們還指示307會務組將許多批判發言和吳大勝、蔣科的檢查大量印發，有條件的地方可以組織播放各場批判大會的錄音。他們還對省委常委參加307會議的分組情況作出了調整，規定吳大勝參加工青婦貧群眾團體組，許家屯參加省委辦公室組，彭沖參加省公安局組，蔣科參加省委宣傳部組，曾玉揚參加組織部組。這種安排實際上瓦解了吳大勝等人對辦公室、組織部、公安局等要害部門的控制，而群眾團體組和省委宣傳部組則是「倒吳」火力最強的戰場。他們還在各種會議上反覆強調，大家的揭發批判要緊扣14號文件，要集中力量揭批與林彪有牽連的人和事，要進一步批判吳大勝「三破壞」的實質，要上升到階級鬥爭和路線鬥爭的高度。他們還說，江蘇清查與林彪有牽連的人和事，

---

[89]　1974年5月11至6月21日，施兆祥工作筆記。江蘇省級機關幹部批林批孔會議部分代表：〈堅決捍衛中共中央14號文件，徹底粉碎吳大勝等人的倡狂反撲〉，1974年5月24日，傳單。

重點在省委和省級機關，而省委的重點在吳大勝等人。許家屯還至少在兩次談話中提到：「14號文件第一條講錯誤，第二條講實質，第三條講不是一個人，而是『等人』。這個『等人』，可以『等』到我們幾個常委之內，也可以『等』到幾個常委之外……」。明眼人一看就知道，他的鬥爭矛頭指向已經調離的許世友。[90]

因為中央14號文件原本是由下放人員問題引起的，因而這個問題無法回避。另一方面，中央在5月18號又下發了一個17號文件。該文件強調，「批林批孔」運動中要注意掌握黨的政策，注意嚴格區別和正確處理兩類不同性質的矛盾，團結兩個95%，爭取抓革命、促生產、促工作、促戰備的新勝利。該文件還指出：

「在運動中，廣大群眾揭發批判了許多同林彪反黨集團有關的人和事，這是完全必要的。繼續把這方面的問題搞清楚，也是完全必要的。但是，領導上必須注意清查的範圍應限制在同林彪反黨集團陰謀活動有關的問題，不要擴大化。在時間上，應當以毛主席一九七一年八、九月巡視各地打招呼為界；以聽到傳達中發〔1971〕57號文件為界。在這以前的事，包括犯了嚴重錯誤，只要向黨講清楚，同林彪反黨集團劃清了界限，就不要再算這些老賬。……中央希望在林彪問題上犯了錯誤，但是已經交代了問題的同志，放下包袱，振作精神，同廣大群眾站在一起，投入批林批孔，將功補過。也希望那些隱瞞了某些問題的同志，把問題講清楚。凡屬好人犯錯誤，都要堅持懲前毖後、治病救人的方針。各級黨組織應當為這些同志創造條件，使他們有改正錯誤的機會。」

該文件還說：

「批林批孔運動，進一步證明了毛主席歷來的估計：我們的國家、我們的人民是比較好的，我們的黨、國家機關、人民解放軍基本上是好的，是經得起風浪的。經過八年來無產階級文化大革命的鍛煉，我國的無產階級專政是鞏固的。各級黨委應當結合學習毛主席、黨中央的歷次指示，認真地總結自己的經驗，分析形勢，加強領導，爭取批林批孔運動和各項工作的新勝利。」[91]

90　1974年5月11至6月21日，施兆祥工作筆記。施兆祥訪談。王春南：《參加批林批孔運動》，手稿。王春南訪談。袁剛：《風雨八年》，第202-205頁，自費印行，2008。
91　〈中共中央關於批林批孔運動幾個政策問題的通知〉，1974年5月18日，載於宋永毅主編之

　　吳大勝等人立即抓住這根救命稻草，向彭、許等人發起反擊。吳大勝在省委傳達貫徹17號文件的會議上，強調這個文件指出了運動的重點和政策。並表示自己要振作精神，擔負起抓革命、促生產的責任。[92]

　　對於吳大勝的反擊，彭、許等人作出以下幾項應對：第一，他們強調下放人員問題的處理很重要，省委應該根據中央指示精神加以妥善解決，[93]但是這個問題處理決不能干擾「批林批孔」這個首要任務。第二，他們強調17號文件的重點是「兩個完全必要」。他們還指出，在中央講到的「兩個希望」中，吳大勝等人屬於後者而不是前者。第三，他們反覆強調，學習、宣傳17號文件要和學習、宣傳14號文件緊密結合起來，要警惕有人借「生產」來壓「革命」，借「加強黨的領導」來打壓群眾運動。[94]第四，他們在6月20日的省委常委會上提出，對與林彪有牽連的人和事，各部委要分專題研究。省公安局和省「二辦」[95]集中研究「五一六」問題，文化教育系統和省委宣傳部集中搞「選妃子」問題。要多做工作促進知情人的轉化，使「揭、批、查」運動更加深入。第五，他們強調在「清查五一六」期間受到打擊迫害的一批「老造反」獲得平反釋放後，回到各自的工廠和學校，各單位領導應考慮如何做他們的工作，使他們在揭批吳大勝等人的鬥爭中發揮作用。[96]

　　鬥爭雙方對17號文件的反應，可以看出激進話語策略在政治鬥爭中的重要作用。

《文革文庫》光碟，2006。

[92] 1974年6月4日，吳大勝在省委部委辦負責人會議上的發言，施兆祥工作筆記。

[93] 5月20日，省委常委經過討論，起草了一份給中央的報告，提到擬採取以下五條措施處理下放人員問題：一、大張旗鼓宣傳14號檔，批判經濟主義，批判吳大勝「三破壞」罪行，大膽講下放人員湧向城市、阻塞交通是錯誤的。二、由南京市警備區、南京市委、市公安局、工青婦貧負責同志共同組頭組建「南京市民兵指揮部」，組織民兵在群眾中進行宣傳。省市機關組織力量下去加強領導。三、對下放人員要每家每戶做工作，動員他們回到鄉下去。願意回去的人發5天的糧食。回去以後生活確有困難的，地方政府要負責安排好。四、各縣派一個負責人來南京接人，同時要進行一個大動員，勸阻那些還想進城的下放人員。五、由南京警備區召集一個群眾大會，同時貼出佈告，堅決維護全社會的革命秩序，對那些行兇、打人、衝擊機關、阻攔火車的人要進行教育，對首惡分子要採取專政措施。1974年4月22日，許家屯在省委部委辦負責人碰頭會上的講話，施兆祥工作筆記。通過採取以上措施，絕大部分下放人員在此後的幾個月內返回農村。

[94] 1974年5月11至6月21日，施兆祥工作筆記。袁剛：《風雨八年》，第202-205頁，自費印行，2008。王春南：《參加批林批孔運動》，手稿。

[95] 「第二辦公室」是江蘇各級黨委為了清查「五一六」而設立的專門機構，設立於1970年3月，1974年初撤銷。會議秘書組編印：《江蘇省省級機關幹部批林批孔會議記錄（8-9）》。該檔詳細記錄了1974年7月24日和25日兩天會議發言情況。

[96] 1974年6月21日，孫建忠傳達省委常委會議精神，施兆祥工作筆記。

四、由「倒吳」到「倒許」

　　全國範圍的「批林批孔」運動造成了很大社會震動，引起1974年上半年國民經濟的嚴重滑坡。毛澤東在6月份得知這個情況後，找李先念、紀登奎、華國鋒談話，指示他們要注意全國穩定和解決經濟工作中存在的問題。在此背景下，中央於7月1日發出〈關於抓革命、促生產的通知〉（21號文件）。[97]該文件提到在「批林批孔」的推動下，全國的工農業生產總的情況是好的，不過還有一些地區和單位沒有完成國家計畫。當前突出的薄弱環節，一個是煤，一個是鐵路運輸。在煤炭生產方面，點了山東、安徽、江蘇、河南、河北。在鐵路額運輸方面，點了徐州、長沙、包頭、貴陽等區段。該文件指出：

　　「有些省、市、區和城市以及一些企業單位的減產，最根本的原因，還是革命沒有搞好，『批林批孔』沒有搞好。林彪修正主義路線沒有得到認真的揭發和批判。領導的思想和政治路線不端正，黨的政策不落實，群眾不滿意。運動一來，有少數領導幹部又不是積極的站在運動的前面，領導好『批林批孔』，糾正錯誤，落實政策。許多人有錯不認錯，使矛盾激化。有少數領導害怕群眾，不打自倒，一轟就跑；擅離職守，放棄領導；甚至躺倒不幹，有少數領導幹部，不堅持原則，違反黨的政策，隨意表態，造成了思想混亂，影響了群眾的團結。還有少數的領導幹部，捂蓋子，保自己；支一派，壓一派；挑動群眾鬥群眾；煽動經濟主義，以破壞生產來破壞革命。在這樣一些情況下，黨的路線、政策貫徹不下去，群眾團結不起來，一小撮階級敵人，乘機興風作浪，進行破壞和搗亂。」

　　以上內容，顯然是將各種問題歸咎於各級領導幹部工作不力。然而接下來，該文件又對群眾中的無政府主義傾向提出批評：

　　「反潮流是馬列主義的一項原則。什麼是正確的潮流，什麼是錯誤的潮流，要作階級分析。⋯⋯那種不作階級分析，籠統地講什麼：『只要造領導的反，就是反潮流』的說法，是錯誤的。有的人不批林、不批孔，不上班、不勞動，違背中央1974年13號文件的規定，繼續搞跨地區、跨行業的串

---

[97]　程振聲：〈毛澤東提出「要把國民經濟搞上去」前後〉，《黨的文獻》，2005年第2期，第42-43頁。

連，拉山頭，打內戰，還把這種行為說成是反潮流的革命行動，這是對反潮流的嚴重歪曲。還有人散佈什麼『不為錯誤路線生產』的謬論，公然煽動停工、停產，對於這些錯誤言論，必須給予批駁。對於幕後操縱者，要發動群眾揭發批判。」

該文件還指出：

「經濟主義是腐蝕無產階級隊伍，破壞『批林批孔』的修正主義思潮。各級領導同志和革命群眾，都要提高警覺，堅持原則，堅決煞住經濟主義妖風。中央重申：當前為了集中力量搞好『批林批孔』，對於群眾中提出的有關勞動工資和經濟政策方面的問題，一律放到運動的後期，經過調查研究，具體分析後，統籌解決。」[98]

上述文件的初衷無疑是好的，但是其對「革命」和「生產」關係的論述，對各種錯誤現象的分析歸納，對問題成因的解釋，以及提到的改進工作的措施，都受到特定歷史語境的制約，存在著許多含混不清之處，甚至自相矛盾，很容易引發理解上的歧義。

7月5日，21號文件到達江蘇。省委於當天下午組織傳達。7月7日，省委召開部委辦負責人會議，研究如何貫徹執行這個文件。具有諷刺意味的是，作為會議主持人，吳大勝以他的第七次檢查作為開場白。彭沖隨後發言，套用21號文件的原話，指出江蘇生產沒有搞好，關鍵在於革命沒有搞好，「批林批孔」沒有搞好，林彪修正主義路線沒有批，黨的政策不落實，領導不檢討，群眾不滿意。他還說14號文件指出吳大勝「三破壞」罪行，這次點得更深刻，更具體了，但是吳大勝的立場感情根本沒有轉變過來，幾次檢查一次不如一次。在談到今後的工作方針時，彭沖一共談了四條，但他強調的是前面兩條：第一，對21號文件要大張旗鼓的宣傳，做大家喻戶曉。但不能以21號文件部分東西片面地去壓群眾。不能以任何藉口壓群眾。其次，建議地市縣黨委召集擴大會議，認真學習今年以來所有文件，特別是14號文件，繼續把重點放在揭批吳大勝的錯誤，批判林彪反黨集團的罪行和修正主義路線。不能21號文件來了就放棄14號文件。許家屯的發言完全附和彭沖的論調，強調21號文件批評的幾種情況江蘇都有。生產搞不好的原因在於革命

---

[98] 〈中共中央關於抓革命促生產的通知〉，1974年7月1日，載於宋永毅主編之《文革文庫》光碟，2006。

沒有搞好，「批林批孔」沒有搞好。他還說現在省委內部兩種思想、兩條路線的鬥爭沒有緩和，而是日趨激烈。吳大勝不批林，不批孔，不准聯繫實際，捂蓋子，保自己，成為運動的主要阻力。因此，省委一方面要組織力量下去貫徹毛澤東「把國民經濟搞上去」的指示，另一方面要堅持開展省級機關的「批林批孔」運動，重點還是搞清與林彪有牽連的人和事。[99]

在隨後幾周的一些重要會議上，彭、許繼續宣傳他們對21號文件的詮釋，堅持把省級機關作為當前運動的重點。他們還對省委辦公室及其下屬的「林彪問題調查組」進行進一步改組，將這些機構牢牢控制在自己手裏。他們還提出召開地市委書記會議，把他們的「批林批孔」主張貫徹到基層。針對會議上聽到的一些對他們不利的議論，他們要求與會者認真學習中央12號，14號，17號，21號文件，加深對「雙批」運動意義的認識和理解。他們強調對江蘇的運動，要用中央文件的精神來統一認識。

吳大勝對彭、許的進攻毫無辦法。他不得不對群眾的揭發批判表示歡迎，多次承認自己問題的嚴重性。但是另一方面，他又反覆強調自己的錯誤根源在於沒有很好的學習，解決好學習、批判和聯繫實際的問題。「思想認識問題」依然是他的防守底線。[100]他的這個論調，顯然得到軍方「支左」人員的廣泛呼應。

在8月中下旬和9月，省委先後召集了地市委書記會議和省級機關部委辦負責人會議。這兩次會議也基本上處於到彭、許的控制之下。

在8月15日地市委負責人會議上，吳大勝做了他的第八次檢查，承認自己在清查林彪死黨罪行這個問題上思想右傾，很不認真，很不得力；承認對無錫為林彪建行宮事有所瞭解；承認與胡敏有過兩次接觸，與她談了江蘇省委的工作情況；承認許世友曾暗示他去蘇州向林彪彙報工作，爭取林彪的信任；承認在九屆二中全會期間，按照許世友的指示整江蘇幹部的黑材料，並在會上鼓噪設國家主席；承認1973年在蘇州市委的報告中刪去了田普的名

---

[99]　1974年7月7日，省委部委辦負責人會議發言，施兆祥工作筆記。

[100]　1974年7月17日至22日，施兆祥工作筆記。江蘇省省級機關幹部「批林批孔」會議秘書組編印：《江蘇省省級機關幹部「批林批孔」會議記錄（8-9）》。該文件詳細記錄了1974年7月24日和25日兩天會議發言情況。江蘇省省級機關幹部「批林批孔」會議秘書組編印：〈揭發批判五大山那個「三破壞」等問題〉，1974年7月5日。

字，目的在於保護許世友。[101]8月21日和22日，蔣科在會議上進一步交代了「選妃子」問題。他提到胡敏曾為此6次到南京，南京方面送了5人去北京面試，最後選中2人。[102]吳、蔣對一些問題的坦白交代不但沒有平息與會者的情緒，反而招致了更多的批評和質疑。因為他們這次檢查表明他們以前在這些問題上撒了謊。另外，他們的檢查較多地涉及到許世友，從而將批判火力引向許本人。有人質疑，吳大勝向胡敏彙報省委工作，說明什麼問題？還有人揭發，吳大勝在主持清查「五一六」運動期間，曾公然對負責南大清查工作的人說過，他不怕否定文化大革命，不怕犯錯誤，不怕被指責為鎮壓造反派，這其實反映了許世友的一貫態度。還有人提到，田普曾經命令揚州玉器廠製作了5個南京長江大橋的玉雕，準備送給林彪親信黃永勝、吳法憲、葉群、李作鵬、邱會作。還有人提出，毛澤東1973年12月關於各大軍區幹部的5次談話，還沒有很好地展開討論。[103]在8月底地市委書記會議結束時，彭沖在講話中提到，這次會議是開展革命大批判的過程。與會者們嚴肅、尖銳、誠懇地揭發批判了吳大勝、蔣科的錯誤，對其他常委也有批判，這是黨的優良傳統，有助於大家改造世界觀。彭沖還提到，這次會議對清查「五一六」問題有了新的認識，形成了處理「五一六」問題的六條政策，[104]各地要逐步

---

[101] 1974年8月15日，吳大勝在地市委書記會議上的檢查，施兆祥工作筆記。另外，據《江蘇省志‧中共志》記載，吳大勝的檢查交待內容主要有：（1）對中共中央指示和決定，很少進行討論研究，貫徹不力。省委的工作很少向中央請示報告，特別是有的重大問題沒有及時向中共中央請示報告；（2）大量翻印、發行吹捧林彪及其死黨的書籍、報告，舉辦吹捧林彪的展覽會，大力宣揚林彪一夥在江蘇樹立的典型；（3）林彪反黨集團派人來江蘇選「妃子」、找「駙馬」的活動長達3年之久，沒有向中共中央報告；（4）同意和支持蘇州、無錫市委負責人為林彪修建「行宮」，「批林整風」運動中未及時向中共中央報告；（5）清查「五一六」工作中違背中共中央指示，破壞省委集體領導原則，搞「以人劃線」，親自搞逼、供、信，犯了嚴重擴大化的錯誤，嚴重傷害了一部分幹部和群眾。在較長時期內，知錯不改，不主動糾正。詳見江蘇省地方誌編撰委員會編著：《江蘇省志‧中共志》，第323頁，方志出版社，2002。

[102] 1974年8月21日和22日，蔣科在地市委書記會議上的檢查，施兆祥工作筆記。

[103] 1974年8月9日至26日，施兆祥工作筆記。

[104] 1974年8月31日，江蘇省委下發了《關於清查「五一六」工作中的一些問題的處理意見》（蘇委發〔1974〕91號），承認清查犯了擴大化的嚴重錯誤，並明確指出應由當時省委主要負責人吳大勝負主要責任。對清查中的問題，提出了6條處理意見：（1）堅決執行「有反必肅、有錯必糾」的方針，嚴格區別和正確處理兩類不同性質的矛盾；（2）經審查不是「五一六」，又無重大政治問題的，組織上仍應繼續信任；（3）經審查不是「五一六」，又不屬敵我矛盾性質的問題，在審查期間被扣發的工資，應予補發；（4）經審查不是「五一六」，其所有假材料，在善後工作結束時，由組織上統一銷毀；（5）被審查人員的「五一六」問題排除後，審查單位向有關方面提供過材料的，組織上應主動為其消除政治影響；（6）在審查期間非正常死亡的，應根據問題的性質，作出恰當的結論。詳見江蘇省地方誌編撰委員會編著：《江蘇省志‧中共志》，第320頁，方志出版社，2002。

加以落實。彭沖還提到許世友是原省委負責人，有錯誤可以批判，應該批判。各地的揭發材料可以送省委，也可以直接送中央。省委接到這方面的材料，也會報送中央。[105]

9月份的部委辦局負責人會議，主旨是為了進一步部署省級機關的揭批運動。因當時彭沖帶領省委工作組去徐州「抓革命、促生產」，會議由許家屯主持。許家屯在這次會議上首先指出，8月份地市委書記會議開得好，原因是學習了毛主席和黨中央的指示和文件，掌握了武器，提到了覺悟，統一了認識，許多大是大非得到了澄清。接著他要求各部委辦局負責人認真貫徹地市委書記會議精神，要在行動上落實，要掀起一個學習的高潮，一個揭批的高潮。他還針對一部分與會者的擔心，策略地指出這次揭發批判不是搞「人人過關」，而是根據毛澤東的5次談話和中央文件解決吳大勝等少數人的問題。他還指出要搞好運動，各級黨的核心小組要加強領導。有些單位領導不得力的，出於癱瘓狀態的，各部委辦要分析一下，要進行「幫助」——實際上是暗示要撤換這些領導。在此後幾周的會議上，許家屯又多次闡釋了毛澤東的5次談話，要求大家認真攻讀，認真研究，認真思考，認真聯繫，認真批判吳大勝等人[106]。

不過，在這兩次會議上彭、許也遇到一些微弱的抵抗。這一部分是由於中央領導人的一些講話引發了理解上的歧義，一部分是由於在各地「支左」的軍隊幹部明白俱榮俱損、唇亡齒寒的道理，因而對批判吳大勝等人提出質疑和反對。

例如在8月份地市委書記會議期間，省委宣傳部長大衛然奉命傳達中央法家著作注釋出版會議的情況。據大衛然說，王洪文在那次會上提到江西、浙江、江蘇、山東等省領導層在「吵架」，並指示大衛然帶話給吳大勝，告訴他「現在要穩定」。與會者對此議論紛紛。有人提出疑問：中央領導托人帶話給吳大勝，是意味著吳大勝要對「吵架」負責？還是意味著吳大勝的「一把手」地位依然得到中央承認？還有人提出，對「現在要穩定」如何理解？是不是意味著「批林批孔」運動的結束？還有人說，現在有些部門有人

---

[105] 1974年8月底，彭沖在地市委書記會議上的總結發言，施兆祥工作筆記。
[106] 施兆祥工作筆記，1974年9月5日至9月16日。

在傳，說毛主席講的，14號文件點吳大勝名，點重了。[107]而主持徐州地委工作的軍代表在地市委書記會議第一天就提出一系列質疑：省委有個文件講「省委沒有正確對待無產階級文化大革命」，這個提法還了得？毛主席革命路線在徐海地區是否占主導地位？江蘇的8年文化大革命是前進了還是後退了？吳大勝的問題到底是什麼性質？省裏幾個領導同志的發言一直發到農村大隊，這是什麼意思？他還斷言，現在要吳大勝等人檢查，一無標準，二無權威，三不是時候，四無基礎。[108]

在9月的部委辦局負責人會議上，有人反映在不少基層單位內部，「雙批」運動辦公室、政工組、黨支部這三個系統存在著三種不同認識，工作部署也不一致，各人搞各人的，結果引發了群眾思想混亂。還有人說，死死揪住吳大勝不放，是省委常委中有人搞名堂。還有人說，正是因為過去的運動過火了，所以現在中央強調政策了。還有人說，關於「五一六」問題的六條政策，總的來說是好的，但是「五一六」問題不能一風吹。還有人反映，鹽城地區負責人（軍代表）說了，我們鹽城地區除了吳大勝的指示外，其他人的指示都不算數，因為他們不能代表省委。該地區下屬的響水縣委書記（軍代表）說，我們響水工作如果有成績，那是因為聽了地委（書記）萬玉華、省委（書記）吳大勝的話。鹽城地區團小組還報告，他們那裏開會學了中央其他文件，就是不讓學14號文件。會議形成的文件，隻字不提14號文件，不提吳大勝。[109]

上述這些微弱地抵抗在10月中旬以後徹底瓦解。10月6日至14日，中央召集全國「抓革命、促生產」會議。許家屯代表江蘇參加了這次會議。中央領導人谷牧、李先念、華國鋒、陳永貴、紀登奎、吳桂賢出席會議並講話。他們的談話提到在運動中要注意掌握政策，要團結兩個95%等問題，不過重點卻是批評一些地方領導人抗拒中央指示。其中李先念對徐州少數領導幹部捲入派性問題的批評，顯然隱含對省委領導人吳大勝的批評。[110]會議期間，

[107] 施兆祥工作筆記，1974年8月10日至14日。
[108] 施兆祥工作筆記，1974年8月9日。
[109] 施兆祥工作筆記，1974年9月5日至9月18日。
[110] 程振聲：〈毛澤東提出「要把國民經濟搞上去」前後〉，《黨的文獻》，2005年第2期，第42-43頁。施兆祥工作筆記，1974年10月中旬。

中央於10月11日發出26號文件。[111]10月14日，王洪文、張春橋到會傳達、宣講毛澤東的指示和26號文件。王洪文在談話中強調，要正確理解26號文件提到的「安定團結」問題。他說：

「為什麼主席講這些？因為有不安定，才講安定。有不團結，才講團結。安定、團結要通過鬥爭。……少數地方和單位路線沒有解決，政策沒有落實，怎麼能安定得了呢？所以少數地方還在鬧，主要是領導路線沒有解決。有的地方抓『五一六』，十幾萬幾十萬，政策問題沒有落實，安定是安定不了的。要經過鬥爭才能安定，才能團結。要注意一種傾向掩蓋另一種傾向。不要強調團結安定就忘了鬥爭。少數同志不講階級鬥爭、路線鬥爭了，這是值得注意的。」

王洪文關於「五一六」問題的批評，肯定與江蘇的清查運動有關。他關於「革命」與「生產」的關係的解釋，得到李先念、紀登奎等人的支持。[112]

全國「抓革命、促生產」會議結束後，許家屯返回南京。省委立即召集地市委、部委辦、工青婦貧、省軍區、江蘇省建設兵團、南京軍區政治部負責人會議進行傳達。該會議一直持續到10月底，其實是對吳大勝、許世友展開新一輪批判。

許家屯在向與會者傳達時，特別強調了王洪文、紀登奎等中央領導人對「安定團結」大前提的解釋。他還說，「過去我們對主席思想和中央文件的理解是不夠的，各有各的理解。……省級機關的認識也有各種各樣。問題是怎麼引導？前提還是把革命搞好，把『批林批孔』搞好。對省裏和個別地區出現的問題要回答。如清查運動有什麼說法？蓋子揭開了沒有？面上的運

---

111 該文件是根據毛澤東8月中旬關於「安定團結」指示而制定的，在闡釋「安定團結」重要性的同時，對「批林批孔」運動作出以下指示：「繼續把批林批孔運動普及、深入、持久地進行下去。……各級領導同志要注意保護群眾的革命積極性，正確對待在運動中給自己貼過大字報的廣大革命群眾。決不容許打擊報復，『秋後算賬』。」該檔還指出：「全國在清查與林彪反黨集團陰謀活動有關的人和事方面，經過三年的時間，總的來說，除個別單位和個別人以外，大規模的群眾性的清查大致差不多了。應當對清查出來的人和事加以分析，要堅持一分為二的辯證方法，嚴格區別、正確處理兩類不同性質的矛盾，團結百分之九十五以上的幹部和群眾。對於極少數屬於敵我矛盾的林彪死黨，要繼續清查、批判。對於少數犯了錯誤包括嚴重錯誤的同志，如問題已基本查清，要按照毛主席『懲前毖後，治病救人』的方針，作出結論，把他們解放出來。」〈中共中央關於準備在最近期間召開第四屆全國人民代表大會的通知〉，1974年10月11日，載於宋永毅主編之《文革文庫》光碟，2006。
112 施兆祥工作筆記，1974年10月中旬。

動怎麼搞法？有沒有重點？」他還說：「中央領導同志的談話有助於我們理解文件。領導層同志要統一認識，深刻理解。否則講安定團結，只能事與願違。」[113]

針對有人提出的「安定團結」是不是意味著要結束運動了？上次地市委書記會議的部署是否還作數？黨委內部要開展鬥爭，怎麼掌握方向？與林彪反黨集團有牽連的人和事怎樣才算搞清了等疑問，彭沖在兩次發言中說：「這些提問有很強的針對性。這次會議通過你們貫徹，你們有責任對26號文件全面理解。……現在的重點還是解決批林批孔問題。要在這個前提下部署工作。最重要的是運動怎麼普及、深入、持久。」他還說：「要實現安定團結，關鍵在路線，在領導。要分清路線，分清是非。」他還反覆強調，江蘇的問題重點在省委，省委的重點在吳大勝。14號文件提出的問題，吳大勝必須回答。這次會議要力爭把路線問題搞清楚。[114]

10月23日，吳大勝向與會者作了他的第九次檢查。他首先就26號文件內容表態，承認過去大家對自己的批判大方向是正確的，保證不打擊報復，不搞秋後算賬。然後他按照過去歷次會議的揭發，對自己「批林批孔」運動以來「不批林，不批孔，捂蓋子，保自己」等問題，列舉了具體事實5條。對第十次路線鬥爭中的錯誤，列舉了具體事實8條。這些檢查交代，更多地涉及到許世友的責任。[115]

在24日會議上，省委辦公室負責人、長期受到許世友、吳大勝信任的軍代表錢永清揭發了許世友的許多問題，其中包括「大聯合」以後對造反派和大軍區、省軍區的大清洗問題，整中央和地方領導人「黑材料」問題，對田普連升三級問題（田普原為省級機關一個處長，「大聯合」以後被提拔為南京軍區政治部幹部部部長），慫恿某些地市負責人大搞「獨立王國」問題，做打油詩攻擊中央領導人張春橋的問題等。[116]

在25日會議上，省委老幹部代表劉伯英做了長篇批判發言。他提到九屆二中全會期間，許世友帶頭起哄，還寫信給毛主席、林彪，是針對張春橋

---

[113] 施兆祥工作筆記，1974年10月19日。
[114] 施兆祥工作筆記，1974年10月19和21日。
[115] 施兆祥工作筆記，1974年10月23日。
[116] 施兆祥工作筆記，1974年10月24日。

的。但在後來追查時，他又謊稱那封信是針對陳伯達的。劉伯英還提到，許世友等人在清查「五一六」時以「反許」劃線，整了294名軍隊幹部的材料，其中包括中央領導人謝富治的材料。他還提到許世友對林彪1970年5月19日的「丘八管秀才」講話十分推崇，曾組織軍區團以上幹部學習三天。在具體工作中，許也一貫排斥地方上的老幹部和新幹部，大搞軍隊幹部「清一色」。他還提到清查「五一六」時，許世友到處污蔑造反派：「什麼老造反？是老反革命！那些造反派有幾個是好的？有人想撈稻草，結果撈到一把屎！我倒是撈到兩根（指政治局委員和江蘇省一把手）。」他還提到，許世友、吳大勝在1971年春清查高潮中，親自審訊一批高級幹部，搞逼供信，親自動手打人。他還提到，1973年底八大軍區司令對調時，吳大勝、許世友曾指示下麵不要全文傳達毛澤東的5次談話，說這樣有利於穩定形勢。他還提到，許世友曾在1974年4月初寫信給曲言斌和王晏，對他們表示關懷。而許的秘書在同時寄去的另一封信中告誡曲、王，要「搞好首長的安全，不給首長幫倒忙。」——實際上是要這兩個人封口，捂住許世友問題的蓋子。[117]

在28日會議上，蘇州代表華林森發言，提出許世友的問題至少應該在地市黨委領導成員中傳達。他還說吳大勝的檢查涉及許世友問題，顯然是政治形勢所迫，而不是他自己敢於主動觸及這個問題。而吳大勝對自己問題的交代，還不夠認真，根本沒有觸及思想。[118]

在此後三天的會議上，許世友、吳大勝等人的問題最終被歸納為6條：一、與林彪反黨集團的陰謀活動有牽連；二、推行林彪反革命修正主義路線；三、搞以人劃線，分裂黨、分裂軍隊、分裂群眾；四、否定無產階級文化大革命，否定社會主義新生事物；五、搞獨立王國，破壞中央集中統一領導；六、批林批孔以來，不批林，不批孔，不准聯繫江蘇的階級鬥爭、路線鬥爭實際，捂蓋子，保自己，用破壞生產來破壞革命，破壞批林批孔。有錯不認錯，政策不落實，群眾不滿意，影響安定團結。許家屯在29日大會討論中發言，再次追問「吳大勝、許世友的錯誤是什麼錯誤？兩個階級、兩條路線的鬥爭是什麼性質的鬥爭？這種鬥爭是不是復辟與反覆辟的鬥爭？許世友、吳大勝是不是代表復辟勢力？」這些看法得到絕大多數與會者的支持。

---

[117] 施兆祥工作筆記，1974年10月25日。
[118] 施兆祥工作筆記，1974年10月28日。

這次會議最後形成的決議是：一、這次大會的所有簡報可以傳達到普通工人。二、中央負責同志「抓革命、促生產」講話逐步傳到下面去。三、許世友同志的問題暫不傳達，等中央的決定。[119]

五、江蘇省委領導班子調整和軍隊「支左」幹部撤離

1974年11月13日，中央通知南京軍區和江蘇省委領導人丁盛、[120]彭沖、吳大勝、楊廣立、[121]許家屯赴京。當天下午，中央政治局委員王洪文、葉劍英、張春橋、紀登奎在人民大會堂福建廳接見他們，宣佈了中央的兩項決定：一、彭沖任江蘇省委第一書記、省革委會主任、南京軍區第二政委、軍區黨委第三書記。二、吳大勝、蔣科停止工作，繼續接受群眾批判。王洪文、張春橋在隨後的談話中提到，這次江蘇領導班子的調整是毛澤東的決定，毛澤東對這個問題已經考慮好幾年了。王、張還和葉劍英、紀登奎一道，對吳大勝、許世友等人多次抵制中央指示、搞獨立王國等問題提出了嚴厲的批評。他們還要求彭沖等人處理好下放人員問題和清查「五一六」問題。[122]中央領導人對江蘇問題的看法，顯然與10月底江蘇省委向中央提交的報告有關。

從北京回來後，省委召集地市委書記和部委辦負責人傳達了中央的最新指示。幾個常委都表態擁護中央的決定。吳大勝說：「政治局負責同志對我的錯誤提出嚴肅批評，這是再次對我的教育、挽救。我一定在短時期內向黨和人民交代和檢討我的錯誤和罪行。……我堅決擁護中央對彭沖同志工作的決定，接受彭沖同志的領導……。」蔣科也做了類似的表態。彭、許一方面對吳蔣的態度表示歡迎，另一方面又指出，吳大勝現在的檢查還沒有多少

---

[119] 施兆祥工作筆記，1974年10月28至31日。

[120] 丁盛原為廣州軍區司令員，1973年12月調任南京軍區司令。目前沒有資料顯示其在1974年「倒吳」運動中的立場。

[121] 楊廣立原為南京軍區下屬60軍政委，1967年初介入南京「支左」工作，1968年「大聯合」時被任命為江蘇省革委會副主任兼南京市革委會主任，1970年「整黨建黨」期間被任命為江蘇省委副書記。後來受到許世友、吳大勝等人排擠。在1974年的「倒吳」運動中，他是彭、許在軍隊幹部中最有力的聯盟者，多次公開發表對吳大勝等人的批評。1976年「四人幫」垮臺後被清洗。

[122] 〈中央政治局領導同志對江蘇省委、南京軍區負責同志的指示〉，1974年11月13日。全文抄件見施兆祥工作筆記。

實質性改變，另外在有些地方的幹部中也還存在抵觸情緒。因而鬥爭是長期的，工作是艱巨的。[123]

11月25日和26日，省委又召集部委辦局負責人會議。彭、許在講話中除了強調繼續批判吳大勝等人的錯誤的重要性外，還提到了各級領導班子的問題。他們要求各部委辦加強黨的領導，依靠群眾，集體領導。他們還說這幾年來得出的經驗教訓，就是無論如何必須接受黨的領導，貫徹執行中央指示和毛主席指示。有些部門有些事沒有把握，要加強請示彙報。他們還說，聯繫江蘇實際批判林彪修正主義軍事路線，就是要批判槍指揮黨，批判「丘八管秀才」。[124]

12月30日，江蘇省委和江蘇省軍區做出決定：參加「三支兩軍」的人員陸續離開地方回部隊。[125]次年2月，所有軍隊「支左」人員撤離完畢。與此同時，一大批地方老幹部被派到各地擔任地市委書記職務。以彭沖、許家屯為核心的舊省委幹部在反對軍隊幹部的鬥爭中取得完全勝利。

結論

由本文敘述可以看出，1974年江蘇／南京的「批林批孔」運動有著十分複雜的政治背景，包含著多重的矛盾糾葛。在這場運動中，中央政策導向和地方運動發展之間的互動關係是顯而易見的。然而值得注意的是，中央高層的派性分野（Frederick Teiwes和孫萬國所謂「文革倖存者」、「文革受益者」、「文革激進派」）並未影響到他們對江蘇問題的一致看法，同時地方各種勢力與中央各派之間，也不存在Keith Forster在浙江個案中發現的清晰的「點對點」、「線對線」的關係。因而，而無論從精英政治的層面還是從群眾運動的層面看，這場運動中的各種矛盾衝突都無法用簡單的「好人」／「壞人」解釋模式加以解釋。這些矛盾衝突，部分源於此前運動遺留下來的派性問題，部分源於各種現實的社會問題，而這些問題都是毛澤東「文革」理念和實踐的必然產物。

---

[123] 施兆祥工作筆記，1974年11月19日。

[124] 施兆祥工作筆記，1974年11月25日和26日。

[125] 《當代中國的江蘇》編輯委員會和江蘇省檔案局編：《江蘇省大事記（1949-1985）》，第329頁，江蘇人民出版社，1988。

　　從地方性因素分析，這場運動其實是軍隊幹部、地方幹部、造反派頭頭和城市下放人員之間的多方博弈。本文提供的大量事實表明，他們當中沒有人真正關心毛澤東發動「批林批孔」運動的動機和這場運動所包含的意識形態內涵。他們所關心的，都是那些與自身利益緊密相關的事情。換言之，北京發出的號召之所以能夠在南京當地引起廣泛的呼應，不是因為這種號召真的反映了社會各階層一致的利益和心聲，而是因為各種勢力試圖借助這場運動達到自己的目的：軍方領導人試圖借助這場運動維繫搖搖欲墜的「軍管」權威；舊省委幹部試圖借助這場運動從軍隊幹部手中奪回權力；造反派頭頭當時關心的，首先是摘掉「軍管」時期橫加於他們的「五一六」帽子，其次是重新獲得他們在「大聯合」時取得的政治地位（儘管這種政治地位其實只具有象徵性的意義）；下放人員當時關心的是如何儘快脫離農村、重返城市。之所以有人將這樣一場運動錯誤地理解為「第二次文化大革命」，乃是因為衝突各方都不約而同地、且非常巧妙地採用了激進的話語策略。而這場運動的實質，是「軍管」期間受到壓制的各種社會勢力聯合起來推翻軍方在江蘇的統治。

　　從最後的結果看，這場鬥爭的最大輸家是軍隊幹部群體，最大贏家是地方老幹部群體。這種結局首先基於「林彪事件」後毛澤東收縮軍方權力的意向，其次基於「軍管」時期孕育的各種矛盾。換言之，江蘇「軍管」當局的垮臺，是軍地之間、幹群之間、軍隊內部、地方和中央之間各種矛盾在特定歷史語境中的一次集中爆發。

　　既然各方在運動中有著不同的利益訴求，因而在「倒吳」成功以後，又必然地會發生新矛盾和衝突。彭、許在「雙批」運動初期為了爭取遭到軍方清洗的造反派頭頭，曾積極主張追究吳大勝、許世友等人在清查「五一六」問題上的責任，積極支持造反派頭頭們參加「兩委會」聯席會議。然而1974年底政權交替完成後，他們的立場發生了顯著的變化：一方面，他們繼續主張對所謂「五一六」人員平反；另一方面，他們又指出「五一六」涉案人員提出的經濟補償要求和恢復原工作、原職務的要求是錯誤的，各級領導應加以拒絕。[126]這實際上意味著拒絕造反派頭頭重返政壇、分享權力。這為1976年春夏的「批鄧反擊右傾翻案風」孕育了社會動力。

---

[126] 施兆祥工作筆記，1974年11月19日至26日。

　　南京下放人員的抗議示威活動，導致中央14號文件的出臺。該文件是江蘇「倒吳」的起點，也是彭、許等人最有力的鬥爭武器之一。然而下放人員最終沒有在這場鬥爭中獲益。數萬南京下放人員在「雙批」運動後全部返回農村，不是因為他們的問題得到合理解決，而是因為彭、許等人借助中央權威採取了高壓手段。有資料顯示，為了完成遣返下放人員的任務，僅淮陰地區就動員了1800多名農村幹部。[127]因而在1976年春夏的「南京事件」中，我們也不難發現下放人員的身影。一直到1980年以後，這些下放人員才憑藉自己的努力陸續返回南京。

　　最後需要指出的是，「雙批」運動期間江蘇幾種政治勢力對中央「文革激進派」王洪文、張春橋的態度，以及這幾種勢力之間的相互關係，與1976年「批鄧反擊右傾翻案風」運動期間的情況形成一個鮮明對照。在後一個運動中，已經下臺的軍方幹部（如吳大勝、蔣科等人）和受到排斥的造反派頭頭（如曾邦元等人）結成聯盟，依附以江青、張春橋、王洪文為代表的中央激進勢力，反對掌權的彭沖、許家屯等地方老幹部。這再一次說明，在現實的政治鬥爭中並不存在永久的盟友和永久的敵人。人們在不同時期的選擇，最終決定於他們當時的處境。

---

[127]　周浩：〈揭發批判吳大勝對農業戰線的「三破壞」〉，刊載於1974年7月5日印發的《省級機關批林批孔大會發言》。

後記

　　在徵文的時候，我心裏很清楚，這些被主流打壓的文字不能在大陸付梓。作者們跟我一樣，對出書也沒有抱任何希望。但是，他們並未因此而稍懈，邵燕祥、曾林輝、程光、胡小水等人多次修改，精益求精。黃春光、邱路光中斷旅行，急返京城，為《對話「九一三」》字斟句酌。最令人感動的是，《胡耀邦平反冤假錯案》的作者，「兩頭真」老人戴煌先生，不但慷慨賜稿，而且動員了他的夫人潘雪媛女士和女公子戴為偉，為此書撥冗揮毫，增光添彩。

　　人們說，影視是遺憾的藝術。其實編書也一樣。編這本書的最大遺憾就是，因為字數的限制，不能將這次研討會的文章盡收集中。如，司馬清揚的《建國後周恩來和林彪關系之探討---兼論建國後幾個重大黨史事件中周恩來和林彪的表現同與異》（16萬字），蔣健的《回望「九一三」——在歷史的偶然與必然之間》（10萬字），余汝信的《李作鵬回憶錄中的「九一三」》（1.4萬字），徐海亮的《黃吳李邱回憶錄中的武漢事件》（7千字）。丁凱文的〈文革期間的軍委辦事組〉一文，原為4.6萬字，因為篇幅關係，也只收入他的縮寫版。而為了給年輕的學者留出篇幅，國防大學教授林蘊暉老先生囑咐我，可以把他的論文撤掉。這又豐富了遺憾的況味。

　　其實，這些遺憾是建立在一個幸運之上的——為此書的出版，我跟幾家海外出版社聯系，其中還包括《記憶》鼎力相助的一家，但都遭到了冷遇。臺灣秀威的主編蔡登山先生慧眼獨具，看出了此書的意義與價值，秀威的責編，千惠女士的敬業更為此書錦上添花。戴為偉女士，不憚辛勞，義務為此書校對，為我節省了時間。生於八零後的微塵女士無償為此書設計封面，雖未被出版方採用，但其之深明大義亦可佩可感。林彪將軍之婿張清林先生、吳法憲將軍之子吳新潮先生提供的溫都爾漢的照片，為本書增光添彩。

　　前時，參加一個座談會，席間有人說新民主主義多麼美好，多麼適用。未來的新班子多麼多麼有必要實施之。我問：這個主義允許在國內出版回憶「九一三」的書嗎？此言一出，舉座啞然。

　　秀威之意義，於斯可見。

編者

2011年10月31日

史地傳記類　PC0216

溫都爾汗的幽靈：林彪事件
——「九一三」四十年後的回憶與思考

編　　者/啟　之、何　蜀
主　　編/蔡登山
責任編輯/林千惠
圖文排版/譚嘉璽、鄭佳雯
封面設計/王嵩賀

發 行 人/宋政坤
法律顧問/毛國樑　律師
出版發行/秀威資訊科技股份有限公司
　　　　　114台北市內湖區瑞光路76巷65號1樓
　　　　　電話：+886-2-2796-3638　傳真：+886-2-2796-1377
　　　　　http://www.showwe.com.tw
劃撥帳號/19563868　戶名：秀威資訊科技股份有限公司
　　　　　讀者服務信箱：service@showwe.com.tw
展售門市/國家書店（松江門市）
　　　　　104台北市中山區松江路209號1樓
　　　　　電話：+886-2-2518-0207　傳真：+886-2-2518-0778
網路訂購/秀威網路書店：http://www.bodbooks.com.tw
　　　　　國家網路書店：http://www.govbooks.com.tw

2012年4月BOD一版
定價：540元
版權所有　翻印必究
本書如有缺頁、破損或裝訂錯誤，請寄回更換

國家圖書館出版品預行編目

溫都爾汗的幽靈：林彪事件：「九一三」四十年後的回憶與
　思考 / 啟之, 何蜀編. -- 一版. -- 臺北市：秀威資訊科技,
　2012.04
　　　面；　公分. --（史地傳記類）
　BOD版
　ISBN　978-986-221-925-6（平裝）

　1.林彪　2.傳記　3.政治鬥爭　4.中國史

628.75　　　　　　　　　　　　　　　　101002271

讀者回函卡

感謝您購買本書，為提升服務品質，請填妥以下資料，將讀者回函卡直接寄回或傳真本公司，收到您的寶貴意見後，我們會收藏記錄及檢討，謝謝！如您需要了解本公司最新出版書目、購書優惠或企劃活動，歡迎您上網查詢或下載相關資料：http:// www.showwe.com.tw

您購買的書名：_____

出生日期：_____年_____月_____日

學歷：□高中 (含) 以下　　□大專　　□研究所 (含) 以上

職業：□製造業　□金融業　□資訊業　□軍警　□傳播業　□自由業
　　　□服務業　□公務員　□教職　　□學生　□家管　□其它_____

購書地點：□網路書店　□實體書店　□書展　□郵購　□贈閱　□其他

您從何得知本書的消息？

　□網路書店　□實體書店　□網路搜尋　□電子報　□書訊　□雜誌

　□傳播媒體　□親友推薦　□網站推薦　□部落格　□其他_____

您對本書的評價：（請填代號　1.非常滿意　2.滿意　3.尚可　4.再改進）

　封面設計____　版面編排____　內容____　文／譯筆____　價格____

讀完書後您覺得：

　□很有收穫　□有收穫　□收穫不多　□沒收穫

對我們的建議：_____

_____

_____

_____

11466
台北市內湖區瑞光路 76 巷 65 號 1 樓

秀威資訊科技股份有限公司　　　收

BOD 數位出版事業部

⋯⋯⋯⋯⋯⋯⋯⋯⋯⋯⋯⋯⋯⋯⋯⋯⋯⋯⋯⋯⋯⋯⋯⋯⋯⋯⋯⋯⋯⋯

（請沿線對折寄回，謝謝！）

姓　　名：＿＿＿＿＿＿＿＿＿　年齡：＿＿＿＿　性別：□女　□男

郵遞區號：□□□□□

地　　址：＿＿＿＿＿＿＿＿＿＿＿＿＿＿＿＿＿＿＿＿＿＿＿＿＿＿＿

聯絡電話：(日)＿＿＿＿＿＿＿＿＿＿＿　(夜)＿＿＿＿＿＿＿＿＿＿＿

E - m a i l：＿＿＿＿＿＿＿＿＿＿＿＿＿＿＿＿＿＿＿＿＿＿＿＿＿